KB060342

Autonomous Vehicle and Legal Liability

자율주행자동차와 법적책임

맹준영

박영사

서　문

최근 자율주행자동차autonomous vehicle의 상용화를 앞두고 자율주행autonomous driving
이 주요한 사회 현상으로 대두되고 있다. 자율주행과 자율주행기술autonomous driving
technology은 단지 자동차 혹은 인공지능artificial intelligence; AI 분야에서뿐만 아니라 사회 전
반의 여러 분야에 걸쳐 활발한 연구와 논의의 대상이 되고 있고, 법학과 법률실무 분야
에서도 주요한 화두話頭가 되어 인공지능과 법적책임 문제에 대해 새로운 과제를 안겨주
고 있다.

자율주행기술의 발전과 도입이, 인간에 의한 자동차 운전을 대체할 필요성이 먼저
존재하였기 때문에 이러한 요구를 충족시키기 위해 이루어진 것인지 아니면 인공지능
및 관련 기술의 고도화가 '기술적 특이점technological singularity. 技術的 特異點'의 일환으로서 자
동차와 그 운전이라는 영역에서 우연히 혹은 필연적으로 촉발되게 된 것인지 그 연원淵源
은 다소 불명확하다. 그러나 적어도 자동차와 인공지능 관련 산업계에서 자율주행자동
차의 도입과 상용화를 향한 움직임과 방향성은 비교적 뚜렷하다고 보인다. 자율주행기
술 수준이 지속적으로 고도화되고 개발 속도 역시 갈수록 가속화됨에 따라 자동차와 자
동차 운전에 관해 자율주행을 중심축으로 한 새로운 시대의 도래가 멀지 않았다고 말할
수 있을 것이다.

***

이 글은 필자의 서울대학교 법과대학원 박사학위논문인 「자율주행자동차와 민사책
임」을 수정, 보완한 것으로 자율주행자동차와 관련해 발생할 수 있는 다양한 원인과 유
형의 법적책임 문제에 대해 민사 책임법제에 초점을 맞추어 합리적 규율 방안을 제시하
고 관련 법리를 체계화하는 것을 목적으로 한다.

자율주행 인공지능AI이 인간에 의한 자동차 운전을 대체하는 경우, 사고가 발생한
다면 누가, 어떠한 근거로, 어떠한 내용과 범위의 책임을 부담해야 하는가라는 근본적
인 물음에 대해 현재로서는 명확한 대답을 내리기 어렵다. 자율주행기술은 여전히 본격

적인 상용화를 앞두고 있는 단계이고, 그 안전성에 관해 아직까지는 기술적 및 사회적으로 충분한 검증이 이루어졌다고 보기 어려운 반면, 자율주행자동차의 상용화 이후에도 자동차 운전에 대한 인간의 관여는 여러 유형과 형태로 여전히 문제될 수 있기 때문이다. 따라서 현 시점에서 자율주행에 관한 논의는 이와 같은 측면에서 본질상 한계를 가질 수밖에 없다.

그럼에도 불구하고 자율주행자동차의 상용화를 눈앞에 둔 상황에서 법적책임 판단 문제에 관해 본격적인 논의를 시작해야 할 시점은 이미 도래하였다고 본다. 자율주행기술은 자동차 운전이라는 사회 일상과 밀접한 영역을 기술 도입 및 전개의 대상으로 한다는 특수성을 가지므로, 그 도입이 본격화되면 자율주행자동차와 법적책임 판단의 문제는 우리 사회에서 생각보다 빨리 문제될 수 있기 때문이다.

다양한 기술 수준과 복잡다기한 작동기전mechanism을 가지는 자율주행자동차가 기존의 자동차와 함께 운행하고 자율주행 중의 인간에 의한 운전 관여가 복합적으로 문제된다면, 자율주행을 둘러싼 법적책임 판단의 문제는 매우 복잡한 형태와 방식으로 전개될 수 있다. 자율주행자동차와 법적책임 판단의 문제는 생각지도 못한 형태와 방식으로 생각보다 이른 시점에 법원의 문을 두드리게 될 가능성이 있다.

***

자율주행과 법적책임의 문제는 첨단기술과 법적책임 판단의 문제가 정면에서 대두되는 분야이다. 이에 관한 연구와 논의의 필요성이 증대하는 상황에서 이 글에서는 자율주행자동차와 법적책임 문제를 본격적으로 다루면서 이와 관련된 국내외 모든 논의를 가능한 충실히 반영하고 이를 체계적으로 분석하고자 하였다.

논의의 전제로서 가장 먼저 자율주행을 법法이라는 관점에서 어떻게 파악해야 하는지 살펴보았다. 자율주행기술의 본질과 특성을 법적책임 판단이라는 관점에 초점을 맞추어 다각도로 파악, 분석하고, 자율주행을 법적인 차원에서 어떻게 정의내리고 평가하여야 할 것인지, 자율주행기술의 합리성과 타당성을 규범적 측면에서 어떠한 방식과 기준에 의해 검증하고 어떠한 근본적 시각과 관점에서 문제에 접근하여야 할 것인지를, 이른바 자율주행 단계구분에 대한 책임법상 판단 준거로서의 채택 여부 등 주요한 주제에 초점을 맞추어 현재까지 확인되는 각국의 관련 논의와 법 제정 상황 및 그에 대한 분석, 평가 등과 함께 살펴보았다.

자동차와 법적책임 문제와 관련해 출발점이 되는 제조물책임, 운행자책임과 운전자책임 분야는 자율주행자동차의 도입 이후에도 여전히 책임법제의 주요한 주제로서 문제될 것이다. 이와 같은 책임법제의 큰 틀에서 자율주행자동차와 관련해 특히 문제될 수 있는 주제들인, 제조물책임에서 자율주행 인공지능의 결함 판단기준 설정, 운행자책임에서 기존 제도의 재구성까지를 포함한 새로운 해석론의 도입, 운전자책임에서 자율주행 인공지능과 운전자 상호 간의 차량 제어권 배분 · 이전 문제와 이에 따른 운전자 책임 판단 기준의 마련 등 주요 주제에 초점을 맞추어 살펴보았다. 책임법제의 기존 제도와 그 해석론을 비판적 견지에서 충분히 검토한 후, 자율주행의 본질을 반영한 새로운 해석론과 입법론을 제시하고 관련 법리와 논거를 체계화하였다.

***

박사논문 준비와 이 글의 출간 과정에서 도움을 주신 여러 분들께 아래와 같이 감사 인사를 전하고자 한다.

저자를 민법학의 길로 이끌어 주시고 저자의 서울대학교 법과대학 학부 시절부터 법과대학원 박사과정을 마칠 때까지 지도교수로서 베풀어 주신 큰 학은學恩과 함께 현재까지도 대법원에서 저자에게 많은 가르침을 주고 계신 김재형 대법관께 깊은 감사의 인사 말씀을 드린다.

저자의 박사논문을 아낌없는 조언과 격려로 지도하여 주신 서울대학교 법학전문대학원 권영준 교수께 깊이 감사드린다. 박사논문 심사 과정에서 연구의 전체적인 방향뿐만 아니라 구체적 서술의 내용과 논증의 타당성에 이르기까지 세심히 검토하여 귀중한 의견을 주신 서울대학교 법학전문대학원 남효순, 최봉경, 최준규 교수, 홍익대학교 법과대학 이중기 교수께 큰 감사의 인사를 드린다.

이 글에 대해 큰 격려와 함께 깊은 관심을 기울여 주신 대법원 재판연구관실 재판연구관들께도 감사 인사를 전한다.

***

자율주행은 인공지능AI이 자동차 운전에 관한 인간의 판단을 대체한다는 점에서 그 본질적인 특질을 가진다. 따라서 자율주행기술이 기술적 한계에 도달하는 지점에서 법적책임이 문제되기 시작할 것이다. 이와 같은 관점에서 자율주행이라는 현상을 바라본다면 기술수준이 법적책임 문제를 좌우하는 측면이 있다고도 말할 수 있다. 따라서 자율주행과 법적책임 판단 문제는 법法의 영역에서 자율주행기술을 정확히 이해하고 온전히 파악하는 것에서 일정 부분 해답을 찾을 수도 있을 것이고, 다른 한편으로 현재 및 장래에 문제되는 법적책임과 관련한 주요 쟁점과 난제難題들은 향후 기술의 발전에 따라 손쉽게 해결 가능한 것이 될 수도 있다. 현재에도 자율주행기술은 계속 발전하고 있고, 그 기술 발전의 속도는 앞으로도 보다 가속화될 것이며, 상용화 이후에는 급속도로 기술 수준이 고도화될 것이다.

다만 현 시점에서 자율주행기술의 발전 방향을 정확히 가늠하기는 다소 어려운 반면, 자동차가 그 본질상 인간의 생명 침해 가능성까지도 수반하는 고도의 위험성을 가진다는 점은 자동차 운전을 인공지능 시스템이 대체하는 자율주행자동차에서 기존의 자동차에 비하여 보다 두드러질 수 있다. 따라서 자율주행자동차에 대해 필요하고도 충분한 안전성을 확보하는 방안은 앞으로 매우 중요한 쟁점으로 부각될 것이다. 자율주행자동차의 안전성 확보에 관해 규제법제에서 필요한 안전기준을 마련하는 것뿐만 아니라, 책임법제에서 자율주행자동차와 법적책임 판단에 관한 기준을 설정하는 것 역시 안전기준에 관한 가이드라인을 제시하는 기능을 하게 되므로 자율주행자동차의 안전성 확보라는 차원에서 마찬가지로 중요하다.

우리 사회의 각종 논란과 분쟁이 법원의 판단을 통해 종국적으로 해결되는 현상이 날로 심화되고 있는 현실 하에서, 자율주행자동차와 이에 대한 법적책임 판단 기준 설정이라는 문제는 앞으로 자율주행기술 발전의 속도와 방향을 좌우할 수 있는 매우 중요한 주제로 부각될 수 있다.

저자가 이 글에서 다루는 내용은, 법원이 자율주행자동차와 법적책임 문제를 판단할 때에 구체적인 판단기준의 설정과 방향에 관해 어떠한 입장과 태도를 견지하는 것이 바람직한가에 대한 분석과 제언까지도 포함하고 있다. 다만 이 글은 저자의 순수한 학문적 연구에 따른 결과물로서 이 글의 방향과 구체적 내용은 저자의 소속기관인 대법원이나 대법원 재판연구관실, 그밖에 각급 법원의 공식적인 입장이나 견해와 반드시 일치하는 것은 아니라는 점을 밝혀둔다.

***

이 글이 자율주행자동차와 법적책임 문제에 관해 법학계와 법률실무계의 논의를 풍부하게 하고 법적 문제에 대한 해답을 찾는 데에 유용한 도움이 되기를 바란다.

2020. 2.
대법원 재판연구관실에서
맹준영

| 차 례 |

제 7 장　결론　475

제 1 장

서론

서 론

과학기술의 발전에 따라 종래 인간이 직접 해 오던 여러 일들이 기계에 의해 대체되고 있다. 기술의 발전이 고도화되면서 기계에 의한 인간의 대체가 단순하고도 반복적인 한정된 범위의 작업의 영역에서 나아가 인간의 사고思考와 판단判斷의 영역에서도 이루어지기 시작하고 있다. 인공지능artificial intelligence; AI 기술의 발전이 고도화됨에 따라 기계가 주변 제반 상황을 주체적으로 인지하고 판단하여 자율적, 능동적으로 대처하고, 기계 스스로의 학습 및 상호작용 등을 통해 그 정보를 수집, 처리 및 집적해 활용할 수 있게 되었다.

인공지능 기술이 일상에서의 자동차 운전의 영역에서 자동차 스스로 운전하는 '자율주행自律走行, autonomous driving'을 구현할 수 있게끔 발전하고, 나아가 그에 필요한 각종 센서, 제어장치 등 장비 관련 기술 역시 그 기술수준과 비용적인 측면에서 상용화가 가능한 수준으로 발전하였으며, 이와 같은 기술의 다각적 발전이 자동차 및 정보통신기술information and communication technology; ICT 산업계의 새로운 시장 창출에 관한 이해관계 표출 등 여러 현실적인 제반 여건과 맞물리게 됨에 따라, '자율주행자동차autonomous vehicle'가 등장하게 되었다.[1] 현재 각국의 자동차 및 소프트웨어 업계와 각 관련 부품, 장비 업계 등에서 '자율주행기술autonomous driving technology'[2]에 관해 적극적으로 연구, 개발을 진행하고 있고, 자율주행자동차의 도로 시험주행 등 그 상용화를 위한 각종 기술적 시도와 관련 제도 정비에 분주한 가운데 자율주행자

---

[1] 이 글에서는 '자율주행'과 '자율주행자동차'라는 용어를 사용한다. '자율주행자동차'에 대비되는 종래의 자동차는 '기존의 자동차'라고 지칭한다. 이 같은 관련 용례에 관해서는, 아래 제2장 제2절 I. 2. 마. '자율주행자동차와 기존의 자동차' 부분에서 간략히 개관한다.

[2] 이 글의 논의 대상인 법적책임의 발생 원인으로서의 '자율주행기술'은, 자율주행을 가능하게 하는 핵심이 되는 자율주행 알고리즘 소프트웨어(software)뿐만 아니라, 자율주행을 구현하는 데에 필요한 각종 장비 및 장치 등 하드웨어(hardware)와 관련한 기술을 통칭한다.

동차는 머지않은 미래에 상용화될 것으로 예상되고 있다.[3]

자율주행자동차의 본격적인 상용화에 따라 사람에 의한 운전을 기계가 점진적으로—장차 기술의 발전에 따라 전면적으로—대체함에 따라, 사회 전체적으로 볼 때 자동차 운전의 영역에서 사고의 가장 큰 원인을 차지하는 '인간의 과오'의 개입 여지가 최소화될 수 있다. 이에 따라 전체적인 자동차 사고 발생 빈도가 큰 폭으로 감소할 수 있고, 자동차 운전에서 인간의 감정적, 비이성적인 측면에 기인하는 여러 비합리적 운전 행태 역시 자연스럽게 점차 축소되거나 소멸하며, 이를 통해 자동차 운전의 여러 측면에서의 경제적 최적화optimization가 실현될 수 있게 되어, 자율주행자동차는 궁극적으로 사회 전반에 걸쳐 통계적인 사고율 감소 및 연료 절감 등 여러 큰 순기능을 가져올 것으로 예상되고 있다.[4]

현재까지는 자동차 시장에 자율주행자동차가 본격적으로 도입되지 않고 있지만, 앞으로 자율주행자동차의 상용화가 본격화되고 자율주행기술의 발전 역시 인간 운전자의 개입 여지가 거의 없어질 정도로 고도화될 뿐만 아니라, 자율주행자동차의 보급 규모가 일정 수준 이상으로 확대되고[5] 자율주행기술이 그 안전성에 관하여 사회 일반으로부터 보편적인 확신을 얻게 된다면, '자동차의 운전' 자체에 대하여 사람들이 가지는 관념이 현재와는 판이하게 달라질 수 있다. 이에 따라 궁극적으로 '자동차' 자체에 대하여 사람들이 가지는 인식 역시 크게 변화할 수 있다.[6]

---

3   종래 발표된 국내외 각종 문헌과 자료에서는 2020년 무렵을 자율주행자동차의 도입 시기(始期)로 예측하고 있었으나, 현 단계에서 일반 도로의 다양한 주행 조건 하에서 구현 가능한 자율주행기술의 수준과 그 사회적 수용 가능성 등 제반 여건을 종합하면, 구체적인 도입 단계와 경과의 예측에 관해서는 큰 폭으로 조정될 여지가 있다고 본다. 이에 관한 상세는, 아래 제2장 제2절 III. '자율주행의 사회 · 경제적 효과와 법적책임' 부분 참조.

4   아래 제2장 제2절 III. '자율주행의 사회 · 경제적 효과와 법적책임' 부분에서 소개하는 국내외 문헌 모두 공통적으로 자율주행자동차의 순기능으로 ① 교통사고의 전반적인 감소, ② 이동성의 증대(특히 고령자와 아동, 청소년 등 대상), ③ 연료절감 및 이를 통한 환경오염 완화와 같은 점들을 들고 있다.

5   위에서 말한 자율주행자동차 도입으로 인한 긍정적 효과들이 실효성 있게 논의되기 위해서는 자율주행기술의 보편적 수준이 일정 수준 이상에 도달하여야 할 것이고, 자율주행자동차가 '보편화'되었다고 말할 수 있을 정도로 그 도입 역시 본격화되어야 할 것이다. 후술하는 것과 같이 위와 같은 자율주행자동차의 도입 효과에 관한 논의들 역시 자율주행자동차의 도입으로 인한 긍정적 효과의 극대화를 위해서는 그 도입이 일정 규모 이상이 되어야 함을 대체적으로 지적하고 있다.

6   이 글의 직접적인 논의 대상은 아니지만, 자율주행자동차가 보편화, 일반화되어 '자동차 운전'에 대한 일반적인 관념과 인식이 바뀌게 됨에 따라, 자동차 운전면허 제도 및 자동차 운전과 관련한 형사제재 등 규제법제 및 형사법제의 영역에서의 자동차 운전에 관한 근본적인 접근방식과 제도의 전반적 체계 역시 큰 폭으로 변화할 수 있을 것이다.

다만 자율주행기술은 본격적인 상용화 이후에도 지속적으로 발전하겠지만, 기술이 아무리 발전한다고 하더라도 '기술적 오류technical failure'의 가능성이 존재하는 이상, 그로 인한 '사고事故'나 '기능장애'로부터 전적으로 자유로울 수는 없을 것이다. 자율주행기술이 인간의 판단과 행동을 얼마나 정교하게 대체할 수 있을지, 사고의 위험과 관련한 자동차 운전의 안전성 확보라는 측면에서 볼 때 자율주행이 적어도 인간에 의한 운전과 동등하거나 이를 능가할 수 있다고 평가할 수 있을 것인지, 특히 자동차 운전의 영역에서 현실적으로 발생하는 급작스러운 돌발상황 내지 한계상황에서 자율주행시스템이 내리는 순간적인 판단과 선택 및 이에 따른 대처가 사회로부터 얼마나 신뢰를 얻을 수 있을 것인지 등은 아직 제대로 검증되었다고 보기 어렵다. 반면에 자율주행자동차로 인하여 인간이 자동차를 운전하였더라면 발생하지 않았을 새로운 유형의 교통사고 발생과 자율주행 인공지능을 포함한 자율주행자동차의 결함 등이 새롭게 문제될 수 있다. 자율주행자동차의 상용화 초기 단계에는 더욱 그러할 것이다.

자율주행자동차가 상용화되면 일상의 영역에서 즉각적으로 크고 작은 각종 사고를 유발하거나 기능장애를 일으킬 수 있다. 자율주행기술은 실험실 또는 각종 변수가 통제된 실험환경 밖으로 나와 본격적으로 현실 세계와 상호작용하면서 다양한 측면에서 여러 책임의 발생 원인을 야기하여 책임법責任法의 영역에 들어오게 될 것이고, 그중 일부는 기존의 자동차 및 관련 법리와 관련해서는 미처 예상하지 못했던 형태와 내용의 것일 수 있다. 따라서 자율주행기술과 자율주행자동차의 본질적 특성을 고려한 규제법적 관점에서의 제도 정비 및 책임법적 관점에서의 법리와 책임판단 기준 마련이 필연적으로 요청될 것이다.

자율주행자동차에 관한 법적책임, 특히 민사책임은 크게 보아 사고로 인한 민사책임과 기능장애로 인한 민사책임의 두 가지 유형의 경우에 문제될 수 있다. 보다 구체적으로 자율주행자동차는 예측이 불가능할 정도로 매우 다양한 구체적인 운전 환경 하에서 다른 자동차, 보행자들과 함께 일반 도로를 주행하면서 각종 사고에 관한 위험에 노출될 수 있고, 경우에 따라 정상적인 작동이 어렵거나 불가능하게 되거나, 특정한 상황에서 예기치 못하게 작동오류 또는 작동불능 상태에 빠질 수도 있다. 즉 자율주행자동차가 사고를 일으키는 경우뿐만 아니라 기능장애에 빠지는 것 역시 그 자체로 운행자 또는 운전자에게 다양한 유형의 피해를 야기할 수 있다.[7] 이와 같은 자율주행자동차의 제조에서부터, 도로 주행, 사고 또는 기능장애 등에 이르기까지의 매 국면에서 법적책임의 구체적 판단기준과 그 한계 설정이 문제될 수 있다. 다만 이 글에서는 자동차 운전에 따른 특수한 위험besondere Gefahr, 즉 자동차의 속도와 질량 등 물리력에 의해 초래될 수 있는 고유한 성질의 위험[8]이 자율주행기술에 의해 보다 직접적, 구체적으로 현실화된다고 할 수 있는 자율주행자동차의 '사고事故', 즉 교통사고의 경우에 주로 초점을 두어 자율주행자동차와 자율주행기술에 관한 책임법제에 대해 전반적으로 살펴보고자 한다.

　　자율주행기술이 발전하여 자율주행시스템에 의한 자동차 운전의 대체가 심화되고 인간 운전자의 개입 여지가 최소화될수록 인간이 기존의 자동차를 운전하는 경우에 비하여 자동차 고유의 위험성은 보다 크게 부각될 수 있다. 보다 구체적으로 개별 사안에서 자율주행자동차 또는 자율주행기술이 책임 발생의 원인관계를 야기한 것으로 볼 수 있는지, 그에 따른 책임을 자율주행자동차 또는 자율주행기술 자체에 대해 귀속시킬 수 있겠는지, 그에 따른 책임은 누가 부담해야 할 것인지, 그 구체적인 근거는 어떠한지와 책임 귀속의 구체적 내용과 범위는 어떠한지가 문제될 것이다.

7　비단 자율주행자동차에 의한 교통사고뿐만 아니라, 경우에 따라서는 자율주행자동차가 일으키는 기능장애 등도 독립적인 민사책임의 발생 원인이 될 수 있을 것이다. 예컨대 자율주행자동차가 일으키는 각종 기능장애 자체를 '결함' 내지 '하자'로 인정할 수 있는 경우에는, 굳이 자율주행 중의 사고를 전제하지 않더라도 제조물책임이나 하자담보책임이 문제될 수 있다.

8　위 용례에 관해서는 아래 註 963 참조.

제 2 절 논의의 목적

　　이 글은 자율주행자동차와 관련해 발생할 수 있는 다양한 원인과 유형의 법적 책임, 그중에서도 특히 민사책임 법률관계에 대해 책임법적 관점에서 합리적인 규율 방안을 제시하고 관련 법리를 체계화하는 것을 논의의 목적으로 한다.

　　'자율주행기술'은 인공지능^AI이 현실세계에서 '자동차 운전'이라는 일상생활의 영역에 직접적으로 개입해 각종 책임을 발생시키고, 자동차의 물리력에 기인하는 고유한 위험의 본질적인 속성상 그로 인한 책임 발생의 구체적 상황은 사안에 따라 인간의 생명에 대한 직접적인 침해까지도 필연적으로 포함할 수 있는 그 전례를 찾기 어려운 현상이다.[9] 따라서 자율주행기술과 자율주행자동차에 관한 모든 논의의 궁극적인 목표와 과제는 '자율주행자동차의 안전성 확보'가 되어야 할 것이다.[10] 자율주행자동차의 안전성 확보는 이 글의 논의 목적 및 대상과 방법에 관해 이 글 전반을 관통하는 핵심적인 주제이자 최종적인 과제이다.

　　이 글에서는 이와 같은 전제 하에 자율주행기술이라는 새로운 현상(존재)^Sein의 문제와 그로 인한 법적책임 판단이라는 당위^Sollen의 문제를 연구의 대상으로 하고, 자율주행기술의 본질과 구체적인 내용에 관한 실증적^positive 논의와 책임 판단이라는 규범적^normative 논의를 통해 이와 같은 현상과 당위 문제의 구체적 내용과 상호관계를 법적책임, 특히 민사책임이라는 측면에서 관찰, 분석하고 이를 평가, 검증

9 　예컨대 마찬가지로 인공지능(AI)의 일종인 인터넷 검색 사이트의 검색 알고리즘(search algorithm), 특히 순위 알고리즘[ranking algorithm. 대표적으로 구글(Google)의 페이지랭크(PageRank) 등] 등을 통해 정렬되어 나타나는 검색결과가 현실적으로 명예훼손, 개인정보침해, 저작권 등 지적재산권 침해 등 쟁점과 관련해 일으킬 수 있는 여러 문제들 역시 인공지능과 법적책임에 관한 주요한 연구 분야 중의 하나일 것이다.

　다만 이 글에서 다루는 '자율주행과 법적책임'의 문제에 관한 논의는 자동차의 물리력에 따른 생명, 신체와 재산에 대한 직접적인 침해 상황을 그 대상으로 한다는 점에서, 그 보호법익과 고려요소의 측면에서 볼 때 이와 같은 관련 분야에서의 논의와는 상당히 차별화된 구체적인 전개 양상을 보일 수 있다.

10 　자율주행기술과 자율주행자동차에 관해 법적책임이 논의된다는 상황 자체가, 바로 자율주행자동차에 필요한 안전성의 확보가 과연 충분하였는지에 관한 의문이 제기되는 것과 다름없다고 말할 수도 있을 것이다.

하는 것을 구체적인 연구 방법으로 한다.[11]

기존의 자동차에 관련된 민사책임 법제에서, 교통사고로 인한 책임과 관련해서는 「민법」상 불법행위 제도에 따른 '운전자책임'과 「자동차손해배상 보장법」상의 '운행자책임'이 주로 문제되어 왔고, 자동차의 각종 기계적·전자적 장비와 부품 등에 관한 결함과 그로 인한 책임과 관해서는 「제조물책임법」상의 '제조물책임'이 문제되어 왔다. 자동차와 민사책임과 관련해서는 위 각각의 책임 범주에서 책임의 성립요건과 범위 등에 관해 다양한 법리와 판례가 형성·발전되어 왔고, 이는 자율주행자동차와 관련해서도 여전히 문제될 수 있다.

이 글에서는 자동차와 법적책임에 관한 주요 책임 범주인 '제조물책임', '운행자책임', '운전자책임' 제도를 논의의 구체적 대상으로 한다. 자동차에 관한 민사책임 법제의 핵심을 이루는 이들 제도 하에서 종래에 형성, 전개되어 온 기존 법리와 해석론을 자율주행의 본질에 비추어 비판적으로 검토하고, 자율주행자동차의 특성을 감안한 새로운 해석론과 바람직한 제도 운영 방안을 제시하고자 한다.

자율주행기술과 자율주행자동차는 현재까지는 본격적인 상용화 이전의 단계에 있다. 자율주행자동차에 관해 법제적 측면에서도 현재 논의가 활발히 이루어지고 있으나 논의의 상당 부분은 아직 검증되지 않은 가정에 기초한 이른바 '선제적'인 성격의 것이고, 이로 인해 그 논의에는 본질적인 한계가 있을 수밖에 없다. 이는 이 글 역시 마찬가지이다. 다만 자율주행자동차의 상용화를 목전에 두고 있다고 볼 수 있는 현 단계에서 자율주행과 법적책임 문제를 둘러싼 여러 쟁점에 관해 법적 판단을 내리기 위한 기본적인 해석론의 틀을 마련하고 관련 법리의 체계화를 위한 구체적 시도가 필요한 시점은 이미 도래하였다고 본다. 자율주행 관련 쟁점의 성질과 내용에 따라서는 시급한 입법적인 해결이 뒷받침되어야 할 수도 있다. 현 단계에서 확인 가능한 자율주행기술의 수준을 정확히 파악하고, 앞으로의 기술 발전의 모습과 방향을 가늠하며, 예측 가능한 책임 발생의 다양한 경우들을 상정하여 이를 규범적인 측면에서 논의하고, 이를 통해 자율주행과 법적책임에 관한 합리적인 해석론과 입법론을 도출하는 것은 책임법제에서 중요한 작업이 될 것이다.

---

11   이와 같은 연구 방법론과 논의의 기본구도에 관해서는 아래 註 113 참조.

(1) 이 글에서는 위에서 언급한 논의 목적 하에, 아래와 같은 내용의 주제들을 대상으로 자율주행과 법적책임, 특히 민사책임 문제에 관한 구체적인 논의를 전개하고자 한다.

(2) 제2장에서는 '자율주행 관련 기초논의'를 주제로, 자율주행자동차, 자율주행기술과 법적책임에 관련된 여러 쟁점들을 개관한다.

자율주행기술에 의해 대체되는 자동차 운전은 그 자체로서 여러 책임 문제를 야기할 가능성을 늘 수반하고, 고도의 위험성 역시 내재되어 있다. 자율주행자동차는 이를 통해 각종 책임의 발생 기초 내지 원인을 스스로 야기한다. 따라서 자동차 운전에 관한 책임의 발생기초와 원인관계 역시 필연적으로 인간의 행위로부터 자율주행자동차, 자율주행기술 또는 자율주행 인공지능^AI 쪽으로 이동하게 될 것이다.

이와 같은 측면을 기본적인 전제로 하여, 먼저 '현상'으로서의 자율주행기술의 본질과 그 구체적 내용의 상세에 관해 살펴보고자 한다. 자율주행기술은 인간의 사고思考가 수반되는 판단과 행위를 '시스템system'에 의해 직접 대체하는 것을 본질적인 속성으로 한다. 따라서 자율주행기술의 구체적 내용과 한계는 그로 인해 발생하게 되는 법적책임의 내용, 범위 및 한계 역시 상당부분 좌우하게 될 것이다. '자율주행과 법적책임'에 관한 논의는 자율주행기술에 관한 실증적 논의와 그로 인한 책임 판단이라는 규범적 논의가 어떠한 내용과 방식으로 유기적으로 상호 연계되는지를 논증하는 것과 다름없다. 따라서 자율주행과 법적책임에 관한 본격적인 논의에 앞서 책임판단의 대상이자 그 도구 및 전제로서 기능하게 되는 '자율주행'의 본질에 관한 심층적인 논의가 필수적으로 요청된다고 본다.[12]

---

12 '자율주행과 법적책임'에 관한 논의는 '인공지능과 법적책임' 일반에 관한 구체적이고도 현실적인 논의의 출발점이 될 수도 있다.

'자율주행과 법적책임'에 관한 모든 논의의 전제로서, 자율주행기술과 자율주행자동차의 개념을 정의내리고, 자율주행자동차의 본질적 특성을 법적책임 판단이라는 논의의 전반에 걸쳐 어떠한 내용과 방향에서 고려할 것인지 살펴본다.

구체적으로 자율주행자동차의 개념과 의의, 자율주행기술의 구체적 내용, 자율주행자동차의 기대효과 등 사회적 함의, 자율주행기술의 발전에 따른 단계별 분류체계 등 자율주행기술 일반에 대해 살펴본다. 또한 현재 자율주행자동차에 관한 모든 논의의 출발점으로서 전 세계적으로 통용되고 있는 '자율주행 단계구분'에 관해 살펴본다. 특히 위 단계구분이 법적책임 판단의 도구로서 유효하게 기능할 수 있는지에 관해 중점을 두어 살펴본다. 이어서 자율주행자동차와 자율주행기술에 대한 여러 법체계에서의 규제법제 현황은 어떠한지를 책임법제에 관한 논의에 필요한 범위 내에서 개관한다. 또한 자율주행과 법적책임 귀속 문제와 연관된 쟁점 중, 자율주행과 윤리적 문제에 관해 살펴보고, 자율주행자동차와 법적책임 문제에 연관될 수 있는 여러 책임 주체를 자율주행자동차의 책임 주체성 문제와 함께 개관한다.

(3) 제3장에서는 '자율주행과 제조물책임'에 관해 살펴본다. '제조물책임'과 관련해, 제조물책임법제에서 종래 형성되어 온 여러 이론과 법리를 자율주행의 본질과 관련해 비판적으로 검증하고, 결함과 면책사유의 판단기준 및 그 증명책임과 관련한 합리적인 해석론을 제시하고자 한다.

자율주행자동차와 제조물책임에 관한 논의는 특히 아래와 같은 점에서 논의의 구체적 실익이 크다.

먼저 '자율주행자동차의 안전성 확보'라는 주제는 제조물책임 책임 영역에서의 논의 부분에서 두드러진다. 제조물로서의 자율주행자동차의 결함 판단의 기준을 설정하는 것은 제조물로서의 자율주행자동차의 안전성 확보에 직결되는 문제이다. 이와 관련해 구체적으로 어떠한 판단기준을 세우는 것이 여러 합리적이고도 타당한 결론을 가져올 것인지를 여러 측면에서 세밀히 살펴볼 필요가 있다.

자율주행자동차 관련 분쟁의 종국적 해결이라는 측면에서도 자율주행자동차와 제조물책임 관련 논의는 의미가 작지 않다. 자율주행자동차는 스스로 운전하면서 각종 책임의 원인을 야기한다는 점에서, 자율주행자동차의 제조업자와 자율주행기술의 개발자 등은 법적책임의 발생 원인을 제공하는 근본적인 주체라고도 말할 수 있다. 자율주행기술이 고도화되어 자동차 운전 영역에서 자율주행자동차의

'자율성autonomy'이 증대하게 되면, 자율주행자동차 자체에 의한 법적책임 발생의 원인제공 비중 역시 전체적으로 크게 증대할 수밖에 없다. 현실적으로 자율주행자동차와 자율주행기술에 의하여 발생하는 다양한 민사책임에 관련된 분쟁은 기존의 자동차와는 달리 이들 제조업자와 기술개발자 등에 대한 책임의 구상求償 문제를 끊임없이 발생시키고, 자율주행기술을 둘러싼 민사책임 문제는 제조업자 등에게 제조물책임을 묻는 형태로 종국적으로 귀결될 가능성이 크기 때문이다.

자율주행자동차의 사고에서는 1차적 책임 소재所在의 판단 단계에서부터 제조물로서의 자율주행자동차에 결함이 존재하는지 여부가 문제될 수 있다. 또한 결함 판단의 대상에 관해 보더라도, 자동차의 장비와 부품의 기계적 성능보다는 자율주행 소프트웨어 알고리즘이 운전 중 구체적인 상황에서 내리는 선택과 판단 및 그에 따른 조치의 합리성 여하가 보다 빈번히 문제될 것이므로, 이를 판단하기 위한 세밀한 기준을 제시하고자 한다.

그밖에도 자율주행자동차와 제조물책임과 관련해 문제될 수 있는 여러 새로운 쟁점들과 관련해 예상되는 결함의 유형에 대응하는 구체적 판단기준 설정 역시 필요하다. 특히 제조물책임에서 결함과 면책사유 및 그 증명책임에 관해 합리적 판단기준을 설정하는 문제는 제조물로서의 자율주행자동차의 안전성 확보의 문제와도 직결되는 중요한 문제로서, 자율주행의 본질을 충분히 반영한 합리적인 해석론을 도출하고자 한다.

(4) 제4장에서는 '자율주행과 운행자책임'에 관해 살펴본다. 인간에 의한 자동차 운전을 전제로 하여 오랜 기간 동안 형성되어 온 기존의 운행자책임 법제가 자율주행자동차의 사고로 인한 법적책임의 문제를 유효하게 규율할 수 있는지에 관해, 기존의 제도와 해석론의 내용과 한계를 검증하고 새로운 해석론을 제시하고자 한다.

'운행자책임'과 관련해, 자율주행자동차의 '자율성'이라는 자동차 운전의 영역에서의 근본적인 변화가 종래「자동차손해배상 보장법」에 의해 규율되어 온 운행자책임 제도에 미칠 영향을 다각도로 검토한다. 운행자책임 제도에 비추어 본 자율주행의 의의를 살펴보고, 운행자책임 법제에 자율주행자동차의 자율성이라는 본질적 속성을 어떠한 방향과 내용으로 반영할 것인지를 해석론과 입법론의 측면에서 살펴본다. 이를 통해 자율주행자동차에 관한 운행자책임 제도의 합리적인 운용 방안을 제시한다.

구체적으로 자율주행자동차의 '운행자'를 누구로 보아야 하는지, 자율주행자동차의 도입 이후에도 자동차 보유자 등에게 종래의 운행자책임을 그대로 인정할 수 있을 것인지, 특히 운행자책임의 요소인 '운행지배'를 자율주행자동차에 관해서도 종전과 마찬가지로 인정할 수 있을 것인지를 중심으로 살펴본다. 운행자책임에 관한 손해배상청구권자가 되기 위한 요건인 '타인성'의 개념을 자율주행자동차에 관해 그대로 적용할 수 있는지, 운행자책임의 면책사유에서 종래의 운전자의 주의의무 위반을 전제로 한 부분 등은 어떻게 새롭게 해석, 구성해야 하는지 등도 살펴본다. 나아가 자율주행이라는 새로운 현상이 기존의 책임보험제도에 미칠 영향과 보험법제와 책임법제와의 상호 연관관계에 관해서도 살펴본다.[13]

(5) 제5장에서는 '자율주행과 운전자책임'에 관해 살펴본다. 자율주행자동차에 적용된 자율주행시스템이 운전자의 탑승과 자율주행 중의 감시·개입을 필요로 하는 경우 자율주행 중의 사고에 관해서도 '운전자'의 책임이 여전히 문제될 것이다. 다만 이와 같이 자율주행시스템이 '시스템과 운전자의 상호작용'을 전제로 하여 구현되는 경우 운전자책임의 구체적인 내용에 관해서는 기존의 자동차의 운전자책임과는 전혀 다른 새로운 시각과 관점에서 살펴볼 필요가 있다.

자율주행 중의 자율주행자동차의 사고에 관한 책임의 영역에서 운전자의 책임 여부를 합리적으로 판단하고, 이를 통해 운전자 책임의 적정한 범위를 설정하기 위한 기준을 세울 필요가 있다.[14]

자율주행자동차에서 '자율주행시스템과 운전자 상호 간의 차량에 대한 제어권의 배분과 이전'의 문제, 보다 구체적으로 자율주행 중의 시스템으로부터 운전자로의 차량 제어권 이전을 둘러싼 문제는 자율주행자동차에서 운전자책임의 매우 중요한 발생 기초가 될 것이고, 자율주행 중에 자동차 운전에 관여하게 되는 운전자

---

[13] 자율주행자동차의 상용화는 보험제도에도 큰 영향을 미치게 될 것이다. 자동차 보험체계의 중심은 현행의 자동차 운행자 손해배상책임보험으로부터 제조물책임보험으로 이동하게 될 것이다. 자율주행자동차와 보험법제 관련 논의 역시 책임법제 관련 논의와 상호 간에 영향을 주고받으면서 주요한 주제로 등장하게 될 것이다. 다만 이 글은 책임법제 중 자율주행기술이 야기하는 여러 민사책임의 원인관계 및 그에 관한 해석론을 직접적인 논의의 대상으로 삼고 있으므로, 보험법제 관련 논의는 책임법제의 논의에서 필요한 부분에서 소개, 언급하는 것으로 갈음하고자 한다. 이 점에 관해서는 제4장 제4절 '자율주행자동차에 대한 운행자책임과 입법론 및 보험법제 관련 논의' 부분에서 살펴본다.

[14] 한편 운행자책임은 이른바 인신손해(人身損害)에 관해서만 적용되므로, 물적 손해에 관해서는 운전자의 고의나 과실에 의한 불법행위책임이 여전히 문제될 수 있다.

의 책임 판단에 관해서는 운전자책임의 근거, 내용 및 한계에 관해 구체적이고도 합리적인 판단기준을 설정할 필요성이 매우 크다.

특히 운전자가 탑승하여 감시와 개입 등 일정 부분 관여할 것을 전제로 한 3단계 자율주행자동차와 관련해서는 운전자의 책임이 크게 문제될 수 있다. 3단계 자율주행자동차에서는 적지 않은 경우 사고에 임박한 한계 상황을 포함하여 자율주행 중의 인간 운전자의 직접 조작의무가 법적책임 판단 문제에 크게 개입될 수 있기 때문이다. 자율주행 중의 인간 운전자에 의한 운전 개입 가능성 내지 차량 제어 가능성의 문제를 현상적 및 당위적 측면에서 분석하고, 이에 관한 책임판단 기준을 도출하는 작업은 자율주행과 운전자책임에 관한 매우 중요한 주제가 될 것이다.

특히 자율주행자동차의 상용화 초기에는 '자율주행시스템과 운전자 상호 간의 차량에 대한 제어권의 배분과 이전'과 관련해 복잡하게 얽힌 책임관계의 문제가 발생할 소지가 더욱 크다고 볼 수 있다.[15] 자율주행자동차의 사고로 인한 책임 판단의 실제에서, 법적책임 부담의 위험이 자율주행자동차의 결함에 따른 제조물책임의 문제로부터 자율주행 중의 운전자의 감시 내지 개입의무 위반에 따른 책임의 문제로 불합리하게 전가될 소지가 있지는 않은지에 특히 초점을 맞추어 살펴볼 필요가 있다.

(6) 제6장에서는 '자율주행자동차의 사고와 법적책임 주체의 손해배상책임 부담 및 구상관계'에 관해 살펴본다. 자율주행자동차의 자율주행 중에 발생한 사고의 유형별로 이 글에서 다루는 제조물책임, 운행자책임과 운전자책임 각각의 책임주체의 법적책임 부담 여부와 각 책임의 상호연관관계, 법적책임 주체 상호 간의 구상求償관계를 개관한다.

(7) 마지막으로, 제7장 '결론'에서는 이 글에서의 논의를 종합하고 결론을 도출한다.

---

15 자율주행자동차의 본격적인 상용화에 따라 머지않은 미래에 자율주행자동차가 인간이 직접 운전하는 기존의 자동차들과 뒤섞여 운행하게 될 것이다. 더구나 상당 기간 동안은 시판되는 자율주행자동차의 대부분은 인간 운전자의 개입을 전제로 하는 3단계 자율주행자동차가 될 것임 또한 어렵지 않게 예측해 볼 수 있다.
4단계 이상의 자율주행자동차가 상용화된다고 하더라도, 3단계 자율주행자동차의 운전자 책임 문제는 계속 문제될 수 있다. 3단계 이하의 자율주행자동차 또는 사람이 전적으로 운전하는 기존의 자동차의 운행이 금지되거나 그 생산이 중단되지 않는 한(두 경우 모두 현실적으로 상정하기 매우 어렵다), 이를 구매하거나 운행하는 것은 결국 자율주행자동차의 가격 등과 구매의 필요성 등의 측면을 고려하여 소비자 스스로 선택할 문제이기 때문이다.

제 **2** 장

자율주행 관련 기초논의

자율주행 관련 기초논의

자율주행자동차, 자율주행기술은 기존에 존재하지 않았던 것이고, 전통적인 책임법제 역시 기계가 인간의 판단 영역을 대체하는 상황까지를 염두에 두고 그 원칙과 법리가 형성되어 왔다고 말하기는 어렵다.

자율주행자동차와 법적책임 판단의 문제를 구체적으로 살펴보기에 앞서, 자율주행자동차, 자율주행기술의 현황과 구체적 모습을 현상적 측면에서 살펴볼 필요가 있다. 자율주행자동차, 보다 구체적으로 그에 적용된 인공지능의 일종인 자율주행기술에 관한 기술적 지식은 많은 경우 자율주행자동차로 인한 책임 판단에 필수적으로 요구될 것이다.

본장에서는 우선 자율주행자동차와 자율주행기술의 본질과 구체적 내용을 책임법제에서 가지는 구체적 함의에 비추어 살펴본다. 자율주행자동차와 법적책임 판단 문제 역시 책임법제 하에서의 여러 책임판단 기준에 비추어 자율주행기술의 수준과 내용, 보다 구체적으로 자율주행시스템이 자율주행 중에 내리는 구체적인 선택의 합리성과 타당성을 객관적, 사후적으로 검증하는 것으로 귀결될 가능성이 크다고 볼 수 있기 때문이다. 따라서 '자율주행과 법적책임'에 관한 논의에 본격적으로 들어가기 앞서 자율주행의 본질에 관한 심층적인 논의가 반드시 필요하다.[16]

또한 자율주행자동차에 관한 책임법제에 관련된 현재 모든 논의의 출발점이 되고 있는 자율주행 단계구분이 법적책임 판단에서 가지는 의의에 관해 상세히 살펴본다. 현재 전 세계적으로 통용되고 있는 자율주행 단계구분이 법적책임 판단의 도구로서도 유효하게 기능할 수 있다고 볼 수 있는지에 중점을 두어 살펴본다.

이어서 자율주행기술에 대한 규제법제를 책임법제에 관한 논의에 필요한 범위에서 개관한다. 자율주행기술에 관한 법체계 전반, 특히 규제법제의 태도와 규제의

---

[16] 현 시점에서 볼 때, '자율주행기술과 법적책임'에 관한 논의는 '인공지능과 법적책임' 일반에 관한 구체적이고도 현실적인 논의의 출발점이 될 수도 있다.

방향을 살펴보는 것은 책임법제에 대해서도 적지 않은 시사를 줄 수 있다. 특히 자동차의 경우 고유의 위험성을 가진다는 점으로 인해, 자동차의 안전성과 관련된 여러 측면에서의 규제가 존재하고, 자율주행기술의 발전에 따라 관련 규제법제의 내용도 끊임없이 변화할 것이다. 특히 자율주행자동차와 규제법제상 안전기준의 준수 여부는 그 자체로서 제조물책임의 결함 판단과 관련해 직접적인 영향을 미칠 수 있다. 아울러 자율주행기술과 자율주행자동차에 관한 각국의 정부정책과 입법례 역시 책임판단에 직간접적으로 고려될 수 있다.

최근 활발히 논의되고 있는 자율주행자동차가 제기하는 복잡한 윤리적 문제를 구체적인 법적책임 판단의 어느 지점에서 구체적으로 어떻게 고려할 것인지 여부도 깊이 검토될 문제이다. 자동차 운전에서 인간의 판단을 대체하는 자율주행기술이 인간의 생명과도 같은 고도의 가치들 사이에서의 선택에 직면했을 때 어떠한 선택을 내려야 하는지의 윤리적 문제는 자율주행시스템이 자율주행 중에 내리는 선택의 합리성의 판단 문제에 직접 연관된다. 마지막으로 자율주행자동차와 법적책임의 주체 문제에 관해 개관한다.

Ⅰ. 자율주행자동차와 자율주행기술의 의의

1. 개요

자율주행자동차에 관한 본격적인 논의에 앞서, 먼저 자율주행자동차와 이를 구현하는 자율주행기술의 개념 정의에 관한 국내외 문헌과 법령에 관해 개관하고, 이 글에서 사용하는 자율주행자동차의 개념을 정의내리고자 한다.

이에 관해 특히 미국 "국제자동차공학회SAE International; SAE"[17]의 자율주행기술과 연관개념에 대한 정의 및 설명에 중점을 두어 살펴보고자 한다. SAE는 아래에서 살펴볼 '자율주행 단계구분'[18]과 관련해 자율주행자동차와 자율주행기술을 0에서부터 5단계까지의 6단계로 구분하고 있고,[19] 이와 같은 SAE의 자율주행기술 6단

---

17 미국의 항공우주, 자동차 종사자들의 단체이다. 'SAE'는 "Society of Automotive Engineers"의 약칭으로, 이전 명칭은 "미국 자동차공학회(Society of Automotive Engineers; SAE)"이다. https://www.sae.org/ 참조 (2018. 10. 25. 최종확인).

이하 이 글에서 단체, 기관과 법령 등이 같은 항 부분에서 반복하여 등장하는 경우 등에는 그 명칭을 약칭 등에 의해 간략히 인용한다.

18 이에 관한 상세는 본장 제3절 '자율주행 단계구분과 법적책임' 부분 참조.

19 SAE International, "Taxonomy and Definitions for Terms Related to Driving Automation Systems for On-Road Motor Vehicles(J3016:Jun 2018)", 2018. 6.

https://www.sae.org/standards/content/j3016_201806(2019. 2. 17. 최종확인)

이는 SAE가 발표하여 오고 있는 자동차 기술 개발과 규격 등 산업 표준화(industrial standardization)에 관한 여러 '관행 제안(Recommended Practices)'들 중의 하나로, 자율주행시스템의 분류와 다양한 연관개념, 용어의 정의 등에 관해 상세히 기술하고 있다.

SAE의 J3016은 2014. 1. 최초로 발표되었고, 2016. 9.와 2018. 6. 각 수정·발표되었다. SAE International, "Taxonomy and Definitions for Terms Related to On-Road Motor Vehicle Automated Driving Systems(J3016)", 2014. 1. 및 SAE International, "Taxonomy and Definitions for Terms Related to Driving Automation Systems for On-Road Motor Vehicles(J3016)", 2018. 6.

이하 2018. 6. 발표된 현행 J3016을 "SAE J3016"이라고 한다.

계 구분은 국내외를 통틀어 거의 모든 주요 법률문헌에서도 자율주행자동차와 자율주행기술에 관한 논의의 전제이자 출발점이 되고 있다. 또한 SAE의 자율주행기술 단계 구분은 미국, 독일과 일본 정부 등 각국 정부와 유럽연합^{EU}의 공식적인 자율주행 단계구분에 직접적인 영향을 주었다. 대표적으로 미국 "연방 교통부^{Department of Transportation; DOT}"와 그 산하의 "연방도로교통안전국^{National Highway Traffic Safety Administration; NHTSA}"[20]은 SAE의 6단계 분류에 그대로 따르고 있고,[21] 유럽연합 역시 마찬가지이다.[22]

특히 SAE의 정의는 다른 문헌과 자료들에서 보는 정의에 비하여, 자율주행기술의 본질과 내용의 측면에 충실하여, 직관적이고도 정교하게 자율주행기술과 자율주행자동차를 정의내리고 있다. 따라서 SAE에 의한 자율주행자동차와 자율주행기술에 대한 정의에 중점을 두어 살펴볼 필요가 있다.

---

20 NHTSA는 1970년 미국 연방법인 "고속도로안전법(Highway Safety Act. 49 U.S.C. §105)"에 의해 설립된 미국 연방 교통부(DOT)의 산하 기구이다.
홈페이지 https://www.nhtsa.gov/(2018. 7. 11. 최종확인). NHTSA의 개요, 현황과 역할에 관해서는 아래 웹사이트 참조.
https://www.nhtsa.gov/sites/nhtsa.dot.gov/files/810552.pdf 참조(2018. 7. 11. 최종확인).

21 미국 NHTSA의 자율주행 단계구분에 관해서는 본장 제3절 '자율주행 단계구분과 법적책임' 해당 부분에서 상세히 살펴본다.

22 유럽의회(European Parliament)의 산하 기구인 European Parliamentary Research Service(EPRS)의 2016년 브리핑(Briefing) 보고서 "Automated vehicles in the EU"에서도 SAE의 단계 분류에 따르고 있다. EPRS, "Automated vehicles in the EU", 2016. 1, pp.3–5 참조.
http://www.europarl.europa.eu/RegData/etudes/BRIE/2016/573902/EPRS_BRI(2016)573902_EN.pdf(2018. 10. 1. 최종확인).
EPRS의 연구(Study)보고서 "A common EU approach to liability rules and insurance for connected and autonomous vehicles" 역시 마찬가지로, SAE의 단계 분류에 따르고 있다. EPRS, "A common EU approach to liability rules and insurance for connected and autonomous vehicles", 2018. 2, p.50 참조. 이하 'EPRS 연구보고서'라고 한다.
http://www.europarl.europa.eu/RegData/etudes/STUD/2018/615635/EPRS_STU(2018)615635_EN.pdf(2018. 10. 1. 최종확인).

2. 자율주행자동차와 자율주행기술의 정의

가. 연구문헌 및 자료에서의 정의

1) 외국 연구문헌 및 자료에서의 정의

가) SAE의 정의

(1) 자율주행시스템에 관한 개념정의

자동차 산업표준화에 대한 미국의 대표적 단체인 미국 국제자동차공학회 SAE는 '자율주행자동차' 자체가 아닌, 이를 구현하는 '자율주행시스템'의 개념을 정의내리고 있다. 즉 SAE J3016은 아래와 같이 '자동운전시스템automated driving system; ADS'과 '운전자동화시스템driving automated system; DAS'을 각기 구분하여 정의내리고 있다. SAE는 자율주행시스템을 통칭하는 넓은 의미의 자율주행시스템을 '운전자동화시스템driving automated system; DAS'이라고 표현하고, 그중 3, 4, 5단계의 자율주행시스템을 특히 '자동운전시스템automated driving system; ADS'이라고 표현하고 있다.[23]

'자동운전시스템automated driving system; ADS'은 특정한 '작동설계영역operational design domain; ODD'[24]에 국한되는지 여부에 상관없이, 모든 '동적운전작업dynamic driving task; DDT'[25]을 연속된 기반sustained basis에 따라 수행할 수 있는 하드웨어와 소프트웨어의 집합(즉 시스템)을 의미한다.[26]

'운전자동화시스템driving automated system; DAS'은, '동적운전작업DDT'의 일부 또는 전부를 연속된 기반에 따라 수행할 수 있는 하드웨어와 소프트웨어의 집합(즉 시스템)을 의미한다.[27]

즉 SAE는 ① '자동운전시스템ADS', 즉 자율주행 3, 4, 5단계는 시스템이 모든

---

23 SAE J3016, pp.3, 5.

24 '작동설계영역(operational design domain; ODD)'의 개념에 관해서는, 아래에서 항을 바꾸어 설명한다.

25 '동적운전작업(dynamic driving task; DDT)'의 개념에 관해서도, 아래에서 항을 바꾸어 설명한다.

26 '자동운전시스템(automated driving system; ADS)'은 위에서 본 것과 같이 3, 4, 5단계의 자동화 시스템을 특히 지칭하는 용어이다.

27 '운전자동화시스템(driving automated system; DAS)'은 아래에서 보는 1단계에서 5단계까지의 운전자동화 시스템을 통칭하는 용례이다. SAE J3016(註 19), p.5.

'동적운전작업DDT'을 수행하고, ② '운전자동화시스템DAS', 즉 자율주행 1~5단계는 시스템이 '동적운전작업DDT'의 전부 또는 일부를 수행하는 것이라고 하여, 시스템이 '동적운전작업DDT'의 전부를 수행하는지 그렇지 않은지를 기준으로 하여 양자를 구별하고 있다.

(2) 자율주행시스템 관련개념의 정의

SAE는 자율주행기술을 정의내리기 위한 전제, 즉 자율주행기술의 구성요소 내지 특질적인 개념징표를 이루는 여러 관련개념들에 관해서도 정의하고 있다. 위에서 본 것과 같이 자율주행자동차에 관한 국내외의 거의 모든 논의들이 SAE에 의한 자율주행 단계구분으로부터 논의를 시작하고 있는 점에 비추어, 자율주행이라는 현상을 올바로 이해하기 위해서는 SAE가 기술하고 있는 자율주행 단계구분 등의 전제가 되는 세부개념들에 대한 올바른 이해가 필요하다고 본다.[28]

SAE는 위 '자동운전시스템automated driving system; ADS'과 '운전자동화시스템driving automated system; DAS'의 구체적인 내용을 구성하거나 보충하는 다음과 같은 개념들에 관해서도 매우 세밀하게 규정하고 있다.

'작동설계영역operational design domain; ODD'이란 '당해 운전자동화시스템driving automated system 또는 그 특정 기능이 작동하도록 특정되어 설계된 작동조건'을 의미한다. 이는 환경, 지형 또는 하루 중의 시간의 제한, 그리도/또는 일정한 교통과 도로의 특징들의 존재 또는 부존재 등을 포함하나, 반드시 이에 제한되지 않는다.[29] '작동설계영역ODD'의 개념은 다음과 같은 점에서 큰 중요성을 가진다.[30] 우선 아래에서 보는 것과 같이 1단계에서 4단계까지는 작동설계영역ODD의 제약을 전제로 하나, 5단계는 그와 같은 제약이 없다. 따라서 3단계와 4단계의 개별 자율주행시스

---

28 예컨대, 池田裕輔, "自動運転にかかる法制度の検討の現況", 自動運転と法(藤田友敬 編), 有斐閣, 2018, 20 면 이하에서도 SAE의 자율주행기술 관련개념들을 상세히 소개하고 있다. 아래 제4절 II. 2. 라. '일본' 부분에서 살펴보는 것과 같은 일본 정부가 발표한 자료들인 "관민ITS구상 · 로드맵(官民ITS構想 · ロードマップ)" 및 "자율주행자동차 안전기술 가이드라인(自動運転車の安全技術ガイドライン)" 등에서도 역시 SAE J3016의 자율주행기술 관련개념들을 거의 그대로 번역해 사용하고 있다.

29 SAE J3016(註 19), p.14. 위 'J3016'의 초판에서는 '운전모드(driving mode)'라는 표현을 사용하였다. 그러나 '운전모드'라는 표현은 그 의미가 불명확하고 자동운전시스템의 작동조건에 관련된 특징들을 제대로 설명하지 못한다는 이유로, 2018. 6.의 SAE J3016에서부터는 '작동설계영역(operational design domain. ODD)'이라는 표현을 사용하기 시작하였다. SAE J3016(註 19), p.28 참조.

30 이하의 내용에 관해서는 SAE J3016(註 19), p.26 참조.

템의 특질은 다양항 내용과 범위의 작동설계영역ODD의 제한을 받게 된다.[31] 따라서 예컨대 광범위한 작동설계영역ODD 하에서 동작할 수 있는 3단계의 자율주행기술이 한정된 작동설계영역ODD에서만 동작하는 4단계의 자율주행기술보다도 기술적으로 보다 달성하기 어려운 것으로 평가할 수 있다.[32] '작동설계영역ODD'은 자율주행시스템의 작동조건 내지 한계를 이루는 핵심적인 징표로서 기능하게 되므로, 우선 3단계 자율주행자동차의 운전자책임과 직접 연관될 수 있고, 자율주행기술의 한계에서 비롯되는 제조물책임, 운전자책임 등 다양한 민사책임에 대한 판단의 준거로서도 중요한 의미를 가질 수 있다.[33]

'동적운전작업dynamic driving task; DDT'이란 '자동차를 도로교통상에서 조작하기 위해 필요한 모든 실시간 조작적operational 및 전략적tactical 역할들functions'을 의미한다. 여기에서 주행 경로 및 목적지 또는 경유지점의 설정 등은 제외되나, 다음과 같은 것들은 제한 없이 포함한다.[34]

① 조향steering에 의한 자동차의 횡방향lateral 동작 제어(조작 관련); ② 가감속에 의한 자동차의 종방향longitudinal 동작 제어(조작 관련); ③ 사물과 사건의 감지object and event detection, 인식, 분류 및 반응준비를 통한 운전 주변 환경의 감시monitoring the driving environment(조작 및 전략 관련); ④ 사물과 사건에 대한 반응의 실행(조작 및 전략 관련); ⑤ 조종계획maneuver planning(전략 관련); ⑥ 조명, 신호와 동작 등을 통한 제3자에 대한 인식conspicuity의 증대 등(전략 관련).

'연속된sustained'이란, 외부 사건들의 발생 도중에both between and across external events '동적운전작업DDT'의 일부 또는 전부를 수행하는 것으로서, 외부 사건에 대해 반응하거나, 외부 사건이 없는 경우 동적운전작업DDT의 일부 또는 전부를 계속 수행하는 것을 포함한다.[35] SAE에 따르면 '연속된 기반sustained basis'이라는 개념징표는 단지 '시간상의 계속성'만을 의미하는 것을 넘어서는 것이다.[36] 다만 SAE는 '연

---

[31] 예컨대 4단계의 개별 자율주행시스템이라고 하더라도, 각각의 특질별로 주차, 고속주행, 저속주행의 작동설계영역(ODD)의 제약을 받는 것일 수 있다.

[32] SAE J3016(註 19), p.26.

[33] 이에 관해서는 본장 제3절 '자율주행 단계구분과 법적책임' 부분에서 상세히 살펴본다.

[34] SAE J3016(註 19), p.6.

[35] SAE J3016(註 19), p.15.

[36] SAE에 따르면 기존의 크루즈 콘트롤(conventional cruise control)은 외부의 사건에 대해 스스로 응답하는 것이 아니므로, 연속된 조작(sustained operation)을 수행하는 것이 아니라고 한다(前註).

속된'이라는 용어를 자율주행 1~5단계에 포괄하여 현상적인 측면을 서술하는 용어로서 사용하고 있다.

한편 '동적운전작업DDT'의 정의와 관련하여, '사물과 사건 감지 및 대응object and event detection and response; OEDR'이란, '동적운전작업DDT의 하위작업subtask으로서 운전 주변 환경의 감시(감지, 인식, 사물과 사건의 분류 및 필요한 반응의 준비)와 그와 같은 사물과 사건에 대해 적절한 반응을 하는 것(예컨대 동적운전작업DDT의 완료 그리고/또는 비상조치(dynamic driving task; DDT) fallback)을 포함하는 것'을 의미한다.[37]

한편 '비상조치(dynamic driving task; DDT) fallback'[38]란, '동적운전작업DDT 기능과 관련된 시스템의 장애 또는 작동설계영역ODD으로부터의 이탈exit의 경우 ① 사용자 user가 이에 반응하여 동적운전작업DDT을 수행하거나, 또는 최소위험상태minimal risk condition; MRC에 도달하도록 하는 것[39], 또는 ② 자동운전시스템ADS이 이에 반응하여 최소위험상태MRC에 도달하도록 하는 것[40]'을 말한다.[41]

---

37   SAE J3016(註 19), p.14.

38   정보통신기술이나 컴퓨터시스템공학 등에서, 'fallback'은 시스템의 전부 또는 일부에 장애가 발생한 경우 ① 시스템의 전부 또는 일부를 다른 시스템(대체 시스템)으로 바꾸거나, ② 이로 인해 성능이 저하된 상태로 시스템을 계속 운용하거나, ③ 수동전환하는 것 등을 의미한다. '고장 시 조치', '(고장) 대치(代置)' 또는 '(고장)대체(代替)' 등으로 번역된다.

    한국정보통신기술협회(홈페이지 http://www.tta.or.kr/index.jsp) 정보통신용어사전 온라인 검색결과 참조. 따라서 위 용어를 직역하면 '동적운전작업의 대치(또는 대체)' 등으로 번역할 수 있을 것이다. 다만 이 개념에 관한 SAE의 설명 내용 자체를 보더라도 자율주행 관련 시스템의 장애 내지 작동설계영역(ODD)으로부터의 이탈 등 일종의 '고장' 내지 '비상' 상황을 전제로 하고 있으므로, '비상상황(에 대한) 대처 내지는, 이를 보다 축약해 '비상조치'로 번역하는 것이 가능하고, 이와 같은 용례가 보다 자연스러우리라고 생각된다. 이를 직역한 '동적운전작업의 대치' 등 표현에 의하게 된다면 오히려 그 의미전달이 불명확해질 우려도 있다고 생각된다.

    다만 자율주행시스템을 기준하여 볼 때 시스템 외부의 자율주행 제반 조건이 시스템의 '작동설계영역(ODD)'으로부터 이탈하는 상황을 '비상상황'이라고 볼 수 있고, 이에 대한 대처를 '비상조치'라고 볼 수 있을 것이나, 이는 기존의 자동차를 인간이 운전하는 상황에서 상정 가능한 제반 '비상상황' 내지 '비상조치'와는 그 의미와 논의의 평면에서 큰 차이가 있을 수 있다는 점을 밝혀두고자 한다.

39   아래에서 보는 3단계 자율주행의 경우가 이에 해당한다. 3단계에서는 자율주행 중 시스템의 작동설계영역(ODD) 이탈과 같은 경우 사용자(또는 운전자)가 최소위험상태(MRC)의 달성 주체가 된다.

40   아래에서 보는 4단계 자율주행의 경우가 이에 해당한다. SAE의 이에 관한 설명에 따르면 3단계와는 달리 4단계 자율주행에서는 시스템 스스로 최소위험상태(MRC)에 도달하고, 이것을 3단계와 4단계를 구분짓는 가장 주요한 특질 중의 하나라고 말할 수 있다. SAE J3016(註 19), p.19 및 24 각 이하.

    이와 같은 자율주행 단계별 특질은 3단계와 4단계에서 운전자(사용자)의 책임의 존부와 범위를 좌우하는 큰 요인으로 작용하게 된다. 이에 관해서는 각각의 해당 부분에서 상세히 살펴본다.

41   SAE J3016(註 19), p.7.

'최소위험상태minimal risk condition; MRC'란, '주어진 여정trip[42]을 완수할 수 없거나, 완수하면 안 되는 경우에, 사용자user 또는 자동운전시스템ADS이 충돌의 위험을 감소시키기 위해 비상조치DDT fallback를 수행함에 따라 자동차가 도달하게 되는 상태'를 말한다.[43] SAE의 설명에 따르면 자율주행 6단계의 각 단계별로 위 최소위험상태를 달성해야 할 주체가 상이하다. ① 1, 2단계에서는 '종래의 운전자conventional driver'가 필요한 최소위험상태를 달성할 것으로 기대된다. ② 3단계에서는 동적운전작업DDT과 관련된 자동운전시스템ADS 또는 자동차vehicle가 기능이상을 일으킨 경우failure '비상조치 준비 사용자DDT fallback-ready user'가, (a) 그 필요성을 판단해 최소위험상태를 달성하거나, (b) 계속 운전 가능한 경우에는 동적운전작업DDT를 이어받을 것으로 기대된다. ③ 마지막으로, 4, 5단계에서는 '자동운전시스템ADS'이, 위와 같은 시스템 등 장애 및 작동설계영역ODD 이탈의 경우를 포함하여, 필요한 경우 자동적으로 최소위험상태를 달성할 수 있다.

4단계와 5단계에서의 최소위험상태의 자동 달성에 관한 특질은, 시스템 기능이상system failure의 유형과 정도, 이에 관한 작동설계영역ODD, 위와 같은 시스템 작동불능 또는 작동설계영역ODD 이탈이 발생할 당시의 특정한 작동 조건에 따라 상이하다. 이는 예컨대, 자동차를 현재의 주행 경로travel path상에서 자동적으로 멈추게 하거나, 경우에 따라서는 그보다 훨씬 세밀하고 복잡한 조작을 하도록 설계하여 자동차를 도로상active lane of traffic에서 이탈하게 하는 것 등을 포함할 수 있다.

이 부분에 관한 SAE의 설명에 따르면 동적운전작업(DDT)과 비상조치(DDT fallback)는 서로 구분되는 별개의 개념으로서, 시스템이 그중 하나를 수행할 수 있다고 해서 반드시 다른 하나까지도 수행할 수 있다고 볼 수는 없다고 한다. 따라서 3단계의 자동운전시스템(ADS)은 작동설계영역(ODD) 내에서는 동적운전작업(DDT) 전체를 수행할 수 있지만, 비상조치(DDT fallback)가 요구되는 모든 상황에서 이를 수행하는 것은 불가능할 수 있고, 따라서 필요한 경우 '비상조치(DDT fallback) 준비 사용자'에게 개입 요구(request to intervene)를 하게 될 것이다.

한편 기술적인 측면에 중심을 두고 있는 SAE의 설명에 따르면 자율주행과 관련된 사용자(운전자)의 구체적인 현실적 역할 및 역할기대와 관련해 자율주행자동차의 탑승자를 ① 사용자(user), ② 운전자(driver) 및 ③ 비상조치 준비 사용자(DDT fallback-ready user) 등으로 세분하고 있다. SAE J3016(註 19), p.16 이하 참조. 이에 대해서는 아래 제5장 '자율주행과 운전자책임'의 해당 부분에서 상세히 살펴본다.

42 SAE J3016(註 19), p.15에 따르면 '여정(trip)'이란 '출발지에서부터 목적지까지의 자동차의 주행경로 전체'를 말한다. 주어진 여정에서의 동적운전작업(DDT)의 전부 또는 일부는 운전자(driver), 운전자동화시스템(DAS) 또는 양자 모두에 의해 수행될 수 있다. 여기에서 말하는 '출발지'와 '목적지'는 각각 사용자에 의해 입력, 설정된 것을 의미한다고 이해되므로, 목적지로의 도착[즉 동적운전임무(DDT)의 완수]은 실패할 수도 있다는 것을 전제로 한다.

43 SAE J3016(註 19), p.11.

한편 SAE는 위에서 본 '동적운전작업DDT', '비상조치DDT fallback' 및 '최소위험상태 도달minimal risk condition achievement'은 모두 별개의 기능이라고 하고 있다.[44]

'개입 요구request to intervene'란, '자동운전시스템ADS이 비상조치 준비 사용자DDT fallback-ready user[45]에 대해 비상조치DDT fallback를 즉각적으로promptly 수행할 것을 지시하는 신호notification'를 말한다. 이는 자동차의 수동 조작으로의 복귀(즉 위 '사용자'는 다시 '운전자'가 되는 것이다), 또는 만약 자동차가 운전 불가능한 경우 최소위험상태 minimal risk condition의 달성 등을 포함할 수 있다. 위 '개입요구'는 아래에서 보는 것과 같이, 3단계 자율주행자동차에서 운전자의 주의의무의 구체적인 대상과 내용 및 범위를 정하는 주요한 징표가 된다.[46]

'(자동차의) 조작operate'은 '하나의 여정trip에서 주어진 자동차vehicle에 관한 동적운전작업DDT 전체를 수행하기 위해, '(사람human) 운전자driver'[47] 또는 '자동운전시스템ADS'[48]에 의해 수행되는 활동들의 집합'을 의미한다.[49]

'자동차vehicle'란 '공공도로, 도로와 고속도로상에서 운송을 제공하기 위해 설계된 기계장치'[50]를 말한다. SAE J3016은 「연방교통 및 자동차 안전법National Traffic and Motor Vehicle Safety Act of 1966」의 자동차에 관한 개념정의[51]와 마찬가지로, 자동차는

---

44   SAE J3016(註 19), p.31.

45   위에서 본 것과 같이, SAE는 기술적 관점에서 본 역할의 측면에서, 자율주행 중에는 탑승자를 '운전자(driver)'라고 기술하지 않고 있다.

46   이에 관해서는 아래 제5장 '자율주행과 운전자책임'의 해당 부분 참조.

47   1단계 또는 2단계 또는 그 이상의 운전자동화기능(driving automation feature)에 의한 도움을 받는지와 그렇지 않는지를 불문한다. SAE J3016(註 19), p.14 참조. 이에 관해서는 아래 제5장 '자율주행과 운전자책임'의 해당 부분 참조.

48   즉 3–5단계의 것을 말한다.

49   SAE J3016에서는 '운전(drive)'이라는 용례 대신 '조작(operate)'이라는 용어를 의식적으로 사용하고 있으나, 많은 경우 '조작(operate)'은 '운전(drive)'으로 이해해도 무방하다고 기술하고 있다. 반면에 '조작자(operator)'라는 용어는 의식적으로 사용하지 않고 있고, (사람) 운전자의 하위 개념과 관련해서, 매우 한정된 범주의 개념으로만 '조작자(operator)'라는 개념을 사용하고 있다. SAE J3016(註 19), p.14 참조. 이에 관해서는 아래 제5장 '자율주행과 운전자책임'의 해당 부분 참조.

50   SAE J3016(註 19), p.17. 원문은 "A machine designed to provide conveyance on public streets, roads, and highways"이다.

51   49 U.S.C. §30102(a)(6). "(M)otor vehicle means a vehicle driven or drawn by mechanical power and manufactured primarily for use on public streets, roads, and highways, but does not include a vehicle operated only on a rail line."

전동자동차^{motorized vehicle}를 의미하되, 철로^{rail road}상으로만 운행하는 것은 제외한다고 보고 있다.[52]

나) 연구문헌 및 자료에서의 정의

자율주행자동차 또는 자율주행기술의 개념에 관해 명시적, 적극적으로 정의 내리고 있는 외국 문헌과 자료들을 의외로 찾아보기 어렵다.[53] 대부분 위에서 본 SAE J3016에서의 자율주행기술에 관한 단계구분과 개념정의를 직간접적인 전제로 하여 논의를 전개하고 있는 것으로 보인다.[54] 다만 다음과 같은 문헌상 정의가 발견된다.

먼저 자율주행기술에 관해서, '환경에 대한 정보를 수집하고, 운전에 대한 결정을 자율적으로^{autonomously} 내려 운전자에게 이를 알리고, 자동차 운전의 일부를 제어하거나, 또는 어떠한 인간의 개입 없이도 스스로 자동차를 운전하는 기술'[55]이라거나 '자동차로 하여금 인간 운전자를 보조하거나, 그를 위해 결정을 내리고, 궁극적으로는 인간 운전자를 대체할 수 있도록 하는 기술 및 그 발전'[56] 등으로 정의내리는 문헌을 찾아볼 수 있다.

자율주행자동차에 관해서는, '인간의 실시간 조작^{real time input} 없이 컴퓨터가 자동차의 조향, 제동과 가속을 지시하는 것에 따른 운전이 가능한 자동차'[57]라거나, '로봇 자동차^{robot vehicle}로 하여금 사람의 도움 없이 스스로 운전할 수 있도록, 센서,

---

52   SAE J3016(註 19), p.17.

53   EPRS 연구보고서(註 22), p.49에서도 자율주행기술은 폭넓은 개념(broad concept)으로서, 단일한 정의로 파악하기 어렵다는 점을 지적하고 있다.

54   EPRS 연구보고서(註 22) 및 미국 DOT와 NHTSA가 발표한 "연방 자율주행자동차 정책"에서도, SAE의 자율주행 단계구분을 원용하고 있을 뿐, 자율주행기술 또는 자율주행자동차의 개념을 적극적으로 정의내리지 않고 있다(이에 관해서는 본장 제3절 '자율주행 단계구분과 법적책임' 해당 부분에서 상세히 살펴본다).

55   Nidhi Kalra, et. al., "Liability and Regulation of Autonomous Vehicle Technologies", RAND Corp.(Cal. PATH Research Report. UCB–ITS–PRR–2009–28), 2009, p.3.
http://www.dot.ca.gov/newtech/researchreports/reports/2009/prr–2009–28_liability_reg_&_auto_vehicle_final_report_2009.pdf(2018. 10. 1. 최종확인).

56   Nidhi Kalra, et. al.(前註), p.1; Kevin Funkhouser, "Paving the Road Ahead: Autonomous Vehicles, Products Liability, and the Need for a New Approach", 1 Utah L. Rev. 437, 2013, p.441.

57   Bryant Walker Smith, Automated Vehicles Are Probably Legal in the United States, The Center for Internet and Society at Stanford Law School, 2012(이하 'Smith 1'이라고 한다), p.11.

컴퓨터 및 그 밖의 과학장비가 갖춰진, 컴퓨터에 의해 제어되는computer-controlled 자동차'[58] 등으로 정의내리는 문헌을 찾아볼 수 있다.

미국 연방도로교통부DOT가 2018년 발표한 "연방 자율주행자동차 정책"[59]에서는 '자동운전시스템automated driving system; ADS'을 위 SAE J3016과 동일하게 정의내리면서, SAE J3016상의 1단계에서부터 5단계까지의 '운전자동화기술'이 적용된 자동차를 포괄하여 일컫는 개념으로 '자동화 자동차Automated vehicle'라는 용어를 사용하고 있다.[60]

2) 국내 문헌상의 정의

현재까지 확인되는 국내 문헌들[61]은 대체적으로 아래와 같이 자율주행자동차의 개념에 관해 정의내리고 있다.

즉 자율주행자동차를 '운전자의 개입 없이 주변 환경을 인식하고, 주행 상황을 판단하여, 차량을 제어함으로써 스스로 주어진 목적지까지 주행하는 자동차',[62] 자동차 스스로 주변 환경을 인식하고, 위험을 판단하면서, 계획한 목적지까지 경로

---

58 Samuel Greengard, The Internet of Things, MIT Press, 2015, p.191.

59 연방 자율주행자동차 정책 2018(아래 註 223). 이에 관해서는 아래 제4절 '자율주행에 관한 규제법제와 법적 책임'의 해당 부분에서 상세히 살펴본다.

60 연방 자율주행자동차 정책 2018(아래 註 223), p.45.

61 김범준, "무인자동차의 상용화에 따른 보험법리의 개선", 상사판례연구 제26권 제3호, 2013; 김진우, "자율주행에서의 제조물책임에 관한 몇 가지 법률문제", 소비자문제연구, 제49권 제2호, 2018. 8; 류병운, "자율주행자동차 사고의 법적책임", 홍익법학 제19권 제1호, 2018; 류창호, "자율주행자동차에 대한 제조물책임의 적용에 관한 연구", 아주법학 제10권 제1호, 아주대학교 법학연구소, 2016, 33면; 명순구 외, 인공지능과 자율주행자동차, 그리고 법, 세창출판사, 2017; 서겸손 · 최경진, "자율주행자동차 사고 시 손해배상책임에 관한 민사법적 검토", 가천법학 제10권 제4호, 2017; 아주대학교 산학협력단, 자율주행자동차 상용화 대비 도로교통법 개정 방안 연구, 2016; 안경환 외, "자율주행 자동차 기술 동향", 전자통신동향분석 제28권 제4호, 한국전자통신연구원, 2013. 8, 36면; 오지용, "무인자동차와 관련한 「자동차손해배상 보장법」 제3조의 해석", 법조 제709호, 2015; 이상수, "임베디드 소프트웨어의 결함과 제조물책임 적용에 관한 고찰", 중앙대학교 법학연구원 법학논문집 제39집 제2호, 2015; 이승준, "자율주행자동차의 도로 관련법상 운전자 개념 수정과 책임에 관한 시론(試論)—독일의 논의를 중심으로—", 형사법의 신동향 통권 제56호, 2017. 9; 이종영 · 김정임, "자율주행자동차 운행의 법적 문제", 중앙법학 제17집 제2호, 중앙법학회, 2015; 이중기 · 황창근, "자율주행자동차 운행에 대비한 책임법제와 책임보험제도의 정비필요성 : 소프트웨어의 흠결, 설계상 흠결 문제를 중심으로", 금융법연구 제13권 제1호, 2016 등.

62 안경환 외(註 61), 36면; 명순구 외(註 61), 14면(김현철 집필부분).

를 주행하는 자동차로서, 운전자의 주행조작을 최소화하며 스스로 안전주행이 가능한 인간 친화형 자동차',[63] '각종 센서를 비롯한 기계장치와 컴퓨터, 정보통신망을 통해 운전자 내지 조작자의 주도적이고 물리적인 개입 없이 차량 스스로 주행상태를 제어함으로써 차량의 주행이 이루어지는 시스템이 탑재된 차량',[64] '컴퓨터에 의해 통제되는 자동차로서 주행데이터의 집적, GPS, 감지장치 및 레이더 기술들이 적용되어 스스로 주위 환경에 맞게 주행함으로써 사람이 목적지를 선택하는 것 이외에는 추가적으로 기계적 작동을 할 필요가 없는 자동차',[65] '자동차—인프라(도로·정보통신기술ICT)의 모든 요소가 유기적으로 연결된 환경에서 자율주행기술을 토대로 운전자 또는 승객의 조작 없이 스스로 주변 환경을 인식하여 위험을 판단하고 주행경로를 계획하는 등 스스로 운행이 가능한 자동차',[66] '장애물 인식장치(센서, 카메라 등)와 자동항법장치(GPS 모듈)를 이용해 조향·변속·가속·브레이크를 스스로 제어해 독자적으로 주행하는 자동차',[67] '목표지점이 설정되면 인위적인 추가 조작 없이 스스로 주행환경을 인식하면서 목표지점까지 자율적으로 운행하는 자동차',[68] '운전자 또는 승객의 조작 없이 자동차 스스로 운행이 가능한 자동차',[69] 등으로 정의내리고 있다. 인간이 운전자가 아닌 승객일 뿐인 '완전한 의미의 자율주행차(완전자율주행차)autonomous vehicle'의 개념을 상정한 후, '일정 여건 아래 스스로 가·감속하거나, 제동하거나, 방향을 바꿀 수 있지만 여전히 인간운전자를 필요로 하는 자동차'를 '자동주행차automated vehicle'로 칭하고, 후자를 포함한 것을 '넓은 의미의 자율주행차'로 정의내리는 견해도 있다.[70]

---

63 이종영·김정임(註 61), 146면; 류창호(註 61), 33면; 서겸손·최경진(註 61), 336면.

64 이승준(註 61), 76면.

65 김범준(註 61), 373면; 오지용(註 61), 95면.

66 아주대학교 산학협력단(註 61), 1면.

67 이상수(註 61), 72면.

68 이중기·황창근(註 61), 95면.

69 류병운(註 61), 33면. 「자동차관리법」 제2조 제1호의3에서의 정의를 그대로 사용하고 있다.

70 김진우(註 61), 233면.

나. 법령상 정의

1) 미국 주법상의 정의

아래에서 보는 것처럼, 미국의 일부 주state 정부에서 자율주행자동차의 도로 운행 및 시험주행 등에 관해 법령상 규정을 마련하고 있고, 그중 대표적인 것으로 언급되는 네바다주, 플로리다주, 캘리포니아주 및 워싱턴 DCDistrict of Columbia 법령 등에서 자율주행자동차에 관한 정의 규정을 찾아볼 수 있다.[71] 위 입법례들은 모두 자율주행자동차를 '인간 조작자의 적극적인 제어 또는 감시 없이도 스스로 운행이 가능한 자동차without being actively controlled or monitored by a human operator' 등으로 유사하게 정의내리고 있고,[72] '운전자보조시스템driver assistance system' 또는 '능동안전시스템active safety system' 등 각종 주행보조시스템이 적용되었을 뿐인 자동차[73]는 해당 법령의 적용 대상인 '자율주행자동차'에서 제외된다는 것을 명시하고 있다.[74]

2) 우리 법령상의 정의

2015년 개정된 우리 「자동차관리법」[75]에서 자율주행자동차에 관한 정의규정이 신설되었다. 「자동차관리법」 제2조 제1호의3에 따르면 "자율주행자동차"란 '운전자 또는 승객의 조작 없이 자동차 스스로 운행이 가능한 자동차'를 말한다. 「자동차관리법」은 자율주행기술의 기본 관념concept 내지 자율주행자동차의 이상적인 형태 등에 주목하면서도 자율주행자동차의 개념을 다소 추상화하여 포괄적으로 정의 내리고 있다. 아래에서 보는 것과 같이 2019. 4. 5. 국회 본회의를 통과하여 2020.

---

71 이에 관한 상세는 아래 제4절 II. 2. 가. 3) '자율주행자동차에 관한 미국 주정부의 규율' 부분 참조.

72 James M. Anderson, et. al., Autonomous Vehicle Technology: A Guide for Policy Makers, RAND Corp., 2016, p.43 이하 참조.

73 SAE J3016상의 2단계 이하의 자율주행기술이 적용된 자동차를 포함한다.

74 다만 위 각 주 법령상의 자율주행자동차의 정의규정에 관해서는, 위 각 법령들의 주된 입법취지가 자율주행자동차의 시험운행을 규제하기 위한 것이라는 점을 감안할 필요가 있다. 이에 관한 상세는, 위 각 주 법령들의 규제 내용 개요에 관한 Anderson, et. al.(註 72), p.44 이하; William J. Kohler · Alex Colbert-Taylor, "Current Law and Potential Legal Issues Pertaining to Automated, Autonomous and Connected Vehicles", 31 S. C. High Tech. L. J. 99, 2015, p.111 이하 각 참조.

75 2015. 8. 11. 법률 제13486호로 일부개정된 것. 「자동차관리법」의 위 개정을 통해, 자율주행자동차의 정의규정(제2조 제1호의3)이 신설된 외에도 그 임시운행 근거(제27조) 역시 마련되었다.

5. 1.부터 시행되는 「자율주행자동차 상용화 촉진 및 지원에 관한 법률」[76]에서도 「자동차관리법」의 위 규정을 원용하여 자율주행자동차를 정의내리고 있다.[77]

한편 우리 국토교통부가 2016. 2. 11. 국토교통부고시 제2016-46호로 제정한 「자율주행자동차의 안전운행 요건 및 시험운행 등에 관한 규정」 제2조 제4호에서는 "자율주행시스템"을 '운전자의 적극적인 제어 없이 주변 상황 및 도로정보를 스스로 인지하고 판단하여 자동차의 가·감속, 제동 또는 조향장치를 제어하는 기능 및 장치'로 정의내리고 있다.

이와 같은 「자동차관리법」상의 개념정의에 관해서는, SAE의 자율주행 단계구분에 따른 각 단계별 특질을 제대로 반영하지 못하고 있고, 자율주행자동차의 자율주행 중에 현실적으로 발생할 수 있는 운전자 또는 승객의 개입이 요구되는 상황을 규율하기 어려울 뿐만 아니라, 그 개념이 지나치게 개방적이라는 점 등을 지적하는 비판론이 존재한다.[78] 특히 자율주행기술의 본질상 운전자의 개입을 전제로 하는 3단계의 자율주행기술이 적용된 자동차도 "자율주행자동차"의 범주에 넣어 논의, 규율하는 현 시점의 상황에서,[79] 「자동차관리법」상의 정의 중에서 "운전자 또는 승객의 조작 없이"라는 표현은 불필요한 해석의 여지를 불러일으킬 수도 있다고 본다.

다만 이와 같은 「자동차관리법」상의 자율주행자동차의 개념정의는 원칙적으로 여러 다양한 단계와 형태의 자율주행자동차를 폭넓게 포섭할 수 있는 장점도 가진다고 보이고, "운전자 또는 승객의 조작 없이"라는 표현 역시 '자율주행'의 본질적인 측면을 풀어 서술하는 정도의 의미를 가지는 것에 불과하다고 볼 수 있다. 또한 위와 같은 「자동차관리법」상의 자율주행자동차의 개념정의 내용에 의해 자율주행자동차에 관한 규율 전반이나 법적책임 판단, 특히 민사책임 판단의 문제에 관하여 어떠한 직접적인 불합리함을 가져온다고 보이지도 않는다. 나아가 자율주행기

---

76 아래 제4절 II. 마. 2). 나) '자율주행자동차 상용화 촉진 및 지원에 관한 법률의 제정' 부분 참조.

77 이에 관한 상세한 내용은 前註 해당 부분 참조.

78 명순구 외(註 61), 127면 이하; 이승준(註 61), 76면.

79 「자동차관리법」상 자율주행자동차의 위 정의규정 역시, 3단계 자율주행자동차를 규율 대상에서 제외하려고 함이 아니라는 점은 명백해 보인다.
　　「자동차관리법 시행규칙」 제26조의2(아래 註 503)는 '자율주행자동차의 안전운행요건'이라는 조문 표제하에, 제1항 제1호에서 '자율주행기능(운전자 또는 승객의 조작 없이 자동차 스스로 운행하는 기능을 말한다. 이하 이 조에서 같다)을 수행하는 장치에 고장이 발생한 경우 이를 감지하여 운전자에게 경고하는 장치를 갖출 것'과 같은 항 제2호에서 '운행 중 언제든지 운전자가 자율주행기능을 해제할 수 있는 장치를 갖출 것' 등 3단계 자율주행자동차를 전제로 한 요건을 규정하고 있다.

술의 발전의 구체적인 모습과 발전 속도를 미처 예상하기 어려운 현실 하에서 자율주행자동차의 개념을 법률상으로 지나치게 상세하게 규정하는 것이 반드시 바람직할 것인지도 재고해 볼 문제이다.[80]

따라서 현행 「자동차관리법」상의 자율주행자동차의 개념정의에 관한 규율의 기본적 태도에 관해서는 나름의 타당성을 인정할 수 있으므로, 이를 받아들일 수 있다고 생각된다.

다. 평가

SAE의 설명에 따른 자율주행 시스템과 그밖의 연관 개념에 관한 정의를 통해 법적책임 판단의 대상이 되는 '현상'으로서의 자율주행기술의 본질적인 측면을 파악할 수 있다. 특히 SAE에 의한 '작동설계영역ODD', '비상조치DDT fallback' 등의 개념은 제조물책임과 운전자책임 영역에서의 책임판단을 위한 직접적인 준거를 제공해 줄 수 있다고 본다.

물론 SAE가 기술하고 있는 위와 같은 개념정의들이 '법적legal' 측면보다는, '기술적technical' 측면에 보다 초점이 맞추어져 있다는 것은 SAE 스스로도 명시적으로 밝히고 있는 바와 같다.[81] 즉 SAE가 서술하고 있는 위 개념들은 어디까지나 '당위'가 아닌 '현상'의 측면에서 자율주행기술을 설명하고 있으므로, 법적인 평가의 여지는 여전히 남아 있다. 그러나 서론에서 언급하였듯이 법적책임 판단의 대상이 되는 '자율주행기술'은 인간의 사고思考의 영역까지도 인공지능AI 내지 시스템에 의해 대체한다는 속성을 가지고 있으므로, 그 기술적 본질에 대한 이해는 그 자체로 책임판단의 도구로서도 기능하게 되고, SAE가 기술하고 있는 자율주행기술 관련 개념들은 책임의 판단을 위한 도구로서의 기능을 한다고 보기에 큰 부족함이 없다고 생각된다.

반면에 국내외를 막론한 나머지 여러 문헌들에서는 자율주행자동차의 개념정

---

[80]　자율주행기술의 발전에 따라, 현재 SAE의 분류에 따른 3단계 자율주행자동차가 가까운 장래에는 '자율주행자동차'의 범주에서 제외될 수도 있을 것이다.

[81]　SAE J3016(註 19), p.18.

의와 관련해 자율주행기술의 기본 관념concept 내지 자율주행기술에 의한 '자율주행' 내지 '자동차 운전의 자동화'가 현실 영역에서 구현되는 현상 자체에 주목하고 있는 것으로 보인다. 일부 예외를 제외하고 대부분의 문헌들에서는 자율주행기술 자체는 다소 추상적 내지 피상적으로 파악하면서도, 다른 한편으로는 자율주행기술이 현실에서 구현되는 구체적인 모습과 '작동기전作動機轉, mechanism'을 상세히 기술하는 것을 볼 수 있다.

특히 국내 문헌들에서는 대부분 자율주행기술의 구체적인 내용 자체에 관한 별다른 설명 없이 자율주행자동차의 개념을 매우 적극적으로 기술하면서, 그 특질과 내용을 상세히 담아내려고 시도하고 있다. 자율주행과 법적책임, 특히 민사책임 문제에 초점을 두고 있는 논문들 역시 예외가 아니고, 위에서 본 국토교통부 고시인 「자율주행자동차의 안전운행 요건 및 시험운행 등에 관한 규정」 제2조 제4호의 "자율주행시스템"에 대한 개념정의 역시 이와 같은 차원을 벗어나지 못하고 있다.

자율주행기술 자체의 특질 및 구체적인 내용과 이를 구성하고 있는 여러 요소들에 대한 깊이 있는 인식 없이는, 자율주행기술이 무수히 많은 현실 변수 속에 야기할 수 있는 다양한 책임의 국면에서 자율주행으로 인한 법적책임의 올바른 모습에 대한 정확한 추급이 어려울 수 있을 것이라고 생각된다. 그러나 이와 같은 요소들은 책임 판단의 전제로서 이를 고려하면 충분한 것이고, 굳이 자율주행자동차의 개념정의 부분에 자율주행기술의 작동기전 등을 반드시 상세히 기술할 필요가 있는지는 다소 의문이다.

자율주행기술의 구체적인 모습은 아직까지는 현실세계에서 경험하지 못한 영역에 머물러 있고, 이를 구현하는 각각의 방식은 기술 개발자와 제조업자 별로 매우 다양할 수 있다. 또한 자율주행기술 내지 자율주행자동차의 개념을 반드시 상세히 기술하여야만 규제법 및 책임법적 측면에서 올바른 규율이 가능하다고 생각되지도 않고, 그와 같은 접근방식은 자율주행기술을 지나치게 좁게 인식하여, 자율주행자동차의 개념에 의해 포섭 가능한 '대상'의 측면에서 볼 때 그 포섭의 한계를 필요 이상으로 좁히는 결과를 가져올 수도 있다고 본다.

따라서 이 글에서는 위에서 본 SAE에 의한 자율주행 및 관련 개념의 정의를 전제로 논의를 전개하고, 필요한 부분에는 위 개념정의를 원용하여 논의를 구체화하고자 한다.

3. 이 글에서의 자율주행자동차의 개념정의

이 글에서는 자율주행자동차를 '연속된 기반에 따라 독립적으로 차량을 제어하여 스스로 운전할 수 있는 자동차'로 정의하고자 한다. 또한 이 글에서 사용하는 '자율주행자동차'는 원칙적으로 SAE의 자율주행 단계구분 중 3단계 이상에 해당하는 자율주행기술이 적용된 자율주행자동차를 의미하는 것으로서 사용한다.

자율주행시스템이 자율주행 중에는 '연속된 기반'에 따라 '독립적으로 차량을 제어'하여 '스스로 운전'한다는 것은, 자동차에 탑승한 운전자 또는 시스템 사용자가 자율주행 중에는 '자동차 운전' 자체에 관한 주의의무를 원칙적으로 부담하지 않는다는 의미와 동일하다. 즉 3단계의 자율주행자동차의 경우 운전자 또는 시스템 사용자는 원칙적으로 자동차 운전 자체에 관한 주의의무와는 개념상 구분되는 자율주행에 대한 '감시·개입의무'를 부담하게 되고, 경우에 따라 시스템의 개입요구에 따라 개입할 의무가 있을 뿐이다. 4단계의 자율주행자동차의 경우 운전자 또는 시스템 사용자는 그와 같은 의무도 원칙적으로 부담하지 않는다.

여기에서 말하는 '연속된 기반sustained basis'의 개념징표는 SAE가 자율주행시스템에 대한 정의에서 사용하고 있는 것과 동일한 의미로서 사용한다. 다만 SAE에 따르면 '연속된 기반sustained basis'이라는 개념징표는 단지 '시간상의 계속성'만을 의미하는 것은 넘어서는 것이기는 하나, SAE는 '연속된 기반sustained basis'이라는 개념징표를 1, 2단계 자율주행에 관해서도 사용하고 있고, 그 의미 역시 자율주행을 현상적 측면에서 파악하는 데에 그치고 있다.

따라서 이 글에서는 '독립적인 차량 제어'를 자율주행자동차(SAE 3단계 이상) 특유의 개념징표로 파악해 그 개념정의에 사용하고자 한다. 시스템의 차량 제어에 관한 '독립성'에 의해, '자율주행기능'을 어디까지나 운전자를 보조하는 데에 그치는 기존의 자동차의 '주행보조기능'과 차별화되는 것으로 파악할 수 있다. 즉 기존의 자동차의 주행보조기능이 얼마나 오랜 시간 동안 자동차를 스스로 움직일 수 있게 하더라도, 자동차 운전에 대한 제어권이 운전자에게 남아 있는 한 이를 '자율주행기능'이라고 말할 수는 없는 것이다. 다만 자율주행기술의 본질상 여기에서 말하는 '독립성'은 '작동설계영역ODD'을 전제로 하는 것인 만큼, 자율주행시스템에 의한 '독립적인 차량 제어'에 의하더라도 '자율주행시스템과 운전자 상호 간의 차량에 대한 제어권의 배분과 이전' 상황이 수반될 수 있음 역시 당연하다.

한편 자율주행자동차의 개념정의 단계에서 사용하는 '독립적인 차량 제어'는 현상적 측면과 평가적 측면을 모두 포괄하는 것이다. 자율주행자동차와 제조물책임 또는 운전자책임에서 문제되는 '자율주행시스템과 운전자 상호 간의 차량에 대한 제어권의 배분과 이전'에서 말하는 '차량에 대한 제어'는 법적책임, 특히 민사책임 법제에서 운전자책임 발생의 기초이자 책임 귀속의 전제로서 직접적으로 작용하는 평가적 개념[82]으로의 측면을 강하게 가진다는 점에서, 여기에서 사용하는 '독립적인 차량 제어'와는 그 구체적 의미, 성격 및 취지가 엄밀히 말해 구분된다고 발할 수 있다.

우리 「자동차관리법」에서 사용하는 '스스로'라는 표현 역시 자율주행자동차가 단지 기존의 자동차의 '자동화된 개별 기능의 유기적 통합'을 넘어서, '자동차 운전'에 관해서 인간의 판단의 영역까지도 대체함을 의미하는 개념징표로서, 자율주행 기술의 특질을 간명하게 기술하는 것으로 사용할 수 있다.

나아가 자율주행기술의 발전 모습을 정확히 예측하기 어려운 현 시점에서 자율주행자동차를 정의내리는 것 자체가 매우 어려운 일이나, 위와 같이 자율주행자동차를 개념규정하는 것은 폭넓은 포섭을 가능하게 함으로써, 규제법 및 책임법적인 여러 측면에서 장점을 가진다고 말할 수 있다.

4. 자율주행자동차와 기존의 자동차

가. 자율주행자동차

1) 자율주행자동차에 관한 용례 개관

이 글의 연구대상이자 다양한 법적책임의 발생 근거 또는 원인이 될 수 있는 '자율주행자동차'와 이를 구현하는 '자율주행기술'에 관해서는, 국내외의 법령과 문헌상 이를 지칭하는 다양한 표현과 용례가 존재하여 그 용례가 통일되어 있다고 보기 어렵다.

---

[82] 즉 운전자 또는 시스템에 의한 차량 제어의 불완전 또는 부존재가 사고로 이어진 경우 운전자와 시스템 중 어느 편이 차량을 제어하였어야 하고, 차량 제어의 불완전 또는 부존재에 따른 책임을 종국적으로 부담하는지에 초점이 맞추어진 것이다.

우리 현행 「자동차관리법」에서는 '자율주행자동차'라는 표현을 사용하고 있다(제2조 제1호의3). 우선 국내 문헌들에서는 '자율주행자동차'를 사용하는 것이 대부분이나, '자율주행차'를 사용하는 문헌도 드물지 않게 발견된다.[83] 외국 문헌들 중, 영어 문헌[84]에서는 'autonomous vehicle(car)'를 주로 사용하나, 미국 문헌과 언론 보도 등에는 'self-driving vehicle(car)'라는 표현도 자주 발견된다. '무인자동차driverless car'라는 용어를 사용하는 경우도 발견된다.[85] 독일 문헌[86]에서는 'autonomes(또는 automatisiertes)[87] Fahrzeug(또는 Kraftfahrzeuge)'이라는 용어를 주로 사용하고 있으나, 그 용례가 통일되어 있지는 않은 것으로 보인다. 일본 문헌[88]에서는, '自動運転車'라는 용어를 주로 사용하고 있다.[89]

2) '자율주행'과 '자동운전'

'자율주행'을 지칭하는 표현과 관련해서도 다음과 같이 용례의 미묘한 차이가 발견된다. 영어 문헌에서는 '자율주행(또는 운전. autonomous driving 또는 self-driving)'이라는 표현이 주로 사용되는 것으로 보인다.[90] 다만 '자동화된 운전automated driving'

---

83 아래 '참고문헌' 1.의 나. 및 다.항의 논문 및 자료들 각 참조. 우리 정부가 수차 발표한 자율주행자동차 관련 정부 정책 가이드라인에서는 '자율주행차'라는 표현을 반복해 사용하고 있다. 본장 제4절 II. 2. 마. '한국' 부분에서 보는 국토교통부·미래창조과학부·산업통상자원부가 2015. 5. 6. 발표한 "자율주행차 상용화 지원방안" 및 국무조정실에서 2018. 11. 7. 발표한 "자율주행차 분야 선제적 규제 혁파 로드맵" 등 자료 참조.

84 아래 '참고문헌'의 2.의 나.(1) 및 다.(1)항의 논문 및 자료들 각 참조.

85 그러나 엄밀해 말해 무인자동차는 그 용어 자체로 운전자의 개입이 필요하지 않고, 심지어 운전자의 탑승조차 필요하지 않은 것으로서, 자율주행자동차는 위 무인자동차보다 넓은 개념이다. 권영준·이소은, "자율주행자동차 사고와 민사책임", 민사법학 제75호, 한국민사법학회, 2016, 449면 참조.

86 아래 '참고문헌'의 2.의 나.(2) 및 다.(2)항의 논문 및 자료들 각 참조.

87 독일어 'autonome'는 '자율(自律)(영어로는 autonomous)', 'automatisiert'는 '자동화된(영어로는 automated)'이라는 의미에 가깝다. 독일 문헌과 자료에서는 이들 용례가 상황에 따라 혼용되고 있고, 용례에 관한 뚜렷한 방향성을 찾기 어렵다.

88 아래 '참고문헌'의 2.의 나.(3) 및 다.(3)항의 논문 및 자료들 각 참조.

89 前註의 일본의 여러 문헌과 자료들에 의하면, '自動運転車'의 용례 사용이 일관되고, '自律'이라는 표현은 의식적으로 사용하지 않는 것으로 보인다. 영어 문헌에서 'autonomous'라는 용례가 흔히 발견되는 것과 대비된다.

90 아래 '참고문헌'의 2.의 나.(1) 및 다.(1)항의 논문 및 자료들 각 참조.

내지 '운전 자동화driving automation'라는 표현도 발견된다.[91] 독일 문헌에서는 '자율운전autonomes fahren(영어로는 autonomous driving으로 번역될 것이다)'이라는 표현을 주로 사용하고 있는 것으로 보이나, '자동운전(자동화된 운전automatisiertes fahren. 영어로는 automated driving으로 번역될 것이다)'이라는 표현을 사용하는 경우도 자주 발견되고, 특히 자율주행시스템 등을 지칭할 때에는 '자동화automatisiert'라는 표현을 주로 사용하고 있는 것으로 보인다.[92] 일본 문헌에서는 '자동운전自動運転'이라는 표현을 주로 사용하고 있다.[93]

자율주행을 지칭하는 표현 중에서 이들 '자동화운전' 또는 '자동운전'이라는 용례는 '자율주행'이라는 표현과 비교해 볼 때, 상대적으로 보다 직관적이고 그 표현 그대로 '운전'의 '자동화' 자체에 초점을 맞추고 있는 용어라고 보인다.

'자율自律, autonomous'이라는 용어는 '자동自動, automated'이라는 표현과 비교하자면 상대적으로 '주체성autonomy'[94]이 강조되어 있는 표현으로 볼 수 있다. 즉 '자동'은 기술의 발전에 따른 인간의 노동(즉 여기에서는 자동차 운전)의 대체 그 자체를 의미함에 반하여, '자율'은 외부의 통제로부터의 시스템(즉 여기에서는 자율주행시스템)의 독립성을 지칭한다고 말할 수 있다.[95] 위 '자율自律, autonomous'이라는 표현은 오랜 시간 동안 로봇공학robotics과 인공지능AI 연구 분야에서 '독립적 및 자족적으로 결정을 내릴 수 있는 능력과 권한을 가진 시스템'을 일컫는 말로 널리 사용되어 왔고, 시간이 흐르면서 점차 '스스로 결정한다'는 측면뿐만 아니라, 그와 같은 시스템 기능 전체를 가리키는 표현으로 그 의미가 확대되었다.[96] 다만 '자율'이라는 표현에 관해서는, '자율성autonomy'이라는 의미가 불필요하게 혼란을 일으킬 수 있고, '자율주행시스

---

91 대표적으로 SAE J3016 및 Smith 1(註 57) 참조. NHTSA 역시 마찬가지이다. 주로 '자율주행'의 기술적 측면에 주로 초점을 두어 기술할 때 이와 같은 표현이 사용되고 있는 것으로 보인다.

92 아래 제4절 II. 2. 나. 2). '독일 도로교통법(StVG)의 개정' 부분에서 보는 독일 개정 「도로교통법」에서도 위 법의 규율 대상인 자율주행자동차를 '고도 또는 완전 자동운전 기능을 갖춘 자동차(Kraftfahrzeuge mit hoch-oder vollautomatisierter Fahrfunktion)'라고 지칭하여 '자동운전 기능(automatisierter Fahrfunktion)'이라는 표현을 사용하고 있다.

93 대표적으로 藤田友敬 編, 自動運転と法, 有斐閣, 2018과 그 책에 수록된 논문들. 그밖에도 다수의 일본 문헌들에서 '자동운전(自動運転)'이라는 용어를 사용하고 있다. 일본 정부의 용례 역시 마찬가지이다(이에 관해서는 본장 제4절 II. 2. 라. '일본' 부분의 문헌들 참조).

94 'autonomy'는 '자율성' 및 '주체성' 양자로 번역 가능하다.

95 Smith 1(註 57), p.109 참조

96 SAE J3016(註 19), p.28 참조.

템' 역시 알고리즘algorithm에 기반하여 작동되는 외에는 사용자의 명령에 따를 뿐이라는 이유로 그 사용에 반대하는 견해도 있다.[97]

다른 한편으로 '자율'은 '자동'에 비하여, 그 자체로 보다 긍정적인 함의를 내포하는 평가의 의미를 가지는 표현으로 볼 수도 있다. 즉 '자율주행'이라는 표현은, 어느 측면으로는 '자동화'된 운전기술의 궁극적 지향점 내지 사회 일반인이 이에 관하여 바라는 이상적인 모습을 내포하는 용어라고도 해석할 여지가 있다.

물론 이러한 용례의 차이가 '자율주행' 기술의 의미를 올바로 파악하거나, 필요한 제도를 마련하는 데에 장애가 될 정도라고는 여겨지지 않는다. 그러나 이를 통해 자율주행 기술과 자율주행자동차에 관한 사회 일반의 인식과 이에 관한 각국의 제도와 정책의 접근방식과 태도의 유사점과 차이점, 즉 '시각차'를 어느 정도 추측하여 볼 수 있으리라고 생각된다.

3) 이 글에서 말하는 '자율주행자동차'

이 글에서는 위와 같은 여러 용례들, 특히 우리 현행 「자동차관리법」상의 용례를 참조하여 '자율주행'과 '자율주행자동차'라는 용어를 사용하기로 하고, 여기에 적용되는 기술 역시 '자율주행기술'이라고 지칭한다.

한편 본장 제3절에서 자세히 보는 것과 같이 SAE의 6단계(0~5단계) 중에서, 1단계와 2단계까지의 자율주행자동차는 엄밀히 말해 '자율주행기술'이 적용된 것이라고 보기 어렵다. 따라서 위에서 본 것과 같이 현 시점에서 적어도 위 자율주행 단계 구분 중에서 3단계 이상에 해당하는 자율주행기술이 적용된 자동차를 이른바 '자율주행자동차'라고 부를 수 있을 것이다.

특히 이 글에서는 SAE의 6단계 중에서도 3단계 이상의 자율주행, 특히 3단계와 4단계의 자율주행을 논의 및 분석의 주된 대상으로 삼는다. 따라서 이하 특별한 설명이 없는 경우 이 글에서 '자율주행자동차'는 SAE에 의한 6단계 단계구분 중에

---

97 前註 참조. 이에 따르면 특히 자동차가 중요한 기능의 수행을 위해 정보의 수집과 저장 등 외부 시스템과 교신하는 경우에도 이를 '자율주행자동차(autonomous vehicle)'로 부를 수 있는지 등과 관련해서 혼란을 일으킬 수 있다고 한다. 또한 법학(jurisprudence)에서도 자율(autonomy)은 자치(自治, self-governance) 능력이라는 의미를 내포하고 있다는 점도 그 근거로 삼고 있다.
SAE는 'self-driving'과 'unmanned'의 용례 역시 그 의미가 모호할 뿐만 아니라, 불필요한 가정(假定)이 그 의미에 내포되어 있다는 등의 이유로 사용을 반대한다(前註 참조).

서 3단계 이상의 자율주행자동차를 의미한다.

나. 기존의 자동차

한편 '자율주행자동차'에 대비하여 기존의 '사람'[98]에 의한 운전을 전제로 한 자동차를 '기존의 자동차'로 지칭한다.[99]

참고로 위 SAE의 6단계 중 1, 2단계의 기술들은 위 기술들은 자동차의 운전 자체의 일부를 스스로 한다고 하더라도, 어디까지나 사람 운전자에 의한 운전을 전제로 이를 '보조assist'하는 의미를 가지는 데에 불과하다는 점에서, 위 자동차에 탑승한 운전자가 원칙적인 책임의 주체로 인정된다. 따라서 위 1, 2단계의 자율주행 기술이 적용된 자동차도, 운전자의 '책임주체성'이라는 측면에서 '기존의 자동차'에 포함시킬 수 있다.

Ⅱ. 자율주행의 본질과 법적책임

1. 개요

자율주행자동차에 관한 법적책임은 주로 자율주행시스템의 인공지능AI 소프트 웨어 프로그래밍에 관한 오류 또는 시스템 장애로부터 주로 발생할 것이다.[100] 따라서 '현상'으로서의 자율주행기술의 본질과 구체적인 내용을 가급적 상세히 살펴보는

---

98 인간(human). 「민법」 제3조가 정하는 것과 같은 '자연인(自然人)'을 의미한다.

99 미국 문헌에서도 '자율주행자동차(autonomous vehicle 또는 automated vehicle)'에 대비되는 의미로서 '기존의 자동차(conventional vehicle)'와 같은 용례를 사용하는 다음과 같은 문헌들을 발견할 수 있다. SAE J3016(註 19); Gary E. Marchant · Rachel A. Lindor, The Coming Collision Between Autonomous Vehicles and the Liability System, 52(4) S. C. L. Rev. 1321, 2012; Smith 1(註 57), p.12 등 참조.

100 Marchant · Lindor(前註), p.1328.

것은 '당위'로서의 법적책임의 판단과 관련해 책임판단의 기준 설정 및 이에 필요한 고려요소들을 제공한다는 점에서 매우 중요하다. 즉 자율주행기술의 기술적 측면에 관한 탐구는, ① '제조물책임'의 요건이 되는 '결함defect'의 판단과 그 판단 시에 고려하여야 할 여러 제반 요소들, 나아가 이에 관한 소송상 증명책임의 완화 및 합리적 배분, ② '운행자책임'의 요건이 되는 '운행지배'와 '운행이익'의 인정 여부와 그 한계 및 ③ '운전자책임'의 요건이 되는 '감시·개입의무'의 발생근거와 구체적인 내용 및 범위 등을 합리적으로 평가·판단하는 데에 필수적인 전제가 된다고 말할 수 있다.

이하에서는 이 글의 주제인 '자율주행'과 '법적책임'의 판단에 직접적으로 연관되거나 이에 관해 시사점을 줄 수 있다고 보이는 범위 내에서, 자율주행기술의 의의, 즉 자율주행기술의 원리와 구체적인 모습에 관해 살펴본다.

2. 자율주행기술의 원리와 구체적 모습

가. 자율주행기술의 원리

자율주행기술[101]에 의한 자동차 운전은, '로봇공학robotics'의 측면에서, 크게 '지

---

[101] 자율주행기술의 기본 원리에 관해 우선 아래의 문헌들을 참조할 필요가 있다. 자율주행기술을 위한 하드웨어와 소프트웨어적인 측면에서의 '시스템 체계(system architecture)'는 자율주행기술이 현재와 같이 공론화되기 훨씬 이전의 이른 시기로부터 구상되어 왔음을 알 수 있다.
Sebastian Thrun, et. al., "Stanley: The Robot that Won the DARPA Grand Challenge", 23(9) J. of Field Robotics, 661, 2006.
https://onlinelibrary.wiley.com/doi/10.1002/rob.20147(2018. 10. 17. 최종확인).
위 문헌은 미국 국방성(United States Department of Defense) 산하 기관인 방위고등연구계획국(Defense Advanced Research Projects Agency; DARPA)에서 2005년 주최한 무인자동차(unmanned ground vehicle) 경주대회인 'DARPA Grand Challenge 2005'에서 1위를 기록한 스탠포드(Stanford) 대학교 팀의 자율주행자동차 '스탠리(Stanley)[폭스바겐(Volkswagen)의 투아렉(Touareg) 모델을 기본으로 하여 개조한 것이다]'를 바탕으로, 위 차량의 자율주행기술의 원리와 시스템 구성을 소개하고 있다. 참고로 DARPA에서는 2004년 처음으로 경주대회를 개최하였으나, 2004년 대회에서는 모든 팀이 완주에 실패하였다[위 문헌 p.1 참조. 또한 위 대회들에 관한 상세에 관해서는, http://archive.darpa.mil/grandchallenge 참조(2018. 10. 31. 최종확인)].
Jesse Levinson, et. al., "Towards Fully Autonomous Driving: Systems and Algorithms", IEEE Intelligent Vehicles Symposium (IV), 2011.
https://ieeexplore.ieee.org/document/5940562(2018. 9. 29. 최종확인).

각perception'[102], '계획planning'[103] 및 '제어control'[104]의 세 가지 요소로 이루어져 있다고

또는 https://cs.stanford.edu/people/teichman/papers/iv2011.pdf(2018. 9. 29. 최종확인).

Michael Montemerlo et. al., "Junior. The Stanford Entry in the Urban Challenge", 25(9) J. of Field Robotics 569.

http://robots.stanford.edu/papers/junior08.pdf(2018. 9. 29. 최종확인).

위 두 문헌들은, DARPA에서 2007년 주최한 'DARPA Urban Challenge 2007'[http://www.darpa.mil/grandchallenge/docs/ucwinnertt.pdf(2018. 11. 2. 최종확인) 및 Michael Montemerlo et. al.의 7. 'The Urban Challenge' 항목 각 참조]에 참가해 2위를 기록한 스탠포드(Stanford) 대학교 팀의 자율주행자동차 '주니어(Junior)'[폭스바겐(Volkswagen) 파사트(Passat) 모델을 기본으로 하여 개조한 것이다]를 바탕으로, 자율주행의 기본원리와 시스템 구성에 필요한 하드웨어와 소프트웨어 등을 상세히 소개하고 있다.

위 문헌들의 공저자 중 한 명인 세바스천 스런(Sebastian Thrun)은, '구글(Google)'의 지주회사인 '알파벳(Alphabet Inc.)'의 자회사 'Google X'에서 2009년부터 2013년까지 자율주행자동차(self-driving car) 개발을 이끌었다[2013년부터 2016년까지는 아래 DARPA 대회 참가 카네기멜론 대학교 팀의 일원이었던 크리스 엄슨(Chris Urmson)이 세바스천 스런을 뒤이어 구글의 자율주행자동차 프로젝트를 이끌었다]. John Markoff, "Latest to Quit Google's Self-Driving Car Unit: Top Roboticist", The New York Times, 2016. 8. 5. https://www.nytimes.com/2016/08/06/technology/alphabet-google-autonomous-car-chris-urmson.html(2018. 11. 2. 최종확인).

한편 현재 구글의 자율주행자동차 개발은, 2016. 10. 법인화된 알파벳의 계열사 '웨이모(Waymo LLC.)'에서 이루어지고 있다(홈페이지 https://waymo.com. 2018. 10. 5. 최종확인).

특히 위 2007년의 '주니어(Junior)'에 적용된 소프트웨어와 하드웨어 시스템 체계의 기본 구조, 장비 구성 및 작동 원리 등에 관한 설명은 현재 여러 문헌들에서 논의되고 있는 구글의 자율주행기술의 내용에 관한 설명들과 기본적인 측면에서 큰 차이를 보이지 않고 있다. 따라서 위 '주니어(Junior)'는 구글이 개발하는 자율주행기술의 초기 단계에 큰 영향을 미쳤다고 볼 수 있다.

102 '환경 지각(environmental perception)'과 '측위(localization)'를 포함한다(위 문헌들 참조).

103 통상 '목적계획(mission planning)', '행동계획(behavioral planning)' 및 '동작계획(motion planning)'으로 나누어진다고 설명된다. 위 두 문헌들 및 자율주행기술에 관한 아래 문헌들 참조[아래의 첫 번째와 두 번째의 두 문헌들은 위 2007 DARPA Urban challenge에 참가하여 1위를 기록한 카네기멜론대학교(Carnegie Mellon University) 팀의 자율주행자동차 '보스(Boss)'에 적용된 기술을 바탕으로 자율주행시스템을 기술하고 있다].

Dave Ferguson, et. al., "Motion Planning in Urban Environments: Part I", 25(11-12) J. Field Robotics 1063, 2008.

https://repository.upenn.edu/grasp_papers/30/(2018. 10. 5. 최종확인).

Dave Ferguson, et. al., "Motion Planning in Urban Environments: Part II", IEEE/RSJ International Conference on Intelligent Robots and Systems, 2008.

https://www.cs.cmu.edu/~maxim/files/motplaninurbanenv_part2_iros08.pdf(2018. 10. 5. 최종확인).
또는 https://repository.upenn.edu/grasp_papers/29(2018. 10. 5. 최종확인).

Junqing Wei et, al., "A Behavioral Planning Framework for Autonomous Driving", IEEE Intelligent Vehicles Symposium Proceedings, 2014.

https://www.ri.cmu.edu/pub_files/2014/6/IV2014-Junqing-Final.pdf(2018. 10. 5. 최종확인).
또는 https://ieeexplore.ieee.org/document/6856582(2018. 10. 5. 최종확인).

104 통상 '경로추적(path tracking)'과 '궤적추적(trajectory tracking)'으로 나누어진다고 설명된다. 註 101과 103의 문헌들 각 참조.

볼 수 있다.[105] 사람에 의한 자동차 운전은 크게 인식, 판단 및 제어의 세 가지의 요소로 구성되어 있다고 표현할 수 있는데,[106] 자율주행기술은 바로 위와 같은 요소들을 컴퓨터와 기계로 이루어진 체계, 즉 '시스템system'에 의해 대체하는 것이다.

자율주행자동차는 실제 운전 과정에서 인간 운전자가 하는 것과 '동일한' 내용의 '판단'을 내려야 함에도 불구하고, 자율주행시스템이 위 각 단계에서 내리는 판단의 구체적인 형성 과정과 그 경로는 인간이 내리는 판단 경로와 동일하다고 볼 수 없다.

자율주행 시스템은 각종 센서 등의 장비를 통해 자동차 운전에 필요한 주변 환경에 관한 시각, 청각 등의 정보 등과 자동차의 현재 상태 등에 관한 정보를,[107] GPSglobal positioning system 등의 장비를 통해 자동차의 현재 위치에 관한 정보를[108] 각 수집하는 한편 정보통신 네트워크 장비 등을 통해서도 자동차 운전에 관련되거나 필요한 여러 정보를 수집한다. 프로세서processor에 입력된 컴퓨터 프로그래밍된 '알고리즘algorithm'은 위와 같은 각종 정보들을 처리하여 목적지를 향해 자동차 운전에 필요한 계획을 수립하고, 판단을 내리며, 자동차 제어에 필요한 명령을 내려 '작동기 actuator'[109]를 통해 구동장치와 조향장치를 조작함으로써 자동차를 운전한다. 이를 도식화하여 개관하면 다음과 같다.

---

105 자율주행기술의 시스템 체계(system architecture)에 관한 위 註 101과 註 103의 문헌들 참조.

106 명순구 외(註 61), 27면(김현철 집필부분).

107 '환경 지각(environmental perception)'을 구현하기 위해 위해서는 '레이저 사물 탐지(laser obstacle detection)', '정적 매핑(static mapping)', '동적인 사물 탐지와 추적(dynamic object detection and tracking)' 등의 기술이 필요하다고 한다. Michael Montemerlo et. al. 의 '4. Environment Perception' 항목 참조.

108 '측위(localization)'를 말한다.

109 '알고리즘(algorithm)'으로 하여금 자동차의 조향 및 구동장치를 실제로 조작, 제어할 수 있게 해 주는 물리적 장치를 말한다. 즉 사람의 손과 발을 대신하여 자동차의 스티어링 휠(steering wheel)을 조작하거나, 가속 페달 및 브레이크 페달을 조작하는 장치를 일컫는다. Hod Lipson & Melba Kurman, Driverless: Intelligent Cars and the Road Ahead, MIT Press, 2016[이에 관한 한글 번역서로, Hod Lipson & Melba Kurman(박세연 역), 자율주행혁명, 더 퀘스트, 2017], p.47 참조.

[그림 1] 자율주행 시스템 개관[110]

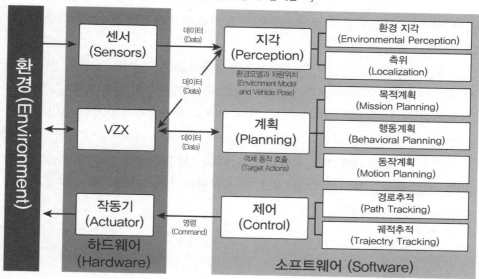

　이를 통해 자율주행시스템은 목적지를 향해 자동차를 운전하여 가면서 도중에 발생할 수 있는 무수한 상황에 대해 주체적, 능동적 및 독립적으로 판단하고, 그에 따라 자동차의 기계장치들을 스스로 제어하여 위 상황들에 대처함으로써 '자율주행'한다.

　따라서 일반 도로 주행이 가능한 일정 수준 이상의 자율주행시스템을 구현하기 위해서는 그에 적합한 수준의 소프트웨어와 하드웨어 성능이 필수적으로 요구되고, 자율주행자동차의 본격적인 상용화를 위해서는 이들 장비들에 관한 생산단가(비용) 절감 역시 함께 필요하다. 즉 이들 소프트웨어와 하드웨어 장비는 신뢰성 있고reliable, 강력하며robust, 경제적이어야affordable 한다.[111]

　특히 ① 운전 중 내리는 판단의 전제가 되는 다양한 정보를 왜곡됨 없이 올바르고 정교하게 수집하기 위한 각종 센서 기술의 고도화, ② 정교한 측위positioning를 위한 정밀한 지도와 GPS 등 장비 기술의 고도화, ③ 그밖에 주행 중 필요한 정보 수집과 처리 등을 위한 빠른 속도의 근거리 및 원거리 무선 정보통신 네트워크 기술

110　[그림 1]은 아래 문헌에서 사용하고 있는 자료를 바탕으로 하여 일부 수정을 가한 것이다.
　　　Scott Drew Pendleton, et. al., "Perception, Planning, Control, and Coordination for Autonomous Vehicles", 5(1) Machines, MDPI 6, 2017.
　　　https://www.mdpi.com/2075-1702/5/1/6(2019. 3. 16. 최종확인).

111　Lipson · Kurman(註 109), p.10.

의 고도화, ④ 무엇보다도 고도의 연산처리 능력, 나아가 스스로 학습하는 '기계학습machine learning' 능력을 갖춘 소프트웨어 알고리즘의 개발[112] 등이 특히 중요하게 요구된다고 말할 수 있다.

자율주행기술은 인간에 의한 자동차 운전을 대체하기 위한 것이고, 자율주행에 관한 법적책임은 바로 현상으로서의 인공지능AI의 일종인 자율주행 알고리즘이 그 능력의 한계를 드러내기 시작하는 지점에서부터 발생하기 시작할 것이라고 말할 수 있다. 그에 대한 당위로서의 책임 판단이라는 규범적normative 논의는 인공지능기술의 구체적인 내용과 그 발달의 수준이라는 실증적positive 논의를 고려하지 않을 수 없을 것이다.[113] 이하에서는 이와 같은 관점에서 자율주행기술의 구체적 모습에 관해 상세히 살펴본다.

나. 자율주행기술의 구체적 모습

1) 소프트웨어적 측면

가) 자율주행 알고리즘algorithm

자율주행기술에 적용되는 '알고리즘algorithm'[114]은 위에서 본 것과 같이 센서와

---

112 위와 같은 소프트웨어 알고리즘의 정보처리와 판단을 위해서, 외기의 다양한 온도와 습도 등 기후 환경 및 충격 등에 직접적으로 노출되는 자동차 용도로 적합한 고도의 안정성과 처리능력을 갖춘 '프로세서' 역시 필수적이다. 이를 위한 고성능의 반도체 개발 등도 함께 요구된다.

113 이와 같은 연구 방법론과 논의의 기본구도에 관해서는, 조홍식, 사법통치의 정당성과 한계, 제2판, 박영사, 2010, 62면 이하 참조.

114 '알고리즘(algorithm)'은 컴퓨터공학에서 '일정한 값 또는 값의 집합을 입력값으로 하여 일정한 값 또는 값의 집합을 생성하는 명확히 개념정의된 계산 절차(any well-defined computational procedure that takes some value, or set of values, as input and produces some value, or set of values, as output)'로 정의된다. 컴퓨터 공학의 측면에서 보다 단순히 말해, 알고리즘은 '입력값을 출력값으로 바꾸는 일련의 계산 절차(a sequence of computational steps that transform the input into the output)'라고 정의내릴 수 있다. Thomas H. Cormen, et. al., Introduction to Algorithms, Third Edition, MIT Press, 2009, p.5.
보다 '목적 지향적'으로는, "특정한 조작 또는 작업을 유한한 과정의 집합에 따라 수행하기 위해 설계된 고도로 구조화된 지시 또는 특정한 절차의 집합(a highly structure set of instructions or specific procedure designed to perform a specific operation or task within a finite set of steps)"으로 정의내릴 수 있을 것이다. Greengard(註 58), p.191.

GPS 등을 통해 수집한 각종 정보들을 처리하여 자동차 운전에 필요한 계획을 수립하고, 판단을 내리며, 자동차 제어에 필요한 명령을 내려 '작동기'를 통해 구동장치와 조향장치를 조작하는 소프트웨어 프로그램이다.[115] 위 '자율주행 알고리즘'을 자율주행기술을 위한 소프트웨어의 핵심이자 사실상 전부라고 말할 수 있다.

　사실 오늘날에도, 발전된 형태의 크루즈 컨트롤인 적응형 크루즈 컨트롤 adaptive cruise control; ACC,[116] 자동주차 등 자동차의 개별 기능들이 상당 부분 자동화되어 있고, 각각의 기능을 위한 소프트웨어와 마이크로프로세서를 비롯한 하드웨어 체계가 탑재되어 있는 등 자동차는 이미 많이 자동화되어 있다.[117] 그러나 이와 같은 자동화를 위한 소프트웨어 시스템은 모듈화modular되어 있고 상호 간의 응답확인 방식handshake 등을 통해 독립적으로 기능하므로 인간 운전자의 존재를 반드시 필요로 한다.[118] 자율주행 알고리즘은 이와 같은 개별 기능의 자동화와는 차원을 달리 하는 것으로, 적어도 자동차의 운전이라는 한정된 작업에 관해서는—현실적인 운전 작업의 전부가 아닌 일부라고 하더라도—인간을 대체할 수 있을 정도로 자동차 운전을 '스스로' 독립적으로 할 수 있는 소프트웨어의 체계를 말한다고 볼 수 있다.[119]

나) 자율주행 알고리즘과 인공지능artificial intelligence; AI
　자율주행기술에 적용되는 소프트웨어 알고리즘은 '인공지능AI' 과학기술 발전

---

115 우리 「소프트웨어산업 진흥법」 제2조 제1호에서는 '소프트웨어'를 "컴퓨터, 통신, 자동화 등의 장비와 그 주변장치에 대하여 명령 · 제어 · 입력 · 처리 · 저장 · 출력 · 상호작용이 가능하게 하는 지시 · 명령(음성이나 영상정보 등을 포함한다)의 집합과 이를 작성하기 위하여 사용된 기술서나 그 밖의 관련 자료"라고 정의내리고 있는 점도 참조.

116 레이더 또는 레이저 센서를 사용하고, 능동적인 조향과 가감속 등을 통한 앞차와의 간격 유지 등이 가능한 형태의 크루즈 컨트롤(cruise control)을 말한다. 일반적으로 '적응형 크루즈 컨트롤'로 지칭되나, 자율적(autonomous), 어드밴스드(advanced) 또는 스마트(smart) 등 단어와 함께 흔히 사용되는 경우도 빈번하다. Sven A. Beiker, "Legal Aspects of Autonomous Driving", 52(4) S. C. L. Rev. 1145, 2012, p.1148에서는 1990년대 후반의 적응형 크루즈 컨트롤의 도입이 운전자 보조 시스템에 관한 하나의 '이정표(milestone)'가 되었다고 평가하고 있다.

117 Lipson · Kurman(註 109), p.46.

118 Lipson · Kurman(註 109), p.47.

119 고도 수준의 자율주행기술은 위와 같은 기존의 자동차의 '자동화된 개별 기능의 유기적 통합'만으로는 구현하기 어려운 것으로서, 이같은 기능의 통합과는 차원을 달리 하는 문제라고 말할 수 있을 것이다. Lipson · Kurman(註 109), p.49 이하의 설명도 같은 취지이다.

의 산물이다.[120] 이하에서는 자율주행기술로 인한 책임판단이라는 '규범적 논의'에 앞서, 그 전제로서 인공지능기술에 관한 '실증적 논의'를 통해 책임판단의 대상이자 그 판단의 준거를 제공한다고 할 수 있는 인공지능기술의 의의와 구체적 내용, 발전 현황 등에 관해 개관한다.

인공지능은 "컴퓨터공학의 개념체계conceptual framework와 도구를 사용한 인지과정認知過程, cognitive process에 대한 연구"로 개괄적으로 정의내릴 수 있을 것이고,[121] 보다 목적 지향적으로는 "컴퓨터로 하여금 인간의 능력과 근사近似하거나 이를 초과하는 의사결정computational decision-making을 할 수 있도록 하기 위해 알고리즘algorithms 및 고도로 복잡한 규칙 기반의 체계highly complex rules-based structure를 사용하는 소프트웨어"로 정의내릴 수 있다.[122]

인공지능 기술은 크게 ① 규칙기반rule-based 또는 상징적symbolic 인공지능과 ② 상향식bottom up 또는 데이터 기반data-driven 인공지능으로 나누어볼 수 있다. 후자는 '기계학습machine learning'으로 보다 널리 알려져 있다. 상징적 인공지능에서는

---

120 '인공지능(artificial intelligence)'이라는 용어는 1956년 다트머스(Dartmouth) 대학에서 열린 컨퍼런스 'Dartmouth Summer Research Project'에서 존 매카시(John McCarthy)가 창안한 것으로 널리 알려진다 [James Moor, "The Dartmouth College Artificial Intelligence Conference: The Next Fifty Years", 27(4) AI Magazine 87, 2006].

존 매카시는 인공지능을 "지능적인 기계, 특히 지능적인 컴퓨터 프로그램을 만드는 과학과 기술(the science and engineering of making intelligent machines, especially intelligent computer programs)"이라고 정의하였다. John McCarthy, "What is Artificial Intelligence?", 2007. 11.
http://www-formal.stanford.edu/jmc/whatisai.pdf(2018. 10. 28. 최종확인).

존 매카시와 함께 인공지능 연구 분야의 개척자로서, 1959년 MIT대학에 인공지능 연구소(Artificial Intelligence Lab)를 공동 설립한 것으로 알려진 마빈 민스키(Marvin Minsky)는 "만일 사람에 의해 행해졌다면 지능을 요구하였을 것들을 기계로 하여금 할 수 있도록 만드는 과학(the science of making machines do things that would require intelligence if done by a man)"라고 정의하였다. Marvin Minsky ed., Semantic Information Processing, 1968, MIT Press[Edwina L. Rissland, "Artificial Intelligence and Law: Stepping Stones to a Model of Legal Reasoning", 99(8) Yale L. J. 1957, 1990, p.1958에서 재인용].

인공지능 연구 분야의 선구자이자 개척자들로 널리 알려진 존 매카시와 마빈 민스키의 '인공지능'에 대한 개념 정의는 매우 소박하면서도 직관적이다.

한편 Ethem Alpaydin, Machine Learning, MIT Press, 2016, p.171에서는 인공지능을 "컴퓨터로 하여금 만약 사람에 의해 행해졌다면 '지능(intelligence)'을 요구 하였을 일들을 하도록 프로그래밍하는 것"이라고 하여 마빈 민스키와 유사하게 정의내리면서도, 인공지능이라는 용어 자체를 '인간 중심의 모호한 용어(human-centric ambiguous term)'라고 기술하고 있다.

121 Rissland(前註), p.1958.

122 Greengard(註 58), p.191.

복잡한 상황 또는 과제를 인간 프로그래머가 소프트웨어 코드화한 규칙공식 집합 formal set of rules으로 해체한다. 반면에 데이터 기반의 인공지능(또는 기계학습)은 대규모 데이터에 알고리즘을 적용하여 데이터를 분류하고 순위매기고 분석하는 데에 통계적 기법을 활용한다.[123]

최근에 발표된 연구결과인 '인공지능 지표 2017년 연간보고서 The AI Index 2017 Annual Report'[124]에 따르면 현재까지의 인공지능 기술의 여러 분야 중, 그 기술적 성능 technical performance이 인간을 능가하였거나 적어도 인간과 동등하다고 할 수 있는 분야는 '시각 vision' 분야 중에서 사물인식 object detection 분야와 '자연어 이해 natural language understanding' 분야 중에서 음성인식 speech recognition 분야 정도이다. 이는 모두 현재까지의 가장 우수한 인공지능 시스템을 기준으로 평가한 것이다.[125]

인공지능 기술 중 '연산 알고리즘 arithmetic algorithm'을 주로 사용하는 주요 기술 분야인 화상인식 visual recognition, 음성인식 speech recognition, 자연언어처리 natural language processing 등 분야에서는 인공지능이 인간과 동등하거나, 한정된 영역과 국면에서는 인간을 앞선다고 말할 수도 있을 것이다(이를 통칭하여 '패턴인식 pattern recognition'이라고 말할 수 있다).[126] 이들은 모두 '하나의 특정한 작업 one narrow task'에만 초점이 맞춰진 '좁은 인공지능 narrow AI'에 속한다(이를 '약한 인공지능 weak AI'이라고 표현하기도 한다).[127]

---

123 Lipson · Kurman(註 109), p.76.

124 Yoav Shoham, et. al., "The AI Index 2017 Annual Report", AI Index Committee of the One Hundred Year Study on Artificial Intelligence(AI100), Stanford University, 2017. 11. https://aiindex.org/2017-report.pdf(2018. 5. 18. 최종확인). 이하 '인공지능 지표 2017년 연간보고서'라고 한다.

125 인공지능 지표 2017년 연간보고서(前註), pp.26, 31 각 참조.

126 패턴인식과 그 하위개념들에 관한 기초적인 설명에 관해서는 Alpaydin(註 120), p.55. 이하 참조.

127 구글(Google)의 인공지능 자회사인 '딥마인드(DeepMind)'가 개발한 바둑(go) 프로그램 '알파고(AlphaGo)' 를 기계학습(machine learning)과 경우의 수 탐색(tree search) 알고리즘 등과 함께 바둑 기보 등에 관한 화상 처리 기술을 활용한 대표적인 사례로 볼 수 있다. '딥마인드'의 아래 웹페이지 참조.
https://deepmind.com/research/alphago(2018. 9. 7. 최종확인).
그보다 앞선 1997년 아이비엠(IBM)이 개발한 슈퍼컴퓨터 '딥블루(Deep Blue)'가 체스(Chess) 게임 세계 챔피언인 게리 카스파로프(Garry Kasparov)와의 체스 게임에서 승리한 것을 좁은 인공지능과 인간의 능력 상호 간의 직접적인 비교로서 널리 알려진 아마도 최초의 사례로 들 수 있을 것이다. 이에 관해서는 아래 문헌들 참조.
Robert Wright, "Can Machines Think", Time Magazine, 1996. 3. 25. (https://content.time.com/time/subscriber/article/0,33009,984304-1,00.html. 2018. 9. 7. 최종확인. 딥블루와 개리 카스파로프의 1996년 1차 게임에서 딥블루가 패배한 뒤, 미국 타임지에서 표지 기사로 이를 다루었고, 그 후인 1997년 2차 게임에서 딥블루가 개리 카스파로프에 승리하였다); Daniel C. Dennett, "Higher Games", MIT Tech. Rev, 2007. 8. 15.(https://www.technologyreviews.com/s/408440/higher-games/amp. 2018. 9. 7. 최종확인).

그러나 자동차의 운전 중 발생할 수 있는 예외적이고도 한계상황에 대한 올바른 대처는 때로는 위와 같은 제한적인 환경조건에서의 연산능력의 극대화 만에 의해서는 해결 가능한 범위를 넘어설 수도 있다고 본다. 즉 위에서 기술한 좁은 인공지능의 적용만으로는 그 기술적 완성도가 아무리 뛰어나더라도 인간의 생명까지도 좌우할 수 있는 한계상황에 대한 인공지능의 대처 내지 선택의 결과를 합리적이라거나 구체적으로 타당한 결과물로서 받아들이기 불가능한 경우가 생길 수 있는 것이다.[128]

즉 이와 같은 한계상황에서의 판단은 보다 인간에 가까운 모습의 '일반지능general intelligence'에 의한 판단이 요구된다고 볼 측면도 있다. 즉 자율주행기술에 관하여는, 현 단계에서 인공지능 기술의 최종적인 목표로 흔히 일컬어지는 '인공일반지능artificial general intelligence; AGI' 분야에 가까워질 정도의 기술개발이 필요할 것이라고 말할 수 있다.[129]

다만 적어도 현재까지의 인공지능 기술 개발 현황에 비추어 보면, ① 규칙기반 또는 상징적 인공지능과 ② 상향식 또는 데이터 기반 인공지능 중의 어느 하나가 그 자체로서 우월하거나 열등한 것이라고 말하기는 어렵다.[130]

아이비엠(IBM)의 인공지능 기술인 '왓슨(Watson)'을 화상처리 기술에 활용한 의료용 진단 프로그램 '왓슨 포 온콜로지(Watson for oncology)'나 자연언어처리 기술에 활용한 법률정보 제공 프로그램 '로스(Ross)' 역시 위와 같은 '좁은 인공지능(narrow AI)' 기술을 사용한 예로 들 수 있다.

128 인공지능 지표 2017년 연간보고서(註 124), p.37 이하에서, 인공지능(AI) 연구 분야의 핵심 과제인 '인간 수준의 능력(human−level performance)' 구현에 관한 현재 기술수준과 그 평가에 대해서 아래와 같은 점을 지적하고 있는 점 역시 주목할 만하다.

"사칙연산과 같은 특정한 제한된 작업이 아닌 보다 일반적인 업무(가령 질문에 답을 하거나, 게임을 하거나, 의학적 진단을 내리는 것)에 관한 인공지능 시스템의 역량을 판단하는 것은 어려운 일이다.

인공지능 시스템이 수행하는 작업은 특정한 문제 또는 적용 분야에서 진전을 이루기 위한 좁은 범위의 맥락에 구조화(framed in narrow contexts)되어 있는 경우가 많다. 기계는 특정한 작업에 관하여 매우 뛰어난 성능을 보일 수 있으나, 작업경로가 조금이라도 수정된다면 그 성능이 급격히 저하될 수 있다. 사람과는 대조적으로 인공지능의 경우 서로 다른 작업 분야에 대하여는 매우 다른 인공지능시스템이 필요하다."

129 미국 MIT 대학 개설강좌인 "MIT 6.S094: Deep Learning for Self−Driving Cars(자율주행자동차를 위한 딥러닝)"에서도 완전한 자율주행(full autonomy)은 '인간 수준의 인공지능(human level artificial intelligence)'을 요구할 것이라고 하면서, '인공일반지능(AGI)'을 언급하고 있다[https://selfdrivingcars.mit.edu/의 2018년 1회 강의(Lecture 1)의 강의안(slides) 참조(2018. 7. 16. 최종확인)].

130 Lipson · Kurman(註 109), p.76.

2) 하드웨어적 측면

자율주행시스템의 하드웨어 장비 및 장치의 세부적인 구성[131]은 다양할 수 있다. 다만 현재까지 알려진 대부분의 자율주행시스템에서는 아래와 같은 장비equipment와 장치device를 사용하고 있는 것으로 보인다.[132]

'환경 지각environmental perception'을 위해 복수의 디지털 카메라, 레이더radar; radio detection and ranging, '라이다LIDAR'[133]라고 불리는 레이저 레이더 장비, 적외선 카메라, 초음파 센서sonar 등이 사용될 수 있다.[134]

'측위localization', 즉 자동차의 정확한 현재 위치의 파악을 위해 GPS 및 GPS의 오차를 보정하는 관성측정장치inertial measurement unit; IMU가 사용될 수 있다.[135]

자율주행시스템에 내장된 컴퓨터는 센서와 GPS로부터 수신되는 정보를 예컨 대 교차로와 신호등과 같은 도로에 대한 정보를 담고 있는 고해상 디지털지도high-definition digital map 정보와 융합시켜 처리하여, '점유격자occupancy grid'라고 불리는 자 동차 외부 세상에 대한 디지털 모델digital model을 형성한다.[136] 점유격자란 자동차 외 부 환경에 대한 3D 디지털 모델을 실시간으로 지속적으로 업데이트해 주는 소프트 웨어 도구tool를 말한다.[137] 점유격자는 디지털기록을 저장하는 백엔드back-end 데이 터베이스와 마찬가지로 자동차 주변의 사물에 대한 정보를 저장하는 디지털 창고 와 같은 역할을 한다. 여러 경로를 통한 데이터, 예컨대 고해상 디지털 지도(차선, 교 차로, 도로 표지판 등 도로면의 세부 정보를 포함한다)와 같은 자동차에 이미 내재된 데이

---

131 이하의 내용은 Lipson · Kurman(註 109), p.10 참조. 각 장비와 장치들에 대한 구체적인 설명과 작동원리, 장단점 등에 관한 보다 상세한 내용은 Lipson · Kurman(註 109), p.171 이하의 Chapter 9. 'Anatomy of a Driverless Car' 부분 참조.

132 자동차의 구동장치와 위에서 본 '작동기(actuator)' 등도 자율주행자동차의 중요한 하드웨어 구성품 중의 하나 일 것이다. 다만 이 글에서 다루는 '자율주행기술'의 본질과 관련해, 이하에서는 '소프트웨어 알고리즘'을 '자동 차 운전'에 직접적으로 구현하는 데에 직결되는 고유한 장치들을 주로 소개하고자 한다.

133 'LIDAR'는 light detection and ranging의 약자이다. 자율주행기술에 적용되는 라이다 장비의 특질에 관해 서는 다음의 문헌 참조. Jesse Levinson · Sebastian Thrun, Unsupervised Calibration for Multi-beam Lasers, Symposium on Experimental Robotics(ISER), 2010.
driving.stanford.edu/papers/ISER2010.pdf(2018. 9. 29. 최종확인).

134 위에서 열거한 것들 이외에도 여러 다양한 종류의 센서 등이 사용될 수 있다.

135 Lipson · Kurman(註 109), p.10.

136 Lipson · Kurman(註 109), p.11. GPS 장비는 고해상 디지털 지도상에 자동차의 정확한 현재 위치를 나타낼 수 있도록 좌표(coordinate)들을 제공하는 기능을 한다[Lipson · Kurman(註 109), p.185].

137 Lipson · Kurman(註 109), p.93.

터와 시각센서를 통해 수집한 주변 상황에 대한 실시간 데이터(가령 주변 사물의 위치, 움직임 여부, 방향 및 속도 등)가 함께 점유격자 안에 유입되어 자율주행시스템이 판단을 내리는 데에 필요한 외부환경에 대한 디지털모델을 실시간으로 제공한다.[138] 이는 자율주행시스템의 자율주행 및 운전 중에 내려야 하는 구체적인 상황에 대한 판단의 기초자료를 제공하는 중요한 역할을 하므로, 그 정보처리의 결과물은 자율주행에 필요한 충분한 안전성을 확보할 수 있는 정교한 것으로서 고도의 정확성이 담보될 것을 요한다.

이들 각종 장비와 장치는 각기 그 작동원리에서 비롯되는 고유의 특성과 장단점을 가지고 있고, 구체적인 자율주행자동차에서는 위 장비의 종류, 개수 및 장착 위치 등이 다양하게 조합되어 사용될 수 있다. 다만 자율주행시스템에서의 이와 같은 하드웨어 장치와 장비의 사용은 자율주행자동차가 일반 도로상에서 자율주행함에 필요한 충분한 안전성을 확보할 수 있는 것이어야 할 것이다.

3. 자율주행기술의 구체적 내용에 관한 논의와 법적책임 판단 문제에 관한 시사점

가. 개요

자율주행 소프트웨어와 하드웨어 장비는 위에서 본 것과 같이 그 자체로서도 일정 수준 이상의 성능을 갖출 것이 요구될 뿐만 아니라, 자율주행시스템 내에서 다른 장비 및 소프트웨어와 함께 당해 시스템에서 요구되는 수준의 자율주행을 구현하기 위해 필요하고도 전제된 기능을 다할 것이 요구된다.

만약 자율주행의 구현에 사용되는 하드웨어와 소프트웨어가 '기술적 합리성'이라는 관점에서 볼 때 위에서 본 측면에서 제기능을 다하지 못하는 경우에는, 제조물책임에서 말하는 '결함'에 해당한다고 말할 수 있다. 즉 자율주행시스템은 자동차 운전 영역에서 인간의 판단을 대체하는 것을 그 본질적 속성으로 하므로, 자율주행시스템이 자율주행 중에 직면한 구체적인 상황에서 내린 선택의 결과물을

---

138 Lipson · Kurman(註 109), pp. 93−94.

객관적, 사후적으로 판단하여 볼 때 '합리적'이라고 볼 수 있는 범주를 벗어났다면 자율주행시스템에 결함이 인정될 여지가 크다고 말할 수 있을 것이다. 그러나 제조물책임 소송에서는 원칙적으로 결함의 존재를 원고가 증명하여야 하고, 이는 결국 자율주행시스템 자체 또는 이를 이루는 하드웨어 장비와 소프트웨어의 성능 수준을 기술적 타당성의 측면에서 분석, 검증하는 복잡하고도 난해한 작업으로 귀착될 개연성이 매우 크다고 할 수 있다.[139]

나. 자율주행 소프트웨어와 법적책임

자율주행 소프트웨어의 결함 판단에서 중요한 것은 '자율주행에 필요한 최선의 인공지능the best AI[140]을 적용했다고 평가할 수 있을 것인지'의 문제로 귀결된다고 말할 수 있다. 자율주행으로 인한 법적책임 문제와 관련해서는 특히 제조물책임 소송에서 자율주행 소프트웨어의 결함 여부 판단이 크게 문제될 수 있을 것인데, 그 판단에서는 책임의 발생과 판단의 각 시점에서의 기술의 수준을 종합적으로 고려할 수밖에 없을 것이다.

'자율주행에 필요한 최선의 인공지능' 역시 인공지능기술 및 자율주행기술의 발전에 따라 끊임없이 변화하면서 고도로 발전할 것이므로, 제조물책임 소송에서 자율주행 알고리즘의 결함판단 기준 역시 기술 발전의 영향을 크게 받게 될 것이다. 책임법제에서 '최선의 인공지능'이 무엇인지를 정하는 문제는, 당해 자율주행 기술에 적용된 인공지능의 종류 자체뿐만 아니라, 자율주행의 안전성에 관한 사회적인 요청 및 제반 규범적 요소를 종합적으로 고려하여 판단함이 타당할 것이다. 또한 자동차 고유의 위험성과 고도의 법익침해 가능성을 감안할 때 기준이 되는 과학기술은 가장 높은 수준일 것을 요한다고 보아야 한다.

또한 자율주행 알고리즘 역시 다른 소프트웨어 일반에서와 마찬가지로 소프트웨어 오류software failure를 피할 수 없을 것이다. 또한 자율주행의 본질상 자율주행에 관한 법적책임은 바로 자율주행 인공지능 소프트웨어의 오류로부터 발생할 가능성

---

139 이에 관한 상세는 제3장 '자율주행과 제조물책임' 해당 부분에서 상세히 살펴본다.

140 Lipson · Kurman(註 109), p.76.

이 높다. 자율주행자동차에 대해 필요한 안전성을 확보한다는 문제는, 결국 자율주행 소프트웨어에 관해 어느 정도까지의 오류를 용인할 수 있을 것인가의 문제와 다름없는 것일 수 있다.[141]

자동차 고유의 위험성을 감안할 때 법적책임 판단과 관련해 문제되는 자율주행 알고리즘에 대한 오류의 허용 범위에 관해서도 매우 엄격한 기준에 의해 판단할 필요가 있다.[142] 이는 제조물책임 소송에서의 결함 판단 기준 설정의 문제로 귀결될 것이다. 이 부분에 관해서도 판단의 준거가 되는 기술 수준은 최선의 것임을 요한다고 말할 수 있다. 또한 제조물책임 소송의 실제에서도 자율주행 소프트웨어 알고리즘의 기술 수준에 관해서는 원고의 증명책임을 합리적으로 완화하고, 제조업자로 하여금 '자율주행에 필요한 최선의 인공지능'을 적용하였다는 점에 관한 상당한 정도의 증명책임을 사실상 부담하도록 기준을 설정할 필요가 있다.

다. 자율주행 하드웨어와 법적책임

자율주행 하드웨어 장비와 장치는 그 자체로서 자율주행 중 작동 중단이나 오류를 일으키는 일이 없이 지속적으로 필요한 성능을 유지할 수 있도록 설계되어야 할 것이다. 자동차 고유의 위험성으로 말미암아, 자율주행시스템이 찰나의 순간적인 작동 중단이나 오류를 일으키는 경우에도 사안에 따라서는 인간의 생명에 대한 직접적인 침해 위험을 발생시킬 수 있게 된다. 따라서 이들 장비와 장치 자체의 작동 중단이나 오류로 인한 결함의 판단에 관해서는 매우 엄격한 기준을 적용할 필요가 크다.

또한 자율주행시스템에 필요한 하드웨어 장비와 장치는 각각 고유의 특성에 따른 장단점을 가지므로, 자율주행에 필요한 안전성을 충분히 확보하기 위해 각 종류별 개별 장비와 장치의 단점이 상호 보완될 수 있도록 혼합 사용될 필요도 있을 수 있다.

나아가 이들 장비와 장치는 항공기의 경우와 마찬가지로 자율주행시스템의 장애 내지 고장에 대비해 다중화된 실시간 작동 시스템redundant real-time operating

---

141 Lipson · Kurman(註 109), p.100.

142 또한 자율주행 소프트웨어와 관련해서도 아래 註 142에서 보는 것과 같은 자율주행시스템의 안전성 확보를 위한 다중화 시스템(redundant system)이 필수적으로 요구된다고 볼 측면이 있다.

system[143]의 구조로 운용될 필요가 있고, 적절한 범위 내에서 이와 같은 시스템 구축을 제도적으로 강제할 필요도 있다고 본다.[144]

자동차와 같은 '생명과 직결되는 시스템life-critical system'은 개별 센서 또는 부품의 이상현상anomalies이나 오류, 예기치 못한 외부 상황의 변화 등과 관련한 대비책을 필수적으로 갖추어야 한다. 시스템이 복잡하면 복잡할수록 이와 같은 잠재적인 오류는 보다 깊숙한 곳에 숨어있기 마련이다. 자율주행자동차가 보편화되면, 항공기와는 비교하기 어려울 정도로 많은 수의 자동차가 도로상을 돌아다니게 될 것이다.[145] 자율주행시스템의 안전성 확보를 위한 다중화 시스템redundant system은 위에서 본 자율주행 소프트웨어의 측면에 관해서도 마찬가지로 요구될 수 있다. 이와 같은 필요한 시스템의 적절한 구축 여부는 제조물책임에서의 결함 판단에 관해서도 큰 비중을 두어 고려하는 것이 타당하다고 본다.

자율주행자동차의 지각-계획-제어 프로세스 중 지각 기능과 관련해 미세한 오류가 발생하거나, 단지 전방 또는 주변의 사물을 인지하지 못하는 것만으로도 그 피해의 회복이 불가능한 인명人命 사고로까지 이어질 수 있다.[146] 또한 자율주행자동차는 다양한 센서 정보를 융합, 분석 및 처리하여 안전한 주행을 위한 의사결정을 내리게 되는데, 예컨대 자율주행자동차의 카메라에 빛을 가하거나, 라이더에 교란신호를 보내는 릴레이 공격relay attack을 가하는 등 센서 데이터를 저하시키는 단순한 공격에 의하여 인지 기능이 저해되는 것 자체만으로도 사고가 발생할 수 있다.[147] 기존의 자동차에 관해서도 자동차가 인위적인 조작이나 고의로 유발된 고장 등을

---

143 하나의 장비와 장치가 작동하면서 작동 중단이나 오류를 일으키는 경우를 대비하여 이를 대체할 수 있는 장비와 장치를 함께 작동하도록 하는 것을 말한다.

144 Lipson · Kurman(註 109), p.105. 일본 정부에서 2018. 9. 발표한 "자율주행자동차 안전기술 가이드라인(自動運転車の安全技術ガイドライン)"에서도(아래 註 276 참조), 자율주행자동차의 안전성 확보를 위해 센서 및 제어 장비를 다중화할 필요성을 언급하고 있다(아래 제4절 II. 2. 라. '일본' 부분 참조).

145 이상의 내용에 관해서는 David A. Mindell, Our Robots, Ourselves: Robotics and the Myths of Autonomy, Viking, 2015, p.201 참조.

146 서은비 · 김휘강, "자율 주행 차량의 In-Vehicle 시스템 관점에서의 공격 시나리오 도출 및 대응 방안 연구", 한국자동차공학회 논문집 제26권 제2호, 2018. 3, 243, 249면.

147 서은비 · 김휘강(前註), 245면. 위 논문 244면 이하에서는 자율주행자동차의 보안상 취약점에 관한 다양한 실험결과들을 예시하고, 이를 ① 근접 취약점(위에서 든 센서데이터의 저하 및 교란), ② 원격 액세스 취약점(차량에 탑재된 소프트웨어 및 펌웨어의 업데이트를 통한 악의적인 코드 삽입, Dos 공격, 도청 등) 및 ③ 물리적 취약점(자동차의 ECU 등을 통한 브레이크, 엔진 등 하드웨어 모듈에 대한 공격)으로 분류한 후, 이에 대응한 보안기술 개발 필요성을 언급하고 있다.

통해 범죄의 수단, 도구가 되거나 대상, 목적이 되는 경우를 상정할 수 있다. 자율주행자동차에 관해서도 비단 해킹의 경우뿐만 아니라 이와 같이 다양한 유형의 물리력을 사용하여 기능장애나 고장을 유발하는 경우를 같은 맥락에서 이해할 수 있을 것이다. 다만 자율주행기술의 경우 그 기술 고유의 속성상 주변 상황의 인지와 관련해 센서 등 각종 전자 장비와 장치에 상당 부분 의존할 수밖에 없게 되고, 센서 등 장비와 장치는 그 특질에서 유래하는 장단점과 기능상 한계를 가지게 되므로, 자율주행자동차의 경우 이와 같은 점을 악용한 원거리로부터의 교란 내지 조작 등이 오히려 기존의 자동차보다도 보다 용이해 진다고 말할 수 있을 것이다.

이에 관해 '자율주행자동차의 안전성 확보'라는 측면에서, 관련 장비와 장치의 제조업자 또는 자율주행자동차의 제조업자에 대해 각각의 자율주행시스템에 사용되는 센서 등 전자 장비와 장치의 특질을 면밀히 고려하고 외부의 인위적인 교란 및 왜곡에 관한 가능성까지도 충분히 상정해 사전에 필요한 안전대책을 마련할 폭넓은 의무를 부과할 필요가 있다. 이와 같은 교란, 조작을 통한 기능장애나 고장이 실제로 발생하는 경우 제조업자 측에 상대적으로 엄격한 책임판단 기준을 적용하여 그 책임을 폭넓게 인정할 필요가 있다. 제조업자가 특정한 자율주행기술을 소비자에게 제공하는 것은 결국 제조업자의 영리 목적 하에 그 스스로의 판단과 책임에 따라 이루어지는 것이기 때문이다.

4. 소결론

자율주행 알고리즘, 나아가 인공지능 일반 및 이를 기계적으로 구현하는 각종 장치들에 관한 논의가 인공지능의 일종인 자율주행기술에 관한 법적책임 판단 문제에 대해 주는 시사점은 다음과 같이 요약할 수 있다.

자동차 교통사고로 인한 인간의 생명 침해 가능성을 고려하면 개별 자율주행자동차에 탑재되는 개별 자율주행시스템의 하드웨어와 소프트웨어 집합은 그 자체로서 하나의 미션 크리티컬 시스템mission critical system이라고 말하더라도 과언이 아닐 것이다.[148]

---

148   Beiker(註 116), p.1152도 같은 취지이다.

자율주행기술로 인한 법적책임 판단은 책임 발생 및 책임 판단의 각 시점에서의 자율주행기술 수준 및 기술 발전의 경과와 추이 등을 복합적으로 고려해 이루어지게 될 것이다. 그런데 자율주행시스템 중 특히 소프트웨어적인 측면에서 볼 때 현재까지 알려진 인공지능기술 중 자율주행기술의 적용 대상인 분야에 여러 측면에서 본질적인 한계가 존재하는 반면에, 자율주행자동차는 그 사고로 인해 인간의 생명까지도 직접 침해할 수 있는 고유의 위험을 가진다는 점을 종합해 보면, 특히 제조물책임 소송에서 자율주행 소프트웨어의 결함 여부의 판단이 문제되는 경우 결함 판단의 기준이 되는 과학·기술의 수준, 즉 자율주행기술의 수준을 매우 엄격하게 설정할 필요가 있다.

나아가 「제조물책임법」에서 제조업자의 면책사유 중의 하나로 규정하고 있는 '개발위험의 항변'[149]에서 제조업자의 증명 대상이 되는 '제조물을 공급한 당시의 과학·기술 수준' 역시, 자율주행시스템을 구현하는 데에 필요한 인공지능기술 일반 및 하드웨어 장비 및 장치에 관한 기술이 전 세계적으로 현재까지도 끊임없이 발전하고 있다는 점을 감안해 볼 때, 이를 최대한 높게 설정할 필요가 있다. 법원으로서는 소송상 개발위험의 항변의 판단 단계에서 제조업자가 면책요건인 '과학·기술 수준'에 대한 증명을 다하였다고 볼 수 있는지에 관해서도 엄격히 심사, 판단할 필요가 있다고 본다.

Ⅲ. 자율주행의 사회·경제적 효과와 법적책임

1. 문제의 제기

자율주행자동차의 본격적인 도입 시기始期에 관해 기존에 발표된 여러 문헌과

---

[149] 「제조물책임법」 제4조 제1항 제2호는 "제조업자가 해당 제조물을 공급한 당시의 과학·기술 수준으로는 결함의 존재를 발견할 수 없었다는 사실"을 증명한 경우에는 제조물책임을 면한다고 규정하고 있다. 이에 관해서는 제3장 '자율주행과 제조물책임'의 해당 부분에서 상세히 살펴본다.

자료들에서는 그 시점을 2020년 무렵으로 예측하고 있었다.[150] 그러나 자율주행자동차 상용화의 구체적인 시기와 속도 및 범위 등에 대해서는 상용화될 자율주행자동차에 적용될 자율주행기술의 발전 현황, 방향 및 기술 수준, 특히 현 단계에서 일반 도로의 다양한 주행 조건 하에서 본격적인 도로 주행에 필요한 충분한 안전성의 확보와 이에 관한 사회적인 신뢰 등 여러 요인들이 크게 영향을 미칠 것으로 보인다. 이와 같은 점들을 감안하면 기존의 문헌과 자료들이 제시하고 있는 자율주행자동차의 구체적인 도입 단계 내지 경과 예측에 대해서는 상당한 범위의 조정 가능성을 염두에 두고 이를 지켜볼 필요가 있다고 생각된다.[151]

---

150 시장조사기관 IHS Markit이 2018. 2. 발표한 "2018년 자율주행자동차 판매예측 보고서(Autonomous Vehicle Sales Forecast and Report)"는 아래와 같이 자율주행자동차의 도입 시기를 매우 구체적으로 예측하고 있다. 이에 따르면 자율주행자동차(SAE의 분류기준에 따른 4단계 이상의 자율주행기술이 적용된 자동차를 말한다)의 전 세계 연간 판매량은 2021년 51,000대를 시작으로 급격히 증가하여, 2040년 3,300만 대를 넘어설 것으로 예측된다고 한다. 또한 이에 따르면 미국이 자율주행자동차의 초기 개발을 주도하여 빠르면 2019년에 자율주행자동차가 시장에 조기 도입될 수 있다고 한다.

IHS Markit, "Autonomous Vehicle Sales Forecast and Report", 2018. 2. 1.

https://technology.ihs.com/599099/autonomous-vehicle-sales-to-surpass-33-million-annually-in-2040-enabling-new-autonomous-mobility-in-more-than-26-percent-of-new-car-sales-ihs-markit-says(2018. 6. 13. 최종확인).

영국의 재보험(再保險) 등 회사 로이즈(Lloyd's)가 2014년 발표한 보고서 '자율주행자동차. 제어권의 이전: 보험업계의 기회와 위기(Autonomous Vehicles. Handing over control: Opportunities and Risks for Insurance)' 및 KPMG International이 2019. 3. 발표한 보고서 '자율주행자동차 준비 지수(Autonomous Vehicle Readiness Index)' 역시 2020년 무렵을 자율주행자동차의 도입 시기(始期)로 예측하고 있다.

Gillian Yeomans, "Autonomous Vehicles. Handing over control: Opportunities and Risks for Insurance", LLOYD'S, 2014.

https://www.lloyds.com/~/media/lloyds/reports/-emerging-risk-reports/autonomous-vehicles-final.pdf(2018. 10. 1. 최종확인).

KPMG International, "Autonomous Vehicle Readiness Index", 2019.

https://assets.kpmg/content/dam/kpmg/xx/pdf/2019/02/2019-autonomous-vehicles-readiness-index.pdf(2019. 4. 18. 최종확인).

151 구글의 웨이모(Waymo)는 2018. 12. 5. 애리조나(Arizona) 지역에서 자율주행 택시(self-driving taxi) 사업을 시작하겠다고 발표하였다(Alexandria Sage, "Waymo unveils self-driving taxi service in Arizona for paying customers", Reuters, 2018. 12. 5.). 이를 자율주행자동차의 본격적인 상용화 사례로 볼 수는 없을 것이나, 본격적인 상용화를 위한 최초 단계의 시도로서 평가할 수 있을 것이다.

https://www.reuters.com/article/us-waymo-selfdriving-focus/waymo-unveils-self-driving-taxi-service-in-arizona-for-paying-customers-idUSKBN1O41M2

참고로 웨이모는 2017. 7. 캘리포니아와 애리조나 지역에서 자율주행 화물트럭에 관해 도로주행을 실시하고 있다는 점을 공식적으로 발표한 데에 이어, 2018. 3. 9. 구글 데이터센터의 화물 운송을 위해 애틀랜타에서 이하에서는 자율주행의 사회·경제적 효과와 법적책임 문제에 관해 살펴본다. 자율주행자동차의 본격적인 상용화는 자동차 산업 전반과 소비자들의 일상생활에 많은 변화를 가져올 뿐만 아니라, 사회 전반에 걸쳐 큰 변화를 가져올 것으로 전망된다. 먼저 자율주행자동차 도입에 따라 예상되는 긍정적 효과를 먼저 살펴본 후, 이어서 자율주행자동차 도입에 따라 예상되는 부정적 효과와 현재까지 밝혀진 자율주행자동차에 관한 주요 사고 사례 등의 시사점을 함께 살펴본다. 이어서 자율주행자동차의 사회·경제적 효과를 법적책임 판단의 문제에 어떠한 방향과 내용으로 고려하는 것이 타당한지 살펴본다.

이를 살펴보는 것은 자율주행자동차로 인한 법적책임 판단 문제의 전반, 특히 제조업자와 운행자 또는 운전자 상호 간의 책임 분배에 관한 논의에 대해 참고가 될 만한 유용한 시각을 제공해 줄 수 있다. 보다 구체적으로 자율주행자동차의 사회·경제적 효과 전반에 관한 논의는, 제3장에서 살펴보는 자율주행과 제조물책임에서 설계상 결함의 판단기준이 되는 '위험-효용기준risk-utility test'에 의한 결함판단기준의 설정과 관련해 직접적인 논거를 제공하게 되고, 이는 제조물책임의 인정 여부와도 직결될 수 있다.

자율주행 화물트럭(self-driving trucks)을 운행하겠다고 발표하였다(Shariq Khan, "Waymo's self-driving trucks to haul cargo for Google in Atlanta", Reuters, 2018. 3. 9.).
https://www.reuters.com/article/us-autos-selfdriving-waymo/waymos-self-driving-trucks-to-haul-cargo-for-google-in-atlanta-idUSKCN1GL20W(2019. 1. 31. 최종확인).
한편 우버[Uber. 우버 테크놀로지('Uber Advanced Technologies Group'). https://www.uber.com/info/atg/. 2019. 1. 31. 최종확인]는 2016 자율주행트럭 기술 스타트업(startup)인 '오토(Otto)'를 인수한 이래, 2018. 3. 애리조나 지역에서 위 회사의 우버 프라이트(Uber Freight) 서비스를 통해 자율주행트럭을 운행하는 사업을 개시하겠다고 발표하였으나, 얼마 지나지 않은 2018. 7. 30. 자율주행트럭 운행을 중단하고, 자율주행자동차 개발을 승용차 분야에 한정하겠다고 발표하였다(Munsif Vengattil, "Uber to stop developing self-driving trucks", Reuters, 2018. 7. 31; Erin Winick, "Why Uber put the brakes on its self-driving trucks", MIT Technology Reveiw, 2018. 7. 31).
특히 미국에서는 트럭의 경우 주로 고속도로(highway)를 중심으로 운행하게 되는데, 고속도로의 경우 혼잡한 도심의 도로에 비하여 운전 중 돌발상황에 대한 예측가능성 담보가 상대적으로 보다 용이하므로 트럭의 경우 승용차보다도 오히려 자율주행에 보다 적합할 수 있다는 인식이 일반적으로 받아들여지고 있다. 그럼에도 불구하고 우버의 자율주행트럭 서비스가 위와 같이 단기간 내에 중단된 것은 자율주행기술의 상용화와 현 시점에서의 자율주행기술의 발전 수준과 관련해 시사하는 바가 적지 않다고 본다. 다만 자율주행의 상용화는 결국 기술 발전과 시간 문제에 달린 일이라고 생각한다.
https://www.reuters.com/article/us-uber-trucking/uber-to-stop-developing-self-driving-trucks-idUSKBN1KK2GD(2019. 1. 31. 최종확인).
https://www.technologyreview.com/the-download/611754/why-uber-put-the-brakes-on-their-self-driving-trucks/(2019. 1. 31. 최종확인).

2. 자율주행자동차의 사회 · 경제적 효과

가. 자율주행자동차의 긍정적 효과

　　자율주행자동차가 본격적으로 상용화되면 '자동차 운전'이라는 영역 전반에 걸쳐 인간을 기계가 대체함으로써 이에 따른 여러 사회 · 경제적 부수효과를 가져올 수 있다. 여러 문헌과 자료에서 제시하는 자율주행이 가져올 수 있는 여러 긍정적인 효과들은 ① 안전성safety, ② 효율성efficiency과 ③ 이동성mobility의 증대로 요약할 수 있다.[152]

　　우선 안전성safety 증진의 측면에서 보면, 자율주행자동차의 본격적인 상용화에 따라 사회 전반에 걸친 교통사고율이 크게 감소할 수 있다. 여전히 교통사고 발생의 가장 주된 원인은 여전히 운전자의 과실이 차지하고 있다.[153] 자율주행자동차가 상용화됨 따라 인간에 의한 과실의 개입 여지가 최소화될 수 있고, 이는 통계적인 교통사고의 감소로 이어질 수 있다.[154]

　　자동차 운전 중에 인간의 시각은 주로 전면을 향하고 시야각 역시 그다지 넓지

152　이하의 논의에 관해서는 Beiker(註 116), p.149 이하 참조.

153　미국의 2017년 통계에 따르면 미국 내 모든 교통체계를 통틀어 사고로 인한 사망자 수 39,141명 중에서, 자동차 교통사고로 인한 사망자가 37,133명(2016년에는 37,806명)으로서 압도적 다수를 차지하고 있다고 한다. 또한 심각한 결과를 초래한 자동차 교통사고의 발생요인으로 운전자의 음주운전, 부주의와 과속과 같은 법규 위반 등 운전자와 관련된 요인이 94%를 차지하고 있다고 한다.
NHTSA, "2017 Fatal Motor Vehicle Crashes: Overview", 2018. 10.(DOT HS 812 603), pp.1. 3.
https://crashstats.nhtsa.dot.gov/Api/Public/ViewPublication/812603(2019. 1. 11. 최종확인).
U.S. Department of Transportation Bureau of Transportation Statistics('DOT BTS'), "Transportation Statistics Annual Report 2018", 2018, p.6−11.
https://www.bts.gov/sites/bts.dot.gov/files/docs/browse−statistical−products−and−data/transportation−statistics−annual−reports/TSAR−2018−Web−Final.pdf(2019. 1. 11. 최종확인).
연방 자율주행자동차 정책 2018(아래 註 223), p.3.

154　KPMG LLP.가 2015. 6. 발표한 보고서 "자율주행자동차 시대에서의 자동차보험(Automobile insurance in the era of autonomous vehicle)"에서는 2025년에 4단계의 자율주행자동차가 본격적으로 상용화된 이후에는 자율주행자동에 일반적으로 탑재될 안전보조장치(충돌방지 장치 또는 주차보조 장치 등) 등의 여러 요인들과 함께 자동차 사고율을 급격히 낮추게 되어, 2040년이 되면 2015년 대비 자율주행자동차 1대당 사고율이 80% 감소할 것이라고 예측하고 있다.
KPMG LLP., "Automobile insurance in the era of autonomous vehicle", 2015, pp.5−6 참조.
https://home.kpmg.com/content/dam/kpmg/pdf/2016/05/kpmg−automobile−insurance−in−era−autonomous.pdf(2018. 5. 18. 최종확인).

않고, 측면과 후면은 일정 부분 후사경에 의존할 수밖에 없으며, 운전자의 시야에 사각지대가 존재하고, 장애물의 인지와 그에 대한 반응에 필연적으로 어느 정도 시차가 존재할 수밖에 없는 반면, 자율주행자동차는 위에서 본 것과 같은 각종 센서 장비 등을 통해 모든 방향의 장애물을 감지할 수 있고, 네트워크 연결을 통해 자동차의 안전한 운전에 필요한 기후 조건 등의 여러 외부 정보에도 접근할 수 있으며, 장애물의 인지와 그에 대한 반응 역시 보다 즉각적일 수 있다.[155]

특히 스마트폰 등 휴대용 통신수단이 급격히 확산되어 운전 중의 이들 휴대용 기기 사용으로 인한 주의 분산으로 교통사고가 빈번히 발생하는 것이 사회적으로 문제되고 있다. 이와 같은 현실에서 자율주행자동차의 상용화는 이와 같은 운전자 과실 전반에 기한 교통사고를 획기적으로 감소시킬 수 있고 교통사고와 관련된 사회적 비용 역시 큰 폭으로 감소할 수 있다.[156]

다음으로 효율성efficiency 증진의 측면에서 보면, 자율주행자동차는 교통상황 전반에 관한 정보의 수집과 분석을 통해 운전경로와 가감속 등 운전 행태에 관하여 합리적인 선택과 판단을 내리고(이러한 효율은 자율주행자동차 상호 간의 네트워크 형성 등으로 필요한 정보를 공유함으로써 극대화될 수 있다), 개별 자동차의 합리적 선택은 교통 전체의 흐름의 최적화로 이어질 수 있다. 즉 인간에 의한 종래의 자동차 운전으로는 달성하는 데에 한계가 있었던 교통 전반의 합리화를 달성할 수 있게 된다.[157] 이와 같은 교통 흐름의 개선은 사회 전반에 걸쳐 연료 소모를 크게 감소시킬 수 있다.

또한 인간에 의한 감정적 내지 비이성적인 운전 형태, 비합리적이거나 비경제적인 운전 습관 등이 자율주행기술의 발전에 따라 시스템에 의해 전면적으로 대체되어 감소 내지 소멸하는 현상 역시 안전성 및 효율성 증대라는 효과를 가져올 수 있다.

마지막으로, 이동성mobility 증진의 측면에서 보면, 자율주행자동차 특히 아래에서 보는 것과 같은 운전자의 개입과 조작이 원칙적으로 불필요한 4단계 이상의 자율주행자동차의 경우 장애인이나 아동, 노약자, 음주자, 운전면허 미취득자 내

---

155   Alpaydin(註 120), p.149; Marchant · Lindor(註 99), p.1330.

156   Lipson · Kurman(註 109), p.258 이하에서는 ① 교통사고 손해회복 비용, ② 여객, 화물 운송비용, ③ 운전시간에 대한 기회비용, ④ 자동차의 소형화 및 경량화에 따른 제조비용의 각 절감을 예시하고 있다. 다만 역으로 이로 인해 위에서 언급한 각 분야와 연관된 사업은 현재보다 위축될 수 있음을 지적한다.

157   Beiker(註 116), p.1150.

지 결격자와 같은 현실적이거나 규범적인 이유로 자동차운전이 불가능한 사람들도 자율주행자동차를 이용한 장소 이동이 가능해 짐으로써, 인간의 기본적인 자유 중의 하나인 이동의 자유를 증진시키는 결과를 가져올 수 있다.

특히 미국에서는 많은 지역에서 자동차 없이는 일상생활에 필요한 이동이 현실적으로 매우 곤란한 경우가 많으므로, 연령상의 이유로 운전면허 취득이 불가능한 청소년들도 독자적으로 자율주행자동차를 이용할 수 있게 되고, 이는 청소년의 활동성의 조기 확대와 함께 보호자의 시간 여유 증대 등 긍정적인 측면을 가진다는 것이 언급되고 있다.[158] 또한 시력 감퇴와 판단력 둔화 등으로 야간이나 고속도로 운전 등에 현실적인 어려움을 겪게 되는 고령자와 장애인의 경우에도 자율주행자동차로 인해 직접 자동차를 운전하는 경우와 다름없는 활동적인 생활을 할 수 있게 되어 이들의 복리가 증진될 수 있다는 점 역시 긍정적 요인으로 들 수 있다.

나. 자율주행자동차의 부정적 효과

자율주행자동차에 관해서는 위에서 본 것과 같이 여러 사회·경제적인 긍정적 효과가 예상되는 반면, 다음과 같은 부정적 효과들이 예상되는 문제점으로 지적될 수 있다.

우선 자율주행자동차의 경우 지각-계획-제어 프로세스 중 사소한 오류가 발생하더라도 인명사고 등 중대한 결과가 발생할 수 있다는 점 및 해킹, 센서 교란 등에 의해 기존의 자동차에서 상정하기 어려웠던 새로운 유형의 사고 가능성 등을 자율주행자동차에 관해 예상되는 문제점으로 지적할 수 있다.

자율주행자동차가 교통사고의 영역에서 기존의 '인간이기 때문에 일으켜 온 사고'를 예방함으로써 사회 전체적인 사고율을 감소시킨다고 하더라도, 그와는 다른 차원에서 '인간이라면 피할 수도 있었을 사고'를 일으킬 위험이 있는지 여부[159]는 아직 실증적으로 검증되었다고 보기 어렵다.

현 시점까지 자율주행기술과 관련하여 전 세계적으로 규격화, 표준화된 기준

---

158   Beiker(註 116), p.1151.

159   小林正啓, "自動運転車の実現に向けた法制度上の課題", 情報管理, 60(4), 2017. 7, 244면.

이 존재하지 않고, 각국의 관련업체마다 각자 독자적인 기술체계와 접근방식으로 기술을 개발하고 있으며, 자율주행자동차의 시스템 오류 등 기능이상 또는 이로 인한 사고 발생시 책임의 원인을 판단할 수 있는 구체적인 평가 기준도 마련되어 있지 않다. 이와 같은 점은 자율주행자동차의 사고에 관한 책임소재를 불분명하게 만들고, 소비자들로 하여금 자율주행자동차의 기술수준과 안전성을 신뢰하게 만드는 데에 장애요인이 될 수 있다.

자율주행기술이 자동차 운전의 영역에서 인간의 판단을 어느 정도로까지 정밀하게 대체할 수 있을지의 문제는 현 시점으로서는 다소 불명확한 것이 사실이다. 반면에 자율주행시스템이 자율주행 도중에 생길 수 있는 긴급한 상황에 대해 내리는 선택은 자율주행시스템이 어떠한 선택을 하더라도 인간의 생명 또는 신체에 대한 피해가 불가피한 경우에 필연적으로 수반하는 윤리적 딜레마의 문제를 불러일으킬 수 있다. 특히 고도의 직관적인 판단을 요하는 상황에서도 자율주행 인공지능 알고리즘이 합리적이고도 안전한 결정을 내리면서 주행할 수 있을지, 소비자들이 자율주행자동차의 안전성을 신뢰하며 받아들일 수 있을지는 현 시점으로서는 여전히 불명확하다.[160]

자율주행자동차의 정보 수집, 분석 및 저장 과정, 자동차 상호 간vehicle-to-vehicle; V2V, 자동차와 기반시설 또는 네트워크 상호 간vehicle-to-infrastructure; V2I 또는 vehicle-to-network; V2N, 나아가 자동차와 모든 것 상호 간vehicle to everything; V2X의 정보 공유의 과정에서 사생활과 개인정보 침해의 문제가 발생할 수 있다.[161] 또한 자율주행자동차는 보안security, 사이버공격cyber attacks과 테러terrorism 등에 취약할 수 있으므로, 자율주행자동차의 운행을 위하여 수집, 처리되는 정보에 관한 보안 문제와 해킹 등으로 인한 대형사고의 위험성 역시 예상되는 문제점으로 지적할 수 있다.[162]

---

160 권영준 · 이소은(註 85), 455면.

161 자율주행기술 및 이로 인하여 수집 · 처리되는 개인정보와 관련한 개인정보보호의 문제 및 이로 인한 법적책임 문제 역시 자율주행자동차에 관해 제기될 수 있는 매우 중요한 주제 중의 하나이다. 이에 관한 미국에서의 논의로 우선 Dorothy J. Glancy, "Privacy in Autonomous Vehicles", 52(4) S. C. L. Rev. 1171, 2012 참조. 한편 Beiker(註 116), p.1150은 자율주행자동차에 관해 운전의 영역에서 개인의 사생활과 '자율성(autonomy)'의 박탈 내지 제한을 문제점으로 들고 있다.

162 Kohler · Colbert-Taylor(註 74), p.132 이하.

3. 자율주행자동차의 사고 사례와 시사점

가. 미국에서의 자율주행자동차 사고 사례

　　미국에서는 구글Google, 테슬라Tesla, 우버Uber 등 대표적인 자율주행자동차 개발 업체들에 의해 개발되어 도로상에서 주행하다가(시험주행을 포함한다) 사고를 일으킨 자율주행자동차의 사고 사례가 존재하고, 이에 대해 미국 연방교통안전위원회National Transportation Safety Board; NTSB와 NHTSA에서 조사가 이루어졌거나 현재 진행 중이다. 이들 사고 사례의 구체적인 사고 경위와 이에 대한 NTSB와 NHTSA의 조사경과와 조사결과는 다음과 같다.

1) 2016. 2. 14. 구글Google 자율주행자동차 사고 사례

　　2016. 2. 14. 구글Google의 렉서스Lexus 450h 개조 자율주행자동차에 의한 자율주행 중, 위 자동차가 4차로를 서행하던 중 갓길에 쌓여 있던 모래주머니를 피하기 위해 3차로로 차선 변경을 시도하다가 3차로에서 직진하던 버스 측면을 충돌하여, 양 차량이 일부 파손된 사고 사례이다.

　　위 사례는 구글 측에서 최초로 자율주행 중 사고에 관한 책임을 인정한 사안으로 보고된 바 있다. 위 사고는 그 사안이 비교적 경미한 것으로서, 미국 연방 또는 주정부에 의해 사고 원인에 관한 심층적인 조사가 이루어지지 않은 것으로 보인다. 구글 측에서 자체적으로 작성하여 공개한 위 보고서에 의하더라도 이와 같은 사고 경위 외에 해당 차량에 적용된 자율주행기술의 수준 및 구체적인 사고 경위의 상세에 관해서는 확인되지 않고 있다.[163]

2) 2016. 5. 7. 테슬라Tesla 자율주행자동차 사고 사례

　　2016. 5. 7. 테슬라Tesla의 2015 Model S 70D 자동차의 "오토파일럿Autopilot" 기능을 사용한 주행 중, 위 자동차가 세미트레일러semi-trailer 트럭의 우측면을 충돌하여 운전자가 사망한 사고 사례이다.

---

[163] Google, "Google Self-Driving Car Project Monthly Report", 2016. 2.

다만 위 사고 사례에서 해당 차량에 적용된 오토파일럿Autopilot 기능은 운전자의 상시 전방 주시를 전제로 한 것이고, 따라서 이는 SAE J3016의 자율주행 단계 중 3단계에 미치지 못하는 2단계 정도에 해당한다. 따라서 이를 엄밀히 말해 '자율주행자동차'의 '자율주행' 중의 사고 사례라고 보기는 어려울 수도 있다. NTSB의 아래 사고조사결과 역시 이를 전제로 한 것으로 이해할 수 있다.

NTSB는 사고조사 결과 사고의 원인probable cause을, 상대방 차량인 트럭 운전자의 과실 및 위 테슬라 자동차 운전자의 자동화automation, 즉 오토파일럿Autopilot 기능의 자율주행 성능에 대한 과도한 신뢰와 그에 따른 주의 및 대응 결여로 결론 내리고 있다. NTSB는 위 테슬라 자동차 운전자에 의한 오토파일럿Autopilot 기능의 사용은 제조업자인 테슬라 측의 안내와 경고guidance and warnings에 배치된다고 보았다.[164]

NHTSA "결함조사국Office of Defects Investigation; ODI"의 조사 결과 역시 위 테슬라 자동차 사고에 관해 테슬라 자동차의 오토파일럿Autopilot 기능의 설계 또는 성능에 관해 결함이 발견되지 않았다고 결론내리고 있다.[165]

3) 2018. 1. 22. 테슬라Tesla 자율주행자동차 사고 사례

2018. 1. 22. 테슬라Tesla의 2014 Tesla Model S P85 자동차의 오토파일럿 Autopilot 기능을 사용한 주행 중, 위 자동차가 고속도로 노견에 정차되어 있던 붉은

---

164 위 사고에 관한 NTSB의 잠정보고(preliminary report)는 다음 참조. NTSB, "Preliminary Report Highway: HWY16FH018", 2016. 7. 26.
https://www.ntsb.gov/investigations/AccidentReports/Reports/HWY16FH018-Preliminary-Report.pdf(2019. 4. 18. 최종확인)
위 사고에 관한 NTSB의 최종보고는 다음 참조. NTSB, "Highway Accident Report: Collision Between a Car Operating With Automated Vehicle Control Systems and a Tractor-Semitrailer Truck Near Williston, Florida, May 7, 2016", NTSB/HAR-17/02 PB2017-102600, 2017. 9. 12.
https://www.ntsb.gov/investigations/AccidentReports/Reports/HAR1702.pdf(2019. 4. 18. 최종확인).
한편 위 사고에 관해 다루고 있는 국내 문헌으로는, 이중기, "자율주행차의 발전단계로 본 운전자와 인공지능의 주의의무의 변화와 규범적 판단능력의 사전 프로그래밍 필요성", 홍익법학 제17권 제4호, 홍익대학교 법학연구소, 2016. 12. 443면 참조.

165 위 사고에 관한 NHTSA 결함조사국(ODI)의 조사 결과는 다음 참조. DOT NHTSA ODI, "ODI Resume", PE 16-007, 2017. 1. 19.
https://static.nhtsa.gov/odi/inv/2016/INCLA-PE16007-7876.PDF(2019. 4. 18. 최종확인).

색 소방차와 충돌한 사고 사례이다.

　　이 사고 사례 역시 위 2)항의 사고 사례와 마찬가지로 이를 엄밀히 말해 '자율주행자동차'의 '자율주행' 중의 사고 사례라고 보기는 어려울 수도 있다. NTSB는 사고조사 결과 사고의 원인probable cause으로, ① 운전자의 부주의와 자동차의 '발전된 운전자 보조 시스템advanced driver assistance system'에 대한 과신, ② 테슬라의 오토파일럿 시스템이 운전자로 하여금 운전업무로부터 해방될 수 있도록 설계된 점, ③ 운전자가 제조업자의 지시와 경고에 부합하지 않게 시스템을 사용한 점 등을 제시하고 있으나, 위 오토파일럿 시스템의 설계상 '결함defects'이 존재하는지 여부와 그 구체적 내용에 관해서는 명확한 입장을 밝히지 않고 있다.[166]

4)　2018. 3. 18. 우버Uber 자율주행자동차 사고 사례

　　2018. 3. 18. 우버Uber의 2017 볼보Volvo XC90 개조 시험주행 자동차의 자율시스템에 의한 자율주행operating with a self-driving system in computer control mode 중, 위 자동차가 자전거를 끌고 가던 보행자를 충격하여 사망하게 한 사고 사례이다.

　　NTSB의 사고조사 결과에 따르면 다음과 같은 사실을 알 수 있다. 사고차량에 적용된 자율주행시스템이 충돌 5.6초 전에 보행자를 감지하여 사고 시까지 이를 계속 추적하였으나, 충돌 상대방을 보행자로 분류하거나 그 이동 경로를 예측하지 않았다. 자율주행시스템이 충돌이 임박하였다고 판단한 것은 이미 그 상황이 자율주행시스템의 제동 시스템의 기술사양에 따른 응답시간범위response specifications를 초과한 이후였다. 위 시스템 설계상 충돌완화를 위한 비상제동조치의 작동 시스템이 배제되고, 그 대신 조작자operator가 개입하여 충돌을 피하거나 충격을 최소화하도록 되어 있었다.[167] 다만 NTSB의 사고조사 결과에 의하더라도 위와 같은 사고 경

166　위 사고에 관한 NTSB 사고보고는 다음 참조. NTSB, "Highway Accident Brief: Rear-End Collision Between a Car Operating with Advanced Driver Assistance System and a Stationary Fire Truck, Culver City, California, January 22, 2018", NTSB/HAB-19/07, 2019. 8. 22.

　　　https://ntsb.gov/investigations/AccidentReports/Reports/HAB1907.pdf(2019. 12. 12. 최종확인).

167　위 사고에 관한 NTSB의 잠정보고(preliminary report)는 다음 참조. NTSB, "Preliminary Report Highway: HWY18MH010", 2018. 5. 24.

　　　https://www.ntsb.gov/investigations/AccidentReports/Reports/HWY18MH010-prelim.pdf(2019. 4. 18. 최종확인).

위 외에 해당 차량에 적용된 자율주행기술의 구체적인 수준과 작동기전 등에 관한 충분한 정보는 확인되지 않고 있다.

NTSB는 사고조사 결과 사고의 원인probable cause으로 자동차 조작자가 운전환경을 감시하고 자율주행시스템을 조작할 주의의무를 다하지 못하였다는 점, 보행자의 과실, 우버의 불충분한 안전 정책, 애리조나 정부의 자율주행자동차 시험운행에 관한 불충분한 감독 등을 제시하였다.[168] 그러나 자율주행시스템의 설계상 결함 여부에 관해서는 별다른 입장을 밝히지 않고 있다.

다만 NTSB가 사고조사 결과, ① 우버Uber Advanced Technologies Gruop가 사고 당시 위험평가체계의 부재, 자동차 조작자와 안전관리 담당자의 부주의 등 불충분한 안전 문화inadequate safety culture를 가지고 있었던 것이 사고의 하나의 요인으로 작용하였을 가능성이 있다는 점을 밝히고, ② NHTSA가 연방정부 자율주행자동차 정책을 세 차례 개정하면서 발표하였으나(제2장 제3절 II. 2. 가.항 부분 참조), 위 정책상 자율주행시스템ADS에 대한 평가 수단을 제공하고 있지 않는 점 등을 지적하면서, 자율주행자동차의 안전에 대한 규제와 세부적인 지침 마련의 구체적 필요성을 제시하고 있는 점이 주목된다.[169]

5) 2018. 3. 23. 테슬라Tesla 자율주행자동차 사고 사례

2018. 3. 23. 테슬라Tesla의 2017 Tesla Model X P100D 자동차의 오토파일럿Autopilot 기능을 사용한 주행 중, 위 자동차가 고속도로 콘크리트 중앙분리대와 충돌한 후 화재가 발생하여 운전자가 사망한 사고 사례이다.

위 사고에 관한 NTSB의 최종보고는 다음 참조. NTSB, "Highway Accident Report: Collision Between Vehicle Controlled by Developmental Automated Driving System and Pedestrian, Tempe, Arizona, March 18, 2018", NTSB/HAR-19/03 PB2019-101402, 2019. 11. 19.
https://www.ntsb.gov/investigations/AccidentReports/Reports/HAR1903.pdf(2019. 12. 12. 최종확인).
한편 위 우버 자동차 사고에 관해 다루고 있는 국내 문헌으로는, 이중기·황창근, "3단계 자율주행차 사고와 책임의 구조: 우버 자율주행차 사고를 중심으로", 중앙법학 제20집 제3호, 중앙법학회, 2018. 9, 7면 참조.

168 前註.

169 註 167 참조.

NTSB에 의해 조사 중인 사안으로,[170] 위 ②항의 사고 사례와 마찬가지로 오토파일럿Autopilot 기능의 수준에 비추어 볼 때 이를 엄밀히 말해 '자율주행자동차'의 '자율주행' 중의 사고 사례라고 보기는 어려울 수도 있다.

6) 2019. 3. 1. 테슬라Tesla 자율주행자동차 사고 사례

2019. 3. 1. 테슬라Tesla의 2018 Tesla Model 3 전기자동차의 오토파일럿Autopilot 기능을 사용한 주행 중, 위 자동차가 세미트레일러 화물차와 충돌하여 운전자가 사망한 사고 사례이다.

NTSB에 의해 조사 중인 사안으로,[171] 오토파일럿Autopilot 기능의 수준에 비추어 볼 때 엄밀히 말해 '자율주행자동차'의 '자율주행' 중의 사고 사례라고 보기는 어려울 수도 있다.

나. 시사점

미국에서의 사고 사례에 대한 NTSB와 NHTSA 등 정부 조사기관의 조사경과와 조사결과를 보더라도, 자율주행자동차의 안전성 확보에 대해 제기될 수 있는 근본적인 의문점 내지 우려 등이 여전히 충분한 해소되었다고 보기는 어렵다. 특히 위 사고 사례들 중 상당수에서 보행자 또는 운전자의 사망이라는 치명적인 결과가 발생하였다는 점에서 더욱 그러하다.

예컨대 테슬라Tesla 자동차의 2016. 5. 7. 사고 사례의 경우 NTSB와 NHTSA는 조사 결과 오토파일럿Autopilot 시스템의 결함 가능성을 부정하고 운전자의 과실

---

170 위 사고에 관한 NTSB의 잠정보고는 다음 참조. NTSB, "Preliminary Report Highway: HWY18FH011", 2018. 6. 7. 참조.
https://www.ntsb.gov/investigations/AccidentReports/Reports/HWY18FH011-preliminary.pdf(2019. 4. 18. 최종확인).

171 위 사고에 관한 NTSB의 잠정보고는 다음 참조. NTSB, "Preliminary Report Highway: HWY19FH008", 2019. 5. 16. 참조.
https://www.ntsb.gov/investigations/AccidentReports/Pages/HWY19FH008-preliminary-report.aspx(2019. 12. 12. 최종확인).

이 사고의 원인이 되었다고 결론 내리고 있으나, 위 사고는 엄밀히 말해 3단계 이상의 자율주행 중에 발생한 사고로 보기 어렵다. 테슬라 자동차의 2018. 1. 22. 사고 사례와 우버Uber 자동차의 2018. 3. 18. 사고 사례의 경우를 보더라도, NTSB가 사고 조사 결과를 발표하면서 자율주행시스템의 결함 여부와 구체적 내용 등에 관해 명확한 입장을 밝혔다고 보기 어렵고, 위 사고들 역시 3단계 이상의 자율주행과 관련된 것이라고 단정하기 어렵다.

특히 NTSB와 NHTSA 등 정부 조사기관에서는 이들 사고 사례에서 해당 차량에 적용된 자율주행기술의 정확한 작동기전mechanism과 '자율주행' 중에 발생한 해당 사고와의 구체적인 연관관계, 특히 당해 사고 발생에 관한 시스템의 오류 내지 오작동 여부 등 사고의 근본적인 원인관계와 자율주행시스템의 결함 여부 등에 관해서는 여전히 구체적이고도 명확한 조사결과와 입장을 밝히지 않고 있다. 따라서 이들 사고에 대한 법적책임 소재를 판단하기에 앞서 아직도 사고 원인과 관련해 여전히 규명되지 않고 있는 부분이 다수 존재한다고 볼 수 있다.

자율주행의 안전성을 제대로 검증하고, 이들 사고 사례에 대한 법적책임 판단 문제를 논의하기 위해서는 여러 경로를 통해 보다 상세하고 충분한 정보가 제공될 필요가 있다고 본다.

4. 자율주행자동차의 사회·경제적 효과와 법적책임 판단 문제의 연관관계

가. 손해배상책임의 배분과 책임 판단

자동차 교통사고에 관해서는 종래 운전자 또는 운행자가 거의 대부분 전적으로 손해배상책임을 부담하여 왔다. 그러나 자율주행자동차가 상용화됨에 따라, 교통사고 등 책임 발생 원인의 상당 부분은 제조업자의 영역으로 이동하게 될 것이다.[172] 즉 종래와는 달리 제조업자가 제조물책임의 형태로서 자동차 교통사고에 관한 손해배상책임을 부담하는 빈도가 커질 수 있다.

기존의 자동차 사고에서 고의 또는 과실을 요건으로 하는 불법행위로 인한 손

---

[172] Anderson, et. al.(註72), p.118; 권영준·이소은(註85), 459면 이하.

해배상책임이 주로 문제되었다면, 자율주행자동차 사고에서는 제조물, 즉 자율주행자동차 또는 자율주행시스템의 결함을 요건으로 하는 제조물책임의 발생 여부가 지속적으로 문제될 수 있다.[173] 또한 이는 보험제도와 관련해 운행자책임보험의 축소와 제조물책임보험의 확대라는 결과를 필연적으로 수반할 것이다.

이와 같은 책임의 이동 및 그에 따른 책임의 재배분이라는 현상은 자율주행기술에 관한 규제와 그로 인한 책임의 판단이라는 당위의 문제에 관해서도 필연적으로 일정 부분 영향을 미치게 될 것이다. 반대로 자율주행기술에 관한 규제와 책임판단의 문제는 자율주행기술의 도입의 속도와 범위, 나아가 자율주행기술 발전 자체에도 큰 영향을 미칠 수 있다. 즉 자율주행기술의 도입이라는 현상과 이에 관한 규제법제 및 책임법제의 규율 내용과 방향은 각자 상호 간에 복잡다기하게 영향을 주고받으면서 전개될 것이다.

자율주행자동차의 도입에 따른 사회 · 경제적 효과를 법적책임 판단에서 어떻게 고려할 것인지의 문제는 이 글의 주된 연구대상인 제조물책임, 운행자책임 및 운전자책임 등을 포함한 민사책임 전반에 걸쳐 문제될 수 있다. 다만 위에서 본 것과 같은 자율주행기술 자체의 본질적 속성 및 이에 따라 예상되는 책임구도의 변화 가능성 및 그 양상에 비추어 볼 때, 자율주행자동차의 도입에 따른 순기능은 민사책임의 성립 여부와 범위의 현실적인 판단 단계에서는 제조물책임의 판단과 관련해 보다 직접적으로 문제될 소지가 크다고 본다.

자율주행자동차의 사회 · 경제적 효과, 특히 자율주행의 순기능을 자율주행자동차로 인한 법적책임, 특히 민사책임 관계의 전체적인 구도에 관한 정책적 방향 설정의 단계에서 고려할 수 있을 뿐만 아니라 이와 같은 순기능을 적극적으로 고려하는 방안도 충분히 검토해 볼 수 있다고 본다. 나아가 이와 같은 민사책임 전반에 관한 책임의 합리적 배분이라는 문제는 보험관계에 관한 논의를 필수적으로 수반하는 것으로, 결국 민사책임 관계 전반에 관한 차원의 논의에서 자율주행자동차의 사회 · 경제적 순기능을 고려하는 문제는, 자율주행자동차와 관련한 보험제도의 개선, 보다 구체적으로 손해의 위험을 담보하는 손해보험 내지 책임보험 상품의

---

173   자율주행자동차의 자율주행 중에 교통사고가 발생하였다는 이유만으로 자동적으로 자율주행시스템에 결함이 있는 것으로 인정되기는 어려울 것이나, 해당 사고가 자율주행 알고리즘의 판단오류에 의한 것으로 인정되는 경우(이에 관해서는 아래 제5장 제3절 II. 2. '자동차 운전자의 불법행위 책임의 특징인 과실비율의 유형화 · 정형화' 부분 참조), 이를 자율주행시스템의 결함으로 볼 수 있는지 여부가 빈번히 문제될 수 있으리라고 본다.

개발(보장의 대상인 위험 내용과 범위의 획정 및 보험요율의 산정 등)에 의해 어느 정도 해결 가능한 것이기도 하다.

다만 이 글에서 직접적인 연구대상으로 삼고 있는 개별 민사책임의 판단 단계에서, 가령 자율주행자동차의 운전자(사용자)나 운행자(또는 그 보험자)가 자율주행자동차 사고로 인한 피해자에 대한 관계에서 직접적으로 자율주행자동차의 사회·경제적 순기능을 책임의 불발생 내지 항변 사유 등으로 주장하기란 쉽지 않다고 말할 수 있다.

이하에서는 자율주행자동차의 도입에 따른 사회·경제적 효과, 특히 그중에서도 사회 전체적인 사고율의 감소 등 예상되는 순기능을 민사책임, 그중에서도 제조물책임의 결함 판단에서 어떻게 고려하는 것이 타당한지에 초점을 맞추어 살펴본다.

나. 자율주행자동차의 사회·경제적 순기능과 책임판단의 상관관계

1) 자율주행자동차 제조업자 책임 제한론

자율주행자동차의 사회·경제적 순기능을 민사책임 판단, 특히 그중에서도 제조물책임의 판단에서 적극적으로 고려하여야 한다는 견해이다. 주로 미국에서 제기되고 있는 견해로서, 자율주행자동차가 사회 전반에 걸친 통계적인 사고 감소 등 순기능을 가질 것이라는 점이 여러 문헌과 연구결과에서 공통적으로 예측되고 있는 상황에서, 자율주행자동차에 관한 손해배상책임, 특히 제조업자 등의 제조물책임의 판단에 자율주행자동차 도입에 따른 사회·경제적 순기능을 적극적으로 고려하여야 한다고 하고 있다.[174]

이 견해는 자율주행자동차의 도입에 관한 이와 같은 현상적인 측면을 당위의 영역인 책임의 판단에도 적극적으로 반영해야 한다는 것으로서, 특히 다음과 같은 점을 고려하여야 한다고 한다. 즉 자율주행자동차가 기존의 자동차보다 전반적으로 보다 안전하다고 말할 수 있다고 하더라도 개별 사고에 관한 손해배상책임의 일부는 필연적으로 운전자 등의 영역으로부터 제조업자의 영역으로 이동하게 될 것인데, 이와 같은 책임의 이동은 제조업자로 하여금 자율주행자동차의 개발을 주저

---

174 Anderson, et. al.(註 72), p.118 이하; Marchant · Lindor(註 99), p.1333 이하. 이를 이른바 '제조업자 책임 제한론'이라고 부를 수 있을 것이다.

하게 하는 등 자율주행기술의 발전에 장애 요인으로 작용할 수 있고 이는 결국 사회 전체적인 효용을 저해하게 되므로, 자율주행자동차 제조업자에 의한 제조물책임 부담의 가능성 및 범위를 가급적 억제하여야 한다는 것이다.[175]

이 견해는 구체적으로 제조업자로 하여금 자율주행자동차가 기존의 자동차에 비하여 '전반적으로 보다 안전하다safer overall'는 점을 항변사유로 삼을 수 있도록 허용해야 한다거나,[176] 자율주행 관련 제조업자의 제조물책임을 제한하는 내용의 연방 배제preemption법을 제정할 것 등을 주장하고 있다.[177] 위 주장의 구체적인 근거는 다음과 같다.

① 자율주행시스템의 기술적 복잡성을 감안해 볼 때, 제조업자 측에서 자율주행 중에 마주하게 될 모든 상황을 예측하는 것은 현실적으로 거의 불가능하고, 예측이 불가능한 경우에 대해서는 사고 발생의 위험을 감소시키거나 제거하는 대체설계alternative design를 사전에 채용하는 것 역시 현실적으로 불가능하다.[178] ② 자율주행자동차 도입에 따른 사회 전반적인 교통사고율 감소는 설계상 결함design defect의 판단기준에 관한 '위험-효용기준risk-utility test'에서 말하는 '효용utility'을 증대시키는 원인이 되므로, 제조업자의 책임을 감축하거나 부정할 수 있는 항변사유로 인정함이 타당하다.[179] ③ 제조업자에 대한 책임의 완화를 인정하지 않을 경우 현실적으로 제조업자들이 자신들의 책임을 증가시키는 기술의 도입을 주저하거나, 또는 예상되는 손해배상 비용을 제품 가격에 포함시킬 것이고, 이와 같은 제품가격으로의 비용 전가는 자율주행기술의 비용을 상승시켜, 결국 자율주행자동차의 도입을 사

---

175 Anderson, et. al.(註 72), p.118; Marchant · Lindor(註 99), p.1334. 자율주행자동차의 도입효과 중 사회 전반에 걸친 사고율 감소에 초점을 맞추고 있다.

176 Marchant · Lindor(註 99), p.1333.

177 Anderson, et. al.(註 72), p.131에서는 백신(vaccine), 원자력, 기름유출, 소형 항공기 등에 관한 연방의회의 여러 연방 배제법을 들면서, 연방의회로 하여금 자율주행자동차에 관한 연방 배제법을 제정하는 방안을 가능한 방안 중의 하나로서 제시하고 있다. 위 문헌 p.142 이하에서는 ① 불법행위책임을 제한하는 연방법 제정, ② 연방정부(NHTSA)의 행정규제에 관한 연방의회에 의한 주법 배제, ③ 자동차 보유자 등의 무과실(no-fault)책임 인정, ④ 운전자에 의한 자동차 제어 간주(irrebuttable presumption), ⑤ 제조물책임 판단시 법원에 의한 비용-효익 분석에 의한 책임 제한 등을 구체적 방안으로 들고 있다.
Marchant · Lindor(註 99), p.1336도 같은 취지로서, ① (소비자에 의한) 위험인수(assumption of risk)의 항변, ② 입법적 보호, ③ 주법 배제(state preemption) 등을 들면서, 연방 배제법의 제정 방안을 제시하고 있다.

178 Marchant · Lindor(註 99), p.1333.

179 Anderson, et. al.(註 72), p.119.

회적으로 적정한socially optimal 수준보다 낮추는 요인이 될 수 있다.[180]

2) 자율주행자동차 제조업자 책임 제한론에 대한 비판

그러나 자율주행자동차 도입에 따른 사고율 감소 등 사회 · 경제적 순기능을 자율주행자동차 사고로 인한 제조업자의 책임판단의 단계에서 직접적으로 고려하여야 한다는 주장은 다음과 같은 이유로 그대로 받아들이기 어렵다고 생각된다.

위에서 본 것과 같이 자율주행자동차가 통계적으로 사회 전체적인 교통사고율을 감소시킨다고 예상된다 하더라도, 이와 다른 차원에서 '인간이라면 피할 수도 있었을 사고'를 일으킬 위험에 관해서는 아직 실증적으로 검증되었다고 보기 어렵다. 따라서 적어도 현 시점에서는 그와 같은 위험의 가능성 역시 무겁게 고려하지 않을 수 없다고 본다.

기본적으로 자율주행자동차는 제조업자 스스로의 판단과 이해관계에 따라 새로운 기술인 자율주행기술을 자동차에 적용하여 도입, 판매하는 것이다. 자율주행자동차에 결함이 인정되는 이상 제조업자가 그에 따른 책임을 부담하는 것은 당연한 귀결이다.

기존에 이미 자동차의 안전성 증진을 위해 도입된 기술인 잠김 방지 브레이크 시스템anti-lock brake system; ABS과 에어백 등의 장치들 역시 사회 전체적인 사고 감소나 심각한 부상 내지 사망의 감소에 관한 효과가 명백하다고 볼 수 있다. 그럼에도 불구하고 미국에서도 위 장치들에 결함이 인정되는 경우 제조업자에게 손해배상책임을 인정하여 새로운 기술의 사회적 유용성과 결함 시의 손해배상책임을 별개의 문제로 판단하여 왔다.[181] 특히 General Motors Corp. v. Burry 판결에서는 에어백이 조수석 방향 측면 충돌 시에 작동하지 않아 조수석 탑승자가 부상을 입은 사

---

180 Anderson, et. al.(註 72), p.118. Marchant · Lindor(註 99), p.1334 역시 마찬가지이다. '자율주행자동차의 개발 = 사회적 최적 산출(socially optimal output)'이라는 가정, 즉 자율주행자동차의 도입이 확대될수록 사회 전체적인 통계적인 사고율 역시 감소하게 될 것이므로, 그 도입이 확대될수록 사회적으로 바람직한 결과를 가져온다는 전제에 기초하고 있다.

181 ABS 브레이크에 관해서는 Baluchinsky v. Genral Motors Corp., 670 N.Y.S.2d 536 (App. Div. 1998). 에어백에 관해서는 Morton International v. Gillespie, 39 S.W.3d 651 (Tex. Ct. App. 2001. 사고 시 에어백 전개가 지연된 사안에서 95만 달러의 배상을 명하였다); General Motors Corp. v. Burry, 203 S.W.3d 514 (Tex. Ct. App. 2006). 이상의 판결들에 관해서는 Marchant · Lindor(註 99), p.1331 참조.

안에서, 교통사고 발생 당시 NHTSA에서 조수석 측면 에어백^{passenger-side airbag}을 의무화하지 않고 있었다고 하더라도 일단 위 에어백이 자동차에 장착된 이상 에어백이 제대로 작동하지 않은 경우 결함이 인정된다고 판단하였다.

나아가 제조물의 사회적 순기능이 그 자체로서 법적책임 판단에 감면 요소로서 직접적으로 고려되기 어렵다는 점을 단적으로 보여주는 사례로 백신^{vaccine}에 관한 제조물책임 소송을 대표적으로 들 수 있다. 백신의 경우 굳이 상세한 설명이 필요 없을 정도로 그 사회적 순기능이 매우 크다고 볼 수 있을 것이다. 그러나 미국 법원은 피해자의 특이체질 등과 연관된 백신의 결함 여부를 포함하여 백신에 대한 제조물책임 소송에서 백신의 결함으로 의한 제약회사들의 제조물책임을 인정하였다.[182] 이와 같이 백신 제조물책임 소송에서 제약회사들이 지속적으로 패소하자, 연방의회가 제조업자의 책임을 일정 부분 제한하기 위한 특별법으로서 연방 배제법인 「연방 아동 백신 피해법」^{National Childhood Vaccine Injury Act}[183]을 제정하기에 이른 점은 제조물책임 소송에서의 책임판단 단계에서 제조물의 효용성을 고려하는 데에는 본질상 한계가 있다는 점을 여실히 보여준다고 할 수 있다.[184]

---

[182] Grinnell v. Charles Pfizer & Co., 274 Cal. App. 2d 24, 79 Cal. Rep. 369 (Dist. Ct. App. 1969); Tinnerholm v. Parke-Davis & Co., 285 F. Supp. 432 (S.D.N.Y. 1968), aff'd, 411 F.2d 48 (2d Cir. 1969); Stromsodt v. parke-Davis & Co., 257 F. Supp. 991 (D.N.D. 1966); aff'd, 411 F.2d 1390 (8th Cir. 1969); Vincent v. Thompson, 79 Misc. 2d 1029 (N.Y. 1974); Ezagui v. Dow Chemical Corp. 598 F.2d 727 (2d Cir. 1979); Gottsdanker v. Cutter Laboratories, 182 Cal. App. 2d 602, 6 Cal. Rptr. 320 (Dist. Ct. App. 1960) 등 다수. 이에 관한 상세는 Division of Health Promotion and Disease Prevention, Institute of Medicine, National Research Council, Vaccine Supply and Innovation, National Academy Press, 1985, p.85 이하 참조.

[183] 42 U.S.C. §§300aa-1 - 00aa-34 (1986).

[184] 미국 연방대법원은 Bruesewitz v. Wyeth, 562 U.S. 223 (2011) 판결에서 스칼리아(Antonin Scalia) 대법관에 의한 6-2 다수의견으로, 백신에 관해 올바른 제조와 표시(proper manufacture and warning)가 있었던 경우 백신으로 인한 부작용은 설계상 결함(design defects)에 기인한 것이라고 하더라도 위 「연방 아동 백신 피해법」에서 정하는 '회피할 수 없었던(unavoidable)' 것으로 인정된다고 판시한 후, 주법상의 설계상 결함 청구(state-law design-defect claims)가 위 법에 의해 배제된다고 판단하였다. 다만 이는 제조물책임 소송의 일반적인 법리가 아닌 특별법인 위 연방 배제법의 해석론이라는 점에 유의할 필요가 있다.
한편 소토마이어(Sonia Sotomayor)와 긴즈버그(Ruth Bader Ginsburg) 대법관이 개진한 반대의견도 참고할 필요가 있다고 본다. 위 반대의견에서는, 「제조물책임법」의 일반 원칙에 따라 백신 제조업자들은 과학과 기술 발전의 견지에서 그들이 제조하는 백신의 설계를 개선할 법적인 의무(legal duty)를 부담하여 왔다는 점을 지적하면서, 백신의 비용과 유용성을 저해하지 않는 가능한 대체설계(feasible alternative design)에 의하더라도 백신의 부작용을 막을 수 없었던 경우에 한하여 백신 제조업자가 면책될 수 있다고 하였다.
https://www.supremecourt.gov/opinions/10pdf/09-152.pdf(2019. 1. 11. 최종확인).

미국에서 제기되고 있는 것과 같이 자율주행기술에 관해서도 미국 연방의회로 하여금 위「연방 아동 백신 피해법」과 유사하게 자율주행 관련 제조업자의 제조물책임을 제한하는 내용의 연방 배제법 등을 제정하는 것이 필요하다는 견해 역시, 현 단계에서 자율주행기술에 관한 제조업자의 제조물책임을 정책적으로 제한할 필요성을 인정할 충분한 근거를 찾기 어렵다고 본다. 그와 같은 방향의 제조물책임에 대한 인위적인 제한이 자율주행기술의 개발 촉진 및 그에 따른 순기능 증대라는 결과로 반드시 이어질지 현 시점에서 불확실하고, 나아가 이는 오히려 자율주행기술의 안전성에 관한 사회적 신뢰를 저해하는 요인으로 작용할 가능성도 배제할 수 없다고 본다.[185]

다른 한편으로 자율주행자동차 도입에 따른 사회 · 경제적 순기능에 따른 효과는 제조업자 측에게도 자동차 등 제조업 분야의 새로운 시장개척 및 자율주행기술과 자율주행자동차의 판매수익에 따른 경제적 이윤창출의 형태로 이미 귀속되고 있다고 볼 수 있다. 또한 자율주행자동차의 도입에 따라 자율주행기술 개발자와 자율주행자동차 제조업자 등에 대한 제조물책임보험 제도의 확대 역시 필연적으로 수반될 수 있을 것인데, 자율주행자동차 도입에 따른 사회 · 경제적 순기능은 보험요율을 낮추는 큰 요인이 될 수 있으므로, 제조업자는 이 점에 관해서도 그에 따른 이익을 향수하게 된다고 말할 수 있다. 따라서 '자율주행자동차가 기존의 자동차에 비하여 전반적으로 보다 안전하다'는 점을 자율주행자동차의 결함으로 인한 제조물책임 소송에서 제조업자 측의 직접적인 항변사유로 인정하는 것은 이와 같은 관점에서 보면 제조업자에게 중복된 혜택을 부여하거나, 과도한 면책을 인정하는 결과가 될 수 있다.

이른바 '자율주행자동차 제조업자 책임 제한론'에서 들고 있는 위 개별 근거들 역시 다음과 같은 이유로 받아들이기 어렵다.

위에서 살펴본 논의와 같은 맥락에서, 설계상 결함 판단에서 대체설계의 채용가능성 및 그 합리성의 평가 문제 역시 자율주행자동차에 대한 안전성 확보의 필요성을 감안해 볼 때에 '제조업자 측에서 자율주행 중에 마주하게 될 모든 상황을 예측하는 것이 현실적으로 어렵다'는 점만에 의하여 좌우될 문제가 아니다. 이 점에서 전항의 ① 주장을 받아들이기 어렵다.

---

185 Anderson, et. al.(註 72), p.140 이하에서는 여러 방안을 언급하면서도, 그와 같은 방안이 가져올 문제점도 함께 지적하고 있다.

또한 위험−효용기준에 의하더라도, 당해 사안에서 '문제되는 자율주행자동차가 기존의 자동차보다 대체로 보다 안전하다'는 점은 '위험'과 '효용'을 판단하기 위한 여러 요소들 중 하나로서 고려될 수 있는 것에 지나지 않고, 그 자체로서 면책의 근거가 될 수 없다.[186] 위험−효용기준에서 근본적으로 중요한 것은 당해 자율주행자동차에서 보다 안전한 합리적인 대체설계의 채용 가능성 및 그 비용 등에 관한 것이기 때문이다. 이 점에서 전항의 ② 주장 역시 받아들이기 어렵다.

오히려, 자율주행자동차의 도입 이후에도 자율주행시스템의 결함에 관한 제조업자의 책임을 완화함으로써 기존과 마찬가지로 운전자와 운행자 측에 손해배상책임을 유보시키는 것은 오히려 위 제조업자 책임 제한론의 주장과는 정반대로 소비자로 하여금 자율주행자동차의 사용을 꺼리는 결과를 가져올 수도 있다.[187] 이 점에서 전항의 ③ 주장 역시 받아들이기 어렵다.

다. 소결론

자율주행자동차에 관한 제조물책임법제는 제조업자로 하여금 자율주행자동차의 안전성을 증진할 수 있도록 동기부여를 할 수 있는 것이어야 하고, 운전자로 하여금 새로운 기술의 안전성과 그로 인한 책임 발생에 관해 합리적인 예측 가능성을 제공해 줄 수 있어야 하며, 이를 통해 궁극적으로 자율주행자동차의 전반적인 사용을 증진시킬 수 있는 것이어야 한다.[188]

자율주행자동차에 관해 예상되는 사회·경제적 순기능을 구체적인 사고에 관

---

186   Marchant · Lindor(註 99), p.1333도 이 점을 시인하고 있다.

187   반면에 Anderson, et. al.(註 72), p.118에서는 제조업자 책임 제한론에 따라 운전자 측에게 손해배상책임이 유보되는 측면이 있다고 하더라도, 소비자들은 그보다 자율주행기술이 가져오게 될 전체적인 교통사고율 감소 및 그로 인한 보험료 절감 등에 보다 주목할 것이라는 취지로 주장한다. 그러나 위 견해는 그 근거가 지나치게 추상화되어 있고, 언제나 그러하리라고 단정할 수 있을지 다소 의문이다.

188   Sunghyo Kim, "Crashed Software: Assessing Product Liability for Software Defects in Automated Vehicles", 16 Duke L. & Tech. Rev. 300, 2018, pp.301-2. 우리 「제조물책임법」 제1조 역시 같은 취지이다 (「제조물 책임법」 제1조는 '이 법은 제조물의 결함으로 발생한 손해에 대한 제조업자 등의 손해배상책임을 규정함으로써 피해자 보호를 도모하고 국민생활의 안전 향상과 국민경제의 건전한 발전에 이바지함을 목적으로 한다'고 규정하고 있다.).

한 책임 판단의 문제에서 직접적으로 고려하는 것은 타당하지 않다. 이와 같은 문제는 결국 제조물책임보험 제도의 개선과 필요한 보험상품의 개발에 의해 해결할 문제라고 본다.

5. 소결론

자율주행의 사회·경제적 효과에 관하여 긍정적인 측면과 부정적인 측면이 모두 논의되고 있다. 다만 위에서 살펴본 자율주행기술 및 자율주행자동차에 관한 우려들은 자율주행기술 및 연관 기술(V2V 또는 V2I 네트워크와 정보처리에 관련된 보안기술 등)의 발전 및 고도화에 따라 해결될 수 있는 성질의 것이라고 보인다.[189] 자율주행자동차와 기존의 자동차에 관한 규제법제와 관련하여 제기될 수 있는 여러 문제들 역시 「도로교통법」, 「자동차관리법」, 「개인정보보호법」 또는 「위치정보의 보호 및 이용 등에 관한 법률」 등 관련 법령의 개정과 정비에 의하여 해결될 수 있는 것이다.

자율주행자동차의 본격적인 상용화와 함께 자율주행기술이 일정 수준 이상으로 발전하여 고도화되고, 자율주행시스템이 보다 정교하게 작동할 수 있게 된다면 이를 받아들이는 소비자, 나아가 사회로부터의 신뢰는 자연스럽게 뒤따르게 될 것이고, 자율주행자동차의 안전성에 관한 우려 역시 점차 감소할 수 있다. 자율주행기술의 방식과 수준이 자율주행기술 개발자 또는 자율주행자동차 제조업자 별로 상이하다고 하더라도, 자율주행기술의 고도화를 통한 궁극적 완성과 이를 통한 충분한 안전성의 확보 및 사고의 예방이라는 기술의 지향점은 결국 동일할 것이기 때문에 이와 같은 자율주행기술의 방식과 수준의 간극 역시 자연스럽게 좁혀지게 될 것이다.

---

[189] 다만 윤리적 딜레마 상황에서의 선택과 같은 문제는 기술의 발전 자체만에 의하여 해결된다고 보기 어렵다. 이와 같은 한계상황에서의 선택의 문제를 사전에 프로그래밍하여 두는 것이 그 자체로 윤리적으로 정당한지와 법리적인 책임의 소지는 없는지, 만약 가능하다면 구체적으로 어떠한 내용으로 어떠한 범위까지 이를 정하여 두는 것이 타당한지 등은 기술의 발전에도 불구하고 계속 문제될 것이다. 이에 관하여는 아래 제5절 '자율주행과 한계상황에 관한 윤리적 문제와 법적책임' 항목에서 살펴본다.

개발자와 제조업자 역시 지속적으로 현존하는 기술 수준의 한계를 점검하고 이를 뛰어넘기 위한 노력을 계속할 것이다. 이는 사고로 인한 민사상 또는 형사상 책임의 문제와도 직결될 수 있을 뿐만 아니라, 개발자와 제조업자의 측면에서 보더라도 자율주행의 안전성에 관한 신뢰 획득은 자율주행자동차 판매시장에서의 우위를 확대하기 가장 중요한 요인 중 하나가 될 수 있기 때문이다.[190]

앞으로 자율주행기술의 고도화에 따라 자율주행자동차에 관한 책임법제에서의 구체적인 책임판단 기준 마련과 같은 법적 규율 문제에 관해서도, 자율주행자동차의 도입에 따른 사회·경제적인 긍정적·부정적 효과는 여러 측면에서 문제될 수 있다. 법원으로서도 자율주행자동차에 관한 제반 민사책임의 구체적인 판단과 관련해 이와 같은 여러 부수효과를 다각도로 고려할 필요성이 있다고 본다.

---

190   杉浦孝明, "自動運転技術の現況", 自動運転と法(藤田友敬 編), 有斐閣, 2018, 7면 참조.

Ⅰ. 문제의 제기

여기에서는 현재 전 세계적으로 통용되고 있는 자율주행의 단계구분에 관해 살펴본다. 자율주행의 단계구분은 현재 자율주행자동차에 관한 책임법제에 관련된 모든 논의의 출발점이 되고 있으므로 우선 단계구분의 구체적 기준과 그 내용 상세에 관해 살펴본다. 나아가 자율주행의 단계구분이 법적책임 판단의 도구로서도 유효하게 기능하리라고 볼 수 있는지에 중점을 두어 살펴본다.

자율주행은 자율주행기술의 수준에 따라 단계로 구분되고 있다. 미국 국제자동차공학회SAE는 자율주행기술을 6단계로 분류하고 있고, 미국 연방 교통부DOT 산하의 연방 도로교통안전국NHTSA과 일본 국토교통성國土交通省은 위 6단계 기준을 그대로 채용하여 역시 6단계로 자율주행기술을 분류하고 있다. 한편 독일 연방 교통부BMVI는 이를 5단계로 각 분류하고 있다.[191]

특히 자율주행기술에 관한 SAE의 6단계 구분은 NHTSA와 일본 교통성에 의해 그대로 채택되어 있고, 사실상 자율주행에 관한 모든 논의의 출발점이 되고 있다. 자율주행자동차에 관한 법적책임 판단 역시 위 단계구분에 따른 '자율주행의 유형화'를 전제로 이루어질 가능성이 매우 크다. 특히 구체적인 사안에서 문제된 자율주행기술의 수준이 단계구분 중 어디에 속하는지는 제조업자, 운행자 및 운전자의 책임을 결정짓는 중요한 요인으로 작용할 수도 있다.[192] 즉 위 분류기준에 따른 자율주행기술의 단계에 따라 자율주행 중의 사고 등으로 인한 법적책임 발생에 가장 근접한 주체인 운전자의 역할과 책임이 직접 좌우되고, 관련 책임주체들의 책

---

[191] 다만 독일 정부의 단계구분의 구체적인 내용은 아래에서 보는 것과 같이, SAE의 단계구분과 거의 동일하다고 볼 수 있다.

[192] 이에 관해서는 아래 Ⅳ. '자율주행 단계판단과 법적책임' 부분에서 상세히 살펴본다.

임 역시 일정 부분 영향을 받게 된다.

이하에서는 SAE의 자율주행 단계구분을 중심으로 단계구분론의 구체적 내용과 법적책임 판단과의 구체적 연관관계에 관해 살펴본다.

Ⅱ. 자율주행의 단계구분론

1. 미국 국제자동차공학회SAE의 단계구분

가. 개요

미국 SAE는 아래와 같이 자율주행기술의 발전단계에 따라 운전자동화driving automation를 0단계에서 5단계까지 총 6단계Level로 분류하고 있다.[193] SAE는 위 각 단계들은 별개의 범주로 구별되는 불연속적discrete인 것이고, 상호 배타적mutually exclusive인 것임을 명시하고 있다.[194] 다른 한편으로 SAE는 자율주행단계의 6단계 구분에 관해 규범적normative이라기보다는 서술적descriptive 및 정보제공적informative인 것이고, 법적legal이라기보다는 기술적technical인 것임을 밝히고 있다.[195] 또한 단계 지정에 관해 비록 0부터 5까지 번호가 부여되어 있지만, 이는 기수적nominal인 것이지, 서수적ordinal인 것이 아니라고 한다. 즉 예컨대 4단계가 2단계 또는 3단계보다 반드시 우월하다는 것을 의미하지 않는다고 한다.[196]

또한 SAE는 위 분류체계taxonomy에 관한 구체적인 설명 부분에서 "이 분류체계의 중심에는 (인간) 사용자(human) user와 운전 자동화 시스템driving automation system의

---

193 SAE J3016(註 19), p.17의 '4. TAXONOMY OF DRIVING AUTOMATION' 참조.
국내외 문헌에서 0단계를 제외한 채 이를 '5단계' 분류법으로 소개하기도 하나, 위 기준 자체에서 '6단계' 분류 체계임을 밝히고 있다(위 p.2).

194 SAE J3016(註 19), p.17 참조.

195 SAE J3016(註 19), p.18 참조.

196 SAE J3016(註 19), p.30 참조.

상호 연관된 각각의 역할이 존재한다. 운전 자동화 시스템의 기능functionality상의 변화는 (인간) 사용자의 역할을 변화시키므로, 시스템과 (인간) 사용자 각자의 기능과 역할은 그와 같은 시스템의 특질system feature[197]을 유형화하는 기준을 제공하게 된다"라고 기술하여, 자율주행시스템과 운전자 역할의 상호관계에 관해 구체적이고도 명확하게 기술하고 있다.[198]

이와 같은 인간과 기계가 협력하는 패러다임에 기반을 둔 소프트웨어, 즉 인간과 기계의 상호작용을 요구하는 소프트웨어를 '인간참여형human-in-the-loop' 소프트웨어라고 부른다.[199] SAE는 자율주행기술은 바로 이와 같은 '운전자와 시스템 상호간의 차량에 대한 제어권의 배분과 이전'을 출발점으로 하고 있다는 것을 분명히하고 있다.[200]

---

[197] SAE J3016(註 19), p.5에서는 '운전자동화시스템(DAS)의 특질(feature) 또는 작용(application)'에 관해 다음과 같이 설명한다.
'운전자동화시스템(DAS)의 특질 또는 작용'은 '1단계부터 5단계까지의 주어진 운전자동화 단계에서의 운전자동화시스템(DAS)의 설계 특유의 기능(design-specific functionality)'을 의미한다. 작동설계영역(ODD)의 제한이 있는 경우에는 그 제한을 받는 것을 말한다.
어느 운전자동화시스템(DAS)은 복수의 시스템 특질을 가질 수 있고, 각각의 특질별로 특정한 운전자동화단계와 작동설계영역이 달리 위치할 수 있다. 특질들은 일반명칭(예컨대, 자동주차) 또는 고유명칭(제조업자가 명명한 이름 등을 말한다)으로 불릴 수 있다.

[198] SAE J3016(註 19), p.17-18. 위 역할관계 기술의 상세한 내용에 관해서는, '자율주행과 운전자책임'에 관한 아래 제5장 제3절 II. 2. '자율주행에 관한 자율주행시스템과 운전자의 각 역할' 부분 참조.

[199] Lipson · Kurman(註 109), p.55 이하 참조. 이를 전제로 하여 물리시스템 제어를 목적으로 하는 시스템을 공학에서 '사이버(가상) 물리 시스템(cyber-physical systems)'이라고 한다. 자율주행시스템도 이에 해당한다고 말할 수 있다.

[200] 다만 이와 같은 기본 전제에 관해 구글(Google)은 이와 같은 접근방식에 따른 '부분자율(partial autonomy)'에 의한 인간과 기계의 책임 분할(상호작용)은 필연적으로 '자율주행 중의 운전자의 주의 분산'을 가져와 심각한 위험성을 초래할 수도 있다고 보고, 곧바로 시스템이 인간의 개입 없이 차량을 전면적으로 제어하는 완전자율주행자동차의 개발을 추진하는 등 그 입장을 달리 하고 있다. 이에 관한 상세는 아래 7. '자율주행기술 단계의 분류기준에 대한 비교와 평가'에서 살펴본다.

나. 자율주행 단계구분의 기준

1) 자율주행 단계구분의 판단요소

SAE에 따르면 운전자동화시스템DAS는 아래와 같은 5개의 판단요소들에 따라 6단계로 분류할 수 있다.[201]

① 운전자동화시스템이 종방향longitudinal 또는 횡방향lateral의 자동차 동작 제어라는 동적운전작업DDT의 하위작업subtask을 수행하는지 여부

② 운전자동화시스템이 종방향 및 횡방향 자동차 동작 제어의 하위작업을 동시에 수행하는지 여부

③ 운전자동화시스템이 동적운전작업DDT 중 사물과 사건 감지 및 대응OEDR도 수행하는지 여부

④ 운전자동화시스템이 비상조치DDT fallback도 수행하는지 여부

⑤ 운전자동화시스템이 작동설계영역ODD에 의해 제한되는지 여부

위와 같은 판단요소들에 의해 자율주행시스템의 단계가 판단되는 논리적 흐름을 도식화하면 [그림 2] '논리흐름도logic flow diagram'와 같다.[202]

다만 SAE는 위 판단요소들에 의한 각 단계판단은 측정measure되는 것이라기보다는 배정 내지 할당assign되는 면에 가깝고, 운전자동화시스템DAS 특질을 위한 설계의도design intent로서 제조업자에 의해 정의된 것을 반영하는 것이라는 점을 밝히고 있다.[203]

---

201 SAE J3016(註 19), p.18.

202 SAE J3016(註 19), p.20의 Figure 9 'Simplified logic flow diagram for assigning driving automation level to a feature' 참조.

203 SAE J3016(註 19), pp.20, 30. 즉 단계의 최종적인 판단을 위한 완벽한 기준을 세우는 것은 사실상 불가능하고, 위 각 단계는 시스템 특질의 설계의도를 나타내어, 당해 특질이 작동하는 동안에는 각 단계에 관한 설명내용에 부합하도록 사용자와 운전자동화시스템의 각각의 역할이 기능할 것을 잠재적인 사용자와 이해관계 당사자로 하여금 기대할 수 있도록 해 준다는 것이다.

[그림 2] 자율주행 단계 판단 논리흐름도

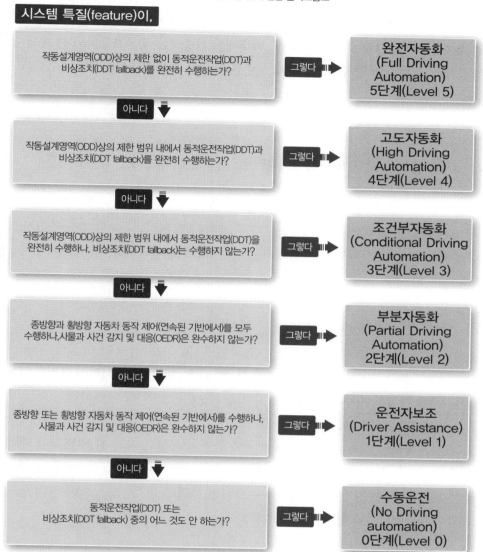

2) 자율주행 단계구분의 구체적 기준

SAE에 따르면 운전 자동화driving automation의 단계 구분은 운전자동화시스템 DAS의 기능functionality에 의해 이루어지고, 구체적으로 동적운전작업DDT과 비상조치DDT fallback의 수행에 관한 역할을 시스템과 인간 사용자(사용자가 만약 이를 수행하게 되는 경우) 사이에 어떻게 분배할 것인지에 의해 좌우된다.[204] 운전자동화시스템DAS의 제조업자는 당해 시스템의 요구사항, 작동설계영역ODD 및 작동의 특질characteristics을 결정할 뿐만 아니라, 아래에서 기술하는 운전자동화의 단계 역시 결정한다. 또한 제조업자는 시스템의 올바른 사용법 역시 결정한다.[205]

다. 자율주행 단계구분[206]의 구체적 내용[207]

1) 0단계Level 0: 수동운전No Driving Automation 단계

운전자가 동적운전작업DDT 전부를 수행하는 단계이다. 이는 능동안전시스템active safety system 등에 의해 뒷받침되는 경우에도 마찬가지이다.

2) 1단계Level 1: 운전자보조Driver Assistance 단계

운전자동화시스템DAS이 동적운전작업DDT의 하위 역할인 자동차의 종방향longitudinal 또는 횡방향lateral 동작 제어 중 어느 하나만을, 연속되면서도 작동설계영역ODD에 한정하여 수행하고, 운전자가 동적운전작업DDT의 나머지를 수행할 것을 전제로 하는 단계이다.

1단계에서는 시스템이 위 동작제어에 한정된 사물과 사건 감지 및 대응OEDR 중의 일부만을 수행하므로, 인식 및 반응이 불가능한 경우가 생길 수 있다. 따라서 운전자는 동적운전작업DDT의 일부를 수행하는 한편 운전자동화시스템DAS의 동작도 감독supervise하여야 한다.

---

204 하위의 두 단계, 즉 1, 2단계에서는 운전자동화시스템(DAS)이 작동 중인 경우에도 인간 운전자가 동적운전작업(DDT)의 일부를 지속적으로 수행한다. 반면에 상위의 세 단계, 즉 3, 4, 5단계에서는 자동운전시스템(ADS)이 작동 중인 경우에는, 시스템이 동적운전작업(DDT)의 전부를 연속된 기반(sustained basis) 하에서 수행하게 된다. SAE J3016(註 19), p.24.

205 SAE J3016(註 19), p.24.

206 SAE J3016은 단계(level)와 범주(category)라는 표현을 병행하여 사용하고 있다.

207 SAE J3016(註 19), p.24 이하.

3) 2단계Level 2: 부분자동화Partial Driving Automation 단계

운전자동화시스템DAS이 동적운전작업DDT의 하위 역할인 자동차의 종방향longitudinal 및 횡방향lateral 동작 제어 모두를 연속되면서도 작동설계영역ODD에 한정하여 수행하고, 운전자가 사물과 사건 감지 및 대응OEDR의 하위작업을 수행하면서 운전자동화시스템DAS을 감시할 것을 전제로 하는 단계이다.

2단계에서 역시 1단계에서와 마찬가지로 운전자는 사물과 사건 감지 및 대응OEDR 및 운전자동화시스템DAS의 동작 감시를 함께 수행해야 한다. 다만 시스템이 종방향과 횡방향 동작 제어 모두를 수행하는 결과, 운전자는 위와 같은 동작 제어의 역할을 부담하지 않는다는 점에서 1단계와는 구별된다.

4) 3단계Level 3: 조건부자동화Conditional Driving Automation 단계

자동운전시스템ADS이 동적운전작업DDT의 전부를 연속되면서도 작동설계영역 ODD에 한정하여 수행하되, 비상조치 준비 사용자DDT fallback-ready user가 ① 자동운전시스템ADS에 의해 표시되는 개입요구request to intervene를 감지하거나, 또는 ② 자동차의 다른 시스템 중 동적운전작업DDT 수행performance과 연관된 부분의 기능이상failure 상태[208]를 감지하여 이에 적절히appropriately 대응할 것을 전제로 하는 단계이다.

비상조치 준비 사용자DDT fallback-ready user는 3단계의 자동운전시스템ADS이 작동 중인 경우에는 이를 감시할 필요는 없다. 그러나 위 사용자는 자동운전시스템ADS으로부터 ① 개입요구request to intervene를 받거나, ② 작동불능상태가 정상적인 운전을 불가능하게 할 정도에 이르러 비상조치DDT fallback 및 최소위험상태MRC를 달성할 것을 요구받는 경우에는, 동적운전작업DDT을 이어받을 준비가 되어 있을 것으로 기대된다.

3단계 자동운전시스템ADS의 비상조치 준비 사용자DDT fallback-ready user는, 예컨대 자동차의 차체 또는 서스펜션suspension의 파손 등과 같이 동적운전작업DDT 기능과 연관된 자동차의 다른 시스템 부분이 명백한 기능이상failure 상태에 빠진 경우에는, 자동운전시스템ADS의 개입요구가 없더라도 이를 감지하여야 할 것으로 기대된다.

---

208 위 사용자가 감지하여야 하는 것으로 기대되는 대상에서 자동운전시스템(ADS) 자체의 작동불능은 아래에서 설명하는 것과 같이 제외된다. 즉 사용자는 자동운전시스템(ADS) 자체의 작동불능 가능성까지도 염두에 두고 이를 대비하고 있어야 할 필요는 없는 것으로 이해된다.

3단계의 자동운전시스템^{ADS}에서는 ① 동적운전작업^{DDT} 기능과 연관된 시스템의 작동불능 또는 ② 자동운전시스템^{ADS}의 작동설계영역^{ODD}으로부터의 이탈 임박의 경우 위 시스템은 '통상적인 사람^{typical person}이 문제된 운전 상황에 대해 적절히 대응하기에 충분한 시간 여유'를 두어 개입요구를 표시할 것을 전제로 한다.

여기에서 말하는 비상조치 준비 사용자^{DDT fallback-ready user}의 개입요구에 대한 '적절한' 반응에는, 자동차를 최소위험상태에 도달하게 하거나, 자동운전시스템^{ADS}의 종료 이후 자동차를 계속하여 운전하는 것을 포함할 수 있다.

5) 4단계^{Level 4}: 고도자동화^{High Driving Automation} 단계

자동운전시스템^{ADS}이 동적운전작업^{DDT}과 비상조치^{DDT fallback} 전부를 연속되면서도 작동설계영역^{ODD}에 한정하여 수행하고, 사용자^{user}는 개입요구를 받지 않거나, 이에 대응할 필요가 없는 단계이다.

사용자는 4단계 자동운전시스템^{ADS}의 작동 중에는 이를 감시하거나, 개입요구를 감지할 필요가 없다. 4단계 자동운전시스템^{ADS}은 비상조치^{DDT fallback}를 자동으로 수행할 뿐만 아니라, 사용자가 동적운전작업^{DDT} 수행을 이어받지 않는 경우에 최소위험상태 역시 스스로 달성한다. 바로 이와 같은 자동화된 비상조치^{DDT fallback}와 최소위험상태 달성 능력이 3단계와 4단계의 자동운전시스템^{ADS} 특질의 가장 주된 차이점이다. 또한 이는 4단계 자동운전시스템^{ADS}의 작동 중에는 사용자는 승객^{passenger}이 되므로, 개입요구 또는 동적운전작업^{DDT} 기능과 연관된 시스템의 작동불능에 대응할 필요가 없다는 것을 의미한다. 즉 3단계에서와 달리 4단계 자동운전시스템^{ADS}의 동작 중에는 사용자는 비상조치 준비 사용자^{DDT fallback-ready user}가 아니다.[209]

---

[209] 예컨대, 4단계의 자동운전시스템(ADS)이 고속도로에서만 동적운전작업(DDT) 전부를 지속적으로 수행하도록 설계되었다면[이 경우 작동설계영역(ODD)은 고속도로가 된다], 고속도로에 진입할 때와 고속도로로부터 진출할 때에는 운전자가 동적운전작업(DDT)을 수행해야 할 것이고, 따라서 위 시스템은 자동주행 중에 고속도로로부터 진출할 무렵에 사용자에게 자동차의 조작을 이어받을 것을 지시할 것이다. 그러나 만약 사용자가 이에 대응하지 못하는 경우라고 하더라도, 자동운전시스템(ADS)이 비상조치(DDT fallback)와 최소위험상태 달성을 스스로 하게 될 것이다. 바로 이 점에서 위와 같은 경우 비상조치 준비 사용자(DDT fallback-ready user)가 이에 대응할 것으로 기대되는(즉 대응의무가 인정되는) 3단계의 경우와 본질적인 차이가 있다.

6) 5단계^{Level 5}: **완전자동화**^{Full Driving Automation} **단계**

자동운전시스템^{ADS}이 동적운전작업^{DDT}과 비상조치^{DDT fallback} 전부를 연속되면서도 무조건적으로(즉 작동설계영역^{ODD}에 한정됨이 없이) 수행하고, 사용자^{user}는 개입요구에 대응할 필요가 전혀 없는 단계이다.

'무조건적으로' 또는 '작동설계영역^{ODD}에 한정됨이 없이'라는 것은, 자동운전시스템^{ADS}이 운전이 가능한^{driver-manageable} 모든 도로 조건 하에서 자동차를 작동^{operate}시킨다는(즉 운전한다는) 의미이다. 이는 예컨대, 자동운전시스템^{ADS}이 어디서, 언제 자동차를 작동시킬 수 있는지에 관해 기후, 하루 중의 시점^{time-of-day}, 또는 지리적 조건 등에 관한 설계상의 제한이 없다는 의미이다. 그럼에도 불구하고, 운전 자체가 불가능한 조건에서라면[210] 자동운전시스템^{ADS} 역시 주어진 여정을 완수할 수 없게 될 수 있다(예컨대, 눈보라에 의한 시야 차단^{white-out}, 도로의 범람, 결빙 등). 만약 그와 같은 운전이 불가능한 조건들이 시스템 작동 중에 시작되는 경우에는, 자동운전시스템^{ADS}은 비상조치^{DDT fallback}를 수행하여 최소위험상태를 달성시킬 것이다(예컨대 도로변에 정차하여 조건이 바뀔 것을 대기하는 등으로).

동적운전작업^{DDT}에 연관된 시스템의 작동불능 시(자동운전시스템^{ADS} 또는 자동차), 5단계의 자동운전시스템^{ADS}은 자동적으로 비상조치^{DDT fallback}를 수행하여 최소위험상태를 달성시킬 것이다.

사용자^{user}는 5단계의 자동운전시스템^{ADS}을 감독^{supervise}할 필요가 없을 뿐만 아니라, 자동운전시스템^{ADS}이 동작하는 경우에는 개입요구에 대응할 필요도 없다.

4단계와 5단계의 자동운전시스템^{ADS}을 구분하는 가장 중요한 특징은 바로 자동운전시스템^{ADS}이 작동설계영역^{ODD}에 의한 제한을 받는지 여부이다.[211]

7) 요약표

SAE J3016에서는 이상의 설명을 아래와 같이 표로 요약하고 있다.

---

[210] 이는 '보통의 운전기술을 가진 운전자가 합리적으로 기존의 자동차를 조작할 수 있는 정도의 조건'을 의미한다. SAE J3016(註 19), p.33.

[211] 이에 관한 구체적 설명은 SAE J3016(註 19), p.26 이하 참조.

[표 1] SAE J3016 자율주행 단계 요약표[212]

단계	이름	서술적 정의(narrative definition)	동적운전작업(DDT)		비상조치 (DDT fallback)	작동설계 영역 (ODD)
			연속된 횡방향과 종방향의 자동차 동작 제어	사물과 사건감지 및 대응 (OEDR)		
운전자가 동적운전작업(DDT)의 전부 또는 일부를 수행함						
0	수동운전 (No Driving Automation)	운전자가 동적운전작업(DDT)의 전부를 수행하는 단계. 이는 운전자가 능동적 안전 시스템(active safety system)에 의해 도움을 받더라도(enhanced) 마찬가지이다.	운전자 (Driver)	운전자 (Driver)	운전자 (Driver)	해당 없음 (n/a)
1	운전자보조 (Driver Assistance)	운전자동화시스템(DAS)이 연속되고 (sustained) 작동설계영역에 국한된 (ODD–specific) 횡방향 또는 종방향의 자동차 동작 제어라는 동적운전작업(DDT)의 하위작업(subtask)을 수행하고(그러나 이를 동시에 수행하지는 않음), 운전자가 동적운전작업(DDT)의 나머지를 할 것으로 기대되는 단계	운전자 (Driver) 및 시스템 (System)	운전자 (Driver)	운전자 (Driver)	제한적 (Limited)
2	부분자동화 (Partial Driving Automation)	운전자동화시스템(DAS)이 연속되고 (sustained) 작동설계영역에 국한된 (ODD–specific) 횡방향 및 종방향의 자동차 동작 제어라는 동적운전작업(DDT)의 하위작업(subtask)을 수행하고, 운전자는 동적운전작업(DDT)의 하위 작업인 사물과 사건 감지 및 대응(OEDR)을 완수(complete)함과 아울러, 운전자동화시스템(DAS)을 감시할(supervise) 것으로 기대되는 단계	시스템 (System)	운전자 (Driver)	운전자 (Driver)	제한적 (Limited)
자동운전시스템[ADS. "시스템(System)"]이 동적운전작업(DDT)의 전부를 수행함[시스템이 작동된(engaged) 경우에 한함]						
3	조건부 자동화 (Conditional Driving Automation)	자동운전시스템(ADS)이 연속되고 (sustained) 작동설계영역에 국한된(ODD–specific) 동적운전작업(DDT)의 전부를 수행하고, 비상조치 준비 사용자(DDT fallback–ready user)는 ADS가 발하는(issue) 개입 요구(request to intervene)에 응하거나, 동적운전작업(DDT)의 수행에 연관된 자동차의 다른 시스템의 기능이상(failure)에 반응하여 적절히(appropriately) 대응할 것으로 기대되는 단계	시스템 (System)	시스템 (System)	비상조치 준비 사용자 (조치 시에는 운전자가 된다)	제한적 (Limited)

---

212 SAE J3016(註 19), p.19 'Table 1. Summary of levels of driving automation' 참조.

단계	이름	서술적 정의(narrative definition)	동적운전작업(DDT)		비상조치 (DDT fallback)	작동설계 영역 (ODD)
			연속된 횡방향과 종방향의 자동차 동작 제어	사물과 사건감지 및 대응 (OEDR)		
4	고도자동화 (High Driving Automation)	자동운전시스템(ADS)이 연속되고 (sustained) 작동설계영역에 국한된 (ODD-specific) 동적운전작업(DDT) 및 비상조치(DDT fallback)의 전부를 수행하고, 사용자(user)는 개입 요구에 응할 것으로 전혀 기대되지 않는 단계	시스템 (System)	시스템 (System)	**시스템 (System)**	제한적 (Limited)
5	완전자동화 (Full Driving utomation)	자동운전시스템(ADS)이 연속되고 (sustained) 무조건적인[unconditional, 즉 작동설계영역에 국한(ODD-specific)되지 않은] 동적운전작업(DDT) 및 비상조치 (DDT fallback)의 전부를 수행하고, 사용자(user)는 개입 요구에 응할 것으로 전혀 기대되지 않는 단계	시스템 (System)	시스템 (System)	시스템 (System)	**무제한적 (Unlimited)**

한편 SAE는 SAE J3016상의 자율주행 단계에 관한 설명을 소비자의 입장에서 다시 요약한 아래와 같은 요약표[213]를 2019. 1. 발표하였다.[214] SAE는 'SAE 2019년 자율주행 단계 요약표'의 의의에 관해, SAE의 자율주행 6단계 구분이 2016년 발표된 이래 자동차 등 관련 업계에서 가장 빈번히 인용되고 있고, 관련 업계의 자율주행자동차 양산 시점 역시 보다 근접해 가고 있는 실정에서, 소비자들을 위해 단계구분에 관한 설명을 보다 명확화, 단순화하기 위해 보험회사와 미국 자동차 협회American Automobile Association; AAA, 미국 도로교통 연구위원회Transportation Research Board; TRB 등 민간단체의 의견수렴을 거쳐 발표한 것이라고 설명하고 있다.[215]

'SAE 2019년 자율주행 단계 요약표'는 자율주행자동차를 이용하는 소비자의 입장에서 서술한 것으로서, '자율주행자동차의 운전석에 탑승한 사람human in the drive seat'은 특히 3단계에서 시스템으로부터 운전 요청이 있는 경우 '운전을 해야 하고must drive', 반면에 4단계와 5단계에서는 '운전자에게 운전을 넘겨받을 것을 요구

---

213 이하 'SAE 2019년 자율주행 단계 요약표'라고 한다.

214 https://www.sae.org/news/2019/01/sae-updates-j3016-automated-driving-graphic (2019. 1. 31. 최종확인)

215 前註 참조.

하지 않을 것will not require you to take over driving'이라고 기술하여, 3단계와 4·5단계에서의 시스템과 운전자의 역할에 관해 명확히 기술하고 있다.[216]

[표 2] SAE 2019년 자율주행 단계 요약

	SAE 단계					
	0	**1**	**2**	**3**	**4**	**5**
운전석에 앉은 인간은 무엇을 하는가	이와 같은 운전보조기능이 작동하고 있더라도 운전자임. 이는 페달에서 발을 떼고, 조향을 하지 않고 있더라도 마찬가지임			자동운전기능이 작동 중(engaged)에는 운전자가 아님. 이는 운전석(driver's sear)에 앉아있더라도 마찬가지임		
	이와 같은 보조기능을 지속적으로 감시(constantly supervise)해야 함. 안전을 유지하기 위해 필요한 때에는 조향, 제동 및 가속을 해야 함			기능이 요청하는 경우 반드시 운전해야 함	자동운전기능은 운전을 넘겨받으라고(take over driving) 요구하지 않을 것임	
이와 같은 기능들(features)은 무엇을 하는가	운전자보조기능(driver support features)			자동운전기능(automated driving features)		
	이러한 기능들은 경고와 순간적 (momentary) 보조를 하는 데에 제한됨	이러한 기능들은 운전자에게 조향 또는(OR) 가감속 보조를 제공함	이러한 기능들은 운전자에게 조향 및(AND) 가감속 보조를 제공함	이러한 기능들은 제한된 조건 하에서 자동차를 운전하나. 모든 요구사항 조건들이 충족되지 않는 경우 작동하지 않을 것임(will not operate unless all required conditions are met)	이러한 기능은 모든 조건 하에서 자동차를 운전할 수 있음	
기능들의 예시	자동비상제동 사각지대경고 차선이탈경고	차선유지(lane centering) 또는(OR) 적응형 크루즈 컨트롤(adaptive cruise control	차선유지(lane centering) 및 (AND) 적응형 크루즈 컨트롤(adaptive cruise control	교통정체 시 자동운전 (traffic jam chaeffeur)	지역 무인택시 (local driverless taxi) 페달/스티어링 휠은 장착되거나 장착되지 않을 수 있음	4단계와 동일함. 그러나 이 기능은 모든 조건 및 모든 장소(everywhere)에서 운전할 수 있음

---

216 시스템(system)이라는 표현 대신 특질 내지 기능(feature)이라는 표현을 사용하고 있다. 즉 '자율주행'은 복수의 특질 내지 기능들(features)이 함께 작동하여 구현될 수 있다는 것을 전제로 하고 있다. SAE J3016에서도 같은 취지의 설명을 찾아볼 수 있다.

2. 미국 연방 교통부DOT와 도로교통안전국NHTSA의 단계구분

가. 개요

미국 DOT 산하의 NHTSA는 2013년 5월 발표한 "자율주행자동차 정책에 관한 예비성명Preliminary Statement of Policy Concerning Automated Vehicles"[217]에서는 자율주행 단계를 0에서 4단계까지 총 5단계로 분류하고 있었다.[218] NHTSA는 그러다가 2016년 9월 자율주행기술의 안전성 확보 및 제조사의 기술개발 지원 등을 위한 미국 연방정부 차원의 최초의 본격적인 자율주행자동차 정책 가이드라인[219]이라고 할 수 있는 "연방 자율주행자동차 정책Federal Automated Vehicles Policy"[220]을 발표하면서, 미국 국제자동차공학회SAE에서 정한 6단계의 자율주행 단계 분류기준을 채택하여 자율주행의 단계를 0단계에서 5단계까지 총 6단계Level로 분류하였다.[221]

NHTSA는 2016년 이후 연방 매년 자율주행자동차 정책을 수정, 증보하여 발표해 오고 있다. NHTSA는 2017년 9월에 발표한 "자율주행시스템 2.0: 안전을 위

---

217 NHTSA, "Preliminary Statement of Policy Concerning Automated Vehicles", 2013. 5. https://www.nhtsa.gov/staticfiles/rulemaking/pdf/Automated_Vehicles_Policy.pdf (2018. 7. 13. 최종확인). 이하 '연방 자율주행자동차 정책 2013'이라고 한다.

218 비자동화(0단계), 특정기능 한정 자동화(1단계), 복합기능 자동화(2단계), 제한된 자율주행 자동화(3단계), 완전 자율주행 자동화(4단계)이다. 원문은 다음과 같다.
　　No-Automation(Level 0), Function-specific Automation(Level 1), Combined Function Automation(Level 2), Limited Self-Driving Automation(Level 3), Full Self-Driving Automation (Level 4).

219 법적인 구속력은 없는 "자율적(임의적) 지침(voluntary guidance)"에 해당한다. NHTSA 자율주행자동차 정책의 성격에 관한 상세에 대해서는 아래 註 375 참조.

220 NHTSA, "Federal Automated Vehicles Policy: Accelerating the Next Revolution in Roadway Safety", 2016. 9. 이하 '연방 자율주행자동차 정책 2016'이라고 한다. https://www.transportation.gov/AV/federal-automated-vehicles-policy-septemer-2016(2018. 3. 20. 최종확인).

221 前註. p.9 참조. 2013년의 3단계를 SAE의 3, 4단계로 세분화하고, 2013년의 4단계는 SAE의 5단계에 대응시킨 것으로 볼 수 있다.
NHTSA의 아래 2016년과 2017년 자율주행자동차 정책은 SAE J3016의 2016. 9.판, 2018년 발표 정책은 SAE J3016의 2018. 6.판에 각각 따르고 있다. 다만 자율주행의 단계에 관한 SAE J3016의 설명은 2016. 9.의 것과 2018. 6.의 것 모두 그 내용에 큰 차이가 없다.

한 비전Automated Driving System 2.0: A Vision For Safety"[222]에서도 SAE의 6단계 분류법에 따르고 있다. DOT가 2018년 10월에 발표한 "미래의 교통을 위한 준비: 자율주행자동차 3.0Preparing for the Future of Transportation: Automated Vehicles 3.0"[223]에서도 6단계 분류법을 그대로 유지하고 있다. 각 단계의 명칭은 그대로 유지되고 있으나, 단계별 주요 내용에 관한 세부 설명은 해마다 일부 수정되어 왔다.[224] 특히 2018년의 설명에서는 SAE J3016에서 사용하는 용어인 동적운전작업dynamic driving task; DDT을 그대로 사용하고 있다.

한편 NHTSA는 "연방 자율주행자동차 정책(2016)"에서는 3단계 이상의 자율주행자동차를 "고도자율주행자동차highly automated vehicles; HAVs"라고 칭하였으나, "연방 자율주행자동차 정책(2017)"에서부터는 위와 같은 "고도자율주행자동차highly automated vehicles; HAVs"라는 표현을 찾아볼 수 없다는 점 역시 주목된다.[225] 이는 가이드라인의 적용 대상인 자율주행자동차의 범위를 확대했다고도 볼 수 있고,[226] 아래에서 보는 것과 같이 NHTSA가 자율주행 각 단계에서 운전자에 의한 자동차 제어

---

222 NHTSA, "Automated Driving System 2.0: A Vision For Safety", 2017. 9. 이하 '연방 자율주행자동차 정책 2017'이라고 한다.
https://www.nhtsa.gov/sites/nhtsa.dot.gov/files/documents/13069a-ads2.0_090617_v9a_tag. pdf(2018. 7. 13. 최종확인)

223 U.S. Department of Transportation, "Preparing for the Future of Transportation: Automated Vehicles 3.0", 2018. 10, p.45. 2018년에는 DOT 명의로 발표하였다. 이하 '연방 자율주행자동차 정책 2018'이라고 한다.
https://www.transportation.gov/sites/dot.gov/files/docs/policy-initiatives/automated-vehicles/320711/preparing-future-transportation-automated-vehicle-30.pdf(2019. 1. 11. 최종확인).
DOT가 2018년 발표한 "연방 자율주행자동차 정책 2018"이 DOT 및 NHTSA의 현재 유효한 자율주행자동차 정책 가이드라인이다. 이는 NHTSA가 2016년 발표한 "연방 자율주행자동차 정책 2016"을 2017년과 2018년 두 차례 업데이트한 것으로서, 기존의 것을 대체하는 것은 아니다. 연방 자율주행자동차 정책 2017(註 222), p.1 및 연방 자율주행자동차 정책 2018, p.1 각 참조.

224 이에 대해서는 아래에서 항을 달리해 살펴본다.

225 연방 자율주행자동차 정책 2017(註 222), p.1에서는 SAE의 자동화 단계 3부터 5까지의 자율주행시스템을 "자동운전시스템(Automated Driving Systems; ADSs)"이라고 지칭하여, 위에서 본 SAE의 정의에서 본 용례[SAE J3016(註 19), pp.3, 5.]를 그대로 가져왔을 뿐만 아니라, 위 단계의 자율주행기술이 적용된 자율주행자동차를 지칭할 때에도 "고도자율주행자동차(highly automated vehicle; HAV)라는 용례를 사용하지 않고 있다. 다만 이에 의하여 고도자율주행자동차(HAV)의 개념 자체를 폐기하였다고 볼 것인지는 명확하지 않다.
한편 아래에서 보는 연방법률안인 "SELF DRIVE Act"와 "AV START Act"에서는 "고도자율주행자동차(HAV)"라는 표현을 그대로 사용하고 있다(아래 제4절의 해당부분 참조).

226 연방 자율주행자동차 정책 2018(註 223), p.2에서 SAE 1부터 5까지의 자율주행단계를 모두 규율 대상으로 한다고 하여 이와 같은 취지를 명시하고 있다.

(2017년) 및 운전자의 적극적 개입(2018년)을 보다 강조하는 것과도 무관하지 않다고 생각된다.

나. 자율주행기술 각 단계에 관한 DOT와 NHTSA의 설명

1) 0단계Level 0: **수동운전**No Automation **단계**

NHTSA는 0단계에 관해 2016년과 2017년에는, 자율주행 기술이 전혀 들어가 있지 않아 운전자가 모든 조작을 하는 단계, 즉 자율성이 전혀 없는zero autonomy 단계라고 설명하였으나,[227] 2018년에는 '경고 또는 개입warning or intervention 시스템에 의해 향상되어 있다고 하더라도, 인간 운전자가 동적운전작업DDT을 항상full-time 수행해야 하는 단계'로 설명하고 있다.[228]

2) 1단계Level 1: **운전자보조**Driver Assistance **단계**

NHTSA는 1단계에 관해 2016년에는 '자동차에 탑재된 자동화 시스템이 간헐적으로 운전자의 운전 관련 조작의 일부를 보조하는 단계'라고 설명하였으나,[229] 2017년에는 '운전자가 자동차를 제어control하나, 주행보조장치가 자동차 설계에 포함되어 있는 단계'라고 설명하였고,[230] 2018년에는 '하나의 운전자보조시스템이 운전모드의 경우에 한정하여driving mode-specific 운전 환경에 관한 정보를 사용하여 조향 또는 가감속을 행하나execution, 인간 운전자가 모든 나머지 관점에서의 동적운전작업을 할 것으로 기대되는 단계'라고 설명하고 있다.[231] 운전자에 의한 자동차 통제(2017년) 및 운전자의 적극적 개입(2018년)을 보다 강조하는 방향으로 초점이 바뀌고 있다.

---

[227] 연방 자율주행자동차 정책 2016(註 220), p.9. 2016년의 설명과 동일하다. 연방 자율주행자동차 정책 2017(註 222), p.4.

[228] 연방 자율주행자동차 정책 2018(註 223), p.vi.

[229] 연방 자율주행자동차 정책 2016(註 220), p.9.

[230] 연방 자율주행자동차 정책 2017(註 222), p.4.

[231] 연방 자율주행자동차 정책 2018(註 223), p.vi.

3) 2단계Level 2: **부분자동화**Partial Automation **단계**

NHTSA는 2단계에 관해 2016년에는 '자동차에 탑재된 자동화 시스템이 자동차 운전 중 일부를 능동적으로actually 수행하나, 운전자가 주행 환경을 모니터링하고 나머지 운전을 행하여야 하는 단계'라고 설명하였으나,[232] 2017년에는 '자동차의 가속과 조향 등에 관한 일부 기능이 자동화되어 있으나, 운전자는 여전히 운전업무를 수행하고, 항상 주변 환경을 감시해야 하는 단계'라고 설명하였고,[233] 2018년에는 '하나 또는 그 이상의 운전자보조시스템이 운전모드의 경우에 한정하여 driving mode-specific 조향 및 가감속을 행하나execution, 인간 운전자가 모든 나머지 측면all remaining aspects에서의 동적운전작업을 할 것으로 기대되는 단계'라고 설명하고 있다.[234] 마찬가지로 운전자의 주변 환경 감시(2017년) 내지 적극적인 개입(2018년)을 보다 강조하는 방향으로 바뀌고 있다.

4) 3단계Level 3: **조건부자동화**Conditional Automation **단계**

NHTSA는 3단계에 관해, 2016년에는 '자동화 시스템이 일정한 경우in some instances 운전 일부를 능동적으로actually 수행하면서 주변 환경을 감시하나, 인간 운전자는 자동화 시스템으로부터의 요청이 있는 경우 차량에 대한 제어권을 넘겨받을 준비를 하고 있어야 하는 단계'라고 설명하였으나,[235] 2017년에는 '운전자는 필수적이나, 주변 환경을 감시할 필요는 없고, 운전자는 시스템으로부터의 신호notice에 따라 제어권을 넘겨받을 준비를 언제나at all times 하고 있어야 하는 단계'라고 설명하였고,[236] 2018년에는 '자동화시스템ADS이 운전모드의 경우에 한정하여driving mode-specific 동적운전작업의 모든 측면all aspects of the DDT을 수행하나performance, 인간 운전자가 개입요구에 적절히 대응respond appropriately to a request to intervene할 것으로 기대되는 단계'라고 설명하고 있다.[237]

---

232   연방 자율주행자동차 정책 2016(註 220), p.9.

233   연방 자율주행자동차 정책 2017(註 222), p.4.

234   연방 자율주행자동차 정책 2018(註 223), p.vi.

235   연방 자율주행자동차 정책 2016(註 220), p.9.

236   연방 자율주행자동차 정책 2017(註 222), p.4.

237   연방 자율주행자동차 정책 2018(註 223), p.vi.

즉 2017년에는 2016년과는 달리, 3단계 자율주행자동차에 운전자가 필수적임을 명시하고, 자율주행 중에 있는 경우 운전자는 원칙적으로 주변 환경을 감시하거나, 스스로 운전에 개입할 필요가 없으나, 자동차에 대한 제어권을 넘겨받을 준비를 '언제나' 하고 있어야 한다고 하여, 자율주행 중의 운전자의 주의의무의 대상을 운전 주변 환경 자체라기보다는 자율주행시스템이 보내는 신호 자체에 있음을 명확히 함과 함께, 자율주행시스템으로부터의 신호를 항상 주시하여야 함을 명시하였다.

한편 2017년에는 '제어권을 넘겨받을 준비'를 하여야 한다고 다소 추상적으로 설명하고 있음에 비하여, 2018년의 설명은 인간 운전자가 자동화시스템으로부터의 개입요구에 적절히 대응하여야 한다는 취지로 설명하여, 3단계 자율주행 중에 운전자에 대해 기대되는 '개입의무'를 보다 구체적이고도 명확하게 정하고 있다. 이는 위에서 본 SAE의 3단계에 관한 설명 내용을 보다 직접적으로 받아들인 것으로 이해할 수 있다.

5) 4단계Level 4: 고도자동화High Automation 단계

NHTSA는 4단계에 관해, 2016년에는 '자동화 시스템이 운전을 수행하고 운전 주변 환경을 모니터링하며, 운전자는 제어권을 넘겨받을 필요가 없으나, 자동화시스템은 일정한 환경과 조건 하에서만 작동하는 단계'라고 설명하였으나, 2017년에는 '자동차가 특정한 조건에서 모든 운전기능을 수행하고, 다만 운전자 스스로 제어권을 넘겨받을 수 있는 단계'라고 설명하였고,[238] 2018년에는 '자동화시스템 ADS이 운전모드의 경우에 한정하여driving mode-specific 동적운전작업의 모든 측면 all aspects of the DDT을 수행하나performance, 이는 인간 운전자가 개입요구에 적절히 대응하지 않는 경우에도 마찬가지even if a human driver does not respond appropriately to a request to intervene인 단계'로 설명하고 있다.[239] 4단계에 관한 NHTSA의 설명은 해마다 큰 차이를 보이고 있다. 2016년에는 운전자가 제어권을 넘겨받을 필요가 없음을 명시적으로 밝히고 있으나, 2017년에는 자율주행시스템이 특정한 조건이 충족

---

238 연방 자율주행자동차 정책 2017(註 222), p.4.

239 연방 자율주행자동차 정책 2018(註 223), p.vi.

되면 모든 운전을 스스로 수행한다는 것을 명시함으로써, 4단계의 자율주행기술의 수준을 보다 높은 것으로 인식하고 있으면서도, 운전자의 자동차에 대한 제어권 회수 가능성을 명시적으로 언급하였다. 한편 2018년의 설명을 보더라도 운전자가 제어권을 넘겨받을 의무는 없는 것으로 읽히나, '이는 인간 운전자가 개입요구에 적절히 대응하지 않는 경우에도 마찬가지'라는 표현은 SAE의 4단계의 설명과는 미묘한 차이가 있다.[240]

이 단계에서는 운전자는 자신이 원하지 않는 이상은 자동차의 제어권을 스스로 넘겨받을 필요가 없게 되고, 자율주행 중에는 자율주행시스템으로부터의 개입요구를 받지도 않으므로, 개입요구에 대한 주의의무도 부담하지 않게 된다. 이 점에서 3단계와 4단계에 가장 큰 차이가 있다고 본다. 다만 4단계 특정한 조건 하에서만 자율주행이 가능하다는 점에서 완전한 자율주행 단계라고 하기는 어렵다.

6) 5단계Level 5: 완전자동화Full Automation 단계

마지막으로, 5단계는 '완전 자동화full automation 단계'이다. 이에 관해 NHTSA는 2016년에는 '자동화 시스템이 인간 운전자와 마찬가지로 모든 조건 하에서, 모든 운전을 수행하는 단계'로 설명하였으나, 2017년에는 '자동차가 모든 조건에서 모든 운전기능을 수행하고, 다만 운전자 스스로 제어권을 넘겨받을 수 있는 단계'라고 설명하였고, 2018년에는 '자동화시스템ADS이 운전모드의 경우에 한정하여 driving mode-specific, 인간 운전자에 의해 관리 가능한 모든 도로와 환경조건 하에서 under all roadway and environmental conditions that can be managed by a human driver 동적운전작업의 모든 측면all aspects of the DDT을 수행하는performance 단계'로 설명하고 있다.[241]

2016년의 설명과는 달리, 2017년의 설명은 인간 운전자를 전제로 하고 있다는 점에서 큰 차이를 보이고, 2018년에는 '모든 조건'에 다시 '인간이 관리 가능한'이라는 제약조건을 부기하고 있다.[242] 즉 NHTSA는 완전한 자율주행기술이 적용

---

240 이를 단순한 '현상'에 대한 기술로만 본다면, 인간 운전자가 개입요구에 대응하지 않는 경우 4단계 자율주행자동차에 관해서도 '당위', 즉 '사실관계에 대한 평가'의 측면에서 책임발생의 가능성을 열어 놓고 있는 것은 아닌지 의문이 제기될 수도 있다고 본다.

241 연방 자율주행자동차 정책 2018(註 223), p.vi.

242 문맥상 '인간 운전자라면 제어가 가능할' 정도로 이해함이 타당하다.

된 '자율주행자동차'와 '무인자동차'를 적어도 개념상 구별하고 있다고 볼 수 있고, 자율주행시스템의 능력치capabilities를 인간 운전자의 능력치를 넘지 않는 수준으로 가능한 제한하려는 경향을 보이고 있다고 평가할 수 있으므로, 그 타당성에 관해 약간의 의문이 제기될 수 있다. 또한 '인간 운전자에 의해 관리 가능한 모든 도로와 환경조건 하에서'라는 표현 역시 다소 애매하여, 5단계 자율주행기술에서도 인간 운전자의 탑승뿐만 아니라, 인간 운전자의 운전을 위한 운전석, 스티어링 휠, 페달 등 장치의 존재를 전제로 하고 있다고 볼 여지가 있고, 인간 운전자에 의한 최소한의 책임 여지를 남겨놓은 것은 아닌가 의문이 제기될 수 있다.

이 단계에서는 자동화 시스템이 모든 조건 하에서 운전을 수행하므로, 목적지를 설정하고 자율주행시스템의 동작을 시작시키는 것 외에는 운전에 대한 사람의 개입이 불필요하다.[243] 완전 자동화 단계에 관해서는 오히려 운전자의 관여를 허용하지 않는 편이 보다 더 안전하다고 설명되기도 한다.[244]

3. 독일 연방 교통부BMVI의 단계구분

가. 개요

독일 연방 교통부BMVI[245]는 자율주행 시스템을 아래와 같이 5단계로 구분하고 있다.[246] 즉 BMVI는 자율주행단계를 '① 주행보조Assistiert 단계, ② 부분자동운

---

[243] Michael Cameron, Realising the Potential of Driverless Vehicles, The New Zealand Law Foundation, 2018, p.35.

[244] 아래 5. '자율주행 단계구분 기준에 대한 비교와 평가'에서 살펴볼 이른바 '부분자율(partial autonomy)'이 초래할 수 있는 위험성에 관한 구글(Google)의 입장 등도 참조.

[245] Bundesministerium für Verkehr und digitale Infrastruktur(BMVI). 직역하면 '연방 교통 및 디지털 기반시설부'로 번역된다.

[246] 독일 연방정부(Die Bundesregierung)와 연방 교통부(BMVI)의 문서들 중 독일의 자율주행자동차 정책과 관련된 아래와 같은 문서들에서 자율주행기술 단계분류에 관한 내용을 찾아볼 수 있다.
Die Bundesregierung, "Strategie automatisiertes und vernetztes Fahren. Leitanbieter bleiben, Leitmarkt werden, Regelbetrieb einleiten", 2015. 9, p.6.
출처는 아래와 같다(2018. 9. 24 최종확인). 이하 '자동 및 커넥티드 운전을 위한 전략'이라고 한다.

전 Teilautomatisiertes Fahren 단계, ③ 고도자동운전Hochautomatisiertes Fahren 단계, ④ 완전
자동운전Vollautomatisiertes Fahren 단계, ⑤ 자율(무인)주행Autonom 단계'로 구분하고 있
다.[247] 이는 아래에서 살펴보는 것과 같이 SAE와 NHTSA의 6단계(0~5단계) 중에서
1단계부터 5단계까지에 각 해당한다고 말할 수 있다. BMVI는 그중 2번째부터 4번
째까지를 자동화운전Automatisiertes Fahren(즉 자율주행) 기술에 해당하는 것으로 평가하
고 있다.[248]

　　독일 연방 교통부BMVI의 자율주행기술 분류단계 역시 시간 경과와 기술 발전
에 따라 변천 과정을 거쳤다. 즉 BMVI의 감독을 받는 기술 분야의 전문연구기관
인 연방도로연구원Bundesanstalt für Straßenwesen; BASt은 자율주행단계를 아래와 같이 5
단계로 구분하고 있었다.[249] 즉 BASt는 자율주행단계를 ① 운전자 주행Driver Only단
계, ② 주행보조Assistiert 단계, ③ 부분자동운전Teilautomatisiertes Fahren 단계, ④ 고도자

---

https://www.bmvi.de/SharedDocs/DE/Publikationen/DG/broschuere-strategie-automatisiertes-
vernetztes-fahren.pdf?__blob=publicationFile(독일어)
https://www.bmvi.de/SharedDocs/EN/publications/strategy-for-automated-and-connected-
driving.pdf?__blob=publicationFile(영어)
BMVI, "Forschungsprogramm zur Automatisierung und Vernetzung im Straßenverkehr", 2016. 6,
p.4. 이하 '도로교통 자동화 및 네트워킹 연구개발 프로그램'이라고 한다.
http://www.bmvi.de/SharedDocs/DE/Anlage/Digitales/forschungsprogramm-avf.pdf?__
blob=publicationFile(2018. 3. 21. 최종확인).
국내 문헌 중 이승준(註 61), 75면과 아주대학교 산학협력단(註 61), 13면 이하에서 독일의 분류체계를 소개하
고 있다.

247 다만 위 번호는 필자가 부여한 것이다. 독일 BMVI는 미국 SAE와 NHTSA와는 달리, 공식적으로 각 단계별
　　로 구분 번호를 매기지는 않고 있다.

248 자동 및 커넥티드 운전을 위한 전략(註 246), p.6; 도로 교통 자동화 및 네트워킹 연구 프로그램(註 247), p.5.

249 BASt의 프로젝트 그룹(BASt-Projektgruppe "Rechstfolgen zunehmender Fahrzeug automatisierung")
　　의 2012년 보고서인 Tom M. Gasser et. al., "Rechstfolgen zunehmender Fahrzeugautomatisierung,
　　Gemeinsamer Schlussbericht der Projektgruppe", Berichte der Bundesanstalt für Straßenwesen
　　(BASt), Fahrzeugtechnik Heft F 83, 2012. 1, p.8의 "자동차의 자동화에 관한 명칭과 설명(Nomenklatur
　　und Beschreibung der Fahrzeugautomatisierung)"부분 참조.
　　http://bast.opus.hbz-nrw.de/volltexte/2012/587/pdf/F83.pdf(2018. 10. 8. 최종확인).
　　위 BASt의 2012년 보고서 일부에 대한 영문 번역본으로, Tom M. Gasseret al., "Legal consequences of an
　　increase in vehicle automation", Bundesanstalt für Straßenwesen, 2013. 6. 참조.
　　http://bast.opus.hbz-nrw.de/volltexte/2013/723/pdf/Legal_consequences_of_an_increase_in_
　　vehicle_automation.pdf(2018. 9. 24 최종확인).
　　그러다가 현재에는 위와 같이 위 ⑤ 완전 자동화운전의 상위단계에 ⑥ 자율(무인)주행(Autonom) 단계를 추가
　　하는 것으로 변경되었다.

동운전Hochautomatisiertes Fahren 단계, ⑤ 완전자동운전Vollautomati siertes Fahren 단계의 5단계로 구분하였다.[250] 이는 SAE와 NHTSA의 6단계(0~5단계) 중에서 0단계부터 4단계까지에 각 해당한다고 말할 수 있다. 그러다가, 자율주행기술을 6단계로 분류하는 위 SAE J3016의 초판이 2014. 1. 최초로 발표된 이래,[251] 독일자동차공업협회Verband der Automobilindustrie; VDA는 BASt의 위 5단계 구분을 유지한 채, 위 완전자동운전Vollautomatisiertes Fahren 단계의 상위개념으로 최종 단계에 무인운전Fahrerlos[252]의 단계를 추가하였다.[253]

독일 정부와 BMVI 역시 그 발간 문서들에서, BASt의 위 5단계 중에서 운전자주행Driver Only을 제외하고 나머지 용례는 그대로 유지한 채, 최종단계에 자율(무인)주행Autonom 단계를 추가하였다.[254]

따라서 BMVI 역시 그 입장을 공식화하지는 않았으나, 실질적으로 SAE와 NHTSA의 6단계 분류체계의 영향을 받은 것으로 볼 수 있다. '독일연방하원 학술지원처Wissenschaftliche Dienste des Deutschen Bundestages; WD' 중에서 민·형사법 및 절차법, 환경보호법, 건설 및 도시개발 등을 소관하는 분과인 'WD 7'에서는 SAE의 6단계를 직접 인용하여 독일 연방「도로교통법」개정법의 규율 대상인 자율주행기술 단계를 설명하고 있다.[255]

BMVI는 각 단계별로 구분번호를 부여하지 않고 있으나, 위 각 단계는 순서대

---

250 위 번호 역시 필자가 부여한 것이다. 독일 BASt 역시 각 단계별로 구분 번호를 매기지 않고 있다.

251 본래 SAE J3016 자체가 BASt의 2012년 5단계 분류에 영향을 받아, BASt의 5단계 분류를 기초로 하여 그 상위에 6번째의 단계로 완전 자동화(Full Driving Automation) 단계를 추가한 것이다[SAE J3016(註 19), p.34의 "8.13. Comparison of SAE J3016 Driving Automation Levels with BASt Levels" 항목의 설명 참조].

252 영문으로 "driverless"로 번역된다.

253 VDA, "Automatisierung: Von Fahrerassistenzsystemen zum automatisierten Fahren", 2015, p.15. 참조. 출처는 아래와 같다(2018. 9. 17. 최종확인).
https://www.vda.de/de/services/Publikationen/automatisierung.html(독일어).
https://www.vda.de/en/services/Publications/automation.html(영어).

254 자동 및 커넥티드 운전을 위한 전략(註 246)의 영문판 p.6에서는 위 최종 단계를 "자율주행(Autonomous Driving)"이라고 영문 번역하고 있다.

255 Wissenschaftliche Dienste des Deutschen Bundestages, "Autonomes und automatisiertes Fahren auf der Straße – rechtlicher Rahmen", Ausarbeitung WD 7 – 3000 – 111/18, 2018. 5, p.4 참조.
https://www.bundestag.de/blob/562790/c12af1873384bcd1f8604334f97ee4b9/wd-7-111-18-pdf-data.pdf(2018. 10. 25. 최종확인).

로 SAE와 NHTSA의 1단계부터 5단계까지에 대응하는 것으로 통상 이해된다.[256]

따라서 독일도 미국 SAE와 NHTSA와 유사한 단계별 분류방식을 채택하고 있다고 볼 수 있다. 다만 아래에서 보는 것과 같이 SAE의 3단계인 조건부 자동화Conditional Automation 단계에 대응하는 독일의 고도자동운전Hochautomatisiertes Fahren 단계와 SAE의 4단계인 고도 자동화High Automation 단계에 대응하는 독일의 완전자동운전Vollautomatisiertes Fahren 단계는 실질적으로 동일한 자율주행기술의 단계를 지칭하는 것으로 볼 수 있으나 우선 그 명칭부터가 상이하다.[257] 나아가 각 단계의 구체적 내용에 관한 설명, 특히 SAE의 4단계인 '고도 자동화High Automation 단계'와 이에 해당하는 독일의 '완전자동운전Vollautomatisiertes Fahren 단계'에서의 운전자의 역할과 주의의무에 대한 설명은 큰 차이를 보이고 있다. 이하 구체적으로 살펴본다.

나. BMVI의 단계별 분류의 구체적 내용[258]

1) 주행보조Assistiert 단계

자동차가 운행되는 모든 시간 동안 운전자가 지속적으로 조향(횡방향) '또는' 가속/제동 조작(종방향) 등 운전을 지배하는 단계이다. 주행보조단계에서는 운전자

---

256 위에서 본 것과 같이 SAE J3016의 6단계 분류가 독일 BASt의 직접적인 영향을 받은 것으로, SAE의 0~5단계가 BASt의 1~5단계에 각각 대응한다는 점은 앞서 본 것과 같다.

또한 독일자동차공업협회(VDA)의 분류체계에 관한 설명에 관한 독일어판과 영어판을 대조해 보면 이와 같은 상호관계가 명확해 진다. 즉 위 VDA(註 253)의 영어판 p.15에서는 위에서 본 SAE의 0단계에서부터 5단계까지를 '① 수동운전(Driver only), ② 운전자보조(Assisted), ③ 부분자동화(Partial Automation), ④ 조건부 자동화(Conditional Automation), ⑤ 고도 자동화(High Automation), ⑥ 완전자동화(Full Automation)' 단계까지 그 명칭까지 거의 그대로 기술하고, 독일어판 p.15에서는 위 각 단계에 '① 운전자 주행(Driver Only), ② 주행보조(Assistiert), ③ 부분자동운전(Teilautomatisiertes Fahren), ④ 고도자동운전(Hochautomatisiertes Fahren), ⑤ 완전자동운전(Voll automatisiertes Fahren), ⑥ 무인운전(Fahrerlos) 단계를 그대로 대응시키고 있다.

독일 정부와 BMVI의 입장 역시 위 자료들과 문서들을 대조하여 보면, 실질적으로 위 VDA(註 253), p.15와 같이 6단계로 구분하는 입장을 취하는 것으로 볼 수 있다.

257 원칙적으로 동일한 수준과 내용의 자율주행기술을 지칭하는 것에 관해, 독일의 단계구분은 그 명칭만을 놓고 본다면 SAE의 것에 비해 한단계씩 높여져 있다고도 말할 수 있다.

258 BASt의 2012년 보고서인 Gasser et. al.(註 249), p.9의 표 참조.

가 지속적으로 자동차의 모든 시스템을 관찰하여야 하고, 항상 차량 운전을 완전하게 인수할 준비가 되어 있어야 한다. SAE와 NHTSA의 6단계 중 1단계 운전자 보조 Driver Assistance 단계에 상응하는 단계이다.

2) 부분자동운전Teilautomatisiertes Fahren 단계

일정한 시간 동안 또는 특정한 상황에서 시스템이 조향 '및' 가속/제동 조작 등 운전을 수행하지만, 운전자는 여전히 시스템을 지속적으로 관찰해야 하고 항상 차량 운전을 완전하게 인수할 준비가 되어 있어야 하는 단계를 말한다. SAE와 NHTSA의 6단계 중 2단계 부분 자동화Partial Automation 단계에 상응하는 단계이다.

3) 고도자동운전Hochautomatisiertes Fahren 단계

일정한 시간 동안 또는 특정한 상황에서 시스템이 조향 '및' 가속/브레이크 조작 등 운전을 수행하지만, 운전자는 반드시 시스템을 지속적으로 관찰할 필요는 없고(다만 관찰의무가 면제되는 것은 아니다), 다만 필요한 경우에는 시스템이 시간 여유를 주어 운전자에게 자동차의 운전을 넘겨받으라고 요구할 수 있는 단계를 말한다. 모든 상황에서 위험을 최소화할 수 있는 상태에 이른 단계는 아니다. SAE와 NHTSA의 6단계 중 3단계 조건부 자동화Conditional Automation 단계에 상응하는 단계이다.

4) 완전자동운전Vollautomatisiertes Fahren 단계

사전에 개념정의된 적용사례에서 시스템이 조향과 가속/브레이크 조작 등 운전을 완전하게 수행하는 단계이다. 이 단계에서는 운전자가 시스템을 관찰할 필요가 없다. 다만 시스템이 충분한 시간 여유를 주어 운전자에게 자동차의 운전을 넘겨받으라고 요구할 수 있으나, 운전자가 운전을 넘겨받지 않는 경우에는 시스템이 위험을 최소화하는 상태로 되돌아가게 된다. SAE와 NHTSA의 6단계 중 4단계 고도 자동화High Automation 단계에 상응하는 단계라고 할 수 있다.

그러나 BMVI의 완전자동운전Vollautomatisiertes Fahren에서는 시스템이 운전자에게 차량 운전을 넘겨받을 것을 충분한 시간 여유를 주면서 요구할 수 있는 반면,

SAE의 4단계 고도 자동화High Automation 단계에서는 운전자가 차량에 대한 제어권을 넘겨받을 필요가 없고, 차량 운전을 넘겨받을 것인지 여부를 스스로 선택할 수 있다는 점에서 큰 차이가 있다.

따라서 위 BASt의 단계별 설명에 별다른 수정을 가하지 않은 채 이를 그대로 이어받은 BMVI가 완전자동운전Vollautomatisiertes Fahren에 관해 단계구분의 징표가 되는 일반적인 설명 부분에 관해서는 SAE의 4단계인 고도 자동화High Automation 단계와 유사하게 설명하면서도,[259] 가장 중요한 핵심적인 부분이라고 할 수 있는 자율주행시스템의 운전자에 대한 제어권 이전 요구와 그에 따른 운전자의 대응 의무[260] 등은 SAE의 4단계와는 전혀 다르게 기술하고 있으므로, BMVI가 기술하는 완전자동운전Vollautomatisiertes Fahren를 SAE가 기술하는 4단계 고도 자동화High Automation와 동일한 단계라고 말할 수 있을 것인지 의문이다.[261]

5) 자율(무인)운전Autonomes Fahren 단계

자율(무인)운전Autonomes Fahren 단계는 자동차는 모든 환경에서 완전 자동주행하고, 운전자는 필요 없게 되는 단계이다. 모든 탑승자는 승객이 되고, 목적지만을 입력하게 된다. SAE와 NHTSA의 6단계 중 5단계 완전 자동화Full Automation에 상응하는 단계라고 할 수 있다.

---

259 또한 위 각 단계는 모두 서로 동일한 내용을 담고 있는 고도자동운전(Hoch automatisiertes Fahren) 단계와 조건부 자동화(Conditional Automation) 단계의 각 상위 단계에 위치하고 있다.

260 이와 같은 부분은 4단계 자율주행자동차의 운전자의 주의의무의 존재 여부와 범위 및 운전자의 책임에 직접적인 영향을 미칠 수 있다. 아래 제5장 '자율주행과 운전자책임'에서 구체적으로 살펴본다.

261 앞으로 상당히 오랜 기간 동안 시스템과 운전자의 역할분담 및 이로 인한 운전자의 책임 여부와 범위 문제에 논란을 불러올 SAE의 4단계에 관하여, 이와 같은 설명의 차이 때문에 BMVI와 SAE의 자율주행기술 분류단계에 관한 전체적인 설명을 동일하다고 말할 수 없다고 보더라도 과언이 아니라고 본다.

4. 기타

가. 영국 정부의 단계구분

영국 교통부^{Department for Transport; DfT}는 2015. 2. '무인자동차로의 여정: 자율주행자동차 기술에 관한 규제 개관^{The pathway to driverless cars: a detailed review of regulations for automated vehicle technologies}'[262]이라는 자율주행자동차에 관한 정책을 발표하여, 자율주행자동차를 '무인자동차^{driverless vehicle}'로 통칭하고, 위에서 본 SAE의 3단계 이상의 자율주행기술을 운전자보조^{driver assistance}와 구별되는 '보다 높은 단계의 자동화^{higher levels of automation}'로 지칭하면서, 자율주행자동차와 자율주행기술의 개념을 정면에서 정의내리지 않은 채 자율주행 단계를 고도자동화^{high automation}와 완전자동화^{full automation}의 두 단계로 구분하고 있었다.[263]

그 후 영국 교통부는 기업, 에너지 및 산업전략부^{Department for Business, Energy & Industrial Strategy}와 연합하여 산하에 "커넥티드 자동차 및 자율주행자동차 센터^{Centre for Connected and Autonomous Vehicles; CCAV}"를 설립하였고, '무인자동차로의 여정^{Pathway to Deiverless Car}'이라는 정책 표제^{slogan} 하에 위 2015년의 정책 발표를 수정, 증보하는 일련의 정책들을 발표해 오고 있다.[264]

"영국 정부 자율주행자동차 정책 2016"에서는 '보조 및 자동화 단계^{levels of assistance and automation}'라는 단계구분 명칭 하에, ① 종래의 운전^{conventional driving} 단계, ② 운전보조^{assisted driving} 단계, ③ 자동운전^{automated driving} 단계의 총 3단계로 구

---

[262] Department for Transport, "The pathway to driverless cars: a detailed review of regulations for automated vehicle technologies", 2015. 2. 이하 '영국 정부 자율주행자동차 정책 2015'라고 한다. https://www.gov.uk/government/publications/driverless-cars-in-the-uk-a-regulatory-review(2018. 8. 27. 최종확인).

[263] 영국 정부 자율주행자동차 정책 2015(前註), p.19.

[264] CCAV, "Pathway to Driverless Cars: Proposals to support advanced driver assistance systems and automated vehicle technologies", 2016. 7. 이하 '영국 정부 자율주행자동차 정책 2016'이라고 한다. https://assets.publishing.service.gov.uk/government/uploads/system/uploads/attachment_data/file/536365/driverless-cars-proposals-for-adas-and_avts.pdf(2018. 8. 27. 최종확인).
CCAV, "Pathway to driverless cars: Consultation on proposals to support Advanced Driver Assistance Systems and Automated Vehicles Government Response", 2017. 1. 이하 '영국 정부 자율주행자동차 정책 2017'이라고 한다. https://assets.publishing.service.gov.uk/government/uploads/system/uploads/attachment_data/file/581577/pathway-to-driverless-cars-consultation-response.pdf(2018. 8. 27. 최종확인).

분하였다. 다만 위 3단계의 하위단계에 SAE의 6단계를 변용하여 위치시키고, 각각의 세부단계에 관한 설명을 SAE의 6단계에 관한 설명과 매우 유사하게 하고 있어, SAE의 6단계 구분법을 사실상 채택한 것으로 볼 수 있다.[265]

즉 영국 정부의 자율주행 단계구분에서는 ① 종래의 운전conventional driving 단계 아래에는 SAE의 0단계를, ② 운전보조assisted driving 단계 아래에는 SAE의 1~3단계를,[266] ③ 자동운전automated driving 단계 아래에는 SAE의 4, 5단계를 각 하위단계로 위치시키고 있다.[267]

"영국 정부 자율주행자동차 정책 2017"에서는 '발전된 운전자보조 시스템 advanced driver assistance system'과 '자율주행기술automated vehicle technology'을 개념상 구분한다는 것을 보다 분명히 밝히고 있는 한편[268], 다만 위 '발전된 운전자보조 시스템'에 관해 운전자가 자율주행 중에도 전방주시의무 등 주의의무와 책임을 부담한다는 것을 강조하고 있다.[269]

영국 정부에 의한 자율주행 단계구분에 따를 때, 영국 정부는 SAE의 3단에 상응하는 자율주행시스템에 관해서도 운전자 책임의 원칙적 발동 요건인 시스템에 의한 운전자에 대한 개입요구request to intervene의 여부를 불문하고 운전자의 전면적인 전방주시의무와 그 위반에 따른 운전자 책임을 인정한다는 입장을 취한 것으로 이해할 수 있다.

따라서 영국 정부는 자율주행자동차의 자율주행 중의 운전자의 주의의무와 책임을 다른 나라들에 비해 보다 강화된 형태로 인정하고 있다고 평가할 수 있다. 이는 미국, 독일 등 정부의 입장과는 다소 상이한 것으로, 그 이면에는 자율주행기술의 안전성에 관한 보다 보편적인 신뢰 형성이 필요하다는 인식이 깔려 있는 것으로 보인다.

---

265   영국 정부 자율주행자동차 정책 2016(註 264), pp.10, 16.
다만 영국정부와 유엔자동차 규정의 조화를 위한 세계 포럼(World Forum for the harmonization of vehicle regulations. 'WP.29')에서 SAE의 6단계 구분법을 공식적으로 채택한 것은 아니라는 점은 명시하고 있다.

266   다만 SAE의 1단계를 운전자보조(driver assistance) 단계, 2, 3단계를 발전된 운전자보조(advanced driver assistance) 단계로 지칭하여 그 명칭을 달리 하고 있다.

267   그러나 통상 자율주행의 첫 단계로 인식되고 있는 SAE의 3단계를 '운전보조(assisted driving)' 단계 중의 하나로 인식하고 있고, 3단계 시스템의 작동 중에도 운전자의 전방 상시 감시의무를 인정하는 취지로 설명하고 있는 반면[영국 정부 자율주행자동차 정책 2016(註 264), p.10], 4단계와 5단계의 설명은 SAE의 설명과 동일하게 하고 있어, SAE의 단계구분 중 3단계를 사실상 건너뛴 것과 마찬가지로 이해된다.

268   영국 정부 자율주행자동차 정책 2017(註 264), pp.1, 13.

269   영국 정부 자율주행자동차 정책 2017(註 264), p.13.

나. 일본 정부의 단계구분

일본 정부[270]에서는 자율주행자동차에 대한 정부 차원의 정책에 관한 공식적인 지침 내지 가이드라인의 성격을 가지는 "관민ITS구상·로드맵官民ITS構想·ロードマップ"[271]을 2014. 6. 최초로 발표한 이래, 매년 이를 수정 증보하여 같은 이름으로 자율주행자동차에 관한 정부 정책의 개요를 발표해 오고 있다.[272]

위 "관민ITS구상·로드맵 2014"에서는 NHTSA의 2013. 5. "연방 자율주행자동차 정책 2013"[273]과 같은 5단계 분류체계에 따랐고, 이를 2016년까지 유지하였다. 그러나 일본 정부는 2017. 5. 30. 발표한 "관민ITS구상·로드맵 2017"에서는 SAE의 6단계 분류체계를 전면적으로 받아들여 채택하는 것으로 그 입장을 수정하였고,[274] 이를 현재까지도 유지하고 있다.[275]

---

[270] 현재 '내각관방 정보통신기술(IT) 종합전략실[內閣官方 情報通信技術(IT)總合戰略室]' 소관. 그 상세에 관해서는 다음 홈페이지 참조. https://cio.go.jp(2019. 1. 28. 최종확인).

[271] 高度情報通信ネットワーク社会推進戦略本部, "官民 ITS 構想·ロードマップ～世界一安全で円滑な道路交通社会構築に向けた自動走行システムと交通データ利活用に係る戦略～", 平成26年 6 月 3 日(2014. 6. 3.). 이하 '관민ITS구상·로드맵 2014'이라고 한다. 여기에서 사용하는 'ITS'는 지능형 도로교통 시스템(intelligent transport systems. 高度道路交通システム)의 약자이다. 관민ITS구상·로드맵 2014, 3면. https://www.kantei.go.jp/jp/singi/it2/kettei/pdf/kanminits_140603.pdf(2019. 1. 28. 최종확인).

[272] 2015년. 高度情報通信ネットワーク社会推進戦略本部, "官民 ITS 構想·ロードマップ 2015～世界一安全で円滑な道路交通社会構築に向けた自動走行システムと交通データ利活用に係る戦略～", 平成27年 6 月30日(2015. 6. 30.).
https://www.kantei.go.jp/jp/singi/it2/kettei/pdf/20150630/siryou7.pdf(2019. 1. 28. 최종확인).
2016년. 高度情報通信ネットワーク社会推進戦略本部, "官民 ITS 構想·ロードマップ 2016～2020 年までの高速道路での自動走行及び限定地域での無人自動走行移動サービスの実現に向けて～", 平成28年5月20日(2016. 5. 20.).
https://www.kantei.go.jp/jp/singi/it2/kettei/pdf/20160520/2016_roadmap.pdf(2019. 1. 28. 최종확인).
2017년. 高度情報通信ネットワーク社会推進戦略本部·官民データ活用推進戦略会議, "官民 ITS 構想·ロードマップ 2017～多様な高度自動運転システムの社会実装に向けて～", 平成29年5月30日(2017. 5. 30.). 이하 '관민ITS구상·로드맵 2017'이라고 한다.
https://www.kantei.go.jp/jp/singi/it2/kettei/pdf/20170530/roadmap.pdff(2019. 1. 28. 최종확인).
高度情報通信ネットワーク社会推進戦略本部·官民データ活用推進戦略会議, '官民ITS構想·ロードマップ 2018', 平成30年 6 月15日(2018. 6. 15.). 이하 '관민ITS구상·로드맵 2018'이라고 한다.
https://www.kantei.go.jp/jp/singi/it2/kettei/pdf/20180615/siryou9.pdf(2018. 7. 29. 최종확인).

[273] 연방 자율주행자동차 정책 2013(註 217) 참조.

[274] 관민ITS구상·로드맵 2017(註 272), 4면 이하. 한편 "관민ITS구상·로드맵"에서는 2014년부터 2016년까지는 '자동주행(自動走行)'이라는 용어를 사용하다가, 2017년판 이후에는 '자동운전(自動運転)'이라는 용어를 사용하고 있다.

[275] 관민ITS구상·로드맵 2018(註 272), 4면 이하.

일본 국토교통성国土交通省에서 2018. 9. 발표한 "자율주행자동차 안전기술 가이드라인自動運転車の安全技術ガイドライン"[276]에서도 SAE의 6단계 분류체계를 그대로 받아들이고 있다.[277] 일본 국토교통성에서 2018. 3. 발표한 "자동운전에서의 손해배상책임에 관한 연구회 보고서自動運転における損害賠償責任に関する研究会 報告書"[278] 역시 SAE의 6단계를 전제로 논의를 전개하고 있다.

일본 정부는 자율주행시스템의 정의와 각 단계별 분류의 방식과 기준, 각 단계에 관한 구체적인 설명 등에 관해서도 SAE의 입장을 공식적으로 채택하였고, 아래에서 보는 자율주행기술의 구체적인 내용에 관한 세부개념 등에 관한 설명 역시 SAE J3016의 것을 모두 그대로 받아들였다. 즉 '동적운전작업DDT', '사물과 사건 감지 및 대응object and event detection and response. OEDR', '작동설계영역ODD' 등 SAE J3016에서 자율주행의 개념과 단계 구분을 설명하기 위해 사용하고 있는 핵심적인 개념 징표들을 그대로 차용해 사용하고 있다.[279]

다만 3단계 자율주행시스템을 '고도자동운전시스템高度自動運転システム'으로,[280] 4, 5단계 자율주행시스템을 '완전자동운전시스템完全自動運転システム'이라고 지칭하고 있어, 세부적으로 약간 달리 표현하고 있을 뿐이다.[281]

따라서 일본 정부의 위와 같은 입장에 대해서는 SAE와 NHTSA의 개념정의와

276 国土交通省 自動車局, "自動運転車の安全技術ガイドライン", 平成30年9月12日(2018. 9. 12.). 이하 '자율주행자동차 안전기술 가이드라인'이라고 한다.
　　　http://www.mlit.go.jp/common/001253665.pdf(2019. 1. 27. 최종확인)

277 관민ITS구상 · 로드맵 2018(註 272), 4면 및 자율주행자동차 안전기술 가이드라인(註 276), 2면 각 이하. 뿐만 아니라, 자율주행에 관한 관련 개념들 역시 위 SAE J3016과 NHTSA의 것을 그대로 차용하고 있다.

278 일본 국토교통성에서 주도적으로 구성한 "자동운전에서의 손해배상책임에 관한 연구회(自動運転における損害賠償責任に関する研究会)"가 2016. 11.부터 2018. 3.까지 6차의 회의를 거쳐 발표한 보고서이다. 国土交通省 自動車局, "自動運転における損害賠償責任に関する研究会 報告書", 平成30年3月(2018. 3.). 이하 '국토교통성 자동운전에서의 손해배상책임에 관한 연구회 보고서'라고 한다.
　　　http://www.mlit.go.jp/jidosha/jidosha_tk2_000065.html(2018. 6. 22. 최종확인).

279 이에 관한 상세는 관민ITS구상 · 로드맵 2018(註 272), 5면 이하 및 자율주행자동차 안전기술 가이드라인(註 276), 3면 이하 각 참조.
　　　참고로 국토교통성의 자율주행자동차 안전기술 가이드라인(註 276)에서는 '작동설계영역(ODD)'을 '운행설계영역(運行設計領域)'이라고 번역해 사용하고 있다.

280 NHTSA가 2016. 9. 발표한 연방 자율주행자동차 정책 2016(註 220)에서 사용하는 '고도자율주행자동차(highly automated vehicles. HAVs)'의 용례를 그대로 번역해 받아들인 것으로 보인다.

281 이에 관해, 위 '독일 연방 교통부(BMVI)의 단계구분'에서 본 독일 정부의 분류체계상 명칭의 영향도 일부 받은 것으로 보인다.

분류체계에 관한 평가를 그대로 적용할 수 있다.

5. 자율주행 단계구분 기준에 대한 비교와 평가

가. SAE, DOT · NHTSA와 BMVI의 기준의 비교검토

1) 개요

위에서 본 것과 같이 자율주행의 단계구분에 관한 대표적인 분류기준이라고 할
수 있는, 미국의 SAE와 NHTSA, 독일의 BMVI가 각 제시하는 단계구분 기준은 일
견 유사한 것과 같이 보이면서도, 그 접근방식과 구체적 설명에 관해 차이점을 발견할
수 있다. 이하에서는 특히 자율주행자동차에 탑승한 인간 운전자(사용자)의 책임 존부
와 범위를 좌우하는 3단계와 4단계에 초점을 맞추어 위 각 기준의 공통점과 차이점을
중심으로 살펴본다. 이어서 그 타당성을 검증하고, 이 글에서도 자율주행의 단계구분
론에 따를 것인지, 그렇다면 어떠한 기준에 의할 것인지를 제시한다.[282]

2) 각 기준의 비교검토

가) SAE와 DOT · NHTSA의 3단계 조건부자동화Conditional Automation 단계와 BMVI 의 고도자동운전Hochautomatisiertes Fahren 단계

위에서 살펴본 것과 같이 위 기준들 모두 발전 도중에 있는 자율주행 기술을
단계별로 구획하여 놓은 것으로서, 각 단계별 구분 징표가 되는 기술적 측면에 관
한 특징적인 설명들은 크게 차이가 없는 것으로 보인다. 특히 자율주행자동차에
탑승한 운전자가 자율주행 중이라고 하더라도 시스템으로부터 개입 요구 request to
intervene가 있을 경우 이에 응할 것으로 기대되는 SAE와 NHTSA의 3단계인 조건부

---

[282] 한편 영국과 일본에서의 단계구분론은 다음과 같은 이유로 별도로 살펴보지 않는다. 영국의 기준은 다분히 독
자적인 것으로서 일반적으로 받아들여지고 있다고 보기 어렵다. 일본의 기준은 SAE 또는 NHTSA의 기준을
거의 그대로 차용하고 있어 역시 별도로 논의할 실익을 찾기 어렵다.

자동화Conditional Automation와 이에 대응하는 BMVI의 고도자동운전Hochautomatisiertes Fahren에 관한 설명 간에는 큰 차이가 없다.

나) SAE와 DOT · NHTSA의 4단계 고도자동화High Automation 단계와 BMVI의 완전 자동운전Vollautomatisiertes Fahren 단계

그러나 위에서 본 것과 같이 SAE와 NHTSA의 4단계 고도자동화High Automation 와 BMVI의 완전자동운전Vollautomatisiertes Fahren에 관한 설명은 '시스템이 운전자에 대해 차량에 대한 제어권을 넘겨받을 것을 요구할 수 있는지'와 이 경우 '운전자가 차량에 대한 제어권을 넘겨받도록 하는 시스템의 요구에 응하여야 하는지'에 관하여 커다란 차이를 보이고 있다.

SAE의 4단계에 관한 설명에 따르면 '운전자(사용자)는 개입 요구에 응할 것으로 전혀 기대되지 않는다'고 명시되어 있고, NHTSA의 4단계 역시 같은 취지로 이해된다. 그러나 BMVI의 완전자동운전Vollautomatisiertes Fahren에서는 '시스템이 충분한 시간 여유를 주어 운전자에게 자동차의 운전을 넘겨받으라고 요구할 수 있다'고 하고 있으므로, 운전자가 이에 응하지 않을 경우에 관한 운전자의 책임 발생 여지를 남겨두는 것으로 해석이 가능하다. 위에서 본 것과 같이 4단계에 관한 NHTSA의 2018년의 설명 역시 BMVI의 위 설명과 같은 취지로 읽힐 여지가 있다.

또한 BMVI의 이와 같은 태도는 독일 「도로교통법Straßenverkehrsgesetz; StVG」이 SAE와 NHTSA의 3단계 조건부 자동화Conditional Automation에 해당하는 고도자동운전Hochautomatisiertes Fahren 뿐만 아니라, SAE와 NHTSA의 4단계 고도 자동화High Automation에 해당하는 완전자동운전Vollautomatisiertes Fahren을 포함하여 자율주행자동차와 운전자의 책임 등을 명문으로 입법화하면서도, 자율주행자동차의 자율주행 중의 운전자의 주의의무를 고도자동운전Hochautomatisiertes Fahren과 완전자동운전 Vollautomatisiertes Fahren 모두에 대해 동일한 내용으로 규정하고(StVG §1b), 나아가 운전자의 주의의무 내용을 BMVI의 위 각 단계 기술에 관한 설명의 구체적 내용에 비하여 보다 엄격하게 규정한 배경이 되고 있는 것으로 이해할 수 있다.[283]

결론적으로 적어도 '자율주행자동차의 자율주행 중의 운전자의 책임 발생 가능성 및 범위'라는 측면에서 볼 때 BMVI의 고도자동운전Hochautomatisiertes Fahren은

---

283 독일 「도로교통법(StVG)」의 규율 내용 상세 및 이에 대한 비판론에 관해서는 아래 제4절 '자율주행에 관한 규제법제와 법적책임' 중 독일 관련 부분에서 자세히 살펴본다.

SAE와 NHTSA의 4단계와 동일한 것으로 이해하기 어렵다고 본다. 즉 BMVI의 자율주행기술 단계 구분에서는 SAE와 NHTSA의 4단계와 같은 단계는 존재하지 않는다고 말하더라도 과언이 아니다.

다) SAE와 NHTSA의 5단계 완전자동화Full Automation 단계와 BMVI의 자율(무인)운전Autonomes Fahren 단계

SAE와 NHTSA의 5단계 완전자동화Full Automation 단계와 BMVI의 자율(무인)운전Autonomes Fahren에 관한 설명은 대체로 유사하다.

SAE의 5단계 완전자동화Full Automation는 완전 무인자율주행 단계라고 평가할 수 있는 반면, 4단계 고도자동화High Automation는 작동설계영역ODD의 제한을 받게 되는 엄밀히 말해 조건부 자율주행이라는 점에서[284] 양자는 본질적인 차이점을 가진다. 한편 자율주행자동차의 운전석에 탑승한 운전자(사용자)의 입장에서 볼 때, SAE의 4단계 고도자동화High Automation에 관한 설명에 의하더라도, 일단 자율주행이 개시된 경우에는 운전자(사용자)는 제어권을 넘겨받을 필요가 없게 된다는 점에서 SAE의 5단계 완전 자동화Full automation와 실질적인 차이는 없게 된다. 다만 이는 운전자 또는 사용자의 측면에서 바라볼 때 그러하다는 것에 불과하다.

한편 NHTSA가 5단계에 관한 설명에서 '인간 운전자에 의해 관리 가능한 모든 도로와 환경조건 하에서under all roadway and environmental conditions that can be managed by a human driver'라는 표현을 사용하고 있는 것은 위에서 본 것과 같이 자율주행시스템의 능력치capabilities를 인간과 동등한 수준으로 제한하고, 5단계에서도 운전석의 존재를 전제로 인간 운전자(사용자)에게 책임의 여지를 남겨두려는 시도가 아닌지에 대해 의문과 비판이 제기될 수 있다고 본다.

나. 평가

미국 SAE의 분류기준은 자율주행시스템의 능력치의 범위 및 본질상 한계를 기준으로 하여 각 단계를 구획, 할당하고 있고, 각 단계의 내용에 대한 구체적인 설

---

284 비록 그 작동설계영역(ODD)의 범위가 비록 광범위할 지라도, 그 제한을 받는다는 점은 변함이 없다.

명을 보더라도 인간과 시스템의 자동차 제어에 관한 역할분담에 관해 명확히 기술하고 있다.

SAE를 따르고 있는 DOT와 NHTSA의 위 6개 단계는 자율주행기술의 발전 단계에 관한 기술적 관찰의 측면에 주로 초점이 맞추어져 있고, 각 단계에 관한 구체적 설명 내용 역시 구획, 할당된 각 단계에서의 다소 이상적ideal인 자율주행기술의 모습을 구현화하여 묘사하고 있다고 볼 수 있다.[285] 반면에 독일 BMVI에 의한 각 단계에 관한 설명은 이와 유사하면서도 처음부터 기술에 대한 평가의 측면의 요소가 개입되어 있다는 인상을 준다.

위 기준들 모두 나름의 가치를 담고 있어 어느 한쪽의 설명만이 보다 우월하다고 말할 수는 없을 것이다. 다만 특히 4단계의 자율주행기술과 관련하여서는 SAE의 4단계 '고도 자동화High Automation 단계'의 자율주행기술의 내용 설명에 비추어 볼 때, 이에 대응하는 '완전자동운전Vollautomatisiertes Fahren 단계'에 관한 BMVI의 설명에 대해서는 아래와 같은 점을 지적할 수 있다.

독일 BMVI은 SAE의 4단계 '고도 자동화High Automation 단계'에 대응하는 '완전자동운전Vollautomatisiertes Fahren 단계'에 관해서도 현재의 자율주행기술의 기술적 한계를 보다 부각시킴으로써 적어도 현 시점에서는 보다 현실적이라고 평가할 수 있는 여지도 있어 보인다. 그러나 그와 같은 태도에 대해서는 4단계 자율주행자동차에 관해서도 운전자에게 필요 이상의 책임을 유보시키는 것으로 평가할 여지가 있고, 3단계와 4단계를 굳이 구분하는 실익도 찾기 어렵게 한다는 반론이 제기될 수 있다. 나아가 독일은 아래에서 보는 것과 같이 2017년 「도로교통법」 개정을 통해 3단계와 4단계를 구분하지 않고 운전자에게 감시·개입의무를 동등하게 부과시키고 있는데, 이에 관해서도 마찬가지의 비판이 제기될 수 있다.[286]

이와 같은 설명방식의 차이, 즉 자율주행기술의 발전에도 불구하고 운전자에게 여전히 책임 발생 여지를 유보하고자 하는 독일의 경향에 대해서는, 자율주행기술을 둘러싼 접근방식의 차이에 관한 다음과 같은 설명이 참고가 될 수 있을 것으로 보인다.

자율주행기술의 개발을 미국의 경우는 구글Google과 같은 소프트웨어 업계가

---

285 다만 위에서 본 것과 같이, NHTSA의 2017년의 설명은 2016년의 설명에 비하여 보다 구체적이고, 운전자의 책임과 주의의무의 대상 등을 보다 명확하게 규정하고 있는 점이 주목된다.

286 이에 관해서는 제5장 '자율주행과 운전자책임' 해당 부분에서 상세히 살펴본다.

주도하고 있는 반면, 독일의 경우는 메르스데스 벤츠Mercedes Benz와 BMW 등 자동차 업계가 주도하고 있다. 자동차 회사들의 경우 자율주행에 관해 단계적staged이고도 점진적gradual인 접근방식을 선호하는 반면, 구글google로 대표되는 IT 회사들은 자동차가 모든 환경에서 완전히 자율주행할 수 있게 될 시점에 관해 보다 낙관적인 전망을 내놓고 있다.[287]

근본적으로 자율주행기술에서 시스템과 운전자의 자동차에 대한 제어권 배분에 관해서도 자동차업계와 IT업계 아래와 같은 시각차를 확인할 수 있다. 즉 자동차 회사들은 운전자 보조 모듈을 계속 발전시키고 그 성능을 극대화하여 점차 오랜 시간 동안 자율주행이 가능하도록 하는 진화적evolutionary 방법을 통해 자율주행기술을 개발하는 방식을 선호하는 반면, IT 회사인 구글google은 완전한 자동화full autonomy를 곧바로 목표하는 전략을 취하고 있다.[288]

특히 구글은 2015. 10. 온라인 발간한 '구글 자율주행자동차 프로젝트 월간보고서Google Self-Driving Car Project Monthly Report'[289]에서 '부분자율partial autonomy'에서의 인간과 기계의 책임 분할, 즉 '인간/기계의 상호작용'이 가져올 수 있는 심각한 위험성, 즉 '자율주행 중의 운전자의 주의 분산'이 가져올 수 있는 위험성[290]에 주목하면서, '인간의 개입 없이 A 지점에서 B 지점으로 운전할 수 있는 자율주행자동

---

287 Lipson · Kurman(註 109), p.21 참조.

288 Lipson · Kurman(註 109), p.53 참조. 또한 다음의 언론보도도 참조. Paul Lienert · Joseph White, "Automakers, Google take different roads to automated cars", Reuters, 2015. 10. 4. https://www.reuters.com/article/us-autos-selfdriving-gurus-insight/automakers-google-take-different-roads-to-automated-cars-idUSKCN0R40BX20150904(2018. 10. 5. 최종확인).

289 Google, "Google Self-Driving Car Project Monthly Report", 2015. 10.
참고로 구글(Google)은 2015. 6.부터 2016. 11.까지 '구글 자율주행자동차 프로젝트 월간보고서(Google Self-Driving Car Project Monthly Report)'를 발간해 왔다. 위 월간보고서는, 위에서 본 것과 같이 '웨이모(Waymo LLC.)'가 법인화된 2016. 12.부터 그 발간이 중단되었다. 또한 구글이 자율주행자동차에 관한 종래의 웹페이지(https://www.google.com/selfdrivingcar/) 역시 '웨이모(Waymo)'의 홈페이지로 개편되면서, 종래의 웹페이지에서 제공하였던 구글 자율주행자동차의 사고 보고 등이 포함된 각종 자료 역시 그 온라인 게시가 중단되었다.
Steve Kovach, "Google quietly stopped publishing monthly accident reports for its self driving cars", Business Insider, 2017. 1. 18. 참조.
https://www.businessinsider.com/waymo-ends-publishing-self-driving-car-accident-reports-website-2017-1(2018. 10. 5. 최종확인).

290 구글(Google)의 위 2015. 10. 월간보고서(前註)에서는 이를 'handoff problem'이라고 지칭하고 있다. 직역하면 "'(자동차의 스티어링 휠에서) 손을 떼는 것'의 문제" 정도로 번역할 수 있을 것이다.

차 vehicles that could drive themselves from point A to B, with no human intervention', 즉 완전한 자율주행이 가능한 자율주행 기술 개발에만 집중할 것임을 명시하였다.

이와 같은 구글의 기술 개발 방향 설정은 특히 3단계 자율주행자동차의 운전자 책임의 판단 및 이에 관한 제조물의 결함 판단에 관해 시사하는 바가 적지 않다고 본다. 이와 같은 '자율주행 중의 운전자의 주의 분산'은 자율주행자동차의 도입이 가져올 수 있는 자연스럽고도 필연적인 현상으로서, 이와 같은 현상을 운전자 책임 판단에 어떻게 고려할 것인지와 이를 최소화할 수 있는 자율주행시스템 설계에 관한 여러 대안 및 그에 관한 합리적인 선택 여부 등에 관한 결함 판단에 관해 적지 않은 함의를 가진다고 본다.

따라서 IT업계가 주도하는 미국의 경우 자율주행기술의 발전은 소프트웨어적인 측면에서 자동차를 자동으로 제어할 수 있는 자율주행시스템의 개발을 중심으로 하여, 궁극적으로 완성된 자율주행시스템을 자동차에 탑재하여 자동차를 생산하도록 한다는 관념에 초점을 맞추고 있는 반면, 자동차업계가 주도하는 독일의 경우 자동차의 개별 기능의 자동화 및 그 통합에 의하여 자율주행기술을 구체적으로 구현화한다는 관념에 초점을 맞추고 있다고 볼 수 있다.

이와 같은 현실적인 측면에 비추어 본 자율주행기술에 대한 접근방식의 차이가 자국의 관련 산업에 관한 보호 경향 등과 맞물려 자율주행기술 단계에 관한 미국 SAE와 DOT · NHTSA, 독일 BMVI의 설명 내용과 방식의 차이, 특히 4단계에서 독일의 운전자에 대한 책임 유보 경향에 적지 않게 영향을 미쳤으리라고 추측해 볼 수 있다.

Ⅲ. 이 글에서 사용하는 자율주행 단계구분 및 판단기준

자율주행기술로 인한 법적책임, 특히 민사책임의 판단에서는 기존의 제조물책임, 운행자책임과 불법행위책임 법리를 어떻게 적용할 것인지와 여기에 어느 정도까지의 수정을 가할 것인지도 중요하겠지만, 법리 적용 내지 포섭의 전제로서 당해 사건에서 문제되는 자율주행기술 자체 내지 이를 둘러싼 간접사실관계의 인정 및 평가의 문제가 중요하게 대두될 수 있다.

이 글에서는 다음과 같은 근거들에 의해 SAE의 자율주행기술 6단계 구분에 따라 논의를 전개하고자 한다. SAE의 6단계 구분 기준은 자율주행과 관련해 발생하는 법적책임의 발생 근거와 범위에 관해 책임 판단의 합리적인 준거로서 기능을 할 수 있을 것이라고 생각된다.

SAE의 기준은 위에서 본 것과 같이 '자율주행' 내지 '자동차의 제어'에 관한 시스템과 운전자의 관여 정도 및 운전자의 책임의 근거와 범위 등에 관해서 각 단계별로 매우 구체적으로 정하고 있다. 또한 SAE가 자율주행시스템의 능력치의 범위 및 본질상 한계를 기준으로 하여 각 단계를 구획, 할당한 결과 역시 특히 운전자의 책임과 관련해 합리적인 판단기준을 제시해 줄 수 있을 것이라고 생각된다.

구체적으로 SAE가 자율주행기술의 각 단계구분과 관련해 핵심적인 판단기준으로 삼고 있는 징표인 ① 작동설계영역ODD, ② 비상조치DDT fallback 및 이를 통한 최소위험상태MRC의 달성, ③ 개입요구request to intervene의 각 개념은 자율주행기술의 기술적 본질에 추급하여 도출한 개념이나, 제조물책임 및 특히 운전자의 책임과 관련해 책임 판단에 관한 도구적 개념으로서 사용하는 데에도 별달리 무리가 없다고 본다.

책임판단의 전제로서 자율주행 단계를 판단하기 위해, SAE의 자율주행단계 판단기준을 다시 요약하면 다음과 같다. 즉 ① 3단계와 4단계를 구분짓는 핵심 기준은 (1) 비상조치DDT fallback 및 이를 통한 최소위험상태MRC 달성 '의무'의 주체가 운전자인지(3단계), 시스템인지(4단계) 및 (2) 자율주행 중에 운전자가 자동차에 대한 제어권을 넘겨받을 의무가 있는지(3단계에서 시스템에 의한 개입요구가 있는 경우)이다. ② 4단계와 5단계를 구분하는 핵심 기준은 자율주행기술이 작동설계영역ODD의 제한을 받는지(4단계), 제한을 받지 않는지, 즉 무제한인지(5단계) 여부이다.[291]

---

[291]　이에 관한 상세는 SAE J3016(註 19), p.19 및 24 각 이하.

[표 3] 자율주행 단계판단 기준

단계	자율주행기술이 작동설계영역(ODD)의 제한을 받는지 여부	비상조치(DDT fallback) 및 이를 통한 최소위험상태(MRC) 달성 '의무'의 주체	자율주행 중에 운전자가 자동차에 대한 제어권을 넘겨받을 의무가 있는지 여부
3	O	운전자[292]	O (시스템으로부터 개입요구가 있었던 경우)
4	O	시스템	X
5	X	시스템	X

현실적으로 보더라도, 앞으로 자율주행자동차의 자율주행 중에 발생한 사고 등에 관한 여러 책임주체들, 특히 운전자의 책임 발생 여부와 범위 역시 SAE의 SAE J3016에 따른 단계구분을 주된 기준으로 하여 판단될 것으로 예상되고,[293] 이는 우리나라의 경우에도 예외가 아닐 것이라고 예상해 볼 수 있다.

다만 자율주행기술은 앞으로 지속적으로 발전할 것이고, 위 SAE의 설명은 위에서 본 것과 마찬가지로 주로 자율주행기술의 기술적 특질과 이를 바탕으로 한 개념요소들에 근거하여 단계구분한 것으로서, 그 기준이 변경되거나 수정될 경우 민사책임을 포함한 법적책임 판단 문제의 해결과 관련해서도 그 변화에 주목하여 새로운 기준에 대한 평가를 거칠 필요가 있다.

장래에는 자율주행 단계구분은 5단계를 향해 수렴하여 소멸되는 방향으로 논의가 전개될 것으로 예상된다. 다만 현 시점에서의 자율주행기술이 적용되어 시장에 출시된 자동차가 현실에서 모두 소멸하지 않는 한 자율주행 단계구분에 따른 책임은 지속적으로 문제될 것이다.[294]

다른 한편으로 가령 NHTSA에서는 SAE의 단계구분을 따른다고 명시적으로

---

[292] 비상조치(DDT fallback)는 자율주행시스템이 작동설계영역(ODD)으로부터의 이탈할 것을 전제로 하는 개념이므로, 3단계 자율주행자동차에서는 운전자가 그 주체가 된다. 前註 참조.

[293] 자율주행자동차와 자율주행기술을 다루는 국내외의 주요 저서와 논문 등 법률문헌들은 대부분 자율주행기술의 발전단계에 따른 SAE(또는 이를 사실상 그대로 받아들인 NHTSA)의 단계구분을 전제로 위 기준상의 3단계 이상의 자율주행기술이 적용된 자율주행자동차를 이른바 '좁은 의미' 내지는 '진정한 의미'에서의 '자율주행자동차'에 해당한다고 보고 논의를 전개하고 있다. '자율주행자동차'의 개념정의와 구체적인 범위 등에 관해서는 문헌별로 위에서 본 것과 같이 다소간 견해의 차이를 보이고 있으나, 대체적으로 이와 같은 취지로 이해된다.

[294] 자율주행기술이 고도화됨에 따라 도입 초기의 자율주행기술이 적용된 자율주행자동차를 둘러싼 규제법제 및 책임법제에서의 논의 역시 장래 중요한 주제로 대두될 수 있다고 본다.

선언하여 이를 토대로 각 단계의 내용을 설명하면서도, 각 단계별 설명의 구체적인 내용에 관해서는 2016년, 2017년 및 2018년에 각 발표한 자율주행자동차 정책에서는 특정 요소와 징표들을 부각시키거나, 반대로 일부 요소들에 관해서는 다소 유보적으로 기술하는 것 역시 참고하고, 앞으로의 변경 가능성에 주목할 필요가 있다고 본다.

따라서 이 글에서는 위에서 본 것과 같은 이유로 미국 SAE의 분류기준을 주된 근거로 하여 논의를 전개하되, 위에서 본 것과 같은 미국 NHTSA와 독일 BMVI의 설명을 필요한 부분에 참고하기로 한다.[295]

Ⅳ. 자율주행 단계판단과 법적책임

1. 개요

자율주행기술을 기술의 발전 수준에 따라 단계별로 분류하는 체계에 의하면, 많은 경우 구체적인 사안에서 사안의 해결을 위해 문제된 자율주행자동차에 적용된 자율주행기술이 어느 단계에 해당하는지를 판별할 것이 요구될 수 있다. 문제된 자율주행기술의 단계에 따라 손해배상책임 주체들의 책임의 인정 여부와 범위가 영향을 받을 수 있기 때문이다.

즉 자율주행자동차의 자율주행 중의 사고나 기능장애로 손해가 발생한 경우 많은 사안에서 자율주행자동차에 적용된 자율주행기술이 위에서 본 SAE 분류기준 상의 몇 단계에 해당하는지 판단할 필요가 생기게 될 것이다.

민사책임 등 법적책임의 판단에서는 예컨대 가장 먼저 당해 사건에서 문제되는 자율주행기술이 3단계와 4단계 중 어느 단계에 해당하는지 여부를 확정할 필요가 있다. 이를 전제로 제조업자가 자율주행자동차를 제조, 판매하면서 부여한

---

295 이하 자율주행의 단계를 언급하는 부분에 관해 별도의 서술이 없는 경우 이는 SAE의 SAE J3016에 의한 자율주행기술 6단계 구분에 따른 것이라는 점을 밝혀 둔다.

자율주행기술 단계가 당해 자율주행자동차에 대해 실제로 인정되는 자율주행기술 단계에 부합하는지, 만약 부합하지 않는다면(예컨대, 제조업자는 4단계라고 하였으나 실제로 당해 자율주행기술은 3단계의 것에 불과하고, 이를 4단계로 인정할 수 없는 경우라면) 제조업자에게 그 자체로서 어떠한 책임을 인정할 것인지, 이에 대한 소비자(운전자 내지 사용자)의 신뢰를 어디까지 정당한 것으로 평가할 수 있을 것인지, 즉 제조업자에 의한 단계부여를 신뢰한 소비자(운전자 내지 사용자)의 책임 여부와 범위를 어디까지로 인정할 수 있는지의 문제는 자율주행기술의 단계판단 문제와 직결된다고 말할 수 있다.

2. 자율주행 단계판단이 법적책임에 미치는 영향

가. 운전자책임과 운행자책임에 미치는 영향

자율주행 단계판단의 문제는 당해 자율주행자동차 자체의 설계상 결함 여부의 인정 문제와 직접 연관된다고 보기는 어렵다. 그러나 자율주행자동차에 탑승한 운전자의 책임 여부와 운행자책임의 인정 또는 면책 여부는 자율주행 단계판단과 이에 관한 운전자의 현실적인 주의의무 위반 여부에 직접적으로 좌우될 것이다. 위에서 본 자율주행기술 수준에 관한 SAE의 분류기준에 따를 때 2단계, 3단계와 4단계의 각 자율주행기술에 따라 운전자에게 요구되는 주의의무의 내용과 범위가 크게 달라지게 되기 때문이다. 또한 운전자의 주의의무 위반 여부와 책임부담 여부는 운행자책임의 인정여부와 범위, 면책 여부에도 일정 부분 영향을 미치게 된다.

문제된 자율주행자동차에 적용된 자율주행기술이 자율주행 단계구분 중 어느 단계에 해당하는지에 따라, 해당 차량 운전자의 책임 근거와 범위가 달리지게 된다. 자율주행 중의 운전자(사용자)의 주의의무와 관련해 각각의 단계별로 다음과 같이 서술할 수 있다. ① 2단계의 경우 운전자는 기존의 자동차와 마찬가지의 주의의무를 부담한다(엄밀히 말해 이 단계까지의 자율주행기술이 적용된 자동차를 자율주행자동차로

부르기 어렵다는 것은 위에서 서술한 것과 같다).²⁹⁶ ② 3단계의 경우 운전자(사용자)는 자율주행 중에는 원칙적으로 자동차의 운전 자체에 대한 주의의무가 아닌, 감시·개입의무를 부담한다. ③ 4단계의 경우 비상조치DDT fallback 및 최소위험상태의 달성을 자율주행시스템이 수행하여야 하므로, 원칙적으로 운전자는 주의의무를 부담하지 않는다.

또한 운전자와 운행자 책임은 아래에서 보는 것과 같이 제조업자 측에 의한 자율주행기술 수준의 잘못된 표시에 따라서도 영향을 받게 된다.

나. 제조물책임에 미치는 영향

1) 제조업자의 자율주행 단계부여상의 과오와 제조물책임

자율주행자동차에 적용된 자율주행기술의 수준 문제는 제조업자의 제조물책임에도 영향을 미칠 수 있다. 즉 자율주행자동차 제조업자 측의 설계와 표시에 따른 자율주행기술의 수준이 해당 자율주행자동차의 실제 자율주행성능에 비추어 인정되는 자율주행기술 수준과 일치하지 않는 경우, 즉 제조업자가 부여한 자율주행 단계가 실제로 인정되는 단계와 불일치한 경우에는 제조물책임에 관한 설계 및 표시상 결함의 문제가 제기될 수 있다.

보다 구체적으로 자율주행자동차에 적용된 자율주행기술에 관해 실제로 판명된 성능 수준이 제조업자 측의 설계의도 및 표시에 따른 자율주행기술의 수준에 미치지 못하는 경우 제조물책임이 문제될 수 있다.

대표적으로 예컨대 ① 제조업자가 자동차를 제조, 판매하면서 SAE 3단계의 자율주행자동차에 해당한다고 고지하였으나, 당해 자율주행자동차에 적용된 자율주행기술을 실제로 검증한 결과 실제로는 1단계(운전자보조) 내지 2단계(부분자동화)에 불과한 것으로 판명된 경우 ② 제조업자가 자율주행자동차를 제조, 판매하면서

---

296 2단계까지의 자율주행자동차의 경우 운전자가 차량을 지배하고 자동화 시스템은 운전의 일부를 자율적으로 수행하나, 이는 어디까지나 운전자의 운전을 보조하는 데에 그치는 것으로서, 차량에 관한 운행지배는 운전자에게 있다고 보아야 한다. 운전자가 자동화 시스템에 의한 초보적인 자율주행 기술의 도움을 받더라도 이는 특정 상황에서 운전자의 편의를 위하여 운전자를 보조하는 데에 그치기 때문에, 해당 기능의 사용 중에 발생한 사고에 대하여는 원칙적으로 차량 전부에 대한 제어 책임이 있는 운전자의 책임으로 돌아간다고 봄이 타당하다.

SAE 4단계의 자율주행자동차에 해당한다고 고지하였으나, 검증 결과 3단계의 자율주행자동차에 불과한 것으로 판명된 경우 등을 상정할 수 있다.[297]

이 경우 우선 제조물로서의 자율주행자동차에 대해 자율주행시스템의 성능 미흡 및 그로 인한 안전성 저하에 관해 당초의 설계의도를 구현하기 위한 '합리적 대체설계'를 둘러싼 설계상 결함 여부가 문제될 수 있다. 또한 자율주행기술에 대한 SAE의 단계구분은 자율주행자동차의 소비자인 운전자 내지 사용자의 자율주행 중의 주의의무의 구체적 내용과 범위에 직접적인 영향을 미치게 되므로, '합리적인 설명·지시·경고 기타의 표시'의 대상이 된다는 점 역시 어렵지 않게 인정되므로, 제조업자가 적극적으로 단계를 부여한 이상 표시상 결함 여부 역시 문제될 수 있다.

특히 표시상 결함에 관해, 이 경우의 자율주행자동차의 성능 내지 자율주행기술에 대한 '표시'는 단지 자율주행자동차에 대한 사용설명서 등에 한정된다고 볼 것이 아니라, 광고나 마케팅 등 넓은 의미에서의 제품에 관한 설명representation까지도 포함하는 넓은 의미로 해석하는 것이 타당하다.[298] 자율주행기술의 기본개념은 다소 추상적인 데에 반해 자율주행기술의 구체적 내용에는 위에서 본 것과 같은 혁신적인 요소가 다수 포함되어 있고, 제조업자 측과 소비자 측의 정보의 비대칭성 역시 월등하므로 소비자를 보호할 필요성이 훨씬 크다고 보아야 하기 때문이다.

위와 같은 경우 자율주행자동차에 의한 사고에 관해 자율주행기술의 수준에 관한 제조업자 측의 그릇된 표시, 설명 또는 경고가 개입된 경우 제조업자는 표시상 결함에 따른 제조물책임을 부담할 수 있다. 제조업자는 그밖에도 ① 제조업자에 의한 단계부여를 실제에 맞도록 수정하거나, ② 자율주행시스템에 대한 소프트웨어 업그레이드 등을 통해 스스로 표시한 단계에 부합하는 자율주행능력을 갖추도록 할 주의의무[299] 등을 부담할 수 있다.

피해자, 운전자, 운행자 또는 그 보험자는 제조업자를 상대로 표시상 결함에 따른 제조물책임을 묻거나, 이를 근거로 구상求償할 수 있을 것이다.

---

297 물론 반대의 경우도 문제될 수 있다. 즉 제조업자 측에서 책임회피 내지 위험회피적인 의도 하에, 자율주행자동차에 적용된 자율주행기술의 실제 성능과 수준에 비추어, 운전자에게 보다 과도한 주의의무를 요구하는 경우(즉 4단계 자율주행자동차를 판매하면서 운전자에게 3단계 자율주행자동차의 경우 요구되는 전방주시의무 등을 항상 다할 것을 표시하는 경우)도 상정할 수 있다. 아래에서 보는 독일 「도로교통법」의 태도 역시 이와 같은 맥락에서 이해할 수 있다고 본다.

298 이에 관한 상세한 논의는, 아래 제3장 제4절 II. 다. '자율주행자동차와 표시상 결함 판단' 부분 참조.

299 다만 이는 원칙적으로 그와 같은 조치가 가능할 경우에 한한다고 봄이 타당하다.

예컨대 위에서 본 테슬라Tesla 자동차의 2016년 사고 사례[300]에 관해, 테슬라 측에서 부여한 운전보조시스템의 명칭인 '오토파일럿Autopilot'의 명칭이 실제 위 시스템의 주행 성능에 비해 과도한 것으로 인정된다면 표시상 결함에 의한 제조물책임이 문제될 여지도 있다.[301] 다만 자율주행시스템의 성능에 관한 표시상 결함 여부의 판단 문제는 제조업자가 당해 자율주행시스템 자체에 붙인 명칭 등에 좌우된다기보다는, 제조업자가 당해 자율주행시스템의 성능과 관련해 사용자에게 고지·설명하였거나, 고지·설명하였어야만 하는 구체적인 내용, 작동범위 및 한계 등이 중요하게 고려되어야 할 것이라고 생각된다.[302]

2) 제조업자에 의한 자율주행 단계부여상의 과오와 소비자(운전자)의 보호

위에서 본 것과 같은 자율주행자동차의 실제 판명된 자율주행 단계가 제조업자에 의해 부여된 자율주행 단계에 미치지 못하는 경우 제조업자에 의한 잘못된 자율주행 단계부여를 신뢰한 운전자 또는 사용자의 책임이 문제된다. 구체적으로 자율주행자동차의 운전자 또는 사용자가 자율주행 단계에 관한 제조업자 측의 잘못된 설명을 신뢰하고 당해 사안에서 실제 취하였어야 할 조치들을 취하지 않은 경우, 예컨대 사안에서 문제된 자율주행자동차의 자율주행기능이 실제 3단계 자율주행에 해당하므로, 운전자로서는 전방 주시 및 감시·개입의무를 다하였어야 하나, 제조업자 측에서 4단계 자율주행에 해당하는 것이라고 잘못 설명하였고, 운전자가 제조업자 측의 위 그릇된 설명을 신뢰하여 3단계 자율주행에서 운전자에게 필요한 조치를 취하지 않은 경우 운전자에게 책임 발생의 원인으로서 과실이 인정된다고 볼 수 있을지 문제된다. 이 경우 운전자의 책임은 과실에 의한 불법행위책임 판단

---

[300] 위 사고에 관한 NTSB와 NHTSA의 조사결과에 대해서는 註 164, 165 각 참조.

[301] 後藤元, "自動運転をめぐるアメリカ法の状況", 自動運転と法(藤田友敬 編), 有斐閣, 2018, 95면. 이중기(註 163), 452면 역시 같은 취지로 책임 소지가 있음을 지적하고 있다. 위 문헌들 모두 미국의 대표적 소비자단체인 컨슈머 리포트(Comsuner Report)의 아래 발표자료 등을 언급하고 있다.
Consumer Reports, "Tesla's Autopilot: Too Much Autonomy Too Soon", 2016. 7. 14.
https://www.consumerreports.org/tesla/tesla-autopilot-too-much-autonomy-too-soon/(2019. 4. 22. 최종확인)

[302] 테슬라 자동차의 2016년 사고 사례에 관한 NTSB와 NHTSA의 조사결과 역시 이와 같은 관점에 비추어 볼 때 이해할 수 있다.

에 관한 일반 원칙에 따라 '자율주행자동차의 평균적 운전자' 개념을 상정하여,[303] 이를 기준으로 판단하는 것이 불가피할 것이다.

즉 위에서 본 것과 같은 새로운 기술인 자율주행기술에 관한 정보의 비대칭성으로 인해, '자율주행자동차의 평균적인 운전자'에게 자율주행기술의 성능과 수준에 관해 제조업자 측의 설명과 달리 독자적으로 판단을 내릴 것을 기대하는 것은 사실상 불가능하거나 매우 어렵다고 말할 수 있을 것이다.[304] 이와 같은 경우 특히 자율주행 중의 '자율주행시스템과 운전자 상호 간의 차량에 대한 제어권의 배분과 이전'이 문제되는 상황에서 제조업자를 신뢰한 운전자에 대해서는, 구체적으로 운전자가 당해 자율주행자동차의 실제 자율주행 단계가 제조업자에 의해 부여된 자율주행 단계에 미치지 못한다는 사실을 해당 사고의 발생 시까지도 현실적으로 알지 못하였던 경우에는 가급적 당해 사고에 관한 책임의 인정을 제한함이 타당하다.[305] 다만 그와 같은 현실적인 인식 여부는 '자율주행자동차의 평균적 운전자'를 기준으로 판단함이 타당하다.

이로 인한 손해의 배상책임은 기본적으로 제조물책임의 형태로서 제조업자에게 귀속시킴이 타당하다고 보나, 구체적인 사건에 관해서는 운전자의 책임범위 제한을 놓고 매우 까다로운 문제가 발생할 수 있다고 생각된다.

물론 예컨대 각 단계별 '자율주행자동차의 평균적 운전자'의 입장에서 간단한 조작만으로 사고를 회피하거나 예방하는 것이 가능하였다는 등의 사정이 인정

---

303 대법원 2001. 1. 19. 선고 2000다12532 판결은, "불법행위의 성립요건으로서의 과실은 이른바 추상적 과실만이 문제되는 것이고 이러한 과실은 사회평균인으로서의 주의의무를 위반한 경우를 가리키는 것이지만, 그러나 여기서의 '사회평균인'이라고 하는 것은 추상적인 일반인을 말하는 것이 아니라, 그때 그때의 구체적인 사례에 있어서의 보통인을 말하는 것"이라고 판시하였다. NHTSA 역시 3단계 자율주행에서 시스템의 개입요구와 관련해 '통상적인 사람(typical person)'을 상정하고 있다. SAE J3016(註 19), p.241.
불법행위책임과 '사회평균인'에 관한 논의의 상세에 관해서는, 권영준, "불법행위의 과실 판단과 사회평균인", 비교사법 제22권 제1호, 2015, 91면 이하 참조.

304 Dore v. Hartford Accident & Indemnity Co., 180 So. 2d 434 (La. Ct. App. 1965) 판결에서는, 자동차의 브레이크 결함에 관한 자동차 소유자의 책임은 당해 결함에 관한 '현실적인 지식(actual knowledge)'이 있었던 경우로 제한되고, 합리적인 조사(reasonable inspection)를 통해 알 수 있었을 '건설적 지식(constructive knowledge)'의 경우까지 확대할 수 없다고 판단하였다. 이와 같은 판결의 취지를 이 부분 논의에도 참고할 수 있다고 본다.

305 이에 관한 상세는 제5장 제3절 V. '자율주행자동차와 운전자책임의 한계 설정' 부분 참조. 다만 자율주행자동차의 본격적인 보급과 함께 자율주행기술 전반에 관한 사회적인 인식수준의 변화에 따라 그 판단기준은 큰 폭으로 달라질 수 있을 것이다.

된다면 운전자에게 책임을 지울 수 있을 것이나, 그와 같은 경우는 예외적으로 인정함이 바람직하다고 본다.[306]

이와는 반대로 운전자는 문제된 자율주행자동차에 적용된 자율주행기술 수준이 제조업자 측에서 부여한 자율주행 단계보다 높다는 것을 증명하여, 사고 피해자에 대한 관계에서 자동차 운전 자체에 관한 주의의무 내지 자율주행 중의 감시·개입의무 등 주의의무위반에 따른 책임을 면하려고 시도할 것도 상정해 볼 수는 있을 것이나, 현실적으로 그 주장·증명이 용이하지 않을 것이다.

3. 자율주행기술 단계의 판단기준

자율주행 중에 발생한 사고 등으로 인한 민사책임 등 법적책임에 관해 자율주행기술 단계의 판단 문제가 정면에서 쟁점이 되어 다투어진 사례를 찾는 것은 국내외를 막론하고 쉽지 않다. 다만 국내외의 대부분 문헌에서 위에서 본 것과 같이 SAE가 SAE J3016에서 제시할 것과 동일한 분류기준을 따르거나, 이를 전제로 논의를 전개하고 있으므로,[307] 현재로서는 SAE의 자율주행 단계에 관한 설명의 구체적인 내용을 그 판단기준으로 하여, 현실적으로 문제된 자율주행자동차에 적용된 자율주행기술의 구체적인 방식과 위 SAE J3016의 단계별 설명에 관한 내용을 대조하여 검증하는 방식으로 법적책임 판단이 이루어질 가능성이 크다.

자율주행 단계 구분에 관한 SAE의 설명에 따른다면, 자율주행 단계는 위에서 본 것과 같이 자율주행 중의 자율주행시스템의 역할과 인간 운전자의 역할과 양자의 유기적 관계를 관찰, 평가하는 방식에 따라 문제된 자율주행시스템의 자율주행 단계를 도출하는 방식에 따라 판단될 것이다.[308]

다만 상용화의 초창기 단계에서는 자율주행자동차에 적용된 자율주행기술이

---

306 이에 관한 상세는 前註 해당 부분 참조.

307 미국 문헌과 국내 문헌들의 경우 거의 모든 문헌에서 이와 같은 전제 하에서 서술하고 있다.

308 SAE J3016(註 19), p.17–18(註 198 참조). 이에 관해서는 아래 제5장 '자율주행과 운전자책임'에서 상세히 살펴보도록 한다.

2단계, 3단계 내지 4단계의 어느 단계에 속하는 것인지를 위 분류법에 따르더라도 정확히 판단하기가 쉽지 않을 수 있다. 제조사 별로 자율주행기술의 구체적인 내용과 자율주행 구현의 세부적인 원리와 방식이 서로 다를 수 있다는 점을 감안한다면 더욱 그러하다. 구체적인 판단기준의 정립을 위해서는, 국내외의 판단 사례의 집적을 기다릴 필요가 있다. 또한 이는 첨단 과학기술의 구체적 내용에 관한 소송상 검증 내지 감정절차를 수반하게 되므로, 불필요한 소송비용의 증대를 가져올 수도 있다. 따라서 제조물책임 소송에서 원고의 증명책임을 완화하기 위한 합리적인 기준을 설정할 필요가 있다.[309]

4. 자율주행기술 단계의 판단주체

자율주행기술 단계의 판단주체의 문제는 ① 자율주행자동차의 개발, 제조에서부터 판매, 운행에 이르기까지의 일련의 절차에서 각 제조업자 등 책임발생 관여주체의 현실적인 필요성에 의한 단계부여 및 판단의 문제와, ② 규제 및 법적책임 판단에 관한 국면에서의 최종적인 단계 판단의 주체의 문제를 나누어 생각해 볼 필요가 있다.

가. 제조업자 등 책임발생 관여주체에 의한 단계부여 및 판단

자율주행자동차에 적용된 자율주행기술에 대한 SAE J3016에 따른 단계 판단은 제조업자에 의해 1차적으로 이루어질 것이다. 즉 위와 같은 자율주행기술의 6단계 판단이 일반화되면, 자율주행자동차의 개발, 제조, 판매 및 운행의 여러 단계에서, 주로 제조업자에 의해 당해 자율주행자동차에 위 6단계 중 어느 하나의 자율주행기술의 단계가 부여되고, 이후 절차에 관여하는 자들이나 이용자도 이를 전제

---

309 이에 관해서는 아래 제조물책임에 관한 아래 제3장 해당 부분에서 상술하기로 한다.

로 자율주행자동차를 제조, 판매, 사용하게 될 가능성이 크다고 본다. 즉 다수의 제조업자가 자율주행자동차를 개발, 판매하면서 적용된 자율주행기술에 대해 명시적인 단계를 부여할 것으로 예상해 볼 수 있다.[310]

현실적으로 제조업자 측에게 위와 같은 단계부여를 요구, 강제할 근거는 없을 것이나, 제조업자로 하여금 '자율주행 중의 운전자의 주의의무', 즉 '운전자의 감시 및 개입의무'의 존재 여부와 그 범위에 관해 명확히 고지하도록 규제할 필요성이 충분히 제기될 수 있고, 이는 당해 자율주행자동차에 적용된 자율주행기술의 단계를 판단하기 위한 주요한 요소로서 작용할 수 있다.

이에 관해 NHTSA는 자율주행기술 수준이 SAE의 위 6단계 분류기준 중 어디에 해당하는지를 결정하는 것은 원칙적으로 제조업자 등의 책임responsibility이라고 보고 있다.[311] 즉 위에서 본 것과 같이 자율주행기술의 단계는 제조업자가 1차적으로 부여하되, 그에 따른 책임 역시 제조업자가 부담하여야 한다는 것이다.

이는 장차 자율주행기술의 단계판단이 실무상 크게 다투어질 가능성을 감안하여 정부 차원에서는 일단 유보적인 태도를 취하고자 하는 입장으로 이해할 수 있다. 미국 연방 교통부DOT는 2018년 개최된 '자율주행자동차 공청회Public Listening Summit on Automated Vehicle Policy'[312] 에서도 '안전성safety'의 확보가 연방정부DOT의 최우선적인 목표임을 확인하면서도, 연방정부의 정책은 유연하고 기술중립적tech neutral인 것으로서, 하향식이거나 명령, 규제 중심의 접근방식은 취하지 않을 것이라는 점을 밝히고 있다.[313]

또한 제조업자에 의한 단계부여는 제조물책임에서 표시상 결함을 인정하기 위한 전제가 될 수 있다는 점에서도 큰 의미를 가질 수 있다. 결정적으로 제조업자에 의한 단계부여는 특히 제조물책임 소송의 실제에서 자율주행기술의 단계 해당 여부가 문제되는 경우에 그에 관한 증명책임을 제조업자에게 지우는 사실상 효과를

---

310 제조업자 측의 가장 주된 고려사항 중의 하나가 될 제품판매와 그에 관한 마케팅(marketing) 등의 문제를 종합해 볼 때에, 특히 자율주행자동차의 도입 초기에는 어떠한 방식으로든 자율주행기술의 단계가 부여되지 않은 자율주행자동차가 시장에 널리 판매될 것으로 예상하기 다소 어렵다고 보인다.

311 연방 자율주행자동차 정책 2016(註 220), p.12.

312 DOT, "U.S. Department of Transportation Public Listening Summit on Automated Vehicle Policy Summary Report", 2018. 6.
https://www.transportation.gov/AV/avsummit/summaryreport(2019. 1. 31. 최종확인)

313 DOT(前註), p.3 등 참조.

가져올 수 있고, 이는 자율주행자동차의 안전성 확보에도 일정 부분 기여할 수 있게 될 것이다.

위에서 본 것과 같이 첨단기술인 자율주행기술을 사용하는 소유자 등 운행자 또는 운전자에 대해 자율주행 단계와 자율주행 중에 취하여야 하는 조치 등에 관해 독자적으로 이를 스스로 판단할 것을 요구하는 것은 타당하다고 할 수 없다. 손해배상책임 등 책임 발생의 원인 판단의 국면에서는 더욱 그러하다. 제조업자에 의해 단계판단 분류된 자율주행기술 수준을 신뢰한 채 자율주행자동차를 이용하는 이용자에 대해서는, 법적책임의 인정이 제한적으로 이루어질 필요가 있다. 이와 같은 점에서 위와 같은 접근방식의 타당성을 인정할 수 있다.

나. 규제 및 법적책임 판단 국면에서의 최종적인 단계판단 주체

자율주행자동차에 관한 규제 및 법적책임 판단의 단계에서의 판단주체는 위와 같이 제조업자가 1차적으로 부여한 단계에 구속된다고 볼 수 없다. 규제기관은 행정적인 규율의 측면에서, 법원 등 사법司法기관은 법적책임 판단의 측면에서 이와 다른 판단을 내릴 수 있음은 당연하다.

NHTSA는 자율주행자동차 정책 가이드라인에서, 연방정부가 제조업자 등에 의한 자율주행 단계 지정을 심사한 후, 만약 제조업자에 의한 자율주행단계 지정에 동의하지 않는 경우 제조업자에게 이를 고지할 수 있음을 밝히고 있다.[314] 이와 같이 제조업자와 규제기관의 자율주행기술 수준에 관한 판단이 불일치하는 경우, 예컨대 제조업자 스스로 부여한 단계가 해당 자율주행기술의 실제수준에 비추어 인정되는 단계에 미치지 못하는 것으로 판단되고, 이에 관해 소비자 등에게 손해가 발생한 경우 자율주행 단계부여에 관한 시정 권고 등을 내리지 않은 규제기관의 법적책임 여부 문제 등도 제기될 수 있다.[315]

민사책임 등 법적책임에 관해, 분쟁 당사자 사이에 문제된 자율주행자동차에

---

314 연방 자율주행자동차 정책 2016(註 220), p.12. 원문에 "권고(advise)"라고 표현하고 있으나, 문맥상 '정식 절차로서 이를 통지하고 재검토를 권고한다'는 의미로 이해된다.

315 이는 이 글의 직접적인 논의의 범위를 벗어나는 것이나, 장래에 깊이 있는 연구가 필요하리라고 본다.

적용된 자율주행기술 단계에 관한 주장이 불일치하는 경우 최종적으로 법원에 의해 그 판단에 이루어질 것이다. 법원은 제조업자 측에서 스스로 부여한 단계, 규제기관 등 행정관청의 판단, 소송상 이루어진 검증 및 감정의 결과 등 여러 관련 자료를 해석, 종합해 문제된 자율주행기술에 적용된 단계를 판단할 것이다. 법원은 자율주행기술의 단계 판단이 소송상 주요한 쟁점이 된 경우 이와 같은 과정을 거쳐 단계를 판단한 후, 이를 기초로 하여 책임관여자의 책임 발생 원인의 요건[316]이 갖추어졌는지 여부를 심사, 판단하게 될 것이다.

V. 소결론

현 시점에서 SAE의 단계구분론은 전 세계적으로도 통용되는 실정이고, 위에서 상세히 살펴본 것과 같이 자율주행기술의 단계 판단은 민사책임 등 법적책임 판단의 준거로서 기능할 수 있다고 생각된다. 또한 규제 및 법적책임 판단 국면에서의 최종적인 단계판단 주체는 제조업자 등 책임발생 관여 주체에 의한 단계부여에 구애되지 않고 자율주행기술의 단계를 판단하여야 함은 물론이다. 다만 단계구분의 기준과 징표는 자율주행기술의 발전에 따라 변화할 수 있는 것이므로, 책임판단의 준거로서 제기능을 다하기 위해 지속적으로 업데이트될 필요가 있을 것이다.

바로 이와 같은 점에서 보더라도 자율주행자동차와 법적책임의 문제는 결국 자율주행기술의 수준에 좌우된다고 볼 수 있다. 즉 자율주행기술 수준이 자동차의 운전 전반과 사고의 방지 또는 회피라는 운전자의 업무를 얼마나 완벽하게 대체할 수 있을지, 특히 통상적인 상황에서의 운전뿐만 아니라, 긴급한 상황 내지 한계상황에서도 인간의 판단을 온전히 대체할 수 있는지에 달려 있다고 볼 수 있다. 결국,

---

[316] 예컨대 운전자가 실제와 다른 자율주행기술 단계부여를 신뢰하여 그에 상응하는 전방주시와 감시·개입의무 이행 등의 조치만을 취한 것이 정당한지, 제조업자가 실제와 다른 자율주행기술 단계부여한 것에 의해 제조물인 자율주행자동차에 설계상, 표시상 결함이 인정되는지 여부 등 책임 인정을 위한 구체적 요건을 심사, 판단할 것이다.

기술수준이 법적책임 문제를 좌우하게 될 것이다.

위에서 본 것과 같이, 3단계 이상의 자율주행자동차가 본격적으로 상용화된 이후, 위에서 본 것과 같이 실무에서는 구체적인 자율주행자동차를 3단계 또는 4단계 중 어느 단계의 것으로 볼 수 있을 것인지 자체가 크게 논란이 되거나 소송상 주요 쟁점으로 대두될 가능성도 있다.

Ⅰ. 논의의 필요성

새로운 현상인 자율주행자동차와 자율주행기술에 관해, 자동차와 도로교통에 관한 국제협약과 국제규정에서 이를 일부 수용하는 내용의 개정이 이루어지고 있다. 각국 정부 역시 자율주행자동차에 관한 정부정책을 발표하고 입법을 통해 자율주행자동차를 법체계에 수용하고 있다.

자율주행에 관한 규제법제에서의 논의는 공법公法의 측면에서 자율주행기술과 자율주행자동차의 '법적 지위legal status' 내지 '적법성legality'이라는 측면을 다루고 있다고 말할 수 있다. 즉 자율주행기술이 적용된 자율주행자동차가 자동차와 운전자에 관한 국제적인 개념정의 및 각국의 현행 자동차 및 도로교통 법제와 모순되지는 않는지, 또한 기존의 자동차 안전기준과 운전면허 체계의 영역에서도 자율주행자동차를 그대로 수용할 수 있는지, 이와 관련해 기존 법제의 정비 필요성 여하는 어떠한지 등이 규제법제의 측면에서 논의되고 있다. 자율주행기술이라는 과학기술의 발전에 따라 자율주행자동차가 등장하여 자동차의 운전의 작동기전mechanism 자체에 근본적이고도 큰 변화를 가져오게 되면서,[317] 자동차 전반에 대한 기존의 규제법제 내용에 대해 새로운 해석 내지 기존의 규제 내용의 변경 필요성 등의 문제를 직접적으로 야기하기 때문이다. 요컨대 '인간이 아닌 자동차 스스로 운전하는 것을 자동차에 관한 규범체계에서 허용할 수 있는지'가 규제법제에서의 주된 논의의 대상이다.

자율주행에 관한 규제법제의 접근방식과 내용, 즉 규제법제에서 새로운 기술인 자율주행기술과 자율주행자동차를 어떻게 인식하고 규율하고 있는지의 문제

---

[317]   위 제2장 제2절 Ⅱ '자율주행의 본질과 법적책임' 부분 참조.

는, 아직 구체적인 판단기준이 형성되었다고 보기 어려운 자율주행과 법적책임의 문제와도 필연적으로 연관된다. 특히 각국의 정부는 자율주행자동차 정책 및 입법을 통해 '자율주행자동차의 안전성 확보' 및 '자율주행시스템과 운전자 상호 간의 차량에 대한 제어권의 배분과 이전' 등을 규율함으로써 그에 관한 구체적인 내용을 형성해 가고 있다. 자율주행에 관한 규제법제에서 이와 같은 측면의 쟁점들은 자율주행과 법적책임 판단 문제에도 직접적인 영향을 미칠 수 있다.

이하에서는 자율주행에 관한 규제법제 현황을 법적책임 판단 문제와 연관하여 살펴보고, 그에 대한 평가와 함께 민사책임 판단 기준 정립에 관한 시사점을 도출한다.

II. 자율주행에 대한 규제법제 현황

1. 국제협약 및 규정 등

가. 개요

이하에서는 국제협약인 '제네바협약'과 '비엔나협약', 국제규정인 「UN 자동차 규정」에서의 자율주행의 법적 지위와 적법성에 관한 인식과 규율 내용에 관해 살펴본다. 먼저 1949년의 '제네바 도로교통 협약Geneva Convention on Road Traffic(이하 '제네바협약'이라고 한다)'과 1968년의 '도로교통에 관한 비엔나협약Vienna Convention on Road traffic(이하 '비엔나협약'이라고 한다)' 중 기존의 자동차의 운전자의 개념에 관한 규정과, 자율주행기술과 자율주행자동차의 도입을 염두에 두고 운전자의 개념과 주의의무의 내용 등에 일부 수정을 가한 것으로 이해되는 개정내용을 중심으로 살펴본다. 또한 이들 협약의 해석과 관련해 「UN 자동차 규정United Nations Vehicle Regulations」 중 조향장치steering equipment에 관한 제79조Regulation No. 79를 함께 살펴본다.

나. 국제협약

1) 제네바협약[318]

제네바협약은 용어의 정의에 관한 규정인 제4조에서 "운전자driver"를 '도로상에서 차량(자전거 포함)을 운전하거나, 견인용 또는 승용에 사용되는 동물 또는 가축의 무리를 인도하는 자, 또는 이를 실제로 통제하는 자person'이라고 정의하고 있다.[319]

제네바협약 제8조는 운전자에 관해 다음과 같이 규정한다.

1. 모든 단일차량 또는 하나의 단위로 운행되는 연결된 차량combination of vehicles에는 운전자가 있어야 한다.

3. 집단으로 이동하는 차량convoys of vehicles 또는 동물들에는 국내법으로 정하는 수의 운전자가 있어야 한다.

5. 운전자는 언제가 차량을 통제하거나 동물을 인도할 수 있어야 한다. 운전자는 도로의 다른 이용자에게 접근할 때에는 다른 이용자의 안전을 위해 필요한 주의를 해야 한다.

제네바협약이 1949년에 체결된 점 등에 비추어 보면, 운전자에 관한 위와 같은 규정내용이 자율주행자동차까지를 염두에 둔 것으로 보기는 어렵다.[320]

다만 제네바협약의 운전자에 관한 내용은 그 규정 내용에 비추어 반드시 인간인 운전자를 전제로 하지 않는 것으로도 해석이 가능하므로,[321] 자율주행기술을 운전자로 보는 것도 가능하다는 견해가 제시된 바 있다.[322] 즉 제네바협약 제4조의 운

---

[318] 1949년의 제네바협약은 통일된 규정의 확립을 통해 국제 도로교통의 발전과 안전을 촉진함을 목적으로 한다 (Desirous of promoting the development and safety of international road traffic by establishing certain uniform rules). 현재 한국과 미국 등을 포함한 97개국이 체약국으로 되어 있다. https://www.unece.org/trans/conventn/legalinst_07_RTRSS_RT1949.html(2018. 8. 28. 최종확인). 1949년의 제네바협약 원문은 아래 참조. https://www.unece.org/fileadmin/DAM/trans/conventn/Convention_on_Road_Traffic_of_1949. pdfl(2018. 8. 28. 최종확인).

[319] "Driver" means any person who drives a vehicle, including cycles, or guides draught, pack or saddle animals or herds or flocks on a road, or who is in actual physical control of the same."조문 번역은 명순구 외(註 61), 96면 이하(김기창 집필부분)를 참조하였다. 이하 같다.

[320] 명순구 외(註 61), 98면 이하(김기창 집필부분) 참조.

[321] 제네바협약에서는 아래에서 보는 비엔나협약에서와는 달리, 위에서 보는 것 외에는 반드시 인간 운전자를 전제로 한 것으로만 이해되는 일련의 규정들을 두지 않고 있다.

[322] Smith 1(註 57), p.15 이하.

전자의 개념정의에서 사용하는 용어인 '사람person'을 그 용어 자체로 반드시 자연인natural person에 한정된다고 볼 수 없고, 제4조와 제8조 제5항에서 사용하는 용어인 '통제control' 역시 그 의미가 상대적인 개념이므로,[323] 자율주행기술이 운전자 역할을 수행하는 자율주행자동차에 관해서도 운전자에 의한 개입intervene의 가능성이 있다면 운전자가 자동차를 '통제'하는 것으로 볼 수 있다거나,[324] 또는 자율주행기술에 따른 자율주행자동차 스스로의 운전은 결국 자율주행기술을 설계한 사람의 판단에 부합하는 것이므로[325] 자율주행기술의 설계자가 넓은 의미에서 자동차를 '통제' 하는 것으로 볼 수 있다는 점의 두 가지를 주된 근거로 하고 있다.[326] 다만 위근거들 중 후자의 면은 위 협약 조항의 '통제control'를 지나치게 확대 해석한 것으로서, 문언상 가능한 해석의 한계를 넘어서게 되는 문제가 있다고 생각된다.[327]

2) 비엔나협약[328]

비엔나협약은 용어의 정의에 관한 제1조Definitions 제(v)호에서 "운전자driver"를

---

323 Smith 1(註 57), p.25 이하는, 그 기능 자체의 속성만 놓고 보면 운전자의 자동차에 대한 직접적인 '통제(control)'를 감소시킨다고 볼 수 있는 잠김방지 브레이크 시스템(ABS, anti-lock brake system)이나 전자자세제어장치(ESC, electronic stability control) 등이 국제적으로 널리 상용화되어 있거나, 각국의 실정법이 일부 차량에 대해서는 위 장치들을 의무화하고 있다는 점 등도 근거로 들고 있다. 즉 위와 같은 장치들은 그 기능 자체의 속성이라는 측면에서는 운전자의 자동차에 대한 직접적인 '통제(control)'를 감소시킨다고 볼 수도 있겠으나, 다른 측면에서는 도로 접지와 자동차의 자세에 대한 운전자의 통제를 증대시킨다고 볼 수도 있고, 자율주행기술 역시 마찬가지의 맥락에서 제네바협약 제4조와 제8조 제5항에서 말하는 자동차에 대한 '통제(control)'를 결국 증대시킨다고 넓은 측면에서 보아 이해할 수 있다는 것이다.

324 제8조 제5항에서 사용하는 표현인 '통제할 수 있는(be able to control)'은 통제의 가능성으로 족하고 반드시 현실적으로 늘 통제하고 있을 것을 전제로 하지 않는다는 것이다. 즉 운전자의 상시 감시(constant supervision) 없는 자동차의 조작(operation)이 언제나 제8조를 위반하는 것은 아니라는 것이다. Smith 1(註 57), p.27 이하 참조.

325 다만 자율주행기술이 위 협약의 목적인 도로교통의 안전 촉진에 부합하는 것을 전제로 한다고 한다. Smith 1(註 57), p.28 이하 참조.

326 Smith 1(註 57), p.22 이하 참조.

327 Smith 1(註 57), p.28 이하에서는 '자율주행기술은 제네바협약의 목적인 도로 교통의 안전 증진에 부합하므로 자동차에 대한 통제를 보다 강화하는 결과나 다름없다'고 하면서도, 초기 단계의 기술에 관한 그와 같은 가정들이 아직 검증되지 않았다는 점 역시 시인하고 있다.

328 1968년의 비엔나협약은 통일된 교통규칙을 채택함으로써 국제도로교통을 효율화하고 도로의 안전을 증진하는 것을 목적으로 한다(Desiring to facilitate international road traffic and to increase road safety through the adoption of uniform traffic rules). 현재 77개국이 체약국으로 되어 있고, 한국은 체약국이 아니다.

'도로에서 자동차 또는 다른 차량(자전거를 포함한다)를 운전하거나, 단일 또는 무리의 가축을 인도하는 자person'라고 정의내리고 있다.[329] 이는 1949년의 제네바 협약의 정의와 유사하다. 다만 위에서 본 제네바 협약의 운전자 개념 정의 중 "실제로 통제하는in actual physical control"이라는 부분이 비엔나협약에는 빠져 있다는 점에서 구별된다.[330]

비엔나협약은 아래와 같이 제8조와 제13조 등에서 기존의 자동차는 사람인 운전자에 의하여 운전될 것을 전제로 한 규정들을 두고 있다. 즉 제네바협약과 달리 비엔나협약은 운전자가 사람임을 전제로 하고 있다는 점이 협약 문언 자체에서 분명하게 드러난다고 볼 수 있다.[331]

비엔나협약 제8조는 운전자에 관해 다음과 같이 규정하고 있다.

비엔나협약 제8조[332]

1. 모든 이동하는 차량 또는 상호 연결된 차량에는 운전자가 있어야 한다.

3. 모든 운전자는 필요한 신체적·정신적 능력을 갖추고 있어야 하고, 차량 운전에 적합한 신체적, 정신적 상태에 있어야 한다.

5. 모든 운전자는 항상 자신의 차량을 지배해야 하고 자신의 동물을 조종할 수 있어야 한다.

---

https://www.unece.org/trans/conventn/legalinst_07_RTRSS_RT1949.html(2018. 8. 24. 최종확인). 비엔나협약에 가입하게 되면, 위 제네바협약을 포함한 기존의 모든 도로교통에 관한 국제협약이 비엔나협약에 의해 대체되어 종료되게 된다(비엔나협약 제48조).
1968년의 비엔나협약의 전문은 아래 참조.
https://www.unece.org/fileadmin/DAM/trans/conventn/Conv_road_traffic_EN.pdf.
한편 아래에서 기술하는 2016년부터 발효되는 개정내용에 관한 원문(영어)은 아래 참조.
https://www.unece.org/fileadmin/DAM/trans/doc/2014/wp1/ECE-TRANS-WP1-145e.pdf

329 비엔나협약 제1조 제(v)호의 원문은 다음과 같다. "Driver" means any person who drives a motor vehicle or other vehicle (including a cycle), or who guides cattle, singly or in herds, or flocks, or draught, pack or saddle animals on a road.

330 Smith 1(註 57), p.20.

331 명순구 외(註 61), 99면 이하(김기창 집필부분).

332 2006년에 운전 중의 휴대전화 사용을 규제하는 내용의 제6항이 아래와 같이 추가되었다. 그 원문(영어) 내용은 아래와 같다.
6. A driver of a vehicle shall at all times minimize any activity other than driving. Domestic legislation should lay down rules on the use of phones by drivers of vehicles. In any case, legislation shall prohibit the use by a driver of a motor vehicle or moped of a hand-held phone while the vehicle is in motion.

또한 비엔나협약 제13조(속도와 차량 간의 거리유지) 제1항은 "모든 차량의 운전자는 모든 상황에서 자신의 차량을 지배하고, 그럼으로써 모든 경우 운전자에게 요구되는 모든 조작을 다할 수 있는 위치에 있어야 한다. 운전자는 차량의 속도를 조절하는 경우, 특히 차선, 도로 상태, 차량의 상태와 적재물, 날씨와 교통밀도 등 주변상황을 늘 고려해야 하고, 그럼으로써 전방의 시야 범위 내에서 예견되는 장애물로부터 차량을 멈출 수 있어야 한다. 운전자는 서행해야 하고 주변상황에 따라, 특히 시야가 좋지 않은 경우 필요시에 차량을 멈추어야 한다"고 규정하고 있다.

이에 대해 자율주행기술 및 자율주행자동차와 관련된 것으로 볼 수 있는 제8조 제5항의2와 제39조 제1항 제3문이 신설되어 2016. 3. 23.부터 발효되었다. 또한 제네바협약과 비엔나협약 등 UN 도로교통 규정의 담당 분과인 유엔 유럽 경제 위원회United Nations Economic Commission for Europe; UNECE는 위 개정 경과에 관해, 제8조 제5항의2가 신설, 발효됨에 따라 그 규정 내용과 같은 조건 하에 도로교통에 자율주행기술을 받아들이기로 한 것임을 명시하였다.[333]

제8조 제5항의2는 "차량의 운전 방식에 영향을 미치는 차량 시스템은 차량과 그에 사용되는 장치나 부품에 관한 국제 법규international legal instruments가 정하는 제작, 설치 및 사용 조건에 부합할 경우에는 본조 제5항과 제13조 제1항에 부합하는 것으로 본다. 차량의 운전 방식에 영향을 미치는 차량의 시스템이 위에서 말한 제작, 설치 및 사용 조건에 부합하지 않는 것은, 운전자가 수동전환하거나overridden 끌 수 있는 경우에 본조 제5항 및 제13조 제1항에 부합하는 것으로 본다"라고 규정하고 있다.[334] 제8조 제5항의2에서 말하는 '국제 법규'는 아직 부존재하므로 현재로서는 '운전자가 수동전환하거나 끌 수 있는' 자율주행기술까지만을 인정하고 있다고

---

[333] "UNECE Paves the Way for Automated Driving by Updating UN International Convention", UNECE press release, 2016. 3. 23. 이하 'UNECE 2016. 3. 23. 보도자료'라 한다.
위 보도자료에 관해서는 아래 웹페이지 참조.
https://www.unece.org/info/media/presscurrent-press-h/transport/2016/unece-paves-the-way-for-automated-driving-by-updating-un-international-convention/doc.html(2018. 8. 23. 최종확인).

[334] 원문(영어)은 아래와 같다.
5bis. Vehicle systems which influence the way vehicles are driven shall be deemed to be in conformity with paragraph 5 of this Article and with paragraph 1 of Article 13, when they are in conformity with the conditions of construction, fitting and utilization according to international legal instruments concerning wheeled vehicles, equipment and parts which can be fitted and/or be used on wheeled vehicles.

말할 수 있다.[335]

제39조(자동차의 기술적 요건과 검사) 제1항은 "국제적인 교통에서 모든 모터 자동차, 트레일러 및 모든 차량의 집합은 본 협약 부록 5의 규정을 충족해야 한다. 또한 이는 잘 작동하는 상태에 있어야 한다."라고 규정하고 있었는데, 2016. 3. 23.자로 다음과 같은 내용의 제3문이 추가되었다. "이러한 차량들에 본 협약 제8조 제5항의2에서 말하는 국제적 법규의 기술조항에 따른 제작, 설치 및 사용 조건에 부합하는 시스템, 부품 및 장치가 장착되어 있는 경우에는, 위 차량들은 부록 5에 부합하는 것으로 본다."[336]

비엔나협약은 위와 같은 내용의 개정을 통해 자율주행기술과 자율주행자동차를 UN 도로교통 규정 체계 내에 수용, 편입하였다고 볼 수 있다.[337] 특히 제8조 제5항의2에서 규정하는 것과 같은 내용의 자율주행 시스템이 적용된 차량에 관해서는 운전자가 언제나 또한 모든 상황에서 차량을 통제할 수 있어야 하고(제8조 제5항), 전방 주시의무와 주변 상황에 따른 모든 조작을 취할 의무(제13조 제1항) 등이 충족된 것으로 보고 있다. 따라서 이를 통해 운전자의 주의의무의 일정 부분 또는 대부분이 자율주행기술에 의해 대체될 수 있다는 것을 인정하고 있다고 평가할 수 있다.[338]

다만 비엔나협약에는 기존의 인간 운전자를 전제로 한 규정들(특히 제8조 제3항

Vehicle systems which influence the way vehicles are driven and are not in conformity with the aforementioned conditions of construction, fitting and utilization, shall be deemed to be in conformity with paragraph 5 of this Article and with paragraph 1 of Article 13, when such systems can be overridden or switched off by the driver.

[335] 이중기 · 황창근, "자율주행차의 도입에 따른 '운전자' 지위의 확대와 '운전자'의 의무 및 책임의 변화―미시간주와 독일의 최근 입법동향과 시사점을 중심으로―", 홍익법학 제18권 제4호, 홍익대학교 법학연구소, 2017. 12, 354면 이하는 이와 같은 점에 근거하여, SAE J3016의 3단계 및 4단계의 자율주행기술까지만을 수용하였다고 보고 있다. 다만 위 규정 내용상 '운전자가 수동전환하거나 끌 수 있는' 것이면 SAE J3016의 5단계 자율주행기술까지도 편입한 것으로 탄력적으로 해석할 여지도 있다고 생각된다.

[336] 비엔나협약 제39조 제1항 제3문 원문(영어) 내용은 아래와 같다.
　　When these vehicles are fitted with systems, parts and equipment that are in conformity with the conditions of construction, fitting and utilization according to technical provisions of international legal instruments referred to in Article 8, paragraph 5bis of this Convention, they shall be deemed to be in conformity with Annex 5.

[337] 註 333 참조.

[338] 비엔나협약 제39조 제3문의 개정(추가) 내용은 '자동차의 기술적합성'에 관한 것으로서, 자율주행자동차의 운전자의 주의의무와 책임의 범위에 관해 직접적인 영향을 미친다고 보기 어렵다.

및 제13조 제1항)도 여전히 존재하고 있다.[339] 또한 위 제8조 제5항의2 역시 자율주행 자동차에 인간 운전자가 탑승하여 여전히 감시·개입한 것을 전제로 한 것으로 이해될 소지가 있으므로, 완전 자동주행자동이 가능한 SAE의 5단계 자율주행까지를 염두에 두고 이를 수용한 것으로 볼 수 있을지에 관해서는 견해의 대립이 있을 수 있다.[340] 그러나 적어도 SAE의 4단계까지의 자율주행기술에 관해서는 비엔나협약의 위 개정을 통해 위 협약에 편입된 것으로 보더라도 무리가 없을 것이다.[341]

종래 운전자에 관한 비엔나협약 내용의 해석상 '운전자 보조 시스템driver assistance system'이 허용되는지에 관해, UNECE에서 수십 년 간 견해가 대립되어 왔다. 즉 ① 운전자가 언제든지 수동전환override할 수 있는 시스템만 허용된다는 견해와 ② 비엔나 협약이 반드시 운전자가 임의로 수동전환할 수 없는 시스템을 금지하는 것은 아니라는 견해가 대립하고 있었다.[342]

자율주행기술과 자율주행자동차에 관한 비엔나협약의 위 2016. 3. 23.자 개정 내용은, 운전자에 관한 기존의 규정 내용이 자율주행기술에도 직접 적용된다는 전제 하에 있는 것으로 볼 수 있다. 또한 아래에서 보는 것과 같이 제8조 제5의2항에서 정하는 '국제적 법규'의 대표적인 예인 「UN 자동차 규정」에서 자율주행기술을 아직까지는 일반적으로 받아들이지 않고 있으므로, 결국 현재로서는 비엔나협약의 위와 같은 규정 내용에도 불구하고, 제8조 제5항의2 제2문에 따라 운전자가 수동전환할 수 있는 자율주행시스템만이 사실상 허용되고 있다고 말할 수 있다.

---

[339] 제8조 제1항은 '운전에 필요한 신체적·정신적 능력 및 상태'를 규정하고 있고, 제13조 제1항 역시 그 구체적인 내용에 비추어 보면, 인간 운전자를 상정한 것으로 이해하는 것이 타당하다.

[340] 2016. 3. 23. 발효된 비엔나협약 하에서 허용되는 자율주행기술의 단계가 과연 어디까지인지에 관해서는 분명한 결론을 내리기 어렵고, 무인 주행이 가능한 완전 자율주행자동차의 보급을 위해서는 비엔나협약이 개정되어야 한다는 견해도 존재한다. 명순구 외(註 61), 100면 이하(김기창 집필부분) 참조.

[341] 위 제8조 제5항의2 신설에 관한 상세한 평가에 관해서는 명순구 외(註 61), 205면 이하(박종수 집필부분) 참조.

[342] Smith 1(註 57), p.20 참조. 후자의 견해는, 운전자에 관한 비엔나협약 제8조은 운전자의 의무만을 정하고 있으므로, 그 효력은 자동차의 설계 자체에는 미치지 않는다는 것과, 운전자의 정의규정에서 사용하는 협약의 공식 용어인 '통제 또는 제어(영어로 control / 프랑스어로는 contrôler/maîtriser)'의 의미는 감시(monitoring) 또는 감독(supervision)을 포함하는 것으로도 폭넓게 이해할 수 있다는 것을 근거로 하였다.

다. 국제규정 – 「UN 자동차 규정」

「UN 자동차 규정United Nations Vehicle Regulations」은 자동차의 승인에 관한 통일 규정 Uniform provisions concerning the approval of Vehicle이자, 1958년의 협정에 따라 자동차와 그 장치 및 부품 등의 승인 등에 관한 기술적, 절차적의 사항들을 정하는 규정으로, 자동차의 기능과 부품별로 구체적인 내용을 규정하고 있다.[343] 현재까지는 「UN 자동차 규정」 중 자율주행자동차 자체를 대상으로 한 조항은 제정되지 않고 있다. 다만 위 규정 중 조향장치steering equipment에 관한 제79조Regulation No. 79[344]에서 자율주행기술에 관한 언급을 찾아볼 수 있으므로, 이를 살펴볼 필요가 있다.

2017. 9.에 마지막으로 개정된 위 제79조[345]는 서문Introduction에서, 기술의 발전에 따라 자동차 내부 또는 외부로부터의 신호와 센서에 따라 자동차의 조향이 영향을 받거나 통제되게 되고, 그럼에 따라 반드시 운전자의 존재를 요구하지 않는 시스템을 자율조향장치Autonomous Steering System로 정의내리는 한편, 이는 자동차의 주된 제어권primary control에 따른 책임의 문제와 연관되면서도 자동차 외부로부터의 조향 통제에 관한 국제적으로 합의된 데이터 전송 프로토콜이 존재하지 않는다는 이유로, 자율조향장치를 원칙적으로 승인하지 않는다고 밝히고 있다.[346]

따라서 위 제79조는 제1.2.2.항에서, '이 규정은 제2.3.3.항에서 정의된 자율

---

343 유엔 유럽 경제 위원회(United Nations Economic Commission for Europe. 'UNECE')의 자동차 규정의 조화를 위한 세계 포럼(World Forum for the harmonization of vehicle regulations. 'WP.29')이 담당분과이다.

344 각 항목별 규정의 원문에 관해서는 UNCEC의 홈페이지 중 자동차 규정(Vehicle Regulations) 항목에 관한 아래 웹사이트 참조.
https://www.unece.org/trans/main/welcwp29.html(2019. 8. 31. 최종확인).

345 원문은 아래 웹사이트 참조.
https://www.unece.org/fileadmin/DAM/trans/main/wp29/wp29regs/2017/R079r3e.pdf(2018. 8. 31. 최종확인)

346 원문은 다음과 같다.
It is anticipated that future technology will also allow steering to be influenced or controlled by sensors and signals generated either on or off–board the vehicle. This has led to several concerns regarding responsibility for the primary control of the vehicle and the absence of any internationally agreed data transmission protocols with respect to off–board or external control of steering. Therefore, the Regulation does not permit the general approval of systems that incorporate functions by which the steering can be controlled by external signals, for example, transmitted from roadside beacons or active features embedded into the road surface. Such systems, which do not require the presence of a driver, have been defined as "Autonomous Steering Systems".

조향장치Autonomous Steering System에 관해서는 적용되지 않는다'고 정하고 있으면서도,[347] 한편 제2.3.3.항에서 자율조향장치에 관해 다음과 같이 정하고 있다. "'자율조향장치'는 복잡한 전자 조종 시스템, 자동차로 하여금 정해진 경로를 따르도록 하거나 자동차 외부로부터 발생되어 전달된 신호에 따라 경고를 변경하도록 하는 기능을 갖춘 복잡한 전자 조종 장치에 의한 시스템을 의미한다. 운전자는 반드시 우선적으로 자동차를 통제할 필요가 없다."[348]

라. 평가

제네바협약은 운전자에 관한 규정내용이 다소 포괄적이고, 운전자에 관한 규정 역시 반드시 인간 운전자를 전제로 하지 않는 것으로도 해석이 가능하므로, 제네바협약에만 가입한 국가들은 자율주행기술의 도입에 관해 직접적인 영향을 받지 않는다고 볼 여지도 있다.[349]

반면에 비엔나협약의 경우에는 위와 같이 기본적으로 자동차가 사람에 의해 운전될 것을 전제로 하여 규정하면서, 2016년의 개정을 통해 자율주행기술을 수용하였으나, 여전히 자율주행자동차에 인간 운전자가 탑승할 것을 전제로 하여 이를 수용한 것으로 이해된다. 또한 어느 정도 수준까지의 자율주행기술을 수용한 것인지에 관해서도 견해가 나뉠 수 있다.

또한 비엔나협약 제8조 제5항의2에서 말하는 자율주행시스템의 허용 근거

---

347 원문은 다음과 같다.
1.2. This Regulation does not apply to:
1.2.2. Autonomous Steering Systems as defined in paragraph 2.3.3;

348 원문은 다음과 같다.
2.3.3. "Autonomous Steering System" means a system that incorporates a function within a complex electronic control system that causes the vehicle to follow a defined path or to alter its path in response to signals initiated and transmitted from off-board the vehicle. The driver will not necessarily be in primary control of the vehicle.

349 Smith 1(註 57), p.32 이하. 제네바협약의 가입국들은 개별적으로 위 협약상 자율주행자동차의 허용 여부를 폭넓게 해석해 자율주행기술을 개별적으로 촉진 내지 허용하는 입장을 취할 수도 있고, 반대로 제네바협약을 제한적으로 해석해야 한다고 주장할 수도 있으나, 어느 쪽 입장도 제네바협약의 해석으로는 가능하다고 볼 여지가 있다.

가 되는 주된 "국제적 법규"로 볼 수 있는[350] 「UN 자동차 규정United Nations Vehicle Regulations」은 아래에서 보는 것과 같이 자율주행기술 전반에 관해 그 도입을 명시적으로 유보하고 있으므로, 비엔나협약 제8조 제5항의2에 의해 허용되는 자율주행시스템은 「UN 자동차 규정」과 종합하여 해석할 때 운전자가 수동전환하거나 끌 수 있는 경우에만 운전자의 차량 전반에 관한 통제 및 전방주시에 따른 제반 조치에 관한 제8조 제5항 및 제13조 제1항에 부합하는 것으로 볼 수 있을 것이다.

나아가 위 비엔나협약 제8조 제5항의2를 운전자의 차량 통제 및 전방주시에 관한 원칙적인 규정인 위 협약 제8조 제5항 및 제13조 제1항, 자율주행기술을 유보하고 있는 현행 「UN 자동차 규정」 제79조과 종합하여 해석하면, 자율주행자동차에 탑승한 운전자가 운전 중 스스로 판단하여 수동운전으로 전환하거나 자율주행시스템을 강제종료시켜야 하는 적극적이고도 일반적인 의무를 부담한다고 볼 여지도 있어, 자율주행자동차에 탑승한 운전자의 주의의무가 필요 이상으로 가중된다고 볼 여지도 있게 된다.[351] 따라서 자율주행기술의 도입과 지속적인 발전이라는 현실에 따라 「UN 자동차 규정」 제79조 역시 자율주행기술을 보다 적극적으로 수용하는 방향으로 개정될 필요가 있다고 본다.[352]

---

350 명순구 외(註 61), 101면 이하(김기창 집필부분), 같은 213면 이하(박종수 집필부분)도 같은 취지이다.

351 아래에서 보듯이, 3단계 이상의 자율주행기술이 적용된 운전자는 상시 감시의무를 부담하지 않고, 자율주행자동차의 신호에 따라 수동운전으로 전환한 경우에는 감시·개입의무를 다한 것으로 봄이 타당하다.
다만 자율주행자동차에 탑재된 자율주행기술의 실제 수준이 제조업자나 판매업자(매도인)의 설명에 미치지 못한다거나, 운전자가 자율주행시스템의 오류를 사전에 명확히 인식한 경우 등 특별한 사정이 인정되는 일정한 경우에는 운전자에게 적극적인 수동운전 전환의무가 인정된다고 볼 여지를 전적으로 배제할 수는 없을 것이다.
그러나 그와 같은 경우에도 운전자가 제조업자나 판매업자, 매도인의 자율주행기술 수준에 관한 설명을 신뢰한 경우 운전자의 책임 인정에 신중할 필요가 있고, 그와 같은 경우에는 운전자 또는 보험회사는 제조업자 또는 판매업자를 상대로 제조물책임을 묻거나, 매도인을 상대로 하자담보책임을 물어 구상할 수 있을 것이다.

352 비엔나협약 제8조 제5항의2의 제2문. 다만 유엔 유럽 경제 위원회(United Nations Economic Commission for Europe, 'UNECE')는 비엔나협약의 위와 같은 개정과 함께 「UN 자동차 규정」(United Nations Vehicle Regulations) 중 조향장치에 관한 조향장치(steering equipment)에 관한 제79조(Regulation No. 79) 역시 자율주행기술을 받아들이는 면으로 함께 개정할 예정임을 밝히고 있다. UNECE 2016. 3. 23. 보도자료(註 333) 참조.

2. 각국의 규제법제 현황—정책 및 법규정—

가. 미국

1) 개요

　　미국은 연방제를 채택하고 있으므로 미국의 자율주행자동차에 대한 규제법제에 관해서는 연방차원의 규율과 주차원에서의 규율 양 측면을 살펴볼 필요가 있다. 미국에서 전통적으로 자동차의 실제 운행과 관련된 규제(예컨대 자동차 등록, 운전면허증 발급, 교통법규 제정 및 도로의 관리 등)는 주정부가, 자동차 자체의 안전성과 관련된 규제는 연방정부가 맡아 왔다고 볼 수 있다. 자율주행자동차는 자동차와 운전자의 경계를 모호하게 하고 있고, 주정부에서도 자율주행자동차를 시험 및 규제하기 시작하고 있다.[353] 자동차와 도로교통에 관한 규제권한은 원칙적으로 주정부가 보유하나, 연방 역시 자동차와 도로교통에 관해 연방 차원에서 권한을 행사하고 있다.[354]

　　미국 연방헌법 제6조는 연방법federal law의 주법州法. state law에 대한 우선supremacy을 규정하고 있다. 연방의회Congress와 기타의 연방기관federal agency[355]이 제정한 법령은 주법을 배제preemption하게 된다. 연방법인「연방교통 및 자동차 안전법National Traffic and Motor Vehicle Safety Act of 1966」[356]이 제정되어 연방정부에 자동차와 도로교통의 안전을 위한 안전기준을 제정하여 관리할 권한을 부여하고 있다.[357] 이에 근거하여 연방 교통부DOT 산하의 연방 도로교통안전국NHTSA에서는 다수의「연방

353　Anderson, et. al.(註72), p.7.

354　그 근거로 외국간 거래와 주 상호 간 거래에 관해 미국 연방의회(the Congress)에 규율 권한을 부여하는 연방헌법상의 통상조항(Commerce Clause. Article 1, Section 8, Clause 3 of the U.S. Constitution)을 드는 견해가 있다. 즉 자동차는 주 간의 이동수단이므로 위 통상조항의 적용을 받는다는 것이다. 後藤(註301), 84면.

355　Louisiana Pub. Sew. Comm'n v. FCC, 476 U.S. 355, 369 (1988) 사건에서 미국 연방대법원은 주법에 대한 적용배제는 연방의회가 제정한 법령만이 아니라, 연방기관(federal agency)이 헌법상 위임받은 것으로 볼 수 있는 권한 범위 내에서 제정한 법령에 관해서도 인정된다고 판단하였다.

356　PUBLIC LAW 89-563, 80 Stat.718(United States Code. Title 49: Transportation, Subtitle VI: Motor Vehicle and Driver Programs). US Government Publishing Office의 아래 주소 웹페이지에서 전문을 확인할 수 있다(2018. 8. 2. 최종확인).
　　https://www.gpo.gov/fdsys/pkg/USCODE-2011-title49/html/USCODE-2011-title49.htm

357　이 법은 자동차와 그 장치 또는 부품(motor vehicle equipment)의 안전기준을 정하는 것을 주된 목적으로 하고 있다. 49 U.S.C. §30101.

자동차 안전기준Federal Motor Vehicle Safety Standards; FMVSSs」358을 제정하여 시행하고 있고, 자동차의 성능 규제 또는 자동차의 장치에 관한 「연방 자동차 안전기준FMVSSs」의 규율 내용은 이와 배치되는 내용의 주법state laws을 배제preempt한다는 것이 연방법에 명시되어 있다.359

또한 자동차 또는 관련 장치 또는 부품의 제조업자나 수입업자, 판매업자들은 반드시 인증절차를 거쳐야 한다.360 연방정부의 안전기준 규제 대상은 이는 '판매후시장aftermarket(이른바 애프터마켓)'에서 유통되는 부품과 장치를 포함한다.361 다만 「연방 자동차 안전기준FMVSSs」은 상세하고 엄격한 안전기준을 정하면서 시험 및 검사를 통한 인증을 제조업자 등의 의무로 규정하고 있으나, 제조업자 등의 안전기준 인증은 '자기인증self-certificate' 방식에 의하도록 되어 있고, NHTSA가 인증 후의 시장 조사post-certification market surveillance를 통해 시중에서 판매되는 차량을 무작위 추출해 성능시험을 하여 안전규정 준수 여부를 확인하고, 필요시 리콜recall 등의 규제 권한을 행사하는 방식을 취하고 있다.362

자동차 안전 규제에 관한 미국의 '자기인증self-certificate' 방식은 유럽 국가들의 '형식승인type-approval' 방식과 대비되는 것이다.363 다만 NHTSA는 어떠한 자동차를 대상으로 어떠한 안전기준에 관한 검사를 실시할 것인지에 관해서 "위험 기반 선택절차risk-based selection process"에 따라 전략적으로 선택한다고 하고 있고,364 「연방 자동차 안전기준FMVSSs」에 규정이 없는 사항에 관해서도, 안전에 관한 불합리한 위험 unreasonable risk to safety이 확인된 자동차는 리콜할 수 있다.365

한편 미국에서는 자율주행자동차에 대한 규제와 관련해 연방통신위원회 Federal Communication Commission; FTC와 연방통상위원회Federal Trade Commission; FCC도 일

---

358 https://icsw.nhtsa.gov/cars/rules/import/FMVSS/#SN208(2019. 4. 28. 최종확인).

359 49 U.S.C. §30103(b)(1). Kohler · Colbert-Taylor(註 74), p.108 이하 등도 참조.

360 49 U.S.C. §§30101, 30112, 30115 등 참조. Smith 1(註 57), pp.47, 134 각 참조.

361 49 U.S.C. §30102(a)(7)(B).

362 Cameron(註 243), p.71.

363 Cameron(註 243), p.61. 참고로 우리 「자동차관리법」 제2조 제4호는 자동차의 "형식"이란 '자동차의 구조와 장치에 관한 형상, 규격 및 성능 등을 말한다'라고 규정한다.

364 Federal Automated Vehicles Policy(2016), p.71.

365 Cameron(註 243), p.59.

정한 역할을 담당하고 있다.[366] 즉 FCC는 1934년의 「연방 통신법Communication Act of 1934」 제3장Title III에 따라 주파수의 할당 및 분배에 관한 권한을 가지고, 그 대상에는 주정부도 포함된다.[367] 이에 따라 FCC는 자동차 상호 간 또는 자동차와 도로기반시설 상호 간의 무선통신을 위한 5.9GHz 단거리전용통신Dedicated Short Range Communications; DSRC 주파수의 할당 및 분배 등의 정책을 주관, 수립 및 실시하고 있다.[368] FTC는 자율주행자동차를 이용하는 소비자들의 정보 보호를 위한 정책을 주관하고 있다.[369]

미국에서는 이와 같은 측면에서, 자율주행기술의 고도화는 그 규격화와 안전성의 보장 등을 위한 일정 수준 이상의 정부 규제를 필연적으로 수반할 것이라는 견해도 제시되고 있다.[370]

2) 자율주행자동차에 관한 미국 연방정부의 규율

가) DOT와 NHTSA의 자율주행자동차 정책 공표

(1) 개요 및 의의

자율주행자동차에 관한 연방 차원에서의 인식은, 미국 연방 교통부DOT 산하의 NHTSA가 2016. 9. 발표한 "연방 자율주행자동차 정책 2016",[371] 2017. 9.에 발표

---

366   Kohler · Colbert—Taylor(註 74), p.106 이하 참조. FCC의 주파수 할당 및 분배에 관한 논의의 상세는 Anderson, et. al.(註 72), Autonomous Vehicle Technology: A Guide for Policy Makers, RAND Corp., 2016, p.84 이하 참조.

367   Anderson, et. al.(註 72), p.85.

368   Kohler · Colbert—Taylor(註 74), p.106; Center for the Study of the Presidency & Congress('CSPC'), "The Autonomous Vehicle Revolution: Fostering Innovation with Smart Regulation", 2017. 3, pp.8, 22. 각 참조.
      https://www.ftc.gov/system/files/documents/public_comments/2017/03/00002—140353.pdf. 2018. 10. 31. 최종확인).
      이에 관한 상세는 Robert B. Kelly, Mark D. Johnson, "Defining a Stable, Protected and Secure Spectrum Environment for Autonomous Vehicles", 52(4) S. C. L. Rev. 1271, 2012, p.1281 이하 참조.

369   Kohler · Colbert—Taylor(註 74), p.107 참조.

370   Kohler · Colbert—Taylor(註 74), p.107 참조. 예컨대, 개별 자율주행시스템이 각기 규격화되지 않은 V2V와 V2I 시스템을 사용하는 결과 통신 장애가 발생한다면, 사고로 이어질 가능성이 있다는 점 등을 지적하고 있다.

371   위 註 220 참조.

한 "연방 자율주행자동차 정책 2017"[372] 및 2018. 10. 발표한 "연방 자율주행자동차 정책 2018"[373]에서 그 상세한 내용을 확인할 수 있다. 이로써 미국 연방정부는 자율주행기술과 자율주행기술을 전면적으로 수용한 것으로 볼 수 있다.

미국 연방정부의 자율주행자동차 정책은 비록 자율주행기술 개발자 및 각 주에 대해서 법적 구속력이 없는 가이드라인의 형식으로 발표된 것이나,[374] DOT와 NHTSA가 발표하는 자율주행자동차 정책의 내용과 방향은 자율주행자동차에 관한 규제에 관해 사실상의 강력한 구속력을 가질 것이라고 어렵지 않게 예측해 볼 수 있다.

위와 같은 가이드라인이 발표되기 이전에도 「연방 자동차 안전기준FMVSSs」과 DOT·NHTSA의 그밖의 규정체계상 자율주행자동차를 직접적으로 금지하는 규정(바꾸어 말하면, 자동차에 인간 운전자가 반드시 탑승해야 한다고 명시적으로 정하는 규정)이 존재하지 않는다는 근거로 연방 차원에서도 자율주행자동차가 별다른 문제없이 허용될 것이라고 보는 견해가 존재하였다.[375]

---

372 위 註 222 참조.

373 위 註 223 참조.

374 NHTSA가 2017. 9. 발표한 연방 자율주행자동차 정책 2017(註 222), p.1 이하에서는 "자율적(임의적)인 지침(voluntary guidance)"이라고 하여 법적 구속력은 없다는 것을 명시하고 있고, 구체적인 내용 중에도 2016년에 발표된 연방 자율주행자동차 정책 2016(註 220)에 비하여 그와 같은 취지가 보다 분명히 명시되어 있다. 이에 관한 상세는 NHTSA의 아래 웹페이지 참조.
https://www.nhtsa.gov/manufacturers/automated-driving-systems(2018. 8. 11. 최종확인).
DOT가 2018. 10. 발표한 연방 자율주행자동차 정책 2018(註 223), p.viii 역시 마찬가지이다. NHTSA는 2018년 발표 정책에 관한 보도자료에서도 이와 같은 성격을 가짐을 재차 확인하고 있다.
https://www.nhtsa.gov/press-releases/us-department-transportation-releases-preparing-future-transportation-automated(2018. 10. 19. 최종확인).

375 Anita Kim, et. al., "Review of Federal Motor Vehicle Safety Standards(FMVSS) for Automated Vehicless: Identifying potential barriers and challenges for the certification of automated vehicles using existing FMVSS(Preliminary Report – March 2016)", U.S. Department of Transportation, John A. Volpe National Transportation Systems Center, 2016, p.viii에서도 자율주행자동차와 연관된 「연방 자동차 안전기준(FMVSSs)」을 검토한 후, '자율행자동차가 기존의 자동차 설계(conventional venicle design)에서 본질적으로(significantly) 벗어나지 않는다면, 「연방 자동차 안전기준(FMVSSs)」 인증 준수와 관련해 문제가 되는 일이 거의 발생하지 않을 것'이라고 결론내리고 있다.

(2) 정책 목표 및 방향

우선 DOT와 NHTSA는 2016년 발표한 "연방 자율주행자동차 정책 2016"에서 자동차 제조업자들이 현행 「연방 자동차 안전기준FMVSSs」을 준수하는 이상, 연방법상 제조업자들의 자기인증self-certification을 거친 자율주행자동차의 제조 및 판매가 금지되지 않는다고 하였고,[376] 2018년에도 자율주행시스템ADS의 도입 및 업계의 자기인증 등에 관한 불필요한 규제를 폐지해나갈 것임을 밝힌 바 있다.[377]

DOT와 NHTSA의 연방 자율주행자동차 정책은 ① 안전성의 최우선, ② 기술 중립성 유지, ③ 규제의 현대화, ④ 일관성 있는 규제 및 운영 환경의 장려, ⑤ 자동화를 위한 사전 준비, ⑥ 미국인이 누리는 자유의 보호와 증진이라는 6개 항목을 연방 자율주행자동차 정책의 핵심적인 목표로 설정하고 있다.[378]

DOT와 NHTSA의 자율주행자동차 정책은 각 주와 제조업자들에 대해 자율주행자동차의 시험과 사용 등 및 이에 대한 규제에 관해서 모범사례best practice를 제공하는 것을 구체적인 목적으로 한다.[379]

연방과 각 주의 관계에 대해서는, 연방정부는 자동차의 안전기준을 수립하고, 각 주는 운전면허, 교통규칙 및 민사책임 등에 관해 규율하는 전통적인 역할분담을 기본적으로 유지하는 것을 전제로 한다.[380] 자율주행기술은 일상생활의 영역에서 인간의 생명 침해 가능성 문제를 직접적으로 불러일으킨다는 점에서 자율주행기술

Smith 1(註 57), p.47에서도, 「연방 자동차 안전기준(FMVSSs)」 중에서 운전자(driver)를 "조향시스템 바로 뒤에 착석하여 있는 자동차의 탑승자(the occupant of a motor vehicle seated immediately behind the steering control system)"로 정의내리고 있는 FMVSS 49 C.F.R. 571.3(b)의 해석상으로도, 자동차에 반드시 운전자가 탑승할 것이 요구된다거나, 자동차의 무선조종이 금지된다고 해석되는 것은 아니라고 한다. 위 견해에 의하면, 오히려 '비상등(vehicular hazard warning signal operating unit)'을 '운전자에 의해 제어되는 장치(driver controlled device)'로 규정하고 있는 조명에 관한 FMVSS 108(49 C.F.R. 571.108) 규정이 연방 규정상 자율주행자동차가 허용되는지에 관해 논란을 가져올 수 있다고 한다. NHTSA는 이를 엄격히 해석하고 있고, 이미 위 정의규정에 의하여 비상등의 자동점멸(automatic activation)이 허용되지 않는다는 견해를 수 차례 밝힌 바 있다는 것 등을 근거로 삼고 있다. 또한 자율주행에 사용되는 대표적인 장치인 "LiDAR(light detection and standatd)" 장치에 관해서도, 가시(visual spectrum)광선을 사용하는 경우 NHTSA의 규제대상이 될 수 있다고 보고 있다. Smith 1(註 57), pp.47, 136 각 이하 참조.

376   연방 자율주행자동차 정책 2016(註 220), 2016, p.11.

377   연방 자율주행자동차 정책 2018(註 223), pp.13, 40.

378   연방 자율주행자동차 정책 2018(註 223), pp.iv-v.

379   연방 자율주행자동차 정책 2016(註 220), p.6; 연방 자율주행자동차 정책 2018(註 223), pp.1, 18.

380   연방 자율주행자동차 정책 2016(註 220), 2016, p.38.

의 개발과 보급을 위한 규제의 내용과 기준이 각 주의 입법 등 규제내용에 따라 서로 달라지는 것이 바람직하지 않다는 전제 하에, 자율주행자동차의 성능에 관한 규제는 연방정부의 역할이라는 것을 분명히 하고 있다.[381]

DOT는 2018년 발표한 "자율주행자동차 정책 2018"에서는, 자율주행자동차에 관해 '새로운 복합적 안전 가이드라인New Multimodal Safety Guidance'을 제공한다는 표제 하에, 자동차 제조업자와 소프트웨어 개발자 등 자율주행자동차 개발자ADS developers 스스로에 의한 자율주행자동차에 관한 '자율적 안전 자기점검Voluntary Safety Self-Assessments' 발표를 장려함으로써 자율주행기술에 관한 투명성과 신뢰성을 도모한다는 것을 기본입장으로 밝히고 있다.[382] 즉 자율주행자동차 업계에 의한 자발적 기술표준 수립을 장려하면서, 비규제적non-regulatory 수단을 우선시한다는 접근방식을 취할 것임을 밝히고 있는 것이다.[383]

DOT는 '자유주행자동차에 관한 연방정부DOT의 정책과 역할'에 관해서는, 자율주행자동차를 포함한 운전대, 페달 및 후사경 등이 없는 혁신적인 자동차 설계에 관한 안전기준을 수립하는 것은 DOT의 역할이라는 것을 명시적으로 확인하면서, 이를 위한 자율주행자동차에 적용될 안전기준을 수립하는 것에 관한 NHTSA의 접근방식에도 근본적인 변화가 있어야 한다고 지적하고 있다.[384] DOT는 이와 관련해 구체적으로 우선 운전자가 탑승한 경우에 한해 자율주행시스템이 탑재된 자동차에 관해 기존의 안전기준에 관한 일부 예외를 인정하는 내용의 규제개선 방안을 밝힐 예정이고, 이와 같은 예외 인정의 청원에 관한 NHTSA의 절차 역시 간소화 및 현대화할 예정이라는 것을 밝히고 있다.[385]

DOT는 그러면서도, 결론적으로 안전과 혁신safety and innovation의 조화와 증진 balance and promote을 위해 기존의 자동차에 관한 규제의 방향과 마찬가지로 '형식

---

381 연방 자율주행자동차 정책 2016(註 220), 2016, p.37.

382 「연방 자동차 안전기준(FMVSSs)」에 따라 기존의 자동차에서도 제조업자의 자기인증에 의한다는 점은 위에서 살펴본 것과 같다. DOT와 NHTSA의 기본입장은 자율주행자동차에 관해서도 이와 같은 방식을 유지하겠다는 것으로 이해된다.

383 연방 자율주행자동차 정책 2018(註 223), pp.viii.

384 연방 자율주행자동차 정책 2018(註 223), pp.ix.

385 연방 자율주행자동차 정책 2018(註 223), p.7. DOT 산하의 "연방운송 안전국(Federal Motor Carrier Safety Administration; FMCSA)" 역시 상업용자동차에 관한 자율주행시스템의 도입과 관련해 마찬가지 입장을 취할 것임을 밝히고 있다.

승인type approval'이 아닌, 제조업자의 '자기승인self-certification'을 신뢰하는 방식을 우선적으로 취할 것이라고 하면서, 국제사회와 공조하여 접근방식을 수정해 나간다는 입장을 밝혔다.[386]

(3) 자율주행시스템 안전 요소ADS safety elements

NHTSA는 2017년 발표한 "연방 자율주행자동차 정책 2017"[387]에서, 아래와 같이 12개 항목의 "자율주행시스템 안전 요소ADS safety elements"을 발표하였다.[388]

위 "연방 자율주행자동차 정책 2017"은 "자율적 지침voluntary guidance" 부분과 "주에 대한 기술적 기원technical assistance to states" 두 부분으로 구성되어 있다. NHTSA는 아래와 같은 12개 항목의 "자율주행시스템 안전 요소"는 "자율적 지침" 부분에 위치시키고, 이는 자율주행 관련 산업 종사자들entities에 대한 자율적 지침voluntary guidance 내지 준수사항으로서의 성격을 가진다는 점을 밝히고 있으면서도,[389] 다른 한편으로 이는 자율주행자동차 관련 산업계의 입장에서도 견해가 일치된 것일 뿐만 아니라, 자율주행자동차의 개발, 시험 및 도로주행에 관한 가장 중요한 설계 요소로서 보고 있는 것이라는 점을 분명히 하고 있다.[390]

NHTSA가 2017. 9. 발표한 12개 항목의 '자율주행시스템 안전 요소'의 구체적인 내용은 다음과 같다. 이하의 구체적 내용은 자율주행 관련 산업 종사자entities들에 대한 '권장사항'의 형식을 취하고 있다.[391]

① 시스템 안전성system safety: 불합리한 안전상의 위험unreasonable safety rick을 배제하는 것을 목표로 한 설계 및 검증 절차를 준수할 필요성. 국제표준화기구ISO와 SAE 등의 자율적 지침, 모범사례 등의 채택 및 항공, 우주 및 군사 등 관련 산업의 기준과 절차 등에 대해서도 필요한 부분을 수용할 필요성. 자율주행시스템의 위험분석 및 안전상 위험 측정을 포함한 설계 및 검증 절차 수립, 소프트웨어 개발 및 검증 절차의 중요성 인식 및 체계화 필요성. 특히 소프트웨어 업데이트와

---

386   연방 자율주행자동차 정책 2018(註 223), pp.ix.

387   註 222 참조.

388   연방 자율주행자동차 정책 2017(註 222), p.5 이하.

389   연방 자율주행자동차 정책 2017(註 222), p.iii.

390   연방 자율주행자동차 정책 2017(註 222), p.8.

391   연방 자율주행자동차 정책 2017(註 222), p.5

142   제2장 자율주행 관련 기초논의

관련한 오류 발생 가능성의 철저한 점검 필요성. 자율주행시스템 개발 절차와 관련한 정보의 투명화 등의 필요성.

② 작동설계영역operational design domain; ODD: 자율주행시스템ADS의 작동설계영역ODD을 정의내리고 문서화할 필요성. 작동설계영역ODD은 자율주행시스템이 어디에서 언제 작동하도록 설계되었는가에 관한 정의로서, 도로유형(고속도로, 지방도로 등), 지리적 지역(도시, 산, 사막 등), 속도의 범위, 환경조건(기후, 주간/야간 구별 등) 및 다른 설계영역상의 제약 등에 관한 정보를 포함하도록 할 필요성.

③ 사물과 사건 감지 및 대응object and event detection and response; OEDR: 자율주행시스템ADS은 그 작동설계영역ODD의 범위 내에서 작동되는 경우에는 사물과 사건 감지 및 대응OEDR을 수행해야 하고, 이는 긴급자동차, 도로공사, 경찰 등에 의한 수신호 등 예측 가능한 다양한 상황 하에서도 정상적으로 작동해야 하는 것이므로, 그 능력에 관한 평가, 시험 및 검증을 문서화된 절차로 수행할 필요성. 정상운전normal driving 시에 갖추어야 할 행동 역량behavioral competency과 위험 시의 충돌회피crash avoidance 기능 및 설계상 선택에 관한 평가, 시험 및 검증 절차를 문서화할 필요성.

④ 비상조치(최소위험상태)fallback(minimal risk condition; MRC): 자율주행시스템ODD은 자율주행 중 고장, 기능저하, 작동설계영역ODD으로부터의 이탈 상황을 스스로 감지하고, 시스템이 안전하게 작동할 수 없는 경우 최소위험상태MRC로 대체(비상조치)할 수 있도록 하며, 비상조치시의 전략과 행동 등의 평가, 시험 및 검증 절차를 문서화할 필요성.

⑤ 검증방안validation methods: 자율주행시스템ADS의 안전상 위험을 최소화할 수 있는 검증방안을 수립할 필요성. 혁신적인 수단을 사용하는 시험의 실시, 검증기관의 성능평가기준을 마련하는 경우 NHTSA, SAE, ISO 등과 공조하여야 할 필요성.

⑥ 인간 기계 인터페이스human machine interface; HMI: 자율주행시스템ADS은 자동차와 운전자의 상호작용인 인간 기계 인터페이스HMI와 관련해 새로운 복잡한 문제를 가져오게 되므로, 자동차는 인간 운전자에게 정확한 정보를 전달할 능력을 갖추어야 함. 이는 특히 3단계 자율주행과 같이 인간 운전자가 시스템으로부터 운전을 수행할 것을 요구받을 수 있는 경우 그러함. 운전자가 개입하는 상황은 운전자의 인식과 준비상황에 비추어 합리적이고 적절한 것이 되어야 한다는 점을 유념할 필요성.

⑦ 자동차 사이버보안vehicle cybersecurity: 사이버보안상 위협 및 취약점 등에 따른 안전상 위험을 최소화하는 시스템 엔지니어링 접근 방식에 따른 제품 개발 절차를 준수할 필요성. 개별 자율주행시스템ADS, 이를 포함한 전체적인 자동차 설계, 교통생태계 전반에 걸친 체계적이도 지속적인 안전상 위험의 평가가 수반되어야 할 필요성.

⑧ 충돌안전성crashworthiness: 탑승자 보호occupant protection의 측면에서, 인간 운전자의 탑승 여부를 불문하고 탑승자의 안전 확보를 위한 충돌안전성 대책을 마련할 필요성. 적합성compatibility의 측면에서, 인간이 탑승하지 않고 사용될 것을 전제로 한 자동차(무인배송 등)의 경우는 주변 도로 이용자 및 자동차를 보호할 수 있도록 충돌 에너지를 흡수하는 방향으로 설계될 필요성.

⑨ 자율주행시스템의 충돌 후 조치post-crash ADS behavior: 자동차의 충돌시 자율주행시스템이 즉각적으로 안전한 상태로 회복될 수 있는 방안을 고려해야 할 필요성 (충돌의 심각성에 따라, 예컨대 연료 공급, 동력 및 전력 등 차단, 안전한 지점으로의 이동). 자동차 통신을 통해 충돌로 인한 피해 경감을 위한 정보를 공유할 필요성. 사고가 발생한 자율주행시스템의 수리와 재사용시 안전한 작동을 확보하기 위한 필요한 절차 등을 문서로서 관리할 필요성.

⑩ 정보 기록data recording: 충돌 데이터로부터의 학습을 위해 관련 정보를 기록할 필요성. 충돌과 관련한 고장, 기능저하 및 그밖의 오작동 등에 관한 정보를 시험, 검증 및 수집할 수 있는 문서화된 절차를 마련할 필요성. SAE 등 기관에 의한 자율적 준수사항, 실무관행, 설계원칙과 기준에 따를 필요성.

⑪ 소비자 교육 및 훈련consumer education and training: 자율주행시스템ADS의 안전성 증진을 위해 소비자에 대한 교육과 훈련의 중요성을 인식하고, 이를 체계적으로 실시할 필요성. 소비자 교육 프로그램의 내용으로, 자율주행시스템의 작동의도, 작동상 제반 조건parameter, 시스템의 능력과 한계, 작동/해제 방법, 인간 기계 인터페이스HMI, 비상조치emergency fallback 시나리오, 작동설계영역ODD상의 제반 조건(예컨대 한계) 등을 포함시킬 필요성.

⑫ 연방, 주 및 지방 법령federal, state and local laws: 자율주행자동차와 자율주행시스템ADS에 적용되는 모든 연방, 주 및 지방 법령의 준수 여부를 문서화할 필요성. 다만 안전과 관련한 중요한 상황(예컨대 도로 전방에 고장난 채 정차된 자동차를 피해서 안전하게 주행하기 위해 부득이 중앙선을 침범해야 하는 경우)에서 인간 운전자라면 일시

적으로 주 도로교통법규를 위반할 수 있을 것인데, 자율주행시스템도 마찬가지로 이와 같은 예상 가능한 상황에 대처할 수 있는 능력을 갖추어야 하고, 이와 같은 다양한 시나리오를 시험, 검증하기 위한 문서화된 절차를 마련할 필요성. 관련 법규정의 개정 경과를 지속적으로 반영하기 위한 절차를 마련할 필요성.

NHTSA는 위 12개 항목의 "자율주행시스템 안전 요소"에 뒤이어, 자율주행자동차 개발자에 의한 자율주행자동차에 관한 '자율적 안전 자기점검Voluntary Safety Self-Assessments' 발표를 권장사항으로서 언급하고 있다.[392] NHTSA는 자율주행자동차 개발자가 자율주행자동차의 시험 및 도입 전에 위 자율적 안전 자기점검을 거칠 것을 권장한다고 하면서도, 연방정부가 이를 강제하거나, 그 공개를 요구하거나, 시험 및 상용화의 연기를 요구하지는 않을 것임을 명시하는 한편 위 자율적 안전 자기점검은 연방정부에 의한 승인의 대상도 아니라는 점을 분명히 하고 있다.[393]

다만 위 12개 항목의 "자율주행시스템 안전 요소"의 구체적인 내용을 보면, 이는 자율주행자동차의 제조업자 등 개발자로 하여금 자율주행자동차의 안전성을 확보하기 위한 필요최소한의 구체적 조치들을 사실상 요구하는 것과 다름없다고 평가할 수 있다. 이와 같은 자율주행자동차의 제조업자 등에 대한 적극적인 안전조치 의무를 사실상 부과하고 있는 미국 정부의 이와 같은 정책이 현실적으로 점차 세밀화, 구체화 현실화됨에 따라 자율주행자동차의 제조업자 등이 위 자율주행자동차 정책에 기재된 것과 같은 "자율주행시스템 안전 요소"상의 필요한 안전확보조치를 취하였는지 여부는 제조물인 자율주행자동차의 결함 여부의 판단 문제에 큰 영향을 미치고, 이를 사실상 좌우하는 결과를 가져올 수도 있다고 본다. 이는 한국의 자율주행자동차에 대한 정책 수립 및 법적책임 판단의 기준 설정의 문제에도 참고가 될 수 있을 것이라고 본다.

나) 현행 「연방교통 및 자동차 안전법National Traffic and Motor Vehicle Safety Act of 1966」에 따른 NHTSA의 규율

현행 연방법인 「연방교통 및 자동차 안전법National Traffic and Motor Vehicle Safety Act of 1966」(49 U.S.C.)에 의한 자동차의 안전성에 관한 다음과 같은 일반적인 규율 내용

---

392 연방 자율주행자동차 정책 2017(註 222), p.16.

393 前註.

은 자율주행자동차 관해서도 역시 적용될 수 있다. 즉 자율주행자동차에 충돌, 사망 또는 부상에 관한 "불합리한 위험unreasonable risk"[394]가 있는 것으로 인정되는 경우에는 해당 제조업자와 판매업자뿐만 아니라, NHTSA에게도 필요한 조치를 취할 의무가 부과된다.[395] 원칙적으로 제조업자가 그와 같은 결함에 대한 고지 및 피해구제 의무를 독립적으로 부담하나,[396] NHTSA 역시 제조업자에게 그와 같은 조치를 명령할 것이 요구된다.[397] 또한 판매업자는 그와 같은 결함 있는 자동차를 판매하는 것이 금지된다.[398]

이와 같은 자동차는 NHTSA의 성능기준performance standards에 부합한다고 하더라도 결함 있는 것defective으로 될 수 있다. "자동차의 안전성에 관한 결함"이 있거나 자동차 안전 기준에 부합하지 않는 자동차와 부품은 리콜recalls에 관한 규정들의 적용 대상이 될 수 있다.[399] 결함defect은 자동차 또는 자동차 부품의 기능, 제조, 구성요소 또는 재질상의 어떠한 결함이라도 포함된다.[400] 또한 자동차 안전성motor vehicle safety은 자동차 또는 자동차 부품이 '자동차의 설계, 제작 또는 성능으로 인해 발생할 수 있는 불합리한 위험' 또는 '사고 시 사망 또는 부상에 관한 불합리한 위험'으로부터 공중public을 보호하도록 기능하는 것을 말하고, 자동차의 조작에 관련되지 않은nonoperational 안전성도 포함한다.[401]

다) 자율주행자동차에 관한 미국 연방법률안

위 「연방교통 및 자동차 안전법」에 대한 수정amendment법안인 "SELF DRIVE Act" 법안과 "AV START Act" 법안 등 2개의 법안이 현재 연방 의회 상원에 계류 중이다.

---

[394] 49 U.S.C. §30102(a)(8).

[395] 49 U.S.C. §§30101-30170.

[396] 49 U.S.C. §§30118-30120. 또한 가능한 결함(possible defects)에 관한 49 U.S.C §30166(m)(3)(c)도 참조.

[397] 49 U.S.C. §30118(b).

[398] 49 U.S.C. §30120(i).

[399] 49 U.S.C. §30118(a).

[400] 49 U.S.C. §30102(a)(2).

[401] 49 U.S.C. §30102(a)(8).

(1) SELF DRIVE Act

「생명의 안전한 보장, 자동차의 혁신의 미래 사용[402]과 연구에 관한 법Safely Ensuring Lives Future Deployment and Research In Vehicle Evolution Act」 또는 "SELF DRIVE Act"[403] 법안이 2017. 9. 6. 미국 연방의회 하원House을 통과하여,[404] 현재 미국 연방의회 상원Senate에 계류 중이다.[405]

위 법안의 주요 내용은 다음과 같다. 즉 위 법안은 "고도자율주행자동차highly automated vehicles; HAV"[406]의 시험과 활용의 증대를 통해 그 안전성을 확보하는 것을 연방정부, 보다 구체적으로 NHTSA의 역할로 명시하고 있다. "고도자율주행자동차HAV"는 상업용 제동차를 제외한 자동차로서, 모든 동적운전작업dynamic driving task; DDT을 연속된 기반sustained basis에 따라 수행할 수 있는 자동운전시스템automated driving system; ADS[407]이 탑재된 자동차로 정의된다. 고도자율주행자동차, 자동운전시스템 및 자동운전시스템의 구성요소component에 관한 설계design, 제작construction과 성능performance의 측면에 관한 입법 및 규제권한은 DOT 및 NHTSA가 독점적으로 보유하고, 이에 관한 주정부의 입법권과 규제권한은 배제된다. 즉 위 설계, 제작 및 기능에 관한 주정부의 입법 및 규제내용은 NHTSA가 제정하여 시행하는 위 연방

---

[402] 연방 자율주행자동차 정책 2016(註 220), p.6에서는 동일한 용례인 사용(deployment)을 '고도자율주행자동차(HAV)의 설계자, 개발자 또는 제조업자의 직원이나 대리인이 아닌 일반 공중의 구성원들에 의한 고도자율주행자동차(HAV)의 조작(operation)'으로 정의내리고 있다.

[403] 공식 명칭은 「An Act To amend title 49, United States Code, regarding the authority of the National Highway Traffic Safety Administration over highly automated vehicles, to provide safety measures for such vehicles, and for other purposes」이다.

[404] 연방의회 하원의 "경제 통상 위원회(Committee on Energy and Commerce)"를 만장일치(54-0)로 통과하였다.

[405] H. R. 3388 - 115th Congress (2017-2018). 현재 미국 연방의회 상원의 '통상 과학 교통 위원회 (Committee on Commerce, Science, and Transportation)'에 회부되어 있다. 미국 연방의회의 아래 웹페이지 참조(2018. 8. 2. 최종확인).
https://www.congress.gov/bill/115th-congress/house-bill/3388/text

[406] 위에서 본 것과 같이 SAE J3016과 그에 따르고 있는 NHTSA 자율주행단계 중 3~5단계의 자율주행기술이 적용된 자율주행자동차를 지칭한다.
한편 DOT와 NHTSA는 2016년에 발표한 연방 자율주행자동차 정책 2016(註 220)에서는 3단계 이상의 자율주행자동차를 지칭하는 '고도자율주행자동차(HAV)'라는 표현을 사용하다가, 2017. 9. 발표한 연방 자율주행자동차 정책 2017(註 222)에서부터는 고도자율주행자동차(HAV)라는 용례를 사용하지 않고 있지 않다는 것은 위에서 본 것과 같다.

[407] 위에서 본 SAE J3016에서 본 자동운전시스템(automated driving system, ADS)에 관한 정의를 그대로 채용하고 있다.

기준과 동일한 내용일 경우에만 유효하다.

고도자율주행자동차의 특성에 맞게 「연방 자동차 안전기준FMVSSs」이 개정되어야 하고, 자율주행자동차의 제조업자는 일정 기간과 생산규모 이하의 자율주행자동차에 관해 「연방 자동차 안전기준FMVSSs」에 따른 검사의 면제를 신청할 수 있다.

DOT는 고도자율주행자동차와 자동운전시스템의 개발에 관해 안전성 평가 인증safety assessment certification 제도를 시행해야 한다. 또한 DOT는 고도자율주행자동차의 구매 예정자들에게 위 자동차의 기능capability과 그 한계에 관한 정보를 제공해야 하고, '고도자율주행자동차 자문위원회Highly Automated Vehicle Advisory Council'를 설치하여, 장애, 고령 및 빈곤계층의 이동 접근성mobility access에 관한 지침 guidance을 수립해야 하며, 총중량 1만 파운드 이하의 모든 새로운 승용차에 대해 뒷좌석 탑승자 경고 시스템rear seat occupant alert system이 탑재되도록 의무화하여야 하며, 자동차 전조등에 관한 새로운 안전기준을 수립해야 한다.

한편 고도자율주행자동차의 제조업자는 이를 판매하기 전에 반드시 사이버보안cybersecurity과 사생활privacy 보호에 관한 서면으로 된 계획을 수립해야 한다.

(2) AV START Act

위 "SELF DRIVE Act" 법안과는 별도로, 「혁신적인 기술의 발전을 통한 안전한 교통을 위한 미국의 비전 법American Vision for Safer Transportation through Advancement of Revolutionary Technologies Act」 또는 "AV START Act" 법안[408]이 2017. 9. 28. 연방 상원에 제출되어 현재 통상 과학 교통 위원회에서 심의 중이다.[409]

"AV START Act" 법안은, "SELF DRIVE Act" 법안과는 달리 자율주행기술과 자율주행자동차에 관한 SAE[410]의 설명을 법안 본문 내용 중 명시적으로 채택하

---

[408] 공식 명칭은 「A bill to support the development of highly automated vehicle safety technologies, and for other purposes」이다.
위 "AV START Act" 법안 및 "SELF DRIVE Act" 법안과의 비교 등에 관한 국내 문헌으로, 전용일 · 유요안, "미국 상원 자율주행법안(AV START ACT)의 주요내용 및 시사점", 법조 2018년 4월호(통권 728호), 법조협회, 2018, 210면.

[409] S.1885 – 115th Congress (2017-2018). 2017. 11. 28. 그 내용이 대폭 개정되었다. 미국 연방의회의 아래 웹페이지 참조.
https://www.congress.gov/bill/115th-congress/senate-bill/1885(2018. 8. 4. 최종확인)

[410] 위에서 본 SAE Recommended Practice(J3016) 중 2016. 9. 30.에 발표된 것을 인용하고 있으나, 위에서 본 SAE J3016 등 이후 개정된 SAE Recommended Practice(J3016)의 최신 내용을 받아들일 것을 전제로 하고 있다.

여, 자동운전시스템^{automated driving system; ADS}을 정의내리고 있다. "AV START Act" 법안은 '고도자율주행자동차^{HAV}'를 'SAE J3016의 3, 4, 5단계의 자율주행기술이 적용된 총중량 1만 파운드 이하의 자동차'로 정의내리고 있다.[411] 나아가 위 법안에서는 '고도자율주행자동차^{HAV}' 중에서 '모든 여정에 관해^{for all trips}, SAE J3016에 따른 4, 5단계의 자율주행기술에 의해서만 조작될 것으로 설계된^{designed to be operated exclusively} 자율주행자동차를 '고도자율주행 전용專用 자동차^{dedicated highly automated vehicle}'로 세분화하여 정의내리고 있다는 점에서 "SELF DRIVE Act" 법안과 차이를 보이고 있다.[412]

그밖에, "AV START Act" 법안은 자율주행기술과 자율주행자동차에 관한 연방규제의 우선, 평가인증제도, 사이버보안 등에 관해 위 "SELF DRIVE Act" 법안과 유사한 내용을 포함하고 있는 한편 연방 교통부^{DOT} 산하의 "국가교통체계센터^{John A. Volpe National Transportation Systems Center of the Department of Transportation}"의 국장^{director}을 대상으로, 위 주요 항목들에 관한 보고서 작성 의무를 부과하고, 세부 위원회 구성 등을 지시하는 등의 위 "SELF DRIVE Act" 법안과 차별화된 내용들도 포함하고 있다.[413]

3) 자율주행자동차에 관한 미국 주정부의 규율

자율주행자동차에 관한 미국의 정부 차원의 규제는 연방정부보다는 주정부에 의한 규제가 시기적으로 보다 앞서고 있다. 네바다주에서 2011년 최초로 도로교통법규정상 자율주행자동차에 관한 규정을 둔 것을 시작으로,[414] 플로리다주,[415] 캘

---

[411] 다만 DOT와 NHTSA가 발표한 자율주행자동차 정책에서, 2017. 9.부터는 "고도자율주행자동차(HAV)"라는 용례를 사용하지 않고 있지 않다는 것은 위에서 본 것과 같다.

[412] 위 법안에 따르면 주정부는 '고도자율주행 전용(專用) 자동차(dedicated highly automated vehicle)'에 관해서는 자동차 조작자(operator)에 대해, 장애[disability. 연방 장애인법(Americans with Disabilities Act of 1990. 42 U.S.C. 12102)의 정의에 따른다]를 근거로 하여 차별하는 내용으로 위 자동차의 조작 또는 이용에 관한 면허를 발급할 수 없다.

[413] 자세한 내용은 미국 연방의회의 아래 웹페이지의 위 법안 전문 참조(2018. 8. 4. 최종확인).
https://www.congress.gov/bill/115th-congress/senate-bill/1885/text.
또한 미국 "전국주의회회의(National Conference of State Legislature)"의 아래 웹페이지도 참조.
http://www.ncsl.org//Portals/1/Documents/standcomm/scnri/senate_commerce_ads_1_25672.pdf(2018. 8. 4. 최종확인).

[414] NRS 482.A 및 NAC 482.A. 2011. 6.에 제정되어 2013. 7. 1. 개정되었다.

[415] Fla. Stat. Title XXIII. Ch. 319. S 145.

리포니아주,[416] 워싱턴 DC District of Columbia[417] 등이 그 뒤를 이었다.[418] 2018. 6. 현재 41개주와 워싱턴 DC에서 입법 또는 행정명령의 여러 다양한 형태로 자율주행자동차에 관한 법령을 두고 있다고 알려진다.[419]

위와 같이 각 주에서 자율주행자동차에 관한 규정들을 제정하기 이전부터 자율주행자동차 또는 무인자동차 driverless vehicle의 도로 시험주행 등을 위해 법적 근거가 반드시 필요한지(즉 자율주행자동차가 기존에 시행 중이던 도로교통 관련 법규정에 의할 때 금지된다고 볼 것인지)에 관해서는 논란이 있고,[420] 기존의 각 주의 도로교통 관련 법규정에 의하더라도 자율주행자동차의 운행은 허용된다는 견해도 있었다.[421]

위에서 본 것과 같이 미국에서는 자율주행자동차의 안전성 요건 등에 관해서는 연방정부가 규제 권한을 행사하고 있고, 자율주행기술과 자율주행자동차에 관한 주정부 차원의 규제의 구체적인 내용은 각 주에 따라 조금씩 차이를 보이고 있기는 하나, 주로 자율주행자동차의 도로상 구체적인 운행과 관련된 각종 행정적 규제에 그 초점이 맞추어져 있는 것으로 보인다.[422] 즉 위에서 본 자율주행자동차에 관한 각 주 법령들은 자율주행자동차의 도로상 시험주행 등에 관한 법령상 근거 마련 및 이를 위한 허가 등 요건과 자율주행자동차의 등록 및 운전자(사용자)의 시험주행 등을 위한 면허 체계 정비,[423] 시험 주행 중의 사고에 관련된 보험 가입 의무화

---

416 Cal. Veh. Code, Division 16.6.

417 L19-0278.

418 각 주법의 규율 내용에 관한 상세는 Anderson, et. al.(註72), p.43. 이하 참조

419 미국 전국주의회회의 아래 인터넷 웹페이지에서 각 주의 자율주행자동차 관련 교통법규정의 제정 현황을 확인할 수 있다.
http://www.ncsl.org/research/transportation/autonomous-vehicles-self-driving-vehicles-enacted-legislation.aspx(2018. 8. 2. 최종확인).

420 Anderson, et. al.(註72), p.41. 이하.

421 Smith 1(註57), p.51 이하.

422 각 주의 구체적인 규율 내용은 Smith 1(註57), p.51 이하; Anderson, et. al.(註72), p.41 이하; Kohler · Colbert-Taylor(註74), p.111 이하 각 참조.
한편 자율주행자동차에 관한 미국 주정부 정책과 입법 등에 관한 국내 문헌으로, 김상태 · 김재선, "미국 캘리포니아의 자율주행자동차 관련 법제 분석", 경제규제와 법 제10권 제1호, 서울대학교 공익산업법센터, 2017. 5. 30면; 문준우, "미국의 자율주행차 관련 연방법, 주법, 가이드라인—자율주행차의 상업적인 사용을 허가한 미국의 주들을 포함하여—", 법과 기업연구 제7권 제3호, 2017. 12. 109면 등 참조.

423 네바다주와 플로리다주 법은 운전자(사용자)가 유효한 자동차 운전면허를 가지고 있을 것을 요건으로 하고 있고[Fla. Stat. Ann. §316.85(1); Nev. Rev. Stat. Ann. §482A.200], 캘리포니주 법은 제조업자의 직원이나

등을 주된 대상과 내용으로 하고 있다.

따라서 자율주행자동차와 자율주행기술로 인한 법적책임 판단 문제에 직접적으로 영향을 미친다고 볼 수 있는 자율주행자동차의 안전성 측면에 관한 규제의 문제에 관해서는 주정부보다는 연방정부의 규제 내용이 직접적인 논의의 대상이 될 것이다.[424]

4) 미국 정부의 자율주행자동차 정책에 대한 평가

미국에서 자동차에 관한 기술적 안전성 요건 등에 관한 직접적이고도 구체적인 규제 권한은 주정부가 아닌 연방 정부가 행사해 왔다. 현재까지 DOT와 NHTSA가 미국 연방정부 차원에서 발표한 자율주행자동차에 관한 일련의 규제정책을 보면, 자율주행자동차의 안전성에 관해서도 기존의 자동차와 마찬가지로 연방정부가 우선적으로 규제 권한을 행사하는 정책을 유지할 것으로 보인다.

미국 연방정부가 ① 자율주행자동차의 안전성과 관련해 기존의 자동차에서와 마찬가지로 개발자 스스로에 의한 자기승인을 신뢰하고, 비규제적 수단의 우선적 고려 등 '사후적 접근방식'을 취하고,[425] ② 자율주행의 단계구분과 관련해서도 운전자에 대한 자동차 제어권 유보를 강조하는 방향으로 기술하고 있는 것은, 현 시점에서 미국에서 테슬라Tesla와 구글Google 등에 의한 자율주행기술 발전과 상용화 시도의 정도와 범위 등이 가장 두드러지고 있는 상황에서, 연방정부 차원에서 자국의 자율주행자동차 개발을 최대한 장려 내지 촉진하겠다는 의도가 내포된 것으로 이해된다.

미국 연방정부의 입장은 형식상으로는 자율주행자동차의 안전 규제에 관해 현

제조업자에 의해 지정된 사람 등으로 운전자(사용자)를 제한할 뿐만 아니라, 시험주행 대상 자율주행자동차의 종류에 적합한 유효한 자동차 운전면허를 가질 것을 요건으로 하고 있다[Cal. Veh. Code § 38750(b)(2)]. Anderson, et. al.(註 72), p.43 이하; Funkhauser, pp.452, 458 각 참조.

[424] 따라서 이 글에서는 미국 주 정부 차원에서의 자율주행자동차에 관한 규제에 관한 상세는 관련 문헌들을 원용하는 것으로 갈음하고자 한다.

[425] 다만 NHTSA는 위에서 본 것과 같이 「연방 자동차 안전기준(FMVSSs)」에 정함이 없는 사항에 관해서도 리콜할 수 있으므로, 자율주행자동차 제조업자가 자기승인을 이행하고 「연방 자동차 안전기준(FMVSSs)」을 모두 준수한 경우라고 하더라도, '안전성에 관해 불합리한 위험'을 야기한다고 인정되는 경우에는 리콜을 할 수 있을 것이다. Cameron(註 243), p.59.

재까지는 다소 유보적 내지 중립적인 입장을 취하면서, 자율주행자동차의 개발과 시험운행 등에 필요한 근거규정 마련 등을 통해 자동차 제조사와 소프트웨어 개발자 등에 의한 자율주행자동차 개발 및 상용화를 사실상 장려하는 입장을 취하는 것으로 이해할 수 있다.[426]

다만 DOT가 기존의 자동차와 마찬가지로 자율주행자동차 개발자[ADS developers]에 의한 자율주행자동차에 관한 '자율적 안전 자기점검[Voluntary Safety Self-Assessments]' 발표[427]에 의하도록 하는 '사후적 접근방식'의 정책 방향을 유지하면서도, NHTSA가 2017. 9. 발표한 자율주행자동차 정책에서 12개 항목의 "자율주행 시스템 안전 요소[ADS safety elements]"를 통해 자율주행자동차의 안전성 확보를 위한 매우 구체적인 기준을 제시하면서 필요한 조치들을 사실상 요구하고 있는 것은, 자율주행자동차에 필요한 안전성을 확보하기 위한 정부 차원의 적극적인 조치의 일환으로서 충분히 이해될 수 있다.

미국 연방정부가 취하고 있는 이와 같은 접근방식이 새로운 기술인 자율주행자동차에 대한 안전성 확보라는 결과로 문제없이 이어질지, 자율주행자동차의 개발을 언제나 촉진하는 측면으로만 작용할 것인지, 이를 통해 소비자 내지 사용자의 신뢰가 형성되고 자율주행자동차에 관한 저변 확대를 가져와, 결론적으로 자율주행산업의 발전이라는 결과로 이어질지 앞으로의 전개 방향과 경과가 주목된다.

다만 연방정부 차원에서 자율주행자동차에 관한 안전성 확보를 위한 법령상 최소한의 명확한 기준 설정과도 같은 보다 적극적인 조치가 필요하다고 볼 수도 있다. 자율주행자동차의 안전성에 관한 정부 차원의 뒤늦은 개입은 오히려 기술에 관한 사회의 궁극적인 신뢰 형성에 악영향을 가져올 수도 있을 것이다. 미국 연방정부 차원에서의 자율주행자동차에 대한 향후의 정책 방향 추이는 자율주행자동차에 관한 법적책임 판단 문제에도 적지 않은 영향을 미칠 수 있다고 본다.

연방의회에서 현재 심사 중인 자율주행자동차 관련 연방법안인 "SELF

---

426 DOT와 NHTSA가 위에서 살펴본 자율주행기술의 단계 구분과 관련한 각 단계별 구체적 설명에서 운전자에 의한 자동차 통제 및 적극적 개입의 측면을 보다 강조하는 취지로 설명하면서, 4단계에서도 '운전자 스스로의 제어권 회수'(2017년) 및 '시스템의 개입요구 가능성'(2018년) 등을 언급하고 있는 것(이에 관한 상세는 본장 제3절 '자율주행 단계구분과 법적책임' 부분 참조). 역시 같은 맥락에서 가능한 운전자에게 책임을 유보하고자 하는 취지로서 이해할 수 있다.

427 DOT 역시 이를 법규상 의무로 정하지 않을 방침을 시사하고 있다. 연방 자율주행자동차 정책 2018(註 223), pp.viii.

DRIVE Act"과 "AV START Act" 법안 모두 3단계 이상의 '자율주행자동차(고도자율주행자동차HAVs)'의 안전성을 확보하기 위한 연방정부의 역할을 명시적으로 규정하여 자율주행자동차에 대한 연방정부(연방 교통부DOT)의 법령 제정을 포함한 안전기준 설정 의무 등 구체적인 실천 방안을 부과하면서 연방정부가 설정한 안전기준에 배치되는 주정부 및 주의회의 규제 권한을 배제하고, 제조업자 등에게도 안전대책 마련 등에 관한 일정한 의무를 사실상 부과하고 있는 것은, 기존의 자동차의 안전성 규제와 관련해 연방의회와 연방정부가 취해 온 기본 원칙을 자율주행자동차의 영역에 관해서도 재확인하였다는 점에서 나아가 현 시점에서의 연방정부(DOT와 NHTSA)로 하여금 보다 적극적이고도 현실적인 조치를 마련할 것을 요구하는 것으로 평가할 수 있다.

나. 독일

1) 독일 정부의 자율주행자동차 정책

가) 자율주행자동차에 관한 독일 연방 교통부BMVI의 정책

독일 정부는 자율주행자동차에 관해 적극적인 육성 전략을 수립, 실천하고 있다. 독일 연방 교통부BMVI는 2013. 11. 자문위원회인 '자동운전원탁회의Runder Tisch Automatisiertes Fahren; RTAF'를 구성하였고,[428] 2015. 9. 발표한 보고서 "자동 및 커넥티드 운전을 위한 전략Strategie automatisiertes und vernetztes Fahren"[429]에서는 자율주행기술의 긍정적 효과들로 교통 효율의 증대, 도로교통 안전의 증진, 매연 감소 등을 소개한 후,[430] 공급선도, 시장선도 및 표준화된 기술 도입 등을 정책목표로 제시하고 있다.[431] 이를 위한 구체적인 정책 실시 영역과 수단으

---

[428] "자동운전원탁회의(RTAF)"의 상세에 관해서는 아래 독일 연방 교통부 홈페이지의 설명 참조. https://www.bmvi.de/DE/Themen/Digitales/Automatisiertes-und-vernetztes-Fahren/automatisiertes-und-vernetztes-fahren.html(2019. 1. 11. 최종확인)

[429] 註 246 참조.

[430] 자동 및 커넥티드 운전을 위한 전략(註 246), p.8.

[431] 자동 및 커넥티드 운전을 위한 전략(註 246), p.12 이하.

로, ① 사회간접시설Infrastruktur 분야에서는, 디지털 시설기반과 지능형 도로를 위한 기준 마련, ② 입법Recht 분야에서는, 비엔나협약[432] 및 「UN 자동차 규정United Nations Vehicle Regulations」 중 조향장치steering equipment에 관한 제79조Regulation No. 79를 독일의 입장을 반영하여 개정되도록 하기 위한 노력의 필요성,[433] 독일 「도로교통법Straßenverkehrsgesetz; StVG」 등 교통 관련 규정의 개정 필요성, 자율주행자동차에서 '자율주행시스템과 운전자 상호 간의 차량에 대한 제어권의 배분과 이전' 등 새로운 특질에 관한 운전자 교육의 필요성 및 이를 위한 운전면허 규정의 정비 필요성, 형식승인 및 기술검사 절차의 마련, ③ 혁신Innovation 분야에서는, 디지털 시험 주행도로Digitales Testfeld Autobahn 개발과 연구개발 자금 마련, ④ 네트워크Vernetzung 분야에서는, 데이터 관리, 교통신호 연계화, 고도로 정교한 지도 시스템의 개발, 마지막으로 ⑤ 사이버 보안과 데이터 보호IT-Sicherheit und Datenschutz 분야에서는, 사이버 보안 표준화와 데이터 보안에 관한 방안 마련 등을 정책목표로 제시하고 있다.[434]

독일 연방 교통부(BMVI)는 위 연방정부 보고서에 뒤이어, 2016. 6. 22. "도로교통 자동화 및 네트워킹 연구개발 프로그램Forschungsprogrammzur Automatisierung und Vernetzung im Straßenverkehr" 보고서[435]를 발간하여, 운전자와 자동차의 상호작용, 도로교통의 조직화, 협업과 네트워킹 등을 주요한 연구 과제로 제시하기도 하였다.[436]

나) 독일 연방 교통부BMVI 산하의 자동 및 커넥티드 운전 윤리위원회 보고서

독일 정부 차원에서의 자율주행자동차에 관한 인식과 규제에 관한 최근의 논의 중에서, 독일 연방 교통부BMVI가 2016. 9. 구성한 '자동 및 커넥티드 운전 윤리위원회Ethik-Kommission Automatisiertes und Vernetztes Fahren'가 2017. 6. 발표한 "자동 및 커

---

432 연방정부의 위 보고서는 위에서 본 것과 같이 비엔나협약이 개정되어 2016. 3. 23. 발효되기 이전인 2015. 9. 발간되었다. 독일정부는 비엔나협약의 제8조 제5의2항과 제39조 제1항을 국내법화 하였다(Gesetz vom 07.12.2016 – Bundesgesetzblatt Teil II 2016 Nr. 34 12.12.2016 S. 1306).

433 자율주행 중의 최고속도 제한 완화(10km/h → 130km/h)와 자동화된 차선 변경의 허용 등을 구체적 목표로 제시하고 있다. 자동 및 커넥티드 운전을 위한 전략(註 246), p.16.

434 자동 및 커넥티드 운전을 위한 전략(註 246), p.14 이하.

435 註 246 참조.

436 도로교통 자동화 및 네트워킹 연구개발 프로그램(註 246), p.13. 이하.

넥티드 운전 보고서Automatisiertes und Vernetztes Fahren Bericht"[437]가 주목된다.[438]

위 보고서에서는 자율주행자동차와 관련된 총 20개 항의 윤리원칙Ethische Regeln für den automatisierten und vernetzten Fahrzeugverkehr. Ethik-Regeln für Fahrcomputer을 발표하였다.[439] 이는 자율주행기술과 관련해 정부 차원에서 윤리원칙과 가이드라인을 채택한 최초의 사례로 보인다.[440]

위 윤리원칙의 머리말에서는, 다음과 같은 근본적인 물음을 던지고 있다.[441]

"우리는 보다 큰 안전성, 이동성과 편의성을 얻기 위해, 기술적으로 복잡한 시스템-미래에는 인공지능, 나아가 기계학습에 기반하게 될-에 얼마만큼의 독립성을 인정하고, 이를 수용할 수 있을 것인가. 통제가능성, 투명성 및 데이터 자율성Datenautonomie을 확보하기 위해 어떠한 조치를 취해야 하는가. 개인과 그 개발의 자유, 신체적 및 지적 무결성, 사회적으로 존경받을 자격을 법체계의 중심에 위치시키고 있는 인간 사회의 윤곽을 흐리지 않게 하기 위해 어떠한 기술 개발 가이드라인이 필요한가."

위 윤리원칙의 구체적 내용을 살펴보면, 아래에서 살펴볼 '자율주행기술과 윤리적 선택의 문제'에 한정되지 않고, 자율주행자동차의 개발과 시험주행 및 상용화의 전 과정에 걸쳐 관련자와 관련 행정기관 등 모든 관여주체들이 참고 내지 준수하여야 할 사항들을 망라하여 위와 같은 근본적인 물음에 대한 답변을 제시하고 있다.

그 내용의 개요를 살펴보면 다음과 같다. 제1조에서 부분 또는 완전 자율주행

---

437 Ethik-Kommission, "Automatisiertes und Vernetztes Fahren Bericht", BMVI, 2017. 6. 독어본과 영문본을 동시에 발표하였다. 이하 '자동 및 커넥티드 운전 보고서'라고 한다.
https://www.bmvi.de/SharedDocs/DE/Publikationen/DG/bericht-der-ethik-kommission.pdf?__blob=publicationFile(독일어. 2018. 9. 15. 최종확인).
https://www.bmvi.de/SharedDocs/EN/publications/report-ethics-commission.pdf?__blob=publicationFile(영어. 2018. 9. 15. 최종확인).

438 위 윤리위원회는 다음과 같은 5개 분야에 관한 분과위원회(working group)으로 구성되어 있다. '회피불가능한 손해의 상황', '정보 이용, 정보 보안 및 정보 경제', '인간과 기계의 상호작용 조건', '도로교통을 넘어선 윤리적 맥락에 관한 고찰', '소프트웨어와 인프라로 인한 책임의 범위'.

439 위 보고서의 발간 배경과 각 조항 내용의 상세에 관한 분석에 관해서는 Christoph Lütge, "The German Ethics Code for Automated and Connected Driving",30(4) Phil. & Tech 547 참조.

440 이를 소개하고 있는 국내 문헌과 자료로는 다음 참조. 한상기, "독일 자율주행차 윤리 가이드라인의 의미와 이슈", KISA Report 2017년 Vol. 9, 한국인터넷진흥원, 2017, 1면; 정다은, "독일의 자동주행차 관련 정책적 · 입법적 논의와 시사점", 정보통신방송정책 제30권 제22호(통권 682호), 정보통신정책연구원, 2018. 12, 1면. https://www.lawtimes.co.kr/Legal-Info/LawFirm-NewsLetter-View?serial=139117(2018. 8. 1. 최종확인)

441 자동 및 커넥티드 운전 보고서(註 437), p.6.

교통 시스템의 최우선적인 목적은 모든 도로 사용자의 안정을 증진시키는 것임을 명시하고, 제2조에서 개인에 대한 보호가 어떠한 공리적인 고려보다도 우선한다는 것을 분명히 밝히고 있다. 이어서, 공공분야의 책임성 명시(제3조), 정부정책의 방향 제시(제4조), 자율주행기술 개발자 등의 사고예방의무 등의 명시(제5, 6조), 윤리적 한계상황에서의 선택, 판단에 관한 제반 원칙(제7, 8, 9조),[442] 운전자로부터 제조자 및 시스템 조작자 등으로의 책임의 이동(제10조), 자율주행기술에 관한 종래의 제조물 책임 원칙의 적용 명시(제11조), 자율주행기술을 대중에 대해 투명하게 공개할 의무(제12조), 디지털 운송 관련 기반시설의 본질적 특성에 따른 자율주행자동차의 중앙 통제의 가능성의 문제와 그 윤리적 타당성 여부 등(제13조), 자율주행 시스템의 조작 가능성 등 취약성에 따른 공격으로부터의 대응방안 마련 필요성(제14조), 자율주행 에 의해 생성되는 데이터 주체의 자율성과 통제권한에 관한 방안 마련의 필요성(제15조), 자율주행 중에 운전자에게 책임이 유보되어 있는지를 명확히 할 필요성 및 특히 운전자와 시스템의 상호작용에 따른 책임의 이전시의 상황에 관해 그 근거를 명확히 남겨 둘 필요성(제16조), 고도의 자율주행기술은 응급상황에서의 운전자에 대한 갑작스러운 제어권 이전을 최소화할 수 있어야 하고, 인간과 기계의 커뮤니케이션을 증진시킬 방안 마련의 필요성(제17조), 시스템의 자율학습self-learning 기능은 상용화되기 전에 안전성 요건에 관한 충분한 검토를 거칠 것(제18조), 자율주행자동차는 응급상황에서 안전한 상태에 스스로 도달해야 하고, 이에 관한 정의와 기준이 통일될 필요성(제19조), 운전교육의 일환으로서 자율주행 시스템의 올바른 사용에 대한 일반적인 교육의 필요성(제20조) 등등의 다양한 내용들을 포함하고 있다.

독일연방정부는 2017. 9. 위 윤리원칙에 관한 "연방정부의 실천방안"도 함께 발표하였다.[443] 위 실천방안에서는, 자율주행기술의 발전에 따른 「도로교통법StVG」의 지속적인 검토 및 개정, 자율주행자동차 운전자의 차량 데이터에 대한 정보 보

---

[442] 위 제7, 8, 9조의 구체적인 내용에 관해서는 아래 제5절 '자율주행과 한계상황에 관한 윤리적 문제와 법적책임' 부분에서 상세히 살펴본다.

[443] Die Bundesregierung, "Maßnahmenplan der Bundesregierung zum Bericht der Ethik-Kommission Automatisiertes und Vernetztes Fahren(Ethik-Regeln für Fahrcomputer)", 2017. 9. 독어본과 영문본을 동시에 발표하였다.
https://www.bmvi.de/SharedDocs/DE/Publikationen/DG/massnahmenplan-zum-bericht-der-ethikkommission-avf.html(독일어, 2018. 9. 15. 최종확인).
https://www.bmvi.de/SharedDocs/EN/publications/action-plan-on-the-report-ethics-commission-acd.html(영어, 2018. 9. 15. 최종확인).

호와 '정보 주권Datensouveränität' 보장, 자율주행을 위한 자기학습 시스템이 도로 사용자에 대한 감시로 이어지는 결과의 방지, 딜레마적인 사고 상황에 관한 연구와 논의의 심화, 새로운 기술에 대한 사회의 인식 증대를 위한 노력, 자율주행(자동 및 커넥티드 운전)기술의 국제 표준화를 위한 노력 등을 열거하면서, '회피 불가능한 사고와 같은 상황은 가능한 언제나 예방되어야 하고, 사람의 신체에 대한 사고의 예방은 재산에 대한 손해의 예방보다 언제나 우선해야 하며, 사람의 인격적 특질을 근거로 한 어떠한 구분도 허용되어서는 안 된다'는 원칙을 언급하고 있다.

독일연방정부는 2017. 11. "자동 및 커넥티드 주행 전략에 관한 실행 상황 보고서"[444]를 발간하여, 2015. 9. 발표한 보고서 "자동 및 커넥티드 운전을 위한 전략"[445]에서 설정한 ① 사회간접시설Infrastruktur, ② 입법Recht, ③ 혁신Innovation, ④ 네트워크Vernetzung, ⑤ 사이버 보안과 데이터 보호IT-Sicherheit und Datenschutz의 5개 분야에 ⑥ 사회적 대화Gesellschaftlicher Dialog을 추가한 6개 영역에서 위 6개 분야의 분과위원회working group별 추진내역을 기술하고 있다.

2) 독일「도로교통법」StVG」의 개정

가) 개요

독일은 연방「도로교통법Straßenverkehrsgesetz; StVG」[446]에 고도 또는 완전 자율주행자동차에 관한 규정을 명문화하는 내용으로 법을 개정하여 2017. 6. 17.부터 시행하고 있다.[447] 독일연방정부Bundesregierung의 "「도로교통법」 개정법률안Gesetz zur Änderung des Straßenverkehrsgesetzes"[448]에 대한 독일연방의회의 심사 과정에서, 독일연

---

444 Die Bundesregierung, "Bericht zum Stand der Umsetzung der Strategie automatisiertes und vernetztes Fahren", 2017. 11.

445 註 246 참조.

446 독일「도로교통법(Straßenverkehrsgesetz; StVG)」의 하위 법령으로「도로교통법 시행령(Straßenverkehrs-Ordnung; StVO)」과「도로교통 허가 시행령(Straßenverkehrs Zulassungs-Ordnung; StVZO)」등이 있다.

447 BGBl. I S. 1648.

448 Deutscher bundestag Drucksache 18/11300(2017. 2. 20.). 이하 BT-DRs. 18/11300라고 한다. http://dipbt.bundestag.de/doc/btd/18/113/1811300.pdf(2018.10. 9. 최종확인).
독일 정부는 자율주행자동차의 규율에 관해, 별도의 개별 특별법을 제정하는 방안이 아니라 기존의「도로교통법(StVG)」의 내용에 대해 아래에서 보는 것과 같이 자율주행기술에 관한 일련의 내용들을 추가 및 수정하는 방식을 채택하였다(BT-DRs. 18/11300 p.1).

방의회하원Bundestag에서는 소비자들의 정당한 이익berechtigte Interesse에 대한 침해 우려, 자율주행기술의 사용에 관한 규정내용의 불명료함, 운전자에 대한 높은 비율의 위험 유보bestehenden Risiken in hohem Maß auf den Fahrzeugführer 등이 문제점으로 지적되면서 전면적인 재검토의 필요성이 제기되기도 하였다.[449] 그러나 독일연방정부의 「도로교통법」 개정법률안의 최초 법안은 독일연방의회상원Busdesrat에서 그 내용상 큰 폭의 변화 없이 용어와 표현 등만이 주로 수정된 채 통과되었다.[450]

자율주행과 관련해 개정된 독일 「도로교통법」의 주요 내용은 다음과 같다.[451] 제1조의a에서 '고도 또는 완전 자동운전 기능을 갖춘 자동차Kraftfahrzeuge mit hoch- oder vollautomatisierter Fahrfunktion'에 관해 규정하고 있고,[452] 제1조의b에서 '고도 또는 완전 자동운전 기능을 사용하는 운전자의 권리와 의무Rechte und Pflichten des Fahrzeugführers bei Nutzung hoch- oder vollautomatisierter Fahrfunktionen'에 관해 명문의 규정을 두고 있다.[453] 또한 고도 또는 완전 자동운전 기능의 사용과 관련해 발생한 손해배상 한도액을 증

---

449 Deutscher bundestag Drucksache 18/11534(2017. 3. 15.). 이하 BT−DRs. 18/11534라고 한다. http://dipbt.bundestag.de/doc/btd/18/115/1811534.pdf(2018. 10. 7. 최종확인).

450 Deutscher Bundesrat Drucksache 299/17(2017. 4. 21.). http://www.bundesrat.de/SharedDocs/drucksachen/2017/0201−0300/299−17.pdf?__blob=publicationFile&v=1(2018. 10. 7. 최종확인).

451 독일 개정 「도로교통법(StVG)」에 관해 다루고 있는 독일 문헌으로 아래 문헌들 참조.Christian Armbrüster, "Automatisiertes Fahren – Paradigmenwechsel im Straßenverkehrsrecht?", ZRP 2017, S. 83; Carsten König, "Die gesetzlichen Neuregelungen zum automatisierten Fahren", NZV, 2017, S. 123; Rüdiger Balke, "Automatisiertes Fahren: Begriffsbestimmungen und haftungsrechtliche Fragestellungen im Zusammenhang mit dem automatisierten Fahren", SVR, 2018. S. 5; Reinhard Greger, "Haftungsfragen beim automatisierten Fahren: Zum Arbeitskreis II des Verkehrsgerichtstags 2018", NZV, 2018, S. 1; Eric Hilgendorf, "Automatisiertes Fahren und Recht – ein Überblick", JA, 2018, S. 801; Volker Lüdemann, et. al., "Neue Pflichten für Fahrzeugführer beim automatisierten Fahren – eine Analyse aus rechtlicher und verkehrspsychologischer Sicht", NZV 2018, S, 411.
독일 개정 「도로교통법(StVG)」을 소개하는 국내 문헌으로, 김진우, "자동주행에서의 민사책임에 관한 연구─개정된 독일 도로교통법과 우리 입법의 방향─", 강원법학 제51권, 강원대학교 비교법학연구소, 2017. 6, 33면; 이중기·황창근(註335), 347면 참조.

452 SAE J3016의 3, 4단계에 각 대응한다고 볼 수 있는 '고도 자동운전(Hochautomatisiertes Fahren)' 및 '완전자동운전(Vollautomatisiertes Fahren)' 단계의 자율주행자동차를 입법화한 것이다. 다만 위에서 본 것과 같이 SAE와 BMVI의 각 단계별 설명은 상당히 큰 차이를 보이고 있다.

453 독일 개정 「도로교통법(StVG)」상의 운전자책임 관련 규정의 내용 상세에 관해서는 제5장 '자율주행과 운전자책임'중 해당 부분 참조.

액하였다(제12조).[454]

　고도 또는 완전 자동운전 기능을 갖춘 자동차의 자율주행시스템에 의한 주행 여부, 시스템에 의한 운전자에 대한 자동차 제어권의 이전 요구 여부 및 그 시점, 시스템에 오류가 발생하였는지 여부 및 그 시점 등에 관해 기록하도록 하고, 정부기관이 일정한 경우 이를 제공받을 수 있도록 하는 등 자율주행자동차의 데이터 기록 및 처리에 관해 상세히 규정하고(제63조의a), 위 데이터의 처리와 관련해 ① 저장 매체의 기술적 설계와 저장위치, 저장방식, ② 제63조의a 제1항에 정한 저장의무의 상대방, ③ 권한 없는 접근으로부터 저장된 데이터를 보호하기 위한 자동차 판매 시의 조치 강구 등과 관련된 연방 교통부BMVI의 행정명령 근거를 마련하였다(제63조의b).

　한편 제1조의c는 독일 연방 교통부BMVI로 하여금 2019년 말까지 위와 같은 개정된 내용 전반을 과학적 기반에서 심사하여, 그 평가결과를 독일연방의회하원Deutschen Bundestag에 보고할 것을 규정하고 있다.

　반면에 독일 「도로교통법」 제7조의 '자동차 보유자의 손해배상책임Haftung des Halters'[455]에 관한 규정은 개정되지 않고 그대로 유지되었다. 독일 「도로교통법」은 자율주행기술을 전면적으로 받아들여 자율주행기술에 관한 상세와 운전자의 권리와 책임에 관해 자세한 내용을 명문화 하였으면서도 '보유자책임'에 관해서는 아무런 변경을 가하지 않았고, 이는 보유자책임에 관해서는 종래의 무과실 책임법제를 유지하겠다는 입장으로 이해할 수 있다.[456]

나) 독일 개정 「도로교통법StVG」상 자율주행자동차(제1조의a) 및 운전자의 권리와 의무(제1조의b)에 관한 주요 내용

(1) 자율주행자동차(제1조의a)

독일 개정 「도로교통법」 제1조의a는 다음과 같이 자율주행자동차의 개념에 관해 상당히 구체적으로 규정하고 있다.

---

[454]　제12조의 개정에 따라, 자율주행자동차 사고로 인한 손해배상 한도액은 ① 인신손해의 경우 기존의 500만 유로에서 1,000만 유로로, ② 재산손해의 경우 100만 유로에서, 200만 유로로 각 증액되었다.

[455]　우리 「자동차손해배상 보장법」의 '운행자책임'에 대응한다(제4장 제3절 '자율주행자동차와 운행자책임' 부분 참조).

[456]　Armbrüster(註 451), S. 84 ff; König(註 451), S. 126. 이에 관해서는 제4장 제3절 부분에서 상세히 살펴본다.

독일 「도로교통법StVG」 제1조의a (고도 또는 완전 자동운전 기능을 갖춘 자동차)[457]

① 고도 또는 완전 자동운전 기능을 갖춘 자동차는 그 기능이 정해진 용법에 따라 사용될 것을 전제로 허가될 수 있다.

② 이 조항에서 말하는 고도 또는 완전 자동운전 기능을 갖춘 자동차는 다음과 같은 기술적 장치를 갖춘 것을 말한다.

1. 작동된 이후에는(자동차 운전) 개별 차량이 각각 운전조작 – 종항방 및 횡방향의 조작을 포함하여 – 을 수행하는 것이 가능할 것

---

[457] 원문은 다음과 같다.

§ 1a Kraftfahrzeuge mit hoch– oder vollautomatisierter Fahrfunktion

(1) Der Betrieb eines Kraftfahrzeugs mittels hoch– oder vollautomatisierter Fahrfunktion ist zulässig, wenn die Funktion bestimmungsgemäß verwendet wird.

(2) Kraftfahrzeuge mit hoch– oder vollautomatisierter Fahrfunktion im Sinne dieses Gesetzes sind solche, die über eine technische Ausrüstung verfügen,

1. die zur Bewältigung der Fahraufgabe – einschließlich Längs– und Querführung – das jeweilige Kraftfahrzeug nach Aktivierung steuern (Fahrzeugsteuerung) kann,

2. die in der Lage ist, während der hoch– oder vollautomatisierten Fahrzeugsteuerung den an die Fahrzeugführung gerichteten Verkehrsvorschriften zu entsprechen,

3. die jederzeit durch den Fahrzeugführer manuell übersteuerbar oder deaktivierbar ist,

4. die die Erforderlichkeit der eigenhändigen Fahrzeugsteuerung durch den Fahrzeugführer erkennen kann,

5. die dem Fahrzeugführer das Erfordernis der eigenhändigen Fahrzeugsteuerung mit ausreichender Zeitreserve vor der Abgabe der Fahrzeugsteuerung an den Fahrzeugführer optisch, akustisch, taktil oder sonst wahrnehmbar anzeigen kann und

6. die auf eine der Systembeschreibung zuwiderlaufende Verwendung hinweist.

Der Hersteller eines solchen Kraftfahrzeugs hat in der Systembeschreibung verbindlich zu erklären, dass das Fahrzeug den Voraussetzungen des Satzes 1 entspricht.

(3) Die vorstehenden Absätze sind nur auf solche Fahrzeuge anzuwenden, die nach § 1 Absatz 1 zugelassen sind, den in Absatz 2 Satz 1 enthaltenen Vorgaben entsprechen und deren hoch– oder vollautomatisierte Fahrfunktionen

1. in internationalen, im Geltungsbereich dieses Gesetzes anzuwendenden Vorschriften beschrieben sind und diesen entsprechen oder

2. eine Typgenehmigung gemäß Artikel 20 der Richtlinie 2007/46/EG des Europäischen Parlaments und des Rates vom 5. September 2007 zur Schaffung eines Rahmens für die Genehmigung von Kraftfahrzeugen und Kraftfahrzeuganhängern sowie von Systemen, Bauteilen und selbstständigen technischen Einheiten für diese Fahrzeuge (Rahmenrichtlinie) (ABl. L 263 vom 9.10.2007, S. 1) erteilt bekommen haben.

(4) Fahrzeugführer ist auch derjenige, der eine hoch– oder vollautomatisierte Fahrfunktion im Sinne des Absatzes 2 aktiviert und zur Fahrzeugsteuerung verwendet, auch wenn er im Rahmen der bestimmungsgemäßen Verwendung dieser Funktion das Fahrzeug nicht eigenhändig steuert.

2. 고도 또는 완전 자동운전에 의한 자동차의 제어 중에 자동차 운전에 관해 적용되는 교통법규를 준수하는 것이 가능할 것

3. 운전자에 의해 언제든지 수동전환 또는 기능해제가 가능할 것

4. 운전자에 의한 자동차의 수동 운전의 필요성이 있을 경우 이를 인식할 수 있을 것

5. 시각적, 음성적, 촉각적으로 또는 그밖에 인식할 수 있는 방법으로 자동차 운전자에게 충분한 시간 여유를 두어 자동차에 대한 제어를 넘겨받을 필요성을 알려줄 수 있을 것

6. 시스템 설명과 다르게 사용할 경우 이를 알려줄 것

이와 같은 자동차의 제조업자는 해당 자동차가 이 조항 제1문에서 정하는 요건들에 부합한다는 것을 시스템 설명상에 명시하여야 한다.

③ 위 제1, 2항은 이 법 제1조 제1항⁴⁵⁸에 따라 승인되고, 제1조의a 제2항 제1문에서 정하는 요건들에 부합하는 자동차로서, 그 고도 또는 완전 자동운전 기능이 아래에 해당하는 자동차에 대해서만 적용된다.

1. 해당 자동운전기능이 이 법에 따라 적용 가능한 국제규정에 기술되어 있고, 그에 부합할 것. 또는

2. 해당 자동운전기능이 자동차와 그 트레일러 및 자동차의 시스템, 구성요소 및 개별 기계 부품에 관한 승인 체계를 확립하기 위한 유럽의회와 유럽이사회의 2007. 9. 5. 지침 2007/46/EC(기본지침)(ABl. L 263 vom 9.10.2007. S. 1)의 제20조에 따라 형식승인을 받았을 것

④ 제2항에서 정한 고도 또는 완전 자동운전 기능을 작동시키고 그와 같은 기능을 자동차 제어를 위해 사용하는 사람은 그 기능의 목적에 따른 사용 범위 내에서 자신이 직접 자동차를 운전하지 않더라도 운전자로 본다.

(2) 운전자의 권리와 의무(제1조의b)

독일 개정「도로교통법」제1조의b는 다음과 같이 자율주행자동차의 운전자 책임에 관해서도 상당히 구체적으로 규정하고 있다.

독일「도로교통법StVG」제1조의b(고도 또는 완전 자동운전 기능을 사용하는 운전자의 권리와

---

458 독일「도로교통법」제1조 제1항은 자동차 일반에 관한 관할관청의 승인의무에 관해 규정하고 있다.

제4절 자율주행에 관한 규제법제와 법적책임 161

의무)⁴⁵⁹

① 자동차가 제1조의a에 의한 고도 또는 완전 자동운전 기능에 의하여 제어되고 있는 경우에는, 자동차 운전자는 교통과 자동차에 대한 제어로부터 그 주의를 다른 곳으로 돌릴 수 있다. 다만 그는 언제든지 제2항에 규정된 그의 의무를 다하기 위해 충분한 인지 준비 상태를 유지해야 한다.

② 운전자는 다음과 같은 경우 자동차에 대한 제어를 지체없이 넘겨받을 의무를 가진다.

1. 고도 또는 완전 자동운전 시스템이 운전자에게 그와 같이 할 것을 요구하는 경우 또는

2. 만약 운전자가 고도 또는 완전 자동운전 기능의 용법에 따른 사용을 위한 전제조건들이 더 이상 충족되지 않게 되었다는 것을 인식하거나, 명백한 상황에 근거하여 인식하여야 하는 경우

3) 독일 정부의 자율주행자동차 정책 및 개정「도로교통법StVG」에 대한 평가

독일 정부가 자율주행자동차 정책 중 자율주행자동차에 의한 딜레마적 선택 상황에 관한 윤리 문제라는 어려운 주제에 초점을 맞추어, 정부 차원에서 나름의 윤리원칙을 채택하고 가이드라인을 설정하려고 시도하고 있는 것은 그 자체로서 상당한 가치와 의의를 가지고 있는 것으로 평가할 수 있다.⁴⁶⁰

---

459 원문은 다음과 같다.

§ 1b Rechte und Pflichten des Fahrzeugführers bei Nutzung hoch- oder vollautomatisierter Fahrfunktionen

(1) Der Fahrzeugführer darf sich während der Fahrzeugführung mittels hoch- oder vollautomatisierter Fahrfunktionen gemäß § 1a vom Verkehrsgeschehen und der Fahrzeugsteuerung abwenden; dabei muss er derart wahrnehmungsbereit bleiben, dass er seiner Pflicht nach Absatz 2 jederzeit nachkommen kann.

(2) Der Fahrzeugführer ist verpflichtet, die Fahrzeugsteuerung unverzüglich wieder zu übernehmen,

1. wenn das hoch- oder vollautomatisierte System ihn dazu auffordert oder

2. wenn er erkennt oder auf Grund offensichtlicher Umstände erkennen muss, dass die Voraussetzungen für eine bestimmungsgemäße Verwendung der hoch- oder vollautomatisierten Fahrfunktionen nicht mehr vorliegen.

460 이에 관해서는 제5절 '자율주행과 한계상황에 관한 윤리적 문제와 법적책임'에서 상세히 살펴본다.

또한 독일이 「도로교통법」을 개정하여 자율주행기술 및 자율주행자동차와 운전자의 책임에 관해 상세히 규정하고 있는 것은, 현재까지 국가 차원에서 입법화를 통한 자율주행기술의 법체계에의 수용 내지 편입의 문제를 정면에서 다루면서 가장 자세히 규율하고 있는 입법례로 평가할 수 있다.

제1조의a에서는 자율주행자동차의 개념을 다분히 자율주행기술의 기술적 내용의 측면에 초점을 두어 구체적으로 규정하고 있다. 즉 위에서 살펴본 자율주행기술의 구체적 내용에 관한 SAE J3016 등에서 기술하고 있는 자율주행기술의 기술적 특질에 관한 상세한 설명 내용이 상당부분 입법화되었다고 평가할 수 있다. 다만 독일 개정 「도로교통법」 제1조의a에서 자율주행자동차 일반에 관해 '정해진 용법 bestimmungsgemäß Verwendung'에 따라 사용될 것을 전제로 한다고 규정한 것은 제조업자 등에 대해 사실상 입법자와 마찬가지의 지위Hersteller als Ersatzgesetzgeber를 부여한 것으로서 부당하다는 비판론도 제기되고 있다. 즉 위 규정으로 말미암아 제조업자 측에서 시스템 사용설명상 자율주행자동차의 사용자(운전자) 측에게 책임을 유보하는 내용의 기재를 통해 제조물책임을 회피하고, 자율주행자동차의 사용에 따른 위험과 비용을 불합리하게 사용자(운전자) 측에게 전가하는 것을 용인하는 결과를 가져올 수 있다는 것이다.[461]

독일 연방정부가 발표한 자율주행자동차 정책과 관련해 '안전성'과 관련된 정부 차원의 구체적인 기준 설정 등에 관한 입장을 찾아보기 어렵고, 독일 개정 「도로교통법」 제1조의b에서 SAE J3016의 3단계와 4단계에 각 해당하는 고도 또는 완전 자동운전hoch- oder vollautomatisierter Fahrfunktionen[462]을 함께 규율 대상으로 하고 있다는 점을 명시하고 있으면서도, 운전자의 책임에 관해서는 3단계와 4단계를 구별하지 않고 운전자에게 동일한 주의의무를 부담하도록 하여 운전자 측에게 책임 발생 가능성을 과도하게 유보하고 있다는 점은 자율주행자동차에 관해 필요한 안정성의 확보 및 이를 통한 사회 일반의 궁극적인 신뢰 형성이라는 점에서 문제점으로 지적될 수 있다.[463]

독일의 개정 「도로교통법」의 규율 내용은 현 시점에서 확인되는 자율주행기술

---

461 Lüdemann, et. al.(註 451), S. 413.

462 위에서 본 것과 같이, SAE의 3단계와 4단계에 대응한다.

463 註 451의 문헌들 참조. 이에 관해서는 제5장 제3절 Ⅳ. 3. 독일의 「도로교통법(StVG)」 개정과 운전자의 책임 관련 논의' 부분에서 보다 구체적으로 살펴본다.

의 기술적 본질, 특히 SAE J3016상의 3단계와 4단계 구분 등이 제대로 반영되었다고 보기 어렵다는 점에서, 그 시행 경과를 지켜볼 필요가 있다고 본다.

다. 영국

1) 영국 교통부의 자율주행자동차 정책

영국 교통부Department for Transport; DfT는 2015. 7. 자율주행자동차에 관한 「시험실시규정Code of Practice for testing」을 발표하였다.[464] 이는 영국 정부가 개념정의하고 있는 고도 또는 완전 자율주행기술의 공공도로상에서의 시험주행에 관한 가이드라인 내지 행위준칙의 성질을 가진다.[465]

위 가이드라인에서, 위에서 본 것과 같이 '고도자율주행자동차highly automated vehicle'와 '완전자율주행자동차fully automated vehicle', 운전자driver와 시험운전자test driver, 조작자operator 및 보조자assistant 등을 각 개념정의하고, 자율주행자동차의 시험주행에 관해 다음과 같은 요건들을 정하고 있다.

① '일반적 요건general requirements'과 관련해, 자율주행 시험주행차의 관련 법규상의 안전요건 준수, 의무보험 가입, 시험주행의 실시와 필요한 기반시설 등과 관련한 교통당국과의 협의 등 관련자들이 준수해야 할 사항들을 정하고 있다.[466]

② '시험운전자, 조작자 및 보조자 요건test driver, operator and assistant requirements'과 관련해,[467] 자율주행자동차의 공공도로에서의 시험과 관련해 시험운전자 또는 조작자의 감독을 필수적으로 요구하고 있고, 이들에게 해당 자동차의 차종에 적합한

---

[464] DfT, "The Pathway to Driverless Cars: A Code of Practice for testing", 2016. 7.
https://assets.publishing.service.gov.uk/government/uploads/system/uploads/attachment_data/file/446316/pathway-driverless-cars.pdf(2018. 8. 27. 최종확인).
이하「자율주행자동차 시험실시규정」이라고 한다.

[465] 자율주행자동차 시험실시규정(前註), p.4에서는 위 시험실시규정은 법령이 아니고(non-statutory), 자율주행자동차의 제조업자와 시험주행 관련자 등에 관해 명확한 가이드라인(clear guideline)을 제공하기 위한 것임을 밝히고 있다.

[466] 자율주행자동차 시험실시규정(註 464), p.7.

[467] 자율주행자동차 시험실시규정(註 464), p.9.

면허를 소지할 것을 요구하고 있다. 제조업자 등 시험주행 실시자들로 하여금, 이들 시험운전자 등을 교육할 것과, 시험주행 시간을 제한할 것을 요구하고 있다. 또한 음주운전과 휴대전화 등의 사용 금지 등 현행 도로교통법규에 따른 운전자의 준수사항은 자율주행 중의 시험운전자 등에게도 동일하게 적용된다는 것을 밝히고 있다.

③ '자동차 요건vehicle requirements'과 관련해, 실험 대상인 자율주행기술에 대한 실험 주체의 내부적인 실험 완료와 시험도로에서의 모의주행 등을 통한 기술적 숙성maturity, 실험 중 정보의 기록[468]과 정보 보호 조치[469], 사이버 보안cyber security 등의 요건을 요구하고 있다.[470]

영국 정부는 위 가이드라인의 의의에 관해, 위 가이드라인의 미준수는 과실negligence을 명징明徵하는 것으로서의 의미를 가지게 될 것이라고 밝히는 한편, 도로의 다른 사용자들의 안전을 위해 위 가이드라인이 자율주행 관련자들에게 상당한 비중의 책임을 지울 수 있는 근거가 될 수 있음을 기술하면서, 제조업자 등 관련 산업 관여자로 하여금 이를 준수할 것을 명시적으로 요구하고 있다.[471]

---

468 영국 정부의 「자율주행자동차 시험실시규정」에 따르면 자율주행자동차의 실험주체는 최소한 다음과 같은 사항들을 기록해야 한다.
자동차의 주행 상태(mode)가 수동 또는 자동인지 여부, 자동차의 속도, 조향 및 제동 관련 명령과 작동, 자동차의 등화와 지시등의 조작 내역, 자동차의 음향 경고 시스템(경적)의 사용 내역, 도로상 다른 사용자들과 자동차 인근의 사물들에 관한 센서 정보, 자동차의 움직임에 영향을 줄 수 있는 원격명령(해당사항 있는 경우) 등.
또한 이에 따르면 특히 사고 순간의 주행상태(수동 또는 자동인지 여부)를 기록할 수 있을 것이 필수적으로 요구된다고 한다.
이상의 내용은 자율주행자동차 시험실시규정(註 464), pp.12-13 참조.

469 영국 정부의 「자율주행자동차 시험실시규정」에 따르면 자동차에 탑승한 시험운전 또는 조작자 등의 행동 또는 위치에 관한 정보가 수집, 분석되고 이들 개인이 특정될 수 있다면, 이는 1998년의 '정보보호법(Data Protection Act)'에서 말하는 개인정보의 처리(processing of personal data)에 해당하므로 위 법의 적용 대상이 될 수 있다고 한다. 따라서 이 경우 실험 주체는 위 개인정보가 공정하고 적법하게 사용되고, 안전하게 보호되며, 필요 이상 기간 동안 보존되지 않도록 유의하여야 한다고 한다. 자율주행자동차 시험실시규정(註 464), p.13.

470 자율주행자동차 시험실시규정(註 464), p.12.

471 DfT, "The pathway to driverless cars: a detailed review of regulations for automated vehicle technologies", 2015. 2, p.11.

2) 영국의 「자율 및 전기자동차법Automated and Electric Vehicles Act」 제정

한편 영국에서는 2018. 7. 「자율 및 전기자동차법Automated and Electric Vehicles Act」이 제정되었다.[472] 다만 위 법은 그 규율내용을 자율주행자동차 사고에 관한 보험자 책임Automated Vehicles: Liability of Insurers etc에 한정하고 있다. 위 법에서는 자율주행자동차의 개념 등에 관해서는 적극적으로 개념정의하지 않은 채,[473] ① 자율주행자동차에 의해 발생한 사고에 관해서도 자동차 소유자 등이 보험에 가입한 경우 보험자(보험회사)는 생명, 신체 및 재산상 손해에 관해 책임을 진다는 내용 및 그에 관한 일반적인 사항, ② 자율주행자동차 사고 상대방 측의 기여과실contributory negligence에 의한 보험자의 책임 경감 내지 면책(상대방 과실 100%인 경우), ③ 소프트웨어의 무단 변경 또는 안전성에 직결되는safety-critical 소프트웨어[474]의 업데이트 불이행으로 인해 발생한 사고의 경우 보험자의 보험약관에 따른 면책 내지 책임 경감, ④ 보험자에 의한 자율주행자동차 사고에 관한 책임 있는 사람에 대한 구상권 등에 관해 규정하고 있다.

영국 정부의 가이드라인과 위 법률의 내용을 보더라도 정부 차원에서 안전기준 설정 등 안전성을 위한 구체적인 조치와 관련된 내용은 찾아보기 어렵고, 주로 자율주행자동차의 도입 내지 상용화를 위한 자동차 및 도로교통 법규 정비 내지 자율주행 중에 발생한 교통사고의 보험관계와 관련한 현실적 처리 문제 등의 차원에서 접근하고 있다고 보인다.[475]

다만 다음과 같은 점에서 위 법률의 의의를 찾을 수 있다고 본다. 즉 ① 자율주행자동차를 매우 폭넓게 보면서(SAE의 1 내지 5단계를 모두 포섭할 수 있다고 보인다) 자

---

472 2017. 10. 제안된 위 법안은 영국의회에서 의결된 후 2018. 7. 19. 왕실재가(royal assent)를 거쳐 성립되었다. https://services.parliament.uk/bills/2017-19/automatedandelectricvehicles.html(2019. 1. 31. 최종확인)

473 제1조 제(1)항 제(b)호에서는 자율주행자동차(automated vehicles)의 개념과 관련해 "일부의 경우나 상황에서 영국의 공공도로나 장소에서 스스로 운전할 수 있는 것으로 적법하게 사용될 수 있는 자동차(motor vehicles that may lawfully be used when driving themselves, in at least some circumstances or situations, on roads or other public places in Great Britain)"라는 표현을 찾아볼 수 있을 뿐이다.

474 이에 관해, 제4조 제(6)항 제(b)호에서는 "안전성에 직결되는"의 의미에 관해, "업데이트를 설치하지 않고는 당해 자동차를 사용하는 것이 안전하지 않은 경우 당해 소프트웨어 업데이트는 안전성에 직결된다(software updates are "safety-critical" if it would be unsafe to use the vehicle in question without the updates being installed)"라고 규정하고 있다.

475 한편 위 법률은 "전기자동차(electric vehicles)"에 관해서는 "충전소(charge point)" 문제에 한정하여 규정하고 있다. 이 점에 비추어 보더라도 매우 구체적, 현실적인 한정된 목적을 위해 제정된 법률이라고 할 수 있다.

율주행자동차 일반에 관해 자율주행 중에 발생한 사고에 관해서도 보험자(보험회사)의 책임을 명문으로 인정함으로써, 보험회사의 책임의 존부 자체를 둘러싼 분쟁 여지를 없앴다. ② 소프트웨어의 업데이트 불이행으로 인한 보험자 책임의 약관상 감면에 관해 "안전성에 직결되는safety-critical 소프트웨어"의 경우로 한정하였다. 이는 일응 당연한 것을 규정하고 있는 것으로 볼 수도 있으나, 소프트웨어 업데이트를 둘러싼 책임의 존부와 범위 문제에 관한 해석론에 참고가 될 수도 있을 것으로 보인다.

라. 일본

1) 개요

일본은 위에서 살펴본 것과 같이, "관민ITS구상 · 로드맵官民ITS構想 · ロードマップ"[476]과 "자율주행자동차 안전기술 가이드라인"[477]에서 각기 자율주행자동차에 관한 국가적 정책 일반 및 자율주행자동차의 안전성 확보를 위한 구체적인 방안에 관한 가이드라인을 제시하고 있다.[478]

---

[476] 2014년 최초로 발표된 이래 2018. 6.까지 매년 수정, 증보판이 발표되고 있다. 註 271, 272 각 참조.

[477] 註 276 참조.

[478] 자율주행자동차로 인한 법적책임 관계에 관한 일본 정부 차원의 연구 현황 개요에 관해서는 池田(註 28), 27면 이하 참조. ① 자동운전에서의 손해배상책임에 관한 연구회(국토교통성), ② 자동주행의 민사상책임 및 사회 수용성에 관한 연구(경제산업성, 국토교통성), ③ 자동운전의 단계적 실현을 위한 조사연구(경찰청) 등을 들고 있다.
자율주행자동차에 관한 일본 정부 정책의 상세에 관하여 소개하는 국내 문헌으로 다음 참조.
이기형, "일본의 자율주행자동차 사고책임 논의와 보험상품 개발 추이", KIRI리포트 2016. 12. 26, 보험연구원, 2016; 이기형, "일본의 자율주행자동차 사고에 대한 손해배상책임 논의의 주요 쟁점", KIRI리포트 2017. 11. 20, 보험연구원, 2017; 이기형, "일본의 자율주행자동차 손해배상책임 부담 방안 확정과 시사점", KIRI리포트 2018. 4. 23, 보험연구원, 2018; 최소림, "일본의 관민 ITS 구상 · 로드맵", 연구동향 2016. 5. 3, 국토연구원 도로교통정책연구센터, 2016; 황창근 · 이중기 · 김경석, "자율주행자동차의 도로 실험을 위한 입법동향 —일본을 중심으로—", 중앙법학 제19집 제4호, 중앙법학회, 2017. 12.

2) 일본 정부의 자율주행자동차 정책

가) 관민ITS구상 · 로드맵官民ITS構想 · ロードマップ

'관민ITS구상 · 로드맵官民ITS構想 · ロードマップ 2018'에서는, ① ITS지능형 도로교통 시스템, intelligent transport systems와 자율주행에 대한 평가와 향후의 전망, ② ITS · 자율주행과 관련된 사회와 산업 목표와 전반적인 전략(사회적 영향과 비즈니스 모델에 미치는 영향, 자율주행시스템에 관한 데이터 아키텍처[479]의 진화 방향, 교통 관련 데이터의 유통 기반과 그활용에 따른 향후 방향), ③ 자율주행시스템의 시장화 등을 위한 방안(자가용 자동차, 물류 서비스, 이동 서비스 시스템 등에 관한 자율주행시스템의 활용가능성 분석), ④ ITS와 자율주행기술의 혁신イノベーション 추진을 위한 노력(자율주행 보급을 위한 제도 정비와 사회수용성 향상, 자율주행에 관한 데이터 전략 및 교통 데이터 활용, 자율주행시스템의 연구개발 및 국제 기준 · 표준의 추진), ⑤ 로드맵의 제시(미래 시점의 각 시기별로 사회와 산업계의 자율주행관련 동향 예측 및 정책안 제시) 등 큰 틀에서 다양한 정책 방안들을 제시하고 있다.

이 중 자율주행자동차에 관한 구체적, 현실적인 규제와 관련한 주요한 내용으로, ① 자율주행시스템에 대한 단계별 정의,[480] ② 고도안전운전지원시스템(가칭)을 실현하기 위한 산업계 등과의 협력 및 필요한 구체적인 기술사양의 명확화,[481] ③ 고도자율주행시스템 실현을 위한 제도적 과제로서, 교통 관련 법규의 재검토를 포함한 제도 정비의 방향성 검토 필요성의 제기[482] 등을 들 수 있다. 특히 고도자율주행시스템의 실현을 위해, '운전자(인간)에 의한 운전'을 전제로 한 현재까지의 교통 관련 법규에 대해 '시스템에 의한 운전'을 가능하게 하는 제도를 통합하기 위해 전면적인 재검토가 필요하다고 지적하고 있다.[483]

---

479 제품의 구성부품 등을 그 제품의 개별 기능 등의 관점에서 분할 · 배분하고, 이들 부품 등의 인터페이스를 어떻게 설계 · 조정하는가에 가한 기본적인 설계 구상. 관민ITS구상 · 로드맵 2018(註 272), 12면 참조.

480 일본 국토교통성의 "관민ITS구상 · 로드맵"에서는, 2016년에는 총 5단계로 분류하고 있었으나, 2017년부터는 SAE의 단계구분과 NHTSA의 2016년 "연방 자율주행자동차 정책 2016(註 220)"의 단계구분에 따라 총 6단계로 구분하고 있다.

481 '고도안전운전지원시스템(가칭)'이란 고도의 피해경감브레이크, 운전자 이상시 대응시스템 등 '위험 최소화 이행기술' 등 개별 기술의 고도화를 도모하는 것과 동시에, 인공지능(AI)과 운전자 친화적인 인터페이스(HMI)를 탑재하여 시스템으로 통합하는 것을 상정한 것이다. 관민ITS구상 · 로드맵 2018(註 272), 32~33면 참조.
http://www.kantei.go.jp/jp/singi/it2/kettei/pdf/20170530/roadmap.pdf(2018. 1. 2. 최종확인)

482 위에서 살펴본 자율주행과 도로교통에 관한 협약과의 정합성을 도모하기 위한 UN에서의 논의와 각국의 법령 제 · 개정 현황을 소개하고 있다.

483 관민ITS구상 · 로드맵 2018(註 272), 48면.

특히 '관민ITS구상 · 로드맵(2018)'에서 밝힌 고도자동운전시스템의 제도 설계에 관한 기본입장 중 '안전성' 확보와 관련한 다음과 같은 내용은 비록 추상적, 선언적인 것이기는 하나 참고할 만하다.[484] 즉 ① 안전성의 확보를 전제로 자율주행 도입에 따라 위험이 감소할 수 있는 제도 정비를 실시한다는 입장을 밝혔다. 구체적으로 현재의 교통 안전에 관한 위험이 전체적으로 감소할 것을 전제로 자율주행시스템 도입을 추진한다는 점, 주행실적 등을 근거로 안전성에 관한 혁신이 진행되는 방향으로 제도를 구축하며, 새로운 기술적 진전이 기존의 시스템에 반영될 수 있는 구조를 갖춘다는 것을 명시하였다. 또한 ② 자동운전에 관한 다양한 혁신을 촉진하는 제도 정비를 실시한다는 입장을 밝혔다. 구체적으로 기술적 중립성을 유지하면서 다양한 혁신에 관한 활동을 촉진하는 제도를 설계하고, 책임관계에 관해서는 피해자 구제 등 사회수용성을 전제로 하면서, 보험제도를 포함하여 제조업자와 시스템운영자의 혁신이 촉진될 수 있도록 제도를 설계한다는 것을 명시하였다.

나) 국토교통성 자율주행자동차 안전기술 가이드라인(2018)

"국토교통성 자율주행자동차 안전기술 가이드라인"에서는 "자동 운전 시스템에 의해 초래되는 인신사고가 제로가 되는 사회의 실현을 목표로 한다"는 것을 정책 목표로 설정하고 있다.[485] 나아가 국제표준화기구International Organization for Standardization; ISO와 국제전기기술위원회International Electronical Commission; IEC가 「안전성 측면의 국제표준 도입을 위한 가이드라인Safety aspects —Guidelines for their inclusion in standards」[486]에서 '안전safety'에 대해 '허용 불가능한 위험risk이 없는 것'이라고 정의하고, 허용 가능한 위험risk에 대해 '현재의 사회의 가치관에 따라 주어진 상황 하에서 받아들일 수 있는 위험'으로 정의내리고 있다는 점을 참고하여, 자율주행자동차가 충족해야 하는 할 자동차 안전성의 정의를 위 국제표준의 정의에 따라 설정한다고

---

484 관민ITS구상 · 로드맵 2018(註 272), 44면.

485 자율주행자동차 안전기술 가이드라인(註 276), 3면.

486 ISO/IEC GUIDE 51, "Safety aspects —Guidelines for their inclusion in standards)", 2014[ISO/IEC GUIDE 51:2014(E)].
https://isotc.iso.org/livelink/livelink/fetch/2000/2122/4230450/8389141/ISO_IEC_Guide_51_2014%28E%29_-_Safety_aspects_---_Guidelines_for_their_inclusion_in_standards.pdf?nodeid=8389248&vernum=-2(2018. 1. 31. 최종확인).

밝히고 있다.[487] 이에 따라 자율주행자동차가 충족해야 할 안전성 요건인 '허용 불가능한 위험이 없다'는 것을 '자율주행자동차의 작동설계영역ODD에서 자율주행시스템에 의해 발생하는 인신사고로서 합리적으로 예견되는 방지 가능한 사고가 발생하지 않는 것'으로 정의내리고 있다.[488] 한편 위 가이드라인에서는 이와 같은 자율주행시스템에 대한 안전성의 확보는 자율주행기술에 대한 사회 수용성과도 연관된다는 것을 언급하면서,[489] 3단계 이상의 자율주행을 실현하기 위해서는 자동차의 안전기준과 교통규칙 등 다양한 교통법규에 관한 재검토가 필요하다는 것을 밝히고 있다.[490]

위 가이드라인에서는 자율주행자동차가 충족해야 하는 안전성에 관한 요건으로 다음과 같은 10개 항목을 들고 있다.[491] 다만 그 내용을 보면, 위에서 본 것과 같이 미국 NHTSA가 2017. 9. 발표한 자율주행자동차 정책에서 제시한 12개 항목의 "자율주행시스템 안전 요소ADS safety elements"의 개별 항목과 구체적 내용을 사실상 거의 그대로 받아들인 것으로 보인다.

① 작동설계영역ODD의 설정: 자율주행시스템이 정상적으로 작동하는 전제가 되는 작동설계영역ODD의 명확한 설정 및 이에 관한 충분한 정보 제공.

② 자율주행시스템의 안전성: 센서 및 제어장비의 다중화 등을 통한 작동설계영역ODD 내에서의 충분한 안전성 확보, 작동설계영역ODD으로부터 이탈하는 경우 차량의 자동 안전 정지 등.

③ 안전표준의 준수: ISO 국제표준 등의 제반 요건 충족.

④ 인간 기계 인터페이스human machine interface; HMI 구축(운전자 또는 탑승자에 대한 자율주행시스템의 작동상황에 관한 충분하고 적절한 정보의 제공, 운전자 모니터링 기능의 장착).

⑤ 데이터 기록 장치의 탑재: 자율주행시스템의 작동상황 및 운전자 상황 등을 데이터로 기록하는 장치 구비.

⑥ 사이버보안cyber security: 사이버보안에 관한 국제동향을 감안하여, 해킹 대책 등 사이버 보안을 고려한 자율주행자동차의 설계, 개발.

---

487 자율주행자동차 안전기술 가이드라인(註 276), 3면.

488 자율주행자동차 안전기술 가이드라인(註 276), 3면.

489 자율주행자동차 안전기술 가이드라인(註 276), 3면.

490 자율주행자동차 안전기술 가이드라인(註 276), 1면.

491 자율주행자동차 안전기술 가이드라인(註 276), 4-10면.

⑦ 무인자율주행서비스에 이용되는 차량의 안전성 확보: 무인 이동 서비스에 제공되는 4단계 자율주행자동차에 대해서는 운행 관리 센터에서 자동차 실내의 상황을 모니터링하는 카메라 설치 또는 비상 정시지에 운행 관리 센터에 대한 자동통보 기능 등 포함.

⑧ 안전성 평가: 자동차 제조업자 또는 자율주행자동차를 사용한 이동 서비스 시스템 제공자 등에 의한 작동설계영역ODD에서의 안전성 점검 등. 설정된 작동설계영역ODD에서 합리적으로 예견되는 위험과 관련해 시뮬레이션, 테스트 또는 도로 시험 등을 적절히 조합한 검증 실시 및 안전성의 사전 확인.

⑨ 자율주행자동차의 사용 과정에서의 안전성 확보: 자율주행자동차에 대한 점검, 정비 등 유지 보수, 사이버 보안을 위한 소프트웨어 업데이트 등.

⑩ 자율주행자동차의 사용자에 대한 정보 제공: 자율주행자동차의 사용자에게 시스템의 사용 방법, 작동설계영역ODD의 범위 및 기능 제한 등을 올바로 이해할 수 있도록 조치.

다) 일본 경찰청의 도로시험주행을 위한 가이드라인

일본 경찰청은 2015. 10. "자율주행의 제도적 과제 등에 관한 조사검토위원회自動走行の制度的課題等に関する調査檢討委員會"를 설치하고, 후에 이를 "자율운전의 단계적 실현을 위한 조사검토위원회自動運転の段階的実現に向けた調査檢討委員會"로 개편하였다.[492] 일본 경찰청은 2016. 5. "자동주행시스템에 관한 공도실증실험을 위한 가이드라인自動走行システムに関する公道実証実験のためのガイドライン"[493]을, 2017. 6. "원격형 자동운전시스템의 공도실증실험에 관련한 도로사용 허가신청에 대한 취급기준遠隔型自動運転システムの公道実証実験に係る道路使用許可の申請に対する取扱いの基準"[494]을 각 발표하여, 자율주행자동차의 도로실험을 위한 기준을 마련하였다.[495]

---

[492] 자율주행자동차에 관한 일본 정부 각 부처의 대응을 보면 약간의 온도차가 있고, 경찰청은 위원회의 명칭에서 알 수 있듯이 신중한 입장을 취하고 있다고 한다. 小林(註 159), 240면.

[493] 警察庁, "自動走行システムに関する公道実証実験のためのガイドライン", 平成28年 5 月(2016. 5.). https://www.npa.go.jp/koutsuu/kikaku/gaideline.pdf(2018. 1. 2. 최종확인)

[494] 警察庁, "遠隔型自動運転システムの公道実証実験に係る道路使用許可の申請に対する取扱いの基準", 平成29年6月(2017. 6.). https://www.npa.go.jp/laws/notification/koutuu/kouki/290601koukih92.pdf(2018. 1. 2. 최종확인)

[495] 이들 가이드라인의 구체적인 내용의 상세에 관해서는 황창근 · 이중기 · 김경석(註 478), 16면 이하 참조.

3) 일본 정부의 자율주행자동차 정책에 관한 평가

일본 정부는 자율주행자동차에 관한 일련의 정책 가이드라인[496]을 발표하면서 '자율주행자동차에 필요한 안전성의 확보'를 주요한 정책 목표 중 하나로 내세우고 있다. 국토교통성이 발표한 "자율주행자동차의 안전기술 가이드라인"에서 자율주행자동차에 필요한 안전성에 대해 ISO/IEC의 국제표준을 참고하여 '허용 불가능한 위험이 없는 것'으로 적극적으로 정의내리고 있는 점, 일본 정부가 정부 차원에서 이와 같은 기준을 적극적으로 제시함으로써 자율주행자동차 제조업자의 자율주행기술 개발이 더욱 촉진될 수 있을 것이라고 보고 있는 점 등은 참고가 될 만하다.[497]

마. 한국

1) 한국 정부의 자율주행자동차 정책

가) 자율주행차 상용화 지원방안(2015년)

2015. 5. 6. 제3차 규제개혁 장관회의에서 국토교통부·미래창조과학부·산업통상자원부 등 관계 부처 합동으로 '자율주행차 상용화 지원방안'이 발표되었다.[498]

위 방안은, '자율주행차 보급으로 교통안전 향상, 신성장 동력 창출'을 비전으로 제시하면서, '2020년 자율주행차 상용화(일부 레벨 3)'을 목표로 제시하고 있다.

---

[496] 위에서 살펴본 것들 외에도, 2018년 내각부에서 공개한 "전략적 혁신 창조 프로그램(SIP) 자동주행시스템 연구개발계획"에서도 ① 자율주행에 필요한 동적 맵(ダイナミックマップ, dynamic map)의 구축, ② HMI(human machine interface)의 표준화 제안[자율주행시스템에 의한 운전자의 준비(readiness) 상태 파악, 보행자 및 자율주행자동차 이외의 자동차와의 상호작용 등 포함], ③ 정보보안, ④ 보행자 사고 감소, ⑤ 차세대 도시교통 제안 등을 핵심 주제로 한 연구개발계획 등 자율주행자동차 관련 정책추진계획을 발표하였다. 内閣府, "戰略的イノベーション創造プログラム(SIP)自動走行システム 研究開発計画", 2018. 4. 1. https://www8.cao.go.jp/cstp/gaiyo/sip/keikaku/6_jidousoukou.pdf(2018. 1. 31. 최종확인)

[497] 자율주행자동차 안전기술 가이드라인(註 276)의 발표와 관련한 일본 국토교통성 보도자료 참조. http://www.mlit.go.jp/report/press/jidosha07_hh_000281.html(2019. 1. 31. 최종확인).

[498] 국토교통부·미래창조과학부·산업통상자원부, "자율주행차 상용화 지원방안", 2015. 5. 6. https://www.molit.go.kr/USR/NEWS/m_71/dtl.jsp?id=95075598(2018. 5. 18. 최종확인). 국토교통부는 이른바 '7대 신산업 육성'의 주된 분야 중 하나로 '자율주행차'를 지목하여 기술개발 지원, 인프라 구축, 제도개선을 큰 틀로 하여 정부 차원에서의 여러 지원 방안들을 제시하고 있다. 이에 관한 상세는 아래 국토교통부 웹페이지 참조. SAE의 6단계 자율주행 단계구분을 원용하고 있다.

자율주행자동차의 조속한 상용화를 위하여 각 정부 부처가 ① 규제개선 및 제도정비(도로 시험운행 규제 개선, 상용화 제도 정비), ② 자율주행 기술개발 지원[핵심 기술개발 고도화, 자율주행 실험도시(K-City) 구축, 해킹 예방기술 개발 및 전문인력 양성 지원, 근거리 시범서비스 사업], ③ 자율주행 지원 인프라 확충[정밀 위성항법 기술 개발, 차선 표기 정밀 수치지형도 제작, 자율주행 지원 도로인프라(V2I) 구축, 차량간 통신(V2V) 주파수 분배, 사회적 공감대 마련]을 공동 추진하는 것을 그 내용으로 하고 있다.

이 단계에서는 큰 틀에서 자율주행자동차 정책의 방향을 제시하고, 현행 자동차 및 도로교통 제도 현황 및 개선 필요성의 점검 등 규제 및 육성 방안 개요의 대강을 정하고 있다. 자율주행자동차의 시험운행 허가제도 마련 및 자율주행시스템 임시운행 허용 등을 명시적으로 언급하고 있고, 그밖에 정책의 구체적인 세부 내용과 시행 방안과 계획 등을 수립할 예정임을 밝히고 있다.

나) 자율주행차 분야 선제적 규제혁파 로드맵(2018년)

2018. 11. 7. 국무조정실 명의로, '자율주행차 분야 선제적 규제혁파 로드맵'이 발표되었다.[499] 이에 의하면, 먼저 ① '운전주체'의 측면에서 운전자 개념을 '사람'에서 '시스템'으로 확대하고, ② '차량장치'의 측면에서 안전한 자율주행자동차 제작 및 안정적 주행을 위한 안전기준을 마련하며, ③ '운행'의 측면에서 사고발생 시 민·형사 책임소재 재정립 및 보험규정 정비 등 방안을 마련하고, ④ '인프라'의 측면에서 자율주행에 필요한 영상정보·사물위치정보 수집·활용 허용(사전동의 예외) 등 방안 마련을 내용으로 하고 있다.

---

https://www.molit.go.kr/7works/content/sub_0101.jsp(2018. 9. 8. 최종확인).

이와 관련해 위에서 본 KPMG International이 2019. 3. 발표한 보고서 '자율주행자동차 준비 지수(Autonomous Vehicle Readiness Index)'에서 자율주행자동차에 관한 세계 각국의 준비상태(preparedness)를 기준으로 25개 국가를 대상으로 국가별 순위를 매기고 있는데, 한국은 13위에 위치하고 있다.

위 보고서는 한국의 자율주행자동차에 대한 준비상태에 관해, ① 긍정적인 요인으로 자율주행자동차 시험주행에 관한 정부 지원, 관련 산업 간의 협동관계, 전기자동차 충전소 설치, 4G 통신 지원범위 등을 들고 있는 반면, ② 부정적인 요인으로 규제법제에서 입법절차의 비효율, 3단계 자율주행에 한정된 시험주행 허가 등을 들고 있다. KPMG International(註 150), pp.26.

499 국무조정실, "자율주행차 분야 선제적 규제 혁파 로드맵", 2018. 11. 7. http://www.opm.go.kr/opm/news/press-release.do?mode=view&articleNo=118994&article.offset=0&articleLimit=10(2018. 11. 8. 최종확인)

우선 위 방안은 자율주행기술의 발전단계에 관한 SAE J3016의 6단계 구분을 전면적으로 채택하였다. 또한 자율주행 단계별로 아래와 같은 자율주행기술의 발전 시나리오를 도출하면서 그 준거로, ① 운전 주도권(사람 → 시스템), ② 신호등 유무(연속류 → 단속류) 및 ③ 주행장소(시범구간 → 고속구간 → 일반도로)를 이른바 '3대 핵심변수'로 설정한 점 역시 흥미롭다.

[표 4] 자율주행기술 발전 시나리오[500]

수준	발전 시나리오	설명
2	① 연속류 시험구간 자율주행	신호등 없는 자동차 전용도로 시험구간 자율주행
	② 자율주차	자율주행 기능을 통한 자동주차
	③ 연속류 고속구간 자율주행	신호등 없는 자동차 전용도로 고속구간 자율주행
3	④ 연속류 자율주행	신호등 없는 자동차 전용도로 자율주행
	⑤ 단속류 자율주행	신호등 있는 주요도로 자율주행
4	⑥ 연속류 완전 자율주행	신호등 없는 자동차 전용도로 운전자 개입 없는 완전 자율주행
	⑦ 단속류 완전 자율주행	신호등 있는 주요도로 운전자 개입 없는 완전 자율주행
5	⑧ 완전 자율주행	전체 도로(비포장도로, 보행자혼합도로 등) 운전자 개입 없는 완전 자율주행

위 방안은 위와 같은 시나리오를 바탕으로, 자율주행자동차 분야에 관해 정비가 필요한 규제 항목을 ① 단기과제(2018~2020년), ② 중기과제(2021~2025년), ③ 장기과제(2026~2035년)로 나누어 다음과 같이 제시하고 있다.

(1) 단기과제(2018~2020년)

(가) 운전주체 영역: ① 사람 대신 시스템이 운전하는 상황을 대비하여, 교통법규상 운전자 개념을 재정의하고, 각종 의무 및 책임 부과 주체를 설정, ② 자율주행자동차에 적합한 시스템 관리의 의무화를 통한 안전성 제고(예컨대 소프트웨어 업데이트 의무를 상정함), ③ 자동주차시 운전자의 이탈을 허용하는 내용의 「도로교통법」 개정,[501] ④ 자율주행단계를 법령상 명문화하여 보험규정 및 안전기준 등에 활용, ⑤ 자율주행 중의 제어권 전환(시스템 → 사람)에 관한 규정 신설을 통한 통일된 기준

---

500 국무조정실(前註), 5면 참조.

501 「도로교통법」 제49조 제1항 제6호에서 운전자의 준수사항 중 하나로 '운전자가 운전석을 떠나는 경우에는 원동기를 끄고 제동장치를 철저하게 작동시키는 등 차의 정지 상태를 안전하게 유지하고 다른 사람이 함부로 운전하지 못하도록 필요한 조치를 할 것'이 자율주행기술에 의한 이른바 '자율주차'와 상충되므로, 이를 개정하겠다는 취지로 보인다.

마련, ⑥ 자율주행자동차에 적합한 자동차 및 부품기준, 자동차 정비 및 검사 근거를 마련하여 제작 및 사후관리 단계에서 안전성 제고.

(나) 운행 영역: ① 자율주행 중에 교통사고가 발생한 경우 운전자의 민·형사책임 소재의 정립을 통해, 책임주체 등 손해배상체계의 명확화 및 사회적 합의 형성(「자동차손해배상 보장법」, 「제조물책임법」, 「교통사고처리 특례법」, 「특정범죄 가중처벌 등에 관한 법률」 등의 개정), ② 자율주행자동차에 적합한 자동차 보험제도 개선을 통한 사고 보장성의 증대, ③ 자율주행에 필요한 영상정보를 주행에 필요한 범위 내에서 수집할 수 있도록 영상정보 수집·활용의 근거 규정 마련(「개인정보보호법」, 「정보통신망 이용촉진 및 정보보호 등에 관한 법률」 등의 개정을 통한 사전동의 원칙의 예외 인정 근거 마련), ④ 자율주행 중의 위치정보 수집, 활용을 허용하기 위한 근거규정 마련(「위치정보의 보호 및 이용 등에 관한 법률」 개정을 통한 사전동의 원칙의 예외 인정), ⑤ 자율주행에 활용하기 위한 도로지역 정밀맵의 활용 가능 근거 규정 마련(「국가공간정보에 관한 법률」에 기한 국토지리정보원의 국가공간정보 보안관리규정 개정).

(2) 중기과제(2021~2025년)

① 「도로교통법」 개정을 통한 자율주행 중의 휴대전화 등 영상기기 사용 허용을 통해 다양한 모바일 서비스 출시 기반 마련.

② 자율주행 중 사고 발생 시 명확한 책임소재 분석을 위해 자율주행 사고기록 시스템의 구축(사고기록장치 등에 관해 「자동차관리법」 등 개정).

③ 「도로교통법」 개정을 통한 군집주행 허용 근거 마련을 통해 물류 효율성 증대.

(3) 장기과제(2026~2035년)

① 자율주행용 간소면허 신설, 운전금지 및 결격사유의 재검토 및 특례마련(과로, 질병 등).

③ 운전석과 같은 좌석배치 등에 관한 장치기준 개정.

④ 주차장법 개정을 통한 자율주행 원격주차의 근거 마련.

2) 「자동차관리법」 등 법령 제·개정

가) 「자동차관리법」 및 관련 규정 개정

'자율주행차 상용화 지원방안'의 발표 무렵부터 자율주행자동차에 관한 법규정이 입법화되기 시작하였다. 위에서 본 것과 같이 2015. 8. 11. 개정된 「자동차관리법」에서 자율주행자동차의 정의규정이 신설되었고(제2조 제1호의3), 임시운행 근거가 마련되었다(제27조).[502] 국토교통부는 2016. 2. 11. 국토교통부령인 「자동차관리법 시행규칙」에 제26조의2를 신설하여, 「자동차관리법」 제27조 제1항에서 정하는 임시운행허가 조건인 안전운행요건을 구체화하여 상세히 규정하고 있다.[503]

한편 2017. 10. 24. 신설된 「자동차관리법」 제27조 제5항에서는 자율주행자동차의 임시운행 허가와 관련해 '자율주행자동차의 안전한 운행을 위하여 주요 장치 및 기능의 변경 사항, 운행기록 등 운행에 관한 정보 및 교통사고와 관련한 정보 등 국토교통부령으로 정하는 사항'을 국토교통부장관에게 보고할 것을 의무화하였다.[504] 국토교통부는 2018. 6. 27. 「자동차관리법 시행규칙」에 제26조의3을 신설하여, '임시운행 자율주행자동차의 변경사항 등 보고'와 관련해 보고의 대상을 상세

---

[502] 자율주행자동차의 임시운행허가에 관한 「자동차관리법」 제27조 제1항을 아래와 같이 개정하였다.

제27조(임시운행의 허가) ① 자동차를 등록하지 아니하고 일시 운행을 하려는 자는 대통령령으로 정하는 바에 따라 국토교통부장관 또는 시·도지사의 임시운행허가(이하 "임시운행허가"라고 한다)를 받아야 한다. 다만 자율주행자동차를 시험·연구 목적으로 운행하려는 자는 허가대상, 고장감지 및 경고장치, 기능해제장치, 운행구역, 운전자 준수 사항 등과 관련하여 국토교통부령으로 정하는 안전운행요건을 갖추어 국토교통부장관의 임시운행허가를 받아야 한다.

[503] 「자동차관리법 시행규칙」 제26조의2(자율주행자동차의 안전운행요건) ① 법 제27조제1항 단서에서 "국토교통부령으로 정하는 안전운행요건"이란 다음 각 호의 요건을 말한다.

1. 자율주행기능(운전자 또는 승객의 조작 없이 자동차 스스로 운행하는 기능을 말한다. 이하 이 조에서 같다)을 수행하는 장치에 고장이 발생한 경우 이를 감지하여 운전자에게 경고하는 장치를 갖출 것
2. 운행 중 언제든지 운전자가 자율주행기능을 해제할 수 있는 장치를 갖출 것
3. 어린이, 노인 및 장애인 등 교통약자의 보행 안전성 확보를 위하여 자율주행자동차의 운행을 제한할 필요가 있다고 국토교통부장관이 인정하여 고시한 구역에서는 자율주행기능을 사용하여 운행하지 아니할 것
4. 운행정보를 저장하고 저장된 정보를 확인할 수 있는 장치를 갖출 것
5. 자율주행자동차임을 확인할 수 있는 표지(표지)를 자동차 외부에 부착할 것
6. 자율주행기능을 수행하는 장치에 원격으로 접근·침입하는 행위를 방지하거나 대응하기 위한 기술이 적용되어 있을 것
7. 그 밖에 자율주행자동차의 안전운행을 위하여 필요한 사항으로서 국토교통부장관이 정하여 고시하는 사항

[504] 「자동차관리법」 제27조 ⑤ 제1항 단서에 따라 임시운행허가를 받은 자는 자율주행자동차의 안전한 운행을 위하여 주요 장치 및 기능의 변경 사항, 운행기록 등 운행에 관한 정보 및 교통사고와 관련한 정보 등 국토교통부령으로 정하는 사항을 국토교통부령으로 정하는 바에 따라 국토교통부장관에게 보고하여야 한다.

히 정하고 있다.[505]

국토교통부는 또한 위에서 본 것과 같이 2016. 2. 11. 국토교통부고시 제 2016-46호로 「자율주행자동차의 안전운행 요건 및 시험운행 등에 관한 규정」를 제정하여, 자율주행자동차의 구조 및 기능 등에 관한 안전운행요건 및 임시운행 등에 관해 비교적 상세히 규정하고 있다.[506] 국토교통부는 2017. 3. 31. 국토교통부고시 제2017-198호로 이를 개정하여, 자율주행자동차 임시운행허가 신청인(소유자 또는 자동차를 사용할 권리가 있는 사람)에 대해 「자동차손해배상 보장법」 제3조가 정하는 손해배상책임을 가진다는 점을 명시하고, 같은 법 제5조가 정하는 책임보험 가입을 의무화하였다.[507]

---

[505] 제26조의3(임시운행 자율주행자동차의 변경사항 등 보고)
① 법 제27조제5항에서 "주요장치 및 기능의 변경 사항, 운행기록 등 운행에 관한 정보 및 교통사고와 관련한 정보 등 국토교통부령으로 정하는 사항"이란 다음 각 호의 사항을 말한다.
1. 주요장치 및 기능의 변경 사항
　가. 카메라, 레이다 및 통신장치 등 자율주행 시 주변상황을 인지하는 장치의 수량 감소 또는 성능 저하
　나. 제26조제1항제1호가목에 따른 시험·연구 계획서에 기재된 주행모드의 추가 또는 자율주행기능 작동 속도 범위의 확대
2. 운행기록 등 운행에 관한 정보
　가. 누적 주행거리
　나. 운전자가 의도하지 않은 자율주행기능의 해제
　다. 보험가입에 관한 사항
3. 교통사고와 관련한 정보 등
　가. 사고 일시 및 장소, 피해의 정도
　나. 제26조의2제1항제4호에 따라 저장된 운행정보
　다. 사고기록장치의 저장 정보(법 제29조의3제1항에 따라 사고기록장치가 장착된 자동차에 한정한다)

[506] 제2장 '안전운행요건' 중 제2절 '자율주행자동차의 구조 및 기능' 부분에서 제10조(조종장치), 제11조(시동 시 조종장치의 선택), 제12조(표시장치), 제13조(기능고장 자동감지), 제14조(경고장치), 제15조(운전자우선모드 자동전환), 제16조(최고속도제한 및 전방충돌방지 기능), 제17조(운행기록장치 등), 제18조(영상기록장치) 등 9개 조항을 규정하고 있다.

[507] 「자율주행자동차의 안전운행 요건 및 시험운행 등에 관한 규정(2017. 3. 31. 국토교통부고시 제2017-198호로 개정된 것)」 제4조는 다음과 같이 규정하고 있다.
제4조(손해배상 책임 및 보험가입) ① 자율주행자동차를 시험·연구 목적으로 임시운행허가를 받으려는 자동차 소유자나 자동차를 사용할 권리가 있는 사람(이하 "자율주행자동차 임시운행허가 신청인"이라고 한다)는 해당 차량의 운행으로 발생된 교통사고 피해에 대하여 「자동차손해배상 보장법」 제3조에 따른 손해배상책임을 져야 한다.
② 자율주행자동차 임시운행허가 신청인은 교통사고 피해에 대한 적절한 손해배상을 보장하기 위하여 「자동차손해배상 보장법」 제5조 제1항 및 제2항에 따른 보험 등에 가입하여야 한다.

나) 「자율주행자동차 상용화 촉진 및 지원에 관한 법률」의 제정

「자율주행자동차 상용화 촉진 및 지원에 관한 법률」이 2019. 4. 5. 국회 본회의를 통과하여, 2019. 4. 30. 법률 제16421호로 제정되어 2020. 5. 1.부터 시행될 예정이다(이하 자율주행자동차법이라고 한다.).[508] 당초 3개의 '자동차관리법 일부개정법률안'[509]과 '자율주행자동차 개발 촉진 및 상용화 기반조성에 관한 법률안'[510]의 4건의 법률안이 상정되어 소위 심사를 거쳤으나, 제367회 국회(임시회) 제3차 국토교통위원회(2019. 3. 28.)의 위원회 대안代案이 제안, 상정 및 통과되었고, 위 4개의 법률안은 대안반영폐기되었다.

자율주행자동차법은 '자율주행자동차'를 「자동차관리법」 제2조 제1호의3에 따른 운전자 또는 승객의 조작 없이 자동차 스스로 운행이 가능한 자동차'로 정의하고(제2조 제1항 제1호), '자율주행시스템'을 '운전자 또는 승객의 조작 없이 주변상황과 도로 정보 등을 스스로 인지하고 판단하여 자동차를 운행할 수 있게 하는 자

---

508 2019. 4. 19. 정부이송 되었고, 2019. 4. 30. 공포되었다. 다음과 같은 제안이유(입법목적)를 밝히고 있다.

'자율주행자동차는 제4차 산업혁명의 대표적인 기술 중 하나로서 운전자나 승객의 조작 없이 주변 환경을 인식하고 주행상황을 판단하여 차량을 제어함으로써 스스로 주어진 목적지까지 주행하는 자동차로서 이미 국내외 여러 기업들이 자율주행자동차의 상용화를 위하여 연구 · 개발을 추진 중에 있음.

그러나 자율주행자동차와 관련하여 현행 「자동차관리법」에서는 개략적인 정의와 임시운행허가의 근거만 존재하고 있을 뿐, 상용화의 전제가 되는 운행구역, 안전기준 등에 관한 그 법적 근거가 미비한 상황임.

이에 자율주행자동차의 종류를 세분화하여 정의하고, 자율주행자동차의 상용화를 위한 연구 · 시범운행 등이 원활히 이루어 질 수 있도록 관련 규제를 완화하는 등 자율주행자동차의 상용화 촉진과 운행기반 조성을 위한 법률을 제정함으로써 제4차 산업혁명에 선제적으로 대응하고 국민 생활환경의 개선을 도모하려는 것임.'

아래 국회 의안정보시스템 참조.

http://likms.assembly.go.kr/bill/billDetail.do?billId=PRC_L1B9J0G3N2C8D1M1H0R9G3G5M8J1P9(2019. 4. 23. 최종확인).

509 ① 의안번호 2011832(2018. 2. 8.자). 아래 국회 의안정보시스템 참조.

http://likms.assembly.go.kr/bill/billDetail.do?billId=PRC_H1Y8A0F2Y0O8C1V0U5V8C5J1P5U0R1(2019. 4. 23. 최종확인).

② 의안번호 2011854(2018. 2. 8.자). 아래 국회 의안정보시스템 참조.

http://likms.assembly.go.kr/bill/billDetail.do?billId=PRC_Y1I8F0P2V0U8E1X6B0B5I3M8H2M2P6(2019. 4. 23. 최종확인).

③ 의안번호 2014717(2018. 8. 3.자). 아래 국회 의안정보시스템 참조.

http://likms.assembly.go.kr/bill/billDetail.do?billId=PRC_N1H8T0T8O0D2P1U0M4Q0P0U1Q6N3T3(2019. 4. 23. 최종확인).

510 의안번호 2016080(2018. 10. 26.자).아래 국회 의안정보시스템 참조.

http://likms.assembly.go.kr/bill/billDetail.do?billId=PRC_J1M8Y1Q0W2C6U1D1K3V7Q1F2G9Y5G0(2019. 4. 23. 최종확인).

동화 장비, 소프트웨어 및 이와 관련한 일체의 장치'로 정의하고 있다(제2조 제1항 제2호). 자율주행자동차의 종류를 '부분 자율주행자동차'와 '완전 자율주행자동차'로 구분하되, 그 종류를 국토교통부령으로 정하는 바에 따라 세분할 수 있도록 하였다(제2조 제2항 제1, 2호). ① 부분 자율주행자동차는 자율주행시스템만으로는 운행할 수 없거나 지속적인 운전자의 주시를 필요로 하는 등 운전자 또는 승객의 개입이 필요한 자율주행자동차를 말한다(제2조 제2항 제1호). ② 완전 자율주행자동차는 '자율주행시스템만으로 운행할 수 있어 운전자가 없거나 운전자 또는 승객의 개입이 필요하지 아니한 자율주행자동차'를 말한다(제2조 제2항 제2호). 또한 자율주행기능을 지원·보완하여 안전성을 향상시키는 지능형 교통체계를 '자율주행협력시스템'으로 정의하고 있다(제2조 제1항 제3호).

그밖에 자율주행자동차법 제정안의 주요 내용은 다음과 같다.[511]

① 국토교통부장관으로 하여금 자율주행자동차의 도입·확산과 자율주행 기반 교통물류체계의 발전을 위하여 5년마다 '자율주행 교통물류 기본계획'을 수립하도록 하고, 자율주행자동차와 자율주행협력시스템 등의 연구개발·운영 및 활용에 대하여 현황조사를 실시할 수 있도록 함(제4조 및 제5조).

② 국토교통부장관으로 하여금 자율주행자동차의 상용화를 위하여 자동차전용도로상에 '자율주행 안전구간'을 지정할 수 있도록 함(제6조).

③ 국토교통부장관으로 하여금 지방자치단체장의 신청을 받아 자율주행자동차 시범운행지구 위원회의 심의·의결을 거쳐 '자율주행자동차 시범운행지구'를 지정할 수 있도록 하고(제7조), 시범운행지구에서 자율주행자동차에 의한 여객 및 화물의 유상운송에 관한 특례조항을 두며(제9, 10조), 자율주행자동차의 구조적 특성으로 인하여 자동차 안전기준을 충족하기 어려운 경우 안전 확보 등에 필요한 조건을 붙여 국토교통부장관의 승인을 받아 시범운행지구에서 운행할 수 있도록 하며(제11조), 시범운행지구에서 자율주행자동차에 관한 연구·시범운행을 하는 자는 발생할 수 있는 인적·물적 손해를 배상하기 위하여 대통령령으로 정하는 보험에 가입하도록 하고, 위반시 형사처벌함(제19, 29조).

④ 자율주행자동차의 운행과정에서 수집된 개인정보 등을 익명처리하여 활용하는

---

[511] 위 註 508 참조. 아래 국토교통부 정책 브리핑 보도자료도 참조.
http://www.korea.kr/news/pressReleaseView.do?newsId=156325221&call_from=seoul_paper(2019. 4. 23. 최종확인).

경우 '개인정보 보호법' 등의 적용을 배제하도록 함(제20조).

한편 위 「자동차관리법」 일부개정 법률안들 중에서는 ① 국토교통부령으로 '자율주행자동차의 안전기준' 및 '자율주행자동차 부품안전기준'을 정할 것과, '자율주행자동차의 안전운행요건'으로 「자동차관리법 시행규칙」 제26조의2[512]에서 정하는 것과 같은 7개의 요건을 명문화하고,[513] 위 각 안전기준과 안전운행요건에 적합하지 않은 자율주행자동차를 운행하거나 운행하게 한 사람에 과태료를 부과하며,[514] ② 자율주행자동차의 제조사 및 자율주행시스템의 개발사를 ('제조사 등')에게 「도로교통법」 제3장 및 제4장을 준수하는 내용의 조치를 취할 의무를 부과하고, 위반시 국토교통부장관이 시정명령을 할 수 있으며, 제조사등이 시정명령에 따른 시정조치를 보고할 것을 의무화하고, 시정명령 불이행시 형사처벌하며,[515] ③ 자율주행시스템 관리자에게 자율주행자동차의 운전자와 승객의 안전을 위해 자율주행시스템을 관리할 책임과 의무를 부과하고, 자율주행시스템 관리자에게 자율주행시스템의 이상 여부에 관한 검사의무 및 이상 발견시 자율주행자동차의 소유자 및 운전자에 대한 즉시 고지의무 및 운행정지의무를 부과하며, 위반시 자율주행시스템 관리자를 형사처벌하고,[516] ④ 자율주행 중 자율주행시스템이 운전자의 개입을 요청하는 경우 '즉시' 자율주행자동차를 직접 조작하여 운전해야 할 의무를 인정하는[517] 내용 등이 포함된 것도 있었으나, 모두 자율주행자동차법으로 의결된 대안에는 반영되지 않았다.

3) 한국 정부의 자율주행자동차 정책 및 제 · 개정 법률에 대한 평가

한국 정부가 발표한 위와 같은 자율주행자동차 정책은 그 명칭에서부터 알 수 있듯이 자율주행자동차의 도입을 전제로 그 상용화를 지원하고, 그와 같은 취지에

---

512   註 503 참조.

513   의안번호 2011832 법률안(註 509). 의안번호 2014717 법률안(註 509)도 같은 취지.

514   의안번호 2011832 법률안(註 509).

515   의안번호 2011832 법률안(註 509).

516   의안번호 2014717 법률안(註 509).

517   의안번호 2016080 법률안(註 510).

서 자동차와 도로교통 관련 현행 규제를 자율주행자동차의 본질에 부합하도록 개정하겠다는 것에 초점이 맞추어져 있다. 다만 위 정책들에서 제시하고 있는 목표와 실천방안은 것은 어디까지나 자율주행자동차의 상용화를 기정사실 내지 전제로 하고 그 순기능 내지 활용 방안에만 주목하여 다소 추상적인 수준에 머물러 있다고 보인다.[518] 자율주행자동차의 상용화에 이르기까지 필요한 '안전성'을 확보하기 위해 정부 차원에서의 자율주행기술의 본질에 추급하여 구체적인 정책 방향을 보다 적극적으로 밝히고, 필요한 안전기준을 적극적으로 제시할 필요가 있다.

자율주행자동차법 및 「자동차관리법」과 그 하위 법령의 제·개정 내용 역시, 위에서 본 정부 차원에서의 자율주행자동차 정책과 같은 맥락 하에서, 상용화에 필요한 시험주행 등 자율주행자동차의 본격적인 도입과 관련한 규제의 정비에 주로 초점이 맞추어져 있다고 보인다.[519] 자율주행자동차에 필요한 안전기준을 법률로 보다 구체적으로 설정하거나, 시행령이나 시행규칙 등 하위법령에 대한 구체적 위임을 통해 자율주행자동차 일반에 관한 안전기준설정의 근거를 마련할 필요가 있다고 보인다.

Ⅲ. 소결론

자율주행기술과 자율주행자동차에 관한 규제법제에서의 논의, 즉 자율주행자동차가 법체계 전반에서 차지하는 위치와 규제법제에서의 구체적인 규율 내용과 정책 방향의 문제는 자율주행자동차로 인한 법적책임, 특히 민사책임인 제조물책

---

[518] 특히 '중기과제'와 '장기과제'를 보면, 그와 같은 항목을 과연 '단기'와 차별된 '중·장기' 기간 동안 계획, 추진하여야 하는지 그 내용 자체로서 다소 의문이고, 그와 같은 과제 항목 설정에 관한 구체적인 근거와 필요성 등도 제대로 제시되지 않고 있다고 보인다.

[519] 자율주행자동차법 제11조는 자율주행자동차의 안전기준 등에 특례조항인 제11조를 두고 있으나, 이 조항은 시험운행지구에서의 운행에 한정되어, 기존의 「자동차관리법」에 따른 안전기준을 충족하지 않은 자율주행자동차에 관해 일정한 조건 하에 위 안전기준에 대한 예외를 인정하기 위한 것이지, 자율주행자동차 일반에 관한 안전성 확보를 도모하기 위한 규정이 아니다.

임, 운행자책임 및 운전자책임 등 각 쟁점 분야에 관한 여러 문제의 해석 방향에 영향을 미칠 수 있다.

새로운 기술인 자율주행기술과 자율주행자동차에 관해 법적책임의 발생 여부와 내용, 한계가 논의된다는 것은 바꾸어 말하면 규제법제에서의 자율주행자동차에 관한 안전성 확보가 과연 충분하였는지에 관해 의문이 제기되는 것과 다름없는 것일 수 있다.

자율주행자동차의 안전성 확보를 도모한다는 측면에서 볼 때, 자동차의 안전기준에 관해 기존 규제법제에서 오랜 시간에 걸쳐 형성되어 온 미국의 '자기인증 self-certificate' 방식과 유럽 등의 '형식승인type-approval' 방식 중 현 시점에서 어느 한 쪽이 그 자체로서 절대적으로 우월한 것이라고 단정하기는 어려울 것이다.[520] 그러나 정부 차원에서 자율주행자동차에 필요한 안전성 확보를 위해 가능한 범위 내에서 선제적인 조치를 취하고, 그밖에도 안전성에 관한 구체적인 요구사항과 기준을 제시하는 것은 그 강제성 여부와 관계없이 자율주행자동차 제조업자 등이나 자율주행시스템 개발자 등으로 하여금 사실상 이를 준수할 동기를 부여하게 하는 효과를 가지게 된다는 점 자체는 부정하기 어려울 것이다. 특히 일본 정부가 자율주행자동차 정책에서 정부의 그와 같은 입장 견지가 오히려 자율주행기술에 관한 신뢰성을 증진할 수 있다고 보는 것 역시 설득력이 있다고 본다.

자율주행자동차에 대한 규제법제에서 안전기준 설정은 책임법제에서 법적책임 판단에도 큰 영향을 줄 것이다. 물론 민사책임에 관한 법원의 최종적인 판단이 규제법제에서의 안전기준 설정에 반드시 기속될 이유는 없다고 본다. 규제법제에서 설정된 안전기준 역시 자율주행기술의 발전과 시간의 경과에 따라 지속적으로 발전하고 상향조정될 것을 필연적인 전제로 한다고 말할 수 있다. 따라서 책임법제에서의 민사책임 판단이 특정 시점에서의 규제법제에서의 안전기준 공표에 기속될 이유는 더욱 없다고 본다.

그러나 법원으로서도 자율주행자동차에 관한 민사책임을 판단하면서 규제법제에 의한 안전기준 설정과 제조업자 등과 개발자 등의 안전기준 준수 여부 등을 고려하지 않을 특별한 이유가 없을 것이다. 오히려 새로운 현상인 자율주행자동차

---

520 양 규제방식들의 내용 자체로서 각각 장단점을 가지고 있을 뿐만 아니라, 정부가 자율주행자동차의 안전기준을 설정하는 것은 정부 스스로 책임 일부를 부담하는 행위라는 점에서, 새로운 기술인 자율주행기술에 관해 신중히 접근할 필요성이 요구된다고 볼 측면도 있다. 또한 관련 산업발전 등을 고려하지 않을 수도 없을 것이다.

에 관해 법적책임이 문제되는 경우 자율주행자동차에 관한 각국의 규제법제에서의 규율 태도와 방식, 구체적 규제 내용의 유사성과 차이점은 책임법제에서 민사책임을 판단하는 데에도 적지 않은 참고가 될 수 있을 것이다.[521]

또한 규제법제에서 자율주행자동차에 관해 합리적이고도 체계적인 안전기준을 설정하는 것은 책임법제에서 책임판단에 관해 고려해야 할 요소를 풍부하게 만들고 책임판단 관련 논의를 활성화함으로써 합리적인 책임판단을 내리는 데에 도움이 되는 방향으로 충분히 작용할 수 있다.

보다 구체적으로 자율주행기술과 자율주행자동차의 제조, 판매 및 운행의 각 단계에 걸쳐 관련자가 특정한 개별 규제 법령을 위반하였거나 준수하였다는 사실은 법적책임의 발생 요건이 되는 '결함'이나 '고의 또는 과실'의 요건 충족 여부를 직접 좌우하거나, 이를 강력하게 뒷받침하거나 배제하는 근거로서 작용할 수 있다. 또한 '자율주행기술과 자율주행자동차의 적법성'에 관한 규제법제 중 자동차의 '운전자'의 개념과 관련한 논의는 운전자책임, 즉 운전자의 불법행위책임의 성립 여부와 범위의 문제에도 직간접적으로 영향을 미칠 수 있다.[522]

제조물책임 소송과 관련해 아래에서 보는 것과 같이 미국에서는 「연방 자동차 안전기준FMVSSs」이 '주법州法. state laws'에 우선하는 결과,[523] 규제법제의 영역에서의 제조업자의 위 「연방 자동차 안전규정FMVSSs」의 준수 여부(즉 주법의 배제)가 책임법제의 영역인 제조물책임 소송에 직접적으로 미치는 영향, 특히 연방법에 의한 주법 적용배제로 인한 제조물책임의 위축효에 관한 비판론 및 여러 관련 논의를 찾아볼 수 있다.[524] 우리 「제조물책임법」에서도 '제조업자가 법령을 준수한 결과 결함이 발생하게 된 경우'에 관해, 제4조 제1항 제3호에서 이른바 '법령준수의 항변'을 명문화하여, '제조업자의 규제법제 영역에서의 법령 준수 여부'가 제조물책임 판단 문제에 직접 영향을 미칠 수 있다는 점을 인정하고 있으므로, 법령준수의 항변과 관

---

521 특히 위에서 본 것과 같이, 미국이 연방 자율주행자동차 정책 2017(註 222)에서 발표한 12개 항목의 "자율주행 시스템 안전 요소(ADS safety elements)"에서 자율주행자동차의 안전성 확보와 관련해 들고 있는 12개 항목의 구체적인 내용은 자율주행자동차와 법적책임에 관한 판단기준 정립에 현실적인 참고가 될 수 있다고 본다.

522 제네바협약 제2장의 도로상의 규칙(rules on the roads) 편은 대부분 운전자를 중심으로 규정되어 있다[Smith 1(註 57), pp.15, 111].

523 따라서 미국에서 주법상의 자동차 안전 규정의 내용이 연방의 자동차 안전규정의 내용에 배치되는 경우에는 주법의 적용이 배제(preemption)된다.

524 이에 관한 상세는, 아래 제3장 제5절 '자율주행자동차와 제조업자의 면책사유 및 면책의 제한' 부분 참조.

련한 제조업자의 면책 여부의 판단에 관해서는 규제법제 관련 논의가 필수적으로 요청된다.

다만 '법령준수의 항변'과 관련해, 규제법제에서 제시·설정한 '자율주행기술의 안전성 기준'이 실제 필요한 것보다 미흡한 것이었음이 밝혀지는 경우 그럼에도 불구하고 이는 제조업자에 의해 제조물책임의 면책사유인 '법령준수의 항변'의 근거로 원용될 수도 있다는 점에 유념할 필요가 있다.[525] 이와 같은 점에 비추어 보면 규제법제에서는 '자율주행자동차의 안전성 확보'를 위한 자율주행기술의 안전성 기준을 설정할 때에는 해당 분야에 관한 충분한 전문성을 갖춘 상태에서 '최선'의 것을 상정할 필요가 있고, 자율주행기술의 세부 분야 중에서 특히 급속하고도 지속적인 발전이 예상되는 분야에 관해서는 단정적, 한정적인 기준을 설정하는 데에 신중할 필요도 있다고 본다.

---

[525] 다만 자율주행자동차의 제조업자 측에서 규제법제에서 설정한 안전기준의 준수를 '법령준수의 항변'으로 원용하더라도, 여기에서 말하는 "과학·기술 수준"은 제한적으로 해석함이 타당하다. 이에 관한 상세는, 아래 제3장 제5절 '자율주행자동차와 제조업자의 면책사유 및 면책의 제한' 부분 참조.

Ⅰ. 개요

자동차의 운전은 무수한 선택과 판단의 연속이라는 측면을 가진다. 자율주행 시스템은 항상 교통법규를 준수하고 합리적인 선택을 내리도록 프로그램될 것이므로, 자율주행 소프트웨어 알고리즘이 인간을 대체하여 스스로 내리는 합리적인 선택과 판단에 의하여 기존의 인간의 오류에 의한 교통사고가 감소하는 등 그 순기능이 발현될 것이다.

다만 자동차 운전 일반에 관해 그러하듯이, 자율주행 중에도 예측 및 회피 불가능한 사고가 발생할 수 있고, 자율주행 소프트웨어 알고리즘이 그와 같은 피할 수 없는 사고의 순간에서 내리는 선택을 둘러싼 구체적 상황은 복잡한 이해관계가 상충하는 딜레마적인 것일 수 있으며, 자동차 사고의 본질상 그와 같이 상충하는 가치 중에는 인간의 생명과 같은 절대적이고도 그 피해의 회복이 불가능한 고도의 가치가 포함될 수 있다. 인간의 신체 역시 마찬가지로 이와 같은 상황에서 주요한 보호법익이자 가치에 해당한다고 말할 수 있을 것이다.

이와 같이 자율주행 시스템이 그와 같은 '한계상황'에서 인간의 생명이라는 절대적 가치에 대한 평가가 수반된 가치판단을 내리는 것 자체가 정당한지,[526] 또한 그 선택과 판단의 결과를 정당한 것으로 인정하고 받아들일 수 있는지에 관한 '윤

---

[526] 자율주행자동차는 자동차 운전의 영역에서 인간의 판단까지도 대체하여야 하는 것을 본질적 속성으로 가지게 되므로, 자율주행 알고리즘은 적어도 자동차 운전의 현실에서 문제되는 모든 구체적인 상황 하에서 인간 운전자라면 이라면 내렸을 것과 동등한 수준으로 평가할 수 있는 합리적인 선택을 하도록 설계되어야 할 것이다. 이와 같은 경우의 선택에 관한 충분한 사전 고려 없이 자율주행자동차로 하여금 일반도로를 주행하도록 한다면 그 자체로서 제조업자 등에게 제조물책임에서의 '결함'이 인정될 수도 있다고 본다.

리적 정당성'의 문제가 '자율주행과 윤리'라는 주제로 논의되고 있다.[527]

인간 운전자의 경우 자동차 운전 중 발생할 수 있는 이와 같은 한계상황에 조우하게 되면 비로소 선택을 내리게 되고, 그 내용과 정당성 여하를 사후적으로 평가하여 그 책임 소재와 범위를 가리게 된다. 그런데 자율주행자동차의 경우 그 본질적 속성상 그와 같은 한계상황에서의 선택은 사전에 자율주행 알고리즘을 설계하면서 어떠한 선택을 내릴지 이미 입력해 놓은 결과가 사후적으로 현실화되는 것과 다름없다고 볼 수 있기 때문에 이와 같은 윤리적인 문제를 야기하게 되는 것이다.

또한 이는 자율주행기술의 안전성 확보라는 문제와도 연관되고, 자율주행자동차가 연관된 사고의 상대방인 제3자의 예측가능성의 문제와도 깊이 연관된다. 이로써 자율주행 알고리즘이 내리는 선택의 문제는 그 자체로서 법적책임의 존부를 좌우

---

[527] 자율주행, 나아가 인공지능(AI)과 윤리 문제 문제에 관한 국내의 논의로는 다음의 문헌들 참조. 계승균, "법규범에서 인공지능의 주체성 여부", 법조 2017년 8월호(통권 724호), 법조협회, 2017, 159면; 김자회 외, "지능형 자율로봇에 대한 전자적 인격 부여—EU 결의안을 중심으로—", 법조 2017년 8월호(통권 724호), 법조협회, 2017, 김윤명, "人工知能(로봇)의 법적 쟁점에 대한 試論的 考察", 정보법학 제20권 제1호, 141면; 명순구 외(註 61), 55면 이하(이상돈·정채연 집필부분); 이상형, "윤리적 인공지능은 가능한가?", 법과 정책연구 제16권 제4호, 한국법정책학회, 2016, 283면; 이중기, "인공지능을 가진 로봇의 법적 취급: 자율주행자동차 사고의 법적 인식과 책임을 중심으로", 홍익법학 제17권 제3호, 홍익대학교 법학연구소, 2016, 1면; 이중기·오병두, "자율주행자동차와 로봇윤리: 그 법적 시사점", 홍익법학 제17권 제2호, 2016, 1면; 최현철·변순용·신현주, "인공적 도덕행위자(AMA) 개발을 위한 윤리적 원칙 개발—하향식 접근(공리주의와 의무론)을 중심으로—", 윤리연구 제111호, 2016. 12, 31면 등; 변순용, "자율주행자동차의 윤리적 가이드라인에 대한 시론", 윤리연구 제112호, 한국윤리학회, 2017, 199면.

한편 이에 관한 외국의 논의로는 다음의 문헌들 참조. Jean-François Bonnefon, Azim Shariff, Iyad Rahwan, "The Social Dilemma of Autonomous Vehicles", 352(6293) Science 1573, 2016. 6. 24; Patrick Lin, "Why Ethics Matters for Autonomous Cars", Autonomous Driving: Technical, Legal and Social Aspects(Markus Maurer et. al. ed.), Springer 69, 2016; Jeffrey K. Gurney, "Crashing into the Unknown: An Examination of Crash-optimization Algorithms through the Two Lanes of Ethics and Law," 79 Alb. L. Rev. 183, 2015/2016(이하 'Gurney 1'이라고 한다); Noah J. Goodall, "Ethical Decision Making During Automated Vehicle Crashes," 2424 Transp. Res. Rec. J. Transp. Res. Board 58, 2014(이하 'Goodall 1'이라고 한다); Noah J. Goodall, "Machine Ethics and Automated Vehicle", Road Vehicle Automation(Gereon Meyer·Sven Beiker eds.), Springer, 93, 2014(이하 'Goodall 2'이라고 한다); J. Christian Gerdes·Sarah M. Thornton, "Implementable Ethics for Autonomous Vehicles," Autonomous Driving: Technical, Legal and Social Aspects(Markus Maurer et. al. ed.), Springer, 87, 2016; David C. Vladeck, "Machines without Principals: Liability rules an Artificial Intelligence", Washington L. Rev. 89, 2014, p.117; Alexander Hevelke·Julian Nida-Rümelin, "Responsibility for Crashes of Autonomous Vehicles – An Ethical Analysis", 21(3) Sci. Eng. Ethics 619, 2015; Sven Nyholm·Jilles Smids, "The Ethics of Accident-Algorithms for Self-Driving Cars: an Applied Trolley Problem?", 19(5) Ethical Theory and Moral Practice 1275, 2016 등.

하거나, 여러 상황과 변수를 매개로 하여 법적책임의 문제와 깊이 연관되게 된다.

이하에서는 이와 같은 관점에서 자율주행과 윤리적 문제에 관한 여러 접근방식과 다양한 쟁점들을, 자율주행자동차에 의한 법적책임 문제와 연관 지어 살펴본다.

Ⅱ. 논의의 대상과 범위

자율주행과 윤리적 문제를 다루는 국내에서의 논의들 대부분은 인공지능AI와 로봇robot의 전반적인 윤리적 판단 주체성 내지 법적책임 주체성의 문제를 포함하여 [528] 자율주행기술을 포함한 인공지능AI과 로봇윤리 전반에 걸쳐 자율주행과 윤리적 문제를 다루는 접근방식을 취하고 있다. 그러나 이와 같은 취지의 논의 대부분은 자율주행자동차와 법적책임 중 특히 민사책임 문제에 초점을 맞추어 논의하는 이 글의 주제 범위를 벗어난다. [529]

가장 근본적으로 이와 같은 논의 중 상당수는 인공지능과 로봇의 '인격人格'을 논의의 전제이자 그 주된 대상으로 하고 있다. [530] 그러나 자율주행 인공지능AI이 내리는 판단은 알고리즘과 기계학습 등에 의한 기계적 선택의 결과물과 다름없는 것으로서, 현재까지의 기술수준에 비추어 보았을 때 이와 같은 판단을 인간이 인격에 의해 내리는 판단 내지 윤리적 결단과 가까운 것으로 보기 어렵다. 따라서 자율주행 인공지능 내지 로봇으로서의 자율주행자동차를 '인격의 주체'로 상정하여 그 판단의 윤리적 측면을 본격적으로 논의하기에는 아직 그 시기가 도래하지 않았을 뿐만 아니라, 인공지능과 로봇의 인격의 문제는 여전히 미지의 영역으로서 이 문제를 논의하기 위한 구체적인 근거와 사례 등 자료가 현저히 부족하다고 볼 수 있다.

---

528 자율주행자동차의 법적책임 주체성의 문제에 관해서는 아래 제5절 Ⅱ.'자율주행자동차 또는 자율주행기술의 법적책임 주체성 인정 여부' 부분에서 살펴본다. 한편 운행자책임 또는 운전자책임 제도와 관련한 자율주행자동차의 각 책임 주체성의 인정 여부, 즉 자율주행자동차를 운행자 또는 운전자로 볼 수 있는지의 문제에 관해서는 아래 제4장과 제5장의 해당 부분에서 살펴본다.

529 註 527의 문헌들 중 특히 국내의 논의 참조.

530 즉 위에서 본 '인공일반지능(AGI)'의 완성된 모습을 가정하고 있는 것으로 볼 수 있다.

현 시점에서 자율주행기술과 윤리 문제에 관해 논의가 필요한 주된 대상은, 자율주행 인공지능의 운전 중의 구체적인 판단과 선택의 결과에 따라 때로는 절대적 법익인 인간의 생명까지도 좌우될 수 있다는 점에서, 자율주행 인공지능이 내리는 판단의 기준 설정과 관련해 어떠한 윤리적 고려가 필요하고, 이는 법적책임과 어떠한 방식으로 유기적으로 연관되어 상호 간에 영향을 주고받을 것인지의 문제이다.

여기에서는 자율주행기술에 관한 인공지능과 로봇의 윤리적 문제에 관한 광범위한 쟁점 중 현 단계에서 자율주행기술에 의해 야기되는 법적책임 문제와 현실적, 직접적으로 연관된다고 볼 수 있는 자율주행 인공지능에 의한 운전 중 판단과 선택에 관련된 윤리적 쟁점에 초점을 맞추어 살펴보고자 한다.

Ⅲ. 자율주행과 윤리적 문제

1. 개요

자동차의 운전 중에는 항상 예기치 못한 변수가 발생할 가능성이 존재하기 마련이다. 이와 같은 상황에서 자율주행자동차가 자율주행 중에 내리게 될 무수한 선택과 결정들 중의 일부는, 필연적으로 자율주행 인공지능, 즉 알고리즘으로 하여금 효율적이고도 안전한 경로의 탐지 및 교통법규와 합리성 등에 기반한 안전 준칙 준수 등에 관한 '기계적인' 적용을 초월하는 내용의 선택을 내리도록 요구하게 될 것이다.[531] 특히 어떠한 선택을 하더라도 동등한 지위에서 서로 상충하는 법익들 중 어느 일방의 희생을 피할 수 없을 때 윤리적인 측면이 전면에 대두된다.[532] 고도의 직관적인 판단을 요하는 한계상황[533]에서 자율주행자동차가 내리는 판단과 선택을 '합리적'인 것으로 볼 수 있을 것인지, 자율주행 인공지능의 선택을 인간 운전자의

531　Lin(註 527), p.69.

532　Goodall 2(註 527), p.93.

533　Lin(註 527), p.81에서는 이와 같은 상황은 고속도로에서보다 도심지 도로상에서 보다 크게 문제될 수 있다고 한다. 도심지의 도로환경이 보다 복잡하고 역동적인 측면을 가진다는 점을 그 근거로 하고 있다.

선택과 비교해 볼 때, 특히 안전성의 측면에서 인간 운전자에 의한 판단을 대체할 수 있는 것으로서 받아들일 수 있는지 문제된다.[534]

통계적인 측면에서 사고율 내지 사망율의 감소라는 차원과 시각에서 보면 자율주행 인공지능이 내리는 판단이 전체적으로 보아 인간 운전자의 판단을 능가한다고 말할 수도 있을 것이나, 구체적인 개별 사고에서의 자율주행 인공지능의 판단과 관련해서는 그 구체적 타당성 여부를 사전적 및 사후적으로 개별적으로 심사할 필요가 있을 것이다.

또한 이와 같은 한계상황에서의 선택의 문제는 컴퓨터 알고리즘에 녹여 넣어 프로그래밍하기가 매우 까다로운 분야에 속한다고 말할 수 있다.[535] 따라서 현재까

---

[534] 자율주행자동차의 시험주행에 의한 인명피해 사고 사례 역시 여러 나라에서 끊임없이 보고되고 있다. 또한 아래에서 보는 것과 같은 논의들 역시 현 시점에서의 자율주행기술과 자율주행자동차에 관한 사회의 인식을 어느 정도 대변한다고 보인다.
미국과 캐나다의 자동차 관련 행정기관원의 연합 단체인 북미자동차행정관연합(American Association of Motor Vehicle Administrators. AAMVA)에서도 고도자율주행자동차(HAV) 개념을 사용하면서, 고도자율주행자동차에 대해서는 응급구조원(first responder)들의 안전을 위해, 제조업자로 하여금 자율주행자동차임을 알 수 있는 식별 표지(標識. label)를 적어도 자동차의 양 측면과 후면에 부착할 것을 권고하고 있다. American Association of Motor Vehicle Administrators, Jurisdictional Guidelines for the Safe Testing and Deployment of Highly Automated Vehicles, 2018. 5, p.41.
참고로 위 문헌에서는, 예컨대 주차된 자율주행자동차가 스스로 움직이기 시작하거나 또는 원격으로 시동이 걸리고(self-initiated or remote ignition), 예기치 못하게 움직이기 시작하는 등(unexpected movement) 자율주행자동차가 가지는 고유의 특성이 가져올 수 있는 위험성에 착안하여, 경찰관, 소방대원, 응급의료요원(emergency medical services. EMS) 등 응급구조원(first responder)에 관한 안전대책 마련 필요성을 언급하고 있다. 위 문헌, p.39 이하 참조[다만 위 문헌에서는 이와 같은 일률적인 식별 표지(labeling)에 관한 규제 정책에 대해서는, 제조업자 등이 외관 디자인에 관한 부정적인 심미적 영향을 줄 가능성 등을 이유로 반발할 가능성이 있다는 점 역시 언급하고 있다. 위 문헌, p.44 이하].
https://www.aamva.org/GuidelinesTestingDeploymentHAVs-May2018/(2018. 10. 19. 최종확인)
실제로 '웨이모(Waymo)'에서는 웨이모 자율주행자동차의 사고 등 긴급상황시의 경찰과 소방관 등의 구호 등과 관련해 웨이모 자율주행자동차의 식별, 자율주행기술 개요, 접근, 해제 및 견인 등에 관한 매우 상세한 내용을 담고 있는 지침서를 발표하기도 하였다. Waymo LL.C, "Waymo Fully Self-Driving Chrysler Pacifica Emergency Response Guide and Law Enforcement Interaction Protocol", 2018. 9. 10.
https://storage.googleapis.com/sdc-prod/v1/safety-report/waymo-emergency-response-guide-law%20-enforcement-interaction-plan.pdf(2018. 10. 30. 최종확인).
또한 우리나라의 자율주행자동차의 '임시운행허가'에 관한 '안전운행요건'에 관하여 「자동차관리법 시행규칙」 제26조의2(註 503) 제1항 제5호에서 "자율주행자동차임을 확인할 수 있는 표지를 자동차 외부에 부착할 것"을 요건 중 하나로 들고 있는 것에서도 적어도 현단계에서의 자율주행자동차에 관한 우리 사회로부터의 시각을 엿볼 수 있다.

[535] Lin(註 527), p.69 참조.

지 파악되는 자율주행기술의 발달수준[536]이 사회의 윤리적 원칙들을 자율주행 알고리즘이 제대로 구현할 수 있도록 설계할 수 있는 정도에 이르렀다고 볼 수 있는지[537]에 관해서도 충분히 음미하여 검토할 필요가 있다.

2. 논의의 전제

자율주행과 윤리적 문제에 관한 위에서 언급한 국내외의 논의들은 모두 다음과 같이 요약되는 다양한 가정적인 한계상황을 전제하여 그에 대한 접근방식과 해답을 도출해 보는 방식으로 논의를 전개하고 있다.

① 자율주행자동차의 자율주행과 관련해 사고의 발생을 피할 수 없을 것, ② 그런데 그 사고에서 인간의 생명과 신체[538]의 보호와 안전이라는 이익이 충돌하는 한계상황이 발생하고, 자율주행시스템이 어떠한 선택을 하더라도 인간의 생명과 신체라는 법익이 침해되는 결과를 피할 수 없을 것, ③ 자율주행시스템은 위와 같은 이익 충돌의 한계상황을 명확히 인식하면서 선택을 내릴 것, ④ 자율주행자동차에 탑승하였거나 원격지에서 이를 조작하는 인간 사용자 또는 운전자는 이와 같은 한계상황에 개입하여 선택을 내리는 것이 현실적으로 불가능할 것.[539]

즉 국내외의 논의에서는 이와 같은 한계상황에 관한 여러 가정적 사례들을 상

---

536 위 제2장 제2절 'II. 자율주행의 본질과 법적책임' 부분 참조.

537 Gerdes · Thornton(註 527), p.88.

538 위 논의들은 원칙적으로 인간의 생명과 신체 외에 재산도 대립하는 이익으로 포함시키고 있으나[이중기 · 오병두(註 527), 9면; Goodall 1(註 527), p.61], 실제로는 생명과 신체를 주된 대립 이익으로 상정하여 논의한다. 자율주행과 윤리적 문제의 논의의 주된 실익도 생명과 신체, 그중에서도 생명 간의 충돌과 그 보호를 둘러싼 논의에 있다.

539 3단계 자율주행자동차의 경우 자율주행시스템이 작동설계영역을 이탈하게 되면 운전자에게 개입요구를 하게 되고, 운전자가 이에 따라 실제로 차량에 대한 제어권을 넘겨받아 운전하였거나, 현실적으로 개입이 가능하였음에도 불구하고 개입하지 못하였거나(과실), 개입하지 않아(고의) 사고가 발생한 경우에는 원칙적으로 운전자의 책임이 문제될 것이다. 3단계 자율주행자동차의 운전자는 후자의 경우에 본인 스스로 책임을 부담할 것을 전제로 자율주행시스템을 사용한 것으로 평가하여야 하기 때문이다. 다만 이에 관해 3단계 자율주행자동차의 운전자 책임이 과도하게 확대되지 않도록 적절한 기준을 설정할 필요가 있다. 이에 관해서는 제5장 '자율주행과 운전자책임'에서 후술한다.

정하여, 각각의 경우 자율주행 인공지능이 어떠한 판단과 선택을 하도록 하는 것이 올바른 선택이 되는가, 다시 말해 '윤리적'인가를 평가하는 방식으로 문제에 접근하고 있다.

국내외의 논의 대부분은 대표적으로 '트롤리 문제Trolley problem', 즉 브레이크가 고장난 전동차의 운전자가 어느 쪽으로도 충돌을 피할 수 없을 때 그대로 직진하면 5명의 사람이 사망하게 되고, 방향을 틀면 1명의 사망이 상황하게 되는 가정적 상황을 예로 들어 운전자가 과연 어떠한 선택을 하는 것이 윤리적으로 옳은 결단인지를 논의하는 문제[540]를 전형적인 사례로 들면서, 이를 변형하거나 경우의 수를 새롭게 상정한 다양한 '도덕적 딜레마moral dilemmas'[541]에 관한 '사유思惟 실험thought experiments'의 가정적 사례들을 제시하면서 각각의 경우에 자율주행 인공지능이 어떠한 선택을 해야 하는지를 논의하고 있다.[542]

이를 크게 구분하자면, 자율주행자동차에 의한 충돌 대상이 되는 복수의 제3자 중에서 어느 한쪽을 선택해야 하는 유형과 자율주행자동차의 탑승자와 자율주행자동차의 충돌 대상이 되는 제3자 중 어느 한쪽을 선택해야 하는 유형으로 나누어볼 수 있다.[543] 각각의 사례에서 모두 자율주행자동차의 충돌 대상인 제3자 또는 자율주행자동차 탑승자의 사망 또는 중상重傷이라는 심각한 결과가 발생할 것으로 가정한다.

첫째 자율주행 인공지능이 주행 중 외부의 복수의 제3자 중에서 한쪽을 반드시 충돌의 대상으로 선택해야 하는 상황과 관련해 다음과 같은 가상의 사례를 상정해 볼 수 있다.[544]

① 변형된 트롤리 사례: 자율주행자동차가 주행 중 반드시 우측 또는 좌측으로 방향을 틀어야 하고 양자택일의 충돌이 불가피한 상황에서, 우측에는 8살의 어린이가, 좌측에는 80세의 노인이 있다. 자율주행 인공지능은 어떠한 선택을 내려

---

[540] Philippa Foot, "The Problem of Abortion and the Doctrine of the Double Effect", 5 Oxford Rev. 5, 1967 참조.

[541] Gurney 1(註 527), p.195.

[542] 관련 논의에서 제시되는 가정적 사례들에 관해서는 이중기 · 오병두(註 527), 9면 이하; Lin(註 527), p.69; Gurney 1(註 527), p.195 등 참조.

[543] 이상의 사례군의 정리는 이중기 · 오병두(註 527), 10면 이하에 정리되어 있는 내용을 주로 참고하였다.

[544] ① 변형된 트롤리 사례에 관해서는 Lin(註 527), p.69, ② 모터사이클 헬멧 사례에 관해서는 Lin(註 527), pp.72-73; Gurney 1(註 527), p.197 각 참조.

야 하는가.

② 모터사이클 헬멧 사례: 자율주행자동차가 주행 중 위와 동일하게 충돌이 불가피한 상황에서, 우측에는 헬멧을 쓴 모터사이클 운전자가 있고, 좌측에는 헬멧을 쓰지 않은 모터사이클 운전자가 있다. 자율주행 인공지능은 어떠한 선택을 내려야 하는가.

둘째로 자율주행 인공지능이 주행 중 외부의 제3자와 충돌하거나, 아니면 탑승자에게 심각한 위험이 발생하는 상황 중에서 반드시 어느 한쪽을 선택해야 하는 상황과 관련해 다음과 같은 가상의 사례를 상정해 볼 수 있다.[545] 이 경우는 자율주행자동차 탑승자 측의 자기희생self-sacrifice 여부의 문제를 고려사항 중에 포함시켜야 한다는 점에서 위의 사례들과 본질적인 차이가 있다고 말할 수 있다.

① 절벽 사례: 자율주행자동차가 주행 중 절벽 위에 있는 좁은 다리에서 맞은 편에서 오던 여러 명의 어린이들이 탄 스쿨버스와 충돌이 불가피한 상황에 놓이게 되었다. 자율주행자동차는 그대로 진행하여 스쿨버스와 충돌하거나, 아니면 다리에서 벗어나 절벽에서 추락하는 두 개의 선택만이 가능하다. 자율주행 인공지능은 어떠한 선택을 내려야 하는가.

② 터널 사례: 자율주행자동차가 주행 중 터널에 진입하기 직전에 도로 한가운데에 있는 어린이를 발견하게 되었다. 자율주행자동차는 그대로 직진하여 어린이와 충돌하거나, 아니면 방향을 틀어 터널을 충돌하는 두 개의 선택만이 가능하다. 자율주행 인공지능은 어떠한 선택을 내려야 하는가.

③ 자동차 대 자동차 사례: 자율주행자동차가 주행 중 위 '변형된 트롤리 사례'에서와 같이 충돌이 불가피한 상황에서, 우측에는 소형차(경차 또는 모터사이클 등)가 있고, 좌측에는 대형차(SUV 또는 트럭 등)가 있다. 자율주행 인공지능은 어떠한 선택을 내려야 하는가.

만약 위 가상의 사례에서 인간이 자동차를 운전하던 중에 그와 같은 상황에 처하게 된다면, 사후적이고도 직관적 판단에 따라 선택을 내리고 그에 상응하는 책임을 부담하게 될 것이다. 그러나 자율주행자동차의 경우 그러한 상황에서 어떠한 판단과 선택을 할 것인지를 사전적으로 프로그래밍해 둘 수 있다는 점에서 바로 딜레

---

545 ① 절벽 사례에 관해서는 Lin(註 527), p.76; Gurney 1(註 527), p.204, ② 터널 사례에 관해서는 Gurney 1(註 527), p.202, ③ 자동차 대 자동차 사례에 관해서는 [Lin(註 527), p.72; Gurney 1(註 527), p.198 각 참조.

마적인 상황에서의 윤리적 선택의 문제가 대두된다. 그러나 아래에서 보듯이 이러한 가상의 사례에 따른 선택에 대해 해답을 미리 제시하는 것은 거의 불가능에 가까운 매우 어려운 문제라고 말할 수 있다.

3. 자율주행과 한계상황에 관한 윤리적 문제에 대한 접근방식

가. 개요

인공지능AI, 나아가 로봇 윤리robot ethics에 관한 접근방법으로, 크게 보아 ① 하향식 접근방법top-down approach, ② 상향식 접근방법bottom-up approach, ③ 혼합형 접근법hybrid approach의 3가지 접근방식이 제시된다.[546]

하향식 접근방법top-down approach은 어떤 구체적 윤리이론을 선택한 다음, 그에 따른 컴퓨팅적 시스템 요건을 분석함으로써 그 이론을 구현할 수 있는 알고리즘과 서브시스템의 설계를 이끌어내는 방식이다.[547] 하향식 접근방식의 대표적인 것으로 공리주의utilitarianism와 의무론deontology 등을 들 수 있다.[548]

이에 반해 상향식 접근방법bottom-up approach은 구체적인 현실이나 경험을 기반으로 하여 사례별로 구체적 타당성을 찾는 접근법[549]을 말한다. 즉 '기계학습machine learning'을 로봇윤리 분야의 문제 해결에도 적용하자는 방식으로 이해할 수 있다.[550]

---

546 이중기 · 오병두(註 527), 6면; 명순구 외(註 61), 74면(이상돈 · 정채연 집필부분); 최현철 외(註 527), 33면.

547 최현철 외(註 527), 33–34면. 이를 "이성적 접근방식(rational approach)"라고 부르는 견해도 있다[Goodall 1(註 527), p.61].

548 이중기 · 오병두(註 527), 6면; 명순구 외(註 61), 74면 이하(이상돈 · 정채연 집필부분); 최현철 외(註 527), 33면.

549 명순구 외(註 61), 77면(이상돈 · 정채연 집필부분).

550 Gurney 1(註 527), p.208; 최현철 외(註 527), 34면; 이중기 · 오병두(註 527), 6면; 명순구 외(註 61), 77면(이상돈 · 정채연 집필부분) 각 참조.
이 점에 착안해, 이를 "인공지능 접근방식(artificial intelligence approach)"이라고 부르는 견해도 있다[Goodall 1(註 527), p.62].

마지막으로 혼합형 접근법hybrid approach은 위 두 접근방법을 병용하자는 접근방식으로 이해할 수 있다.[551]

자율주행과 윤리적 문제에 관한 논의 역시 마찬가지로 위에서 본 다양한 접근방식 중 어느 하나를 택하거나, 혼용하여 문제를 해결하려고 시도한다.[552] 다만 로봇윤리에 관한 기존의 논의는 로봇을 윤리적 행위주체로 보는 입장을 전제로 하고 있으므로, 이를 자율주행자동차의 경우에 그대로 적용하기는 어렵다.[553] 그러나 로봇윤리에 관한 접근법의 발상 자체는 실용적인 측면에서 활용할 수 있다고 본다.[554] 이하에서 살펴본다.

나. 하향식 접근방식

1) 공리주의적 접근방식

벤담Jeremy Bentham의 '최대 다수의 최대 행복'으로 요약할 수 있는 공리주의에 따르면 윤리란 이 세상의 쾌락의 총량을 극대화하는 것으로서, 윤리적 결과론consequentialism의 일종이다.[555] 이에 따르면 결과적으로 가장 큰 효용utility을 산출하는 행위가 도덕적으로 옳은 행위이다.[556] 즉 공리주의에 따르면 윤리적 숙고 혹은 추론을 한다는 것은 바로 그 행위의 결과가 가져오는 효용을 가늠하고 계산하는 것이므로, 시스템 설계자가 우선적으로 해결해야 할 과제는 이를 계산할 수 있는 메커니즘을 만드는 것이다.[557]

---

551 이중기 · 오병두(註 527), 20면에서는 하향식 접근방식을 기반으로 하되, 그 부족한 점을 상향식 접근방식으로 보완하자는 의미에서의 혼합형 접근방식이 타당하다고 한다.

552 이중기 · 오병두(註 527), 7면; Goodall 1(註 527), p.62.

553 이중기 · 오병두(註 527), 7면.

554 이중기 · 오병두(註 527), 8면.

555 Goodall 1(註 527), p.63; 최현철 외(註 527), 34면.

556 Goodall 2(註 527), p.99; 최현철 외(註 527), 34면.

557 최현철 외(註 527), 34면. 벤담은 이를 측정하기 위해 쾌락계산법(felicific calculus)을 제시하여, 쾌락의 강도(intensity), 지속성(duration), 확실성 또는 불확실성(certainty of uncertainty), 원근성(propinquity of remotness), 생산성(fecundity), 순수성(purity), 규모(extent) 등을 그 요소나 변수로 제시하였다(최현철 외(註 527), 37면 이하 참조).

공리주의적 입장에서 자율주행자동차의 사고 방지와 관련한 프로그램으로, 충돌 최적화 알고리즘crash-optimizaion algorithm이 논의된다.[558] 이에 관한 하위 개념으로, ① 자기보존적 알고리즘self-preservation algorithm, ② 이타적 내지 자기희생적 알고리즘altruistic/self-sacrifice algorithm, ③ 해악 최소화 알고리즘harm-minimizing algorithm 등 3가지를 들 수 있다.[559]

이 중 극단적인 자기보존적 및 이타적 알고리즘은 모두 사회적, 윤리적으로 받아들이기 어렵다.[560] 이에 관해, 이타적 알고리즘의 경우 자기보존적 알고리즘에 비해 보다 '윤리적'이라는 견해가 있다.[561] 그러나 양자택일 외에 다른 선택의 여지가 없는 충돌 상황에서 운전자가 왜 희생되어야 하는지 충분하고도 설득력 있는 근거가 제시되지 않은 상태에서, 운전자를 희생해 제3자(상대방 차량 운전자 또는 보행자)를 보호하도록 사전에 프로그래밍하여 두는 것이 과연 '그 자체로per se' 객관적인 관점에서 볼 때 '보다 더 윤리적이다'라고 단정할 수 있는지에 관해서는 의문의 제기가 가능하다고 본다.[562]

따라서 현실적으로 해악 최소화 알고리즘이 실제적인 고려 대상이 된다.[563] 다만 공리주의에 기반한 충돌 최적화 알고리즘은 충돌의 대상(바꾸어 말해 희생의 대상)

---

558 이중기 · 오병두(註 527), 14면; Lin(註 527), p.72.

559 이중기 · 오병두(註 527), 14면; Lin(註 527), p.72; Gurney 1(註 527), p.195.

560 이중기 · 오병두(註 527), 14면; Gurney 1(註 527), p.196.

561 이중기 · 오병두(註 527), 14면[법적 및 윤리적으로 보다 낫다(legally and ethically better)고 한다]; 명순구 외(註 61), 92면(이상돈 · 정채연 집필부분)].

562 Bonnefon, et. al.(註 527)에서 실험윤리학(experimental ethics)의 관점에서 2015년 미국 거주자들(U.S. residents)을 상대로 실시한 설문조사 결과, ① 탑승자를 우선적으로 보호하는 자율주행자동차(self-protective autonomous vehicle)와 ② 탑승자를 희생시키더라도 다수의 희생을 피해 공동선(共同善, greater good)을 우선하는 자율주행자동차(utilitarian autonomous vehicle) 중에서, 다수의 응답자가 후자의 자율주행자동차가 보다 바람직하다고 하면서도, 응답자 자신은 전자의 자동차에 탑승하겠다고 답변한 것 역시 양자 중 어느 한쪽이 윤리적으로 보다 우위에 있다고 평가할 수 있다고 평가하기 어렵다는 것을 잘 보여준다.

위 논문에서는, 후자의 자율주행자동차를 평가적인 측면에서 우위 있는 것으로 전제하고 자율주행자동차를 규제하는 경우 제조업자 등으로 하여금 자율주행자동차의 도입을 억제하는 효과를 가져오게 되고, 이는 결국 자율주행자동차 도입에 따른 순기능 중 대표적으로 언급되는 자동차 사고로 인한 전체적인 사망자 수의 감소라는 '공동선'의 실현을 오히려 억제하는 역설적인 결과를 가져올 것이라는 취지로 기술하고 있다. Bonnefon, et. al.(註 527), p.1575 이하.

563 이중기 · 오병두(註 527), 14면.

에 대한 '표적화targeting', 즉 이를 표적으로 삼는 것을 수반하므로,[564] 관련된 문제로서 헌법 제11조의 평등원칙 위배 가능성[565] 등을 비롯해 여러 측면에서 근본적인 형평의 문제가 제기될 수 있다.

단적인 예로 예컨대 자율주행 인공지능의 선택의 결과 발생하여 손해배상의 대상이 될 재산상 손해를 기준으로 충돌 대상을 고르도록 자율주행 인공지능 알고리즘을 프로그래밍할 경우 자율주행자동차는 위 모터사이클 사례에서 헬멧을 쓴 운전자가 치료비가 많이 드는 뇌손상를 입을 우려가 적다는 이유로 헬멧을 쓴 운전자를 충돌할 수 있다. 그러나 그와 같은 판단과 그 근거의 정당성에 관해서는 어렵지 않게 의문을 제기할 수 있을 것이다. 다른 한편으로 이러한 경우 생명 침해의 가능성 내지 야기되는 피해의 정도라는 측면에서 보더라도, 헬멧을 쓴 운전자가 치명상을 입을 우려가 보다 적다는 이유에서, 헬멧을 쓴 운전자를 충돌하는 것이 타당하다고 주장될 수도 있다. 그러나 그와 같은 측면에서의 평가 및 결론에 대해서도 교통법규를 준수한 헬멧을 쓴 운전자에 대한 역차별 문제, 즉 안전을 위한 적극적 조치를 취한 사람이 오히려 충돌시 표적이 되는targeted 상황의 불합리성(이와 유사한 문제는 자율주행 인공지능으로 하여금 대형차와 소형차 중 어느 쪽을 충돌하도록 프로그래밍할 것인지와 관련해서도 제기될 수 있다), 나아가 그와 같은 결론의 사회적 타당성의 문제가 충분히 제기될 수 있다.[566]

공리주의의 장점으로는 그 자체로서 컴퓨터화computing하기는 쉽다는 것이 제시되나, 반면에 결과, 즉 효용의 측정 기준을 규정하기 어렵다는 것이 단점으로 지적된다.[567] 나아가 공리주의는 개인의 이익보다 집합적인 이익을 우선시하므로, 형평의 문제가 제대로 고려되지 못할 수 있다는 점 역시 문제점으로 지적된다.[568]

나아가 인간의 생명과 신체, 그중에서 생명은 효용이나 쾌락이라는 척도에 의해 평가하는 것이 불가능한 보호법익이라는 점에서, 공리주의는 그 자체만으로는 자율주행기술이 한계상황에서 내려야 하는 결정에 관한 설계의 대상 중 특히 문제되는 경우인 생명 침해 상황에 관한 근본적인 답을 주지 못한다는 단점이 있다.

564 Lin(註 527), p.81에서는 자율주행자동차는 윤리적인 측면을 충분히 고려한 충돌 회피 전략(crash-avoidance strategies)과 충돌 최적화 전략(crash-optimization strategies)을 가져야 한다고 주장한다.

565 명순구 외(註 61), 90면 이하(이상돈 · 정채연 집필부분)

566 Lin(註 527), p.73; Goodall 1(註 527), p.63; Goodall 2(註 527), p.99; Gurney 1(註 527), p.197 등 참조.

567 Goodall 2(註 527), p.99

568 Goodall 2(註 527), p.99.

2) 의무론적 접근방식

칸트Immanuel Kant의 정언명령定言命令, katergorischer Imperativ, Categorical Imperative[569]으로 대표되는 의무론에 따르면 어떠한 행위의 도덕적 옳고 그름은 그 행위의 결과와는 상관없이 원칙들에 부합하는가와 아닌가에 의해 결정된다.[570] 즉 의무론은 일련의 의무의 체계에 따라[571] 연역적 추론규칙을 제공하는 형태로 로봇 윤리를 설계하고자 한다.[572]

의무론에 따른 로봇윤리의 사례로, 아시모프Issac Asimov가 1942년 출간된 단편소설 '런어라운드Runaround'에서 제시한 다음과 같은 '로봇 3원칙rules of robotics'[573]이 대표적으로 언급된다.[574]

1. 로봇은 인간에게 해를 가하거나, 부작위를 통해 인간에게 해가 가해지도록 해서는 안 된다.
2. 로봇은, 제1원칙에 저촉되지 않는 한, 인간의 명령에 복종해야 한다.
3. 로봇은 제1, 2원칙에 저촉되지 않는 한, 자신의 존재를 보호해야 한다.[575]

---

569 칸트가 '윤리형이상학 정초'에서 제시한 정언명령의 세 가지 정식((Formel, Formula)은 다음과 같다(김재호, 칸트『윤리형이상학 정초』, 철학사상 별책 제7권 제14호, 서울대학교 철학사상연구소, 2006, 88면 이하).
1. 보편성 정식(the Formula of Universality and the Law of Nature).
2. 인간성 정식(the Formula of Humanity).
3. 자율성 정식(the Formula of Autonomy).
칸트의 정언명령의 로봇 윤리에 관한 구체적 변용의 상세는 최현철 외(註 527), 40면 이하 참조[칸트의 위 세 가지 정식 외에 목적의 나라(Kingdom of Ends) 정식을 포함시켜 논의를 전개하고 있다].

570 최현철 외(註 527), 35면.

571 이중기 · 오병두(註 527), 9면 참조.

572 최현철 외(註 527), 40면 참조.

573 Issac Asimov, Runaround in I, Robot, Dobson, London, 1950[Gerdes · Thornton(註 527), p.102에서 재인용].

574 Gurney 1(註 527), p.183; Gerdes · Thornton(註 527), p.95; 이중기 · 오병두(註 527), 11면; 명순구 외(註 61), 76면(이상돈 · 정채연 집필부분) 등 참조.

575 원문은 다음과 같다.
1. A robot may not injure a human being or, through inaction, allow a human being to come to harm.
2. A robot must obey the orders given it by human beings except where such orders would conflict with the First Law.
3. A robot must protect its own existence as long as such protection does not conflict with the First or Second Laws.

공리주의와 같은 결과론에서는 어떠한 행위의 예상되는 효용을 계산하는 데에 복잡하고 다양한 추론이 뒤따르게 되나, 의무론에서는 일단 기본 원칙들이 주어진다면 어떠한 행동이 그 원칙들에 부합하는지 혹은 어떠한 행동이 그 원칙들로부터 도출될 수 있는지 여부만을 따지는 연역 논리로 충분하다는 것이 그 장점으로 제시된다.[576] 즉 연역적 논리체계와 계산 원리를 제대로 정식화하는 것만 가능하다면, 인간이나 기계 모두 똑같이 이에 따르는 데에 무리가 없다는 것이다.[577]

그러나 의무론 역시 여러 가지 한계들이 있다. 우선 서로 상충할 수 있는 가치들 중 무엇을 더 우선하는 것으로 정해야 하는지의 문제는 여전히 남는다. 예컨대, '어떠한 경우에도 인간의 생명을 가장 우선한다'는 원칙은 쉽게 상정이 가능하다. 그러나 자율주행자동차의 사고로 인한 충돌시에 인간의 생명이라는 가치가 서로 충돌하고 양자택일이 문제되는 것과 같은 구체적인 상황에서는 위와 같은 추상적인 원칙의 제시만으로는 문제가 해결될 수 없다.[578] 나아가 자율주행 인공지능의 알고리즘을 설계할 당시 미처 예상하여 프로그래밍 하여 두지 못한 특정한 상황이 현실적으로 발생하는 경우 아무리 복잡하고 상세한 프로그램이라고 하더라도 이는 당해 구체적인 상황에서의 윤리적인 판단에 관해서는 무용지물이 되고 만다는 문제도 제기될 수 있을 것이다.

위 로봇 3원칙에 착안하여, 자율주행자동차의 충돌 상황에서 인간의 생명을 우선적으로 보호할 수 있고, 자율주행자동차로 하여금 보다 실행 가능한 원칙을 수립한다는 차원에서 아래와 같은 3원칙을 제시하는 견해도 있다[Gerdes · Thornton(註 527), p.96].
1. 자율주행자동차는 보행자 또는 자전거 운전자와 충돌해서는 안 된다.
2. 자율주행자동차는 다른 자동차와 충돌해서는 안 된다. 다만 이를 회피하는 것이 제1원칙에 저촉되는 경우는 예외로 한다.
3. 자율주행자동차는 주위의 다른 물체와 충돌해서는 안 된다. 다만 이를 회피하는 것이 제1, 2원칙에 저촉되는 경우는 예외로 한다.
이에 관해서는 충돌 시 상대적으로 위험에 취약하고 치명상을 입을 우려가 있는 보행자 또는 자전거 운전자를 최우선적으로 보호하고자 하는 취지로 이해할 수 있겠으나, 아시모프 3원칙의 '해를 가하면 안 된다'는 것을 '충돌해서는 안 된다'로 치환한 것 자체가 적절한 것인지 의문이고, 탑승자를 전혀 고려하지 않는 등 비현실적이라고 보인다. 나아가 이는 실제 상황에서 충돌이 불가피한 경우에 자율주행 알고리즘에 아무런 판단지침을 주지 못하게 될 것이다.

576 최현철 외(註 527), 40면 참조.

577 최현철 외(註 527), 40면; 명순구 외(註 61), 76면(이상돈 · 정채연 집필부분) 참조.

578 인간의 생명과 같은 고도의 가치가 충돌하는 상황의 경우 구체적인 상황과 경우의 수에 따라 세부 원칙을 정하는 작업을 상정해 볼 수 있겠으나, 그와 같은 작업의 무한한 반복이 필요하다는 점에서 비현실적이다[Goodall 2(註 527), p.99.도 같은 취지].

보다 근본적으로 로봇공학 또는 로봇윤리 분야에서의 의무론은 로봇에게 일종의 '도덕적 행위자'라는 주체로서의 지위[579]를 부여하는 것을 전제로 한 것으로서, 주로 강한 인공지능strong AI를 염두에 둔 것이다.[580] 즉 구체적인 상황에서 행위주체로서의 로봇이 사전에 입력된 원칙에 입각해 스스로 사고하여 결론을 내린다는 것을 기본관념으로 하는 이론구성이다. 반면에 현 수준의 자율주행기술과 같은 좁은 인공지능narrow AI 내지 약한 인공지능weak AI의 경우에는,[581] 로봇윤리에 관한 의무론에서 말하는 것과 같은 일련의 원칙들이 로봇 스스로의 판단에 의해 실질적으로 구현화된다기보다는, 문제되는 상황에 관해 인공지능 알고리즘을 설계할 당시에 미리 설정되어 입력된 답이 기계적으로 도출되는 것에 불과하다고도 말할 수 있다. 따라서 의무론만에 의해서는 자율주행기술의 윤리적 문제를 해결할 수 있다고 말하기 어렵다.

다. 상향식 접근방식

상향식 접근방식은 '기계학습machine learning'에 바탕을 둔 것으로서, 로봇이 스스로의 경험으로부터 윤리적 판단능력을 학습하는 것을 강조한다. 즉 기계학습을 통해 로봇 스스로 윤리적 지식을 습득하도록 하자는 것이다.[582] 인공지능이 인간의 행동을 관찰하거나, 스스로의 도덕적 행동에 대한 보상체계를 통해 인간의 윤리를 학습하도록 하는 방식이다.[583] 즉 인공지능이 인간의 윤리를 '귀납적'으로 학습하게 한다는 것이다.[584]

상향식 접근방식은 컴퓨터로 하여금 인간이 윤리를 코드화하는 복잡하고 어려운 작업을 할 필요 없이 컴퓨터로 하여금 인간의 윤리를 학습하도록 한다는 방식자체의 측면이 일종의 장점으로 제시된다.[585] 그러나 인공지능이 때로는 정당화되

---

[579] 최현철 외(註 527), 33면은 이를 '인공적 도덕 행위자(artificial moral agent, AMA)'라고 지칭한다.

[580] 최현철 외(註 527), 50면 참조.

[581] 김윤명(註 527), 152면 참조.

[582] 이중기 · 오병두(註 527), 6면 참조.

[583] Goodall 1(註 527), p.62.

[584] 명순구 외(註 61), 78면(이상돈 · 정채연 집필부분).

[585] Goodall 1(註 527), p.63.

기 어렵거나, 논리적으로 이해 불가능한 행위를 할 위험성이 있고, 학습의 대상이 되는 데이터가 충분하지 않은 경우에는 의도되지 않거나 바람직하지 않은 결과를 가져오는 비합리적인 행위를 학습할 위험성도 있다.[586]

또한 상향식 접근방식은 개별적인 상황에서 행위자에게 가장 적합한 윤리적 판단이 무엇인지에 집중한다는 점에서 규칙 중심적인 하향식 접근방식에 비해 복잡한 현실상황에 적용될 수 있는 실천성은 높으나, 개별 상황에 특수한 윤리판단에만 초점을 맞추게 되므로 판단의 정당성을 일반적인 수준에서 확보하기 어렵다는 난점이 있다.[587]

나아가 현재까지 밝혀진 바에 따른 기계학습 분야에 관한 과학기술 연구의 현실적인 성과가, 윤리적 판단과 같은 고도의 인격적 판단의 영역에 관해서도 직접 적용 가능한 정도에까지 이르렀는지에 관해서는 심층적인 검토가 필요하다고 본다.

라. 혼합적 접근방식

하향식 접근법은 일반적인 차원에서 시스템을 구조화하기에는 적합하나 모든 사태들에 대해 망라적으로 구현하기 어렵고, 상향식 접근법은 그와는 반대로 일정한 시스템을 전제로 그 과제나 임무를 구체화하는 단계에서 사용하기는 용이하지만, 시스템을 구조화하는 데에는 사용하기 어려우므로, 위 두 접근법을 조합하는 접근방법이다.[588]

이에 관해서는 다음과 같은 방식 등이 제시되고 있다.

자율주행자동차에 맞추어 수정된 아시모프의 3원칙과 같은 의무론적 요소와 해악 최소화 알고리즘으로 표현되는 공리주의적 요소를 결합하되, 그 부족한 점을 상향식 접근법으로 보완하는 방식.[589]

아래와 같은 3단계의 방식, 즉 ① 자율주행자동차가 하향식 접근방식에 의한

---

586 Goodall 1(註 527), p.63.

587 이상형, 289면; 명순구 외(註 61), 78면(이상돈 · 정채연 집필부분)

588 이중기 · 오병두(註 527), 7면.

589 이중기 · 오병두(註 527), 20면.

도덕체계에 따라, 일반적으로 받아들여지는 원칙(가령 사망보다 부상이 결과론적으로 보다 바람직하다)들에 근거하여 충돌의 영향력을 최소화하는 방식으로 행동하고, ② 이와 같은 방식을 유지한 채 기계학습 기술에 의해 현실세계와 가상의 충돌 시나리오에 관한 인간의 결정을 학습하여 인간과 유사한 가치의 개발이 스스로 가능하게 하며, ③ 마지막으로 자율주행 인공지능으로 하여금 문제되는 상황에서 내리게 되는 (내리게 될) 결정을 자연어, 즉 인간의 언어로 표현하게 함으로써 프로그램의 고도의 복잡한 논리logic를 인간이 이해하여 수정할 수 있게끔 한다는 방식.[590]

다만 혼합적 접근방식도 자율주행자동차의 프로그래밍을 어떤 방향으로 설정할 것인지에 관한 일반적인 지침을 제시하고 있을 뿐, 위에서본 트롤리 문제와 같은 구체적인 윤리적 난제에 관한 해답을 준다고 볼 수는 없다고 평가할 수 있다.[591]

마. 소결론

위에서 본 것과 같은 자율주행자동차의 자율주행 중의 사고에서 발생 가능한 한계상황에서의 선택과 판단에 관한 윤리적 문제들은 반드시 논의될 필요가 있다. 단지 자율주행자동차의 충돌 가능성이 현저히 낮다거나, 복잡한 윤리적 결정을 요하는 한계상황의 발생 가능성 자체가 희박하다거나, 자율주행자동차로 하여금 언제나 교통법규를 준수하게 한다거나, 피해를 최소화하는 쪽으로 프로그래밍함으로써 자연스럽게 해결될 수 있다거나, 전체적인 효용이 예상되는 위험보다 훨씬 커이를 상쇄할 수 있다는 등의 이유로 그 논의를 회피할 수는 없다.[592]

다만 '윤리적' 선택이 문제되는 한계상황에서의 판단에 관해 애당초 '정답'을 제시하는 것은 불가능에 가깝고, 위에서 살펴본 여러 가지의 접근방식 중 어느 하

---

590 Goodall 1(註 527), pp.63-64. 위 ③항은 특히 자율주행 알고리즘에 기계학습이 도입되는 경우 학습의 결과물로서의 자율주행시스템의 선택체계를 시스템 외부에서 인간으로 하여금 점검하여 그 선택에 관한 예측가능성을 도모할 수 있게 해 준다는 점에서 의의를 찾을 수 있을 것이다. 다만 이를 위한 현실적인 기술 발전이 선행되어야 할 것으로 보인다.

591 명순구 외(註 61), 85면(이상돈 · 정채연 집필부분) 참조.

592 Goodall 2(註 527), p.94 이하 참조.

나라도 단독으로는 만족할 만한 답을 제시하지 못하고 있다.[593] 즉 이와 같은 논의들은 모두 윤리적 판단의 기준을 찾아내는 방법론으로서의 의의를 가진다는 데에 그친다고 보아야 한다.[594] 나아가 위에서 살펴본 논의들 모두 가정적인 상황들을 전제로 하고 있고, 시스템의 판단이 현실적으로 가져올 결과의 불확실성에 관해서는 별달리 고려하지 않고 있다는 점 역시 중요한 문제로 지적될 수 있다.[595]

이를 위한 구체적 방법론으로는 결국 하향식 접근방식과 상향식 접근방식을 혼합한 혼합적 접근방식을 취할 수밖에 없다고 본다. 그중에서 공리주의적 접근방식과 의무론적 접근방식은 반드시 상호보완적으로 혼용되어야 한다고 보인다. 인간의 생명과 같은 가치의 충돌상황에 관해서는 공리주의의 경우 사회적, 윤리적으로 타당하지 못한 해결방안을 도출할 위험성이 있고, 의무론의 경우 그 자체로 아무런 답을 주지 못하기 때문이다. 즉 생명과 같은 가치는 애당초 세분화하거나 다층화하는 것 자체가 본질적으로 불가능하기 때문이다. 결국 이를 현실화하는 구체적인 방법론으로는 자율주행기술의 발전에 따라 위의 여러 방법론들을 혼용하되, 상향식 접근방식의 방법론을 점진적으로 확대하는 방식에 의할 수밖에 없을 것이라고 생각된다.

그러나 이들 다양한 접근방식들이 제시하는 판단의 준칙과 다양한 고려요소들을 살펴보는 것에 의해, 위에서 본 한계상황에서 자율주행 인공지능 알고리즘이 내리는 판단은 단지 통계나 기술적인 측면에서만 평가될 수 있는 것이 아니라, 결국 사회의 합의와 기준 및 윤리에 의해 평가되어야 문제라는 것을 알 수 있다.[596] 따라서 이와 같은 논의들은 자율주행 중의 한계상황에서 발생한 구체적 사고에 대한 책임을 판단하는 단계에서 고려해야 할 변수와 사항들에 관한 유용한 시사점을 줄 수

---

593 이에 관한 Goodall 1(註 527), p.58 역시 결국 다음과 같이 결론내리는 데에 그치고 있다. ① 자율주행자동차가 충돌사고를 낼 것이라는 것은 거의 확실하다. ② 충돌 전에 자율주행자동차가 내리는 결정에는 윤리적 요소가 존재한다. ③ 복잡한 인간의 윤리를 효율적으로 소프트웨어화하기 위한 분명한 방식을 찾는 것은 불가능하였다.

594 명순구 외(註 61), 85면(이상돈 · 정채연 집필부분) 참조.

595 Bonnefon et. al.(註 527), p.1576는 자율주행시스템의 판단이 현실적으로 가져올 것으로 예상되는 위험, 예상되는 가치와 책임의 귀속(비난가능성의 배분. 위 논문에서는 'blame assignment') 등에 관한 실증적인 요소에 관한 집합적 검증을 거칠 것이 필요하다고 주장한다.
다만 인간의 생명이 문제되는 논의에 관해, 실증적인 차원에서의 실험을 실시하는 것은 근본적으로 불가능하고, 자율주행자동차의 도입 후 사례의 집적을 기다려 이 문제를 해결하자는 것은 다소 무책임한 접근방식이라는 재반론 제기도 충분히 가능하다. 이와 같은 점에 여기에서의 논의의 근본적인 난점들 중의 하나가 존재한다.

596 변순용(註 527), 207쪽 참조.

있다. 나아가 이와 같은 윤리적 한계상황에서 자율주행 인공지능이 어떠한 판단과 선택을 할 것인지를 컴퓨터 프로그래밍하는 작업과 관련해 사회적 가치를 수렴하는 과정을 거치고, 그 구체적 형성, 도출 과정과 예상 가능한 선택의 결과물을 사전에 투명하게 공개한다면, 자율주행자동차와 관련된 사고 상황에 놓일 수도 있게 되는 여러 관여자들에게 사고 발생을 미연에 방지하거나 사고 발생에 따른 피해를 최소화할 수 있는 행동규범을 제시하는 효과를 가져올 수도 있을 것이다. 바로 이와 같은 점에서 논의의 필요성과 실익이 있다고 본다.[597]

4. 자율주행과 한계상황에 관한 윤리 가이드라인

가. 유럽연합EU

유럽연합EU 집행위원회European Commission; EC는 '유럽의 로봇공학 기술의 발전에 대한 규제: 법률과 윤리에 직면한 로봇공학Regulating Emerging Robotic Technologies in Europe: Robotics facing Law and Ethics'을 주제로 2012. 3.부터 2014. 3.까지 '로봇법 RoboLaw' 프로젝트를 추진하여 2014. 9. 22. '로봇규제 가이드라인Guidelines on Regulating Robotics'을 도출하였다.[598]

EC의 위 로봇규제 가이드라인은, 자율주행자동차의 사회에 대한 유익societal

---

597 이중기 · 오병두(註 527), "자율주행자동차와 로봇윤리: 그 법적 시사점"(註 506), 20~21면에서 로봇윤리의 한계 및 법적 규율과의 관계에 관해 아래와 같은 4개의 법적 시사점을 도출하고 있는 것은 자율주행자동차와 윤리적 문제에 관한 앞으로의 논의에 주요한 참고가 될 수 있다고 본다.
"첫째, 자율주행자동차의 의사결정 프로그램은 생명, 신체의 안전이라는 법적 이익을 통해 직접 침해하므로 헌법적 적합성의 검토가 개발단계에서부터 필요하다. 둘째, 다수의 주체가 관여하는 도로교통의 특성을 고려하여 로봇윤리를 구성할 때 교통법규가 그 내부에 편입되어야 하는데, 이를 위하여 관련 법령의 구조화와 위계화가 필요하다. 셋째, 로봇윤리에 따른 자율주행자동차의 선호의 체계가 공익을 저해하지 않도록 조정하는 법적 노력이 필요하다. 넷째, 기술발달과 병행하는 규제적 법제의 정비를 위해서는 원리 위주의 규제입법이 필요하다."

598 Erica Palmerini, et. al., Guidelines on Regulating Robotics, 2014. 9. 22.
http://www.robolaw.eu/RoboLaw_files/documents/robolaw_d6.2_guidelinesregulatingrobotics_20140922.pdf(2018. 9. 3. 최종확인).

benefits, 또한 그에 대한 반론은 어떠한가에서 출발하여,[599] 자율주행자동차가 가져올 여러 가치의 충돌value conflicts을 구체적으로 살펴보는 방식으로 자율주행기술의 바람직성 여부desirability 또는 undesirability에 관해 논의하고 있다.[600]

즉 자율주행자동차의 순기능과 역기능에 관한 '규범적 기대normative expectations'와 '가치 진술value statements'을 살펴보고,[601] 그와 같은 가치들이 자율주행기술의 설계에 어떻게 구체화되어 있는지와 자율주행기술의 사회-기술적socio-technical인 측면에서의 실제적이고도 구체적인 모습은 어떠한지를 분석하는 방법[602]을 채택하고 있다.

다만 EC의 로봇규제 가이드라인에서는 이와 같은 방법론을 제시하면서, 자율주행자동차가 가져야 할 조건으로 안전하고safe, 효율적이며efficient, 일관되어야 하고sustainable, 사용자에게 친숙해야 한다user friendly는 것을 제시하고,[603] 사용자와 자동차의 상호작용user-vehicle interaction 내지 역할분담,[604] 고려 대상이 되어야 할 여러 가치들[605] 및 이와 같은 자율주행자동차의 특성을 정책 수립에 고려하여야 한다[606]는 점을 제시하고 있을 뿐 더 이상의 현실적, 구체적인 검토에 이르지 못하고 있다. 그 결론 역시, 규제의 필요성과 방향 제시, 기본권과 원칙들에 관한 가치체계 구축, 연구와 혁신의 책임성 강조 등 다소 추상적인 원칙론의 제시에 그치고 있다.[607]

따라서 EC의 위 로봇규제 가이드라인의 도출은 위와 같은 시사점 외에, 이 글에서 다루고자 하는 윤리적 결단의 한계상황 문제에 대해 본질적이고도 유효한 답을 제시하고 있다고 보기 어렵다.

---

599   위에서 본 자율주행자동차의 사회 · 경제적 효과 중 순기능과 역기능 등을 의미한다.

600   Palmerini, et. al.(註 598), p.40 이하.

601   Palmerini, et. al.(註 598), p.41 이하 "3.1 Promises and threats of automated cars" 항목 참조.

602   Palmerini, et. al.(註 598), p.41 이하.

603   Palmerini, et. al.(註 598), p.44.

604   Palmerini, et. al.(註 598), p.44 이하 "3.2 Uncovering values in user-vehicle interaction" 항목 참조.

605   Palmerini, et. al.(註 598), p.49 이하의 "3.3 Mapping critical iss" 항목 참조. 안전 대 편의(인간이 운전을 하지 않음으로써 얻는 것을 지칭함), 안전 대 자유, 접근성 대 형평, 효율 대 사생활 등의 가치들을 상호 대립시켜, 이들 가치들을 고려하여야 한다고 기술하고 있다.

606   Palmerini, et. al.(註 598), p.51 의 "3.4 Policy considerations" 항목 참조.

607   Palmerini, et. al.(註 598), p.197 이하.

나. 독일

1) 독일의 자율주행자동차 윤리원칙

위에서 살펴본 것과 같이, 독일 연방 교통부BMVI 산하의 '자동 및 커넥티드 운전 윤리위원회Ethik-Kommission Automatisiertes und Vernetztes Fahren'는 2017. 6. 발표한 "자동 및 커넥티드 운전 보고서Automatisiertes und Vernetztes Fahren Bericht"[608]에서 자율주행자동차와 관련된 총 20개 항의 윤리원칙Ethische Regeln für den automatisierten und vernetzten Fahrzeugverkehr을 발표하였다.

그중에서도 여기에서 다루는 자율주행과 윤리적 문제에 관해 참고가 될 만한 부분은 제7조에서부터 제9조까지이다.[609] 그 구체적 내용은 다음과 같다.

제7조: 모든 기술적 예방조치가 취하여졌음에도 불구하고 피할 수 없는 것으로 증명된 위험한 상황에서는, 인간의 생명을 보호하는 것이 법적 보호이익의 형량에서 가장 우선되어야 한다. 따라서 기술적으로 실현 가능한 범위의 제한 내에서, 시스템은 만약 인간이 상해를 입는 결과를 피할 수 있다면, 충돌 시 동물 또는 재산에 대한 손해를 입히도록 프로그램되어야 한다.

제8조: 한 인간의 생명과 다른 인간의 생명 사이에서의 결정과 같은 진정한 딜레마 상황에서의 결정은, 그에 따라 영향을 받게 되는 당사자에 의한 "예측불가능한" 행동을 포함한 실제의 구체적인 상황에 의존한다. 따라서 그와 같은 결정들에 대해 명료한 기준을 세우거나, 윤리적으로 의문의 여지가 없을 정도로 프로그램할 수 없다. 기술적 시스템은 사고를 회피하도록 설계되어야 한다. 그러나 시스템은, 올바른 판단을 내릴 수 있는 도덕적인 능력을 갖춘 책임있는 운전자에 의한 결정을 대체하거나 기대할 수 있을 정도로 사고의 영향력에 대한 복잡하거나 직관적인 평가를 하도록 표준화 될 수 없다. 인간 운전자가 긴급한 상황에서 한명 또는 그보다 많은 인간의 생명을 구하기 위해 다른 한명의 인간을 사망하게 하였다면, 그는 불법적rechtswidrig으로 행동한 것이 될 것이나, 반드시 유책하게schuldhaft 행동한 것으로 볼 수는 없을 것이다. 그와 같은 법적인 판단은 사후적으로 특별한 사정들을 고려함으로써 내려지는 것이기 때문에, 추상적/일반적 및 사전적ex ante인 평가 내지 그에 대

---

608 註 437 참조.

609 자동 및 커넥티드 운전 보고서(註 437), p.11.

응하는 프로그램의 작용으로 사전에 대체될 수 없는 것이다. 그렇기 때문에, 독립적인 공동분야의 기관(자율주행자동차와 연관된 사고를 전담하는 수사기관 또는 자율주행자동차의 안전을 담당하는 정부기관)으로 하여금 활동 결과 얻어진 지식들을 체계화하도록 하는 방식이 최우선적으로 권장될 것이다.

제9조: 사고 상황을 피할 수 없는 경우 인간의 속성(연령, 성별, 육체적 또는 정신적 요인)에 바탕한 어떠한 차별이라도 엄격히 금지된다. 피해자들을 서로 상쇄시키는 것역시 금지된다. 신체에 대한 상해의 수를 감소시키기 위한 일반적인 프로그램화는 정당화될 수 있다. 이동성에 따른 위험을 발생시키는 것에 관여한 당사자들[610]은 그렇지 않은 당사자[611]를 희생시켜서는 안 된다.

2) 윤리원칙의 구체적 내용

독일의 자율주행자동차 윤리원칙 제7조에서는 인간의 생명이 최우선적인 가치에 해당함을 명시적으로 밝힘과 동시에, 인간의 신체가 재산보다 우선한다는 일반적인 원칙을 밝히고 있다.

여기에서 주목되는 것은 제8조의 내용이다. 제8조에서는 '한계상황에서의 윤리적 선택'의 문제는 근본적으로 사후적으로 평가할 수 있는 문제일 뿐, 추상적, 일반적 및 사전적으로 평가할 수 있는 문제가 아니고, 기술적으로 프로그램화할 수도 없는 것이라고 보고 있다. 즉 그와 같은 상황에서의 선택을 인간이 내리더라도 이를 사후적으로 평가하여 불법성과 유책성을 가릴 수 있을 뿐인데, 현 시점의 자율주행 인공지능의 발전 수준 하에서 이를 미리 프로그램화하는 것은 불가능하다는 취지이다.

제9조에서는 헌법상 평등의 원칙의 견지에서 차별 금지의 원칙과 피해 최소화 원칙의 일반적인 수용 가능성을 밝힘과 아울러, 자율주행자동차의 운전자 또는 사용자가 상대방 차량 운전자 또는 보행자를 일방적으로 희생시킬 수 없다는 것을 명시하고 있다. 다만 이 점에 관해, 위에서 본 이타적 알고리즘과 자기보존적 알고리즘의 관계 내지 우위에 관해 살펴본 것과 마찬가지로, 위 보고서에서는 나아가 자율주행자동차의 운전자 또는 사용자를 보호하는 것이 상대방 차량 운전자 또는

---

610 자율주행자동차를 운행시킴으로써 위험을 발생시킨다고 볼 수 있는 사용자 또는 운전자 등을 지칭한다.

611 자율주행자동차 사고의 상대방인 자동차 등의 운전자 또는 보행자 등을 지칭한다.

보행자 등을 보호하는 것에 비하여 그 자체로 후순위per se nachrangig에 있지는 않다는 것을 분명히 하고 있다.[612]

제9조의 내용과 규율 범위에 관해서는 위 윤리위원회 위원들 간에 의견이 일치되지 않았다고 한다.[613] 또한 제9조의 내용은, 독일 연방항공안전법Luftsicherheitsgesetz[614] 조항에 관한 독일 연방헌법재판소BVerfG의 다음과 같은 위헌결정[615]에 의해 영향을 받은 것이라고 이해하는 견해도 제시되고 있다.[616] 즉 위 독일연방항공안전법 제14조 제3항에서는, 민간 항공기가 납치로 인해 무기화되어 생명을 침해하기 위한 용도로 사용될 것임이 명백히 인정되는 경우에는, 독일연방군Bundeswehr이 위 항공기를 상대로 직접적으로 무력을 사용하여 이를 격추시킬 수 있다고 규정하고 있었으나, 독일연방헌법재판소는 2016. 2. 15. 그와 같은 경우라고 하더라도 무고한 생명—위 항공기에 탑승한 사람의—을 희생할 수 있도록 하는 것은 독일 기본법Grundgesetz 제1조에서 정하는 인간의 존엄성 보장Menschenwürde garantie에 위배된다고 보아 이를 위헌으로 판단하였다.

특히 제9조에서 '전체적인 상해의 수를 감소시키기 위한 일반적인 프로그램'을 정당한 것으로 보면서도, '이동성에 따른 위험을 발생시키는 것에 관여한 당사자들은 그렇지 않은 당사자를 희생해서는 안 된다'고 규정한 것은 위 독일 연방헌법재판소의 위헌결정 취지에 직접적인 영향을 받은 것으로 볼 수 있다는 것이다.

다만 위 보고서에서는 희생자의 수를 최소화하는 것(신체의 상해의 재산상 손해에 대한 우선, 상해의 사망에 대한 우선, 부상자 또는 사망자 수의 최소화) 자체는 해당 자율주행 인공지능 프로그램이 모든 도로 사용자에 대해 동일한 방법으로 위험을 최소화한 것으로 볼 수 있다면 독일 기본법Grundgesetz 제1조 제1항[617]에서 정하는 인간의 존엄

---

612   자동 및 커넥티드 운전 보고서(註 437), p.19.

613   Lütge(註 439), at 6.5 참조.

614   Bundesgesetzblatt I Seite 78. 2005. 1. 11. 제정. 2001. 9. 11.의 이른바 '911 테러'에 영향을 받아 2005. 1. 11. 제정된 것으로 통상 이해된다. 전문은 다음 참조. http://www.gesetze-im-internet.de/luftsig/index.html(2018. 10. 21. 최종확인).

615   BVerfG, Urteil des Ersten Senats vom 15. Februar 2006 – 1 BvR 357/05 – Rn. (1–156). http://www.bverfg.de/e/rs20060215_1bvr035705.html(2018. 10. 21. 최종확인).

616   Lütge(註 439), at 6.5 참조.

617   독일 연방 공화국 기본법(Grundgesetz für die Bundesrepublik Deutschland) 제1조 제1항은 '인간의 존엄성은 불가침하다. 그들을 존중하고 보호하는 것은 모든 주 당국의 의무이다'라고 규정하고 있다.

성 등에 위반됨이 없이 정당화될 수 있다고 하고 있다[618]

3) 평가 및 시사점

독일의 자율주행자동차 윤리원칙은, 이 부분에서 다루고 있는 자율주행기술과 '한계상황에서의 윤리적 선택'의 문제에 관해서는 명시적인 입장의 제시를 유보한 채 이와 같은 문제상황의 본질상 사후적인 가치평가만이 가능할 뿐이고, 사전적인 기준 설정 및 프로그램화는 불가능하다는 입장을 밝히고 있다. 이는 현 시점에서의 자율주행 인공지능의 기술적 한계 등도 함께 고려한 것으로 이해할 수 있다.

그러나 자율주행 인공지능에 관해서는, 한계상황을 포함하여 여러 상황에서 내릴 선택에 관한 원칙들이 미리 프로그램상으로 입력되어 있어야 한다는 점에 이 문제에 관한 본질적인 난점이 존재하고,[619] 바로 이와 같은 지점에서 논의가 출발하게 되는 것이다.

자율주행자동차의 상용화 직후부터 이와 같은 한계상황에서의 선택을 둘러싼 문제가 현실화될 수도 있다는 점에서 독일의 자율주행자동차 윤리원칙이 제시하는 사후적, 객관적인 평가와 검증이라는 방식에 의해서만 문제를 해결하는 것은 그 방법론 자체로서 근본적인 한계를 가질 수밖에 없고, 이와 같은 방법론에 의해 자율주행기술에 관해 필요한 안전성이 충분히 확보될 수 있을지 미지수이며, 나아가 자율주행자동차 사고의 상대방인 제3자의 예측가능성의 확보라는 측면에서 보더라도 불충분한 결과를 가져올 수밖에 없다는 비판이 제기될 여지도 있다.

그러나 한계상황에서의 윤리적 선택의 문제는 애당초 사전에 답을 내리기가 사실상 불가능한 것이라는 점에 관한 독일의 자율주행자동차 윤리원칙의 지적은 수긍이 되는 측면이 있다. 현 시점에서 자율주행 인공지능의 판단과 선택에 관한 책임의 판단을 위해 사전적인 기준을 정립하는 것은 불가능에 가까우므로, 결국 사후적, 객관적인 평가기준의 정립을 통해 문제를 해결해 나아야 한다는 입장이 참고

---

618 자동 및 커넥티드 운전 보고서(註 437), p.18. 위 보고서에서는 자율주행 인공지능 프로그램상의 '원칙'은, 결과적으로 해당 프로그램에 의해 희생된 피해자에게도 마찬가지로 적용되었다고 말할 수 있기 때문에, 해당 프로그램의 적용에 따른 일방 희생자의 희생이라는 결과를 받아들일 수 있는 것이라는 취지로 설명하고 있다

619 적어도 인간과 동등한 수준에서 사고하고 일반인공지능이 등장하기 전까지는 그러하다. 그리고 이와 같은 수준의 인공지능이 등장한 이후에는 '한계상황에서의 윤리적 선택'과 같은 논의는 기존과는 새로운 국면에서 전혀 새로운 관점에서 다시 논의되어야 할 것이다.

가 될 수 있다고 본다.

5. 한계상황에서의 윤리적 선택 문제와 긴급피난 이론의 적용 가능성

가. 개요

　　불법행위책임에 관해, 우리 「민법」 제761조 제2항은 긴급피난을 '급박한 위난을 피하기 위하여 부득이 타인에게 손해를 가한 경우'로 정의내리고,[620] 이를 불법행위로 인한 손해배상책임 일반에 관한 면책사유로 정하고 있다.[621] 또한 위 「민법」 조항은 자동차손해배상 보장법 제4조[622]에 따라 자동차 사고로 인한 운행자책임에 관해서도 준용된다.[623]

　　자율주행 인공지능이 자율주행 중 한계상황에서 내리는 판단과 선택의 결과에 따른 책임주체[624]의 불법행위책임의 문제에 관해 '긴급피난'에 따른 면책 가능성을 인정할 수 있는지 문제된다.

---

[620]　긴급피난에 관해 정하고 있는 「민법」 조항은 다음과 같다.

「민법」 제761조(정당방위, 긴급피난) ① 타인의 불법행위에 대하여 자기 또는 제삼자의 이익을 방위하기 위하여 부득이 타인에게 손해를 가한 자는 배상할 책임이 없다. 그러나 피해자는 불법행위에 대하여 손해의 배상을 청구할 수 있다.

② 전항의 규정은 급박한 위난을 피하기 위하여 부득이 타인에게 손해를 가한 경우에 준용한다.

긴급피난에 관한 「민법」 제761조의 규정 내용은, 형법 제22조에서 긴급피난에 관해 다음과 같이 정하고 있는 것과 약간의 차이를 보인다.

형법 제22조(긴급피난) ① 자기 또는 타인의 법익에 대한 현재의 위난을 피하기 위한 행위는 상당한 이유가 있는 때에는 벌하지 아니한다.

② 위난을 피하지 못할 책임이 있는 자에 대하여는 전항의 규정을 적용하지 아니한다.

[621]　일반적 견해는 불법행위로 인한 손해배상책임의 면책에 관해 「민법」 제761조에서 정하는 긴급피난을 형사책임에 관한 긴급피난에서와 마찬가지로 위법성조각사유의 일종으로 인정하고 있다. 김용담 편집대표, 주석민법[채권각칙(8)], 제4판, 한국사법행정학회, 2016, 651면 이하.

[622]　「자동차손해배상 보장법」 제4조(민법의 적용) 자기를 위하여 자동차를 운행하는 자의 손해배상책임에 대하여는 제3조에 따른 경우 외에는 「민법」에 따른다.

[623]　서울중앙지방법원, 손해배상소송실무(교통·산재), 사법발전재단, 2017, 76면.

[624]　구체적인 개별 사안에서 문제되는 책임의 유형에 따라 제조업자, 운행자 및 운전자 등 다양할 수 있을 것이다.

나. 긴급피난 이론의 적용을 주장하는 견해

자율주행 인공지능이 자율주행 중 한계상황에서 내리는 선택과 불법행위책임의 문제에 관해, '긴급피난' 이론이 적용되어야 한다는 견해를 찾아볼 수 있다.[625] 미국에서도 다수의 주 대법원과 연방항소법원 판결례[626]에 의해 확립된 원칙인 '긴급성의 원칙emergency doctrine', 즉 '운전자가 주의깊게 운전하였음에도 불구하고, 갑작스럽거나 예기치 못한 사고에 직면하고, 이를 예상하여 그에 따라 행동할 시간적 여유가 거의 없었거나 없는 경우에는, 단지 다른 보다 주의깊은 행동이 가능하였을지도 모른다는 이유만으로 책임을 부담해서는 안 된다'는 원칙[627]을 자율주행 시스템의 판단에 대한 면책사유로 인정할 수 있다는 견해[628]가 있다.

다. 긴급피난 이론의 적용을 주장하는 견해에 대한 비판

그러나 다음과 같은 이유로 현 단계에서는 자율주행시스템의 알고리즘에 따른 한계상황에서의 판단에 대해 원칙적으로 긴급피난 이론을 적용할 수 없다고 본다.

한계상황에서의 선택에 관해 긴급피난 이론을 적용하는 것은 기존의 사동차를 사람이 운전하다가 사고를 일으킨 경우에 관해 일반적으로 타당하다고 말할 수 있다. 사람이 자동차를 운전하는 경우라면 이와 같은 한계상황에서 운전자 본인이 스스로의 책임 하에 상황에 따른 판단을 내려 자동차를 조작하고 그 결과 사고가 발생한다면 그에 따른 책임을 지게 될 것이다. 그와 같은 상황에서 운전자에게 한쪽

---

625 이승준(註 61), 95면; 류병운(註 61), 50면; Gurney 1(註 527), p.231 참조. 한편 Jack B. Balkin, "The Path of Robotics Law", 6 Cali. L. Rev. 45, 2015, p.51은 로봇이나 인공지능(AI)이 환경과 상호작용을 하면서 어떻게 행동할 지를 언제나 예측하기 어렵다는 측면을 '긴급성(emergence)'이라고 하고, 이와 같은 로봇의 행동을 '긴급행위(emergent behavior)'라고 지칭하면서, '긴급피난'의 논의와는 약간 다른 맥락에서 이와 같은 긴급행위로 인한 '유형적 손해(physical harm)'에 대한 책임 배분(assigning responsibility)의 필요성을 언급하고 있다.

626 Lockhart v. List, 665 A.2d 1176, 1180 (Pa. 1995) 외 다수. 이에 관한 상세는 Gurney 1(註 527), p.231의 각주 318 참조.

627 Gurney 1(註 527), p.231. 그 실질적인 내용과 취지는 긴급피난과 유사하다.

628 Gurney 1(註 527), p.231에서는 자율주행 시스템 판단에 대해 ① 긴급성의 원칙(emergency doctrine)과 ② 회피불가능한 사고 상황(unavoidable accident situation)의 법리에 따라 면책이 가능하다고 주장하고 있다.

방향으로 선택하도록 미리 강제하기도 어려울 것이고, 이러한 순간적인 경우의 선택에 관하여 사전에 원칙을 미리 정하여 놓기는 더욱 어려울 것이다. 다만 운전자의 선택을 사후적으로 평가하여 이를 책임의 인정 여부와 경우에 따라 긴급피난 등의 인정 여부 등 면책사유 인정에 고려할 수 있을 것이다.[629]

그러나 현 단계에서 자율주행인공지능이 한계상황에서 내리는 판단과 선택은 사전에 프로그래밍해 둔 판단의 원칙들, 보다 구체적으로 미리 입력해 둔 선택지 또는 시나리오 중의 어느 하나를 택하는 선택에 불과하다는 점에서, 본질적으로 긴급피난의 원리가 그대로 적용된다고 보기 어렵다.

엄밀히 말해 자율주행 인공지능이 인간의 생명에 관한 직접적인 위험이 수반하는 한계상황에서 순간적인 선택을 내린다는 부분까지만 긴급피난의 상황과 유사할 뿐이지, 윤리적으로 가장 중요한 선택과 판단을 내리는 의사결정 자체는 사고 발생 시점보다 보다 훨씬 이전의 자율주행 인공지능의 소프트웨어 알고리즘 프로그램 설계 단계에서 이미 정해지기 때문이다.[630]

자율주행 인공지능이 그와 같은 상황에서 내리는 판단은 이미 설계되어 적용된 알고리즘의 단순 적용에 따른 선택에 불과하고, 그 결과 역시 그와 같은 상황을 사전에 프로그램해 둔 판단의 원칙과 시나리오 등에 포섭할 수 있는지의 문제 및 판단과 선택 과정에서의 오류의 가능성 등을 제외한다면, 그와 같은 결론은 한계상황이 발생하기 훨씬 이전부터 이미 예상 가능한 것이었기 때문이다.

이 점에서 자율주행 인공지능에 의한 한계상황에서의 선택의 문제는 긴급피난과는 본질적인 차이가 있고, 따라서 긴급피난에서 말하는 '급박한 위난'의 요건, 즉 위난의 급박성 내지 현재성의 요건이 갖추어져 있다고 볼 수 있는지 의문이다.

---

[629] 독일의 자율주행자동차 윤리원칙 제8조 참조. 자동 및 커넥티드 운전 보고서(註 437), p.11.

[630] Nyholm · Smids(註 527), p. 1280 이하 참조.

Ⅳ. 소결론

1. 문제의 본질의 요약

자율주행기술과 윤리적 쟁점은 위에서 살펴본 것과 같이 결국 인간의 생명과 신체의 보호와 안전에 관련한 다양한 경우의 한계상황에서의 판단과 선택을 위한 자율주행 인공지능의 알고리즘 설계와 관련한 것이다.

자율주행기술이 위에서 본 것과 같은 생명과 신체의 보호와 안전이 문제되는 한계상황에서 내리는 판단의 실질은 자율주행 인공지능 알고리즘에 대해사전에 프로그래밍된 판단기준과 선택지의 기계적 적용에 따른 선택에 불과하다.[631] 따라서 엄밀해 말해 그 판단 자체를 사람의 내리는 것과 같이 '윤리적 결단'에 비등한 것이라고 말하기도 어렵다. 다만 그와 같은 한계상황에서 기술이 인간을 대신해 선택과 판단을 내리는 상황 자체가 윤리적인 문제를 불러일으키는 것이다.

이와 같은 측면에서의 기술과 윤리의 문제는, 아직까지는 초기 단계에 머물러 있다고 말할 수 있는 자율주행기술에 관해 단정적인 결론을 도출하는 것이 본질상 매우 어려운 영역이기도 하다.[632]

자율주행 인공지능 알고리즘의 프로그램 설계 단계에서는 위에서 살펴본 것과 같이 '혼합적 접근방식'에 의해 문제에 접근하는 것이 불가피할 것이고, 현 시점에서 위 단계에서 한계상황을 일일이 상정하여 선택지를 미리 입력해 놓는 것은 불가능에 가깝다고 본다. 다만 책임법제에서의 사후적, 객관적인 평가와 검증 기준을 설정하는 것에 의해 일정 부분 문제를 해결할 수 있다고 본다.

자율주행 인공지능이 한계상황에서 내린 판단과 선택이 책임판단의 대상이 되는 경우 그 책임판단은 자율주행기술의 통계수치 또는 시험주행에서의 성능이 아

---

[631] Gerdes · Thornton(註 527), p.87. 이에 따르면 인간 운전자가 다양한 운전 스타일과 기호의 차이를 보이듯이, 자율주행자동차 역시 설계자가 서로 다른 시나리오에 대한 대처방안을 어떻게 설계하는지에 따라 서로 다른 자율주행기술의 상황에 대한 구체적 대응의 모습은 다양한 스펙트럼을 보일 것이라고 한다.

[632] 자율주행자동차의 보급률이 증대되어 일정규모 이상으로 확대되고, 다양한 사고 사례가 수집되어 자율주행기술 알고리즘이 기계학습 등의 방법으로 보완된다면 그와 같은 '한계상황'의 발생 자체가 감소하리라고 어느 정도 예측해 볼 수 있다. 그러나 반드시 그와 같이 단정하기 어렵고, 그 시기 역시 예측하기 어렵다. 특히 상용화 이후 초기 단계에서부터 적지 않은 기간 동안 위와 같은 한계상황에서 자율주행자동차가 내리는 선택의 정당성 문제와 이에 관한 위험성의 문제는 상존할 것이다.

니라, 자율주행자동차가 실제로 주행하는 사회의 판단기준과 윤리에 비추어 내려질 것이다.[633] 즉 자율주행기술 알고리즘에 의한 판단 결과가 사망, 부상 또는 재산상 손해로 이어지는 경우에는, 다른 도로 사용자를 포함한 사회, 보다 구체적으로는 법원에 의해 자율주행자동차의 행동이 분석되고, 도덕의 잣대를 통해 알고리즘에 입력된 가치들의 우선순위가 면밀히 평가될 것이다.[634]

현 시점에서는 자율주행 인공지능의 한계상황에서의 윤리적 선택에 관한 책임판단의 단계에서, 책임을 판단하는 기준으로 '합리성'과 '예측가능성'을 제시할 수 있을 것이다. 자율주행 인공지능에 이와 같은 선택과 판단의 원칙들이 명확히 프로그램되어 있고, 사전에 충분히 공개되어 자율주행자동차의 운전자나 교통 관여 제3자의 예측가능성을 충분히 도모하여, 궁극적으로 '자율주행의 궁극적인 안전성'을 제고하고 있는지를 중요한 판단 요소로 고려하여야 한다고 본다.

자율주행시스템의 선택의 윤리성의 문제는 사회일반의 인식과 동떨어져 생각하기 어렵고, 위와 같은 상황이 고도의 결과불법을 수반한다는 점을 감안하면, 자율주행시스템이 내리는 선택이 윤리적인 측면에서 받아들여지기 어렵다면, 곧바로 불법성을 띤다고 볼 수 있는 여지가 매우 크다. 이와 같은 측면에서 자율주행시스템의 알고리즘 설계 과정에서의 윤리적 측면에 대한 고려는 곧바로 제조물책임 또는 불법행위책임을 일으키는 출발점이 되거나, 반대로 책임의 한계를 설정하는 요인으로 작용할 수 있다.

자율주행 인공지능의 한계상황에서의 윤리적 선택의 문제는 자율주행기술 알고리즘의 설계자들로 하여금, 법적 및 윤리적으로 인간에게 받아들여질 수 있는 내용으로 이를 설계할 상당한 책무를 부과할 것이다.[635] 자율주행시스템이 구체적인 한계상황에서 내린 선택과 판단에 대한 책임판단에서 이와 같은 점들을 고려하는 것은 역으로 자율주행기술 알고리즘의 설계자들로 하여금 위와 같이 예측가능성이 담보되는 방향으로 설계하도록 하는 강한 동기를 부여하게 될 것이다.

---

633 Gerdes · Thornton(註 527), p.87.

634 Gerdes · Thornton(註 527), p.87.

635 Gerdes · Thornton(註 527), pp.87–88.

2. 구체적 판단기준의 제시

자율주행기술이 위에서 본 것과 같은 한계상황에서 내린 판단의 결과로 인한 법적책임의 판단에 대해서는 현재로서는 아래와 같은 기준에 의하는 것이 불가피하다고 본다.

즉 법원은 자율주행 인공지능이 구체적인 충돌상황에서 내린 선택과 판단을 사후적, 객관적으로 평가하여 그 판단을 사회적 평균인의 관점에서 보아 받아들일 수 있는가에 의해 책임 여부를 평가해야 할 것이다. 즉 자율주행 인공지능이 특정한 상황에서 내린 판단, 나아가 이와 같은 판단을 하게끔 설계된 자율주행 알고리즘의 사회적 측면에서의 타당성과 수용 가능성 내지 이에 대한 비난가능성을 평가해야 할 것이다.

보다 구체적으로 ① 당해 상황에서 자율주행기술 알고리즘이 내린 판단이 결과적으로 당해 상황에서 합리적인 사회적 평균인이라면 내렸을 판단과 동일한가, ② 만약 자율주행 알고리즘이 내린 판단이 평균인의 판단과 다르거나 판단의 범주에서 벗어났다고 볼 수 있다면, 그 벗어난 정도를 정당한 것으로 수긍할 수 있는가, 그렇다면 그 근거는 어떠한가, ③ 문제된 구체적 상황에서 다른 선택의 여지는 없었는가, 또한 실제로 선택되지 않은 선택지에 따른 가정적 결과를 사안에서 문제되는 당해 자율주행 인공지능 알고리즘에 의한 현실적인 판단의 결과와 비교해 보았을 때, 피해자의 피해와 그 정도를 받아들일 만한 것으로 평가할 수 있는가 등 다양한 요소들을 고려해 판단할 수밖에 없을 것이다. 바로 이와 같은 구체적 판단의 단계에서 법원은 위에서 검토한 자율주행과 윤리적 문제에 관한 상향식, 하향식 및 혼합적 접근방식이 제시하는 여러 고려요소와 판단준칙을 다양한 관점에서 고려하여 자율주행 알고리즘을 분석, 평가해야 할 것이다.

이와 같은 기준에 의할 때 도로의 다른 사용자들, 나아가 사회에의 최소한도의 예측가능성을 담보할 수 있다고 본다. 특히 자율주행자동차가 한계상황에서 내릴 판단이 인간에 의해 내려졌을 판단과 동떨어지게 된다면, 자율주행자동차에 의한 사고의 잠재적 피해자가 될 수 있는 도로상의 사용자들의 예측가능성 확보에 심각한 문제를 불러일으키게 될 것이고, 자율주행자동차에 의한 판단에 대해 책임을 인정하거나, 책임을 가중하는 요소로 작용할 것임이 명백하다고 말할 수 있을 것이다.

제 6 절 자율주행과 법적책임 주체 개관

Ⅰ. 개요

자율주행자동차는 '자동차 운전'을 스스로 행하고, 자율주행기술이 발전할수록 자동차 운전에 대한 인간 운전자의 개입 여지는 줄어들게 될 것이다. 이와 관련해 기존의 자동차 사고에 관해서 운전자의 과실 여부와 범위를 따지는 불법행위책임이 주로 문제되었다면, 자율주행자동차 사고에 관해서는 자율주행 인공지능 알고리즘에 의한 판단이 적절하였는지, 이와 관련해 제조물로서의 자율주행자동차에 결함이 인정될 수 있는지를 가리는 제조물책임이 주로 문제될 것이다. 다만 운전자의 개입을 직접적인 전제로 하는 자율주행 단계인 3단계 자율주행자동차에 관해서는 운전자의 책임이 여전히 크게 문제될 수 있다. 자율주행에 필요한 각종 데이터의 수집과 처리에 관련된 교통시스템 관리 주체 등의 책임 역시 빈번히 문제될 수 있다.

이와는 다른 차원의 문제로서 자율주행자동차 또는 자율주행 인공지능 자체를 민사책임 등 법적책임의 직접 주체로 인정하여야 한다는 견해도 제시될 수 있다. 이와 관련해 인공지능의 책임주체성에 관한 논의의 현 시점에서의 실효성과 타당성을 자율주행자동차의 책임주체성과 연관하여 살펴볼 필요가 있다.

이하에서는 먼저 자율주행자동차 또는 자율주행기술의 법적책임 주체성에 관한 현 시점에서의 논의를 간략히 살펴보고, 새로운 현상인 자율주행자동차에 관해 상정 가능한 민사책임의 유형을 책임주체의 측면에서 개관한다.

제6절 자율주행과 법적책임 주체 개관 215

Ⅱ. 자율주행자동차 또는 자율주행기술의 법적책임 주체성 인정 여부

1. 자율주행자동차와 법적책임 주체성 관련 논의

자율주행자동차는 고도의 인공지능^{AI} 기술의 일종인 자율주행기술이 사회 실생활의 영역에서 전면적으로 상용화되는 그 전례를 찾기 어려운 대표적인 사례이다. 자율주행자동차 또는 그에 탑재된 자율주행 인공지능^{AI} 자체를 법적책임의 주체로 볼 수 있는지, 즉 자율주행자동차 또는 자율주행기술 자체에 대해 권리와 책임의 주체로서의 지위, 즉 권리능력 내지 인격[636]을 인정할 수 있는지의 문제에 관해서는, 인공지능^{AI} 또는 인공지능이 탑재된 지능형 로봇의 윤리적 판단 주체성 내지 법적책임 주체성에 관한 논의가 참고가 될 수 있다고 본다.[637]

인공지능 또는 인공지능이 탑재된 이른바 '지능형 로봇intelligent robot 또는 smart robot'[638]으로 인하여 책임의 원인이 발생하게 되는 경우 인공지능 또는 인공지능이 탑재된 지능형 로봇 자체를 법적책임의 주체로 볼 수 있는지에 관하여 현재 활발히

---

636 곽윤직 · 김재형, 민법총칙, 제9판, 박영사, 2013, 93면.

637 위에서 본 것과 같이, 자율주행과 윤리적 문제를 다루는 국내외에서의 논의들 대부분은 인공지능(AI)과 로봇(robot)의 윤리적 내지 법적책임 주체성 문제를 주요한 주제 중 하나로 다루고 있다(자율주행과 윤리적 문제에 관한 註 527의 국내외의 논의들 참조).

美國 MIT 대학 개설강좌 MIT 6.S094: Deep Learning for Self-Driving Cars(註 129)에서는 자율주행자동차는 "우리사회에서 최초의 광범위하게 보급되고, 인간과 깊이 통합된 개인용 로봇(the first wide reaching and profound integration of personal robots in our society)"이라고 본다. 즉 도로에 자동차가 무수히 많이 보급되고 자율주행자동차 역시 그러할 것이므로 그 보급이 광범위하고(wide reaching), 인간이 자신의 생명에 대한 통제권을 직접 주게 되므로 인간과 깊은(profound) 통합이 이루어지며, 1:1의 개별적인 소통, 협력, 이해 및 신뢰관계가 형성되기 때문에 개인적(personal)이라는 것이다.

638 유럽연합(EU)은 '로봇 및 인공지능과 관련한 법적책임의 근거와 이에 관한 윤리적 표준 마련, EU로봇담당국 신설 및 노동시장에서의 대응방향 등'의 내용을 담고 있는 결의안을 통과시켰다.

European Parliament resolution of 16 February 2017 with recommendations to the Commission on Civil Law Rules on Robotics (2015/2103(INL)).

위 결의안에서는 '스마트 로봇(smart robot)'이라는 용어를 사용하고 있다.

한편 로봇 분야의 국제표준화에 관한 공적 표준 단체인 국제표준화기구(International Organization for Standardization)에서는 '지능형 로봇(intelligent robot)'이라는 용어를 사용하고 있다.

위 결의안에 관한 상세한 내용 및 이른바 '지능형 자율 로봇'에 대한 책임 부여 등에 관한 국내의 논의에 관하여는, 김자회 외(註 527), 122면 이하 참조.

논의가 이루어지고 있다. 이에 관해 인공지능 또는 지능형 로봇에 대한 일종의 '법인격' 부여를 통하여 이로 인하여 초래되는 책임의 문제를 해결하려는 견해도 제시되고 있다.[639]

이른바 '지능형 로봇'에 관한 규제방안 중 하나로, 「지능형 로봇 개발 및 보급 촉진법」(이하 지능형로봇법이라고 한다)이 2008. 3. 28. 법률 제9014호로 제정되어, 시행 2008. 9. 29.부터 시행되고 있다.[640] 지능형로봇법 제2조 제1호는 '지능형 로봇'을 '외부환경을 스스로 인식하고 상황을 판단하여 자율적으로 동작하는 기계장치'로 정의하고 있다. 위 개념정의에 따르면 자율주행자동차는 지능형로봇법에서 정의하는 지능형 로봇에 해당한다고 볼 수 있다.

자율주행자동차에 관해서도, 자율주행자동차는 자동차 운전에 관해 적어도 현상적인 측면에서 '자율성'을 가지는 로봇이라는 점에 근거하여, 자율성을 가지는 한도에서 보험계약의 수익자 지위 및 손해배상책임 능력이라는 제한된 범위 내에서의 권리능력을 인정하고, 이와 같은 권리능력을 가지는 자율주행자동차를 위한 보험을 통해 '권리주체'로서의 자율주행자동차의 책임재산도 확보될 수 있다는 견해가 제시되고 있다.[641]

이에 관한 보다 구체적, 현실적인 논의로서, 적어도 5단계의 자율주행에 관해서는 운전자와 운행자의 개념을 확대하여, 자율주행자동차 또는 자율주행 인공지능 자체 또는 자율주행자동차의 제조업자를 운전자의 불법행위책임 등에서 말하는 운전자 내지 운행자책임에서 말하는 운행자로 볼 수 있다는 견해도 제시되고 있다.[642]

---

[639] 에에 관한 대표적인 국내의 논의로, 이중기(註 527) 참조.

[640] 지능형 로봇법 제1조는 '지능형 로봇의 개발과 보급을 촉진하고 그 기반을 조성하여 지능형 로봇산업의 지속적 발전을 위한 시책을 수립 · 추진함으로써 국민의 삶의 질 향상과 국가경제에 이바지함'을 그 입법 목적으로 밝히고 있다.

[641] 이중기(註 527), 15면 및 21면 각 이하.

[642] 이와 같이 보는 견해로 대표적으로 이중기 · 황창근(註 335), 347면 이하 참조. 미국 미시건(Michigan) 주의 '미시건 자동차 법(Michigan Vehicle Code, MVC)' 제665조 제4항(원문은 아래와 같다)을 이와 같은 태도에 관한 선도적인 입법례로서 소개하고 있다.

    Sec. 665. (5) When engaged, an automated driving system allowing for operation without a human operator shall be considered the driver or operator of a vehicle for purposes of determining conformance to any applicable traffic or motor vehicle laws and shall be deemed to satisfy electronically all physical acts required by a driver or operator of the vehicle.
http://www.legislature.mi.gov/(S(to2j2qzpxfbaspcckte1x1xo))/documents/mcl/pdf/mcl-chap257.pdf(2019. 4. 18. 최종확인)

2. 평가

가. 자율주행자동차에 대해 권리능력을 인정할 수 있는지 여부

위에서 살펴본 논의들은 적어도 현재까지는 인공지능 또는 지능형 로봇의 연구와 관련하여, 장래 출현할 수 있는 '적어도 인간과 동등한 지적 능력을 가지고, 스스로 판단하는 자율성 내지 주체성 등 책임주체로서의 여러 징표들과 아울러 자의식을 갖추었으며, 인간과 마찬가지로 스스로 행동하여 외부환경을 변화시킬 수 있는 능력을 갖춘 로봇'의 등장을 염두에 둔 일종의 가정적 논의로 평가할 수 있다.[643]

다만 적어도 현재까지 널리 알려진 바에 따른 인공지능 또는 지능형 로봇의 기술 수준의 정도에 비추어 보면, 현 단계에서 인공지능 또는 지능형 로봇에 대해 법적책임의 주체로서의 '인격' 내지 '법인격'을 부여할 것인지에 관한 충분한 당위성과 구체적이고도 현실적인 필요성이 인정된다고 보기 어렵다. 현 시점까지 국내에서 이루어지고 있는 이에 관한 논의들 대부분은 그 논의의 방향과 밀도의 차이는 있으나, 인공지능과 지능형 로봇에 대한 '인격' 내지 '법인격' 부여에 관한 논의의 필요성을 제기하는 수준에 머물러 있다고 보인다.

나아가 자율주행자동차에 탑재된 인공지능[AI], 즉 자율주행기술은 오로지 자동차의 운전의 영역에서만 인간의 판단과 행동을 대체하기 위한 것일 뿐만 아니라, 자율주행 인공지능의 판단과 행위는 순전히 사전에 입력된 알고리즘과 기계학습에 따른 결과물과 다름없는 것이다. 고도화된 인공지능이 그 판단과 행위의 결과로 인한 책임의 문제까지도 고려하여 결정을 내린다고 하더라도, 그 위와 같은 인간에 의한 사전적인 프로그래밍에 따른 결과물에 지나지 않으므로, 이를 인간에 의한 것과 비등한 것이라고 보기조차 어렵다. 따라서 인공지능으로서의 자율주행기술이 장차 궁극적으로 완성된 형태로 모습을 갖춘다고 하더라도 그와 같은 목적과 내용, 형태의 인공지능인 자율주행기술이 탑재된 자율주행자동차 자체에 '인격' 내지 '법인격'을 인정할 필요가 있을 것인지 의문이다.

즉 지능형 로봇인 자율주행자동차에 관해 제한적 권리능력을 인정하더라도 이는 결국 사람을 위해 일정한 목적 하에 사용되는 것이므로, 그로 인한 법적책임의 종국적인 부담 주체는 그 배후에 있는 사람—법인을 포함하여—이 될 수밖에 없다

---

643 이중기(註 527), p.9 이하 역시 어디까지나 이와 같은 자율주행 인공지능의 출현을 전제로 하고 있다.

고 생각된다. 손해배상 보험제도 역시 어디까지나 이와 같은 실체법상 종국적인 지위에서의 손해배상책임의 주체를 상정하고, 보험자인 보험회사가 손해배상책임에 관한 위험을 인수하는 것을 본질로 하고 있다. 따라서 보험 가입을 통해 '권리주체로서의 자율주행자동차'에 '책임재산'이 확보된다고 평가하기도 어렵지 않을까 생각된다.

나. 자율주행자동차를 운전자 또는 운행자로 볼 수 있는지 여부

운행자책임에서 말하는 '운행자'와 「도로교통법」 및 운전자의 불법행위책임 등에서 말하는 '운전자'는 규제법 및 책임법제 하에서 자연인自然人으로서의 사람을 전제하여 형성 및 발전되어 온 관념이다.[644] 장래에 자율주행기술이 고도화되어 현상적인 측면에서 뿐만 아니라 당위적(평가적)인 측면에서도 자동차 운전 영역에서 자율주행 인공지능(즉 시스템)이 인간을 완전히 대체하는 현상이 발생하더라도 기존에 형성되어 온 '운행자'나 '운전자'의 개념을 일부 수정해 가면서 자율주행자동차 또는 자율주행 인공지능 내지 그 제조업자 등을 이에 포섭시키는 것은 오히려 새로운 현상의 본질에 합당한 정책론 및 해석론이 되기 어렵다고 본다.

'운행자'에 관하여 보면, 운행자책임은 교통사고 피해자의 피해구제를 통한 보호라는 다분히 정책적인 측면에서 형성된 제도로서, '운행자'의 개념 역시 운행지배와 운행이익이라는 평가적인 요소가 강하게 개입되어 있다.[645] 따라서 자율주행 인공지능이 운전 영역에서 인간을 완전히 대체한다고 하더라도 운행자책임 제도 자체를 유지할 수 있고, 이를 유지하는 이상 '운행자'의 개념을 별도로 상정하는 것이 논리적으로 가능하다고 본다. 운행자책임 제도는 5단계 자율주행자동차에 관해서도 원칙적으로 상정 가능하고, 다만 인간 운전자에 의한 운전 관여 여지가 사라진 완전 자율주행자동차가 보편화된 이후 운행자책임 제도를 새로운 관점에서 근본적으로 재검토하여 그대로 유지할 것인지 여부와 이를 어떠한 내용과 방향으로

---

[644] 「도로교통법」 제48조(안전운전 및 친환경 경제운전의 의무) 및 제49조(모든 운전자의 준수사항 등) 등에서 규정하고 있는 운전자의 안전운전 등 의무 및 준수사항 등도 이를 전제로 하고 있다.

[645] 운행자책임의 이와 같은 평가적인 측면은 특히 운행자책임제도상의 손해배상청구권자의 요건으로서의 '타인성'에 관한 논의에서 두드러진다. 이에 관해서는 아래 제4장 '자율주행과 운행자책임' 중에서 제2절 IV. '손해배상청구권자와 타인성' 부분 및 제3절 II. '자율주행자동차와 타인성' 부분 각 참조.

재구성할 것인지 등의 문제가 남을 뿐이라고 본다.[646]

'운전자'에 관하여 보더라도, 자율주행 인공지능이 운전 영역에서 인간을 완전히 대체할 수 있게 되더라도, 자율주행자동차 또는 자율주행 인공지능을 기존에 형성되어 온 개념으로서의 '운전자'로 간주하여 운전자로서의 의무를 변형된 형태로 부담한다고 보기보다는, 자율주행자동차 또는 자율주행 인공지능을 그와 같은 현상적인 측면에서 새로운 '자동차 운전의 주체'로 인식하여, 규제법제에서 그 본질에 부합하는 새로운 내용의 필요한 규제를 실시하고,[647] 책임법제에서도 포섭 단계에서 이를 반영하고, 필요한 범위 내에서 기존 법리를 수정하거나 새로운 법리를 형성한다고 하는 것이 그 본질에 보다 부합하는 방안이 아닌가 생각된다.[648]

Ⅲ. 자율주행자동차와 관련 법적책임 주체 개관

1. 개요

자율주행과 관련해 발생하는 법적책임 문제에 대해서는 기존의 책임법제상의 각종 책임 제도와 기존 법리를 적용하여 이를 해결해야 할 것이다. 제조물 특유의 제조물책임, 자동차 사고 특유의 운행자책임과 운전자의 불법행위책임 등뿐만 아니라, 채무불이행책임, 하자담보책임 등 기존의 민사책임 제도와 법리는 자율주행자동차에 대해서도 마찬가지로 적용될 것이다. 다만 자율주행자동차와 관련해 중요한 점은, 자율주행기술이 현실에서 불러일으키는 다양한 사실관계를 「민법」상 기존 책임 제도에 포섭subsumption시키는 과정에서의 해석론에 위에서 살펴본 자율

---

646 자율주행과 '운행자'에 관한 논의의 상세는 제4장 '자율주행과 운행자책임' 부분 참조.

647 위 제2장 제4절 II. 1. 나. 2)항에서 살펴본 비엔나협약에 제8조 제5항의2가 추가됨으로써 UN 도로교통 규정 체계 내에 자율주행기술 및 자율주행자동차가 수용, 편입되었다고 볼 수 있으나, 위 조항의 문언을 보더라도 반드시 자율주행자동차 또는 자율주행 인공지능을 '운전자'로 파악하는 것으로 이해되지 않는다. 특히 위 제5항의2 후단의 '운전자가 수동전환하거나 끌 수 있는' 부분의 문언을 보면 그러하다.

648 이에 관해서는 제5장 제2절 II. '자율주행시스템의 운전자성 문제' 부분에서 좀더 구체적으로 살펴본다.

주행기술의 본질적인 특성을 충분히 고려할 필요가 있다는 것이다.

2. 자율주행자동차와 법적책임 주체

가. 제조업자

자율주행자동차에 '결함'이 있는 것으로 인정되는 경우 제조업자가 제조물책임을 지게 된다. 현재까지 자동차와 관련하여서 문제된 제조물책임 사례로 대표적인 것은 이른바 '자동차 급발진' 여부가 문제된 사안에 관한 것(대법원 2004. 3. 12. 선고 2003다16771 판결)이다.[649] 자동차의 경우 종래에는 비교적 단순한 구동 및 기계장치로 이루어져 특별한 설계상 결함 등이 인정되지 않는 이상 교통사고와 관련하여 제조물책임이 인정된 사례는 그리 많지 않았다. 기술의 발전에 따라 자동차에 각종 센서와 전자제어 장비가 추가되어 그 오류 또는 오작동이 문제되었으나, 그에 따른 제조물책임을 인정하는 것은 쉽지 않다. 자동차 급발진 여부가 문제된 위 2003다16771 사건에서도 대법원은 제조물책임을 부정하였다. 현재 출시되고 있는 자동차들에는 다양한 주행보조장치가 탑재되고 있으나, 이는 어디까지나 운전자의 편의 증진을 위하여 운전을 보조하는 역할을 하고 작동기전mechanism이 비교적 단순하므로, 명백한 오작동이 아닌 이상 운전자 또는 운행자가 사고로 인한 책임을 부담하여 오고 있다.

자율주행자동차는 운전자의 판단과 행동을 대체한다는 속성을 가지고, 자율주행의 단계가 높아질수록 교통사고의 발생 원인에서 제조물인 자율주행자동차의 결함이 차지하는 비중이 높아질 것이므로, 제조물책임의 가능성도 높아질 것으로 예상할 수 있다.[650] 이 점에 대해서는 '제3장 자율주행과 제조물책임'에서 자세히 살펴본다.

---

[649] 위 사건에서 원고는 자동차의 결함에 따른 '자동차 급발진 사고'가 발생하였음을 주장하였으나, 대법원은 제조물인 자동차의 결함을 부정하였다. 이에 관해서는 제3장 '자율주행과 제조물책임'의 해당 부분에서 상세히 살펴본다.

[650] 권영준·이소은(註 85), 463면. 이에 따르면 "자율주행자동차의 등장이 책임 구도에 미칠 가장 중요한 변화는 그동안 책임구도의 전면에 거의 등장하지 않던 제조업자가 가장 중요한 책임 주체로 등장하게 된다는 점"이라고 지적한다.

나. 판매자

　자율주행자동차에 '하자'가 있는 것으로 인정되는 경우 판매자, 즉 매도인에 대한「민법」제580조에 따른 하자담보책임의 인정 여부가 문제될 수 있다. 교통사고 원인의 초점이 사람인 운전자로부터 물건인 자동차로 옮겨가면서 자동차에 관해서는 그동안 그다지 관심의 대상이 되지 않아 온「민법」상 하자담보책임이 보다 주목을 받게 될 수 있다.[651]

　「민법」상 하자담보책임의 요건인 '하자'는 어떤 물건이 그 물건의 통상적인 용도에 적합하지 않다는 개념으로, '하자'는 안전성이라는 측면에서 파악되는 개념인 '제조물'의 '결함'과 구별된다.[652] 자율주행자동차의 안전성은 자율주행자동차의 상품적합성의 중요한 부분을 차지하므로 자율주행자동차에 결함이 있다면 하자도 인정될 가능성이 높다. 이때 자율주행자동차의 매수인은 매도인에게 하자담보책임을 물을 수 있다.[653]

　하자담보책임은 제조물책임과는 별도로 성립하고 그 내용이나 범위도 다르다. 하자담보책임은「민법」상 매매계약 체결을 전제로 한 것인 반면,「제조물책임법」상 제조물책임은 결함을 손해배상책임 요건이자 책임의 핵심적 징표로 하여「민법」상 불법행위책임의 특수한 유형으로서 입법화된 것으로 통상 이해되고 있다.[654] 하자담보책임이 성립하면 매도인은 제조물 그 자체에 발생한 손해를 배상하여야 하는 반면, 제조물책임이 성립하면 제조자는 제조물의 결함으로 인하여 생명·신체·재산에 생긴 손해를 배상하여야 하고, '그 제조물에 대하여만 발생한 재산상 손해'는 제조물책임에 따른 손해배상 범위에서 제외된다(제조물책임법 제3조 제1항).

　자율주행자동차에 결함과 하자가 인정된다면, 원칙적으로 피해자는 제조물인 자율주행자동차 자체에 대한 손해는 매도인에게 하자담보책임을, 이를 넘어서는 확대손해가 발생한 경우에는 제조업자에게 제조물책임을 물어 손해배상을 구할 수 있을 것이다. 다만 하자담보책임은 계약상 책임으로서 매매계약 관계를 전제로 하므로, 그 청구권자로서의 피해자의 범위는 자율주행자동차의 매수인으로 한정된

651　권영준·이소은(註 85), 463면.

652　양창수·권영준, 민법 II 권리의 변동과 구제, 제3판, 박영사, 2017, 788면.

653　권영준·이소은(註 85), 464면.

654　권오승 외, 제조물책임법, 법문사, 2003, 223면 참조.

다고 말할 수 있다.

　　한편 원고의 증명책임과 관련해 아래에서 보듯이 제조물책임의 요건인 결함에 관해서는 원고의 증명책임의 완화 내지 감경 및 이를 통한 '증명책임의 적절한 배분'이 활발하게 논의되고 있음에 비하여, 계약상책임인 하자담보책임의 요건인 하자에 관해서는 민사소송의 일반 원칙에 따라 원고가 그에 대한 증명책임을 다하여야 한다. 이와 같은 증명책임 구도의 차이점은 제조물책임 소송과 하자담보책임 소송의 실제 모습과 관련해 큰 차이를 가져올 수 있다.

다. 운행자

　　「자동차손해배상 보장법」에서는 교통사고에 관하여 자동차 운행자에게 무과실책임에 가까운 책임을 인정하고 있다. 「자동차손해배상 보장법」 제3조 본문은 "자기를 위하여 자동차를 운행하는 자는 그 운행으로 다른 사람을 사망하게 하거나 부상하게 한 경우에는 그 손해를 배상할 책임을 진다"고 규정하여 자동차의 운행자, 즉 "자기를 위하여 자동차를 운행하는 자"에게 운행 중에 발생한 인신사고에 대하여 손해배상책임을 부담시키고, 다른 한편으로 자동차보유자에게는 그 운행으로 인한 손해배상책임에 관하여 보험이나 공제 가입의무를 부과하고 있다(제5조). 이는 교통사고 피해자로 하여금 보다 두터운 보호를 받을 수 있도록 하기 위함이다.

　　자율주행자동차에 관하여도 「자동차손해배상 보장법」에서 정하는 운행자책임은 여전히 인정될 것이다. 다만 '운행자'의 개념과 범위, 면책사유의 해석론 등 현재의 운행자책임 체계를 그대로 유지할 것인지 문제된다. 이는 제4장 '자율주행과 운행자책임'에서 살펴본다.

라. 운전자

　　자동차 교통사고가 운전자의 고의·과실로 발생한 경우 운전자는 「민법」 제750조에 따른 불법행위책임을 부담하게 된다. 자율주행자동차의 경우에도 운전자의 감시와 개입을 전제한 3단계까지의 자율주행자동차의 경우 운전자의 책임이 여전히 문제될 것이다. 다만 기존의 자동차의 사고에 관한 운전자의 고의, 과실은 자동차의 운전 자체에 관한 것인 반면, 자율주행자동차의 자율주행과 관련한 사고에 관한 운전자의 고의, 과실은 자율주행에 관한 감시 또는 개입의무위반 등 운전자의 고의의 대상 또는 운전자의 주의의무의 내용이 크게 변모할 것이다. 또한 구체적인 사안에 따라서는 운전자의 감시 또는 개입의무위반이 단독으로 책임의 원인을 구성하는 것이 아니라, 이와 연관된 자율주행자동차의 시스템적인 결함이 함께 문제될 수도 있다.

요컨대 적어도 3단계까지의 자율주행자동차에 관하여는 운전자의 주의의무위반에 따른 책임은 그 형태와 내용이 변화하더라도 여전히 문제될 것이다. 그리고 4단계 이상의 자율주행자동차에 관하여도 운전자의 주의의무위반이 전적으로 면제된다고 볼 수 있는지에 관하여는 별도의 검토가 필요하다. 이에 대해서는 제5장 '자율주행과 운전자책임'에서 상세히 살펴본다.

마. 교통시스템 관리 주체 등

자율주행자동차가 지능형 교통 시스템intelligent transport system; ITS과 결합하여 구현되는 경우 지능형 교통시스템ITS의 설치 또는 관리의 하자로 자율주행 중에 교통사고가 발생한다면 피해자는 교통시스템의 관리 주체인 국가나 지방자치단체를 상대로 국가배상책임을 구하거나,[655] 교통시스템과 관련한 전자, 제어 및 정보통신

---

[655] 「국가배상법」제5조(공공시설 등의 하자로 인한 책임)

① 도로·하천, 그 밖의 공공의 영조물의 설치나 관리에 하자가 있기 때문에 타인에게 손해를 발생하게 하였을 때에는 국가나 지방자치단체는 그 손해를 배상하여야 한다. 이 경우 제2조제1항 단서, 제3조 및 제3조의2를 준용한다.

② 제1항을 적용할 때 손해의 원인에 대하여 책임을 질 자가 따로 있으면 국가나 지방자치단체는 그 자에게 구상할 수 있다.

「국가배상법」제5조 제1항이 정하는 '영조물'의 범위에 관해, 대법원은 도로 자체뿐만이 아니라, 그 지하와 인근에 매설된 시설물 및 교통신호기, 전광판 등을 비교적 폭넓게 위 규정에 따른 영조물로 인정하고 있다. ① 도로에 설치된 교통 신호기의 하자 여부가 문제된 사안으로, 대법원 2000. 1. 14. 선고 99다24201 판결, 대법원 2001. 7. 27. 선고 2000다58460 판결 등, ② 고속도로 톨게이트 부근에 설치된 전광판의 하자 여부가 문제된 사안으로, 대법원 2019. 7. 10. 선고 2018다230314 판결 등 참조.

등을 위한 시설 및 서비스 제공업체 등을 상대로 손해배상책임을 구할 수 있을 것이다. 사안에 따라서는 위와 같은 교통시스템 관리 주체 등은 제조업자, 운행자 등과 함께 책임을 부담하게 될 수 있고, 이들 책임주체 간에 구상관계 등 복잡한 문제를 불러일으킬 수 있다.

다만 교통시설 관리 주체 등의 책임에 관한 판례 법리가 종래에는 주로 도로 노면상의 하자나 도로 관련 시설물의 하자를 중심으로 형성되어 온 것과 달리, 지능형 교통시스템ITS의 경우에는 도로 및 관련 시설의 물리적·기계적 하자보다는 시스템을 구동하는 소프트웨어 프로그램의 하자나 시스템 해킹 등이 문제될 가능성이 크다.[656]

이와 같은 교통시스템 관리 주체 등의 책임 역시 자율주행자동차와 관련하여 앞으로 크게 문제될 수 있다. 한편 자율주행기술과 자율주행자동차에 관한 현재의 연구개발은 대부분 특정한 교통시스템에 의존하지 않는 자율주행자동차를 만드는 것을 목표로 하고 있다고 말할 수 있다.[657] 이와 같은 교통시스템 관리 주체 등의 책임 문제는, 이 글의 이 글의 주된 연구대상 범위인 자율주행기술의 본질과 직접적으로 연관된 민사책임 관계의 문제와는 그 다소 초점을 달리 하는 것으로서, 이 글에서는 이에 관해서는 직접적으로 다루지 않는 것으로 한다.

---

656 권영준·이소은(註 85), 464면.

657 Anderson, et. al.(註 72), p.111.

자율주행자동차로 인해 발생하는 다양한 유형의 법적책임의 판단은 기존 제도와 이론의 틀 내에서 이루어질 것이다. 이를 위해 책임법제에서 자율주행기술의 구체적인 내용을 규범적인 측면에서 파악하는 것이 필수적으로 요청된다. 민사책임법제에서 포섭의 전제로서 자율주행기술의 본질을 파악하는 것은 책임판단이라는 당위의 문제를 전제로 한 것이므로, 자율주행기술에 대한 평가 및 법리적 측면에서의 타당성 검증의 문제가 필수적으로 뒷받침되어야 한다. 자동차 고유의 위험성과 사고로 인한 인간의 생명이라는 고도의 법익 침해 가능성을 감안하면, 책임법제에서 자율주행기술의 본질을 파악할 때에는 '자율주행자동차의 안전성 확보'를 최우선적으로 고려함이 타당하다. 이와 같은 관점에서 본장에서의 논의를 다음과 같이 정리할 수 있다.

자율주행자동차는 자율주행기술의 지속적인 발전 가능성을 감안할 때 규제법 및 책임법적인 측면에서 폭넓은 포섭이 가능하도록 '자동차 운전을 연속된 기반에 따라 제어하여 스스로 운전할 수 있는 자동차'로 넓게 정의함이 타당하다.

자율주행의 구현에 사용되는 소프트웨어와 하드웨어는 '기술적 합리성'의 측면에서 '자율주행자동차의 안전성 확보'를 충분히 가능하도록 하는 것이어야 하고, 자동차 사고로 인한 생명 침해 가능성을 고려할 때, 이는 엄격한 기준에 의해 판단할 필요가 있다. 소프트웨어의 측면에서 '자율주행에 필요한 최선의 인공지능'이 사용되어야 하고, 알고리즘 오류의 허용 범위 역시 매우 엄격하게 판단함이 타당하다. 소프트웨어 및 하드웨어의 양 측면에서 '다중화 시스템'을 사용하여 자율주행자동차에 필요한 안전성을 적극적으로 보장하여야 할 필요가 크고, 법적책임을 판단할 때에도 이 점을 매우 무겁게 고려함이 타당하다. 이와 맞물려 제조물책임 소송에서 제조업자 등의 '개발위험의 항변'의 기준이 되는 과학·기술 수준 역시 최대한 높게 설정할 필요가 있다.

자율주행자동차의 도입 및 상용화에 따라 사회 전체의 통계적인 사고율 감소와 자동차 운전 영역에서의 효율성 증진 등 여러 긍정적인 부수효과를 가져올 것으로 전망된다. 다만 구체적인 사고에 관한 법적책임의 판단 문제에서 이와 같은 순기능을 직접적으로 고려하여 자율주행자동차의 제조업자 등의 책임을 면제하거나 완화하는 것은 타당하다고 보기 어렵고, 이와 연관된 문제는 제조물책임 보험제도의 개선 등에 의해 해결함이 타당하다.

자율주행의 단계구분에 관한 SAE J3016의 6단계 구분 기준은 자율주행기술의 기술적 본질에 추급하여 도출된 개념이나, 자율주행과 관련해 발생한 법적책임의 발생 근거와 범위에 관해 책임 판단의 합리적인 준거로서 기능을 할 수 있다고 본다. 특히 ① 비상조치DDT fallback 및 이를 통한 최소위험상태MRC의 달성의무의 주체(3단계: 운전자 / 4단계: 시스템) 및 ② 자율주행 중에 운전자가 자동차에 대한 제어권을 넘겨받을 의무가 있는지 여부(3단계 : 있음 / 4단계 : 없음)는 3단계와 4단계의 자율주행을 구분짓는 핵심적인 징표로서 제조물책임과 운전자책임 판단에 관해 유효하게 기능할 수 있다고 본다. 다만 자율주행기술은 장래 지속적으로 발전할 것이고, 자율주행 단계구분 역시 5단계를 향해 수렴하여 소멸될 것으로 예상되므로, 법적책임 판단에 관해서도 자율주행기술의 발전 추이에 관해 충분히 주의를 기울일 필요가 있다.

자율주행자동차에 관한 규제법제의 규율은 법적책임 판단에 적지 않게 영향을 미칠 수 있다. 규제법제에서 자율주행의 안전성 확보를 위해 가능한 구체적인 기준을 설정할 필요가 있고, 각국의 규제법제의 구체적 내용과 접근방식의 유사성과 차이점은 책임법제에서 법원에 의한 민사책임 판단에도 주요한 참고가 될 수 있다고 본다. 규제법제의 규율 내용은 자율주행기술 자체의 안전성뿐만 아니라, 이에 관한 사회 전반의 신뢰성 문제와도 직결되는 것이기 때문에, 각국의 사례를 충분히 검토할 필요가 있다.

미국 연방정부가 기존의 자동차에 관해 취해 온 제조업자 등의 '자기인증'을 통한 '사후적 접근방식'의 입장을 자율주행자동차에 관해서도 그대로 유지하고 있는 한편으로 자율주행자동차의 안전성 확보를 위해 구체적으로 제시하고 있는 12개 항목의 "자율주행시스템 안전 요소ADS safety elements"가 자율주행자동차의 안전성 확보라는 측면에서 어떻게 기능할 것인지 지켜볼 필요가 있다. 미국 정부가 사실상 자율주행자동차의 안전 기준으로 제시하고 있는 위 "자율주행시스템 안전 요소"의 구체적 내용은 우리 자율주행자동차 정책 수립에도 참고가 될 수 있다고 본다. 한편 독일의 개정「도로교통법」의 규율 내용은 현재까지 확인되는 자율주행기술의 기술적 본질이 제대로 반영되었다고 보기 어렵고, 특히 SAE J3016의 자율주행 3단계와 4단계에 관한 각 책임 판단의 준거로서 제기능을 다할 수 있을지 여부가 다소 의심스럽다는 점에서, 그 시행 경과를 지켜볼 필요가 있다고 본다.

자율주행과 '한계상황에서의 윤리적 선택'과 관련해 현 시점에서는 자율주행 인공지능 알고리즘의 프로그램 설계 단계에서는 '혼합적 접근방식'에 의하고, 책임법제에서의 사후적, 객관적 평가와 검증 기준을 설정하는 것에 의해 문제를 해결할 수밖에 없다고 본다. 그 기준으로 '합리성'과 '교통관여 제3자의 예측가능성'을 제시할 수 있고, 궁극적으로 자율주행기술의 궁극적인 안전성을 제고하고 있는지를 중요한 판단 요소로 고려하여야 한다고 본다.

현 시점에서 자율주행자동차 또는 자율주행기술 자체에 대해 법적책임 주체성으로서의 '인격' 내지 '법인격'을 인정하는 것은 충분한 당위성과 구체적이고도 현실적인 필요성이 인정되기 어려워, 시기상조라고 본다. 다만 자율주행기술의 기술적 본질은 기존 민사책임 제도와 법리 적용을 위한 포섭 단계에서 충분히 고려할 필요가 있다.

자율주행자동차로 인해 발생하는 법적책임의 판단 문제는 대부분의 경우 당해 사안에서 문제된 자율주행기술의 구체적인 내용과 수준은 어떠한지와 그 '합리성' 여하를 검증, 판단하는 것으로 귀결될 것이다. 즉 법원이 사안에서 문제되는 과학기술인 자율주행기술의 구체적인 내용과 수준을 규범적인 측면에서의 '합리성'과 '타당성'의 관점에서 심사하여 내리는 결론 여하에 의해 책임의 존재 여부와 범위가 종국적으로 결정될 것이다.

'제조물책임'의 영역에서, 당해 사안에서 문제된 자율주행기술과 자율주행자동차에 어떠한 결함이 있지는 않은지, 결함의 존재 여부와 사고 또는 기능장애 사이의 연관관계는 어떠한지 등의 문제는 결국 당해 자율주행기술의 구체적인 내용과 기술 수준의 합리성과 객관적 타당성 여하의 판단 문제와 다름없다.

'운행자책임'의 영역에서도, 자율주행기술 발전에 따라 증가하게 될 '자율성 autonomy'은 기존의 운행자책임 주체인 자동차 보유자 등의 책임 근거인 '운행지배'에 직접적인 영향을 미칠 수밖에 없다. 자율주행기술의 발전에 따라 자율주행자동차의 자율성이 증대할수록 자동차 보유자 등의 현실적 운행지배는 감소할 수밖에 없다. 결국 자율주행기술의 구체적인 내용과 기술 수준에 따라 자율주행자동차 운행자책임의 구체적 내용과 한계가 결정될 것이다.

　'운전자책임'의 영역에서도, 자율주행 중에 발생한 사고에 대해 자율주행자동차에 탑승한 운전자가 구체적으로 어떠한 경우에 어떠한 근거로 불법행위로 인한 손해배상책임의 귀속 근거가 되는 주의의무를 부담하고, 어떠한 경우에 이를 위반한 것으로 평가할 수 있으며, 운전자가 부담하게 되는 책임의 범위는 어떠한지의 문제는 구체적으로 '자율주행시스템과 운전자 상호 간의 차량에 대한 제어권의 배분과 이전'을 둘러싼 문제로서, 역시 자율주행기술의 구체적인 내용과 기술 수준의 합리성 판단 문제에 직결되고, 이에 따라 판단이 좌우될 수밖에 없다.

　자율주행기술이 야기하는 다양한 법적책임에 관한 쟁점에 관해 올바른 답을 내리기 위해서는, 사법司法의 영역에서도 자율주행기술의 발전 방향과 그 모습에 관해 끊임없이 주의를 기울일 필요가 있다.[658] 자율주행자동차가 본격적으로 상용화되어 특히 자율주행 인공지능 알고리즘의 개발과 관련해 사고 사례 등을 포함한 각종 데이터가 축적되면, 자율주행기술은 비약적으로 발전할 것으로 예측해 볼 수 있다. 따라서 책임법제의 영역에서도 과학기술의 영역에 속한 자율주행기술의 발전 상황을 끊임없이 점검할 필요가 있다고 본다.

　책임법제의 영역에서 자율주행기술의 본질을 최대한 남김없이 올바로 이해할 때, 자율주행자동차로 인한 여러 민사책임 쟁점들에 대한 해답은 자연스럽게 도출될 수 있을 것이다.

---

[658] Anderson, et. al.(註 72), p.7에서는 적어도 현 시점까지는 자율주행기술과 자율주행자동차 또는 그 법적인 함의에 관해서는 물음이 답보다 훨씬 많을 수밖에 없다고 기술하고 있다.

제 3 장

자율주행과 제조물책임

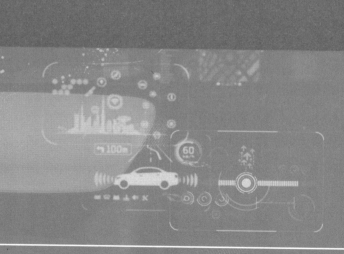

자율주행과 제조물책임

　　자율주행자동차는 인간에 의한 자동차 운전을 대체하여 스스로 운전하면서 각
종 책임의 원인을 야기한다는 점에서, 자율주행기술의 개발자와 자율주행자동차
의 제조업자는 민사책임 등 법적책임 원인 발생의 근본적인 주체라고 말할 수 있
다. 자율주행기술이 고도화됨에 따라 이들이 책임의 원인을 제공하는 비중 역시 증
대할 수밖에 없다. 즉 자율주행자동차의 상용화에 따라 자동차 사고에 관해 기존에
운전자와 운행자 측에 편중되어 있던 법적책임의 발생 원인은 필연적으로 적지 않
은 부분이 제조자 측에게로 이동할 것이다. 기존의 자동차 사고에서 고의 또는 과
실을 요건으로 하는 불법행위로 인한 손해배상책임이 주로 문제되었다면, 자율주
행자동차 사고에서는 제조물, 즉 자율주행시스템의 결함을 요건으로 하는 제조물
책임이 보다 더 크게 문제될 것이다.

　　자율주행자동차의 사고를 둘러싼 각종 분쟁은 그 제조업자 등에게 제조물책임
을 묻는 형태로 귀결되어, 법원에 의한 제조물책임 여부의 판단에 의해 최종적으로
해결될 가능성이 크다. 또한 자율주행자동차는 상용화 직후부터 일상생활의 영역
에서 사고 발생의 위험에 직접 노출되므로, 법원이 '자율주행자동차와 제조물책임'
문제에 관해 현실적으로 판단을 내려야 할 시기는 예상보다 이른 시기에 도래할 수
있다.

　　자동차의 '고유의 위험성' 및 이로 인한 인간의 생명 침해 가능성에 비추어 보
면, 「제조물책임법」의 주된 이념 중 하나인 제조물의 '안전성' 확보라는 측면, '제조
물로서의 자율주행자동차의 안전성' 확보라는 명제를 자율주행자동차의 제조물책
임, 즉 결함 판단에 관해 보다 깊이 고려할 필요가 있다.

　　제조물로서의 자율주행자동차의 결함 판단 기준을 엄격하게 설정한다면 자율
주행자동차의 안전성이 보다 확보되는 방향으로 작용할 것이라고 일응 말할 수 있
다. 다만 이를 지나치게 엄격하게 설정하는 경우에는 제조업자는 자동차에 대한 최
종적인 제어권을 인간에게 계속 유보시키는 방향으로 자율주행시스템을 설계하려

고 할 수도 있다. 따라서 결함 판단 기준을 엄격하게 설정하는 것이 '안전성' 확보라는 측면에서 언제나 바람직한 결론을 가져올 것인지에 관해서 의문의 제기도 가능하다. 또한 이는 제조물책임보험에 소요되는 비용이 소비자에게 전가되는 부정적인 효과를 가져올 수도 있다. 따라서 여러 가지 요소들을 종합적으로 고려하여 결함 판단을 위한 합리적인 책임판단 기준을 제시할 필요가 있다.

'자동차와 제조물책임' 문제에 대해, 기존의 자동차에 관해서는 기계장치의 물리적 하자 내지 전자제어 장치의 오류 등 비교적 단순한 내용의 결함 여부가 문제되어 온 반면, 자율주행자동차에 관해서는 기존의 자동차에 관해서 일반적으로 적용되지 않아 왔던 보다 정교한 장치인 첨단 센서 장비 등의 오작동 여부 및 이에 의해 수집된 정보처리 과정에서의 오류 등 여부, 나아가 자율주행 자체를 구현한다고 볼 수 있는 자율주행 인공지능 알고리즘의 체계적 오류 가능성 등 보다 전문적인 지식과 검증 없이는 판단이 불가능한 영역에서의 결함 여부 판단이 문제될 것이다.

본장에서는 새로운 현상인 자율주행자동차와 자율주행기술에 의해 발생할 수 있는 제조물책임의 문제에 관해 기존의 제조물책임에 관한 이론을 검증해 본다. 자율주행기술의 본질적인 특질이 제기하는 여러 새로운 쟁점들에 관해, 자율주행기술의 하드웨어 및 소프트웨어적 특수성을 기존의 제조물책임 이론에 의해 어떻게 포섭할 수 있는지, 이에 관한 제조물책임 이론 구성의 구체적 내용 및 방향, 기존의 전통적인 이론의 새로운 해석과 변화의 필요성 등에 관해 논의하고자 한다.

'자율주행자동차와 제조물책임'과 관련해 다음과 같은 점이 특히 문제될 수 있다.

자율주행자동차의 주변상황 판단을 위한 각종 센서 등 장치와 그밖의 기계적 부품에 결함이 있는 경우 제조자 등이 제조물책임을 부담한다는 데에 이론의 여지를 찾기 어려울 것이다. 그보다도, 자율주행을 구현하는 핵심적인 기능을 수행하는 자율주행 인공지능 소프트웨어를 '제조물'로 볼 수 있는지, 과연 어떠한 경우에 소프트웨어에 '결함'이 있다고 볼 수 있는지가 중요한 문제로 대두될 수 있다.

그밖에도 자율주행기술이 본격적인 상용화 이후에도 지속적으로 발전할 것이라고 어렵지 않게 예상할 수 있는 상황에서, 제조업자가 자율주행기술의 지속적인 발전 가능성에 대비해 취해야 할 적절한 조치의 구체적인 내용을 결함 판단에 관해 어떻게 고려해야 할지의 문제와 자율주행자동차의 결함판단의 기준시점을 언제로 설정할지의 문제 역시 중요하게 대두될 수 있다.

또한 자율주행기술에 관한 결함 판단의 일반적 기준 설정에 관해, 자율주행자동차의 제조업자 또는 자율주행기술 개발자들이 채택하는 자율주행기술의 방식과 내용, 기술수준의 차이를 어떻게 고려해야 하는지, 일반적 기준을 어떻게 설정할 수 있는지와 그 구체적 내용 여하는 어떠한지도 중요한 문제가 될 수 있다.[659]

---

[659] 자율주행자동차 제조업체 간에 자율주행 기술의 방식이 서로 다르고, 기술수준에 차이가 존재하는 경우 사고를 일으킨 자율주행자동차의 자율주행기술이 그 기술수준의 측면에서 다른 업체들의 평균적인 기술수준과 열위에 있는 것으로 평가된다면, 과연 그 자체로 자율주행자동차에는 결함이 있는 것으로 볼 수 있는가 등이 문제될 수 있다.

Ⅰ. 제조물책임의 의의

1. 「제조물책임법」상의 제조물책임

제조물책임products liability, Produkthaftung이란 '제조물의 결함으로 인하여 소비자, 이용자 또는 제3자가 입은 생명, 신체 또는 재산상 손해에 대한 책임'[660] 혹은 '어떠한 제조물의 결함으로 인하여 소비자에게 발생한 확대손해에 대하여 그 생산자가 부담하는 책임'[661]으로 정의될 수 있다. 우리나라에서도 제조물의 결함으로 인한 손해에 대한 제조업자 등의 손해배상책임을 규정하는 「제조물책임법」이 2000. 1. 12. 법률 제6109호로 제정되어 2002. 7. 1.부터 시행되고 있다.

「제조물책임법」 제1조는 '목적'이라는 조문표제 하에 '이 법은 제조물의 결함으로 발생한 손해에 대한 제조업자 등의 손해배상책임을 규정함으로써 피해자 보호를 도모하고 국민생활의 안전 향상과 국민경제의 건전한 발전에 이바지함을 목적으로 한다'고 규정하여, '제조물의 안전성 확보'를 주요한 입법목적 중의 하나로 한다는 점을 명시하고 있다. 「EC 제조물 일반적 안전성general product safety 지침 (2001/95/EC)」[662] 역시 제1조 제1항에서 '제조물의 안전성 확보'를 그 목적으로 명시

---

660   김상용, 채권각론, 제2판, 화산미디어, 2014, 761면.

661   민유숙, "자동차 급발진사고와 제조물책임(2004. 3. 12. 선고 2003다16771 판결: 공2004상, 611)", 대법원 판례해설 제49호(2004 상반기), 법원도서관, 2004, 234면

662   Directive 2001/95/EC of the European Parliament and of the council of 3 December 2001 on general product safety. 그중 영어판 출처는 아래와 같다.
https://web.archive.org/web/20060214072141/http://www.dti.gov.uk/ccp/topics1/pdf1/gpsrev01.pdf(2019. 1. 31. 최종확인)

하고 있고,[663] 제3조 제1항에서 제조업자에게 '안전한 제조물만을 시장에 공급할 의무place only safe products on the market'를 부과하고 있다.[664]

「제조물책임법」은 '제조물'의 '결함'으로 발생한 손해에 대한 제조업자의 손해배상책임을 정하는 법이다(제1조). 제조업자는 제조물의 결함으로 생명·신체 또는 재산에 손해(그 제조물에 대하여만 발생한 손해는 제외한다)를 입은 자에게 그 손해를 배상하여야 한다(제3조). 현행 「제조물책임법」상 제조물책임의 요건은 ① 제조물의 결함, ② 손해의 발생, ③ 양자 사이의 인과관계이다. 위 요건이 모두 충족되고, 제조업자에게 면책사유가 존재하지 않는다면 제조업자는 피해자에 대하여 손해배상책임을 진다.

「제조물책임법」은 손해배상책임의 기본요건으로서 '과실' 대신 '결함' 개념을 채택하여, 제3조 제1항에서 "제조업자는 제조물의 결함으로 인하여 생명신체 또는 재산에 손해(당해 제조물에 대해서만 발생한 손해를 제외한다)를 입은 자에게 그 손해를 배상하여야 한다"고 규정함으로써, 무과실책임의 원칙을 따르고 있다고 해석된다.[665]

제조물책임은 제조물의 결함으로 인하여 피해를 당한 피해자를 효과적으로 구제하기 위한 것으로서, 결함 있는 제조물로 인하여 피해를 입은 소비자는 그 결함에 관한 제조자 등의 과실의 유무를 증명할 필요 없이 제조업자 등에게 손해배상을 청구할 수 있는 무과실책임을 인정하게 된 것이다. 대법원 역시 제조물책임의 법적 성격에 관하여 '제조자의 고의 또는 과실을 전제로 하지 않는 엄격책임'이라고 판단하였고,[666] 이는 무과실책임을 밝힌 것으로 이해되고 있다.

---

[663] 원문은 다음과 같다. Article 1.1. The purpose of this Directive is to ensure that products placed on the market are safe.

[664] 원문은 다음과 같다. Article 3.1. Producers shall be obliged to place only safe products on the market.

[665] 권오승 외(註 654), 186-187면; 山本庸幸, 注釈 製造物責任法, ぎょうせい, 1994, 69면.

[666] 대법원 2003. 9. 5. 선고 2002다17333 판결. 이른바 '시코르스키(Sikorsky) 헬기 추락사건'에 관한 판결이다. 이에 관해서는 아래 제4절 II. 2. 나. '자율주행자동차와 설계상 결함 판단' 부분에서 자세히 살펴본다.

2. 미국의 제조물책임법

가. 개요

미국의 제조물책임법의 발전에서 자동차의 각종 결함과 관련한 제조물책임 소송은 큰 비중을 차지하고 있다.[667] 또한 우리 「제조물책임법」이 채택한 결함 개념 등은 미국 제조물책임법의 영향을 크게 받은 것으로 이해된다. 이하에서는 미국의 제조물책임법을 자동차에 관한 제조물책임 소송 등과 관련해 간략히 살펴본다.

나. 미국에서 제조물책임법의 성질

미국에서 제조물책임법은 초기에는 계약법상의 과실negligence책임에서 시작하였다.[668] 이에 관해, 제조물책임 소송에서 보통법common law에서의 계약법상 '당사자 관계 원칙privity doctrine' 적용을 배척한 유명한 판결인 MacPherson v. Buick Motor Co. 사건[669]이 주로 언급된다.[670] 즉 위 사건에서 자동차를 구매한 원고가 자동차 바퀴 휠wheel의 결함을 주장하면서 뷰익 자동차를 상대로 손해배상책임을 구하였고, 피고는 원고와 직접적인 계약관계가 없다고 주장하였으나, 뉴욕주 항소법원은 피고의 주장을 배척하였다.

후에 연방대법관을 지낸 카도조Benjamin N. Cardozo 판사는 위 사건에서, 자동차는 생명의 침해 가능성과 같은 고도의 위험을 그 본질적인 속성nature으로 하고, 제조업자와 직접적인 계약관계에 있지 않은 사람에 의해 사용될 것을 전제로 하므로,

---

667 아래에서 보는 MacPherson v. Buick Motor Co. 사건과 관련해 Gary T. Schwartz, "New Products, Old Products, Evolving Law, Retroactive Law," 58 N.Y.U. L. Rev. 796, 1983(이하 'Schwartz 1'이라고 한다), p.797에서는, 자동차(automobile)의 등장으로 제조물책임 소송이 크게 증가하였음을 언급하고 있다.

668 David G. Owen, "Products Liability Law Restated", 49 S. C. L. Rev. 273, 1998(이하 'Owen 1'이라고 한다), p.274.

669 217 N.Y. 382, 111 N.E. 1050 (1916).

670 Schwartz 1(註 667), p.797; David G. Owen, "Manufacturing Defects", 53 S. C. L. Rev. 851, 2002(이하 'Owen 2'라고 한다), p.854 등.

자동차의 제조업자는 직접적인 계약관계privity of contract의 존부를 불문하고 손해배상책임을 진다고 판단하였다. 즉 제조업자의 과실이 있고, 위험이 예견가능 했던 경우에는, 제조업자의 책임이 뒤따른다는 것이다.

이후 초기의 제조물책임법은 보증법리law of warranty에 크게 기반하여 형성되었으나,[671] 1960년의 Henningsen v. Bloomfield Motors Inc. 판결[672]을 거쳐, Greenman v. Yuba Power Products Inc. 판결[673]에서 불법행위의 엄격책임strict liability in tort으로 확립되었다고 설명된다.[674] 따라서 미국에서는 제조물책임법의 성질을 불법행위법과 계약법의 혼합hybrid이라고 설명하기도 한다.[675]

미국 각 주의 제조물책임법 체계는 각 주마다 차이를 보이고 있다. 그러나 많은 주의 대법원에서는 미국법률협회American Law Institute; ALI의 리스테이트먼트 Restatement of the Law 중 불법행위 편의 관련 조항을 채택해 제조물책임을 규율하고 있다.[676]

다. 미국의 첨단 운전자 보조 시스템Advanced Driver Assistance Systems; ADAS에 관한 제조물책임 논의

이에 관해 미국에서는, 자동차에 관련된 기술의 발전에 따라 자동차의 안전성 향상을 가져오는 각종 주행보조장치 등 '첨단 운전자 보조 시스템Advanced Driver Assistance Systems; ADAS이 제조업자 등에게 새로운 유형과 내용의 책임을 부담시킬 수 있다는 점에 문제의식을 두고, 이에 관한 논의가 일찌감치 시작되어 온 것으로 보인

---

671 William L. Prosser, "The Assault Upon the Citadel(Strict Liability to the Consumer)", Yale L. J.(69), 1960, p.1099[Owen 1(註 668), p.275에서 재인용].

672 161 A.2d 69 (N.J. 1960). Owen 1(註 668), p.276에서 인용.

673 377 P.2d 897 (Cal. 1963) (en banc). Owen 1(註 668), p.277에서 인용.

674 Owen 1(註 668), p.277.

675 Anderson, et, al.(註 72), p.118.

676 Anderson, et, al.(註 72), p.119. 이에 관해서는 아래 제4절 '자율주행자동차와 제조물의 결함'의 I. '제조물의 결함' 부분에서 상세히 살펴본다.

다.[677] 즉 자동차의 잠김 방지 브레이크 시스템anti-lock brake system; ABS, 접지 제어 시스템traction control system 등 이제는 대부분 자동차에 필수적으로 장치되는 기계적인 장치에서부터, 운전 중 각종 정보 수집 및 경고 표시 등 장치, 적응형 크루즈 컨트롤 adaptive cruise control; ACC, 차선이탈경고장치lane departure warning systems; LDWS, 전자제어 주행안전장치electronic stability control; ESC, 자동긴급제동장치Autonomous Emergency Braking system; EBS 등 자동차 운전 과정에서 경고 내지 운전 보조를 하거나, 운전에 직접적으로 개입하는 등의 ADAS 장치들[678]이 자동차 운전의 위험성을 감소시켜, 그 안전성을 전반적으로 향상시키면서도, 반면에 오류로 인한 사고의 위험성을 내포하고 있고, 그 결과는 치명적일 수 있다는 점 및 이로 인해 이와 같은 시스템 자동차의 제조업자, 판매자, 설계자 등으로 하여금 과실에 의한 불법행위책임negligence, 엄격한 제조물책임strict products liability, 보증위반breach of warranty, 설명의무위반negligent representation, 사기 또는 과장광고fraudulent or negligent advertising의 문제를 불러일으킬 수 있으므로, 이와 같은 문제를 합리적으로 규율할 필요성이 있다는 점[679]이 현재로부

---

677 Stephen N. Roberts, et. al., "Advanced Vehicle Control Systems: Potential Tort Liability for Developers", Nossaman, Guthner, Knox, & Elliot, 1993. 12. 1.
https://rosap.ntl.bts.gov/view/dot/2648(2018. 10. 30. 최종확인).
미국 연방 교통부(DOT) 산하기관인 연방고속도로관리국(Federal Highway Administration, FHWA)에 대한 용역보고서(FHWA Contract DTFH61-93-C-00087)이다.
그밖에도 이른바 '첨단 교통관리 시스템(advanced traffic management systems)'과 같은 '지능형 교통 시스템(intelligent transport system)'이 야기할 수 있는 불법행위와 제조물책임 문제 및 정부의 불법행위책임 면제 등 쟁점에 관해 일찌감치 그 논의를 시작하고 있는 아래 문헌들도 참조[위와 동일한 FHWA에 대한 용역보고서들(FHWA Contract DTFH61-93-C-00087) 중 하나이다]
Stephen N. Roberts, et. al., "Intelligent Vehicle Highway Sysyems and State Sovereign Immunity for Torts", Nossaman, Guthner, Knox, & Elliot, 1993. 12. 1.
https://rosap.ntl.bts.gov/view/dot/2761(2018. 10. 30. 최종확인).
Stephen N. Roberts, et. al., "Advanced Traffic Management Systems Tort Liability", Nossaman, Guthner, Knox, & Elliot, 1993. 12. 1.
https://rosap.ntl.bts.gov/view/dot/3645(2018. 10. 30. 최종확인).

678 위에 열거한 장치들 중의 일부는 본 SAE의 분류단계 중, 1단계 '주행보조(driver assistance) 단계' 내지 2단계 '부분 자율화(partial automation) 단계'의 자율주행기술에 해당한다고 말할 수 있을 것이다.

679 Roberts, et. al, "Advanced Vehicle Control Systems: Potential Tort Liability for Developers"(註 677), pp.1-3. 운전자로부터 '자동화 시스템(automated system)'으로의 자동차 제어권 이전 및 그로 인한 제조업자, 판매업자 및 설계자 등의 책임 증대의 가능성 및 그로 인한 기술 발전의 위축 가능성 등 현재 자율주행기술에 관한 여러 논의들에 의해 지적되고 있는 것들과 동일한 쟁점들이 ADAS에 관해 상당히 이른 시기부터 지적되고 있는 점이 특히 주목된다.

터 약 25년 전에도 제기되어 왔다는 점은 주목할 만하다.

이와 같이 자동차의 ADAS가 제조물책임 등의 해석에 미치는 영향에 관한 미국에서의 기존 제조물책임 법제의 논의들의 구체적인 내용과 맥락context을 살펴보는 것은, 물론 현재의 자율주행기술의 내용과 수준에서 비롯하는 기존 논의의 한계를 충분히 감안해야 하겠지만, 새로운 현상인 자율주행기술과 제조물책임 상호 간의 관계에 관해 시사점을 줄 수 있다고 생각된다. 특히 이와 같은 사례와 논의들은 '자동차 고유의 위험'이 현실화되는 경우를 직접적인 대상으로 한다는 점에서 더욱 그러하다. 자동차 고유의 위험은, 자율주행자동차라고 하더라도 그와 같은 위험이 현실화되는 구체적인 방식과 경로가 다를 뿐, 기존 자동차의 ADAS 장비의 결함에 의해 야기되는 것과 적어도 그 맥락(즉 인간으로부터 시스템으로의 자동차에 대한 제어권의 일부 이전)에 관해서는 동일하거나 유사하다고 볼 측면이 있기 때문이다.

Ⅱ. 자율주행자동차와 제조물

1. 자율주행자동차와 「제조물책임법」상 제조물

자율주행자동차로 인한 제조업자의 손해배상책임에 관해서는, 자율주행자동차를 '제조물'로 볼 수 있는지, 어떠한 경우에 자율주행자동차에 '결함'이 있다고 볼 수 있는지 문제된다.

「제조물책임법」상 제조물은 '제조되거나 가공된 동산'을 의미한다(제2조 제1호).[680] 이는 다른 동산이나 부동산의 일부를 구성하는 경우를 포함한다. 「민법」 제98와 제99조에 따르면 '동산'은 '유체물 및 전기 기타 관리할 수 있는 자연력' 중에

---

[680] 「제조물책임법」 제2조 제1호. "제조물"이란 제조되거나 가공된 동산(다른 동산이나 부동산의 일부를 구성하는 경우를 포함한다)을 말한다.

서 부동산(토지 및 그 정착물) 이외의 물건을 의미한다.[681]

「제조물책임법」의 위 조항과 「민법」상 동산의 개념의 해석상, 자동차를 제조물로 보는 것에는 이론의 여지가 없고, 자율주행자동차 자체를 「제조물책임법」상 제조물로 볼 수 있다는 것에 관해서도 이견을 찾기 어렵다.[682]

자율주행자동차를 구성하는 위에서 본 각종 센서 등 기계장치를 구성하는 장비 및 부품, 즉 자율주행자동차의 하드웨어적인 측면[683]에 결함이 인정되는 경우에는 이를 자율주행자동차 자체의 결함으로 어렵지 않게 인정할 수 있을 것이다. 이 경우 완성품인 자율주행자동차의 제조업자가 제조물책임을 부담하고, 부품 제조업자 역시 원칙적으로 자율주행자동차와 함께 제조물책임을 부담하게 될 것이다.[684]

2. 자율주행 소프트웨어와 제조물

가. 개관

자율주행자동차는, 자율주행을 가능하게 하는 핵심적인 역할을 담당하는 자율주행 소프트웨어 자체를 '제조물'로 인정할 수 있는가, 과연 어떠한 경우에 소프트웨어에 '결함'이 있다고 판단해야 하는가의 새로운 문제를 제기한다.[685]

자율주행자동차의 경우 하드웨어적인 부품의 결함이 문제되는 경우도 있겠으나, 그것보다 자율주행시스템의 소프트웨어 자체 혹은 알고리즘의 설계 등에 결함

---

681 「제조물책임법」 제8조는 "제조물의 결함으로 인한 손해배상책임에 관하여 이 법에 규정된 것을 제외하고는 「민법」에 따른다"라고 규정하고 있다. 동산의 개념에 관한 「민법」 관련 규정은 다음과 같다.
「민법」
제98조(물건의 정의) 본법에서 물건이라 함은 유체물 및 전기 기타 관리할 수 있는 자연력을 말한다.
제99조(부동산, 동산) ① 토지 및 그 정착물은 부동산이다. ② 부동산 이외의 물건은 동산이다.

682 권영준 · 이소은(註 85), 467면; 서겸손 · 최경진(註 63), 342면; 이충훈, '자율주행자동차의 교통사고에 대한 민사법적 책임', 인하대학교 법학연구 제19집 제4호, 2016. 12157면 등 참조.

683 위 제2장 제2절 II. '자율주행의 본질과 법적책임' 부분 참조.

684 이에 관한 상세는 아래 제3절 '자율주행자동차와 제조물책임의 주체' 부분 참조.

685 Beiker(註 116), p.1152는 '자율주행시스템이 내리는 판단의 적절성'이 문제되는 것과 같은 상황은, 종래에 주로 문제되어 온 '기술적 결함'의 범주에 넣기 어렵다는 점을 지적하고 있다.

이 있는 경우가 더 크고 심각하게 문제될 수 있다.[686] 여기에서는 소프트웨어를 「제조물책임법」상 '제조물'로 볼 수 있는지를 우선 살펴본다.

나. 자율주행 소프트웨어의 제조물 해당 여부

자율주행 소프트웨어가 탑재된 자율주행자동차를 제조물로 볼 수 있는 이상 피해자는 자동차 제조업자를 상대로 제조물책임을 주장할 수 있다. 자율주행자동차 제조업자가 제3의 자율주행 소프트웨어 개발자로부터 소프트웨어를 공급받아 자율주행자동차를 제조한 경우에도 마찬가지이다. 다만 자율주행 소프트웨어 자체를 제조물로 볼 수 있다면 피해자는 소프트웨어 개발자를 상대로도 제조물책임을 주장할 여지가 생기게 된다. 특히 자율주행자동차 제조업체가 특정한 자율주행 소프트웨어를 공급받아 널리 사용하는 경우를 상정해 보면, 이는 피해자가 소프트웨어 개발회사를 상대로 제조물책임을 물을 수 있는지 여부는 피해 구제의 실효성과 관련해 실무상 문제될 수 있다. 이와 같은 점에 비추어 자율주행 소프트웨어 자체를 제조물로 인정할 수 있는지를 살펴 볼 필요가 있다.

「제조물책임법」상 제조물은 '동산'이어야 하고, 소프트웨어 자체는 위에서 본 제조물책임법 및 「민법」의 해석에 의할 때 '동산'이라고 보기 어렵다. 이와 같은 상황에서 소프트웨어 일반에 관해 「제조물책임법」에서 말하는 '제조물'에 해당한다고 보아 제조물책임을 인정할 수 있는지에 관해 아래와 같은 견해 대립을 찾아볼 수 있다.[687]

1) 「제조물책임법」의 해석상 소프트웨어를 제조물에 해당하는 것으로 볼 수 있다는 견해

소프트웨어의 안전성 결여로 타인의 재산뿐만 아니라, 생명, 신체에 고나한 손해의 발생 가능성이 점타 커지고 있고, 제조물의 대표적인 특징으로 '대량생산'

686　Kim(註 188), p.309; 이충훈(註 682), 157면.

687　이에 관한 상세는 이상수(註 61), 87면 이하; 김윤명 외, SW제조물책임 관련 법제 현황 조사연구: A Study on Legal System for Software Liability, 소프트웨어정책연구소, 2017. 4, 16면 이하; 박동진, 제조물책임법 개정방안 연구, 2012년도 법무부/공정거래위원회 연구용역과제보고서, 2012, 68면 이하 등 참조.

여부를 들 수 있을 텐데, 소프트웨어에는 이와 같은 성질을 갖추고 있을 뿐만 아니라, 소비자 보호를 목적으로 하는 「제조물책임법」의 입법취지 등을 고려할 때 소프트웨어를 「제조물책임법」상 제조물로 인정하는 것이 타당하다는 견해이다.[688]

하급심인 서울중앙지방법원 2006. 11. 3. 선고 2003가합32082 손해배상(기) 판결에서는 피고 마이크로소프트^{Microsoft Corp.}가 공급하는 'MS SQL 서버'에 대한 악성 프로그램 감염에 따른 손해배상 청구 소송에서, 다음과 같은 이유로 위 서버 프로그램이 제조물에 해당한다고 판단하였다.

"서비스 또는 물건을 만드는 방법 등과 같은 단순한 정보는 타인의 편의를 위한 유·무형의 산물로서 그 결과가 확정되어 있는 것이 아니어서 이를 제조 또는 가공된 동산으로 파악하기는 어려울 것이다. 그러나 피고 마이크로소프트는 MS SQL 서버를 전자서적과 같은 형태로 씨디-롬^{CD-ROM}이나 디스켓 등과 같은 일정한 저장매체에 저장하여 공급하거나, 웹 사이트를 통하여 라이센스를 부여하고 프로그램을 다운로드받게 하는 형태로 공급하는데, 전자의 경우 저장장치와 소프트웨어를 일체로서의 유체물로 볼 수 있어 그 소프트웨어 역시 제조물로 볼 수 있고, 후자의 경우 디지털 형태로 공급되는 소프트웨어를 이용하기 위해서는 하드디스크 등과 같은 다른 저장 매체에 저장되어야만 사용할 수 있고 일단 소프트웨어의 공급이 완료된 시점에서 결국 그 소프트웨어가 일정한 저장매체에 담겨져 있는 상태로 되며, MS SQL 서버는 대량으로 제작·공급되는 것이어서 「제조물책임법」이 적용되는 제조물에 포함시키는 것이 「제조물책임법」의 제정목적에도 부합되므로, MS SQL 서버를 제조물로 봄이 상당하다."[689]

2) 「제조물책임법」의 해석상 소프트웨어를 제조물에 해당하는 것으로 볼 수 없다는 견해

소프트웨어 자체는 무체물인데다가 관리할 수 있는 자연력이 아닌 정보에 불과하므로 「제조물책임법」의 해석으로는 소프트웨어의 결함에 대해 그 개발자나 판

---

688 박동진(前註), 68면; 신봉근, "컴퓨터소프트웨어와 제조물책임", 인터넷 법률 제27호, 법무부, 2005, 126면; 박동진, "제조물책임법상 제조물의 개념", 비교사법 제10권 4호, 비교사법학회, 2003, 284면; 김민중, "컴퓨터바이러스에 따른 손해에 대한 법적책임", 인터넷 법률 제18호, 법무부, 2003, 97면 참조.

689 서울중앙지방법원 2006. 11. 3. 선고 2003가합32082 판결. 서울중앙지방법원 2005. 12. 23. 선고 2003가합61486 판결 역시 같은 취지로 제조물에 해당함을 인정하였다. 다만 두 사건 모두 위 소프트웨어상 '결함'이 있다는 원고들의 주장이 배척되어, 결국 청구기각 되었다.

매자에게 제조물책임을 물을 수 없다는 견해이다.[690] 독일의 통설 역시 독일 「제조물책임법ProdhaftG」의 해석론상, 소프트웨어는 제조물에 해당하지 않는다고 한다.[691] 이 견해에 의하면, 소프트웨어가 반도체 칩에 장착되어 전기제품 등과 같은 제조물의 일부를 이루고 있는 경우[692]라면 소프트웨어의 결함은 그 제조물 자체의 결함이 되므로 소프트웨어의 결함으로 인한 손해에 대해 제조물책임이 적용되나, 이 경우에오 그 소프트웨어의 결함으로 인한 손해에 대해 제조물책임을 부담하는 주체는 당해 제조물의 제조업자나 공급업자이지 소프트웨어의 개발자나 판매자가 아니므로, 소프트웨어가 제조물로 취급된 것은 아니라고 한다.[693]

특히 자율주행을 담당하는 소프트웨어는 자동차에 탑재되어 부품과 같은 기능을 수행하는 '임베디드 소프트웨어embedded software',[694] 즉 설계 · 제작 단계부터 특정기기를 고려하여 해당 기기의 특정한 기능을 수행하도록 제작되어 기기에 탑재되어 구동되는 소프트웨어[695]에 해당한다고 볼 수 있는데, 본래부터 특정 제조물에서만 특정한 기능의 지시 · 명령 체계로 존재하는 임베디드 소프트웨어는 해당 제조물에 특유한 부품적 성질을 본래부터 갖는다고 보는 것이 타당하므로, 임베디드 소프트웨어는 부품으로서의 제조물로 보는 것이 타당하나, 현행 「제조물책임법」의 해석론상으로는 이를 제조물로 포섭시키는 것이 어렵다는 견해도 있다.[696]

---

[690] 권오승 외(註654), 190면. 권영준 · 이소은(註85), 467면.

[691] Staudinger/Oechsler, Nedbearbeitung 2003, §2 ProdhaftG Rdnr. 64 ff. 참조(윤진수, "제조물책임의 주요 쟁점—최근의 논의를 중심으로—", 법학연구 제21권 제3호, 연세대학교 법학연구원, 2011. 9, 6면에서 재인용).

[692] 아래에서 살펴보는 '임베디드 소프트웨어(embedded software)'를 말하는 것으로 이해된다.

[693] 권오승 외(註654), 190면.

[694] 항공 · 우주 산업에서는 항공기(aircraft), 우주선(spacecraft) 또는 위성(satellite)에 탑재되는 자동항법(autonomous navigation. 自動航法) 소프트웨어에 관해 '온보드 소프트웨어(on−board software)'라는 용례를 사용하는 것으로 보인다.

[695] 임베디드 소프트웨어에 관한 상세한 논의는 이상수(註61), 73면 이하 참조. '임베디드 소프트웨어(embedded software)'를, '범용 소프트웨어(package software)와 달리 실시간성, 고신뢰성 및 저전력을 요구하는 산업용 · 군사용 제어기기, 디지털 정보기기, 자동 입출력 센서 장비 등의 마이크로프로세서(microprocessor) 및 비휘발성 메모리[ROM(read only memory, 읽기 전용 메모리), flash memory 등]에 내장되어 특정한 기능을 수행하는 운영체계(operating system), 미들웨어(middleware) 및 응용 소프트웨어(application software) 전부'라고 정의내리고 있다.

[696] 이상수(註61), 91면 이하 참조. 이에 관해 김윤명 외(註687), 125면은 "자율주행기술을 수행하기 위하여 임베디드 소프트웨어가 내장된 기기나 장치들[센서와 작동기(actuator) 등을 지칭한다]은 하드웨어 자체만으로는 그 제품의 특성을 갖지 못하고 소프트웨어와 결합되었을 때만 특수한 기능을 갖는 동산으로서의 가치를 인정받을 수 있다"는 점을 지적하고 있다.

다음과 같이 위 서울중앙지방법원 판결을 비판하면서, 소프트웨어를 제조물로 보기 어렵다는 견해도 찾아볼 수 있다.[697]

소프트웨어와 이를 이용하거나 저장하기 위한 유형의 매체(하드디스크, CD, 메모리 등)은 언제든지 쉽게 분리되는 것이고, 소프트웨어 알고리즘 그 자체에 논리적 결함이 있는 것과 유형의 매체에 물리적 결함이 있는 것은 분명히 구분되는 것이다. 소프트웨어의 제조물책임은 논리적 결함에 대한 책임이지 유형의 매체의 물리적 결함에 대한 책임이 아님은 명확하다. 그럼에도 불구하고 소프트웨어 제조물책임을 인정하는 논리적 근거를 유형의 매체에 두고 있는 이 판례는 소프트웨어와 저장매체를 책임판단에 있어서 혼동하는 오류를 범하는 것은 아닌가 하는 의문이 든다. 나아가 대법원에서 소프트웨어의 결함에 대한 제조물책임을 인정한 판례는 아직 까지 없으므로, 현재로서는 우리 법원의 명확한 태도를 분명하게 알 수 있는 것은 아니다.

3) 소결론

「제조물책임법」과 「민법」 관련 규정의 해석상, 소프트웨어 자체를 제조물로 보는 것은 위 명문 규정들의 문언상 가능한 해석 범위를 넘어선다고 보인다. 따라서 소프트웨어 자체를 현행 「제조물책임법」상 제조물에 해당한다고 인정하기 어렵다고 본다. 자율주행 인공지능 소프트웨어 역시 마찬가지라고 본다.

이를 긍정하는 견해 중에서는 '전기'가 제조물에 해당한다는 점에 착안하여, 소프트웨어는 '전기의 흐름'을 수반하므로, 이는 소프트웨어를 「제조물책임법」상 제조물로 볼 수 있는 근거가 될 수 있다는 취지의 주장도 찾아볼 수 있다.[698] 그러나 소프트웨어의 실행을 위해 하드웨어적인 전기의 흐름, 즉 '전류'가 필수적으로 요구된다고 하더라도, 위 전류는 소프트웨어를 구동하기 위한 물리적인 수단이 될 뿐으로서, 그와 같은 전류는 소프트웨어 자체와는 엄연히 구별되고, 전류의 사용에 의해 소프트웨어가 마치 '전기'와 같은 성질을 가지는 것으로 그 속성이 변화한다고

---

697 김윤명 외(註 687), 17면 참조.

698 신봉근(註 688), 106면 이하 참조. 박동진(註 687), 72면도 같은 취지이다. 박동진(註 687), 58면 이하에서는 EC 제조물책임 지침(아래 註 764 참조) 제2조, 독일 「제조물책임법」(ProdHaftG) 제2조, 영국 소비자보호법 제1조 제2항 (c), 미국 제3차 리스테이트먼트[Restatement (Third) of Torts: Products Liability. 아래 註 697 참조] 제19조, 프랑스 「민법」 제1386조의3에서 전기를 제조물로 본다는 취지의 규정을 두고 있다는 점을 근거로 들고 있다.

볼 수도 없다. 나아가 '전기' 자체를 제조물로 볼 것인지와 소프트웨어의 제조물 해당 여부에 관련된 논의는 그 평면을 달리 한다고 하겠다. 따라서 전기의 제조물성을 근거로 하여, 소프트웨어를 「제조물책임법」상 제조물로 해석하려는 위와 같은 논의의 타당성을 인정하기 어렵다.

또한 「제조물책임법」의 해석론상 소프트웨어를 '제조물'에 해당하는 것으로 보기 어렵다는 것은, 자율주행 소프트웨어와 같은 이른바 '임베디드 소프트웨어'라고 하더라도 예외가 되기 어렵다고 본다. 즉 자율주행자동차에 탑재된 소프트웨어에 결함 있는 것으로 인정된다고 하더라도 이를 곧 자율주행자동차 자체 또는 소프트웨어가 탑재된 해당 하드웨어 부품 자체의 결함으로 볼 수 있을 뿐이다.[699]

이에 따르면 자동차 제조회사가 소프트웨어 개발회사에서 개발한 자율주행 소프트웨어를 가져와 이를 탑재하여 자율주행자동차를 제조, 공급한 경우 위 소프트웨어에 결함이 있는 경우에는 곧 자율주행자동차에 결함이 있다고 볼 수 있으므로, 소비자나 피해자의 피해를 보상한 보험회사는 자율주행자동차 제조회사를 상대로 소송을 제기하여 탑재된 자율주행 소프트웨어의 결함에 따른 자율주행자동차의 결함을 직접 주장할 수 있을 것이다. 그러나 현행 「제조물책임법」상 제조물 개념에 관한 해석론에 따라 자율주행 소프트웨어 자체를 제조물로 인정하기는 어려우므로, 소프트웨어 개발회사를 상대로 직접 「제조물책임법」상의 제조물책임을 묻기는 어렵다.

다만 예컨대 자율주행 소프트웨어 제조업자가 소프트웨어를 탑재한 부품 모듈을 제작, 공급하였고, 해당 소프트웨어의 결함을 위 부품 모듈의 결함으로 볼 수 있다면, 자율주행 소프트웨어 제조업자가 부품 제조업자로서 직접 제조물책임을 부담할 수 있을 것이다. 그러나 이는 위에서 본 원칙적인 해석론에 따른 결론이지, 소프트웨어 자체를 제조물로 인정하는 것에 따른 귀결은 아니다.

다. 입법론

다만 입법론상으로는 위에서 본 긍정설에서 주장하는 것과 같이 소프트웨어 자체를 「제조물책임법」상의 제조물로 보아야 할 현실적인 필요성이 매우 크다고 본

---

[699] 권오승 외(註 654), 190면; 권영준·이소은(註 85), 467면. 이상수(註 61), 91면 역시 같은 취지이다.

다. 소프트웨어 역시 「제조물책임법」상 '제조물'로 명문으로 규정되어 있지 않다는 점을 제외하면, '제조물'로 보아야 할 특징적인 징표들 역시 현저하다는 점에서 더욱 그러하다. 위에서 본 것과 같이, 소프트웨어가 제조물에 해당하지 않는다고 보는 견해의 다수도, 대부분 소프트웨어 역시 이른바 '제조물성'을 위한 징표를 갖추고 있으므로, 법개정을 통해 이를 제조물로 편입시키는 것이 타당하다는 입장을 취하고 있다.

특히 자율주행자동차에 탑재된 자율주행 인공지능 소프트웨어는 사소한 오류가 발생하는 것만으로도 자동차 고유의 위험성과 결합하여 곧바로 재산뿐만 아니라 사람의 신체, 나아가 생명까지 직접적으로 침해하는 피해를 야기할 우려가 크고, 자율주행자동차를 둘러싼 제조물책임 소송에서의 주요 쟁점은 하드웨어적인 측면보다도 자율주행 인공지능 소프트웨어의 프로그램상 결함이나 오류와 관련해 발생할 것이라는 점 역시 위에서 본 것과 같다.

따라서 자율주행자동차에 필요한 안전성의 확보라는 측면에서 보더라도, 소프트웨어 자체를 「제조물책임법」상 제조물로 명문으로 규정하여 제조물책임의 직접적인 대상으로 삼아, 소비자나 사용자 측의 피해 구제 범위를 확대하여 이들을 보다 두텁게 보호할 현실적인 필요성이 더욱 크다고 본다.

또한 현 시점에서, 자율주행자동차가 상용화된 이후의 기술 발전의 구체적 전개와 그 방향을 단정하기 다소 어렵기는 하지만, 가령 자동차제조업자가 특정한 자율주행 인공지능 소프트웨어 개발회사로부터 동일한 자율주행 소프트웨어를 공급받아 자율주행자동차를 대량 생산하는 쪽으로 자율주행자동차 시장의 방향성이 형성된다면, 자율주행 소프트웨어 자체를 제조물로 볼 수 있는지 여부는 제조물책임 소송의 구체적 내용 및 피해자 구제의 범위와 깊이를 좌우하는 관건이 될 수도 있다.

자율주행자동차의 등장으로 소프트웨어상의 오류에 의해 인간의 생명까지도 직접 침해하는 결과를 가져올 수 있게 되는 현상이 일상생활의 영역에서도 새롭게 등장하게 되었다고 말할 수 있을 것이다. 이와 같은 상황 하에서, 입법정책상으로 임베디드 소프트웨어는 물론이고, 소프트웨어 일반에 관해 「제조물책임법」상 소프트웨어 자체를 제조물로 인정하는 명문의 규정을 도입하는 것을 검토할 필요가 있다고 본다.[700]

---

[700] 「제조물책임법」상 소프트웨어를 명문으로 제조물로 규정하자는 입법론에 관한 상세한 논의는 이상수(註 61), 92면 이하; 박동진(註 687), 68면 이하; 김윤명 외(註 687), 124면 이하 각 참조.

Ⅰ. 제조물책임의 주체

1. 제조업자와 표시제조업자

가. 제조업자

「제조물책임법」에 따른 제조물책임의 주체는 '제조업자'와 '표시제조업자'이다. '제조업자'는 '제조물의 제조·가공·또는 수입을 업으로 하는 자'(제2조 제3항 가목)를 말하고, '표시제조업자'는 '제조물에 성명·상호·상표 또는 그 밖에 식별 가능한 기호 등을 사용하여 자신을 제조업자로 표시한 자 또는 제조업자로 오인하게 할 수 있는 표시를 한 자'(제2조 제3항 나목)를 말한다.

제조물을 제조·가공한 제조업자는, 결함 있는 제조물에 내재한 위험이 현실화되어 피해가 발생한 경우에 그 위험을 통제하였고(위험책임의 법리), 제조물의 제조·가공으로 이익을 얻었으며(보상책임의 법리), 광고 등을 통하여 소비자에게 제조물의 안전성에 대한 기대를 주었으므로(신뢰책임의 법리), 제조물책임의 본래적이고도 종국적인 책임 주체라고 할 수 있다.[701]

수입업자 역시 「제조물책임법」에서 제조자와 동등한 책임주체로 규정되어 있다. 종래 수입업자를 책임 주체로 하는 것은 피해자가 외국의 제조업자에게 제조물책임을 묻는 것이 실질적으로 어렵기 때문인 것으로 설명되어 왔다.[702] 다만 현재 자동차 업계가 이른바 '글로벌화globalization'되어 제조업체가 각국에 현지 법인 등을 두어 자동차 판매업을 직업 영위하는 실정에서 수입업자를 독립적인 책임주체로

---

[701] 권오승 외(註 654), 178면. 윤진수(註 691), 8면 이하는 이를 '제조물의 제조를 업(業)으로 하는 본래의 제조업자'와 '가공업자'로 나누어 설명한다.

[702] 윤진수(註 691), 9면.

규정하는 것은 그 취지가 적지 않게 감퇴되어 있다고 말할 수 있을 것이다. 다만 외국 자동차의 국내 판매 양상은 다양할 수 있으므로 수입업자를 책임주체로 삼아야 할 현실적인 필요성은 여전히 존재한다.

여기서 말하는 제조업자는 완성품의 제조업자뿐만 아니라 완성품의 일부인 원재료 또는 부품제조업자도 포함한다고 보는 것이 일반적 견해이다.[703] 반면에 제3자로부터 공급받은 부품을 사용하는 제조업자는 부품에 관한 바리적인 검사와 시험을 행해야 하고, 필요한 경우에 가능한 위험을 경고해야 한다는 것 역시 미국 법원 판례에 의해 인정되어 왔다.[704] 따라서 피해자의 손해의 원인이 완성품인 제조물의 원재료 또는 부품의 결함에 있는 경우에 피해자는 완성품의 제조업자와 함께 원재료 또는 부품의 제조업자에게도 제조물책임을 물을 수 있다.[705]

나. 표시제조업자

표시제조업자의 경우 공급원인 제조업자가 계약을 체결하여 제조업자가 상표권자의 상표를 붙여 공급하는 'OEM^original equipment manufacturing'방식이나 이른바 'PB^private brand' 방식에 의해 공급되는 상품의 경우 소비자는 상표권자의 상표를 신뢰하여 제품을 구입하는 것임으로 제조원이 표시되지 않은 경우에는 상표표시자가, 제조원이 표시된 경우에는 제조업자 뿐 아니라 자신의 제품인 것처럼 판매한 상표표시자도 제조물책임을 부담하여야 한다.[706] 즉 성명 · 상호 · 상표 등의 외관을 통하여 외부에 제조업자와 같은 신뢰를 부여하였기 때문에 본래의 제조업자와

---

703 권오승 외(註 654), 180면. 이에 따르면 「제조물책임법」은 이에 관하여 명시적으로 정하고 있지 않으나, 제2조 제1호의 제조물에 대한 정의규정에서 다른 동산이나 부동산의 일부를 구성하는 경우를 제조물에 포함시키고 있고, 원재료 또는 부품제조업자가 제조업자에 포함되는 것을 전제로 하여 제4조 제1항의 면책사유에 관한 규정에서 당해 원재료 또는 부품을 사용한 제조물 제조업자의 설계 또는 제작에 관한 지시로 인하여 결함이 발생하였다는 사실을 원재료 또는 부품제조업자의 고유한 면책사유로 규정하고 있다는 점을 근거로 들고 있다.

704 Morris v. American Motors Corp., 142 Vt. 566, 459 A.2d 968, 972 (1982). Roberts. et. al.(註 677), "Advanced Vehicle Control Systems: Potential Tort Liability for Developers", p.4에서 인용.

705 권오승 외(註 654), 180면.

706 김범철, "제조물책임법에 관한 연구", 법조 제49권 제2호, 법조협회, 2000, 185면; 서겸손 · 최경진(註 61), 348면.

마찬가지 책임을 지는 것이다.[707]

2. 제조물공급자

「제조물책임법」제3조 제3항[708]은, '제조물공급자'를 보충적인 책임 주체로 규정하고 있다. 즉 '피해자가 제조물의 제조업자를 알 수 없는 경우에 그 제조물을 영리 목적으로 판매·대여 등의 방법으로 공급한 자'도 제조업자와 동일하게 제조물의 결함으로 인한 책임(제3조 제1항)을 부담한다.

이와 같은 제조물공급자의 보충적인 책임은 제조업자를 알 수 없는 경우에 피해자가 구제받기 어렵기 때문에 피해자 보호를 위해 인정된 것이다.[709]

Ⅱ. 자율주행자동차와 제조물책임의 주체

자율주행자동차의 제조물책임 주체는 원칙적으로 「제조물책임법」제2조 제3항 가목의 제조업자가 될 것이다. 그런데 하나의 제조사가 자율주행시스템을 포함한 자율주행자동차의 자율주행기능을 담당하는 모든 부분을 처음부터 끝까지 모두 개발하는 경우도 있을 수 있으나, 카메라, 레이다, 센서 등 정보수집을 위한 부품과 장치, 정보처리와 명령기능을 담당하는 소프트웨어 등을 서로 다른 회사가 개발한

---

707 권오승 외(註 654), 178면; 권영준·이소은(註 85) 469면.

708 「제조물책임법」제3조 제3항은 다음과 같이 규정하고 있다. "피해자가 제조물의 제조업자를 알 수 없는 경우에 그 제조물을 영리 목적으로 판매·대여 등의 방법으로 공급한 자는 제1항에 따른 손해를 배상하여야 한다. 다만 피해자 또는 법정대리인의 요청을 받고 상당한 기간 내에 그 제조업자 또는 공급한 자를 그 피해자 또는 법정대리인에게 고지한 때에는 그러하지 아니하다."

709 권오승 외(註 654), 182−183면; 윤진수(註 691), 10면 이하.

후, 이를 한데 모아 완성차를 제조, 출시하는 경우도 있을 수 있다. 자율주행자동차의 개발에 관한 세계적인 추세를 보면, 적어도 상용화 초기에는 후자의 경우가 보다 일반적인 모습일 것으로 예상된다.

　　위에서 본 것과 같이 완성품의 일부를 이루는 부품에 결함이 있는 경우 피해자는 완성품의 제조업자는 물론이고 당해 부품의 제조업자에게도 제조물책임을 물을 수 있는 것이 원칙이다.[710] 부품 역시 「제조물책임법」상의 제조물에 해당한다고 볼 수 있기 때문이다. 다만 자율주행 소프트웨어의 경우에는 위에서 본 것과 같이 해석론상 제조물로 보기 어려우므로, 현행 「제조물책임법」의 해석론상 소프트웨어 개발자를 상대로 직접 제조물책임을 묻기 어렵다고 본다.

710　권오승 외(註 654), 180면; 권영준 · 이소은(註 85), 469면.

Ⅰ. 제조물의 결함

1. 결함의 정의

「제조물책임법」 제2조 제2호는 결함의 개념에 관하여 다음과 같이 분류하여 정의하고 있다. '제조상의 결함', '설계상의 결함', '표시상의 결함'과, '그밖에 통상적으로 기대할 수 있는 안전성이 결여되어 있는 것'이 그것이다.[711] 즉 위에서 본 「제조물책임법」의 목적뿐만 아니라, 「제조물책임법」상 결함의 개념정의를 보더라도, 제조물의 '안전성'을 주요한 징표로 삼고 있는 것으로 이해된다. 제조물책임의 요건인 '결함'을 어떻게 파악할 것인가는 제조물책임에 관해 가장 논란이 되는 부분이자,[712] 제조물책임의 존부판단의 핵심을 이루는 요소가 된다.[713]

미국법률협회[ALI]가 1965년 발표한 '불법행위에 관한 제2차 리스테이트먼

---

[711] 「제조물책임법」 제2조(정의)

2. "결함"이란 해당 제조물에 다음 각 목의 어느 하나에 해당하는 제조상·설계상 또는 표시상의 결함이 있거나 그 밖에 통상적으로 기대할 수 있는 안전성이 결여되어 있는 것을 말한다.

가. "제조상의 결함"이란 제조업자가 제조물에 대하여 제조상·가공상의 주의의무를 이행하였는지에 관계없이 제조물이 원래 의도한 설계와 다르게 제조·가공됨으로써 안전하지 못하게 된 경우를 말한다.

나. "설계상의 결함"이란 제조업자가 합리적인 대체설계를 채용하였더라면 피해나 위험을 줄이거나 피할 수 있었음에도 대체설계를 채용하지 아니하여 해당 제조물이 안전하지 못하게 된 경우를 말한다.

다. "표시상의 결함"이란 제조업자가 합리적인 설명·지시·경고 또는 그 밖의 표시를 하였더라면 해당 제조물에 의하여 발생할 수 있는 피해나 위험을 줄이거나 피할 수 있었음에도 이를 하지 아니한 경우를 말한다.

[712] 윤진수(註 691), 11면.

[713] 민유숙(註 661), 234면. 김대경, "자동차급발진사고와 제조물책임", 경희법학 제48권 제1호(2013. 3.), 경희대학교 법학연구소, 2013, 108면은 "「제조물책임법」상 결함은 사용자의 신체, 생명, 재산 등의 법익침해를 가져올 수 있는 상품의 위험성(Warengefährlichkeit)과 손해발생의 잠재성 내지 위험성(Schadensträchtigkeit)이 중요한 판단요소이다"라고 기술하고 있다.

트 Restatement (Second) of Torts'[714] 제402A조[715]는 "사용자나 소비자, 또는 그 재산에 대해 비합리적으로 위험할 정도의 결함 있는 상태의 제조물^{any product in a defective} condition unreasonably dangerous to the user or consumer of to his property"의 판매자^{seller}에 대한 엄격책임^{strict liability}을 규정하고 있었고,[716] 결함의 개념을 단일한 개념으로 이해하고 있었다.[717]

미국법률협회^{ALI}는 1998년 '불법행위에 관한 제3차 리스테이트먼트 제조물책임편^{Restatement of the Law, Third: Torts—Products Liability}'[718]을 발표하였다.[719] 위 제3차 리스테이트먼트 제1조에서 "결함 있는 제조물^{a defective product}"의 판매에 대한 책임을 규

---

[714] American Law Institute, Restatement of the Law, Second: Torts 2d, Vol. 2 American Law Institute Publishers, 1965. 이하에서 위 리스테이트먼트를 인용할 때에는 '제2차 리스테이트먼트' 또는 'Restatement (Second) of Torts'로 기재하고, 조항을 부기하여 간략히 인용한다.

[715] 원문은 다음과 같다.
§402A. Special Liability of Seller of Product for Physical Harm to User or Consumer
(1) One who sells any product in a defective condition unreasonably dangerous to the user or consumer or to his property is subject to liability for physical harm thereby caused to the ultimate user or consumer, or to his property, if
(a) the seller is engaged in the business of selling such a product, and
(b) it is expected to and does reach the user or consumer without substantial change in the condition in which it is sold.
(2) The rule stated in Subsection (1) applies although
(a) the seller has exercised all possible care in the preparation and sale of his product, and
(b) the user or consumer has not bought the product from or entered into any contractual relation with the seller.

[716] 위 미국 제2차 리스테이트먼트의 보고자(reporter)인 William L. Prosser는 위 Henningsen 판결과 Greenman 판결의 영향을 받아 제402A조의 초안을 집필하였다고 한다. Owen 1(註 668), p.277.

[717] 위 제2차 리스테이트먼트 제402A조가 제정됨에 따라, 제조물책임을 불법행위법의 엄격책임으로 이론구성하는 태도가 각 주로 급격히 확산되었다고 한다. Owen 1(註 668), p.277 이하 참조.

[718] American Law Institute, Restatement of the Law, Third: Torts—Products Liability, American Law Institute Publishers, 1998. 이하에서 위 리스테이트먼트를 인용할 때에는 '제3차 리스테이트먼트' 또는 'Restatement (Third) of Torts: Products Liability'로 기재하고, 조항을 부기하여 간략히 인용한다.

[719] 그 경과에 관해서는 Owen 1(註 668), p.273 이하 참조. 한편 제3차 리스테이트먼트에서 채택한 '위험−효용기준(risk−utility test)'의 미국 법원에서의 적용 사례 등 시행 성과에 관한 그 보고자(reporter)인 Aaron D. Twerski와 James A. Henderson, Jr.의 보고논문인 Aaron D. Twerski·James A. Henderson Jr., "Manufacturers' Liability for Defective Product Designs: The Triumph of Risk−Utility", 74 Brook. L. Rev. 1061, 2009도 참조.

정하고 있고, 제2조에서 "제조물 결함의 유형"을 규정하고 있다.[720] 제2조 제a항은 제조상의 결함을 '표준일탈기준deviation from the norm'에 의해 설명하고 있는 반면,[721] 제2조 제b항과 제c항은 설계상의 결함 및 표시상의 결함을 '위험-효용기준risk-utility test'에 의해 설명하고 있다.[722]

즉 제2차 리스테이트먼트는 계약법상의 묵시적 보증implied warranty의 법리에 입각하여 제조물 책임에 있어서 결함의 개념을 '소비자 기대consumer expectation'이론에 의하여 설명하고 있다고 할 수 있으나, 미국의 많은 법원들은 특히 '설계상 결함design defects' 소송에서 위 소비자 기대 개념의 모호성에 불만을 가지고, 불법행위법의 이익형량 원칙에 기반을 둔 '위험-효용기준risk-utility test' 내지 '비용-효익기준cost-benefit test'의 이론에 의하여 '결함defect'의 개념을 설명하여 왔고, 결국 1998년 제3차 리스테이트먼트에서는 '소비자기대기준customer expectation test'을 버리고 위험-효용 기준을 채택하기에 이르렀다.[723]

제조물책임에 관한 위 제3차 리트테이트먼트의 규정들은 위 제2차 리스테이트먼트 제402A조를 개정하여 폐지repeal 또는 대체supercede하기 위한 것으로 이해되

---

[720] 원문은 다음과 같다.

Restatement (Third) of Torts: Products Liability. §2. Categories of Product Defect

A product is defective when, at the time of sale or distribution, it contains a manufacturing defect, is defective in design, or is defective because of inadequate instructions or warnings. A product:

(a) contains a manufacturing defect when the product departs from its intended design even though all possible care was exercised in the preparation and marketing of the product;.

(b) is defective in design when the foreseeable risks of harm posed by the product could have been reduced or avoided by the adoption of a reasonable alternative design by the seller or other distributor, or a predecessor in the commercial chain of distribution, and the omission of the alternative design renders the product not reasonably safe;

(c) is defective because of inadequate instructions or warnings when the foreseeable risks of harm posed by the product could have been reduced or avoided by the provision of reasonable instructions or warnings by the seller or other distributor, or a predecessor in the commercial chain of distribution, and the omission of the instructions or warnings renders the product not reasonably safe.

[721] Restatement (Third) of Torts: Products Liability §2 (a)은 제조물이 '의도된 설계로부터의 이탈(departure from the intended design)'이하는 경우 제조상 결함(manufacturing defects)이 있다고 하고 있다.

[722] Restatement (Third) of Torts: Products Liability §2 comment g.

[723] Owen 1(註 668), p.278; Jeffrey K. Gurney, "Sue My Car Not Me: Products Liability and Accidents involving Autonomous Vehicles", U. Ill J. L., Tech., & Pol'y, 247, 2013(이하 'Gurney 2'이라고 한다), pp.260-261.

나,[724] 미국의 다수 주에서는 여전히 제2차 리스테이트먼트 제402A조에 의한 해석론에 따르고 있다는 점에 유의할 필요가 있다.[725]

2. 결함의 종류

가. 제조상 결함

「제조물책임법」 제2조 제2호 가목은 제조상의 결함을 "제조자의 제조물에 대한 제조·가공상의 주의의무의 이행 여부에 불구하고 제조물이 원래 의도한 설계와 다르게 제조·가공됨으로써 안전하지 못하게 된 경우"라고 정의한다.

미국 제3차 리스테이트먼트에서는 제조상 결함manufacturing defects을 "제조물의 제조와 유통 단계에서 모든 가능한 주의를 기울였음에도 불구하고, 제조물이 당초 의도된 설계로부터 벗어나는 것departs from its intended design"으로 정의하고 있다.[726]

제조상의 결함에 관한 규정은 제조자의 품질에 관한 통제노력이 합리성의 기준을 만족시켰는지 여부에 대한 책임을 부과하는 것이다. 따라서 제조상의 결함은 제조물이 갖추어야 할 안전성에 관한 제조자의 책임이라고 할 수 있다.[727]

제조상 결함에 관해서는, 제조·가공상의 주의의무의 이행 여부에 관계 없이

---

724 Owen 1(註 668), p.273.

725 Anderson, et. al.(註 72), pp.118-9 참조. 위 불법행위 제조물책임에 관한 제3차 리스테이트먼트가 발표된 1998년을 기준으로, 델라웨어(Delaware), 매사추세츠(Massachusetts), 미시간(Michigan), 노스 캐롤라이나(North Carolina), 버지니아(Virginia) 주를 제외한 모든 주에서 불법행위에 의한 엄격한 제조물책임 원칙(doctrine strict products liability)을 채택하고 있었고[Owen 1(註 668), p.273], 이와 같은 흐름이 현재까지도 많은 주에서 이어지고 있는 것으로 보인다.

또한 2009년에 발표된 Twerski · Henderson Jr.(註 719), p.1104 이하에서는 'The Pure Consumer Expectations States'라는 항목 표제 하에, 캔사스(Kamsas), 매릴랜드(Maryland), 네브라스카(Nebraska), 오클라호마(Oklahoma), 위스컨신(Wisconsin) 주에서는 소비자 기대 기준을 유일한 기준으로 결함을 판단하고 있다고 기술하고 있다.

726 Restatement (Third) of Torts: Products Liability §2 (a). 일찍이 Page Keeton, "roducts Liability—Liability Without Fault and the Requirement of a Defect", Tex. L. Rev. 41, 1963, p.855[Owen 2(註 670), p.866에서 재인용]는 p.859에서 제조상 결함을 "'a miscarriage in the manufacturing process' that made the product different from what 'it was intended to be'"라고 정의내리고 있다.

727 권오승 외(註 654), 43면.

결함을 인정할 수 있다고 보는 것이 다수의 견해이다. 이는 제조물이 본래의 설계 사양에서 일탈하여 발생한 불량품으로서 그 외의 제품에는 결함이 발생하지 않는 경우를 말하는 것으로 이해할 수 있다.[728]

나. 설계상 결함

「제조물책임법」 제2조 제2호 나목은 설계상의 결함을 "제조업자가 합리적인 대체설계를 채용하였더라면 피해나 위험을 줄이거나 피할 수 있었음에도 대체설계를 채용하지 아니하여 당해 제조물이 안전하지 못하게 된 경우"라고 정의한다.[729]

미국 제3차 리스테이트먼트에서는 설계상 결함design defects을 "판매자 그밖의 유통인 또는 상업적 유통 과정상에서의 양도인이 합리적 대체설계reasonable alternative design를 채택하였더라면 제조물에 의한 예견가능한 위험을 감소시키거나 회피할 수 있었음에도 불구하고 이러한 대체설계를 하지 않아 이로 인하여 제조물이 합리적으로 안전하지 않게 된 것not reasonably safe"으로 정의하고 있다.[730]

제조상 결함은 제조물과 설계가 일치하지 않은 경우인데 반하여 설계상 결함은 제조물과 설계는 일치하나, 제품의 계획과 설계과정상 결함이 있어 불합리한 위험을 만들어낸 경우이다.[731]

다. 표시상 결함

「제조물책임법」 제2조 제2호 다목은 표시상의 결함을 "제조업자가 합리적인 설명·지시·경고 기타의 표시를 하였더라면 당해 제조물에 의하여 발생될 수 있는

---

728 권상로·한도율, "제조물책임법의 문제점과 개선방안에 관한 연구", 법학연구 제51집, 한국법학회, 2013, 26면; 서겸손·최경진(註 61), 344면.

729 민유숙(註 661), 236면은 설계상 결함에 관해 "물건은 설계대로 제작되었지만 그것이 정상용도대로 사용되는 경우 피해를 일으킬 위험이 있도록 설계된 경우를 말한다"라고 기술하고 있다.

730 Restatement (Third) of Torts: Products Liability §2 (b).

731 권오승 외(註 654), 46면.

피해나 위험을 줄이거나 피할 수 있었음에도 이를 하지 아니한 경우"라고 정의한다.

미국 제3차 리스테이트먼트에서는 표시상 결함inadequate instructions or warnings defects을 "판매자 그밖의 유통인 또는 상업적 유통 과정상에서의 양도인이 합리적인 지시 또는 경고reasonable instructions or warnings를 하였다면 제조물에 의한 예견가능한 위험을 감소시키거나 회피할 수 있었음에도 불구하고 이러한 지시나 경고를 하지 않아 이로 인하여 제조물이 합리적으로 안전하지 않게 된 것not reasonably safe"으로 정의하고 있다.[732]

표시상 결함에서 말하는 '지시'는 제조물을 어떻게 안전하게 사용하고 소비하는가를 알려주는 것을 말하고, '경고'는 사용자와 소비자에게 제조물을 사용하거나 소비하는 동안 적절한 행위와 사용에 의해 손해를 예방할 수 있도록 제조물의 위험에 대한 존재와 성질을 알려주는 것을 말하는 것으로 일반적으로 이해할 수 있다.[733]

라. 통상적으로 기대할 수 있는 안전성의 결여

「제조물책임법」 제2호에서는 제조상·설계상·표시상 결함과 별도로, 제조물에 '통상적으로 기대할 수 있는 안전성이 결여되어 있는 것'도 결함이라고 규정하고 있다. 이는 아래와 같은 「제조물책임법」 제정 이전의 대법원의 태도의 영향을 받은 것으로 볼 수 있다. 대법원은 「제조물책임법」의 제정 이전에도 제조물책임을 '제조물에 통상적으로 기대되는 안전성을 결여한 결함으로 인하여 생명, 신체나 제조물 그 자체 외의 다른 재산에 손해가 발생한 경우에 제조업자 등에게 지우는 손해배상책임'으로 보고 있었다.[734]

---

[732] Restatement (Third) of Torts: Products Liability §2 (c). 권오승 외(註 654), 51면 이하.

[733] 권오승 외(註 654), 51면.

[734] 대법원 1999. 2. 5. 선고 97다26593 판결; 대법원 2000. 7. 28. 선고 98다35525 판결 등 참조. 위 판결들보다 앞선 시기에 선고된 대법원 1992. 11. 24. 선고 92다18139 판결에서는 제조물책임과 관련해 '물품을 제조하여 판매하는 제조자는 그 제품의 구조, 품질, 성능 등에 있어서 현대의 기술수준과 경제성에 비추어 기대가능한 범위 내의 안전성과 내구성을 갖춘 제품을 제조하여야 할 책임이 있고, 이러한 안전성과 내구성을 갖추지 못한 결함 내지 하자로 인하여 소비자에게 손해가 발생한 경우에는 계약상의 배상의무와는 별개로 불법행위로 인한 배상의무를 부담한다고 보아야 한다'라고 판시하였다. 윤진수, "한국의 제조물책임—판례와 입법—", 법조 제51권 제7호, 법조협회, 2002, 47면 이하에서는 위 대법원 92다18139 판결(註 734)을 '제조물책임의 법리를 본격적으로 논하고 있는 최초의 판결'이라고 할 수 있다고 한다.

「제조물책임법」이 제조상·설계상·표시상 결함으로 결함을 유형화하여 정의하는 것은 미국 제3차 리스테이트먼트 등의 영향을 강하게 받은 것으로 볼 수 있는 한편[735] '통상적으로 기대할 수 있는 안전성의 결여'도 결함의 정의로 함께 규정하고 있는 것은 대법원의 이와 같은 태도의 영향 역시 함께 받은 것으로 볼 수 있다.

유럽 각국의 「제조물책임법」 제정뿐만 아니라, 한국과 일본의 「제조물책임법」에도 영향을 미친[736] 「EC 제조물책임 지침(85/374/EEC)」[737] 역시 제6조[738]에서 제조물의 결함을 '소비자가 정당하게 기대할 수 있는 안전성safety which a person is entitled to expect을 제공하지 못한 것'으로 규정하고 있는 점 역시 이와 같은 「제조물책임법」 규정에 영향을 미쳤다고 볼 수도 있다.

문제가 되는 '안전성'의 정도는 절대적인 안전성이 아니라 통상적으로 기대할 수 있는 정도의 안정성이고, '통상적'이라고 하는 것은 일반사회의 통념에 비추어 그 판단이 이루어져야 한다는 것을 의미하며, 제조업자, 공급업자와 소비자 등을

---

[735] 윤진수(註 691), 11면 이하 참조(최초의 제조물책임 법안에 관해서는 위 글 12면 이하 참조). 우리 「제조물책임법」의 입법 경과에 관해서는 윤진수(前註), 55면 이하 참조.

[736] 윤진수(註 691), 3면.

[737] Council Directive of 25 July 1985 on the approximation of the laws, regulations and administrative provisions of the Member States concerning liability for defective products(85/374/EEC). 그중 영어판 출처는 아래와 같다.
https://eur-lex.europa.eu/legal-content/EN/TXT/PDF/?uri=CELEX:31985L0374&from=EN(2018. 10. 1. 최종확인).
이는 아래 지침에 의해 수정 증보되었다.
Directive 1999/34/EC of the European Parliament and of the council of 10 May 1999 amending Council Directive 85/374/EEC on the approximation of the laws, regulations and administrative provisions of the Member States concerningliability for defective products. 그중 영어판 출처는 아래와 같다.
https://eur-lex.europa.eu/legal-content/EN/TXT/PDF/?uri=CELEX:31985L0374&from=EN(2019. 4. 28. 최종확인)

[738] 원문은 다음과 같다.
Article 6
1. A product is defective when it does not provide the safety which a person is entitled to expect, taking all circumstances into account, including:
(a) the presentation of the product;
(b) the use to which it could reasonably be expected that the product would be put;
(c) the time when the product was put into circulation.
2. A product shall not be considered defective for the sole reason that a better product is subsequently put into circulation.

포함하는 사회일반의 건전한 상식으로서의 통념, 즉 통상적인 평균인의 상식이 결함 판단의 기준이 된다.[739]

우리 「제조물책임법」은 제조상·설계상·표시상 결함 이외에 이와 같이 '통상적으로 기대할 수 있는 안정성의 결여'의 경우에도 제조물의 결함을 인정함으로써, 위 세 가지 유형에 속하지 않는 '모든 형태의 안전성 결여'도 결함으로 파악하고 있다고 말할 수 있다.[740]

3. 결함의 판단기준

어떠한 경우에 합리적 안전성을 결여한 제조물로 판단할 수 있는가는 전적으로 결함의 판단기준에 달려 있음에도 불구하고 우리 「제조물책임법」은 이와 관련한 명확한 기준을 제시하고 있지 않다.[741] 미국의 제2차 및 제3차 리스테이트먼트에 규정되어 있고, 미국 판례를 통해 형성되어 온 제조물의 결함을 판단하는 기준들로, '표준일탈기준deviation from norm test', '소비자기대기준customer expectation test', '위험–효용기준risk-utility test' 등을 들 수 있다.[742]

이들 중 '표준일탈기준deviation from norm test'은 제조상 결함manufacturing defects에 대한 판단기준으로, '소비자기대기준customer expectation test'과 '위험–효용기준risk-utility test' 및 양자를 결합한 이른바 'Barker 기준Barker rule' 또는 '2단계 기준two-prong test'은 설계상 결함design defects의 판단기준으로 논의되고 있다. 이에 관해서는 아래에서 항을 달리하여[743] 제조물책임법제 특유의 각각의 결함 판단에 관한 위 판단기준들의 구체적 적용 실제에 관해 형성된 고유의 법리라고 할 수 있는 제조상 결

---

739 권오승 외(註 654), 191면 이하.

740 민유숙(註 661), 236면.

741 사법연수원, 특수불법행위법연구, 2015, 174면

742 권오승 외(註 654), 55면 이하에서는 아래와 같은 미국의 이론들 중 '표준일탈기준(deviation from norm test)', '소비자기대기준(customer expectation test)' 및 '위험–효용기준(risk–utility test)'을 '결함의 판단기준'으로 소개하고 있다.

743 아래 'II. 자율주행자동차와 제조물의 결함'의 '2. 자율주행자동차의 결함과 그 판단기준' 참조.

함에 관한 '기능이상 법리malfunction doctrine' 및 설계상 결함에 관한 '합리적 대체설계 reasonable alternative design'의 법리와 함께 상세히 살펴본다.

4. 결함의 추정

우리 「제조물책임법」은 제3조의2에서 결함의 추정에 관한 명문의 규정을 두고 있다.[744] 「제조물책임법」 제3조의2의 결함 추정 조항은 「제조물책임법」이 결함으로 규정하고 있는 '제조상·설계상·표시상 결함' 및 '통상적으로 기대할 수 있는 안전성의 결여' 모두에 대해 공통적으로 적용된다.

다만 위 규정 내용이 기초하고 있는 대법원 2000. 2. 25. 선고 98다15934 판결 등의 결함 및 인과관계 추정의 법리[745]는 통상 제조상 결함 판단에 관한 미국의 '기능이상 법리malfunction doctrine'의 영향을 받은 것으로 이해되고 있다.[746] 기능이상 법리는 반드시 제조상 결함에만 적용되는 것은 아니지만,[747] 위 법리는 미국에서도 주로 제조상 결함의 판단에 관해 형성되어 왔다.[748]

우리 「제조물책임법」 제3조의2의 결함 추정은, 미국 제3차 리스테이트먼트의

---

[744] 「제조물책임법」이 2017. 4. 18. 법률 14764호로 개정되면서 아래와 같은 내용의 '제3조의2(결함 등의 추정)'가 신설되었다.

「제조물책임법」 제3조의2(결함 등의 추정)

피해자가 다음 각 호의 사실을 증명한 경우에는 제조물을 공급할 당시 해당 제조물에 결함이 있었고 그 제조물의 결함으로 인하여 손해가 발생한 것으로 추정한다. 다만 제조업자가 제조물의 결함이 아닌 다른 원인으로 인하여 그 손해가 발생한 사실을 증명한 경우에는 그러하지 아니하다.

1. 해당 제조물이 정상적으로 사용되는 상태에서 피해자의 손해가 발생하였다는 사실
2. 제1호의 손해가 제조업자의 실질적인 지배영역에 속한 원인으로부터 초래되었다는 사실
3. 제1호의 손해가 해당 제조물의 결함 없이는 통상적으로 발생하지 아니한다는 사실

위 개정 조항은 2018. 4. 19.부터 시행되고 있고, 개정법 시행 이후 최초로 공급하는 제조물부터 적용된다[제조물책임법(2017. 4. 18. 법률 제14764호로 개정된 것) 부칙 제2조]

[745] 이에 관한 상세는 아래 II. 2. 가. 2). 나)의 (3)항 '기능이상 법리에 관한 대법원의 태도와 원고의 증명책임' 부분 참조.

[746] 윤진수(註 691), 48면.

[747] 권영준·이소은(註 85), 471면.

[748] Owen 2(註 670), p.871 이하 참조.

제3조(제조물에 대한 결함의 추정을 뒷받침하는 정황증거)[749]의 내용으로부터도 어느 정도 영향을 받은 것으로 볼 수 있다. 즉 미국 제3차 리스테이트먼트 제3조는 제2차 리스테이트먼트 제328D조[750]에 명문으로 규정되어 있던 위에서 본 '사실추정의 법리 res ipsa loquitur'를 제조물책임에도 변용해 수용한 것으로 이해되고,[751] 이들 조문들은 우리 「제조물책임법」 제3조의2의 규정과 구체적인 요건 상세와 순서 등이 상이할 뿐, 기본적인 조문 체계는 유사하다.

「제조물책임법」의 위 결함 추정 조항에 따르면 피해자가 다음과 같은 사실을 증명한 경우에는 제조물을 공급할 당시 해당 제조물에 결함이 있었고 그 제조물의 결함으로 인하여 손해가 발생한 것으로 추정한다. 이를 위하여 피해자는 ① 해당 제조물이 정상적으로 사용되는 상태에서 피해자의 손해가 발생하였다는 사실, ② 그 손해가 제조업자의 실질적인 지배영역에 속한 원인으로부터 초래되었다는 사실, ③ 그 손해가 해당 제조물의 결함 없이는 통상적으로 발생하지 아니한다는 사실을 증명하여야 한다. 다만 제조업자가 제조물의 결함이 아닌 다른 원인으로 인하여 그 손해가 발생한 사실을 증명한 경우에는 그와 같은 추정이 깨어지고, 제조

---

749 원문은 다음과 같다.

Restatement (Third) of Torts: Products Liability §3 Circumstantial Evidence Supporting Inference of Product Defect

It may be inferred that the harm sustained by the plaintiff was caused by a product defect existing at the time of sale or distribution, without proof of a specific defect, when the incident that harmed the plaintiff:

(a) was of a kind that ordinarily occurs as a result of product defect; and

(b) was not, in the particular case, solely the result of causes other than product defect existing at the time of sale or distribution.

750 원문은 다음과 같다.

Restatement (Second) of Torts §328D Res Ipsa Loquitur

(1) It may be inferred that harm suffered by the plaintiff is caused by negligence of the defendant when

(a) the event is of a kind which ordinarily does not occur in the absence of negligence;

(b) other responsible causes, including the conduct of the plaintiff and third persons, are sufficiently eliminated by the evidence; and

(c) the indicated negligence is within the scope of the defendant's duty to the plaintiff.

(2) It is the function of the court to determine whether the inference may reasonably be drawn by the jury, or whether it must necessarily be drawn.

(3) It is the function of the jury to determine whether the inference is to be drawn in any case where different conclusions may reasonably be reached.

751 Restatement (Third) of Torts: Products Liability §3 comment. a; Owen 1(註 668), p.282.

물책임을 면하게 된다.

　이는 소비자의 증명책임을 완화한 종래의 대법원 98다15934 판결 등 판례의 태도를 무과실책임을 정하는 제조물책임의 취지에 맞게 변용하여 수용하고, 소비자의 증명책임을 보다 완화하는 방향으로 수정하여 입법화한 것이다. 즉 종래 대법원이 제시한 "제조업자의 배타적인 지배영역"에서 발생하였을 것이라는 요건을 "제조업자의 실질적인 지배영역"에서 발생하였을 것이라는 요건으로 완화하여 증명책임을 보다 경감하였고,[752] 제조물책임이 무과실책임을 원칙으로 하는 점을 감안하여 '과실'을 '결함'으로 수정한 것이다.[753]

　위 제3조의2의 결함 추정은 「제조물책임법」상 결함의 개념 중 제조상 결함(제2조 제2호 가목)에 관해서는 실질적으로 원고의 증명책임을 경감하는 효과를 가져올 여지가 크다고 본다. 다만 설계상 결함(제2조 제2호 나목)과 표시상 결함(제2조 제2호 다목)은 각 '합리적인 대체설계'와 '합리적인 설명·지시·경고 기타의 표시'라는 가정적 사실관계의 증명을 각 요건으로 하고 있으므로, '지배영역'과 '통상성'만을 주요한 요건으로 삼고 있는 위 제3조의2의 조문 내용 자체의 해석에 의하더라도, 위 결함 추정 규정을 통해 '설계상 결함'과 '표시상 결함'을 곧바로 인정하기에는 이론상, 해석상 난점이 있을 수 있다고 본다. 즉 설계상 결함과 표시상 결함에 관해서는, 결함의 추정에 관한 위 제3조의2에 의하더라도 결함의 추정을 통한 원고의 증명책임을 완화하는 데에는 다소간 한계가 있을 수밖에 없다고 본다.

　한편 미국 제3차 리스테이트먼트 제3조의 조문 내용과 그 해석론은 「제조물책임법」 제3조의 2의 해석론에 아래와 같이 참고가 될 수 있다고 본다.

　결함 추정을 위한 증명의 대상과 관련해 미국 제3차 리스테이트먼트 제3조에 따르면 '손해가 제조물의 결함의 결과에 의해 통상적으로 발생하는 성질의 것이

---

[752] 공정거래위원회에서는, 위 개정 「제조물책임법」 제3조의2 제2호에서 정하는 "실질적 지배영역"의 개념은 "배타적 지배영역"의 개념보다도 입증책임을 보다 완화하는 것이라고 하면서 아래와 같이 설명하고 있다. 공정거래위원회, "제조물책임법 주요 내용 및 개정사항", 2017, 17면 참조.
"'배타적 지배영역'은 결함이 손해 발생의 유일한 원인임을 요구하고, 제3자의 개입을 배제하는 개념이다. 반면에 "실질적 지배영역"은 제3자가 제공한 원인이 개입할 여지가 있더라도 결함으로 인한 손해 발생에 제조업자의 지배에 속한 원인이 핵심적으로 작용하였다면 추정하는 개념이다.'
http://www.ahpek.or.kr/data/file/news5/31267459_57zfTyLp_ECA09CECA1B0EBACBCECB185EC9E84EBB295_ECA3BCEC9A94_EB82B4EC9AA9_EBB08F_EAB09CECA095EC82ACED95AD.pdf(2018. 4. 29. 최종확인).

[753] 「제조물책임법」 제3조의2 제3호.

a kind that ordinarily occurs as a result of product defect'임을 원고가 증명해야 하는 반면, 우리 「제조물책임법」 제3조의2 제3호에서는 '손해가 해당 제조물의 결함 없이는 통상적으로 발생하지 아니한다는 사실'을 원고가 증명해야 하므로, 증명의 대상과 취지가 정반대로 되어 있어 상이하다. 결함 추정을 위한 증명의 구체적인 대상에 따라 사안별로 다소간 차이를 보일 수 있겠으나, 위 각 조항의 문언만을 놓고 살펴보면 미국 제3차 리스테이트먼트가 정하는 바에 따라 '손해가 제조물의 결함의 결과에 의해 통상적으로 발생하는 성질의 것'임을 증명하는 것보다, 우리 「제조물책임법」에서 정하는 '손해가 해당 제조물의 결함 없이는 통상적으로 발생하지 아니한다는 사실'을 증명하는 것이 다소 수월하다고 볼 수 있으므로, 피해자인 원고를 보다 두텁게 보호하는 것으로 평가할 수 있을 것이다.

결함 추정의 기준 시점과 관련해 미국 제3차 리스테이트먼트 제3조에 따르면 '판매 또는 유통 시점at the time of sale or distribution'에 결함이 존재하였던 것으로 추정하는 반면, 우리 「제조물책임법」 제3조의2에 따르면 '제조물을 공급할 당시' 시점에 결함이 존재하였던 것으로 추정한다는 점에서 차이를 보이고 있다. 즉 미국 제3차 리스테이트먼트는 결함 추정의 기준 시점을 우리 「제조물책임법」보다 폭넓게 인정하는 태도를 취하고 있다.[754]

Ⅱ. 자율주행자동차와 제조물의 결함

1. 문제의 제기

자율주행자동차의 결함과 관련하여, '결함'의 개념을 어떻게 정립할 것인지는 중요한 문제이다. 위에서 본 것과 같이 자율주행자동차는 각종 센서 등 하드웨어 장치 및 장비가 자율주행에 필요한 데이터를 수집하고, 자율주행 인공지능 소프

---

[754] 결함 판단의 기준시점과 관련해서는 아래 'Ⅳ. 자율주행자동차와 결함 판단의 기준시점' 부분 참조.

트웨어가 이와 같은 데이터를 처리하여 자동차 제어에 관한 계획수립 및 판단을 내림으로써 구현된다. 따라서 자율주행자동차에 관해서는 자율주행기술을 구현하는 자율주행 인공지능 소프트웨어 및 이를 기계적으로 뒷받침하는 센서 등을 포함한 각종 하드웨어 장치 및 장비들에 관해 과연 어떠한 경우에 결함이 있다고 말할 수 있는지, 그 구체적인 판단기준은 어떻게 설정해야 할 것인지 문제된다. 자율주행자동차에 결함이 인정되는지 여부는 '자율주행자동차의 안전성 확보'라는 관점과 밀접히 연관 지어서도 살펴볼 필요가 있다.

자동차가 제조물에 해당하고, 종래 자동차의 기계장치 또는 전자장치가 자동차 운전에 필요한 것으로 설정 내지 예정된 본래의 기능을 온전히 다하지 못하는 경우 결함이 인정되어, 제조업자 등이 제조물책임을 부담한다는 점에 관하여는 이론의 여지를 찾아보기 어려웠다. 자율주행자동차를 구성하는 센서, 레이다 등의 장치와 장비 자체에 결함이 존재하는 것으로 밝혀진 경우에도 제조물책임을 어렵지 않게 인정할 수 있을 것이다. 그러나 자율주행기술은 하드웨어 장치와 장비에 의해 수집된 데이터를 소프트웨어에 의해 처리하는 절차를 필수적으로 거치게 되므로, 구체적인 경우에 과연 위 전자장치에 물리적인 문제가 있는지 또는 이를 통해 수집한 데이터의 처리과정에서 문제가 있는지의 판단에 어려움이 있을 수 있다.[755]

이하에서는 제조물책임의 핵심적인 요건인 제조상 결함, 설계상 결함 및 표시상 결함의 판단기준에 관한 전통적인 결함 판단 법리를 살펴보고, 자율주행자동차의 결함 판단 문제에 대해 위와 같은 전통적인 결함 판단 법리의 해석론을 어떠한 관점에서 적용할 것인지를 살펴본다.

---

[755] 기존의 자동차에 관해서도 차량의 제어와 관련된 각종 소프트웨어의 사용이 큰 폭으로 증가하는 추세에 비추어 보면, 소프트웨어의 결함이 자동차의 제조물책임에 관해 야기하는 문제는 비단 자율주행자동차에 국한된 것도 아니다. Kim(註 188), pp.303-304.

2. 자율주행자동차의 결함과 그 판단기준

가. 자율주행자동차와 제조상 결함 판단

1) 제조상 결함과 그 판단기준

제조상 결함의 판단기준으로, 미국에서는 '표준일탈기준deviation from the norm test'[756]과 '기능이상의 법리malfunction doctrine'가 대표적으로 제시되고 있다.[757]

우리 「제조물책임법」 제2조 제2호 가목 및 미국 제3차 리스테이트먼트 제3조 제a항의 제조상 결함에 관한 정의에서 명시적으로 채택된 것과 같이, 표준일탈기준deviation from the norm test은 "제조물이 당초 의도된 설계로부터 벗어나는departs from its intended design" 경우에 제조물의 결함defect을 인정하는 것으로서, 제조상 결함 정의임과 동시에 그 판단기준으로서 기능한다.[758]

한편 기능이상 법리malfunction doctrine는 원고에 의한 제조상 결함의 증명책임에 그 초점이 맞추어진 것으로, 원고의 증명책임의 구체적인 대상과 내용, 증명책임을 다하였다고 볼 수 있는지를 판단하는 기준 및 그 완화의 필요성 등을 주된 내용으로 하고 있다.

2) 제조상 결함의 판단기준

가) 표준일탈기준deviation from the norm test

(1) 의의

표준일탈기준deviation from norm test이란 제조업자가 의도한 설계나 방식에서 제조물이 일탈된 경우에 결함의 존재를 인정하는 방법이다. 즉 제조물이 통상 동종의 제조물이 가지는 성질을 갖추고 있지 않은 경우에 결함이 있는 것으로 평가한다.[759]

---

[756] 'deviation−from−specifications' 또는 'departure−from−design(−specification)' 등의 표현이 사용되기도 한다. Owen 2(註 670), p.866 이하.

[757] Owen 2(註 670), p.865 이하.

[758] Funkhouser, p.446 참조.

[759] 권오승 외(註 654), 55면.

표준일탈기준은 이론 및 판례에 의해 형성되어,[760] 위 제3차 리스테이트먼트에 의해 명시적으로 채택된 이후에 미국 법원[761]과 여러 주[762]에서도 명시적으로 채택되었다.

표준일탈기준은 제조상의 결함에 관한 판단기준은 될 수 있으나, 설계상의 결함이나 표시상의 결함에 관한 판단기준으로는 적합하지 않다는 점이 지적된다.[763] 이는 위 기준의 내용과 본질상 당연한 것이다.

(2) 표준일탈기준의 구체적 적용 실제와 소송윤리 관련 함의

미국에서는 표준일탈기준에 따라 원고가 구체적으로 다음과 같은 두 가지의 방법을 선택적으로 사용하여 결함을 증명할 수 있다고 설명하고 있다. 즉 원고는 사고 제조물accident-product unit을 ① 제조업자의 공식적인 설계사양設計仕樣, design specifications과 비교하거나, 또는 ② 사고 제조물과 동일한identical 제조물[764]의 규격dimensions과 그 밖의 기준요소parameter와 비교하는 방법을 선택할 수 있다. 위 두 방식을 적용한 결론은 본질적으로 동일할 것이라고 말할 수 있다. 왜냐하면, 이는 동일한 결론—즉 문제된 제조물이 제조업자의 의도에 배치되게끔 생산 또는 조립되었는지 여부의 판단—에 도달하기 위한 대안적alternative 경로를 제공하는 것과 다름없기 때문이다.[765]

이와 같은 단순한 방식은 원고로 하여금 소제기 전에 결함 여부를 먼저 판단할

---

760 Owen 2(註 670), p.866 이하; Gary T. Schwartz, "Understanding Products Liability", 67 Calif. L. Rev. 435, 1979(이하 'Schwartz 2'라고 한다), p.436.

761 예컨대. 연방 제1항소법원은 Perez-Trujillo v. Volvo Car Corp., 137 F.3d 50, 53 (1st Cir. 1998) 사건에서, 만약 제조물이 제조업자에 의해 의도된 결과 또는 동일한 생산라인에서 제조된 외견상 동일한 제조물과 달라지게 된 경우("if the product 'differs from manufacturer's intended result or from other ostensibly identical units of the same product line'") 제조상 결함이 인정된다고 판단하였다. 또한 루이지애나 항소법원은 Allstate Ins. Co. v. Ford Motor Co., 772 So. 2d 339, 344 (La. CLApp. 2000) 사건에서, 제조물이 제조업자의 사양이나 성능기준 또는 동일한 제조업자에 의해 생산된 동일한 제조물에서 실질적으로벗어나거나 달라지게 된 경우("product deviated in a material way from the manufacturer's specifications or performance standards for the product or from otherwise identical products manufactured by the same manufacturer") 제조상 결함이 인정된다고 판단하였다. Owen 2(註 670), p.867에서 인용. 그밖에 다수 미국 판결 참조

762 Owen 2(註 670), pp.867-8 참조.

763 권오승 외(註 654), 55면.

764 즉 실제적으로 또는 비유적으로 판매업자의 '선반(shelf)'에서 꺼내어진 동일한 제품을 말한다. Owen 2(註 670), p.871.

765 이상의 내용은 Owen 2(註 670), pp.870-1 부분의 내용을 정리한 것이다.

수 있도록 해 준다. 즉 원고 측 전문가는 두 제품을 단순히 비교하는 것만으로, 사고가 생산과정에서 발생한 두 제품 간의 물리적 차이에 기인한 것인지를 추적할 수 있다. 피고 측에서도 사고 제조물에 접근하게 된 이후에는 마찬가지로 결함 여부를 비교, 판단할 수 있을 것이다.

한편 미국에서는 미국 「연방민사소송규칙Federal Rules of Civil Procedure; FRCP」 제11조 (b), (c)항이 이른바 '부당한 법률상 주장frivolous argument'과 '증거에 의해 뒷받침되지 않는 사실관계 주장factual contentions'을 금지하고, 그 위반 시의 제재를 정하고 있는 것과 관련해, 기능이상 법리의 적용에 따른 이러한 결함 여부의 사전 판단 및 입수 가능성은, 소송대리인에게 윤리적 문제ethical implication를 제기할 수도 있다고 설명된다.[766] 이에 따르면 미국에서는 결함이 부존재하는 것으로 밝혀진 경우에도 불구하고 소를 제기한 원고 측 대리인의 금지 위반이, 결함이 존재하는 것으로 밝혀진 경우도 불구하고 이를 소송상 다툰 피고 측 대리인의 금지 위반이 각기 문제될 수 있다.[767] 따라서 미국 제조물책임 소송에서 표준일탈기준에 관한 이론구성과 판례 법리가 어떻게 형성, 전개되어 왔고, 그 방향과 속도 및 내용과 폭이 어떠한지는 위와 같은 소송윤리 문제의 맥락에 비추어서도 살펴볼 필요가 있다고 본다.

나) 기능이상 법리malfunction doctrine

(1) 의의

'기능이상 법리malfunction doctrine'는 '사실추정의 법리res ipsa loquitur'[768], 즉 일정한

---

766 Owen 2(註 670), p.875 참조. 위 조항 및 우리 민사소송법의 소각하제도에 관한 시사점에 관해 다루는 문헌으로 사법정책연구원, 미국의 소각 하에 관한 연구, 대법원 사법정책연구원, 2017의 79, 111 및 114면 이하 각 참조.

767 다만 미국 연방민사소송규칙(FRCP)상의 이와 같은 금지 및 제재는 우리 민사소송법 또는 민사소송규칙의 해석론상으로는 인정하기 어려운 것이다. 우리 민사소송규칙 제69조의2(당사자의 조사의무)에서 "당사자는 주장과 입증을 충실히 할 수 있도록 사전에 사실관계와 증거를 상세히 조사하여야 한다."라고 정하고 있으나, 위 조사의무 불이행에 대한 제재에 대해서는 별도로 규정하고 있지 않다(사법정책연구원, 111면). 한편 변호사법 제24조(품위유지의무 등) 제2항에서 '변호사는 그 직무를 수행할 때에 진실을 은폐하거나 거짓 진술을 하여서는 아니 된다'라고 규정하고 있으나, 이 규정 역시 이를 위반할 경우 그 자체로서 소송법상 어떠한 구체적인 효과를 가져온다고 보기는 어렵다고 생각된다.

768 res ipsa loquitur란 라틴어로, '사물 그 자체가 증명한다(the thing speaks for itself)'의 의미로 해석된다. 이 말은 1863년 영국 Byrne v Boadle 판결(2 Hurl. & Colt. 722, 159 Eng. Rep. 299, 1863)에서 최초로 사용된 것으로 널리 알려지고 있다. 위 판결은 이후 불법행위에서 과실추정에 관한 확고한 판례가 되었고, 그 후 미국에도 계수되었다.

사정이 있으면 '과실'이나 '인과관계'의 존재가 추정되어 반증이 없는 한 가해자는 손해배상책임을 면할 수 없다는 법리를 제조물책임의 맥락에 맞게 '결함'을 추정하는 법리로 변경한 이론이다.[769] 즉 결함의 존재 여부 및 결함과 손해 사이에 인과관계가 존재하는지 여부와 관련하여 소비자 측의 증명책임을 완화하는 이론이다.

이 이론을 제조물책임에도 적용하는 근거는 제조물 중에는 위험성이 큰 경우가 많을 뿐 아니라 소비자는 제조과정에 관하여 전문적 지식을 결하고 있는 것이 보통인데 반하여 제조자는 그에 대한 전문적 지식을 가지고 있고 또한 제조물의 결함을 방지하는 기술적 능력을 가지고 있다는 데에 있다[770]

미국에서도 기능이상 법리는 사실추정의 법리res ipsa loquitur에서 유래하였다고 설명되고 있다.[771] 다만 사실추정의 법리는 본래 제조물의 결함상태defectiveness보다는 피고의 과실negligence을 증명하기 위해 고안된 법리이므로, 대부분의 미국 법원에서는 피고의 '행위conduct'와 직접 연관되지 않는 불법행위법의 엄격책임 및 보증 위반에 관해서는 이 법리를 사실상 적용 불가능한 것으로 본다고 한다.[772] 따라서 위 사실추정의 법리를 엄격한 제조물책임의 증명에 적용하기 위해, 정황증거 circumstantial evidence에 의해 제조물책임을 추단할 수 있는 일정한 간접사실을 증명하도록 한 것이 기능이상 법리라고 설명한다.[773]

일반적으로 기능이상 법리에 따라 제조상 결함을 인정하기 위해, 원고는 아래와 같은 간접사실들을 증명해야 한다고 설명된다. 즉 원고는 ① 제조물이 기능이상을 일으켰을 것, ② 그와 같은 기능이상은 올바른 사용 중에 발생하였을 것 및 ③ 제조물이 개조되거나, 기능이상을 일으켰을 개연성이 있는 방법으로 잘못 사용되지 않았을 것을 증명해야 한다.[774]

---

769   권영준 · 이소은(註 85), 471면.

770   민유숙(註 661), 244면.

771   Owen 2(註 670), p.871.

772   Owen 2(註 670), p.872. 다만 루이지애나 항소법원이 Jurls v. Ford Motor Co., 752 So. 2d 260, 265–66 (La. Ct. App. 2000) 판결에서, 표준일탈기준에 관한 성문법 규정이 있다고 하더라도 이는 원고가 '사실추정의 법리(res ipsa loquitur)'에 따라 제조물의 결함에 관한 배심원(jury)의 판단을 구하는 것에 방해되지 않는다는 취지로 판단하는 등 그 적용을 긍정한 것으로 보이는 예도 있으나, 일반적인 것은 아니라고 한다.

773   Owen 2(註 670), p.873.

774   Owen 2(註 670), p.873. 원문은 다음과 같다. "(1) the product malfunctioned, (2) the malfunction occurred during proper use, and (3) the product had not been altered or misused in a manner that probably caused the malfunction."

(2) 기능이상 법리의 구체적 적용 실제

미국에서도 기능이상 법리는 자동차 사고에 빈번히 적용된다고 설명되고 있다.[775] 예컨대 Ducko v. Chrysler Motors Corp. 사건[776]을 법원이 기능이상의 법리를 적용한 대표적인 사례로 들 수 있다. 위 사례에서, 원고가 운전하던 주행거리 1,655마일, 출시한 지 불과 2개월도 되지 않은 새차가 주행 중 오른쪽으로 쏠려 조향장치steering가 잠기고 브레이크가 작동하지 않아 원고가 부상을 입었다. 원고 측 전문가는 조향장치와 브레이크의 전원공급장치의 고장malfunction을, 피고 측 전문가는 운전자의 과실을 각 주장하였다. 위 사건에서 법원은 원고가 제조상 결함manufacturing defects을 증명하기 위해서는 구체적인 결함specific defect 자체를 증명할 필요 없이, ① 제조물이 오작동하였다는 것product malfunctioned과 ② 제조물의 결함 외에는 다른 원인이 될 만한 것이 없었다는 것the absence of likely causes other than product defect을 증명하면 충분하다는 이유로, 원고가 사고를 일으킨 구체적인 결함을 증명하지 못하였음에도 불구하고, 무재판 판결summary judgement을 구하는 피고 크라이슬러Chrysler 자동차의 주장을 배척하였다.[777]

그밖에도 미국 법원은 위에서 본 것과 같이 자동차의 조향장치steering, 브레이크의 갑작스러운 기능이상failure이 문제된 사안 외에도, 자동차의 설명불가능한inexplicable 가속,[778] 기어변속, 발화 또는 전복 등 사안 및 자동차 에어백이 작동하지 않았거나 부적절하게 작동한 사안 등에 기능이상의 법리를 적용하였다.

(3) 기능이상 법리에 관한 대법원의 태도와 결함의 추정

대법원은 기능이상 법리를 정면으로 채택하고 있지는 않지만 몇몇 판결에서 이 법리와 유사한 판단을 하였다.[779] 제조물책임과 관련하여 소비자의 증명책임을

---

775 Owen 2(註 670), p. 875.

776 639 A.2d 1204 (Pa. Super. Ct. 1994).

777 간접증거들에 의할 때 배심원들이 제조물의 판매 당시에 결함이 있었다고 추론할 개연성이 있었다는 점을 근거로 한다. Owen 2(註 670), p. 875.

778 예컨대, Wakabayashi v. Hertz Corp., 660 P.2d 1309, 1311 (Haw. 1983) (주행거리 22,577 마일의 출고 후 1년 반 가량이 경과한 자동차의 경우); Phipps v. Gen. Motors Corp., 363 A.2d 955, 956 (Md. 1976) (악셀러레이터가 경고 없이 고정되어 버린 경우). 또한 Jurls v. Ford Motor Co., 752 So. 2d 260, 262 (La. Ct. App. 2000) (크루즈컨트롤의 기능 해제가 명백히 불가능하였던 경우). Owen 2(註 670), p.875 이하에서 인용(그밖의 미국 법원의 여러 판례들에 대해서도 역시 이 부분 참조).

779 권영준·이소은(註 85), 471면. 아래에서 보는 대법원 2000. 2. 25. 선고 98다15934 판결에서 최초로 등장하였다.

완화한 최초의 판결은 대법원 2000. 2. 25. 선고 98다15934 판결[780]이다. 다만 이는 「제조물책임법」 시행 전의 사안에 관한 것이다.[781] 위 판결에 의하면 소비자측이 ① 제조물을 정상적으로 사용하는 상태에서 사고가 발생하였다는 점, ② 사고가 제조업자의 배타적 지배 하에 있는 영역에서 발생하였다는 점과 ③ 사고가 어떤 자의 과실 없이는 통상 발생하지 않는다고 하는 사정을 증명하면, 제조업자 측에서 그 사고가 제품의 결함이 아닌 다른 원인으로 말미암아 발생한 것임을 입증하지 못하는 이상, 그 제품에 결함이 존재하며 그 결함으로 말미암아 사고가 발생하였다고 추정한다.[782] 그와 같이 증명책임을 완화하는 것이 손해의 공평·타당한 부담을 그 지도원리로 하는 손해배상제도의 이상에 맞다고 보는 것이다.[783]

위에서 살펴본 것과 같이 대법원 판결에 따른 결함 추정의 법리를 명문 규정으

---

[780] 대법원 2000. 2. 25. 선고 98다15934 판결에서는 아래와 같은 판시로, 텔레비전이 내구연한을 1년 정도 초과한 상태에서 그 정상적인 이용상황 하에서 폭발한 경우 내구연한은 텔레비전의 결함으로 인한 손해배상청구권의 권리행사기간 내지 제조업자의 손해배상채무의 존속기간이 아니고 제조업자는 내구연한이 다소 경과된 이후에도 제품의 안전성을 확보할 주의의무가 있다는 이유로 제조상의 결함을 인정하였다.

"물품을 제조·판매한 자에게 손해배상책임을 지우기 위하여서는 결함의 존재, 손해의 발생 및 결함과 손해의 발생과의 사이에 인과관계의 존재가 전제되어야 하는 것은 당연하지만, 고도의 기술이 집약되어 대량으로 생산되는 제품의 경우 그 생산과정은 대개의 경우 소비자가 알 수 있는 부분이 거의 없고, 전문가인 제조업자만이 알 수 있을 뿐이며, 그 수리 또한 제조업자나 그의 위임을 받은 수리업자에게 맡겨져 있기 때문에, 이러한 제품에 어떠한 결함이 존재하였는지, 나아가 그 결함으로 인하여 손해가 발생한 것인지 여부는 전문가인 제조업자가 아닌 보통인으로서는 도저히 밝혀 낼 수 없는 특수성이 있어서 소비자 측이 제품의 결함 및 그 결함과 손해의 발생과의 사이의 인과관계를 과학적·기술적으로 완벽하게 입증한다는 것은 지극히 어려우므로, 텔레비전이 정상적으로 수신하는 상태에서 발화·폭발한 경우에 있어서는, 소비자 측에서 그 사고가 제조업자의 배타적 지배 하에 있는 영역에서 발생한 것임을 입증하고, 그러한 사고가 어떤 자의 과실 없이는 통상 발생하지 않는다고 하는 사정을 증명하면, 제조업자 측에서 그 사고가 제품의 결함이 아닌 다른 원인으로 말미암아 발생한 것임을 입증하지 못하는 이상, 위와 같은 제품은 이를 유통에 둔 단계에서 이미 그 이용시의 제품의 성상이 사회통념상 당연히 구비하리라고 기대되는 합리적 안전성을 갖추지 못한 결함이 있었고, 이러한 결함으로 말미암아 사고가 발생하였다고 추정하여 손해배상책임을 지울 수 있도록 입증책임을 완화하는 것이 손해의 공평·타당한 부담을 그 지도원리로 하는 손해배상제도의 이상에 맞는다."

[781] 「제조물책임법」은 2002. 7. 1.부터 시행되었다.

[782] 이른바 '자동차 급발진' 여부가 문제된 사안에 관한 대법원 2004. 3. 12. 선고 2003다16771 판결. 대법원 2006. 3. 10. 선고 2005다31361 판결 역시 마찬가지이다.

[783] 참고로 「제조물책임법」은 법 시행 후 제조업자가 최초로 공급한 제조물부터 적용되기 때문에 「제조물책임법」이 제정된 이후에도 「제조물책임법」이 적용되지 않는 사건들에 대하여는 위와 같은 판시가 유지되게 되었다. 그러나 대법원은 이후 「제조물책임법」이 적용되어야 하는 사건들에 관하여도 위와 형태의 판시를 계속하고 있다(2017. 12. 28. 선고 2015다76400 판결; 2015. 2. 26. 선고 2014다74605 판결. 모두 공급년도가 2010년인 사안이다).

로 입법화한「제조물책임법」제3조의2의 결함 추정 규정이 2017. 4. 18. 신설되어 2018. 4. 19.부터 시행되고 있다. 위 제3조의2는 개정법 시행 이후 최초로 공급하는 제조물부터 적용되므로,[784] 위 조항의 적용 대상인 사안에 대해서는 해당 조항을 적용하여 결함의 추정 여부를 판단하면 될 것이다.

(4) 기능이상 법리의 한계

다만 기능이상 법리에 대해서는 결함과 인과관계를 불충분하게 증명한 원고에게 과도한 보호를 줄 수 있다는 것이 문제점으로 지적된다. 즉 미국에서도 기능이상 법리는 이를 적용함이 적당한 사안에서는 원고로 하여금 결함과 인과관계를 증명하기 위한 수단이 될 수도 있겠으나, 그에 의하더라도 원고와 배심원이 추측이나 어림짐작에 의존하는 것까지를 허용하는 것은 아니라고 설명되고 있다.[785]

3) 자율주행자동차의 제조상 결함 판단

가) 기능이상의 법리에 따른 자율주행자동차 결함에 대한 증명책임

기능이상의 법리는 원고, 즉 제조물 이용자의 증명책임을 완화하기 위한 것이므로, 이를 적용할지의 여부에 관해서는 제조업자와 제조물 사용자가 각기 가지는 정보의 양과 질, 접근 가능성을 고려할 필요가 있다.[786] 우리 대법원의 태도 역시 같

「제조물책임법」이 제정되기 이전에는 제조물책임이 무과실책임이 아니었기 때문에 기존에 판례에서 요구하였던 요건들을 적용하는 것이 타당한 것이었다. 그러나 「제조물책임법」이 적용되는 사건들에 있어서는 제조물책임이 무과실책임인 이상 과실의 존재를 증명할 필요가 없게 되었다(대법원 2016. 10. 19. 선고 2016다208389 전원합의체 판결 참조)

따라서 위 판시사항 중 세 번째의 요건, 즉 "그 사고가 어떤 자의 과실 없이는 통상 발생하지 않는다고 하는 사정"은 "그 사고가 제품의 결함 없이는 통상 발생하지 않는다고 하는 사정"으로 변경되어야 할 것이다.

위에서 살펴본 「제조물책임법」상 결함의 추정에 관한 제3조의2에서도 '손해가 해당 제조물의 결함 없이는 통상적으로 발생하지 아니한다는 사실'이라는 표현을 사용하고 있다.

784 註 744. 개정 「제조물책임법」 부칙 제2호

785 Owen 2(註 670), p.878.

786 권영준 · 이소은(註 85), 472면 이하. 이에 의하면, 제조업자와 제조물 이용자가 각각 가지고 있는 정보의 양과 질을 판단하는 기준으로 제조물 공급 시기와 손해 발생 시기의 간격, 제조물 이용자의 제조물 이용 방식 등 여러 가지를 생각해 볼 수 있지만, "가장 중요한 기준은 그 제조물에 사용된 기술수준"이라고 기술하고 있다.

한편 Schwartz 1(註 667), pp.831-2에서는 '정보에 대한 접근(access to information)'이 증명책임 분배에 관해 중요한 기준이 되어야 한다고 주장한다.

은 취지로 이해된다.[787]

특히 자율주행자동차와 같이 새로운 기술이 집약된 제조물에 관해서는 이와 같은 '정보의 편재偏在'를 고려할 때에 기능이상 법리를 적용하는 것이 정당화된다고 말할 수 있을 것이다.[788] 자율주행자동차의 각종 오류나 기능 고장 등에 관해서 민사소송의 일반적인 증명책임의 원칙에 따라 원고로 하여금 인공지능 소프트웨어나 센서 등 복잡한 기계장치에 관해 결함을 구체적으로 특정하고, 해당 결함이 구체적인 사고의 발생에 어떠한 작동기전mechanism에 따라 어떠한 내용과 방식으로 원인을 제공하였는지를 증명하도록 하는 것은 매우 어려운 일이 될 수도 있기 때문이다.[789]

기능이상 법리는 우선 그 적용과 관련한 구체적인 방법론의 측면에서 볼 때, 원고 측에서 소프트웨어적인 측면을 포함한 자율주행기술의 복잡한 작동기전 중에서 결함의 소재所在와 내용을 구체적으로 특정하지 않더라도, 가령 ① 동일한 자율주행자동차 또는 ② 동일한 내용과 버전version의 자율주행 소프트웨어가 적용된 자율주행자동차와의 비교 실험 등에 의한 간접사실 증명을 통해 결함을 증명하는 것

---

787 위에서 본 것과 같이 「제조물책임법」 시행 전의 사안임에도, '제조물책임소송'에 관한 증명책임 완화 필요성을 최초로 언급한 대법원 2000. 2. 25. 선고 98다15934 판결 참조.

이른바 '자동차 급발진' 여부가 문제된 사안에 관한 위 대법원 2004. 3. 12. 선고 2003다16771 판결 역시 그 결론에서는 제조물인 자동차의 결함을 부정하여 원고의 청구를 기각하였으나, 그 판시사항 중에서는 아래와 같이 판단하여, 증명책임 완화의 필요성을 명시적으로 언급하고 있다.

"고도의 기술이 집약되어 대량으로 생산되는 제품의 결함을 이유로 그 제조업자에게 손해배상책임을 지우는 경우 그 제품의 생산과정은 전문가인 제조업자만이 알 수 있어서 그 제품에 어떠한 결함이 존재하였는지, 그 결함으로 인하여 손해가 발생한 것인지 여부는 일반인으로서는 밝힐 수 없는 특수성이 있어서 소비자 측이 제품의 결함 및 그 결함과 손해의 발생과의 사이의 인과관계를 과학적·기술적으로 입증한다는 것은 지극히 어려우므로 그 제품이 정상적으로 사용되는 상태에서 사고가 발생한 경우 소비자 측에서 그 사고가 제조업자의 배타적 지배 하에 있는 영역에서 발생하였다는 점과 그 사고가 어떤 자의 과실 없이는 통상 발생하지 않는다고 하는 사정을 증명하면, 제조업자 측에서 그 사고가 제품의 결함이 아닌 다른 원인으로 말미암아 발생한 것임을 입증하지 못하는 이상 그 제품에게 결함이 존재하며 그 결함으로 말미암아 사고가 발생하였다고 추정하여 손해배상책임을 지울 수 있도록 입증책임을 완화하는 것이 손해의 공평·타당한 부담을 그 지도원리로 하는 손해배상제도의 이상에 맞다."

다만 결함 및 인과관계 추정의 법리를 제한적으로만 적용하여, 이를 적용하지 않고 원고에게 결함 및 인과관계를 증명하도록 한 판결로, 대법원 2000. 7. 28. 선고 98다35525 판결; 대법원 2014. 4. 10. 선고 2011다22092 판결 등 참조.

788 권영준·이소은(註 85), 473면도 같은 취지.

789 종래 기존의 자동차로 인한 각종 손해에 관하여도, 제조물인 자동차에 대한 결함의 증명은 쉽지 않았다는 점에 주목할 필요가 있다. 대법원 2004. 3. 12. 선고 2003다16771 판결은 위에서 본 것과 같이 이른바 '자동차 급발진' 여부가 문제된 사안에서 자동차의 결함에 관한 원고의 주장을 배척하였다.

을 가능하게 한다는 점에서,[790] 소송의 실제에서 이를 원용하는 예가 빈번하리라고 예상해 볼 수 있다. 이를 채택하는 경우 피고에게 증명책임이 사실상 전환되게 되므로, 피고가 결함의 부존재를 적극적으로 증명하여야 할 것이다.

이와 같은 과정에서 기능이상의 법리는 위에서 본 것과 같이 문제된 사고와 원고에 의해 주장되는 결함의 유형에 따라서는 증명책임을 적절하게 분배하는 방향으로 합리적으로 기능할 수도 있다. 법원으로서도 자율주행자동차의 결함 판단과 관련해 기능이상의 법리에 따른 증명책임의 완화 내지 사실상 전환, 「제조물책임법」 제3조의2의 결함 추정 규정의 적용을 적극적으로 고려할 필요성이 있다.

나) 자율주행자동차와 결함의 추정의 구체적인 판단 방법론

구체적으로 「제조물책임법」 제3조의2에 따라 자율주행자동차의 결함 판단에 관해, 원고가 ① 해당 제조물이 정상적으로 사용되는 상태에서 피해자의 손해가 발생하였다는 사실(제3조의2 제1호), ② 그 손해가 제조업자의 실질적인 지배영역에 속한 원인으로부터 초래되었다는 사실(제3조의2 제2호), ③ 그 손해가 해당 제조물의 결함 없이는 통상적으로 발생하지 아니한다는 사실(제3조의2 제3호)을 증명하면 자율주행자동차에 관한 결함의 추정이 인정될 것이다. 제조업자는 '제조물의 결함이 아닌 다른 원인으로 인하여 그 손해가 발생한 사실을 증명'하여야 그 책임을 면할 수 있게 된다.

이 경우 ①의 '정상적으로 사용되는 상태'의 요건과 관련하여서는 원고의 입장에서 그 증명이 어렵지 않을 것이다. 예컨대 3단계 자율주행자동차의 경우 사용자가 제조자로부터 제공된 사용법에 따라 자율주행 기능을 사용하면서, 개입요구에 따라 적절히 개입하여 운전하였음에도 사고가 발생한 것으로 인정되는 경우 해당 자율주행자동차가 정상적으로 사용되는 상태에서 사고가 발생한 것으로 인정할 수 있다. 4단계 이상의 자율주행자동차의 경우 원칙적으로 사용자의 개입이 불필요하

---

[790] 가령 통제상황 하에서 자율주행 소프트웨어가 가감속 내지 정지, 방향 전환 선택 등 차량 제어에 관해 일관되지 않은 선택을 한다면, 그와 같은 사정을 문제된 사고를 발생케 한 결함을 추전하게 하는 간접사실의 하나로 들 수도 있을 것이다.

다만 원고가 이와 같은 방법을 선택하는 경우 교통사고 발생에 관한 구체적인 상황은 매우 다양할 수 있으므로, 당해 사건에서 문제된 사고와 동일한 통제상황을 재현하는 것부터가 지극히 어려운 일이 될 수 있다. 따라서 이와 같은 통제상황의 동일성 여부 자체에 관해서도 법관에 의한 합리적 판단이 요구된다고 볼 측면이 있고, 사안에 따라서는 그 판단에 고도의 전문지식이 요구될 수도 있으므로, 법관의 판단을 뒷받침하기 위한 중립적인 감정기관 내지 사고조사기관의 설치 필요성이 제기될 수도 있다.

므로, 자율주행 중에 사고가 발생한 경우에는 원칙적으로 이 요건이 충족된다고 보아야 할 것이다.[791]

　　다만 이 요건과 관련해 제조업자는 자율주행자동차의 소유자 또는 사용자가 자율주행자동차의 어느 부분에 관해서라도 조금이라도 구조적인 변경을 가하였다면, 이를 근거로 위와 같은 변경이 자율주행자동차의 자율주행 모드에서의 기술적 안전성에도 영향을 미쳐 사고의 원인이 되었다고 주장할 수도 있을 것이다.[792] 그러나 이와 같은 제조업자 측의 주장을 아무런 제한 없이 받아들일 수는 없을 것이고, 이에 관해서는 합리적인 범위 내에서 제한을 둘 필요가 있다고 본다. 소유자 또는 사용자가 자율주행자동차의 구조를 임의로 변경한 경우 여러 사정을 종합적으로 고려하여 그와 같은 임의적인 구조 변경으로 인해 '당해 사건에서 문제되는 자율주행 중의 사고와 직접적으로 연관된 안전성의 결여'라는 상태가 초래되었는지를 먼저 심리하고, 그에 따라 당해 자율주행자동차가 "정상적으로 사용되는 상태"에 있었는지 여부를 판단하는 것이 타당하다고 본다.

　　위 ②의 '제조업자의 실질적인 지배영역'의 요건은 자율주행자동차의 결함에 관하여 실질적 의미를 가질 수 있다. 즉「제조물책임법」제3조의2 제2호는 종래 대법원이 제시한 책임요건 중 '제조업자의 지배영역'을 '배타적'인 것에서 '실질적'인 것으로 바꾸어 규정하였고, 이는 자율주행자동차와 관련해 구체적으로 다음과 같은 의미를 가질 수 있다고 본다.

　　예컨대 3단계 자율주행 중에 발생한 사고로 인한 원고(피해자)는 그 손해가 운전자의 운전상 주의의무위반, 즉 감시・개입의무 위반과 경합하여 발생한 경우에도 원칙적으로 제조물인 자율주행자동차의 결함을 주장할 여지가 생기게 된다. 또한 운전자의 감시・개입의무가 결함과 함께 손해 발생의 원인으로 경합하는 경우 당해 자율주행자동차에 결함이 인정되기 위해서는 '자율주행시스템에 의한 개입요구의 시점과 내용에 비추어 볼 때, 합리적인 운전자라 하더라도 당해 개입요구에 따를 때 사고를 예방・회피하는 것이 불가능하였다'라는 점이 증명되어야 할 것인데, 개정된 위「제조물책임법」에서는 증명의 대상을 '제조업자의 실질적인 지배

791　다만 위에서 본 것과 같이 자율주행자동차에 관한 구조적 변경 등과 관련해 위 요건의 충족 여부가 문제되고 있다. 미국에서 기존의 자동차에 관한 제조물책임에 관해, 자동차의 출시 이후의 임의적인 구조 변경 내지 개조 여부는 제조업자의 면책사유 중의 하나로 비중 있게 논의되고 있다.

792　Gurney 2(註 723), pp.259-260.

영역'으로 넓혀 놓았으므로, 이는 구체적인 사안에서 원고가 그 증명책임을 다하였는지 여부와 관련해 법원이 받아들일 수 있는 간접사실의 내용상 한계와 범위 역시 대폭 확대하는 것으로 기능할 수 있다.

원고는 마지막으로 위 ③의 '그 손해가 해당 제조물의 결함 없이는 통상적으로 발생하지 아니한다는 사실'을 증명하여야 한다. 원고는 위 요건과 관련해, 위에서 본 것과 같은 여러 방법으로 결함을 추정하게 하는 간접사실들을 증명하여야 할 것이다. 원고가 이 부분을 증명하는 것은 자율주행자동차에 관해서도 그 결함 증명의 핵심이 될 것이다.

그런데 「제조물책임법」 제3조의2 제3호에서 '통상적'이라는 요건을 증명 대상으로 삼고 있는 결과, 자율주행기술과 같은 첨단기술이 적용된 제조물의 결함의 증명에 관해서는 증명상 난점이 생길 수 있다. 즉 원고 측에서는 위 요건에 의할 때 해당 사고 자율주행자동차에 적용된 자율주행기술의 구체적인 내용과 수준이 당해 사안에서 문제된 것과 같은 유형의 사고를 미연에 방지하는 데에 적합하였는지를 결국 증명할 수밖에 없을 것이기 때문에, 위 요건의 충족 여부와 그 판단에 관해서는 결국 고도의 전문지식을 요하는 자율주행기술의 기술 내용, 수준 및 한계의 문제가 대두될 수밖에 없다고 본다.

위에서 본 것과 같이 자율주행자동차의 결함 여부는 자율주행자동차의 제조 또는 공급, 유통 당시의 가장 높은 수준의 자율주행기술 수준을 기준으로 판단하여야 함이 타당하고, 이는 제조물이자 상품인 자율주행자동차를 판매하는 제조업자로 하여금 최고 수준에 미달하는 제품을 판매하는 것에 따른 위험부담을 지도록 하는 것이 타당하다는 고려에 바탕하고 있다.[793]

그런데 이와 같은 관점에서 보면, 여기에서 '통상적'이라는 요건의 증명을 요구하는 것은 원고로 하여금 결국 문제된 사고 차량에 적용된 자율주행기술의 수준 및 그 판단 기준이 되는 가장 높은 자율주행기술 수준을 증명하여야 할 뿐만이 아니라, 양자에 대해 비교 검증할 것까지도 요구하는 것과 다름없는 것일 수도 있다.

따라서 위와 같은 요건의 증명을 요구하는 것은 자율주행기술과 같이 복잡한 작동기전에 의해 구현되는 첨단기술에 대한 결함의 존재 여부가 증명의 대상으로서 문제되는 사안에서는 실질적인 증명책임 완화의 효과를 가져온다고 보기 어렵다고 생

---

793 이에 관한 상세는 제2장 제2절 II. '자율주행의 본질과 법적책임' 부분 참조.

각된다. 따라서 법원으로서는 '통상적'이라는 요건의 해석 및 그 구체적인 판단기준의 설정에 관해서도, '소비자기대기준'에서 말하는 '소비자의 합리적 기대'[794] 등과 같은 관념을 판단의 참고요소로서 적극적으로 고려할 필요성이 제기될 수 있다.

다른 한편으로 자율주행 중 사고가 발생하였다는 사실만으로 곧바로 자율주행자동차에 관해 제조상 결함의 존재를 인정하기는 어렵다는 점 역시 감안할 필요가 있다. 현재와 같은 자동차 교통사고로 인한 손해배상 사건 처리의 실무례, 즉 일정한 유형적 징표에 따라 사고에 대한 기여도를 인정한 후 이에 따라 수치화한 과실 내지 책임비율을 사고차량 양측에 부여하는 교통사고 처리례는 자율주행자동차의 본격적인 도입 이후에도 한동안 유지될 것으로 예상해 볼 수 있다.[795] 이 경우 자율주행자동차 측에도 구체적, 현실적인 결함 존재 유무에 불문하고 사고에 대한 '기여도'가 인정되어, 사고에 관한 과실비율 내지 책임비율이 부여될 수 있을 것인데, 이와 같은 경우에 해당 자율주행자동차에 적용된 자율주행기술에 결함이 있다고 일률적으로 말하기는 어려울 수도 있을 것이다.

나. 자율주행자동차와 설계상 결함 판단

1) 설계상 결함과 합리적 대체설계 reasonable alternative design

우리 「제조물책임법」 제2조 제2호 나목 및 미국 제3차 리스테이트먼트 제3조 제a항의 설계상 결함에 관한 정의에서 명시적으로 채택된 바에 따라, 제조물의 설계상 결함을 증명하기 위해 원고는 '합리적 대체설계 reasonable alternative design', 즉 '만약 제조업자가 채용하였더라면 피해나 위험을 줄이거나 피할 수 있었을 대체설계'를 증명해야 한다.

이 경우 어떠한 대체설계 alternative design를 합리적인 것으로 볼 수 있는지, 그와 같은 대체설계의 불채택이 제조물을 '합리적으로 안전하지 않는 것 not reasonably safe'으로 만들었는지에 관하여는 광범위한 요소들이 고려될 수 있다. 예견되는 피해 위

---

794 아래에서 항을 달리하여 살펴보는 설계상 결함 판단에 관한 '소비자기대기준'에서의 설명 참조.

795 그 구체적 내용 및 그에 관한 비판론에 관해서는 아래 제5장 제3절 II. 2. '자동차 운전자의 불법행위 책임의 특징인 과실비율의 유형화 · 정형화' 부분 참조.

험의 크기와 개연성, 제조물과 함께 제공되는 설명과 경고, 상품의 묘사와 광고 홍보 등에 기인한 것을 포함하여 제조물에 관한 소비자의 기대수준의 성질과 강도 등을 그 예로 들 수 있다. 또한 제조물의 현재 설계와 대체 설계의 각 장·단점도 고려될 수 있고, 대체설계가 제조물의 가격, 제품의 수명과 유지, 수선 및 외관, 이로 인한 소비자의 선택 범위 등에 미칠 영향 역시 고려될 수 있다.[796]

2) 설계상 결함의 판단기준

가) 소비자기대기준customer expectation test

(1) 소비자기대기준의 의의

소비자기대기준이란 '일반적인 소비자ordinary consumer'가 '사회에 공통된 일반적인 지식에 비추어with the ordinary knowledge common to the community', 당해 제조물을 '부당하게 위험한unreasonably dangerous' 것으로 평가할 수 있는 경우에 결함을 인정할 수 있다는 기준이다.[797]

위에서 본 것과 같이 미국 제2차 리스테이트먼트에서는 결함의 판단기준에 관해 소비자기대기준을 채택하였으나, 제3차 리스테이트먼트는 설계상 결함에 관해 위험-효용기준을 채택하고, 소비자기대기준을 명시적으로 배제하고 있다.[798] 그러나 미국 일부 법원에서는 여전히 소비자기대기준을 설계상 결함의 판단 기준으로 사용하고 있고,[799] 일부 주에서는 실정법으로 소비자기대기준을 명문

---

796   Restatement (Third) of Torts: Products Liability §2 comment. f 참조. 아래 항에서 보는 Wade가 제시한 7개의 고려요소[Wade(註 827), pp.837-8 참조] 역시 마찬가지로 고려될 수 있을 것이다.

797   Restatement (Second) of Torts §402A comment. g 및 comment. i 각 참조.

798   Restatement (Third) of Torts: Products Liability §2 comment. g는 소비자기대(consumer expectations)는 제조물 설계의 결함을 판단하기 위한 '독립적인(independent)' 기준이 될 수 없음을 명시하고 있다. 이에 관해, 3차 리스테이트먼트의 보고자(reporter)인 Aaron D. Twerski와 James A. Henderson Jr.는 다음과 같이 설명한다. 첫째, 소비자기대기준이 결함 판단을 위한 독립적인 기준이 되지 못한다고 하더라도, 위험-효용의 평가(risk-utility balancing)에는 분명히 연관된다. 둘째, 합리적인 소비자 기대를 만족시키지 못한 제조물이라고 하더라도, 위험-효용기준은 만족시킬 수 있다[Twerski·Henderson Jr.(註 719), p.1075 참조].

799   Anderson, et. al.(註 72), pp.118-9 참조. Restatement (Third) of Torts: Products Liability §2 comment. g는 일부 법원에서는 '합리적인 소비자 기대(reasonable consumer expectations)'를 '합리적이고 보다 안전한 대체설계의 증거(proof of a reasonable, safer design alternatives)'와 마치 동일한 것처럼 사용하고 있다는 것을 지적하고 있다.

화하고 있다.[800]

「EC 제조물책임 지침(85/374/EEC)」제6조에서 제조물의 결함을 '소비자가 정당하게 기대할 수 있는 안전성safety which a person is entitled to expect을 제공하지 못한 것'으로 규정하고 있는 것 역시 소비자기대기준을 따른 것으로 일반적으로 이해된다.[801]

(2) 설계상 결함 판단과 소비자기대기준에 관한 비판론

그런데 미국에서는 소비자기대기준을 설계상 결함의 판단기준으로 채택하는 것과 관련하여 아래와 같은 비판론이 제기되고 있다. 먼저 소비자기대기준에서 말하는 '소비자 기대customer expectation'라는 개념 자체가 그 본질상 모호성vagueness을 가지기 때문에, 특히 복잡한 설계가 적용되는 제조물의 경우에는 이에 관한 '소비자의 기대' 자체를 상정하기 어렵거나 그 구체적 내용을 특정하기 쉽지 않다는 것을 본질상의 한계로 지적하고 있다.[802]

또한 소비자기대기준에 의할 때, 소비자를 예측 불가능한unexpected 위험으로부터 적절히 보호하는 것은 가능할지 모르나, 제조물의 설계상 위험성이 외견상 명백한 경우에는 오히려 그 기준의 의의가 심각하게 훼손될 수 있음이 지적되고 있다. 즉 외견상 명백히 위험한 것으로 보이는 제조물의 경우에는 그로 인한 피해의 발생 가능성과 심각성이 얼마나 큰지에 관계없이 그로 인한 위험이 부당하게 소비자에게 전가될 수 있음도 지적되고 있다.[803]

미국 법원의 태도 역시 크게 다르지 않다. Pruitt v. Gen. Motors Corp. 판결[804]에서는 자동차 에어백이 저속 충돌시에도 작동하여 운전자의 턱뼈가 골절된 사

---

800 David G. Owen, "Design Defects", 73 Mo. L. Rev. 291, 2008(이하 'Owen 3(註 800)'이라고 한다), p.301 이하 참조[노스다코타(North Dakota), 오레곤(Oregon), 사우스캐롤라이나(South Carolina), 테네시(Tennessee) 주 등을 예로 들고 있다].

801 윤진수(註 691), 17면.

802 Owen 3(註 800), pp.305-6. 이와 관련해 권오승 외(註 654), 56면은 설계상의 결함에서 소비자는 한편으로 그 제조물이 안전한 것인지, 대체설계에 합리적인 비용이 소요되었는지는 고려하지 않고 있고, 다른 한편으로 제조자는 소비자가 무엇을 기대하는지를 알지 못하기 때문에 이 기준으로 제조자의 책임을 현저하게 무겁게 한다든가, 설계상의 결함을 충분히 판단하기 어렵다는 점을 지적하고 있다.

803 Owen 3(註 800), p.304 참조. 보호장치가 없는 전동 제초기(unguarded power moser)와 각종 산업용 기계, 트램폴린(trampolin) 등을 예로 들고 있다[16세의 청소년이 트램폴에서 뛰어놀며 뒤집기(back-flip)를 시도하다가 경추골절로 전신마비가 된 사안에서, 피고의 무재판 판결 신청(motion for summary judgement)을 받아들인 Crosswhite v. Jumpking, Inc., 411 F. Supp. 2d 1228, 1231 (D. Or. 2006) 판결을 인용하고 있다].

804 86 Cal. Rptr. 2d 4 (Cal. Ct. App. 1999).

안에서 '자동차 에어백은 소비자기대기준을 적용하기에는 지나치게 복잡하다'는 이유로 자동차 에어백에 관한 소비자기대기준의 적용을 부정하였다. 즉 이와 같은 경우 소비자가 모든 상황에 관한 당해 장치의 작동기전을 전혀 알 길이 없다는 이유로 소비자기대기준은 설계상 결함의 판단 근거로 작용하기 어렵고, 그와 같은 이유 때문에 소비자기대기준을 사용하는 법원은 제품 설계와 사고 상황이 복잡한 사안에 관해서는 위 기준의 적용을 제한하고 있다고 설명한다.[805]

미국의 일부 법원에서는 소비자기대기준을 아래에서 보는 위험-효용기준risk-utility test과 혼용하는 경우도 발견된다. 즉 McCathern v. Toyota Motor Corp. 판결[806]은 "소비자 기대를 증명하기 위해 위험-효용 증거가 요구될 수도 있다risk-utility evidence may be required to prove consumer expectations"고 판단하였다.[807]

자동차의 설계상 결함에 관한 기존의 미국 법원 판결들 역시 소비자기대기준의 적용에 회의적인 입장인 것으로 보인다.[808] McCabe v. Am. Honda Motor Co. 판결[809]에서는 자동차 에어백이 작동하지 않은 사안에서 소비자기대기준의 적용을 긍정하면서, 소비자가 "안전에 관한 최소한의 기대를 형성할 수 있는지can form minimum safety expectations"를 판단하기 위해서는 당해 소비자의 당해 제품에 한정된 지식knowledge of the product in isolation이 아니라, "당해 기능이상의 사실관계와 사정들의 전체적인 맥락the context of the facts and circumstances of its failure"을 고려하여야 한다고 판단하였다.[810] 반면에 원고가 에어백의 작동과 관련해 부상을 입었다고 주장하면서 설계상 결함을 주장한 Quintana-Ruiz v. Hyundai Motor Corp.[811] 사건에서 연방 제1항소법원은 "소비자의 기대는 복잡한 기술적 문제를 포함한 사건에서는 책임의 근거가 될 수 없다consumer expectations cannot be the basis of liability in a case involving complex technical matters"고 판단하였다.[812]

---

805   Owen 3(註 800), pp. 305-6.

806   Owen 3(註 800), p. 306.

807   23 P.3d 320, 330-32 (Or. 2001).

808   Kim(註 188), p.306 이하에서 소개하고 있다.

809   123 Cal. Rptr. 2d 303, 313 (Cal. Ct. App. 2002).

810   Kim(註 188), p.306 참조.

811   303 F.3d 62, 77 (1st Cir. 2002).

812   Kim(註 188), p.306 참조.

(3) 자율주행자동차의 설계상 결함 판단과 소비자기대기준에 관한 비판론과 재반론

나아가 첨단기술인 자율주행기술의 내용과 한계에 관해 결함 판단의 기준으로서의 '소비자의 기대'라는 개념을 정립하는 것 자체에 어려움이 있을 수 있고, 이는 자율주행자동차의 도입 범위가 확대되어 일상화된 이후에도 마찬가지라는 취지의 다음과 같은 지적이 있다.

우선 기존의 자동차에 관해서도 자동차automobiles 충돌 시의 안전성을 소비자가 과연 어느 정도까지나 기대할 수 있을 것인지에 관한 '의미 있는 기대meaningful expectations'를 상정하기 어렵다는 점이 지적되어 왔다.[813] 나아가 자율주행기술은 아직 상용화의 단계에 이르지 않았으므로, 그 "합리적인 안전성reasonable safety"에 관해서는 법원의 입장에서 볼 때 현실적인 적용이 가능할 정도의 소비가 기대가 형성되었다고 볼 수 있을 때까지 상당한 시간이 소요될 수 있고,[814] 이는 앞으로 시간의 경과에 따라 예상하기 어려운 내용과 방향으로 형성 및 변경될 수 있다고도 한다.[815]

그러나 이와 같은 견해에 관해서는 다음과 같은 반론 제기도 가능하다. 우선 위와 같은 견해는 소비자의 기대를 지나치게 '현실적'인 것으로만 국한하여 인정한다는 반론 제기가 가능하다. 즉 제조물인 자율주행자동차, 특히 자율주행 알고리즘이 구체적인 여러 상황에서 내릴 판단의 '안전성'에 대한 신뢰에 관해 소비자가 '최소한의 기대'를 형성하기 위해, 소비자가 반드시 자율주행기술의 작동원리를 전부 이해하고 있어야 한다고 보는 것이 그 자체로 과연 타당한지 먼저 의문을 제기할 수 있다.

또한 자율주행기술은 그 자체로 인간의 판단을 대체하는 속성을 가지고 있다. 그런데 그와 같은 판단의 적절성을 '합리성'의 관점에서 평가하는 것이 가능한 이상, 설계상 결함 여부의 판단을 위한 '소비자의 기대'라는 개념을 상정하는 것은 불가능하지 않다고 볼 수도 있다.

즉 소비자기대기준에 따르더라도 보호되는 것은 합리적reasonable인 소비자의 기대라고 보아야 할 것이고, 무엇이 합리적인가 하는 점은 결국 위험과 효용을 비

---

[813] Owen 3(註 800), p.305.

[814] Funkhouser, pp.456-7.

[815] Kim(註 188), p.306 참조.

교함으로써 결정될 수 있다고 말할 수 있다.[816] 제3차 리스테이트먼트 역시 소비자의 기대를 설계상 결함에 관한 독립한 기준으로 들고 있지는 않으나, 합리적 대체설계 여부의 판단에 관해 일반적 고려사항general considerations이 될 수 있다고 한다.[817]

나아가 여러 매체의 등장으로 정보의 확산 속도가 종전과는 비교할 수 없을 정도로 빨라진 현 시점에서, 자율주행기술에 관한 소비자의 기대가 반드시 충분한 시간을 두고서만 형성될 수 있는 것인지에 관해서도 비판 제기가 가능하다. 특히 소비자의 기대 형성에 충분한 시간이 필요하다는 견해에 의하면 자율주행자동차의 도입 초기에 소비자 보호에 공백을 가져오게 될 우려도 제기될 수 있다.

결국 첨단기술이 집약된 자율주행기술의 설계상 결함 판단에 관해서도, 자율주행자동차의 '안전성'에 관해 '합리성'이라는 측면에 근거한 소비자 기대의 개념을 상정하는 것은 불가능하지 않다고 봄이 타당하다.

나) 위험–효용기준risk–utility test

위험–효용기준[818]이란 설계상 결함 및 표시상 결함을 판단하기 위한 기준으로 위험성과 효용을 비교분석하는 방법이다.[819] 미국에서 제조물의 설계상의 안전성 및 결함 여부를 판단하는 가장 주요한 기준이라고 설명되고 있다.[820] 이 기준에 의하면 특정한 위험을 피하는 비용이 그에 따른 결과인 안전성의 효용보다 작은 경우에 제조물에 결함이 있다고 보게 된다.[821] 다시 말해, 제조물에 적은 비용으로, 즉 비용효과적으로cost-effectively 제거될 수 있는 위험이 있다면 결함이 있다는 것이다.[822]

---

816   윤진수(註 691), 17면. 이 견해는 이와 같은 측면에서 볼 때 소비자기대기준과 위험효용기준은 반드시 서로 모순 대립되는 개념이 아니라고 이해하는 것도 가능하다고 한다.

817   윤진수(註 691), 17면 이하. Restatement (Third) of Torts: Products Liability §2 comment. g(註 610). 위 주석에서는, 미국의 일부 법원에서는 "합리적 소비자 기대(reasonable consumer expectations)"를 "합리적이고, 보다 안전한 대체설계의 증거(proof of a reasonable, safer design alternative)"와 동등한 것으로 파악한다고 하고 기술있다.

818   '비용–효익(cost–benefit)기준'이라고도 한다. Owen 3(註 800), p.308.

819   권오승 외(註 654), 57면.

820   Owen 3(註 800), p.307. "America's dominant test for design defectiveness"라고 기술한다(위 글 p.319 참조).

821   Owen 3(註 800), p.311.

822   윤진수(註 691), 16면.

위험-효용기준은 법경제학적인 관점에서 러니드 핸드 공식Learned Hand formula
에 의해 비교적 간명하게 설명될 수 있다.[823] 즉 '(손해예방) 비용(Costs) < (안전) 효
용Benefits ⇒ 결함Defects'이라는 수식으로 요약 가능하다.[824]

위에서 본 것과 같이 미국 제3차 리스테이트먼트는 설계상 결함에 관해 '합리
적 대체설계reasonable alternative design'의 개념을 채택하여 소비자기대기준을 명시적으
로 배제하고, 위험-효용기준을 채택하였다.[825]

즉 제조물의 설계상 결함이 문제되는 경우에는 합리적 대체설계가 존재하는
지 여부가 가장 중요한 쟁점이 되는데, 이를 판단하기 위해서는 여러 가지 요소
들을 고려하여야 한다. 이와 같은 고려요소들의 예로서 아래와 같은 사항들을 들
수 있다.[826] 즉 ① 제조물의 유용성usefulness과 바람직성desirability — 사용자와 공중
일반에 관한 제조물의 유용성, ② 제조물의 안전성 측면—손해발생의 가능성과
(예상되는) 손해의 심각성에 관한 개연성의 정도, ③ 동일한 요구를 만족시키면서
도 위험하지 않은 대체 체조물의 이용 가능성, ④ 제조물의 유용성을 감소시키지
않고 유용성을 유지하는 것에 지나친 비용을 들이지 않으면서 제조물의 위험성
을 제거할 수 있는 제조업자의 능력, ⑤ 제조물을 사용하면서 주의를 기울여 위
험을 피할 수 있는 사용자의 능력, ⑥ 제조물의 명백한 상태에 관한 일반적인 지
식 또는 적절한 경고와 지시가 존재하는 경우 제조물에 내재한 위험과 그 회피가
능성에 관하여 소비자에 대해 기대되는 인식, ⑦ 제조업자의 측면에서 제조물의
가격 책정이나 책임보험 가입을 통한 손해 분산spreading the loss의 가능성 등을 고려
할 수 있다.[827]

Wade가 제시한 위 고려요소들은 미국 내에서도 상당히 큰 영향력을 가지고

---

[823] United States v. Carroll Towing Co., 159 F.2d 169, 173 (2d Cir. 1947) 판결에서 과실(negligence) 판단
의 기준으로 제시된 것으로, 'B < P x L ⇒ N'의 수식(algebra)으로 정리할 수 있다. 여기에서 'B'는 '손해의 위
험을 피하기 위해 필요한 조치에 드는 비용'을, 'P'는 'B가 취해지지 않은 결과 증가한 손해 발생의 가능성'을,
'L'은 '손해가 발생하였을 경우 그 크기(비용)'를 각 의미한다. 즉 'B'가 'P x L'보다 작을 때 'N'(과실)을 인정한
다는 것이다. 이에 관한 상세는 Owen 3(註 800), p.313. 이하 참조. 윤진수(註 691), 15면에서도 이를 소개
하고 있다.

[824] Owen 3(註 800), p.314에서 前註의 공식을 '위험-효용기준'에 적용하여 수식화한 것이다.

[825] 위 Restatement (Third) of Torts: Products Liability §2 comment. g(註 610) 참조.

[826] Owen 3(註 800), p.315 이하.

[827] John W. Wade, "On the nature of Strict Liability for Products", 44 Miss L. J. 825, 1973, pp.837-8.

있고, 다수의 법원에서도 이를 고려하여 판단하고 있다고 설명된다.[828] 다만 위 고려요소들에 관해서는 여러 비판론도 제기되고 있고,[829] 특히 위 마지막 ⑦의 요건, 즉 보험에 의한 '손해의 분산loss-spreading'의 요건과 관련해서, 위 요건에 의한 제조물책임보험의 가입 강제는 제조물책임보험 보험료를 제품의 가격에 전가해, 이를 통해 필연적으로 제조물의 판매가격 상승을 유발하고, 이와 같은 경우 경제적 약자인 소비자의 입장에서는 마치 '세금'과 마찬가지로 제조물에 대한 접근성과 수용 가능성을 떨어뜨리는 요인이 되어, 공정성fairness의 문제를 불러일으킬 수 있다는 점이 지적된다.[830] 따라서 미국의 다수 법원에서는 위 마지막 ⑦의 요건을 의식적으로 제외한 채 판단을 내리기도 한다는 설명도 찾아볼 수 있다.[831]

다) Barker 기준Barker rule 또는 2단계 기준two-prong test

Barker 기준Barker rule 또는 2단계 기준two-prong test[832]이란 Barker v. Lull Engineering Co., Inc. 판결[833]에서 '설계상 결함design defects'의 판단에 관해 제시한 기준이다. 이에 따르면 법원은 1차적으로 소비자기대기준을 적용해 설계상 결함을 판단하고, 2차적으로 위험-효용기준을 적용한다.[834] 즉 제품의 설계상 내재하는 위험이 당해 설계의 본질적 효용에 의해 정당화되지 못하는 경우 설계상 결함을 인

---

828 Twerski · Henderson Jr.(註 719), p.1095 참조. Owen 3(註 800), p.318에서는 이에 따른 미국 판결로, Akee v. Dow Chem. Co., 272 F. Supp. 2d 1112, 1132 (D. Haw. 2003); LaBelle v. Philip Morris, Inc., 243 F. Supp. 2d 508, 515 n.4 (D.S.C. 2001); Barton v. Adams Rental, Inc., 938 P.2d 532, 537 (Colo. 1997); Potter v. Chicago Pneumatic Tool Co., 694 A.2d 1319, 1333–34; Calles v. Scripto–Tokai Corp., 864 N.E.2d 249, 264–69 (Ill. 2007); Wortel v. Somerset Indus., 770 N.E.2d 1211, 1218 (Ill. App. Ct. 2002); Smith v. Mack Trucks, Inc., 819 So. 2d 1258, 1263 (Miss. 2002); Bass v. Air Prods. & Chems., Inc., No. ESX–L–694–99, 2006 WL 1419375, at *12 (N.J. Super. Ct. App. Div. May 25, 2006); Denny v. Ford Motor Co., 662 N.E.2d 730, 735 (N.Y. 1995); Brown v. Crown Equip. Corp., 181 S.W.3d 268, 282–83 (Tenn. 2005); Ray v. BIC Corp., 925 S.W.2d 527, 533 n.10 (Tenn. 1996) 등을 들고 있다.

829 이에 관한 상세는 Owen 3(註 800), p.318 참조.

830 Owen 3(註 800), p.320 이하.

831 Owen 3(註 800), p.318 참조.

832 Schwartz 2(註 760), p.435에서 이에 관해 상세히 설명하고 있다. 국내 문헌 중 김대경(註 713), 109면 이하에서 이를 소개하고 있다.

833 20 Cal. 3d 413, 573 P.2d 443, 143 Cal. Rptr. 225 (1978).

834 Schwartz 2(註 760), p.436; 김대경(註 713), 109면 이하 참조.

정한다.[835] 위 Barker 판결에서는 위험-효용 기준과 관련한 증명책임을 극명하게 사실상 전환하였다. 즉 원고가 '제품의 설계가 원고의 손해에 대한 가까운 원인이 되었음product's design proximately caused (the plaintiff's) injury'을 보였다면, 제조업자가 배심 원들로 하여금 설계의 효용이 그에 수반하는 위험을 초과한다는 것을 설득하지 못하는 한 그 설계에는 결함이 존재하는 것으로 간주된다는 것이다.[836]

CollazoSantiago v. Toyota Motor Corp.[837] 판결에서도 위 기준에 따라 원고가 에어백 작동에 관해 얼굴에 2도 화상을 입은 사안에서 원고가 위 '가까운 원인proximate cause'을 증명하였다면, 피고가 "설계의 효용이 그에 내재된 위험을 초과한다the benefits of the design outweigh its inherent risks"는 것을 반증해야 한다고 판시하였다.[838]

위 기준은 소비자기대기준과 위험-효용기준을 단순히 병용했다는 것을 넘어, 소비자의 피해 구제 범위를 확대하고, 증명책임의 완화를 통해 엄격책임에서의 '불합리한 위험' 요건을 극복하였다는 점에서 그 의의를 찾을 수 있다.[839]

3) 합리적 대체설계의 판단에 관한 우리 대법원의 태도

대법원은 이른바 '시코르스키Sikorsky 헬기 추락사건'에 대한 판결인 대법원 2003. 9. 5. 선고 2002다17333 판결에서, 설계상 결함의 전제조건인 합리적 대체설계의 가능성이 있었는지 여부에 관한 판단기준 일반에 대하여 아래와 같이 최초로 판단하였다.

위 대법원 판결에서 문제된 헬기는 「제조물책임법」 시행(2002. 7. 1.) 이전에 공급된 제조물이므로 「제조물책임법」이 적용될 여지가 없는 것이었으나, 대법원은 「제조물책임법」의 시행 이후에 선고된 위 판결에서 「제조물책임법」상의 설계상 결

---

[835] Schwartz 2(註 760), p.436. 위 글에서는 여기에서 말하는 효용은 비용의 절감, 성능의 개선, 기타의 요소 등에 의해 측정 가능하다고 한다.

[836] Schwartz 2(註 760), p.436.

[837] 149 F.3d 23, 25 – 26 (1st Cir. 1998). Kim(註 188), p.308에서 인용.

[838] Kim(註 188), p.308.

[839] 김대경(註 713), 109면 이하.

함에 관한 판단기준을 표시상 결함에 관한 판단기준과 함께 제시하였다.[840]

> "(제조물의) 결함 중 주로 제조자가 합리적인 대체설계를 채용하였더라면 피해
> 나 위험을 줄이거나 피할 수 있었음에도 대체설계를 채용하지 아니하여 제조물이
> 안전하지 못하게 된 경우를 말하는 소위 설계상의 결함이 있는지 여부는 제품의 특
> 성 및 용도, 제조물에 대한 사용자의 기대와 내용, 예상되는 위험의 내용, 위험에 대
> 한 사용자의 인식, 사용자에 의한 위험회피의 가능성, 대체설계의 가능성 및 경제적
> 비용, 채택된 설계와 대체설계의 상대적 장단점 등의 여러 사정을 종합적으로 고려
> 하여 사회통념에 비추어 판단하여야 한다."

다만 대법원은 위 2002다17333 사건에서 문제된 헬기는 '현재 갖추고 있는 정
도의 장치만으로도 통상적인 안전성은 갖춘 것이라고 보인다'고 판단하고, 따라서
대체설계가 채택되지 않은 설계상 결함이 있다는 원고의 주장을 배척하였다.

대법원은 이른바 '자동차 급발진' 여부가 문제된 사안에 관한 대법원 2004. 3.
12. 선고 2003다16771 판결[841]에서, 「제조물책임법」이 규정하는 설계상 결함을 인
정하기 위한 '합리적 대체설계' 여부의 판단기준에 대해 위 2002다17333 판결과 같
은 취지로 아래와 같이 판단하였다.

> "설령 이 사건 급발진사고가 운전자의 액셀러레이터 페달 오조작으로 발생하
> 였다고 할지라도, 만약 제조자가 합리적인 대체설계를 채용하였더라면 급발진사고
> 를 방지하거나 그 위험성을 감소시킬 수 있었음에도 대체설계를 채용하지 아니하여
> 제조물이 안전하지 않게 된 경우 그 제조물의 설계상의 결함을 인정할 수 있지만, 그
> 러한 결함의 인정 여부는 제품의 특성 및 용도, 제조물에 대한 사용자의 기대의 내
> 용, 예상되는 위험의 내용, 위험에 대한 사용자의 인식, 사용자에 의한 위험회피의
> 가능성, 대체설계의 가능성 및 경제적 비용, 채택된 설계와 대체설계의 상대적 장단
> 점 등의 여러 사정을 종합적으로 고려하여 사회통념에 비추어 판단하여야 할 것이
> 다(대법원 2003. 9. 5. 선고 2002다17333 판결 참조)."

위 2003다16771 사건에서 원고는 '쉬프트 록shift lock', 즉 운전자가 브레이크

---

840 대법원은 합성 교감신경흥분제인 페닐프로판올아민(Phenylprophanolamine)이 함유된 일반의약품인 감기
약 '콘택600'의 설계상 및 표시상 결함이 문제된 대법원 2008. 2. 28. 선고 2007다52287 판결에서도 이와 동
일한 취지로 판시하였다.

841 이 대법원 판결에 대한 대표적인 판례 평석으로 민유숙(註 661) 참조.

페달을 밟아야만 자동변속기 레버를 주차 위치에서 전후진 위치로 움직일 수 있도록 고안된 장치 등을 '급발진사고를 방지할 수 있는 대체설계'로서 주장하면서 사안에서 문제된 자동차의 쉬프트 록 미장착 또는 액셀러레이터 페달과 브레이크 페달 사이의 간격 등에 관한 설계상 결함을 주장하였으나, 대법원은 아래와 같은 이유로 원고의 주장을 배척하였다.

"이 사건에서 원고가 급발진사고를 방지할 수 있는 대체설계로서 주장한 쉬프트 록Shift Lock은 운전자가 브레이크 페달을 밟아야만 자동변속기 레버를 주차 위치에서 전(후)진 위치로 움직일 수 있도록 고안된 장치로서 쉬프트 록을 장착하더라도 모든 유형의 급발진사고에 대하여 예방효과가 있는 것이 아니고 시동을 켠 후 자동변속기의 레버를 주차 위치에서 후진 또는 전진 위치로 변속하는 단계에서 비정상적으로 액셀러레이터 페달을 밟는 경우에 한하여 이를 방지 또는 감소시키는 효과를 가질 뿐이며, 또한 설령 쉬프트 록이 장착된 차량이라고 할지라도 운전자가 자동변속기를 주차가 아닌 다른 위치에서 변속시키는 과정에서 급발진사고가 발생하는 위험성은 방지할 수 없어서 쉬프트 록의 장착으로 급발진 사고를 예방할 수 있는 효과가 크다고 보기 어렵고 그 정도를 가늠하기도 어려운 점, 운전자가 자동변속기 자동차의 기본적인 안전운전 요령만 숙지하여 실행하면 굳이 쉬프트 록을 장착하지 않더라도 동일한 사고예방효과가 있는데 자동차는 법령에 정하여진 바에 따른 운전면허를 취득한 사람만이 운전할 수 있고 액셀러레이터 페달의 올바른 사용은 자동차 운전자로서 반드시 숙지하여야 할 기본사항인 점, 일반적으로 자동변속기 또는 액셀러레이터 페달의 오조작을 감소시키려면 쉬프트 록 이외에도 여러 가지 안전장치를 강구할 수 있는 점, 통계상 급발진사고를 일으킨 차량은 그 이전에 동종의 사고를 일으킨 적이 없으며 그 후에도 그러하기 때문에 그 차량에 대하여 급발진사고를 대비한 안전장치가 없다고 하여 그 자동차가 통상적으로 기대되는 안정성을 결하였다고 보기 어렵다는 점 등 여러 사정에 비추어 볼 때 정리회사가 이 사건 자동차에 쉬프트 록을 장착하였더라면 급발진사고를 방지하거나 그 위험성을 감소시킬 수 있었음에도 이를 장착하지 아니하여 위 자동차가 안전하지 않게 된 설계상의 결함이 있다고는 볼 수 없는 것이다.

또한 기록에 의하면 국내외의 조사 결과 급발진사고를 일으킨 차량들에 있어서 액셀러레이터 페달과 브레이크 페달 사이의 간격과 사고 사이에는 관련성은 없는 것으로 밝혀진 사실, 페달 간격을 넓게 배치하면 오히려 위급상황시의 대처가 어렵게 될 위험성이 있는 사실이 인정되는바, 그렇다면 이 사건 자동차의 페달 간격에 있어서 운전자의 오조작을 야기할 수 있는 설계상의 결함이 있다고 볼 수도 없다."

대법원이 들고 있는 설계상 결함 여부의 판단에 관한 고려요소들은 위에서 본 Wade가 제시한 7개의 고려요소[842]와 제3차 리스테이트먼트 제2조 제b항에 관한 주석[843]에서 제시하고 있는 고려요소들과 크게 차이를 보이지 않고 있다.[844]

제조물책임 소송에서 설계상 결함 여부에 관한 판단의 실제에서는 대법원이 설시한 여러 요소들이 구체적으로 비중 있게 검토될 것이다. 그러나 합리적 대체설계의 판단기준 일반을 설정하는 문제에 관해서는, 대법원이 제시하는 판단기준에 의하더라도 '대체설계의 합리성에 관해서는 가능한 모든 요소들을 다각도로 고려하여야 한다'고 하는 다소 추상적인 기준이 도출될 뿐이라는 본질적 한계가 있다고 본다.

다만 대법원이 위 2003다16771 사건에서 '쉬프트 록Shift Lock'의 '합리적 대체설계' 해당 여부에 관한 원고의 주장을 배척하는 근거로 설시한 여러 구체적이고 상세한 사정들은, 자동차의 안전장치와 관련한 합리적 대체설계 여부의 판단과 관련해 ① 당해 안전장치의 장착 여부와 사고 예방 가능성 및 양자 사이의 인과관계 여부, ② 안전장치의 장착 여부가 제조물인 자동차 자체의 위험성 증대 내지 감소에 미치는 영향, ③ 제조물인 자동차의 결함 여부를 판단하는 기준이 되는 자동차의 소비자, 즉 운전자의 상정 기준, ④ 제조업자가 당해 안전장치의 장착 여부와 관련하여 예상하여야 하는 위험의 범위(오조작 등의 포함 여부) 등을 종합적으로 고려하여야 한다는 것으로서, 자동차에 대한 설계상 결함 판단의 구체적 기준 설정과 관련해 시사하는 바가 적지 않다고 본다.

4) 자율주행자동차와 설계상 결함 판단

가) 자율주행자동차와 합리적 대체설계

위에서 본 것과 같이 원고가 자율주행자동차의 설계에 관해 '합리적 대체설

---

842   Wade(註 827) 참조.

843   Restatement (Third) of Torts: Products Liability §2 comment. f 참조.

844   윤진수(註 691), 21면 이하 참조.

계 reasonable alternative design'를 증명한 경우 설계상 결함design defects를 인정할 수 있게 된다. 미국에서 설계상 결함의 대표적 판단기준인 '위험-효용기준'에 의할 때, 합리적 대체설계의 존재 여부의 판단기준에 관해서는 크게 '사후적 판단 체제hindsight regime'와 '기술수준 체제state-of-the-art regime'의 두 가지 접근방식이 존재한다고 말할 수 있다.[845]

먼저 '사후적 판단 체제'에서는 '제조물책임 소송의 재판 당시 시점에 알려진known 제조물의 위험'이 이를 회피하기 위한 비용을 초과하는 경우에 당해 제조물에 대해 결함을 인정할 수 있다.[846] 설계, 제조 및 판매 당시 제조업자가 알지 못하였거나, 경우에 따라서는 미리 아는 것이 과학적으로 불가능하였던 위험으로서 제조물의 사용 또는 오용誤用 과정에서 비로소 밝혀진 위험도 결함 판단에 고려한다는 입장이다. 미국 법원 판결들 중 석면asbestos 소송과 담배tobacco 소송 등 널리 알려진 판결들에서 위 기준에 따라 판단되었다고 말할 수 있다.[847]

다음으로 '기술수준 체제'에서는 원칙적으로 제조 당시의 제조업자의 인식 내지 인식 가능성을 기준으로 하여 제조업자가 제조 당시 알지 못하였던 위험은 고려하지 않지만, 법원이 사후적으로 심리·판단한 결과 제조물에 대한 설계, 제조 및 판매 당시의 과학기술 수준에 비추어 제조업자가 알았어야만 한다고 판단한 위험은 제조업자의 인식 대상이 되므로 결함을 인정할 수 있다.[848] 일부 미국 법원 판결들이 이러한 입장에 따랐다고 분류되고,[849] 아래에서 보는 기술수준의 항변을 입법화한 미국의 일부 주state 및 제3차 리스테이트먼트의 보고자들 역시 이러한 입장을 취하고 있다고 이해된다.[850] 우리 「제조물책임법」 역시 아래에서 보는 것과 같이 제4조 제1항 제2호에서 개발위험의 항변을 규정하면서 '해당 제조물을 공급한 당시

---

845 Omri Ben-Shahar, "Should Products Liability Be Based on Hindsight?", 14(2) J. of L., Econ. & Org. Oxford U. Press, 325, 1998, p.327 이하.

846 Omri Ben-Shahar(前註), p.327.

847 Beshada v. Johns-Manville Corp., 447 A.2d 539 (N.J. 1982); Green v. American Tobacco Co., 154 So.2d 169 (1963); Ross v. Up-Right Inc. 402 F.2d 943, 946 (5th Cir. 1968); Helene Curtis Industries, Inc. v. Pruitt, 385 F.2d 841, 850 (5th Cir. 1967); Phillips v. Kimwood Machine Co., 525 P.2d 1033 (Ore. 1974). Omri Ben-Shahar(註 845), p.327에서 들고 있는 판결들이다.

848 Omri Ben-Shahar(註 845), p.327.

849 Murphy v. Owens-Illinois, Inc, 779 F.2d 340, 342-3 (6th Cir. 1985). Omri Ben-Shahar, p.327 참조.

850 Omri Ben-Shahar(註 845), p.327.

의 과학·기술 수준'을 그 판단기준으로 명문화하여 이와 같은 입장에 서 있는 것으로 이해된다.

이와 같이 '사후적 판단 체제'와 '기술수준 체제'는 그 접근방식을 근본적으로 달리 하고 있다. 또한 이와 같은 접근방식의 차이점은 아래에서 항을 달리하여 살펴보는 결함 판단의 기준시점을 언제로 설정할 것인지의 문제와도 연관된다고 말할 수 있다. 다만 '기술수준 체제'에 의하더라도, 결함 여부의 판단은 원칙적으로 제조 당시의 제조업자의 인식을 기준으로 해야 할 것이나, 결국 제조업자가 인식하였어야 할 위험은 법원에 의해 사후적으로 설정·평가되는 설계, 제조 및 판매 당시의 '기술수준'에 의해 판단되게 된다. 따라서 제조물의 결함 여부가 오랜 시간 경과 후에 비로소 문제된 석면이나 담배 등의 사안과는 달리 제조물의 결함 여부가 비교적 빠른 시간 안에 문제되는 경우에는 소송의 실제에서 양 기준의 실질적 차이는 크지 않다고 말할 수 있다. 나아가 '기술수준 체제'에 의하더라도 법원이 결함 판단의 기준이 되는 기술의 수준을 사후적으로 폭넓게 설정할 수 있다면, '사후적 판단 체제'와 유사한 결과를 가져올 수 있다.

자율주행기술은 인간의 생명 침해 가능성까지도 항상 수반하는 자동차 운전에 관한 것으로서, 도입 직후부터 여러 유형의 교통사고 발생과 연관될 수 있고, 본격적인 상용화 이후에도 급속히 발전할 것으로 예상된다. 따라서 '기술수준 체제'에 의하더라도 법원으로서는 설계상 결함의 판단기준이 되는 '자율주행기술의 수준'을 사후적으로 폭넓게 설정할 수 있어야 한다고 봄이 타당하다. 다만 이를 제한없이 허용하게 되면 제조업자로 하여금 ① 제조물에 대한 안전장치의 설치, ② 보다 덜 위험한 기술의 개발 및 ③ 위험의 발견을 가능하게 하는 연구에 대한 투자를 꺼리게 하는 부작용을 일으킬 수 있고, 이를 통해 오히려 사회복리social welfare를 저해하는 결과를 가져올 수 있게 되므로, 이와 같은 방식에 의한 결함의 증명을 인정하는 것에 관해 신중할 필요도 있다.[851]

다른 한편으로 자율주행 중에 실제로 발생한 사고는 '자율주행자동차가 해당 사고를 방지하기 위해 어떻게 하면 보다 안전하게 만들어질 수 있었는가' 하는 점에 관한 새로운 관점을 필연적으로 제공해 줄 수 있게 된다. 따라서 사고 이후에 비

---

851 Omri Ben-Shahar(註 845), p.325. 이는 위 제2장 제2절 III. 4. '자율주행자동차의 사회·경제적 효과와 법적책임 판단 문제의 연관관계' 부분에서 살펴본 이른바 '자율주행자동차 제조업자 책임 제한론'의 입장과 일맥상통한다.

로소 '사후적'으로 판단되는 제조물책임 소송에서, 이와 같은 측면은 그 자체로서 '당해 자율주행자동차가 제조 당시에도 보다 안전하게 만들어질 수 있었다'. 즉 '합리적 대체설계가 제조 당시에도 이미 존재하였다'는 추론을 가능하게 할 수 있고, 이는 설계상 결함을 인정하게 하는 근거로서 기능할 수 있게 된다.[852]

즉 자율주행기술과 같이 지속적인 발전 도중에 있는 과학 기술 분야에서는, '기술수준 체제'의 접근방식을 취하더라도 기술의 본질상 원고 측에서 이와 같은 '사후적 판단에 따른 이익benefit of hindsight'의 관점에서 전문가증언expert witness 등을 통해 보다 안전한 대체설계의 존재를 증명하기 용이한 측면이 있다고 말할 수 있다.[853]

나) 자율주행자동차와 합리적 대체설계에 관한 원고의 증명책임의 구체적 내용

위와 같은 이론과 판례 법리에 따를 때, 자율주행자동차에 설계상 결함을 인정할 수 있으려면 원고는 제조업자가 합리적인 대체설계를 채용하였더라면 사고를 예방할 수 있었음을 증명하여야 한다.

위험-효용기준에 따를 때, 제조물에 관하여 원고가 제시하는 대체설계에 따른 안전성 증대의 효과가 원고 주장과 같은 대체설계로의 설계변경이 초래하는 비용을 초과할 때 해당 제조물에는 합리적 대체설계(즉 원고가 제시하는 대체설계)에 따르지 않은 결함이 있다고 인정할 수 있을 것이다.[854]

자율주행자동차의 합리적 대체설계 여부는 주로 자율주행의 안전성과 관련된 자율주행 소프트웨어 알고리즘의 적절성, 자동차와 운전자 또는 시스템 사용자 상호 간의 역할 분담에 관한 메커니즘의 합리성, 특히 3단계 자율주행에서 자율주행 중 수동전환이 필요한 경우의 개입요구와 관련된 경고기능 작동의 합리성 및 적절성, 각국의 교통관련 법제가 서로 다른 현실 하에서 예컨대 자율주행자동차가 여러 나라에서 국경을 넘어 주행하는 경우 개별 도로교통 법제를 준수하여 주행하도록 하는 소프트웨어의 적절성, 안전성과 관련된 소프트웨어의 신속한 업데이트 또는 보안 장치의 적절성 등과 관련한 설계의 합리성 및 타당성 여부가 문

---

852 Marchant · Lindor(註 99), pp.1333-4.

853 Marchant · Lindor(註 99), pp.1333-4.

854 Gurney 2(註 723), p.263; David G. Owen, "Toward a Proper Test for Design Defectiveness: 'Micro-Balancing' Costs and Benefits", 75 Tex. L. Rev. 1661, 1997(이하 'Owen 4'라고 한다), p.1689.

제될 것이다.[855]

보다 구체적으로 원고는 자율주행을 구현하는 요소들 중에서 기계적 장치와 부품(가령 센서 등)에 관하여 설계상 결함이 있음을 주장할 수 있고, 자율주행자동차를 제어하는 소프트웨어 알고리즘에 설계상 결함이 있음을 주장할 수도 있을 것이다. 자율주행 소프트웨어의 결함이 문제되는 경우와 관련해, 만약 사고 후에 해당 소프트웨어 중 해당 사고의 발생과 관련된 부분이 소프트웨어 개발회사나 자율주행자동차 제조업자 등에 의해 업데이트되었다면, 원고는 소프트웨어의 후속 업데이트 자체를 '합리적 대체설계reasonable alternative design'의 증거로 법원에 제출할 수 있을 것이다.[856]

다만 이와 관련해 미국에서는 연방증거규칙Federal Rules of Evidence 제407조[857]에서 사고 이후에 이루어진 이와 같은 소프트웨어 업데이트 등을 결함을 인정하기 위한 증거로 사용할 수 없다고 규정하는 것과 연관하여 다음과 같은 문제가 제기된다.

미국 연방법원에서는 위 규정에 따라 사고 이후에 실시된 업데이트에 관해서는 이를 증거로 받아들이지 않을 수도 있게 된다.[858] 만약 미국 연방증거규칙 제407조의 규정의 취지를 관철하여 사고 이후의 소프트웨어 업데이트를 설계상 결함을

---

855 권영준·이소은(註 85), 475면 참조. 소프트웨어 업데이트와 결함 판단에 관해서는 아래 III. '자율주행자동차의 소프트웨어 결함과 제조물책임' 중 3. '자율주행 소프트웨어의 업데이트와 제조물책임' 부분에서 상세히 살펴본다.

856 Kim(註 188), p.308.

857 미국 연방증거규칙 제407조는 "상해나 피해가 더 이상 발생하지 않도록 하는 후속 조치를 취한 경우에 그런 후속 조치를 취했다는 사실은, 주의의무 위반이나, 유책한 행위, 제조물 또는 그 설계의 결함, 경고 또는 지시의 필요성 등을 증명하는 증거로 사용할 수 없다"고 규정하고 있기 때문이다(다만 탄핵증거 혹은 소유관계 등 일정한 사실관계의 증명을 위한 증거로 제출하는 것은 허용하고 있다).

사고 이후에 제조업자 등이 사고의 재발 및 피해 확산 방지 조치를 꺼리는 것을 방지하거나, 이를 촉진하기 위한 취지로 이해된다. 원문은 다음과 같다.

Rule 407. Subsequent Remedial Measures

When measures are taken that would have made an earlier injury or harmless likely to occur, evidence of the subsequent measures is not admissible to prove:

negligence; culpable conduct; a defect in a product or its design; or

a need for a warning or instruction.

But the court may admit this evidence for another purpose, such as impeachment or—if disputed—proving ownership, control, or the feasibility of precautionary measures.

858 위 연방증거규칙 제101조는 위 연방 규칙은 연방법원(United States courts)의 민사사건(civil case)에 적용된다고 규정하고 있다.

뒷받침하는 증거로 제출하지 못하도록 한다면, 원고 측에서는 소프트웨어의 업데이트와 관련해서는 사고 이전의 것만을 문제삼을 수 있을 것이므로, 결국 원고가 설계상 결함과 관련하여 사고 이후의 소프트웨어 업데이트 자체를 원고 측에게 유리한 증거로 제출하는 것이 사실상 봉쇄되는 결과를 야기한다고 볼 수 있다.

그러나 원고로 하여금 이와 같은 소프트웨어 업데이트를 증거로 제출하는 것을 허용할 것인지 여부는 원고의 증명책임과 관련해 큰 의미를 가질 수 있다. 우선 이와 같은 결론의 타당성 자체에 관해 의문 제기가 가능하다. 또한 위 연방소송규칙 제407조가 자율주행 소프트웨어와 같이 고도의 첨단기술이 집약된 제조물까지도 염두에 두고 규정된 것인지에 관해서도 재고의 여지가 있다고 생각된다. 나아가 미국에서도 주법원에서는 이와 같은 후속조치를 엄격책임strict liability 소송으로서의 제조물책임 소송에서 받아들인 사례가 있다는 점도 참고할 필요가 있다.[859] 더구나 위 미국 연방증거규칙과 같은 명문의 규정을 찾아보기 힘든 우리 제조물책임법제의 해석과 관련해 위와 같은 해석론을 굳이 받아들일 필요는 없다고 본다.

한편 원고의 소프트웨어 업데이트의 증거 제출에 관해 제조업자는 아래에서 보는 면책사유 중 개발위험의 항변을 주장할 수 있을 것이다. 즉 사고 당시의 소프트웨어 버전을 그 출시 당시의 가장 높은 수준의 과학 · 기술수준을 기준으로 평가하더라도 이로써 위험을 회피하는 것이 불가능하였음을 주장할 수 있을 것이다.[860]

다) 자율주행자동차의 설계상 결함과 원고의 증명책임의 완화 필요성

고도의 첨단기술이 집약된 자율주행자동차의 설계상 결함에 관해서는, 아래와 같은 이유로 원고의 증명책임을 대폭 완화할 필요성이 두드러진다.

기계적 장치와 부품들에 관한 설계상 결함이 문제되는 경우 원고는 예컨대 센서가 자율주행자동차의 주변 환경을 보다 정확히 인식하는 방향으로 설계될 수 있었고, 그와 같이 설계되었어야 함에도 불구하고 그러지 못하였다는 점을 주장할 수 있을 것이다. 즉 센서 자체의 성능, 개수, 장착 위치 등에 관하여 대체설계가 채용

---

[859] Kim(註 188), p.308. 예컨대, 위스컨신(Wisconsin) 주 대법원에서는 자동차의 서스펜션(suspension) 시스템의 결함이 문제된 Chart v. General Motors Corp. 판결[80 Wis. 2d 91, 258 N.W. 2d 681 (1977)]에서, 위 연방증거규칙 제407조와 유사한 내용을 규정하고 있는 주 법령 규정인 WI Stat §904.07의 내용에도 불구하고, '피해 구제 조치를 저해하지 않기 위한 위 규정의 취지를 침해하지 않는다면 이를 제조물책임 소송에서 증거로 제출하는 것을 허용할 수 있다'고 판시하여, 제조업자가 취한 후속 조치를 원고 측의 증거로 받아들였다.

[860] 개발위험의 항변의 상세에 관해서는 아래 제5절 I. 2. '개발위험의 항변' 부분 참조.

되었어야 한다는 점 등을 주장할 수 있을 것이다.

그러나 소프트웨어의 결함이 문제되는 경우, 원고가 예컨대 제조업자가 보다 안전한 자율주행 인공지능 알고리즘을 설계·채택하였어야 한다는 점을 주장하는 것은 기계적 장치와 부품에 관한 설계상 결함을 주장하는 것보다 훨씬 어려울 수 있다. 즉 소송의 실제에서, 자율주행자동차의 움직임을 제어하는 컴퓨터 코드를 분석, 평가하여 합리적 대체설계를 제시하는 것은 그 자체로도 난이도가 매우 높은 작업일 뿐만 아니라 높은 소송비용이 필수적으로 수반될 수밖에 없다.[861]

또한 자율주행자동차의 사고와 기능장애의 원인 중 프로그램상 오류 또는 시스템 장애 등 소프트웨어의 알고리즘에 관한 것이 대부분을 차지할 것이므로, 자율주행자동차의 설계상 결함이 문제되는 대부분의 사건에서 원고는 위와 같이 그 증명이 훨씬 어려운 소프트웨어 알고리즘상의 대체설계를 증명하여야 할 것이다.[862]

즉 원고는 사고를 일으킨 자율주행자동차에서 채용된 소프트웨어 알고리즘이 사고를 예방하기 위하여 과연 어떻게 보다 안전한 방법으로 대체설계되었어야 했는지를 고도의 전문성을 갖춘 전문가증인 등에 의하여 증명하여야 하고,[863] 이는 필연적으로 소송비용의 커다란 증대를 가져올 것이므로, 만약 사고로 인한 피해가 크지 않다면 소송 자체를 주저하게 하는 요인이 될 수도 있다.[864]

이와 같은 현상은 '제조물로서의 자율주행자동차의 안전성 확보'라는 제조물책임법제의 기능을 필요 이상으로 저해하는 요인으로 작용할 수 있다. 자율주행자동차에 대해서도 대부분 기존의 자동차와 마찬가지로 보험 가입에 따른 사고처리와 손해배상이 가능하리라는 점을 감안하더라도, 제조물의 안전성 확보라는 차원에서의 문제는 마찬가지로 제기될 수 있다. 따라서 법원으로서도 이와 같은 문제의식을 가지고 자율주행자동차의 설계상 결함에 관한 원고의 증명책임을 적절하고도 타당한 수준으로 완화할 필요성을 늘 염두에 둘 필요성이 있다. 설계상 결함 판단

---

861 Kyle Graham, "Of Frightened Horses and Autonomous Vehicles: Tort Law and Its Assimilation of Innovations", 52(4) S. C. L. Rev. 1241, 2012, p.1243.

862 Marchant · Lindor(註 99), p.1339.

863 Gurney 2(註 723), pp.263-264.

864 Orly Ravid, "Don't Sue Me I Was Just Lawfully Texting & Drunk When My Autonomous Car Crashed Into You", 44 Sw. L. Rev. 175, 2014, p.199 이하도 이와 같은 '잠재적 원고들의 소송상 장벽(litigation hurdles for potential plaintiffs)' 문제점을 지적하면서, 소송비용의 증대는 자율주행자동차의 사고로 인한 피해자가 사고로 인해 발생한 실제 손해를 완전히 배상받지 못하도록 하는 문제점을 가져올 수 있다고 한다.

에 관한 위험-효용기준에 의할 때 제조업자는 반드시 가능한 가장 안전한 기술을 사용할 것이 요구되지 않는다는 점[865]에 비추어 볼 때 특히 그러하다.[866] 자율주행자동차와 같이 고도의 기술적 요소가 결합된 제조물에 대해서 일반 소비자가 합리적인 대체설계를 제시한다는 것은 현실적으로 불가능하다고 볼 수 있고, 결과적으로 이는 소비자가 설계상 결함을 이유로 제조물책임을 추궁하는 것을 불가능하게 만들 수 있기 때문이다.[867] 나아가 자율주행자동차의 상용화 초기 단계에는 원고가 '합리적 대체설계'의 사례로 제시할 직접적인 비교대상을 찾기도 어려울 것이다.

따라서 제조물책임법제의 시각에서 소비자인 원고의 보호에 불필요한 공백이 발생하지 않도록 위에서 본 '소비자기대기준'이나 'Barker 기준' 또는 '2단계 기준' 등 설계상 결함을 인정하기 위한 탄력적인 판단기준을 적용할 것을 검토해 볼 수 있을 것이다.

자율주행주행자동차의 설계상 결함의 인정 역시 자율주행기술의 발전에 크게 영향을 받을 것이다. 자율주행기술이 본격적으로 상용화되고 이에 수반하여 여러 제조업자 등 또는 소프트웨어 개발자가 사용하는 다양한 자율주행기술의 구체적인 원리와 내용, 방식과 특질, 그에 따른 장·단점 등이 널리 알려지고 난 이후에는, 원고는 다른 제조업자 또는 개발자가 채택한 설계를 '합리적인 대체설계'로 제시할 수도 있을 것이다. 법원으로서도 이와 같은 방식에 따른 원고의 설계상 결함 증명을 폭넓게 받아들임으로써, 원고의 증명상 부담을 가능한 경감시키기 위해 의식적으로 노력할 필요가 있다. 이와 같은 접근방식은 자율주행자동차에 대해 필요한 안전성 확보의 문제와도 직결될 수 있는 것으로서, 위에서 서술한 것과 같이 자율주행기술의 결함 판단을 위해 비교의 대상이 되는 기술 수준은 최선最善의 것이어야 한다는 명제와도 부합하는 것이기 때문이다.

---

865 Gurney 2(註 723), p.263.

866 이와 관련해 Owen 4(註 854), p.1686에서 제조업자가 선택한 설계의 타당성은 법적 결과를 좌우하는 큰 의미를 가지지만, 이는 소송상으로는 결국 원고가 제시하는 대체설계의 바람직성(desirability)에 대한 평가를 통해 간접적으로 판단될 수밖에 없다는 것을 지적하는 점 역시 참조.

867 이영철, "자율주행자동차 사고에 따른 손해배상책임—현행 법규 적용상의 문제와 개선점—", 상사법연구 제36권 제1호, 한국상사법학회, 2017, 330면.

다. 자율주행자동차와 표시상 결함 판단

1) 표시상 결함과 합리적 지시 또는 경고reasonable instructions or warnings

우리 「제조물책임법」 제3조 제2호 다목 및 미국 제3차 리스테이트먼트 제3조 제c항의 표시상 결함에 관한 정의에서 명시적으로 채택된 바에 따라, 원고는 제조업자가 하였어야만 했던 '합리적인 설명·지시·경고 기타의 표시' 및 그로 인한 '제조물에 의하여 발생될 수 있는 피해나 위험'의 경감 또는 회피의 가능성을 증명하여야 한다.

표시상 결함의 판단에 관해서도 설계상 결함의 판단에서와 같이 '합리성 reasonableness'의 개념은 여전히 문제된다. 제조업자가 예상되는 모든 위험에 대해 표시하는 것은 현실적으로 불가능하므로, 결국 '제조업자가 어느 범위까지 위험을 표시하여야 하는지'가 문제된다.[868]

표시상 결함은 제조상 결함 및 설계상 결함이 존재하는지 여부와 상관 없이(즉 제조상 및 설계상 결함이 부존재하는 경우에도) 독자적으로 문제될 수 있다.[869] 즉 제조물 자체에 결함이 없는 경우에도 경고의무duty to warn의 문제는 발생할 수 있다.[870] 반면에 적절한 경고가 있었더라도 제조업자의 제조상 또는 설계상 결함으로 인한 책임이 그 자체로 면제되는 것은 아니다.[871]

---

[868] 윤진수(註 691), 35면 참조.

[869] Kim(註 188), p.309 참조.

[870] Battersby v. Boyer et al., 526 S.E.2d 159, 162 (Ga. Ct. App. 1999). 원고의 아들이 4바퀴 구동의 ATV(all terrain vehicle)를 운전하고 원고가 이에 함께 탑승하였다가, 위 ATV가 뒤집히면서 원고 위로 떨어진 사안에서, 법원은 다음과 같이 판단하였다.
제조물 자체에는 결함이 없더라도 경고의무(duty to warn)가 인정될 수 있다. 특정한 상황에서 위험이 발생할 수 있다는 것(즉 위 ATV에 승객이 함께 탑승하는 경우에는 뒤집힐 위험이 있다는 것)을 판매자가 예상할 수 있었던 경우에는, 판매자는 그와 같은 위험을 적절히 경고하여야 하고, 그와 같은 경고가 없이 판매된 제조물은 '결함 있는 상태(defective condition)'에 있는 것으로 인정될 수 있다.

[871] Uloth v. City Tank Corp., 384 N.E.2d 1188, 1192 (Mass. 1978). 원고가 트럭에 장치된 폐기물 하치 장비를 작동시키던 중 부상을 입은 사안에서, 법원은 다음과 같은 취지로 판단하였다.
적절한 경고(adequate warning)가 제조물의 사용으로 인한 부상의 위험성을 감소시킬 수 있다고 하더라도, 그와 같은 경고만에 의해 제조업자가 제조물의 안전성에 관한 책임을 전적으로 면한다고 볼 수는 없다. 이 사건에서의 원고와 같이 위험한 기계장비로 작업을 하지 않으려면 직장을 그만두는 외에는 다른 선택이 없는 경우에 특히 그러하다. 이 사건에서와 같이 작업자의 기계적인 작업 중의 순간적인 부주의가 문제되는 경우 경고만으로는 위험을 제거하는 것으로 불충분하므로, 이와 같은 경우를 예상하여 안전을 위한 조치를 마련할 필요가 있다.

2) 표시상 결함의 판단기준

가) 판단기준의 구체적인 내용

표시상 결함 여부의 판단에 관해서도 위에서 살펴본 '위험-효용기준'이 적용된다고 볼 수 있다.[872] 표시상 결함의 판단에 관해서는 구체적으로 위험이 실현된다면 발생할 손해의 중대성 및 그 발생 가능성, 위험을 소비자가 잘 이해할 수 있게 표시하였는가, 표시가 없더라도 위험을 사용자가 얼마나 잘 알 수 있었는가, 소비자가 전문가로서 위험을 충분히 알고 있었다고 볼 수 있는가 하는 점들을 고려할 필요가 있다.[873]

이에 관해, 미국 제3차 리스테이트먼트에서는 '명백하고 일반적으로 알려진 위험obvious and generally known risks', 즉 소비자에게 명백하거나 일반적으로 알려진 위험에 대해서는 제조업자의 표시 및 지시 의무를 인정할 수 없다고 한다.[874] 그 근거에 관해서는, 그와 같은 성질의 제조물의 위험은 그 존재 자체로 표시 또는 지시의 무를 하고 있기 때문에 이를 부가적으로 경고한다고 하더라도 제품 사용상의 안전성이 효과적으로 증진될 수 없다거나, 그와 같은 위험을 추가적으로 경고한다면 그 경고가 사용자 또는 소비자에 의해 무시될 수도 있어 경고의 의미가 오히려 퇴색될 수 있기 때문이라는 등으로 설명된다.[875]

다만 이와 같은 '명백하고 일반적으로 알려진 위험'에 관한 설명 내용은 '위험-효용기준'을 극단적으로 적용한 결과로서 제조업자 측의 이해관계에 다소 편중된 것으로 볼 여지도 있고, 그와 같은 설명을 모든 경우에 예외 없이 일반화할 수 있을 것인지에 관해 의문 제기도 충분히 가능하다고 본다.

나) 표시상 결함에 관한 대법원의 태도

대법원은 이른바 '시코르스키Sikorsky 헬기 추락사건'에 대한 대법원 2003. 9. 5.

---

872 윤진수(註 691), 34면.

873 MünchKomm/Wagner, §823 Rdnr. 638, 641, 642 ff. 참조[윤진수(註 691), 35면에서 재인용. 이는 일반불법행위상의 표시의무에 관한 서술이나, 표시상 결함 판단에 관해서도 참고가 될 수 있다고 본다].

874 Restatement (Third) of Torts: Products Liability §3 comment. j.

875 前註.

선고 2002다17333 판결[876]에서 아래와 같이 판단하여 지시 또는 경고의무의 내용과 정도에 관해 '제조물의 특성, 통상 사용되는 사용형태, 제조물에 대한 사용자의 기대의 내용, 예상되는 위험의 내용, 위험에 대한 사용자의 인식 및 사용자에 의한 위험회피의 가능성 등'을 그 판단요소로서 제시한 바 있다.[877]

> "제조물에 대한 제조상 내지 설계상의 결함이 인정되지 아니하는 경우라 할지라도, 제조업자 등이 합리적인 설명, 지시, 경고 기타의 표시를 하였더라면 당해 제조물에 의하여 발생될 수 있는 피해나 위험을 줄이거나 피할 수 있었음에도 이를 하지 아니한 때에는 그와 같은 표시상의 결함(지시·경고상의 결함)에 대하여도 불법행위로 인한 책임이 인정될 수 있고, 그와 같은 결함이 존재하는지 여부에 대한 판단을 함에 있어서는 제조물의 특성, 통상 사용되는 사용형태, 제조물에 대한 사용자의 기대의 내용, 예상되는 위험의 내용, 위험에 대한 사용자의 인식 및 사용자에 의한 위험회피의 가능성 등의 여러 사정을 종합적으로 고려하여 사회통념에 비추어 판단하여야 한다."

다만 대법원은 위 헬기의 특성상 부품인 스태빌레이터stabilator의 비정상적인 작동이 피토트 튜브pitot/static tube, 動靜壓管, 동정압관의 결빙 때문에 초래될 수 있음은 조종사들이 쉽게 알 수 있는 내용이므로, 지시·경고상의 결함 역시 인정되지 않는다고 판단하였다.[878]

대법원은 이른바 '자동차 급발진' 여부가 문제된 대법원 2004. 3. 12. 선고 2003다16771 판결에서는 아래와 같은 이유로 표시상 결함을 부정하였다.

> "이 사건 자동차의 취급설명서에 엔진시동 시에는 액셀러레이터 페달과 브레이크 페달의 위치를 확인한 후 브레이크 페달을 밟고 시동을 걸고 자동변속기 선택 레버를 이동시키라는 지시문구가 기재되어 있으므로 원고가 위 지시 내용을 확인하

---

[876] 위에서 본 것과 같이, 위 대법원 판결에서 문제된 헬기는 제조물책임법 시행(2002. 7. 1.) 이전에 공급된 제조물이었으므로 제조물책임법이 적용되지 않는 사안이었으나, 대법원은 제조물책임법의 시행 이후에 선고된 위 판결에서 제조물책임법상의 설계상 결함뿐만 아니라, 표시상 결함에 관한 판단기준을 함께 제시하였다.

[877] 대법원은, 대법원 2004. 3. 12. 선고 2003다16771 판결(이른바 '자동차 급발진' 여부가 문제된 사안) 및 대법원 2008. 2. 28. 선고 2007다52287 판결(이른바 '콘택600'의 결함 여부가 문제된 사안)에서도 대법원 2002다17333 판결에서와 마찬가지로 판시하였다.

[878] 이에 대해서는 위 헬기의 조종사들이 고도의 훈련을 받은 사람이었으므로, 법원도 사용설명서의 일반적인 설명만으로도 충분한 지시, 경고가 있었던 것으로 판단한 것으로 평가하는 견해가 있다. 윤진수(註 691), 36면 이하.

고 이에 따랐더라면 이 사건 사고는 충분히 예방할 수 있었던 점을 인정할 수 있으므로, 법령에 의한 면허를 갖춘 사람만이 운전할 수 있는 자동차에 있어서 위의 지시 외에 운전자가 비정상적으로 액셀러레이터 페달을 밟는 경우까지 대비하여 그에 대한 경고나 지시를 하지 아니하였다 하여 결함이 존재한다고 볼 수는 없다" 이유로 표시상 결함을 부정하였다.

대법원은 이른바 '콘택600'의 결함 여부가 문제된 2008. 2. 28. 선고 2007다52287 판결에서도, 콘택600의 사용설명서에는 부작용으로 출혈성 뇌졸중이 표시되어 있는 사실 등을 근거로, 사회통념상 콘택600에는 출혈성 뇌졸중의 위험에 대한 적절한 경고표시가 기재되어 있었다고 보아야 하고, 피고 제약회사에게 '의사의 처방이 필요하지 않은 일반의약품인 콘택600을 복용할 당시 특별히 더 출혈성 뇌졸중의 위험성을 경고하여 콘택600을 복용하지 말도록 표시하였어야 할 의무가 있다고 하기 어렵다는 이유로 표시상 결함을 부정하였다.

3) 자율주행자동차와 표시상 결함 판단

가) 자율주행기술과 합리적 지시, 경고

자율주행자동차에 관한 합리적 지시 또는 경고를 다하기 위해서, 해당 자율주행자동차에 탑재된 자율주행기술의 기본 원리와 조작법, 자율주행 관련 주요 부품과 장치에 관한 관리방법 등 필요한 정보가 적절하게 제공되어야 할 필요가 있다. 특히 해당 자율주행자동차에 탑재된 자율주행기술의 작동 범위와 한계를 명확하게 설명할 필요가 있다고 본다. 또한 자율주행기술의 상용화 초기의 지속적인 기술 발전 단계에서는 기술의 발전에 따른 소프트웨어 업그레이드 등 업데이트에 관한 정보 역시 필수적으로 제공되어야 할 것이다.[879] '제조물로서의 자율주행자동차의 안전성' 확보를 위해서는 필요한 정보를 신속하게 제공할 필요성이 있다.

---

[879] 자율주행자동차의 표시상 결함과 관련하여, 자율주행자동차의 '경고시스템', 즉 자율주행시스템에 기능 장애 등 문제가 생기거나, 수동운전 전환 필요시에 필요한 경고 등이 적절히 주어지지 않는다면 '표시상 결함'이 문제될 수 있다는 견해가 있다[명순구 외(註 61), 156면(명순구·이제우 집필부분)].
그러나 '표시상 결함'에 관하여 「제조물책임법」에서 말하는 "합리적인 설명·지시·경고 또는 그밖의 표시"(제조물책임법 제2조 제2호 다목)가 이와 같은 자율주행시스템의 수동운전 전환 지시 또는 경고까지도 포함한다고 볼 수 있을지 다소 의문이다.

이 경우의 자율주행자동차의 성능 내지 자율주행기술에 대한 '표시'는 자율주행자동차에 대한 사용설명서의 내용 등 단지 좁은 의미에서의 표시labeling880에 국한된다고 볼 것이 아니라, 광고나 마케팅 등 넓은 의미에서의 제품에 관한 설명representation까지도 포함하는 넓은 의미로 해석하는 것이 타당하다.[881] 자율주행자동차의 기본 개념concept의 추상성에 비해 자율주행기술의 작동기전mechanism과 같은 기술의 구체적인 내용은 매우 혁신적인 요소들을 다수 포함하고 있으므로, 특히 자율주행자동차의 상용화 초기에는 제조업자 등과 소비자 간의 정보의 비대칭성이 월등하여 소비자를 보호할 필요성이 훨씬 크다고 보아야 하기 때문이다.

자율주행기술의 구체적인 내용과 작동기전mechanism 자체의 복잡성과는 대조적으로 제조업자의 입장에서는 상품으로서의 자율주행자동차의 '상품성commercial value' 내지 '시장성'의 측면에서 위 기술이 탑재된 자율주행자동차의 조작법을 가능한 단순하고 직관적으로 만들 충분한 유인을 가지리라고 예상해 볼 수 있다. 자율주행자동차의 조작법이 매우 까다롭다거나, 복잡한 지식의 습득을 필수적으로 요구한다면 시장에서 환영받지 못할 것임을 어렵지 않게 예측할 수 있기 때문이다. 그럼에도 불구하고 제조업자로서는 위에서 본 것과 같이 소비자에게 자율주행자동차의 사용과 관련해 필요한 정보들을 빠짐없이 적절히 제공할 필요가 있다.

나) 표시상 결함의 판단기준에 관한 고려사항

자율주행자동차의 도입 초기에는 첨단기술인 자율주행기술에 관한 설명·지시 또는 경고에 관하여 표시상 결함이 문제되는 경우도 많이 생길 수 있다. 다만 시간의 경과에 따라 자율주행자동차의 도입이 본격화되고, 자율주행기술이 일반화·고도화되어 자동차의 운전에 인간의 개입이 최소화된다면 이에 비례하여 이론

자율주행자동차의 '경고시스템' 자체가 '필요시에 제대로 작동하지 않은 경우'에는 제조상 결함 또는 설계상 결함의 문제될 여지가 있을 뿐이라고 생각된다. 제조업자 등이 자율주행자동차의 '경고시스템' 자체에 관해 필요한 표시와 설명 등을 다하지 않은 경우에 '표시상 결함'이 문제될 것이다.

즉 표시상 결함에서 말하는 '합리적인 지시 또는 경고'는 이와 같은 자율주행자동차의 '경고시스템'에 관하여서라면, 위 경고시스템에 대하여 소비자(사용자)에게 주어져야 할 그 작동 원리와 구체적 내용과 한계 등에 관한 설명·지시·경고 또는 그밖의 표시를 말하는 것으로 이해하는 것이 타당하다고 본다.

880 당해 제조물이나 용기 또는 포장, 기타 부속자료(대표적인 것이 제품사용설명서이다) 등에 관한 것을 말한다. 박성용, "PL법상 표시상 결함법리의 표시광고법에의 적용가능성", 소비자문제연구 제36호, 2009. 10, 27면.

881 박성용(前註), 27면 이하.

상 및 실제상으로 자율주행자동차에 관하여 표시상의 결함이 문제되는 일 역시 점차 감소하리라고 예상해 볼 수 있다.

이에 관해 특히 자율주행자동차의 도입 초기에는 표시상의 결함의 인정 범위를 보다 넓힐 필요가 있고, 구체적으로 다음과 같은 점들을 참고할 수 있다. 먼저 미국 통일상법전Uniform Commercial Code. U.C.C.[882] 제2-313조의 "확인, 약속, 설명 및 견본에 의한 명시적 보증"[883], 제2-314조의 "상품성merchantability[884]에 관한 묵시적 보증"[885]

---

[882] U.C.C.에 대한 한글 번역본으로는 박정기 · 윤광운 역, 미국통일상법전 – Uniform Commercial Code(UCC), 법문사, 2006 참조.

[883] U.C.C. §2-313. Express Warranties by Affirmation, Promise, Description, Sample.
(1) Express warranties by the seller are created as follows:
(a) Any affirmation of fact or promise made by the seller to the buyer which relates to the goods and becomes part of the basis of the bargain creates an express warranty that the goods shall conform to the affirmation or promise.
(b) Any description of the goods which is made part of the basis of the bargain creates an express warranty that the goods shall conform to the description.
(c) Any sample or model which is made part of the basis of the bargain creates an express warranty that the whole of the goods shall conform to the sample or model.
(2) It is not necessary to the creation of an express warranty that the seller use formal words such as "warrant" or "guarantee" or that he have a specific intention to make a warranty, but an affirmation merely of the value of the goods or a statement purporting to be merely the seller's opinion or commendation of the goods does not create a warranty.

[884] 통상 '상품성'으로도 번역되나, 여기에서 말하는 '상품성(merchantability)'은 책임의 발생 요건으로서 기능한다는 점에서 '상품적합성'으로 번역할 수도 있다고 보인다.

[885] U.C.C §2-314. Implied Warranty: Merchantability; Usage of Trade.
(1) Unless excluded or modified (Section 2-316), a warranty that the goods shall be merchantable is implied in a contract for their sale if the seller is a merchant with respect to goods of that kind. Under this section the serving for value of food or drink to be consumed either on the premises or elsewhere is a sale.
(2) Goodsto be merchantable must be at least such as
(a) pass without objection in the trade under the contract description; and
(b) in the case of fungible goods, are of fair average quality within the description; and
(c) are fit for the ordinary purposes for which such goodsare used; and
(d) run, within the variations permitted by the agreement, of even kind, quality and quantity within each unit and among all units involved; and
(e) are adequately contained, packaged, and labeled as the agreementmay require; and
(f) conform to the promise or affirmations of fact made on the container or label if any.
(3) Unless excluded or modified (Section 2-316) other implied warranties may arise from course of dealing or usage of trade.

및 제2-315조의 "특정 목적 적합성에 관한 묵시적 보증"[886]에 관한 규정 내용과 취지를 표시상 결함의 인정 여부 판단에 참고할 수 있다고 본다. 미국에서 다수의 제조물책임 소송이 U.C.C. 제2조에 근거하여 제기되었고, 그중 상당수 주장이 법원에 의해 받아들여져 왔다는 점 역시 참고할 수 있다.[887]

Denny v. Ford Motor Co. 판결[888]에서, 법원이 포드 자동차의 SUV sports utility vehicle 'Ford Brondo II'가 전복된 사안에 대해서 위 자동차의 '설계design'에 관해 불법행위 엄격책임이 정하는 결함defectiveness 요건 충족이 인정되지 않는다고 하더라도, 상품성에 관한 묵시적 보증implied warranty of merchantability의 위반이 인정될 수 있다고 판단하였다는 점 역시 참고할 수 있어 보인다.

또한 불법행위에 관한 제2차 리스테이트먼트 제402B조가 광고advertising에 의한 불실표시misrepresentation를 불법행위책임 발생 원인에 포함시키고 있는 점도 그 해석론에 참고가 될 수 있다고 본다.[889]

다만 U.C.C. 제2-313조의 "명시적 보증"은 "계약책임"에 관한 것이고, 불법

---

886 U.C.C §2-315. Implied Warranty: Fitness for Particular Purpose.
Where the seller at the time of contracting has reason to know any particular purpose for which the goods are required and that the buyeris relying on the seller's skill or judgment to select or furnish suitable goods, there is unless excluded or modified under the next section an implied warranty that the goods shall be fit for such purpose.

887 Owen 1(註 668), p.276 참조. 역으로 U.C.C. §2-314 comment. 7 (2003)에서 "사람 또는 재산에 대한 손해에 대해 배상이 청구된 경우 상품이 상품성을 갖춘 것인지 여부는 주의 제조물책임 [불법행위]법에 의해 판단되어야 할 것이다(whether goods are merchantable is to be determined by applicable state products liability [tort] law)"라고 설명하고 있는 점도 참조[Owen 3(註 800), p.299].

888 662 N.E.2d 730. Owen 1(註 668), p.298에서 인용. 위 판결에 따르면 "불법행위법과 묵시적 보증 이론에서의 결함의 개념(defect concept)을 구분하는 것은, 대부분의 사건에서 거의 차이를 가져오지 않는다"라고 한다 [Owen 3(註 800), p. 298].

889 불법행위에 관한 제2차 리스테이트먼트 제402B조는 다음과 같이 규정하고 있다. 위 제402B조가 그 편제상 위에서 본 것과 같은 제조물책임에 관한 제402A조에 뒤이어 규정되어 있다는 점 역시 일응의 참고가 될 수 있다고 생각된다.
Restatement (Second) of Torts §402B. Misrepresentation By Seller Of Chattels To Consumer
One engaged in the business of selling chattels who, by advertising, labels, or otherwise, makes to the public a misrepresentation of a material fact concerning the character or quality of a chattel sold by him is subject to liability for physical harm to a consumer of the chattel caused by justifiable reliance upon the misrepresentation, even though
(a) it is not made fraudulently or negligently, and
(b) the consumer has not bought the chattel from or entered into any contractual relation with the seller.

행위에 관한 제2차 리스테이트먼트 제402B조는 "불실표시misrepresentation"를 요건으로 하고 있는 "불법행위"로서의 구제수단에 관한 것이라는 점에는 유의할 필요가 있다.[890]

또한 자동차 제조업자가 자동차의 앞유리가 비산방지shatterproof 기능을 갖추었다고 카탈로그catalogue 등으로 표시하였으나 앞유리가 깨져 원고가 눈을 다친 사안에서 제조업자인 Ford사의 표시에 따른 책임을 인정한 사례인 Baxter v. Ford Motor Co. 판결[891]도 비록 오래 전의 사례이나 그 취지를 참고할 수 있다고 본다.

또한 자율주행기술과 같은 첨단기술에 관련된 제조물의 경우 제조상 또는 설계상 결함뿐만 아니라, 표시상 결함에 관해서도 그 결함 판단의 증명의 대상 여하에 따라서는 전문가증언expert testimony이 필요하다고 볼 경우도 있을 수 있다.[892] 예컨대 Ruggiero v. Yamaha Motor Corp. 판결[893]에서는, 원고가 수상 바이크personal watercraft[894]에서 떨어져 부상을 입은 사안에서 표시상 결함에 관해서도 증명 대상이 "사실인정 주체의 일반적인 지식에서 벗어나거나 과학적, 기술적 또는 그밖의 특수한 지식에 의존할 수밖에 없는 경우falls outside of the common knowledge of the factfinder and depends on scientific, technical, or other specialized knowledge"에는 전문가증언이 필요하다고 판단하였다.[895]

자율주행기술에 적용된 소프트웨어의 결함이 문제되는 경우에는, 그 증명의 대상이 위 판결에서 제시된 것과 같은 요건에 해당한다고 볼 여지가 크므로, 전문

---

890 따라서 당사자가 위 Restatement (Second) of Torts §402B를 원용하기 위해서는 불실표시의 주장(pleading)이 필요하고, U.C.C. § 2-313(1)(a)의 명시적 보증이 단지 "사실의 확인(affirmation of facts)"만을 요구하는 것과 대비된다는 점(Marshall S. Shapo, Shapo on the Law of Products Liability, Vol. 1, Wolters Kluwer Law & Business, 2013, 4-3) 등도 참고할 필요가 있다.

891 168 Wash. 456, 12 P.2d 409 (1932).

892 Kim(註 188), p.309.

893 No. 1:2015cv00049 - Document 32(D.N.J. 2017).
https://www.gpo.gov/fdsys/pkg/USCOURTS-njd-1_15-cv-00049/pdf/USCOURTS-njd-1_15-cv-00049-0.pdf(2018. 11. 11. 최종확인)

894 이른바 '제트스키(jet-ski)'. 우리나라에서 흔히 사용되는 '제트스키'라는 용어는, 일본의 관련 제조업체 가와사키(Kawasaki)의 제품 브랜드명이라고 한다.

895 Jerista v. Murray, 883 A.2d 350, 364 (N.J. 2005); Butler v. Acme Mkts., Inc., 445 A.3d 1141, 1147 (N.J. 1982) 판결을 인용하고 있다. 다만 위 사안에서는 원고 측 전문가증언에 연방증거규칙 제702조가 정하는 ① 자격(qualification), ② 신뢰성(reliability), 및 ③ 적합성(fit) 등 요건[Schneider v. Fried, 320 F.3d 396, 404 (3d Cir. 2003)]이 결여되었다고 보아, 위 전문가증언을 배제(exclude)하였다.

가증언의 필요성이 대두될 수 있고,[896] 이는 필연적으로 소송비용의 증대를 가져올 수 있다.

라. 자율주행자동차와 통상적으로 기대할 수 있는 안전성의 결여

자율주행자동차에 관하여 '통상적으로 기대할 수 있는 안전성'의 판단기준을 찾는 것은 쉽지 않다고 말할 수 있다. 자율주행기술은 아직 상용화되기 전이고, 도입 이후에도 지속적으로 발전할 것으로 예상되기 때문이다. 자율주행자동차가 사고나 고장을 일으켰다고 하여 곧바로 통상적으로 기대할 수 있는 안전성이 결여되어 있다고 하기는 어려울 것이다.

다만 이에 관해서는 원칙적으로 위에서 본 것과 같이 자율주행자동차의 제조와 공급 당시의 자율주행기술의 수준을 종합적으로 고려하여 판단하여야 할 것이고, 당시의 가장 높은 수준의 자율주행기술 수준을 기준으로 함이 타당하다고 본다.

첨단기술인 자율주행자동차의 결함 판단에 관해 특히 위에서 살펴본 여러 기준들에 의해 제기되는 원고의 증명책임에 관한 문제점, 특히 결함추정의 법리에 관한「제조물책임법」제3조의2 제3호가 '손해가 해당 제조물의 결함 없이는 통상적으로 발생하지 아니한다는 사실'의 증명을 요구하는 것과 관련해 제기되는 문제점들은, 마찬가지로 '통상적'이라는 요건을 요구하는 위 기준에 관해서도 동일한 문제를 제기하게 될 것이다.

그러나 자율주행자동차의 설계상 결함 판단에 관한 소비자기대기준의 적용가능성에 관한 위 논의에서 살펴본 것과 같이, 자율주행자동차의 '안전성'에 관해 '합리성'이라는 측면에 근거한 '통상적'인 '기대'의 개념을 상정하는 것이 불가능한 것은 아니라고 본다. 즉 자율주행자동차의 안전성에 관한 통상적인 기대의 형성을 위해 일반적인 소비자의 입장에서 자율주행기술의 작동원리와 구체적 작동기전mechanism을 반드시 전부 알고 있어야만 할 필요는 없다고 볼 수 있기 때문이다.

즉 첨단기술이 적용된 자율주행자동차에 관한 제조물책임 소송에서 제조상·설계상·표시상 결함에 관한 원고의 주장이 모두 받아들여지지 않는다고 하더라도, 자율주행자동차에 '통상적으로 기대할 수 있는 안전성'이 결여되었다는 주장이

896　Kim(註 188), p.309.

받아들여지지 않을 것이라고 단정하기는 어려울 것이다. 다만 그 구체적인 주장·증명과 관련해서는 여러 난점이 있을 수 있으므로, 이 요건과 관련해서도 마찬가지로 원고의 증명책임을 합리적으로 완화할 것이 필요하다고 본다.

Ⅲ. 자율주행자동차의 소프트웨어의 결함과 제조물책임

1. 개요

위에서 본 것과 같이 자율주행자동차에서는 하드웨어적인 부품의 물리적 결함 여부보다는 소프트웨어 및 알고리즘의 결함 여부가 중요하게 대두될 수 있다. 소프트웨어의 결함 문제는 자율주행 소프트웨어의 구성요소 혹은 작동기전 중 '지각perception', '계획planning' 및 '제어control' 각각의 영역에서 발생할 수 있는데,[897] 자율주행시스템이 전·후방 및 측면의 사물의 움직임을 제대로 인식하지 못한다거나, 사람과 사물을 오인하거나, 특정한 상황에서 조향 및 가감속, 정지 등이 오작동 한다거나 하는 경우에 과연 그와 같은 '오류'가 위에서 본 것 중 어느 영역에서 발생하거나 문제되는 것인지 쉽게 판단하기 어려운 경우도 있을 수 있다.[898] 자율주행 소프트웨어 알고리즘이 자율주행 중 내리는 판단을 외견상 명백하게 '적절하지 않은 것'이라고 볼 수 있는 경우라고 하더라도, 어떠한 기준 하에서 이를 '결함'으로 볼 수 있을 것인지, 어떠한 경우에 '손해'를 인정할 수 있는지도 문제될 수 있다.

따라서 위에서 본 것과 같이 소송의 실제에서 이와 같은 유형의 결함이 문제되는 경우에는 전문가증언 또는 고도의 환경통제를 전제로 한 실험의 실시 및 그 결과 분석 등에 의존할 수밖에 없고 이는 필연적으로 소송비용의 증대를 가져온다고 할 있으므로, 자율주행자동차의 제조물책임 소송의 실제에서는 증명책임의 적절

---

897 제2장 제2절 Ⅱ. 2. '자율주행기술의 원리와 구체적 모습' 참조.

898 John W. Zipp, "The Road Will Never Be the Same: A Reexamination of Tort Liability for Autonomous Vehicles", 43 Transp. L. J. 137, 2016, p.166 참조.

한 분배가 필수적으로 요구된다는 것도 살펴보았다.

나아가 소프트웨어는 '해킹'과 '업데이트'가 가능하다는 고유한 성질과 관련해서도 결함 판단에 관한 새로운 문제점을 제기할 수 있다. 먼저 해킹에 관해, 해킹 자체는 제조업자 측이 아닌 제3자에 의해 이루어질 것이나, 자율주행시스템이 해킹에 취약하도록 설계되는 등 일정한 경우에 결함이 인정될 수 있을 것이다. 다만 '결함'과 '손해'의 인정 기준이 문제된다. 또한 소프트웨어는 업데이트와 관련해서도 여러 가지 문제점을 야기할 수 있다. 이하에서는 자율주행소프트웨어의 해킹 및 업데이트와 결함 판단에 관해 살펴본다.

2. 자율주행 소프트웨어의 해킹과 결함 판단

자율주행자동차는 각종 센서 장비를 통해 수집하여 처리·생성한 데이터를 기반으로 자동차 제어에 관한 계획수립 및 판단을 내리는 소프트웨어 알고리즘에 의해 구동된다. 자율주행시스템은 이와 같은 일련의 정보처리와 판단 과정에서 여러 경로로 외부로부터 공격을 받을 위험에 노출되게 된다.[899]

우선 자율주행자동차가 해킹에 취약하게 설계된 경우 제조물책임이 인정될 수 있는지, 구체적으로 어떠한 경우에 '결함' 내지 '손해'가 발생하였다고 볼 수 있는지 문제된다. 이에 관해 아래의 미국 판결을 살펴볼 필요가 있다.

자동차 구매자들이 자동차에 적용된 전자제어장비가 제3자로부터의 해킹에 취약하게 설계되었으므로 '결함이 있다defective'고 주장하여 토요타Toyota, 포드Ford와 지엠GM 등[900]을 상대로 제기한 한 집단소송[901]에서, 미국 연방법원은 원고들의 주장과 같은 해킹이 그

---

899 이에 관해서는 위 제2장 제2절 III. 2. 나. '자율주행자동차의 부정적 효과' 부분 참조.

900 Ford Motor Company, General Motors LLC, Toyota Motor Corporation and Toyota Motor Sales, U.S.A., Inc.이 피고이다.

901 Helene Cahen, et. al. v. Toyota Motor Corp., et. al., 147 F. Supp. 3d 955 (N.D. Cal. 2015). 미국 연방법원 제1심 판결이다. Daniel A. Crane, Kyle D. Logue & Bryce C. Pilz, "A Survey of Legal Issues Arising from the Deployment of Autonomous and Connected Vehicles", 23 Mich. Telecomm. & Tech. L. Rev. 191, 2017, p.246; Bryant Walker Smith, "Automated Driving and Product Liability", Mich. St. L. Rev. 1, 2017(이하 'Smith 2'라고 한다), p.44 등 참조.

주장과 같은 통제된 환경이 아니라 현실에서 실제로 발생하였다는 증명이 없고, 원고들이 장래의 해킹 가능성과 관련해 주장하는 자동차의 가치 하락alleged loss in value[902] 역시 '가정적인 위험hypothetical risk'에 불과하므로 경제적 손해가 증명되었다고 할 수 없으며, 원고가 연방헌법 제3조[903]에 따른 연방법원의 재판권의 발생 요건인 '사건Cases' 또는 '분쟁Controversies'의 존재를 인정하기 위한 '현실적인 손해injury-in-fact' 요건[904]를 증명하지 못하였다는 이유로, 원고들의 청구를 기각하였다.[905]

위 미국 연방법원 판결은 자동차가 해킹에 취약하게 설계되었다는 이유만으로는 곧바로 제조물책임의 발생 요건인 '결함'이 인정될 수 없고, 해킹이 현실적으로 발생하여 어떠한 구체적인 손해를 야기하지 않은 이상 '해킹 가능성' 및 '중고차 가격의 하락 가능성'만으로는 '손해'의 발생 역시 인정될 수 없다는 점[906]을 명시적으로 밝혔다는 점에서 그 의미를 찾을 수 있을 것이다.

3. 자율주행 소프트웨어의 업데이트와 제조물책임

제조물인 자율주행자동차에 대해 필요한 안전성을 지속적으로 확보하기 위해서, 제조업자로 하여금 필요한 자율주행 소프트웨어 업데이트를 신속하게 제공하거나 이를 자동으로 제공하도록 할 필요성이 인정될 수 있다.[907] 안전성에 영향을

---

902 원고들은 그와 같은 해킹의 위험성으로 인해 자동차의 실제 가치보다 부당하게 높은 가격을 지불하고 자동차를 구매하게 된 것이라고 주장하였다. Smith 2(註 901), pp.43-44 참조.

903 U.S. Constitution Art. III, §2, cl. 1.

904 Lujan v. Defenders of Wildlife, 504 U.S. 555 (1992); Spokeo, Inc. v. Robins,136 S. Ct. 1540 (2016). 위 사건에서 미국 연방대법원은 원고가 단순히 절차규정의 위반만을 주장하는 경우(allegation of a bare procedural violation of a statute), 연방법원은 그에 따르는 구체적인 손해(accompanying concrete harm)의 발생 여부를 심리하여야 한다는 이유로 하급심으로 환송하였다.

905 원고들의 항소 제기에 의해, 현재 연방 제9항소법원(United States Court of Appeals for the Ninth Circuit)에 계속 중이다(Case No. 16-14396. 9th Cir. 2017).

906 위 '손해' 요건과 관련해서, 위 사건에서는 미국 연방헌법 제3조의 연방법원의 재판권 발생 요건이 함께 쟁점이 되었다는 점을 감안할 필요가 있다.

907 Cameron(註 243), p.94 참조.

미치는 업데이트가 수행되지 않을 경우 계속적으로 경고하거나, 자율주행시스템을 사용하는 것이 아예 불가능하도록 설계하는 방안[908] 등도 고려할 수 있다.

　　자율주행자동차의 제조 당시에 탑재된 소프트웨어에는 결함이 없었지만, 그후 자동차 운행자가 소프트웨어의 지속적인 업그레이드 등 업데이트를 게을리 하여 결국 자율주행자동차의 안전성이 결여되게 된 경우에도 이를 제조물로서의 자율주행자동차에 결함이 있는 것으로 볼 수 있는지 문제된다.[909]

　　이와 같은 경우에 일률적으로 자율주행자동차에 결함이 있다고 말할 수는 없을 것이다. 자율주행자동차의 자율주행 소프트웨어가 지속적인 업그레이드 또는 업데이트를 전제로 하고 있고, 제조업자 역시 운행자 또는 운전자로 하여금 필요시 이를 충분히 주지하도록 하는 등 운행자 또는 운전자가 소프트웨어의 업그레이드 또는 업데이트의 필요성을 인식하고 있었음에도 불구하고 이를 게을리 한 결과 자율주행자동차의 기능에 이로 인한 결함이 발생한 경우에는 원칙적으로 자율주행자동차에 결함이 있다고 보기 어려울 것이고, 이를 소홀히 함으로써 발생한 사고 등에 관한 책임은 원칙적으로 보유자 등(운행자) 또는 운전자가 부담한다고 보아야 할 것이다.[910]

　　다만 당해 자율주행자동차가 안전성에 관련된 소프트웨어 업데이트를 실시하지 않더라도 자율주행시스템을 사용할 수 있도록 설계된 경우 보유자 등(운행자) 또는 운전자의 업데이트 미실시를 이유로 제조업자가 면책되기 위해서는, 제조업자가 시스템상 경고표시 등의 방법에 의해 이들로 하여금 자율주행시스템을 작동시키기 전에 업데이트 미실시로 인한 안전성에 관한 위험성을 충분히 인지할 수 있도록 시스템을 설계하였을 것이 요구된다고 보는 것이 타당하다.[911]

　　즉 자율주행자동차 제조업자가 자율주행 소프트웨어와 관련해 자율주행기술의 지속적인 발전을 반영하여 자율주행능력과 안전성을 향상시킬 수 있는 장치를 마련해 두었음에도 불구하고 보유자 등이 이를 의식적으로 게을리 한 경우에 대해서까지도 자율주행자동차에 결함이 있다고 보기는 어려울 것이다. 다만 구체적인 사안별로 해당 업데이트의 내용과 필요성, 해당 업데이트의 미실시와 자율주행시스템의 기능장애 등과의 연관성 등이 먼저 개별적으로 판단되어야 할 것이다.

908　Cameron(註 243), p.94; 권영준 · 이소은(註 85), 484면.

909　권영준 · 이소은(註 85), 468면.

910　Cameron(註 243), p.94 참조. 권영준 · 이소은(註 85), 468면도 같은 취지이다.

911　Cameron(註 243), p.94 참조.

그러나 이와 같은 경우라고 하여 언제나 자율주행자동차에 결함이 부정된다고 보기는 어렵다. 자율주행자동차의 제조 당시의 근거리 통신기술 등의 수준을 고려하여 볼 때, 제조업자가 굳이 운행자나 운전자에 의한 수동 조작을 거치지 않더라도 자율주행자동차 스스로 소프트웨어를 업그레이드하거나 관련 정보를 업데이트할 수 있는 수단을 마련하여야 할 책임을 진다고 보아야 할 수도 있다.

자율주행기술이 아직 본격적으로 상용화되기 이전인 현재의 단계에서 볼 때 자율주행기술은 상용화 직후에도 빠른 속도로 계속 발전하리라고 충분히 예상하여 볼 수 있다. 그렇다면 제조자로 하여금 이를 감안하여 자율주행자동차 스스로 소프트웨어를 지속적으로 업데이트할 수 있도록 하고, 소프트웨어의 업데이트 없이는 자율주행기능을 사용하는 것을 제한 또는 불가능하게 하여 수동운전 조작으로만 자동차를 운전할 수 있도록 할 필요도 있다. 이러한 합리적 대체설계가 가능하였는데도 이를 채택하지 않았다면 제조물인 자동차의 설계상 결함이 인정될 가능성도 있다고 본다.[912]

4. 자율주행 소프트웨어의 결함과 증명책임

이에 관해서는 미국 판결인 토요타Toyota Motor Corp. 자동차의 급발진 집단소송 사건In re Toyota Motor Corp. Unintended Acceleration Marketing, Sales Practices, and Products Liability Litigation[913]을 살펴볼 필요가 있다. 위 사건에서 원고들은 토요타 자동차의 '전자식 스로틀 제어 시스템electronic throttle control systems; ETCS'에 결함이 있어 급발진sudden unintended acceleration; SUA의 우려[914]가 있고, 이로 인해 토요타 측에서 주장하는 차량의 안전성이 훼손된 결과 자동차의 경제적 가치가 하락하였다고 주장하였다. 이에 대해 피고 토요타 자동차는, ① 원고 측 전문가증언들을 배제해 달라는 주장motions

---

912 권영준 · 이소은(註 85) 468면.

913 978 F. Supp. 2d 1053(C.D. Cal. 2013).

914 소프트웨어상 결함으로 이른바 "풀스로틀 버그(full-throttle bug)"을 주장하였다.

to exclude expert evidence**915**과 ② 원고들이 '합리적인 배심원이라면 원고에게 유리하게 판단하도록 하였을 사실관계 쟁점triable issues of fact'을 제시하지 못하였으므로, 무재판 판결이 선고되어야 한다는 신청motion for summary judgement**916**을 하였다.

　　미국 캘리포니아 연방지방법원은 피고 토요타 자동차의 주장을 일부만 받아들였다. 즉 위 사건에서 문제된 토요타의 캠리Camry 자동차에서 운전자에 의한 가속 페달 조작 없이도 스로틀밸브가 급격하게 열리는 현상의 존재는 인정되었으나, 원고들이 정확한 소프트웨어의 설계상 또는 제조상 결함을 특정하지 못하였고, 물리적인 또는 그밖의 방법으로 추적가능한traceable 결함의 증거 역시 제시하지 못한 사안에서, 법원은 운전자의 진술내용과 전문가증언 등에 의해 합리적인 배심원이라면 캠리 자동차가 운전자의 브레이크의 조작에도 불구하고 계속 가속하여 감속하거나 정지하는 것이 불가능하였다고 결론 내릴 가능성이 있다는 이유로, 피고 토요타 자동차의 주장을 일부만 받아들였다.**917** 즉 제조상 결함 주장과 과실 주장에 관해서는 토요타 자동차의 주장을 받아들였으나, 설계상 결함 주장과 표시상 결함 failure to warn 주장에 관한 토요타 자동차 측의 주장을 배척하였다. 이에 대해 토요타 자동차 측에서 토요타Toyota, 렉서스Lexus, 시온Scion 브랜드의 차량 소유자들인 약 2,200만 명의 소비자들에게 총 합계 약 16억 달러의 배상금을 지급하기로 합의하여 조정settlement절차에 따라 종결되었다.**918**

915　978 F. Supp. 2d 1053, p.1064.

916　978 F. Supp. 2d 1053, p.1091.

917　978 F. Supp. 2d 1053, p.1110. Kim(註 188), p.305에서는 이에 관해, 위 사건에서 법원이 '사실추정의 법리 (res ipsa loquitor)'를 적용하여 자동차의 결함을 사실상 인정했다고 평가하고 있다.

918　Smith 2(註 901), p.43; http://www.toyotaelsettlement.com/(2018. 11. 2. 최종확인. 위사건 조정 내역에 관한 토요타 자동차의 공식 웹사이트이다); 위 사건의 Final Order[http://www.toyotaelsettlement.com/ media/735330/final_order_approving_class_action_settlement.pdf(2018. 11. 2. 최종확인) 등 참조]

Ⅳ. 자율주행자동차와 결함 판단의 기준시점

1. 문제의 제기

　　자율주행자동차에 탑재되는 자율주행기술은 상용화 이후에도 지속적으로 발전할 것으로 예상되기 때문에, 자율주행자동차의 제조, 공급시점과 사고 발생시점 간에 시간적 간격이 존재하는 경우 제조, 공급 당시의 기술수준으로는 자율주행기술에 어떠한 결함을 인정하기 어려우나 그 후 기술수준의 발전에 따라 제조, 공급 당시에 탑재된 자율주행기술에는 결함이 있었던 것으로 사후적으로 인정되는 경우가 생길 수 있다. 또한 제조 당시의 기술수준으로는 탑재된 자율주행기술에 결함이 존재한다는 것을 알 수 없었지만, 기술의 발전에 따라 뒤늦게 결함이 발견되는 경우도 생길 수도 있다. 이와 같이 기술의 발전과 관련해 결함판단의 기준 시점을 언제로 설정해야 하는지 문제된다.

　　특히 자율주행기술의 핵심이라고 할 수 있는 자율주행 인공지능AI의 '소프트웨어 알고리즘'은 자동차의 출시 및 판매 이후에도 지속적인 업데이트가 가능하다는 특질을 가지고 있으므로, 책임 판단의 기준 시점과 관련해 여러 복잡한 문제들을 야기할 수 있다. 다른 한편으로 위에서 본 것과 같은 소프트웨어 알고리즘에 내재한 오류 등이 사고를 야기하였다고 볼 수 있는 경우에는 책임의 구체적 원인은 소프트웨어의 탑재 시점부터 이미 발생하였다고 볼 여지도 있는 등 책임 원인의 발생 시점과 관련해 논란을 불러일으킬 수 있다.

2. 결함 판단의 기준시점에 관한 견해의 대립

가. 제조물의 공급 시점을 기준으로 보는 견해

　　「제조물책임법」은 결함 판단의 기준시점에 관하여 명시적으로 정하고 있지 않다. 이는 미국 「제조물책임법」에서 결함의 판단 시기에 관해 '판매 또는 유통 시점at the time of sale or distribution'을 기준으로 하고 있는 점[919]과 구별된다.

　　일반적인 견해는 우리 「제조물책임법」의 해석으로도 결함 판단의 기준 시점, 즉 제조물책임이 발생하는 시점은 제조업자가 제조물을 제조·가공한 후 이를 인도한 시점이라고 해석하고 있다.[920]

　　위에서 본 EC제조물책임 지침 역시 제6조 역시 (c)항에서 '제조물이 유통에 제공된 시기the time when the product was put into circulation'를 결함 판단시에 고려해 넣도록 하고, 나아가 제2항에서 개선된 제조물이 뒤이어 유통에 제공되었다는 이유만으로 제조물에 결함이 있는 것으로 판단되어서는 안 된다는 것을 명시함으로써, 결함판단의 기준 시점을 원칙적으로 제조물의 공급 시점으로 보고 있다고 이해된다. 이와 같은 조항의 취지는 제조업자 등에게 제조물의 개선을 통해 소비자의 이익을 도모하고 소비자의 보호를 위한 필요한 조치를 다하게끔 하기 위한 정책적 고려로 이해할 수 있다.[921]

나. 손해 발생 시점을 기준으로 보는 견해

　　결함 판단의 기준 시점을 손해, 즉 자율주행자동차에 의한 사고 등의 발생 시점을 기준으로 하여야 한다는 견해이다. 「제조물책임법」의 입법목적과 취지를 고려하여 볼 때 「제조물책임법」 제4조 제1항 제2호에서 개발위험의 항변을 인정하고 있는 점과 일반적으로 제조업자가 자동차를 제조·유통한 시점과 자동차가 최종 소비자에게 공급된 시점 사이에는 차이가 있을 수 있고, 자율주행자동차에 관해서는 그 본질적 특성상 제조업자 측으로서도 소프트웨어 업데이트 등을 통하여 결함을 제거할 수 있는 충분한 기회를 가진다는 점 등을 감안해야 하므로 결함 판단의 기준시점은 사고가 발생한 시점으로 보아야 한다는 것이다.[922]

919　Restatement (Third) of Torts: Products Liability §§2, 3.

920　권오승 외(註 654), 189면.

921　위에서 본 미국 연방증거규칙 제407조(註 833) 역시 마찬가지의 취지로 이해된다.

922　서겸손·최경진(註 61), 346면 이하; 이영철, "자율주행자동차 사고에 따른 손해배상책임—현행 법규 적용상의 문제와 개선점—"(註 840), 332면 이하.

3. 검토

제조물책임 소송에서 결함 판단의 기준시점은 원칙적으로 제조물을 공급한 시점으로 보는 것이 타당하고, 이는 자율주행자동차에 관해서도 마찬가지이다. 「제조물책임법」상의 개발위험 항변(제4조 제1항 제2호) 역시 '해당 제조물을 공급한 당시의 과학·기술 수준'을 기준으로 하고 있고, 이는 제조물의 공급 시점을 기준으로 결함을 판단해야 한다는 것을 뒷받침하는 근거가 될 수 있다.

손해 발생 시점을 기준으로 하게 되면 제조업자의 책임이 무한정 확대될 우려가 있다. 이는 소비자 보호라는 「제조물책임법」의 이념에 부합하고 개별 소비자의 구제에는 유리할지 모르지만, 사회 전반에 걸쳐 당해 제조물에 관한 비용 증가를 가져올 수 있고, 그 부담은 결국 다수 소비자들에게 전가될 수 있다. 특히 자동차의 경우 제조물의 성격상 상당한 내구성을 가지므로 매우 오랜 기간 동안 사용되는 일도 흔하며, 이는 자유주행자동차의 경우에도 마찬가지가 될 수 있기 때문이다.

자율주행기술은 상용화 이후에도 지속적으로 발전하리라고 예상되지만, 이를 감안하더라도 결함 판단의 원칙적인 기준시점 자체를 손해 발생 시점으로 보기는 어렵다. 즉 자율주행자동차와 합리적 대체설계와 관련해 살펴본 '사후적 판단 체제hindsight regime'의 접근방식을 자율주행자동차의 결함 판단 시점과 관련해 그대로 받아들이기는 어렵다고 본다. 다만 위에서 본 것과 같이 '기술수준 체제state-of-the-art regime'에 의하더라도 자율주행자동차의 결함에 관한 제조물책임 소송의 실제에서 법원은 제조업자가 제조물의 공급 당시에 인식하였어야만 했던 위험성의 판단기준이 되는 과학·기술의 수준을 사후적으로 폭넓게 설정할 수 있다고 보는 것이 타당하다.[923] 그와 같이 본다면 제조물의 공급 시점을 기준으로 결함을 판단하는 태도에 대해서 기술 수준의 급속한 발전이 가져올 수 있는 제조물의 공급 시점과 제조물의 결함 판단 시점 간의 기술적 간극 내지 괴리가 가져올 수 있는 문제점은 상당 부분 해소될 수 있다고 본다.

이와 관련하여 법원이 결함 판단 시점에 관한 자율주행기술의 수준을 지나치게 높게 설정하게 된다면, 제조업자로 하여금 안전장치의 설치, 위험의 발견 및 보다 안전한 기술 개발 등을 꺼리게 하여 결과적으로 사회복리를 저해하는 결과를 가

---

[923] 위 II. 2. 나. 4) 가) '자율주행자동차와 합리적 대체설계' 부분 참조.

져올 수도 있다.[924] 특히 자율주행자동차의 도입 초기에는 '운전자에 대한 불필요한 책임 전가 내지 유보' 등이 대표적으로 문제될 수 있다. 따라서 법원으로서는 결함의 판단기준 설정이 가지는 이와 같은 측면 역시 신중히 고려할 필요가 있다.

다른 한편으로 자율주행기술은 고도의 기술수준이 요구되는 한편, 안전성과 관련한 오류의 발생 여지를 인정하기 힘든 기술로서, 자율주행 소프트웨어에 대해서는 필요한 업데이트가 수시로 즉시 이루어질 필요가 있다. 자율주행 소프트웨어에 관해 안전성에 관련된 주요 업데이트가 이루어지는 경우 위 업데이트 시점을 여기에서 말하는 '제조물의 공급 시점'으로 폭넓게 인정할 수도 있다고 본다. 자율주행자동차에서 자율주행 소프트웨어가 차지하는 비중과 중요성을 감안해 볼 때, 비단 소프트웨어의 제조물성을 인정하지 않더라도, 소프트웨어 업데이트로 인해 자율주행 시스템이 자율주행 중의 구체적인 상황에서 이전과 다른 선택을 내리게 된다고 볼 수 있다면 제조물로서의 자율주행자동차 역시 업데이트 이전과는 그 본질적인 성격을 달리하게 되므로, 결함 판단의 기준시점에 관해서는 마치 제조물로서 새로이 공급된 것과 같이 평가할 수 있다고 보는 것이 타당하기 때문이다.

자율주행자동차의 제조, 공급 당시의 자율주행기술의 수준과 근거리 통신기술 등의 수준, 자율주행기술의 위와 같은 발전 가능성과 예상 속도 등을 감안하고, 제조업자의 제조, 공급 당시 제조업자에 의한 자율주행 소프트웨어의 업데이트가 가능하게끔 자율주행자동차를 공급하는 것이 가능한지 여부와 그 비용 등을 종합적으로 고려하여, 위에서 본 것과 같이 제조업자로 하여금 자율주행자동차 스스로 소프트웨어를 업그레이드하거나 관련 정보를 업데이트할 수 있는 수단을 마련할 의무를 부과하고, 제조업자가 이를 불이행하는 경우 설계상 결함을 인정하는 방안도 고려해 볼 수 있다.

또한 이와 관련하여 아래에서 보는 것과 같은 「제조물책임법」 제4조 제1항에 의한 제조업자의 면책을 엄격하게 인정하고, 동법 제4조 제2항에 의한 제조물관찰의무의 적용 범위를 폭넓게 인정할 필요가 있다.

---

924 註 851 해당 부분 참조.

V. 소결론

자율주행자동차에 관해 「제조물책임법」 및 기존의 제조물책임 소송에서 형성된 기존의 법리와 해석론을 적용하는 것에 관해서도 자율주행자동차와 자율주행기술의 본질적인 특성을 충분히 고려할 필요가 있다.

자율주행기술과 결함 판단의 문제는, 당해 자율주행기술에 관해 제조업자가 부여, 설정한 특질적 기능의 자율주행기술 수준이 동일한 특질적 기능에 관해 '통상의 자율주행자동차가 갖추고 있는 기술수준'에 부합하는지의 여부를 분석, 검증하여 평가하는 방법에 의해 이루어질 수 있다고 일반적, 개괄적으로 말할 수 있을 것이다. 결함의 존재 여부가 문제되는 당해 자율주행기술의 수준이 제조 또는 판매 당시의 자율주행기술의 전반적 수준에 비추어 '통상의 자율주행자동차가 갖추고 있어야 할 기술수준'에 미달하는 것으로 판명되는 경우에는 이는 당해 자율주행자동차에 결함이 존재한다는 것을 강력하게 뒷받침하는 사정으로서 평가, 고려될 수 있을 것이다.

제조물책임 소송에서 제조물로서의 자율주행자동차와 이에 적용된 자율주행기술의 결함에 관한 판단기준을 정립하고 그에 관한 증명책임을 합리적으로 배분하는 문제는 사실상 제조업자로 하여금 자율주행자동차의 안전성과 관련된 품질의 설정 및 유지에 관한 일응의 지침을 부여하는 결과를 가져오게 된다. 따라서 자율주행자동차에 대한 결함의 판단 기준을 세우는 문제는 '자율주행자동차의 안전성 확보'의 문제와도 직결된다. 새로운 기술인 자율주행기술이 아직 기술적 및 제조물책임 법제의 관점에서 그 안전성에 관한 검증을 마치지 않았다는 점에 비추어 볼 때, 자율주행자동차의 '결함'의 판단에 관해서는 '기술적인 측면에서의 합리성 구비'[925]이라는 측면에서 나아가 '충분한 안전성의 확보'라는 관점 역시 함께 고려할 필요가 있다.

---

925 Smith 1(註 57), p.12 참조.

Ⅰ. 자율주행자동차와 제조업자의 면책사유

1. 「제조물책임법」상 제조업자의 면책사유 개관

「제조물책임법」은 제조물의 결함으로 인하여 손해가 발생하였다고 하더라도 일정한 경우 제조업자가 제조물책임에서 면책될 수 있음을 규정하고 있다. 「제조물책임법」 제4조 제1항 각호에서 아래와 같은 네 가지 면책사유를 정하고 있다. 제조업자 등은 다음 중 어느 하나에 해당하는 사실을 증명하여 제조물책임을 면할 수 있다.

제조업자 등은 ① 제조업자가 해당 제조물을 공급하지 아니하였다는 사실(제1호), ② 제조업자가 해당 제조물을 공급한 당시의 과학·기술 수준으로는 결함의 존재를 발견할 수 없었다는 사실(제2호), ③ 제조물의 결함이 제조업자가 해당 제조물을 공급한 당시의 법령에서 정하는 기준을 준수함으로써 발생하였다는 사실(제3호), ④ 원재료나 부품의 경우에는 그 원재료나 부품을 사용한 제조물 제조업자의 설계 또는 제작에 관한 지시로 인하여 결함이 발생하였다는 사실(제4호)을 증명하여 손해배상책임을 면할 수 있다.

이하에서는 「제조물책임법」이 규정하는 제조업자의 면책사유 중 '개발위험의 항변(제4조 제1항 제2호)'과 '법령준수의 항변(제4조 제1항 제3호)'에 초점을 맞추어 자율주행자동차와 제조업자의 면책사유에 관해 상세히 살펴보고, '설계·제작 지시의 항변(제4조 제1항 제4호)'에 관해서도 자율주행자동차와 관련해 문제될 수 있는 쟁점을 간략히 언급하고자 한다.

2. 개발위험의 항변

가. 개발위험의 항변과 제조업자의 면책

「제조물책임법」제4조 제1항 제2호는 제조업자가 "제조업자가 해당 제조물을 공급한 당시의 과학·기술 수준으로는 결함의 존재를 발견할 수 없었다는 사실"을 증명한 경우 면책된다고 하여 '개발위험의 항변'에 관해 규정하고 있다. 개발위험의 항변이란 제조물을 유통에 놓은 시점에서의 과학·기술지식의 수준에 의해서는 제조물에 내재하는 결함을 예견 또는 발견하는 것이 불가능했다는 것을 증명함으로써 제조업자 등이 책임을 면하는 방어방법이다.[926] 이는 EC 제조물책임 지침 (85/374/EEC) 제7조 (e)에서 '제조물이 유통 단계에 놓일 때의 과학 및 기술 지식의 수준에 의해서는 결함의 존재가 발견될 수 없었던 경우'[927]를 제조업자의 면책사유로 인정하고 있는 것의 영향을 받은 것이다.[928]

개발위험의 항변은 과학·기술 지식과 관련된다. 이론적으로 "과학·기술 지식scientific and technical knowledge"은 "일반적인 지식general knowledge"과 구별되고,[929] 제조업자의 품질 통제 및 이에 관한 경제적인 인자도 고려하여야 한다는 것으로 일반적으로 이해되고 있다.[930]

개발위험의 항변은 설계상 결함과 표시상 결함이 문제된 소송에서 제조업자 측의 강력한 항변 수단이 될 수 있다. 표시상 결함에 관하여, 생산 당시 통용되던 과학·기술지식에 근거하여 제조업자가 결함을 예상할 수 없었다면 개발위험 항변

---

[926] 권오승 외(註 654), 206면.

[927] 註 764 참조. 원문은 다음과 같다. Article 7. (e). The producer shall not be liable as a result of this Directive if he proves that the state of scientific and technical knowledge at the time when he put the product into circulation was not such as to enable the existence of the defect to be discovered.
개발위험항변의 채택 여부는 선택(option) 조항으로 되어 있다. 권오승 외(註 654), 206면 참조.

[928] 윤진수(註 691), 42면 이하는 Restatement (Third) of Torts: Products Liability §2 comment. d에서 '기술수준의 항변(state-of-the-art defense)'을 설계상 결함 유무를 판단하는 하나의 요소로 취급하고 있으나, 이는 우리 법의 '개발위험의 항변'과는 구별된다고 기술하고 있다. 우리「제조물책임법」에 '개발위험의 항변'이 규정되게 된 것은 최초의 법안에서는 EC 제조물책임 지침(85/374/EEC)과 같이 결함을 정의하고 있었는데, 최종 입법 단계에서 결함 개념을 제3차 리스테이트먼트와 같이 바꾸면서도 EC 제조물책임 지침의 개발위험의 항변을 그대로 유지한 데 기인한 것으로 보인다고 한다.

[929] 권오승 외(註 654), 208면.

[930] 권오승 외(註 654), 213면.

은 제조업자 면책의 근거가 될 수 있다. 설계상 결함에 관하여, 개발위험 항변은 제조업자가 알고 있는 위험의 감소 또는 제거를 위한 대체설계의 채용 가능성의 문제와 연관될 수 있다. 제조업자가 생산 당시 위험을 알 수 있었더라고 하더라도, 생산 당시의 과학, 기술상의 한계는 그 위험을 회피불가능 하였다고 인정될 수 있거나, 위험을 회피하거나 제거하는 것이 당시의 과학 · 기술 수준에 비추어 경제적으로 불가능한 것이었다고 인정될 수도 있다.[931]

나. 자율주행자동차와 개발위험의 항변

우리 「제조물책임법」에서 정하고 있는 면책사유 중 '개발위험의 항변'은 자율주행기술의 본질, 내용 및 수준과 직결되어 문제될 수 있다.

「제조물책임법」이 과실책임이 아닌 결함책임을 도입한 의의와 취지 및 '자동차 고유의 위험성'과 이로 인한 '자율주행자동차의 안전성 확보'의 필요성에 비추어 볼 때, 자율주행자동차와 제조업자 등에 관한 '개발위험의 항변'과 관련해 면책의 기준이 되는 '과학 · 기술 수준'이라는 것은 자율주행자동차의 제조 또는 공급 당시의 가장 높은 수준의 자율주행기술 수준을 기준으로 판단하여야 할 것이다.[932]

제조물이자 상품商品인 자율주행자동차를 판매하는 제조업자로 하여금 가장 높은 수준에 미달하는 제품을 판매하는 것에 따른 위험을 스스로 부담하도록 하는 것에 원칙적인 타당성을 인정할 수 있다고 본다. 이와는 다른 기준, 가령 자율주행기술의 평균적인 수준을 기준으로 설정하는 방식을 가정해 보더라도, 그와 같은 평균적인 기술 수준의 개념을 상정, 설정하는 것은 가장 높은 수준의 자율주행기술을 확인하는 것보다 비효율적이라고 보이고, 그와 같은 기준을 제조물책임의 면책사유로 삼는 것을 정당한 것이라고 평가할 수 있을지도 의문이다.

자율주행시스템 관련 인공지능기술 일반 및 하드웨어적인 장비 및 장치에 관한 기술이 전 세계적으로 현재까지도 끊임없이 발전하고 있고 앞으로도 지속적으

---

931 Gurney 2(註 723), pp.268-269.

932 권오승 외(註 654), 217면은 이를 "제품의 '규범적' 제조자가 입수, 가능한 세계 최고의 과학 · 기술의 수준으로 해야 할 것"이라고 기술하고 있다. 권영준 · 이소은(註 85), 477면도 같은 취지이다.

로 발전할 것이라는 점을 감안해 볼 때 제조업자의 면책을 위한 증명의 대상이 되는 '제조물을 공급한 당시의 과학·기술 수준'은 최대한 높게 설정할 필요가 있다.

자율주행자동차와 같이 상용화 이후에도 지속적으로 발전이 예상되는 것과 같은 기술에 관하여 개발위험 항변의 기준이 되는 "과학·기술 수준"을 최고 수준의 과학·기술 수준으로 보지 않는다면 제조업자의 개발위험의 항변에 따른 면책의 범위가 지나치게 확대될 수 있게 되어 부당한 결론을 가져올 수 있다. 또한 자율주행자동차는 사고 발생시 해당 차량 운전자뿐만 아니라 다른 차량의 운전자나 보행자 등 여러 사람의 생명과 신체에 치명적인 결과를 가져올 수 있는 위험성이 큰 제조물이므로,[933] 최신 수준의 과학·기술을 기준으로 개발위험의 항변을 판단하여야 한다고 볼 필요성이 더욱 크다. 또한 자율주행자동차의 그와 같은 본질적인 위험성에 비추어 볼 때, '과학·기술 수준'을 판단할 때에 고려 요소들 중 하나인 '경제성 요인'은 후순위로 고려함이 타당하고, 이에 대한 과도한 비중이 부여되는 것을 경계할 필요가 있다.

법원으로서는 소송상 개발위험의 항변의 판단 단계에서 제조업자가 면책의 요건인 '과학·기술 수준'에 대한 증명을 다하였다고 볼 수 있는지에 관해서도 엄격히 심사, 판단할 필요가 있다. 그와 같이 볼 필요성은 특히 자율주행자동차와 설계상 결함 판단 부분[934]에서 살펴본 것과 같이 원고가 소프트웨어 업데이트를 증거로 제출하는 경우와 관련해 두드러진다고 말할 수 있다. 법원은 이와 관련한 제조업자의 개발위험 항변에 관해서는 '제조물로서의 자율주행자동차의 안정성'을 도모한다는 관점에서 상대적으로 보다 엄격한 기준에 의해 심사할 필요가 있다.

다만 자율주행기술은 상용화 이후에도 지속적으로 발전할 것이고, 그 발전 속도 역시 빠를 것으로 어렵지 않게 예상하여 볼 수 있다. 결국 이 부분에 관해서도 자율주행기술의 본질적인 내용과 기술수준의 판단 문제에 의존할 수밖에 없을 것이고, 자율주행자동차의 도입 이후 본격적인 상용화에 따라 그 판단 기준 역시 자연스럽게 형성되리라고 예측해 볼 수 있다.

---

933 권영준·이소은(註 85), 477면. 민유숙(註 661), 237면도 이와 같은 내용의 '자동차 결함의 특수성'을 지적한 바 있다.

934 위 제4절 II. 2. 부분 참조.

3. 법령준수의 항변

가. 법령준수의 항변과 제조업자의 면책

1) 법령준수의 항변의 의의

「제조물책임법」제4조 제1항 제3호는 제조업자가 '제조물의 결함이 제조업자가 해당 제조물을 공급한 당시의 법령에서 정하는 기준을 준수함으로써 발생하였다는 사실'을 증명한 경우 면책된다고 하여 '법령준수의 항변'에 관해 규정하고 있다. 이는 「EC 제조물책임 지침(85/374/EEC)」제7조 (d)에서 '공적 기관에서 정한 강제기준을 준수함으로써 결함이 발생한 경우'[935]를 제조업자의 면책사유로 인정하고 있는 것의 영향을 받은 것으로 이해된다. 독일 「제조물책임법ProdHaftG」제1조 제2항 제4호 역시 같은 취지로 법령준수의 항변을 제조업자의 면책사유로 인정하고 있다. 다만 제조물책임에 관한 미국 제3차 리스테이트먼트 제4조는 원칙적으로 우리 「제조물책임법」에서와 같은 '법령준수의 항변'을 인정하지 않고 있다.[936]

제조업자가 제조물의 공급 당시 국가 등에 의해 설정된 안전성에 관한 공적 기준을 위반하여 제조, 유통된 경우 그 기준 위반 사실은 제조물책임의 발생 요건이 되는 '결함'을 인정하는 직접적인 근거로 작용하거나 그 책임을 강하게 뒷받침하는 간접사실 내지 사정이라는 징표로서의 역할을 할 수 있다.[937] '법령준수의 항변'은 그와는 정반대로 제조물이 그러한 공적 기준에 부합하는 경우에 제조업자의 면책을 인정하는 것이다.

「제조물책임법」상 제조업자의 면책사유로 인정되는 법령준수의 항변은 제조물에 관한 규제법제와 책임법제가 상호 간에 강하게 연관을 맺게 되는 지점으로서 큰 의미를 가진다고 말할 수 있다. 자율주행자동차와 같이 새로운 기술에 관해서는 그 안전성 확보와 관련해 필연적으로 여러 형태와 접근방식, 내용에 따른 다양한

---

935 註 764 참조. 원문은 다음과 같다. Article 7. (d). The producer shall not be liable as a result of this Directive if he proves that the defect is due to compliance of the product with mandatory regulations issued by the public authorities.

936 이에 관해서는 아래에서 항을 달리 하여 살펴본다. 참고로 우리와 함께 역시 EC 제조물책임 지침의 영향을 받았다고 설명되는 일본의 「제조물책임법」역시 '법령준수의 항변'을 별도의 면책사유로 규정하지 않고 있다[권오승 외(註 654), 203면 참조].

937 권오승 외(註 654), 202면 이하; Smith 1(註 57), p.8. 아래에서 보는 Restatement (Third) of Torts: Products Liability §4 (a) 참조.

규제가 이루어질 가능성이 있다. 따라서 제조업자의 면책 여부와 관련해 규제법제에서 제조물에 관한 안전기준 준수와 책임법제에서 제조물의 결함 판단의 상관관계를 살펴보고 「제조물책임법」상 '법령준수의 항변'에 관한 구체적이고도 합리적인 해석론을 도출하는 것은 의의가 크다. 나아가 이 부분 쟁점은 제조물로서의 자율주행자동차의 안전성 확보 문제와도 밀접히 관련되는 것으로서, 이와 같은 측면에서도 문제를 살펴볼 필요가 있다.

2) 제조물에 관한 안전기준 준수와 제조물의 결함 판단의 상관관계에 관한 미국의 논의

가) 제3차 리스테이트먼트 제4조

제조물책임에 관한 미국 제3차 리스테이트먼트는 제4조에서 우리 「제조물책임법」의 '법령준수의 항변'과 유사한 다음과 같은 규정을 두고 있다. 그러나 그 내용은 큰 차이를 보이고 있다.

제4조 제(a)항은 제조물이 당해 제조물에 적용되는 안전에 관한 법률 또는 행정규정을 준수하지 못한 경우 원칙적으로 당해 법률 내지 규정과 관련된 위험성에 관한 결함이 인정된다고 규정한다. 반면에 제4조 제(b)항은 제조물이 안전에 관한 법률 또는 행정규정을 준수한다고 하더라도, 그 위험성과 관련한 결함 유무의 판단에 적절하게properly하게 고려한다고 하면서도, 그와 같은 안전기준의 준수가 결함의 인정을 배제하지는 않는다고 명시적으로 규정하고 있다.[938]

---

[938] 원문은 다음과 같다.

Restatement (Third) of Torts: Products Liability

§4. Noncompliance and Compliance with Product Safety Statutes or Regulations

In connection with liability for defective design or inadequate instructions or warnings:

(a) a product's noncompliance with an applicable product safety statute or administrative regulation renders the product defective with respect to the risks sought to be reduced by the statute or regulation; and

(b) a product's compliance with an applicable product safety statute or administrative regulation is properly considered in determining whether the product is defective with respect to the risks sought to be reduced by the statute or regulation, but such compliance does not preclude as a matter of law a finding of product defect.

제3차 리스테이트먼트 제4조(제조물의 안전에 관한 법률 또는 규정의 준수 또는 비준수)

설계상의 결함 또는 부적절한 지시 또는 경고로 인한 책임과 관련하여:

(a) 제조물이 그 제조물에 적용되는 제조물의 안전에 관한 법률 또는 행정규정을 준수하지 못한 경우에는 그 제조물은 해당 법률이나 규정에 의해 감소시키고자 하는 위험과 관련해 결함이 있는 것으로 인정된다.

(b) 제조물이 그 제조물에 적용되는 제조물의 안전에 관한 법률 또는 행정규정을 준수한 경우에는 그 제조물이 해당 법률이나 규정에 의해 감소시키고자 하는 위험과 관련해 결함이 있는지 여부를 판단하는 데에 이를 적절히 고려한다. 그러나 이와 같은 준수는 법률 문제인 제조물의 결함의 인정을 배제하지 않는다.

미국 제3차 리스테이트먼트는 제조물의 결함 판단과 관계있는 법률 또는 행정규정은 '제조물의 안전성'에 관련된 것이라고 명확히 규정하고 있고, 그 준수 여부가 제조물의 결함 판단에 미치는 영향 역시 당해 안전기준에 의해 '감소시키고자 하는 위험'에 있다는 점을 명시하고 있으며, 제조업자가 법령상의 안전기준을 준수하였다고 하더라도 결함의 인정이 배제되지 않는다고 명시적으로 규정하고 있다. 이는 사실상 우리 「제조물책임법」의 '법령준수의 항변'과 배치되는 입장을 취하고 있는 것으로 이해할 수 있다.

나) 미국 「연방 자동차 안전기준FMVSSs」의 주법state law 배제와 제조물의 결함 판단

다만 미국에서는 연방헌법 제6조가 정하는 연방법federal law의 주법州法, state laws에 대한 우선supremacy 원칙에 따라 「연방 자동차 안전기준FMVSSs」이 주법에 우선하여 그와 배치되는 주법의 적용을 배제preempt하는 결과, 제조업자가 「연방 자동차 안전규정EMVSSs」을 준수하였다면 주법 및 보통법에 기한 제조물책임 소송으로부터 면책된다는 법리가 형성되어 왔다.[939]

미국 연방헌법Constitution이 연방제도federal system를 채택하고 '연방주의federalism'

---

939 Phillip H. Corby · Todd A. Smith, "Federal Preemption of Products Liability Law: Federalism and the Theory of Implied Preemption", 15 Am. J. Trial Advoc. 435, 1992. 이는 비단 자동차에만 한정되는 것은 아니고, 살충제, 제약, 백신 및 의료기기, 수상 보트(boat), 인화물질, 담배 등 연방법(federal law)에 의해 일응의 안전기준이 제정된 여러 종류와 분야의 제조물책임 소송에서 일반적으로 인정되고 있다. 제2장 제2절 III. '자율주행의 사회 · 경제적 효과와 법적책임'의 '자율주행자동차 제조업자 책임 제한론'부분에서 살펴본 '백신'에 관한 연방입법 역시 이와 같은 맥락에서 이해된다.

를 기본원칙으로 삼고 있는 결과, 적어도 연방법령에 의한 규율의 영역에 관해서는 마치 「EC 제조물책임 지침」과 우리 「제조물책임법」 등이 정하는 '법령준수의 항변' 과 마찬가지로, 제조업자가 면책되는 결과를 가져오게 된다. 이와 같은 「연방 자동차 안전기준FMVSSs」의 준수에 따른 제조업자의 면책은 자율주행기술과 자율주행자 동차에 관해서도 마찬가지로 영향을 줄 것이라는 견해도 찾아볼 수 있다.[940]

미국 연방대법원의 태도 역시 이와 마찬가지로 이해된다. 미국 연방대법원은 Geier v. Am. Honda Motor Co. 사건[941]에서 「연방 자동차 안전기준FMVSS」 208[942] 이 신차에만 운전석 에어백 장착을 의무화하고 있는 이상, 그와 같은 의무화 이전 에 출시된 자동차는 운전석 에어백이 장착되지 않았더라도 FMVSS 208에 부합하 는 것이고, 에어백 미장착에 의한 안전성 결여를 근거로 하고 있는 원고의 제조물 책임 소송은 FMVSS 208과 직접 상충된다고 보아 원고의 청구를 기각하였다.[943] 연방대법원은, DOT가 FMVSS 208을 최소한의 기준minimun standard로 보고 있지는 않지만, FMVSS 208이 그와 같이 규정하고 있는 것은 자동차 제조업자로 하여금 다양한 '패시브(자동작동) 탑승자 구속 시스템passive restraint system'[944] 중에서 어떠한

---

940   Smith 1(註 57), pp.8, 103.

941   529 U.S. 861 (2000).

942   49 C.F.R. §571.208. "탑승자 충돌 보호(occupant crash protection)."

943   미국 연방대법원은 5 대 4의 의견으로(주심 Stephen G. Breyer 연방대법관), 위 사건에서 문제된 운전석 에어 백이 설치되지 않은 1987년식 혼다 차량이 1989l 9. 1. 이후에 출시된 신차에만 운전석 에어백 설치를 의무화 하는 FMVSS 208에 부합하는 이상, 위 혼다 차량의 에어백 미설치에 의하여 DC의 주(州) 「제조물책임법」상 의 결함이 인정될 수 없다고 판시하였다. Paolinelli v. Dainty Foods Mfrs., Inc., 322 lll.App. 586, 508, 54 N.E.2d 759 (1944)도 같은 취지이다.

944   FMVSS 208(49 C.F.R. §571.208). S2. 자동차 충돌시 탑승자에 의한 적극적인 조작 없이도(no action by vehicle occupants) 탑승자를 충격으로부터 보호하는 장치들을 통칭한다. 자동 잠김 안전벨트(seat belt pretensioner) 또는 에어백 등을 대표적인 예로 들 수 있다.
FMVSS 208은 1989. 9. 1. 이후에 제조된 모든 승용차에 대해서 수동 안전 시스템을 탑재하도록 하였으나, 자 동차 제조업자로 하여금 장치의 종류를 선택할 수 있도록 했다. FMVSS 208에서 운전석과 오른쪽 앞좌석(이 른바 '조수석') 양측에 에어백 설치를 의무화하도록 한 것은 그 이후인 1997. 9. 1.부터이다. Corby · Smith(註 939), p.404 참조.
참고로 여기서 사용된 '패시브(passive)'라는 용례는 해당 용어(passive)의 통상적인 용례와는 달리 탑승자의 입장을 기준으로 '탑승자에 의한 아무런 능동적(active)인 조작 없이도 시스템 스스로 작동한다'는 의미로 사용 된 것이다. 이와 같은 시스템과는 반대의 시스템은 '조작에 의한 탑승자 구속 시스템(active restraint system)' 이라고 지칭된다. 이와 연관되나 구별되는 개념으로, 특히 미국에서, '적극적 안전 시스템(active safety system)'은 사고의 발생을 사전에 예방하기 위한 시스템으로, '소극적 안전 시스템(passive safety system)'은 이미 발생한 사고로 인한 피해를 최소화하기 위한 시스템의 의미로 사용된다는 점도 참조.

장치를 장착할 것인지에 관한 폭넓은 선택권을 부여하면서, 이를 통해 비용을 절감하고 기술적 안전 문제를 극복하며 기술의 발전을 촉진하고, 소비자에게 폭넓게 수용될 수 있도록 하는 것이며, 이 모든 것들은 결국 FMVSS 208의 안전성에 관한 목적 증진에 기여한다는 것을 근거 중의 하나로 들고 있다.[945] 다수의 연방법원 및 주법원 역시 에어백 미설치를 원인으로 하는 제조물책임 소송에서 FMVSS 208과의 저촉을 이유로 주써「제조물책임법」등의 배제를 인정하고 있다.[946]

한편 이에 관해서도 다음과 같은 비판론이 제기되고 있다.[947] 즉 연방법에 의한 주법 적용배제로 인하여 제조물책임법이 위축됨에 따라, 피해자들이 실제로 큰 손해를 입었음에도 불구하고 보호받지 못하게 된다는 결과를 가져온다는 견해,[948] 연방법인「연방교통 및 자동차 안전법National Traffic and Motor Vehicle Safety Act of 1966」[949]은 공공의 안전을 보장하기 위해 마련된 것인데, 연방법원 판결에서 자동차 관련 제조물책임 소송에서「연방 자동차 안전기준FMVSSs」에 의한 주법 배제를 과도하게 인정함으로써, 연방법의 입법 목적을 오히려 저해하고 있다는 견해[950] 등이 제기되고 있다.

다) 검토

미국 제3차 리스테이트먼트 제4조가 제조물의 안전기준 준수와 결함 판단의 상관관계에 관해 규율하고 있는 방향과 내용은 우리「제조물책임법」상의 '법령준수의 항변'의 제한해석에 관해서도 참고가 될 수 있을 것으로 보인다.

한편 미국 연방헌법상 연방제에 따른 자동차 제조업자의「연방 자동차 안전기준FMVSSs」준수와 제조물책임 소송의 상관관계에 관한 미국의 이론과 판례법리에 관해서도 ① 제조물책임의 과도한 위축에 관한 경계 및 ② 제조물의 안전성을 확보

---

945 註 943.

946 Pokorny v. Ford Motor Co., 902 F.2d 1116, 1123 (3d Cir. 1990); Schwartz v. Volvo N. Am. Corp., 554 So. 2d 927, 928 (Ala. 1989); Boyle v. Chrysler Corp., 501 N.W.2d 865, 867 (Wis. Ct. App. 1993) (indicating that compliance with federal act preempts state law claims based on absence of airbags).

947 Frank J. Vandall, "Constructing Products Liability: Reforms in Theory and Procedure", 48 Vill. L. Rev. 843, 2003 ; Barbara L. Atwell, "Products Liability and Preemption: A Judicial Framework", 39 Buff. L. Rev. 181, 1991 등 참조.

948 Vandal(前註), pp.873-4.

949 註 338.

950 Atwell(註 947), pp.212 이하 참조.

하기 위한 연방의회의 입법목적이 오히려 저해·훼손되는 결과의 발생 등의 견지에 입각해 비판론이 제기되고 있다는 점 역시 유념할 필요가 있다고 본다.

3) 법령준수의 항변과 제한해석의 필요성

'법령준수의 항변'과 관련한 제조물책임의 면책 여부와 범위 문제, 즉 '법령준수의 항변'의 요건이 되는 '제조물을 공급한 당시의 법령에서 정하는 기준'의 해석 문제에 관해서는 이를 제한적으로 해석할 필요가 있다.[951] 규제법제에서 설정하는 안전 기준은 일반적으로 제조물을 제조·공급할 때에 충족하여야 할 최소한의 기준을 정한 것으로서 제조물책임과는 취지와 목적을 달리 한다. 공적 기준에 적합한지 여부의 판단과 결함의 존부 판단은 반드시 일치하는 것이 아니므로, 공적 기준에 적합하다는 것만으로 제조물에 결함이 없다고 볼 수 없다. 이와 같은 면책을 너무 넓게 인정하면 「제조물책임법」의 취지가 훼손되기 때문이다.[952] 또한 규제법제의 전문 기술에 관한 비전문성 내지 예측 소홀로 인해 제조업자의 책임이 아무런 대책 없이 소비자들에게 전가되는 결과를 가져올 수 있기 때문이다.

더구나, 우리 「제조물책임법」 제4조 제1항 제3호는 '법령준수의 항변'과 관련해 제조업자가 '제조물의 결함이 제조업자가 해당 제조물을 공급한 당시의 법령에서 정하는 기준을 준수함으로써 발생하였다는 사실'을 증명하도록 하고 있으나, 여기에서 말하는 '법령에서 정하는 기준'의 의미가 다소 막연하고 불명확하므로, 그 내용과 범위에 관해 보충적 해석도 요구된다. 보다 구체적으로 여기에서 말하는 '법령에서 정하는 기준」은 결함의 발생과 '불가피한 관련성'이 있을 것을 요한다고 제한 해석함이 타당하다.

우리 「제조물책임법」상 '법령준수의 항변'의 해석에 관해서는 미국 제3차 리스테이트먼트 제4조의 내용이 해석상 참고가 될 수 있다고 본다. ① 우선 여기에서 말하는 '법령'은 소송상 결함 존부가 문제되는 당해 제조물의 안전성에 관련된 것일 것을 요한다고 보아야 한다. 나아가 제조물의 안전성을 설정하는 기준이면 모두 여기에 해당된다고 볼 것이 아니라, 그 내용 자체에 비추어 제조업자로 하여금 제조물

---

[951] 권오승 외(註 654), 203면 이하 참조.

[952] 이상의 내용에 관해서는 권오승 외(註 654), 203면 참조.

이 더 이상의 안전성을 갖추지 않는 것에 관해 면책을 인정하거나, 규제의 목적상 다른 이유로 이를 사실상 제한하는 등 내용의 것일 것을 요한다고 제한 해석함이 타당하다. 즉 규제법제의 잘못된 규율로 말미암아 '법령준수의 항변'에 의해 제조물책임이 면책되는 경우 규제의 주체인 국가 또는 지방자치단체를 상대로 책임을 물을 수 있을 정도의 내용에 이르러야 한다고 봄이 타당하다.[953] ② 이에 의한 제조업자의 면책은 당해 '법령'이 확보하고자 하는 제조물의 안전성에 직접적으로 관련된 부분에 한한다고 보아야 한다. ③ 법령의 준수와 결함의 존재 사이에 인과관계가 있어야 한다. 즉 제조업자의 면책을 위해서는 법령을 준수하였기 때문에 결함이 발생하였다는 사실관계를 제조업자가 증명하여야 한다고 보는 것이 타당하다.

나아가 입법론적으로도, 「제조물책임법」상 법령준수의 항변에 관해서는 제조물의 안전성을 확보하고 이에 관한 소비자와 사용자의 예측가능성을 보장한다는 차원에서, '제조물을 공급한 당시의 법령에서 정하는 기준'의 의미를 보다 명확하게 규정할 필요가 있다고 본다.

나. 자율주행자동차와 법령준수의 항변

우리 「제조물책임법」에서 정하고 있는 면책사유 중 '법령준수의 항변'은 자율주행에 관한 규제법제의 규율 내용 및 방향 문제와 직결되어 문제될 수 있다. 보다 구체적으로 자율주행기술에 관해 규제법제에서 제시, 설정한 '자율주행기술의 안전성 기준'이 실제 필요한 것보다 미흡한 것이었음이 밝혀지는 경우 그럼에도 불구하고 제조업자의 면책사유인 '법령준수의 항변'의 근거가 될 수 있는지 살펴볼 필요가 있다.

위에서 본 것과 같이 규제법제에서 설정하는 '제조물의 안전성 기준'이라는 것은 대개 당해 제조물의 안전성을 확보하기 위한 '최소한'의 기준을 설정하기 위한 것이다. 특히 자율주행기술과 같은 새로운 기술은 앞으로도 지속적으로 발전할 것으로 예상되고 그 속도 역시 가늠하기 어려운 반면, 현 시점에서 안전성 및 기술적 타당성이 제대로 검증되었다고 보기 어렵고, 위험요인 등이 면밀히 평가되어 있다고 보기 어렵

---

[953] 권오승 외(註 654), 203면 이하는 '기준의 준수가 행정처분이나 형벌 등에 의해 강제되는 경우'로 제한하면 족하다는 취지로 기술하나, 그와 같은 내용과 방향의 면책 제한만으로는 부족하다고 본다.

다. 따라서 자율주행에 관한 규제법제에서 설정하는 '자율주행기술의 안전성 기준'은 위와 같은 자율주행기술의 기술적 본질에 비추어 볼 때 그 자체로서 자율주행기술에 관한 '최소한'의 안전기준을 설정하였다고 볼 수밖에 없고, 제조업자 스스로 그 기준 이상의 안전성을 갖출 것을 금지하는 것도 아니라고 보는 것이 당연하다.[954]

따라서 자율주행자동차의 제조업자 등 또는 자율주행기술의 개발자 등이 "제조물을 공급한 당시의 법령에서 정하는 기준"을 준수하였다는 사정만으로는 원칙적으로 법령준수의 항변을 원용할 수 없다고 보는 것이 타당하다. 해당 규제법제의 자율주행에 관한 안전기준의 구체적인 내용과 변천 경위와 방향 등을 면밀히 살펴 법령준수의 항변에 따른 면책 여부에 관해서는 신중히 판단할 필요가 있다.

4. 설계 · 제작 지시의 항변

자율주행자동차에 관해서도 '설계 · 제작 지시의 항변(제4조 제1항 제4호)'가 문제될 수 있음은 물론이다. 즉 자율주행자동차의 '부품 등 제조업자'는 당해 부품을 사용한 '제조물 제조업자'의 '설계 또는 제작에 관한 지시로 인해 결함이 발생하였다는 사실'을 증명하여 제조물책임을 면할 수 있다.

예컨대 자율주행 시스템에 사용되는 부품 및 장비, 장치 등 하드웨어의 제조업자는 자율주행자동차 제조업자의 '설계 또는 제작에 관한 지시로 인해 결함이 발생하였다는 사실'을 증명하여 제조물책임을 면할 수 있을 것이다.[955]

다만 자율주행자동차의 안전성 확보라는 관점에서, 부품 등 제조업자가 소비자 또는 사용자로서 피해자인 원고에 대해 주장할 수 있는 '설계 · 제작 지시의 항변'의 내용과 범위를 합리적으로 제한할 필요가 있다고 본다. 이 경우 부품 등 제조업자가 주장할 수 있는 '제조물 제조업자의 설계 또는 제작에 관한 지시'는, 자율주

---

[954] 위에서 본 것과 같이, 이와 같은 점에 비추어 볼 때 규제법제에서는 '자율주행자동차의 안전성 확보'를 위한 자율주행기술의 안전성 기준을 설정할 때에 '최선'의 것을 상정할 필요가 있고, 자율주행기술의 다양한 세부 분야 중에서도 특히 급속하고도 지속적인 발전이 예상되는 분야에 관해서는 단정적, 한정적인 기준을 설정하는 데에 신중할 필요도 있다고 본다.

[955] 소프트웨어 자체를 제조물로 볼 수 있다면, 자율주행 소프트웨어 개발자도 제조물책임을 부담할 수 있을 것이고, 이 경우 마찬가지의 항변을 할 수 있을 것이다.

행자동차 제조업자가 부품 제조업자에 대해 당해 부품 등 자체의 안전성과 직결되는 성능수준 등에 관해 구체적 지시를 한 경우와 같이 '자율주행자동차 제조업자의 지시가 당해 부품 등의 안전성과 관련된 성능 저하와 직결되는 것으로 인정되는 경우'에 제한된다고 보는 것이 타당하다. 자율주행자동차 제조업자가 부품 등 제조업자에 대해 단지 자율주행자동차 제조업자가 설계, 제조하는 당해 자율주행자동차의 설계사양設計仕樣, design specifications에 부합하는 부품 등을 공급하여 달라는 일반적 지시를 한 것만으로는 원칙적으로 위 조항에서 말하는 '제조물 제조업자의 설계 또는 제작에 관한 지시'로 보기 어렵다고 본다.

Ⅱ. 자율주행자동차와 제조업자의 면책의 제한 및 제조물관찰의무

1. 「제조물책임법」상 제조업자의 면책의 제한과 제조물관찰의무 개관

제조물책임을 부담하는 자가 '제조물을 공급한 후에 그 제조물에 결함이 존재한다는 사실을 알거나 알 수 있었음에도 그 결함으로 인한 손해의 발생을 방지하기 위한 적절한 조치를 하지 아니한 경우'에는 「제조물책임법」 제4조 제1항 제2호부터 제4호까지의 규정에 따른 면책을 주장할 수 없다(제조물책임법 제4조 제2항). 즉 이 경우 위 면책사유 중 개발위험의 항변, 법령준수의 항변 및 원재료·부품 제조업자의 항변에 대하여는 제조업자의 면책 주장이 제한된다.[956]

이는 제조업자로 하여금 제조물의 공급 이후에도 제조물을 계속 관찰하거나 감시할 '제조물관찰의무' 또는 '제조물감시의무'를 인정한 것으로 통상 이해된다.[957]

---

956 권오승 외(註 654), 218면.

957 김재형, "독일의 제조물책임법에 관한 고찰", 민법론 II, 박영사, 2004, 433면은 「제조물책임법」 제4조 제2항은 독일의 불법행위에 기한 제조물책임에서 인정된 제조물관찰의무를 명시적으로 규정한 것으로 파악하고 있다. 양창수, "한국의 제조물책임법", 서울대학교 법학 제42권 제2호, 서울대학교 법학연구소, 2001, 104면 역시 같은 취지로, 「제조물책임법」 제4조 제2항은 독일의 제조물책임법리에서 일반불법행위법에 의하여 인정되나 그 범위에 대하여는 다양한 견해가 제시되고 있는 소위 제조물계속감시의무(Produktbeobachtungspflicht)가 법정된 것이라고 할 수 있다고 한다. 윤진수(註 734), 65면도 마찬가지이다.

제조업자가 사후 손해방지조치를 이행하지 아니하여 면책사유를 주장할 수 없는 것은 면책사유에 관한 규정의 예외가 되므로, 그 요건사실에 대한 주장·증명책임은 피해자인 원고에게 있다.[958]

2. 자율주행자동차와 제조물관찰의무

자율주행자동차는 새로운 기술인 자율주행기술을 핵심으로 하고 있고, 자율주행기술은 상용화 이후에도 빠른 속도로 지속적으로 발전할 가능성이 크다. 따라서 자율주행자동차의 제조업자로 하여금 보다 강화된 제조물관찰의무를 부담하도록 하여 제조업자의 면책사유 주장을 제한하는 것이 바람직하다.

자율주행자동차 제조업자가 면책의 제한에 관해 부담하는 제조물관찰의무의 구체적 내용과 범위는 자율주행자동차에 대해 필요한 안전성 확보의 문제와도 직결된다고 볼 수 있다. 따라서 이와 관련해 자율주행기술의 결함 판단을 위한 비교 대상이 되는 기술 수준은 최선의 것이어야 한다는 명제 역시 충분히 고려할 필요가 있다.

구체적으로 자율주행자동차의 제조업자는 자율주행자동차를 제조·공급한 이후에도 이후의 자율주행기술의 발전 경과를 끊임없이 관찰하고 최신·최선의 자율주행기술 수준과 항상 비교·검증하여, 기존에 이미 공급한 자율주행자동차에 관하여도 자율주행기술의 발전에 따라 결과적으로 결함이 있었던 것으로 평가할 수 있는지 여부 또는 기술의 발전에 따른 결함의 뒤늦은 발견 가능성 등을 지속적으로 관찰·점검하여 필요한 경우 리콜recall 등 결함으로 인한 손해의 발생과 확대를 방지하기 위한 적절한 조치를 취하여야 할 필요가 크다. 법원으로서도 제조물책임 소송에서 자율주행자동차 제조업자의 제조물관찰의무가 문제되는 경우 그 인정 범위를 폭넓게 설정할 필요가 있다고 본다.

---

[958] 권오승 외(註 654), 218면.

제 6 절 소결론

자율주행자동차와 제조물책임의 문제에 관하여는 현 시점에서 현행 「제조물
책임법」과 이에 관하여 지금까지 형성, 발전되어 온 법리와 이론의 탄력적 적용에
따라 기본적으로 큰 무리 없이 해결이 가능하다고 본다. 다만 새로운 현상인 자율
주행의 제조물책임 법리에 대한 포섭 및 제조물책임과 관련해 형성되어 온 다양한
이론 중 자율주행기술과 결함 판단에 적합한 이론의 취사와 관련해, 자율주행자동
차에 필요한 안전성을 충분히 확보하여야 한다는 점을 가장 우선적으로 고려해야
하고, 하드웨어 및 소프트웨어적인 측면에서 첨단기술이 집약된 자율주행기술의
본질적 특성 역시 충분히 감안하여야 한다. 이와 같은 관점에서 본장에서의 논의를
다음과 같이 정리할 수 있다.

(1) 자율주행자동차와 제조물책임 관련 논의는 '자동차 고유의 위험'이라는 측
면에서 볼 때, '제조물로서의 자율주행자동차의 안전성' 확보라는 명제를 기반으로
살펴볼 필요가 있다. 자율주행자동차에 관해서도 현행 「제조물책임법」과 이에 관
해 현재까지 현성, 발전되어 온 법리의 적용 가능성을 긍정할 수 있다. 다만 위와
같은 자율주행자동차의 안전성 확보라는 명제에 비추어 볼 때 자율주행자동차의
결함의 특수성을 다음과 같이 고려할 필요가 있다.

자율주행자동차의 결함의 특수성은 '자율주행'의 구현에서 중추적인 기능을
담당하는 자율주행 인공지능 소프트웨어의 결함에 관해 문제될 가능성이 크다. 이
와 관련해 「제조물책임법」을 개정하여 소프트웨어 일반을 제조물에 포함시켜 규율
할 필요가 있다. 비단 자율주행 인공지능 소프트웨어뿐만 아니라 소프트웨어 일반
에 관해 보더라도 '제조물'로 평가할 수 있는 여러 징표들을 충분히 갖추고 있을 뿐
만 아니라, 특히 자율주행에 사용되는 소프트웨어의 경우 사소한 오류가 발생하는
것에 의해 인간의 생명까지도 직접적으로 침해될 우려가 존재하므로 그 안전성을
최대한 확보하여 소비자와 피해자를 적극적으로 보호할 필요가 있고, 소프트웨어

개발회사 등을 상대로 직접 제조물책임을 묻기 위한 현실적인 필요성 역시 인정되기 때문이다.

첨단기술인 자율주행 소프트웨어의 결함 판단은 소송상 원고의 증명책임과 관련해서도 여러 난점을 가져올 수 있다. 우선 제조상 결함에 관한 증명책임 완화 이론인 기능이상의 법리 및 개정된「제조물책임법」상 결함의 추정 규정에 의하더라도 "그 손해가 해당 제조물의 결함 없이는 통상적으로 발생하지 아니한다는 사실"을 원고가 증명하는 것은 쉽지 않을 수 있다.

자율주행자동차의 결함에 관해서는 설계상 결함이 소송에서 가장 빈번히 주장될 것으로 예상된다. 다만 이와 관련해서는 특히 자율주행 소프트웨어 알고리즘상의 결함 여부가 직접적인 증명의 대상이 되는 경우가 많을 것이고, 이는 필연적으로 소송비용의 증대를 가져올 것이다.

자율주행자동차와 제조물책임 소송의 실무에서도 위에서 본 명제인 '제조물로서의 자율주행자동차의 안전성'의 확보는 중요하게 고려될 필요가 있다. 따라서 법원으로서도 이와 같은 점을 염두에 두고 원고의 증명책임을 완화하거나 증명책임을 합리적으로 배분하기 위한 적극적인 노력이 필요하다. 이는 자율주행기술 역시 다른 첨단 기술과 마찬가지로 제조업자 측에서 자율주행기술과 제조물인 자율주행자동차에 관해 가장 정확하고 많은 정보를 가지게 될 것이라는 점에 비추어 보더라도 역시 타당하다.

이와 같은 명제는「제조물책임법」의 2017년 개정으로 도입된 손해배상 규정에 따른 징벌적 손해배상의 인정 여부와 배상액의 산정에도 고려할 수 있다. 자율주행자동차의 결함과 징벌적 손해배상 문제는 자율주행자동차의 제조물책임에 관한 소송의 실무에서도 중요한 쟁점이 될 수 있을 것이다.

(2) 자율주행기술이 새로운 기술이라는 점을 감안하더라도 제조업자의 책임은 다소 엄격하게 인정하는 것이 바람직할 것이다. 문제된 자율주행자동차에 탑재된 자율주행기술의 수준이 구체적 사안에서 문제된 것과 같은 사고를 미연에 방지하는 데에 적합하였는지, 운전자에게 필요한 경고를 적절히 주는 데에 부족함이 없었는지 등을 판단하기 위해서는 자동차 고유의 위험성 등을 감안할 때 자율주행자동차의 제조, 판매 또는 사고 당시의 가장 높은 수준의 자율주행기술의 수준을 기준으로 판단함이 타당하다.

오히려 자율주행기술은 상용화 이후에도 지속적으로 발전할 것으로 예상되기 때문에, 나중에 안정성을 결여하였던 것으로 밝혀진 자율주행기술을 사용한 자율주행자동차를 제조·유통시킨 제조업자의 면책사유는 가급적 좁게 인정함이 바람직하다. 개발위험의 항변에 관해, 자율주행자동차의 본질적인 위험성에 비추어 볼 때 제조업자 등의 면책의 기준인 "과학·기술 수준"은 자율주행자동차의 제조 또는 공급 당시의 가장 높은 수준의 자율주행기술 수준을 기준으로 판단하는 것이 타당하고, 이를 판단할 때에 고려 요소들 중 하나인 "경제성 요인"에 지나치게 과도한 비중이 부여되는 것을 경계할 필요가 있다. 법령준수의 항변에 관해서도, 제조업자의 면책 요건이 되는 "제조물을 공급한 당시의 법령에서 정하는 기준"은 결함의 발생과 '불가피한 관련성'이 있는 것으로서, 제조물의 안전성에 직접 관련된 부분으로 제한하고, 법령 준수와 결함의 존재 사이에 인과관계가 존재하는 등 제한적으로 해석할 필요가 크다. 제조업자 측의 제조물계속관찰의무도 엄격하게 인정할 필요가 있다.

다만 자율주행자동차의 결함을 인정하는 데에는 신중할 필요도 있다. 자율주행자동차의 결함을 지나치게 쉽게 인정하게 된다면 필연적으로 빈번한 집단소송 등으로 이어질 가능성이 크고, 결국 제조업자들은 기술의 발전에도 불구하고 결국 운전자에게 상시 주의의무 등을 계속 부과하여 운전자에게 책임의 발생 여지를 계속 유보시켜 두려고 하는 등 운전자에게 책임을 사실상 전가할 수도 있다. 이는 자율주행자동차의 도입 취지에도 맞지 않고, 운전자로 하여금 오히려 일반자동차를 운전하는 경우에 비하여 예기치 못한 책임을 부담하게 하는 요인이 될 수 있어, 그 책임이 오히려 실질적으로는 증대하는 결과를 가져올 부작용도 생길 수 있을 것이다. 이와 같은 측면에서 볼 때 궁극적으로 '제조물로서의 자율주행자동차의 안전성'을 확보하기 위해, 여러 이익형량 요소들을 신중히 고려하여 판단할 필요가 있다.

⑶ 자율주행자동차의 운행으로 인하여 사고가 발생한 경우 자율주행자동차에 결함이 인정된다면 그로 인한 손해배상책임은 궁극적으로 자율주행자동차의 제조업자에게 귀결될 것이다. 즉 사고의 피해자가 제조업자를 상대로 직접 손해배상을 청구할 수도 있고, 피해자의 피해를 배상한 보험회사가 피해자를 대위하여 제조업자를 상대로 손해배상책임을 물을 수도 있게 될 것이다.

자율주행자동차와 제조물책임 소송은 주로 자동차 보험회사가 자동차 제조회사 등 제조업자를 상대로 한 소송에서 크게 문제될 것으로 예상해 볼 수 있다. 즉 자율주행자동차에 의한 교통사고로 인한 손해배상책임에 관한 이해관계의 조정은 종국적으로 자동차 보험회사와 제조업자 상호 간의 제조물책임 소송에 의하여 해결될 것이다. 그러나 소비자인 피해자의 손해가 사고와 무관하게 발생하는 경우, 즉 자동차 손해보험이 개입할 여지가 없는 경우에는 소비자가 직접 제조업자를 상대로 소송을 제기하여야 할 것이다. 이 경우에는 결함의 존재에 대한 증명책임 완화에 관한 논의의 필요성이 더 커질 것이다.

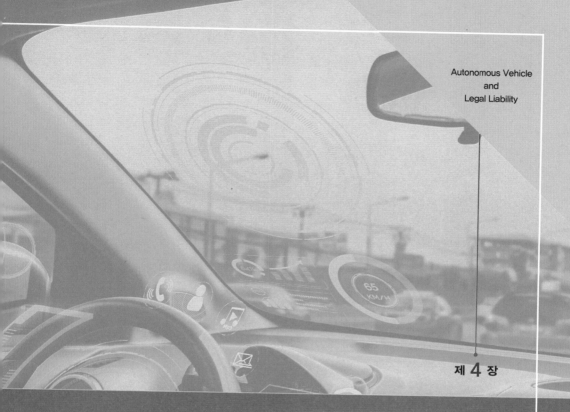

Autonomous Vehicle
and
Legal Liability

제 4 장

자율주행과 운행자책임

자율주행과 운행자책임

　　자동차 사고로 인한 인신손해人身損害에 관해, 「자동차손해배상 보장법」(이하 '자배법'이라고 한다)에서 '운행자책임'을 규정하고 있다.[959] 자배법은 자동차 사고로 인한 인신손해에 관하여 「민법」 제750조에 우선하여 적용되는 특별법으로서,[960] 자배법상 운행자책임은 자동차 사고로 인한 피해자를 두텁게 보호하기 위해 정책적으로 위험책임 내지 사실상의 무과실책임을 인정한 것으로 통상 이해된다. 운행자책

959　물적 손해에 관하여는 불법행위에 관한 일반조항인 「민법」 제750조가 적용된다. 자배법 제4조는 "자기를 위하여 자동차를 운행하는 자의 손해배상책임에 대하여는 제3조에 따른 경우 외에는 「민법」에 따른다"라고 규정하고 있다. 따라서 자동차 사고로 인해 물적 손해를 입은 피해자가 손해배상책임을 묻기 위해서는 「민법」의 일반원칙에 따라야 하고, 자배법 제3조는 물적 손해에 관해 운전자가 아닌 자동차 보유자 등 운행자에 관한 책임의 근거가 될 수 없다. 양창수, "「자동차손해배상 보장법」 제3조 단서 제2호의 합헌성", 민법연구, 제5권, 1999, 285면 참조.

　　한편 자배법 제5조 제2항은 2003년 개정을 통해 물적 손해에 대해서도 보험가입을 의무화하고 있으나, 이는 보험가입 강제에 관한 조항일 뿐이고, 그에 따라 가입이 강제되는 책임 한도액 역시 2,000만 원에 불과하다(자배법 시행령 제3조 제3항. 기존에 1,000만 원이던 것을 2014년 개정을 통해 2,000만 원으로 증액한 것이다). 나아가 물적 손해를 입은 피해자의 구제는 위 보험가입 강제 규정에도 불구하고, 운전자와 자동차 보유자 등 운행자에 대한 「민법」상 불법행위에 기한 손해배상책임의 성립을 전제로 하는 것이다.

　　따라서 통상 자동차 사고로 인한 물적 손해에 관해서는 1차적으로 운전자에 대해서 「민법」 제750조에 따른 불법행위책임이 성립할 수 있는지를 살펴 보아야 하고, 운전자의 불법행위책임을 전제로 보유자 등 운행자에게 「민법」 제756조의 사용자책임이 인정될 수 있다. 한편 자동차의 점유자 또는 소유자에게 사고로 인한 물적 손해에 관한 「민법」 제758조의 공작물책임의 성립 여부가 문제될 수도 있다(이에 관해서는 제6장 '자율주행자동차의 자율주행 중 발생한 사고와 법적책임 주체의 손해배상책임 부담 및 구상관계' 중 해당 부분 참조).

　　그런데 자율주행 중에 발생한 물적 손해와 관련해서 운전자에게 고의 또는 과실이 부정되어, 손해배상책임이 인정되지 않는 경우 피해자가 제조업자를 상대로 제조물책임을 구하는 외에 소유자 등 운행자를 상대로 손해배상을 청구할 수 있는지, 그 근거는 어떠한지가 문제된다. 이에 관해서는 제5장 '자율주행과 운전자책임'에서 상세히 살펴본다.

960　양창수 · 권영준(註 652), 752면; 대법원 1997. 11. 28. 선고 95다29390 판결(자동차손해배상 보장법 제3조는 불법행위에 관한 민법 규정의 특별 규정이라고 할 것이므로 자동차 사고로 인하여 손해를 입은 자가 자동차손해배상 보장법에 의하여 손해배상을 주장하지 않았다고 하더라도 법원은 민법에 우선하여 자동차손해배상 보장법을 적용하여야 한다) 등 다수. 일반적 견해는 이를 법조경합 관계에 있다고 이해한다(곽윤직, 채권각론, 제6판, 박영사, 2003, 436면)

임과 관련해서는 종래 자배법상 운행자책임이 인정되기 위한 특유의 개념들인 '운행자성'과 '타인성', 운행자성의 판단기준인 '운행이익'과 '운행지배'의 개념과 그 해석 등이 문제되어 왔다. 또한 기존의 자동차에 의한 교통사고에 관하여도 사고의 구체적 유형과 양상, 사고에 관여하는 사람들의 관여의 내용과 형태, 정도에 관하여 위 요건의 충족 여부에 관하여 다양한 해석론이 전개되어 왔다.

자배법상의 운행자책임에 관해서는 기존의 자동차를 자연인自然人인 사람이 운전하는 경우를 전제하여 제도 및 법리가 형성되어 왔다. 따라서 인간을 대신하여 스스로 운전하는 자율주행자동차에 의한 자율주행 중에 인신손해가 발생하는 경우 운행자책임 제도에 관한 새로운 해석론과 입법론이 문제될 수 있다.

자율주행자동차의 자율주행시스템, 구체적으로 자율주행 인공지능의 '자율성'의 증대는 운행자책임을 인정하는 전제가 되는 운행지배와 운행이익에 상당 부분 영향을 미치게 되고, 그중에서 특히 운행지배의 요건과 관련해서는 현실적·직접적인 영향을 미치게 된다고 볼 수 있다. 굳이 완전자율주행이 가능한 5단계 자율주행자동차를 상정하지 않더라도, 이 글에서 직접적인 논의의 대상으로 하고 있는 3단계와 4단계의 자율주행자동차의 경우에도 정도의 차이는 있으나 자율주행 인공지능의 '자율성'의 증대는 필연적으로 '자동차의 운전'과 관련된 운행지배를 감소시킨다고 볼 여지가 있다.

자율주행자동차에 관하여도 자배법상 운행자책임 체계를 여전히 유지할 것인지, 현재의 운행자책임 체계를 그대로 유지한다면 '운행자'의 개념과 범위를 어떻게 설정할 것인지, 「자동차손해배상 보장법」 제3조 단서가 정하는 면책사유의 해석론과 관련하여 운전자의 주의의무위반을 전제로 한 부분 등에 관하여는 어떠한 내용과 범위에서 수정이 필요한지 등 여러 쟁점들이 문제될 수 있다.

또한 자배법 제5조는 운행자책임을 실효성 있게 보장하기 위하여 자동차의 보유자로 하여금 책임보험 또는 책임공제보험의 가입을 의무화하고 있고, 제8조는 이와 같은 의무보험(책임보험 등)에 가입하지 않은 자동차는 도로에서 운행할 수 없다고 정하며, 제46조 제2항 제2호는 의무보험에 가입되어 있지 않은 자동차를 운

그러나 대법원 1988. 3. 22. 선고 86다카2747 판결은 '자동차사고로 인한 손해배상청구사건에서 「자동차손해배상 보장법」이 「민법」에 우선하여 적용되어야 할 것은 물론이지만 그렇다고 하여 피해자가 「민법」상의 손해배상청구를 하지 못한다고는 할 수 없다'고 판시하여, 차량의 열쇠를 뽑지 않고 출입문도 잠그지 않은 채 노상에 주차시킨 차량 소유자의 행위와 그 차량을 절취한 제3자가 일으킨 사고로 인한 손해와 사이에 상당인과관계가 있다고 보아 「민법」상 불법행위책임이 성립할 수 있다는 점을 인정하고 있다.

행한 자동차 보유자를 형사처벌하고 있다. 자율주행자동차의 기술적 본질에서 유래하는 특수성이 종래의 자동차 보험 제도에 관하여 어떠한 시사점을 가지는지도 살펴볼 필요가 있다.

I. 운행자책임의 의의

자배법 제3조[961]는 '자기를 위하여 자동차를 운행하는 자는 그 운행으로 다른 사람을 사망하게 하거나 부상하게 한 경우에는 그 손해를 배상할 책임을 진다'라고 규정하여 운행자책임을 규정하고 있다. 즉 자동차의 운행으로 인하여 다른 사람(타인)의 사상死傷이라는 결과가 발생한 경우 운행자, 즉 '자기를 위하여 자동차를 운행하는 자'는 손해배상책임을 지게 된다.

자배법에 따른 운행자책임은 자동차 운행이 수반하는 고도의 위험성을 고려하여 피해자를 두텁게 보호하기 위해 정책적으로 도입된 것으로 이해할 수 있다.[962] 운행자책임은 자동차의 운행자에게 사실상의 무과실책임을 지우는 입법을 채택한 것으로 일반적으로 해석되고, 이는 자동차의 운행이 가지는 특수한 위험besondere Gefahr[963]에 비추어 그 위험원危險源을 지배할 수 있는 자에게 부과되는 위험책임으로

---

961 자배법 제3조(자동차손해배상책임) 자기를 위하여 자동차를 운행하는 자는 그 운행으로 다른 사람을 사망하게 하거나 부상하게 한 경우에는 그 손해를 배상할 책임을 진다. 다만 다음 각 호의 어느 하나에 해당하면 그러하지 아니하다.

　　1. 승객이 아닌 자가 사망하거나 부상한 경우에 자기와 운전자가 자동차의 운행에 주의를 게을리 하지 아니하였고, 피해자 또는 자기 및 운전자 외의 제3자에게 고의 또는 과실이 있으며, 자동차의 구조상의 결함이나 기능상의 장해가 없었다는 것을 증명한 경우

　　2. 승객이 고의나 자살행위로 사망하거나 부상한 경우

962 아래 제3절에서 보는 것과 같은 독일 「도로교통법」(StVG)의 '보유자책임(Haftung des Halters)'과 일본 「자동차손해배상 보장법」의 '운행공용자(運行供用者)책임' 제도를 수정, 변형하여 계수한 것으로 볼 수 있다.

963 자동차가 가지는 속도와 중량이 그 운행에 관해 발생시키는 기계적 물리력의 위험을 자동차의 운행이 가지는 '특수한 위험(besondere Gefahr)'이라고 말할 수 있을 것이다. 양창수(註 959), 287면 참조.

이해된다.[964]

　　자배법상 운행자책임이 인정되기 위해서는 책임의 주체인 운행자에게 '운행자
성'이 인정되어야 한다. 반면에 피해자에게는 '타인성'이 인정되어야 한다. 즉 자배
법 제3조가 정하는 '다른 사람'에 해당할 것이 요구된다.

Ⅱ. 손해배상책임의 주체와 운행자성

1. 운행자의 개념

　　자배법 제3조는 '자기를 위하여 자동차를 운행하는 자'를 손해배상책임의 주체
로 인정하고 있고, 일반적으로 이를 '운행자'라고 지칭한다. 자배법 제2조 제2호는
'운행'을 '사람 또는 물건의 운송 여부와 관계없이 자동차를 그 용법에 따라 사용하
거나 관리하는 것을 말한다'라고 개념정의하고 있는 반면, 책임의 주체인 '운행자'
의 개념에 관하여는 구체적으로 정의하지 않고 있다. 이는 제2조 제4호가 '운전자'
를 '다른 사람을 위하여 자동차를 운전하거나 운전을 보조하는 일에 종사하는 자'
로, '자동차보유자'를 '자동차의 소유자나 자동차를 사용할 권리가 있는 자로서 자
기를 위하여 자동차를 운행하는 자'로 각 개념정의하고 있는 것과 대비된다. 나아
가 자배법에서는 '운행자'라는 말을 사용하지도 않고 있다. 따라서 '운행자'의 개념
및 그 해당 요건 내지 징표에 관하여는 해석이 필요하다.

964　양창수(註 959), 286면은 아래와 같이 기술한다.

　　"자동차를 운행하게 하는 행위 그 자체의 적법성에도 불구하고 자동차의 운행이 가지는 특수한 위험
(besondere Gefahr)에 비추어 그 危險源을 지배할 수 있는 지위에 있는 사람(이 경우에는 자동차의 '보유자',
즉 運行者)으로 하여금 이제 그 위험이 현실화된 경우에는 그로 인한 손해를 부담시키는 것이 타당하다는 소위
'危險責任(Gefährdungshaftung)'의 원리에 기한 것이라고 요약할 수 있다."

2. 운행지배와 운행이익

대법원 판례에 따르면 운행자는 '자동차에 대한 운행을 지배하여 그 이익을 향수하는 책임주체로서의 지위에 있는 자'를 말한다.[965] 즉 대법원은 '운행지배'와 '운행이익'의 두 가지 요소를 기준으로 '운행자성'을 판단하고 있다.[966] 대법원은 운행이익과 운행이익을 대등개념으로 보면서 운행지배와 운행이익이 모두 있어야 운행지배와 인정된다는 입장을 유지하고 있다.[967]

'운행지배'는 본래 현실적인 지배를 의미하는 것이지만, 대법원은 사회통념상 간접지배 내지 지배가능성도 여기에 포함시키고 있다.[968] 이러한 '지배' 개념의 규범화는 운행자의 인정 범위를 넓히려는 동기에서 비롯된 것이다.[969]

'운행이익'은 운행으로부터 직접 얻어지는 경제적 이익 외에도 간접적인 의미의 경제적 이익과 정신적 만족감 등 정신적 이익까지 포함하는 넓은 개념이다.[970] 따라서 타인에게 무상으로 자동차를 빌려준 경우 자동차를 빌린 타인이 직접적인 경제적인 이익을 누리지만, 빌려준 사람도 '정신적인 만족감'이라는 형태로 운행이익을 누린다고 말할 수 있다.[971]

---

965 양창수 · 권영준(註 652), 753면. 대법원 2001. 4. 24. 선고 2001다3788 판결; 2004. 4. 28. 2004다10633 판결 등.

966 대법원 1980. 4. 8. 선고 79다302 판결에서 '운전사의 선임, 지휘 감독이나 기타의 운행에 관한 지배 및 운행이익에 전혀 관여한 바가 없다면 … '자배법 제3조에서 말하는 '자기를 위하여 자동차를 운행하는 자라고 볼 수 없다'라고 판단한 이래, 위 대법원 2001. 4. 24. 선고 2001다3788 판결; 2004. 4. 28. 2004다10633 판결 등 다수의 지배적인 판결례가 위 두 요소에 의하여 운행자성을 판단하고 있다.

967 오지용(註 61), 100면.

968 대법원 1994. 9. 23. 선고 94다21672 판결; 대법원 1995. 10. 13. 선고 94다17253 판결; 대법원 2011. 11. 10. 선고 2009다80309 판결; 대법원 2012. 3. 29. 선고 2010다4608 판결; 대법원 2014. 5. 16. 선고 2012다73424 판결 등 다수.
대법원 1995. 10. 13. 선고 94다17253 판결에서 "「자동차손해배상 보장법」 제3조에서 자동차 사고에 대한 손해배상 책임을 지는 자로 규정하고 있는 '자기를 위하여 자동차를 운행하는 자'란 사회통념상 당해 자동차에 대한 운행을 지배하여 그 이익을 향수하는 책임주체로서의 지위에 있다고 할 수 있는 자를 말하고, 이 경우 운행의 지배는 현실적인 지배에 한하지 아니하고 사회통념상 간접지배 내지는 지배가능성이 있다고 볼 수 있는 경우도 포함하는 것"이라고 판시한 이래, '운행자성'의 인정기준에 관한 같은 내용의 판시가 다수의 대법원 판결에서 반복되고 있다.

969 양창수 · 권영준(註 652), 753면.

970 김용담 편집대표, 주석민법[채권각칙(7)], 제4판, 한국사법행정학회, 2016[이하 '주석민법[채권각칙(7)]'이라 한다.], 334면(김춘호 집필부분); 김상용(註 660), 729면.

971 양창수 · 권영준(註 652), 753면.

자동차 보유자는 통상 운행지배와 운행이익을 가지므로 원칙적으로 운행자로서의 지위를 가진다.[972] 한편 '무단운전'이나 '절취운전'처럼 자동차를 사용할 정당한 권리가 없는 자도 운행지배와 운행이익이 인정되면 운행자가 될 수 있다.[973] 이러한 의미에서 운행자는 자동차 보유자보다 넓은 개념이다. 결국 운행자는 일단 누가 자동차 보유자인가에 따라 결정되는 것이 원칙이지만, 다른 특별한 사정이 있어 누가 운행자인지 판명하기 어렵다면 위험책임과 보상책임의 이념[974]을 고려하여 해당 주체에게 손해배상책임을 귀속시키는 것이 타당한가 하는 관점에서 '운행자'를 결정한다고 말할 수 있다.[975]

자배법상의 운행자성 여부의 판단에 관한 대법원 판례와 주류적인 실무의 태도는, 운행지배와 운행이익을 운행자성을 판단하는 기준으로 거론하면서, 우선 자동차 소유자를 운행자로 추정한 다음 당해 사안에서 운행지배와 운행이익이 상실되었는지 여부를 검토하는 접근법을 취하고 있다.[976] 대표적으로 무단운전이나 절취운전의 경우 소송에서 자동차의 소유자나 보유자 등 원래의 자동차 운행자가 운

---

972 대법원 1999. 4. 23. 선고 98다61395 판결 등.

973 대표적으로 대법원 1986. 12. 23. 선고 86다카556 판결.
무단운전과 절취운전에 관한 대법원의 재판례들의 태도는 아래와 같이 정리할 수 있다[이하는 사법발전재단, 사법부의 어제와 오늘 그리고 내일(하), 2008, 457면 이하를 옮긴 것이다].
우선 무단운전의 경우에는 소유자에 의한 위험창출 및 원전자의 반환의사를 고려하는 예가 많고, 소유자의 가정적 의사 내지 사후승낙 가능성을 고려하는 예도 있다. 반면 승객이 사상(死傷)한 경우 그가 무단운행 여부를 인식했는지 여부가 중요한 요소로 고려되기는 하지만, 결정적인 의미를 가지는 것으로는 보이지 않는다.
그리고 절취운전의 경우에는 무단운전의 법리에 준하여 특히 위험창출행위를 적극적으로 고려하면서 시간적·공간적 관련성도 고려하고 있다.
자동차의 실질적인 보유와 자동차등록명의가 불일치하는 경우나 임차인이나 차량용역을 받는 자가 상당한 정도로 관리·통제를 하는 경우 등의 사안에서는 판례는 운행지배와 운행이익을 기준으로 제반사정을 고려한 실질적인 고려에 의하여 운행자성을 판단한다고 하지만, 사실관계의 다양성과 복잡성으로 인하여 개별구체론으로 흐르는 경향도 관찰된다.

974 '위험책임'의 이념은 주로 운행지배의 측면과, '보상책임'의 이념은 주로 운행이익의 측면과 각기 관련된다고도 말할 수 있을 것이다.

975 양창수·권영준(註 652), 754면.

976 곽윤직 편집대표, 민법주해 [XIX], 박영사, 2005(이하 '민법주해 [XIX]'라고 한다), 517면 이하(김용덕 집필부분) 참조. 대법원 86다카556 판결(註 973)은 "「자동차손해배상 보장법」 제3조는 위험책임과 보상책임원리를 바탕으로 하여 자동차에 대한 운행지배와 운행이익을 가지는 자에게 그 운행으로 인한 손해를 부담하게 하고자 함에 있으므로 여기서 말하는 '자기를 위하여 자동차를 운행하는 자'는 자동차에 대한 운행을 지배하여 그 이익을 향수하는 책임주체로서의 지위에 있는 자를 가리키는 것이라고 풀이되고, 한편 자동차의 소유자 또는 보유자는 통상 그러한 지위에 있는 것으로 추인된다"고 판시하였다.

행지배나 운행이익을 상실하였다거나 원래의 자동차로부터 운행지배나 운행이익이 단절되었다는 주장을 하게 되고, 그 주장과 같이 원래의 운행자로부터 운행지배와 운행이익의 상실 또는 단절이 인정된다고 볼 수 있는지가 주된 쟁점이 된다. 대법원은 운행자성의 상실 내지 단절 여부에 관한 판단기준에 대해 "사고를 일으킨 구체적 운행이 보유자의 의사에 기하지 아니한 경우에도 그 운행에 있어 보유자의 운행지배와 운행이익이 완전히 상실되었다고 볼 특별한 사정이 없는 한 보유자는 당해 사고에 대하여 위 법조의 운행자로서의 책임을 부담하게 된다 할 것이며 위 운행지배와 운행이익의 상실여부는 평소의 차량관리상태, 보유자의 의사와 관계없이 운행이 가능하게 된 경위, 보유자와 운전자와의 관계, 운전자의 차량반환의사의 유무와 무단운행후의 보유자의 승낙가능성, 무단운전에 대한 피해자의 주관적인 인식 유무 등 여러 사정을 사회통념에 따라 종합적으로 평가하여 이를 판단하여야 한다"고 판시하고 있다.[977]

자동차보유자가 운행지배와 운행이익을 상실하면 운행자의 지위도 상실한다. 반면에 자동차 보유자가 아닌 자도 운행지배와 운행이익이 인정되면 운행자의 지위를 가질 수 있다.[978] 즉 운행자는 정당한 권리 없이 자기를 위하여 자동차를 운행할 수 있는 사람도 포괄하므로, 그 개념은 자배법상 제2조 제3호가 규정하는 '자동차보유자'보다도 넓은 것이다.[979]

위와 같은 운행자개념의 판단기준인 '운행지배'와 '운행지배'의 개념에 관해서는 그 개념이 추상적 · 관념적이므로 이를 판단하는 것에 관해서도 구체성과 객관성이 결여될 수 있다는 비판론이 있다.[980]

그러나 자동차 사고는 구체적인 상황에서 매우 다양한 유형과 양상으로 발생할 수 있고, 소송의 실무에서는 적지 않은 경우에서 위에서 본 것과 같이 운행자성의 상실 또는 단절이 주장되거나 다투어지므로, 이를 판단하기 위하여 다소 일반적이거나 추상적인 기준을 설정하여 놓을 필요성도 인정된다. 따라서 대법원의 위와 같은 판단기준 설정과 태도에는 불가피한 측면이 있어 그 타당성을 인정할 수 있다

---

[977] 위 대법원 86다카556 판결(註 973).

[978] 권영준 · 이소은(註 85), 478면.

[979] 민법주해 [XIX](註 976), 박영사, 2005, 517면 이하(김용덕 집필부분) 참조.

[980] 오지용(註 61), 100면 이하; 최순진 · 서완석, "자율주행자동차 사고와 국가보험기금 제도의 활용 방안", 보험법연구 11권 2호, 2017, 266면 이하.

고 본다. 적어도 기존의 자동차의 사고로 인한 운행자성의 판단에서 '운행지배'나 '운행이익'의 개념에 의하여 운행자성에 관한 판단을 내리는 것이 현재까지는 예측 가능성의 측면에서나 결론의 구체적 타당성의 측면에서 크게 불합리하다고 보이지 않는다. [981]

3. 공동운행자

하나의 자동차에 대하여 둘 이상의 운행자가 존재하는 것으로 인정될 수 있다. 2인 이상의 운행자가 있는 경우 공동운행자는 자동차 사고의 피해자에 대한 관계에서 모두 운행자로서 손해배상책임을 지고, 이때 공동운행자들이 각 부담하는 손해배상책임은 서로 부진정연대채무 관계에 있게 된다. [982] 피해자는 공동운행자 중의 어느 한 편에 대하여 손해 전부의 배상을 구할 수 있고, 피해자의 손해를 배상한 공동운행자는 각자의 부담부분에 따라 다른 공동운행자를 상대로 구상권을 행사할 수 있다.

공동운행자의 예로는 차량의 공유자, 임대인과 임차인[983] 지입차량에서 지입회사와 지입차주, [984] 대리운전에서 자동차보유자와 대리운전업체[985] 등을 대표적으로 들 수 있다. [986]

자동차리스의 경우 공부상의 소유권은 리스회사에게 있는 것이 일반적인데, 리스이용자가 차량을 운행하다가 제3자에게 손해를 입힌 경우 리스회사에 자배법상의 책임을 물을 수 있는지가 문제된다.

---

981 대법원 판례에 따른 '운행자성' 판단기준의 유형별 상세에 관하여는 주석민법[채권각칙(7)](註 970), 335면 이하(김춘호 집필부분) 참조.

982 주석민법[채권각칙(7)](註 970), 335면(김춘호 집필부분). 대법원 1993. 5. 27. 선고 93다6560 판결.

983 대법원 1993. 6. 8. 92다27782 판결; 대법원 2001. 1. 19. 선고 2000다12532 판결(註 303) 등. 렌터카 회사와 렌터카 임차인도 마찬가지이다.

984 대법원 1993. 4. 23. 선고 93다1879 판결.

985 대법원 2009 5. 28. 선고 2007다87221 판결.

986 양창수 · 권영준(註 652), 755면 참조.

이에 관해서는 「여신전문금융업법」에서 입법적으로 해결하였다. 즉 위 법 제 35조는 '대여시설이용자가 이 법에 따라 건설기계나 차량의 시설대여 등을 받아 운행하면서 위법행위로 다른 사람에게 손해를 입힌 경우에는 「자동차손해배상 보장법」 제3조를 적용할 때 시설대여업자를 자기를 위하여 자동차를 운행하는 자로 보지 아니한다'고 규정하고 있다. 위 법 제2조 제9호는 '시설대여업'을 '시설대여를 업으로 하는 것을 말한다'고 규정하고 있고, 제10호는 '시설대여'를 '대통령령으로 정하는 물건을 새로 취득하거나 대여받아 거래상대방에게 대통령령으로 정하는 일정 기간 이상 사용하게 하고, 그 사용 기간 동안 일정한 대가를 정기적으로 나누어 지급받으며, 그 사용 기간이 끝난 후의 물건의 처분에 관하여는 당사자 간의 약정으로 정하는 방식의 금융'이라고 정의하고 있다.[987]

「여신전문금융업법」의 위 규정에 비추어 볼 때 자동차리스의 경우 리스회사에게 자동차의 공부상 소유권이 유보되어 있더라도 리스회사에게는 자배법상 운행자책임이 인정되지 않고 리스이용자에게 운행자책임이 인정되는 것은 비교적 명백하다고 보인다. 이와 같은 점을 보더라도 '운행자책임'의 요건으로서의 '운행자성'의 인정 범위에 관해서는 법정책적인 측면이 다분히 개입되는 것으로 이해할 수 있다.

Ⅲ. 손해배상책임의 성립요건

1. 자동차의 운행으로 인한 다른 사람의 사상死傷

자배법상 손해배상책임이 발생하려면 자동차의 운행으로 다른 사람을 사망하게 하거나 부상하게 하였어야 한다(자배법 제3조). '자동차'란 「자동차관리법」의 적용을 받는 자동차와 「건설기계관리법」의 적용을 받는 건설기계 중 대통령령으로 정하

---

987 「여신전문금융업법 시행령」 제2조 제1항 제1호는 법 제2조 제10호에서 '대통령령으로 정하는 물건'으로 '차량'을 규정하고 있고, 같은 조 제4항은 '대통령령으로 정하는 일정 기간'을 법인세법 시행령 제28조, 제29조 및 제29조의2에 따른 내용연수의 100분의 20에 해당하는 기간으로 정하고 있다.

는 것'을 말하고(자배법 제2조 제1호), '운행'이란 '사람 또는 물건의 운송 여부와 관계없이 자동차를 그 용법에 따라 사용하거나 관리하는 것'을 말한다(자배법 제2조 제2호). '다른 사람'이란 운행자, 사고자동차의 운전자를 제외한 그 밖의 사람을 말한다.[988] 또한 사망 또는 부상의 결과와 자동차의 운행 사이에 인과관계가 인정되어야 한다.

2. 운행의 개념

자배법 제2조 제2호에서는 '운행'의 개념정의와 관련하여 '사람 또는 물건의 운송 여부와 관계없이 자동차를 그 용법에 따라 사용하거나 관리하는 것'이라고 하고 있다.[989] 다만 '자동차의 용법에 따른 사용·관리'의 개념에 관하여는 나아가 구체적으로 규정하지 않고 있으므로 그 해석론이 문제된다. 여기에서 말하는 '운행'의 의미에 관해 ① 원동기설, ② 주행장치설, ③ 고유장치설, ④ 차고출입설 등 학설이 대립하고 있다.[990]

대법원은 여기에서 말하는 '자동차를 그 용법에 따라 사용한다'는 것의 의미에 관해, '자동차의 용도에 따라 그 구조상 설비되어 있는 각종의 장치를 각각의 장치

---

988 양창수·권영준(註 652), 759면.

989 자배법이 1999. 2. 5. 법률 제5793호로 개정되기 전에는 운행이라 함은 사람 또는 물건의 운송 여부와 관계없이 자동차를 '당해 장치의 용법에 따라 사용하는 것'을 말한다고 정하고 있었다.

개정 전 조항의 해석에 관해, 대법원 1988. 9. 27. 선고 86다카2270 판결은 「자동차손해배상 보장법」제2조 제2호의 '자동차를 당해장치의 용법에 따라 사용하는 것'의 문구 가운데 '당해장치'란 자동차의 용도에 따라 그 구조상 설비되어 있는 각종의 장치를 말하고 '용법에 따라 사용하는 것'은 위와 같은 각종 장치를 각각의 장치목적에 따라 사용하는 것을 의미하는 것이라고 판단하였다.

그 후 위와 같이 개정된 현행법은 '자동차를 그 용법에 따라 사용하거나 관리하는 것'이라고 정하여 '당해 장치'라는 용어를 삭제하는 한편 자동차를 용법에 따라 '사용'하는 것 외에 '관리'하는 것도 운행의 개념에 포함시킴으로써 운행의 개념을 넓혀 운행자의 책임범위를 확대하려는 목적을 도모하였다고 볼 수 있다{주석민법[채권각칙(7)](註 970), 360면(김춘호 집필부분)}.

다만 이러한 개정을 통하여 운행의 개념을 일정 부분 확대한 것은 사실이나, 이전에도 대법원은 '장치'의 의미를 단순히 장소이동을 위한 고유장치에 한정하지 않고, 자동차가 교통에 참여함으로써 발생하는 위험성을 고려하여 이를 보다 넓게 해석하는 입장을 취하고 있었다{민법주해 [XIX(註 976)], 584면 이하(김용덕 집필부분) 참조}.

990 이에 관한 상세는 주석민법[채권각칙(7)](註 970), 359면 이하(김춘호 집필부분) 참조.

목적에 따라 사용하는 것을 말하는 것으로서, 자동차가 반드시 주행 상태에 있지 않더라도 주행의 전후단계로서 주·정차 상태에서 문을 열고 닫는 등 각종 부수적인 장치를 사용하는 것도 포함'한다고 판시하여,[991] 자동차가 주행 중인 경우, 주행 전후로 주·정차 상태에서 고유장치를 사용하는 경우 등을 모두 운행의 개념으로 포섭하여 운행 개념을 상당히 넓게 인정하고 있다.[992]

Ⅳ. 손해배상청구권자와 타인성

1. 타인성의 개념

자배법의 운행자책임은 '다른 사람', 즉 타인을 사상死傷하게 한 때에 발생한다. 여기에서 타인은 '자기를 위하여 자동차를 운행하는 자 및 당해 자동차의 운전자[993]를 제외한 그 이외의 자'를 지칭한다.[994] 자배법상 운행자책임과 관련하여, 손해배상청구권자로서의 타인에 해당하는지에 관해 강학상 '타인성'의 개념이 논의된다.

2. 운전자 및 운전보조자와 타인성

자동차의 운전자나 운전보조자에 대해서는 타인성이 부정된다. 이들에 대해

991　대법원 2004. 7. 9. 선고 2004다20340, 20357 판결. 개정 전 조항의 해석에 관한 위 대법원 86다카2270 판결(註 989)의 판시와 같은 취지이다.

992　권영준·이소은(註 85), 479-480면; 한기정, "자동차손해배상 보장법상의 운행의 개념에 관한 연구, 서울대학교 법학 제49권 제3호, 서울대학교 법학연구소, 2008, 222-223면.

993　자배법 제2조 제2호에 따라 '운전자'는 '운전보조자', 즉 '운전을 보조하는 일에 종사하는 자'를 포함하는 개념이다.

994　양창수·권영준(註 652), 759면; 주석민법[채권각칙(7)](註 970), 373면(김춘호 집필부분).

타인성을 부정하는 것은 그 스스로 사고를 미연에 방지할 의무를 부담하기 때문이다.[995] 대법원 판례는 사고 당시에 차량에 탑승하였을 뿐 실제 운전을 담당하지 않은 운전자는 원칙적으로 자배법상 운전자가 아니므로 타인성이 인정된다고 하고, 운전보조자 역시 사고 당시에 현실적으로 운전보조업무를 담당하지 않았다면 운전보조업무를 담당할 자격 또는 지위에 있었다는 것만으로는 타인성이 부정되지 않는다고 보고 있다.[996]

그런데 자배법상 운전자는 사고 당시 실제로 자동차를 운전하였던 자 또는 운전을 보조하는 일에 종사하였던 자로 해석하여야 하므로, 사고 당시 운전을 하지 않았거나 운전보조업무를 담당하지 않았다면 자배법상 운전자 자체에 해당하지 않기 때문에 타인성이 인정되는 것은 당연한 결론이다. 따라서 이를 굳이 타인성의 원칙에 대한 예외라고 볼 필요는 없다.[997]

3. 공동운행자의 타인성

'타인성'의 개념은 공동운행자의 경우 실무상 주로 문제된다. 즉 운행자가 둘 이상 존재하는 경우 운행자가 다른 운행자에 대한 관계에서 자배법 제3조가 정하는 '다른 사람'으로 평가될 수 있는지가 문제된다.

공동운행자 중 1인이 당해 자동차의 사고로 피해를 입은 경우에도 사고를 당한 그 운행자는 다른 운행자에 대하여 자신이 자배법 제3조에서 정하는 타인임을 주장할 수 없는 것이 원칙이다. 하지만 사고를 당한 운행자의 운행지배 및 운행이익에 비하여 다른 운행자의 운행지배나 운행이익이 보다 주도적이거나 직접적이고 구체적으로 나타나 있어 상대방이 용이하게 사고의 발생을 방지할 수 있었다고 보이는 예외적인 경우에는 타인성이 인정되어 다른 운행자를 상대로 손해배상을 구

---

995 주석민법[채권각칙(7)](註 970), 374면(김춘호 집필부분) 참조.

996 대법원 1997. 11. 28. 선고 97다28971 판결; 대법원 1999. 9. 17. 99다22328 판결 등.

997 양창수 · 권영준(註 652), 765면.

할 수 있다.[998] 즉 공동운행자 간의 상호관계, 구체적인 운행지배의 정도, 태양 등에 따라서는 피해를 당한 공동운행자에 대하여 자배법 제3조에 의한 구제를 전면적으로 부정하는 것이 불합리한 경우가 있으므로, 공동운행자라도 일정한 경우 상호 간에 타인성을 인정하는 것이다.[999]

　　이는 주로 차량의 임대차나 사용대차에서 나타난다.[1000] 대법원은 임차인이 중기 회사인 임대인으로부터 운전사가 딸린 굴삭기를 빌린 사안에서, 임대인의 운행지배와 운행이익이 보다 주도적이거나 직접적, 구체적이므로, 임대인이 용이하게 사고의 발생을 방지할 수 있었다는 이유로, 굴삭기 운전사의 작업 진행 중 사고를 당한 임차인의 타인성을 인정하였다.[1001] 반면에 대법원은 렌터카 임차인이 이를 직접 운전하다가 사고를 낸 경우 임대인 렌터카 회사와 임차인인 운전자는 공동운행자의 지위에 있으나, 임차인은 '사고 승용차에 대하여 운행지배와 운행이익을 가지는 운행자로서, 자동차 보유자인 소외 회사에 비하여 그 운행지배와 운행이익이 보다 직접적이고 구체적으로 나타나 있어 용이하게 사고의 발생을 방지할 수 있었다'는 이유로 렌터카 회사에 대하여 자배법 제3조가 정하는 타인임을 주장할 수 없다고 판단하였다.[1002]

---

[998] 양창수 · 권영준(註 652), 764면. 대법원 2000. 10. 6. 선고 2000다32840 판결; 대법원 2001. 11. 30. 2000다 66393 판결; 대법원 2009. 5. 28. 선고 2007다87221 판결 등 참조.
　　대법원 2000. 10. 6. 선고 2000다32840 판결은 "동일한 자동차에 대하여 복수로 존재하는 운행자 중 1인이 당해 자동차의 사고로 피해를 입은 경우에도 사고를 당한 그 운행자는 다른 운행자에 대하여 자신이 법 제3조 소정의 타인임을 주장할 수 없는 것이 원칙이고, 다만 사고를 당한 운행자의 운행지배 및 운행이익에 비하여 상대방의 그것이 보다 주도적이거나 직접적이고 구체적으로 나타나 있어 상대방이 용이하게 사고의 발생을 방지할 수 있었다고 보여지는 경우에 한하여 비로소 자신이 타인임을 주장할 수 있을 뿐이다"라고 판시하였다.

[999] 주석민법[채권각칙(7)](註 970), 377면(김춘호 집필부분) 참조.

[1000] 양창수 · 권영준(註 652), 764면.

[1001] 대법원 1997. 7. 25. 선고 96다46613 판결. "동일한 자동차사고로 인하여 손해배상책임을 지는 피보험자가 복수로 존재하고 그중 1인이 그 자동차사고로 스스로 피해를 입어 다른 피보험자를 상대로 손해배상을 청구하는 경우 사고를 당한 피보험자의 운행지배 및 운행이익에 비하여 상대방 피보험자의 그것이 보다 주도적이거나 직접적이고 구체적으로 나타나 있어 상대방 피보험자가 용이하게 사고의 발생을 방지할 수 있었다고 보여진다면 사고를 당한 피보험자는 그 상대방 피보험자에 대하여「자동차손해배상 보장법」제3조 소정의 타인임을 주장할 수 있고, 그와 같은 경우 상대방 피보험자가 보험자를 상대로, 위 사고를 당한 피보험자에 대해 손해배상책임을 짐으로써 입은 손해의 보상을 구함에 있어서는 위 사고를 당한 피보험자가 위 자동차종합보험 보통약관 제9조 제1항 제1호 소정의 '타인'임을 주장할 수 있다"라고 판시하였다.

[1002] 위 대법원 2000. 10. 6. 선고 2000다32840 판결(註 998). 다만 위 사안에서는 임차인은 '타인성이 인정되지 않는 공동운행자'에 해당할 뿐만 아니라, '운전자'에도 해당하지 않기 때문에, 운전자라는 이유만으로도 타인성이 인정되지 않는다고 볼 수도 있다.

다만 이처럼 예외적으로 공동운행자 중 1인이 다른 공동운행자를 상대로 손해
배상을 구할 수 있다고 하더라도 그 운행지배의 정도 · 태양에 따라서는 다른 공동
운행자가 손해의 전부를 배상하는 것이 매우 불합리한 경우가 있다. 이러한 경우
실무는 신의칙 또는 공평의 원칙에 의한 감액을 인정하여 이해관계를 미세하게 조
정하는 태도를 보이고 있다.[1003]

V. 운행자의 면책사유

자배법은 자동차운행으로 인한 사고에 대하여 운행자의 고의나 과실을 묻지
않고 그에게 책임을 지우고 있다. 이에 관해 자배법 제3조 단서 제1, 2호[1004]에서
는 '피해자가 승객이 아닌 경우'와 '피해자가 승객인 경우'로 나누어 운행자의 면책
사유를 정하고 있다.[1005] 운행자는 피해자가 승객이 아닌 경우에는 제1호의 면책사
유를, 피해자가 승객인 경우는 제2호의 면책사유를 각 증명함으로써 면책될 수 있
다. 즉 운행자는 '승객이 아닌 자가 사망하거나 부상한 경우에 자기와 운전자가 자
동차의 운행에 주의를 게을리 하지 아니하였고, 피해자 또는 자기 및 운전자 외의
제3자에게 고의 또는 과실이 있으며, 자동차의 구조상의 결함이나 기능상의 장해
가 없었다는 것을 증명한 경우(제1호)' 또는 '승객이 고의나 자살행위로 사망하거나
부상한 경우(제2호)'임을 증명하여 면책될 수 있다.[1006] 즉 우리 자배법 제3조 단서
제1, 2호에 따르면 운행자와 운전자의 무과실 등의 증명에 의한 면책은 '승객이 아

1003 양창수 · 권영준(註 652), 765면. 대법원 1991. 3. 27. 선고 91다3408 판결; 대법원 1992. 2. 11. 선고 91다
42388 판결 등 참조.

1004 註 961 참조.

1005 자배법에서 말하는 '승객'은, 「자동차관리법」 제2조 제1호의3에서 정의하는 자율주행자동차의 개념인 '운전자
또는 승객의 조작 없이 자동차 스스로 운행이 가능한 자동차'에서 말하는 '승객'과 같은 것으로 이해하는 것이
타당하다고 본다.

1006 우리 자배법상 운행자에 대해 피해자가 승객인 경우 무과실책임을, 피해자가 승객이 아닌 경우 사실상의 무과
실책임을 지우고 있다고 말할 수 있다. 권영준 · 이소은(註 85), 480-481면.

닌 자'에 대해서만 인정되고, 승객에 대한 면책은 승객의 '고의나 자살행위'를 그 요건으로 하여 승객에 대한 운행자책임의 면책은 엄격하게 제한되어 있다.[1007]

이와 같은 운행자의 면책은, 운행자보다도 피해자나 제3자가 전적으로 또는 대부분 유책하게 기여한 경우까지도 운행자에게 그 책임을 부담시키는 것은 위험책임이나 보상책임의 원리를 고려하더라도 운행자에게 가혹하다는 점을 고려한 것이다.[1008] 위 면책사유에 대한 증명책임은 자동차 운행자에게 있다.[1009] 다만 위 면책사유의 내용이 매우 엄격하여 실제로 이를 증명하여 책임에서 벗어나기는 쉽지 않다. 위와 같은 면책요건을 주장, 증명하여 면책될 수 있는 사안 역시 많지 않다.

특히 대법원은 피해자가 승객인 경우의 면책사유(자배법 제3조 단서 제2호)는 승객을 승객이 아닌 자와 구별하여 보다 두텁게 보호하기 위한 취지이고, 위 조항에서 정하는 '승객의 고의 또는 자살행위'는 '승객의 자유로운 의사결정에 기하여 의

[1007] 이에 관한 상세는 서울중앙지방법원(註 623), 74면 이하 참조.
따라서 자동차사고로 승객이 사망한 경우 운행자는 승객의 사망이 고의 또는 자살행위로 인한 것임을 주장, 입증하지 않는 한 운전상의 과실 유무를 가릴 것 없이 승객의 사망에 따른 손해를 배상할 책임이 있으므로 자기에게 과실이 없음을 내세워 손해배상책임을 면할 수 없다(대법원 1993. 5. 27. 선고 93다6560 판결).
자배법 제3조 단서 제2호에 관해, 대법원은 「자동차손해배상 보장법」 제3조 단서 제2호는 자동차사고에 관하여 일반불법행위책임과 달리 위험책임의 법리를 도입한 것으로서 헌법이 보장한 재산권을 침해한 규정으로 볼 수 없다고 판단하였고(대법원 1998. 7. 10. 선고 97다52653 판결), 헌법재판소도 같은 취지에서 승객은 자동차에 동승함으로써 자동차의 위험과 일체화되어 승객이 아닌 자에 비하여 그 위험이 더 크다는 점에서 본질적 차이가 있고, 과실 있는 운행자나 과실 없는 운행자는 다 같이 위험원인 자동차를 지배한다는 점에서는 본질적으로 차이가 없으므로, 위 자배법 조항이 승객을 승객이 아닌 자와 차별하고 과실 있는 운행자와 과실 없는 운행자에게 다 같이 승객에 대한 무과실책임을 지게 한 데에는 합리적인 이유가 있고, 평등의 원칙에 위반된다고 할 수 없다고 판단하였다[헌법재판소 1998. 5. 28. 선고 96헌가4, 97헌가6ㆍ7, 95헌바58(병합) 결정].
이와 같은 대법원의 태도와 관련하여, 양창수(註 959), 289면 이하의 다음과 같은 기술 참조.
"피해자가 승객이 아닌 자와 승객인 경우에는 그에 대한 운행자의 손해배상책임이라는 관점에서 다음과 같은 본질적인 차이가 있다. 즉 승객은 당해 자동차의 공간 내에 수납됨('동승')으로써 그의 생명ㆍ신체는 자동차의 당해 운행으로 인한 위험에 직접 노출되고 동승 중 그의 생명ㆍ신체의 안전은 말하자면 자동차에 맡겨졌다고 해도 좋다. 그런데 이러한 위험에의 직접적 노출 내지 자동차위험과의 일체화는, 바로 뒤에서 설명하는 것처럼 운행자의 적어도 추상적ㆍ간접적인 동의 하에 일어난 '강화된' 위험의 상황에 대하여 보다 강화된 책임을 져야 하는 것이다."

[1008] 양창수ㆍ권영준(註 652), 769면.

[1009] 대법원 1993. 5. 27. 선고 93다6560 판결; 대법원 2008. 2. 28. 선고 2006다18303 판결 등 참조.

식적으로 행한 행위에 한정된다'고 보고 있다.¹⁰¹⁰

1010 대법원 2017. 7. 18. 선고 2016다216953 판결은 자배법 제3조 단서 제2호의 면책사유에 관하여 아래와 같이 판시하였다.

"(자배법 제3조는) 승객이 사망하거나 부상한 경우를 승객이 아닌 자와 구별하여 더욱 보호하고 있다. 이는, 승객은 자동차에 동승함으로써 자동차의 위험과 일체화되어 승객 아닌 자에 비하여 그 위험이 더 크다고 할 수 있으므로, 자동차 사고로 승객이 사망한 경우 운행자는 승객의 사망이 고의 또는 자살행위로 인한 것임을 주장 · 증명하지 못하는 한 운전상의 과실 유무를 가릴 것 없이 승객의 사망에 따른 손해를 배상할 책임이 있다는 취지이다(대법원 1993. 5. 27. 선고 93다6560 판결, 헌법재판소 1998. 5. 28. 선고 96헌가4, 97헌가6, 7, 96 헌바58 전원재판부 결정 등 참조).

자동차손배법의 목적이 자동차의 운행으로 사람이 사망하거나 부상한 경우에 손해배상을 보장하는 제도를 확립함으로써 피해자를 보호하고 자동차 운송의 건전한 발전을 촉진함에 있음(제1조)에 비추어 보면, '승객의 고의 또는 자살행위'는 승객의 자유로운 의사결정에 기하여 의식적으로 행한 행위에 한정된다(대법원 1997. 11. 11. 선고 95다22115 판결 등 참조)."

Ⅰ. 자율주행자동차와 운행자성

1. 자율성과 운행자성

가. 문제의 제기: 자율성과 운행자성의 양립 가능성

　　운행자책임 제도는 기존의 자동차를 인간이 운전하는 경우를 상정하여 제도화된 것이다. 운행자책임의 인정 여부에 관해서는 위에서 본 것과 같이 '운행지배'와 '운행이익'을 기준으로 '운행자성'을 판단하는 법리가 대법원에 의해 형성되어 왔다. 자율주행자동차는 그 본질상 '자동차의 운전'의 주체인 '운전자'를 자율주행시스템으로 대체하는 것이다. 따라서 이론적으로 보면 자율주행자동차의 '자율성'의 증대에 반비례하여 운행자성의 판단요소 중 특히 운행지배가 현상적 측면에서 직접적으로 감소한다고 볼 수 있다.[1011]

　　이하에서는 이 글이 주된 연구 대상으로 삼고 있는 3단계와 4단계의 자율주행을 전제로, 자율주행자동차와 운행자책임에 관한 독일의 '보유자책임Haftung des Halters'제도와 일본의 에서의 일본의 '운행공용자책임運行供用者責任'에 관한 양국에서의 논의를 살펴보고, 자율주행자동차의 '자율성'과 운행자책임 제도에서의 '운행자성'의 양립가능성에 관해 논의를 전개하고자 한다.

　　완전자율주행이 가능한 5단계의 자율주행에 관해서는 특히 운행자책임의 인정 여부와 근거, 운행자책임의 구조, 나아가 운행자책임 제도 자체의 유지 여부에 관해 근본적인 관점에서 새로운 논의가 필요할 수 있다. 다만 자율주행기술 발전의 방향과 속도를 정확히 가늠하기 어려운 현 시점에서, 5단계의 자율주행에 관해 운

[1011]　권영준·이소은(註 85), 481면 참조.

행자책임에 관한 본격적인 논의를 전개하는 것은 가급적 유보하고자 한다.[1012]

나. 자율주행자동차와 운행자책임의 유지 여부에 관한 독일과 일본의 논의

1) 독일 「도로교통법StVG」상 보유자책임Haftung des Halters 제도 관련 논의

가) 독일 「도로교통법」의 보유자책임 제도

독일 「도로교통법StVG」 제7조는 다음과 같이 규정하여 자동차보유자의 손해배상책임, 즉 '보유자책임'을 정하고 있다. 독일 「도로교통법」 제7조의 내용은 우리 자배법 제3조 및 아래에서 보는 일본의 「자동차손해배상 보장법」의 내용과 유사하다. 독일의 「도로교통법」 제7조가 일본 「자동차손해배상 보장법」 제3조에 영향을 미쳤고, 우리 자배법 제3조 역시 그 영향을 받은 것으로 통상 이해된다.

> 독일 「도로교통법StVG」 제7조(자동차보유자의 책임, 무단운전)
>
> ① 자동차, 또는 자동차에 의해 운송되는 트레일러의 운행으로 사람의 생명 · 신체 또는 건강을 해치거나 또는 물건을 훼손한 경우에는, 그 보유자der Halter는 피해자에게 이로 인해 발생한 손해를 배상할 책임을 진다.
>
> ② 사고가 불가항력höhere Gewalt[1013]에 의해 발생한 것인 때에는, 배상책임이 면제된다.
>
> ③ 보유자의 인식 없이 또한 그 의사에 반하여 자동차를 사용한 사람은 보유자를 대신해 그 손해를 배상할 책임을 진다. 이 경우 보유자의 책임 있는 사유로 자동차의 사용이 가능하게 된 경우에는 보유자는 여전히 그 손해를 배상할 책임이 진다. 제1문은 자동차 사용자가 자동차 보유자로부터 자동차의 운행을 위해 고용되었거나, 자동차 보유자에 의해 자동차가 사용자에게 맡겨진 경우에는 적용되지 않는다. 제1

[1012] 국토교통성 자동운전에서의 손해배상책임에 관한 연구회 보고서(註 278), 7면 이하 역시 같은 전제에서 논의를 전개하고 있다.

[1013] 영미법에서 불가항력(不可抗力)은 'force majeure'로 흔히 표현된다.

문과 제2문은 트레일러의 사용에 관해서도 적용된다.[1014]

독일 「도로교통법」상 보유자책임은 위험책임으로서 무과실책임을 규정한 것으로 이해된다.[1015] 독일 「도로교통법」은 제18조에서 운전자의 손해배상의무를 규정하면서 제18조 제1항 제2문에서 운전자의 무과실에 의한 배상의무의 면책을 인정하는 반면, 보유자책임의 면책에 관해서는 그와 같은 규정을 두고 있지 않고 있다.

보유자책임을 정하는 독일 「도로교통법」 제7조의 내용 중 손해배상책임 발생 원인 일반과 손해배상의 대상을 정하는 제1항의 내용은 운행자책임에 관한 한국과 일본의 규정 내용과 큰 차이가 없다. 그러나 독일 「도로교통법」 제7조 제2항의 내용은 보유자책임의 면책사유로 '불가항력höhere Gewalt'만을 인정하고 있어, 한국과 일본의 운행자책임 면책사유와는 큰 차이가 있다. 위 불가항력은 극단적인 기상조건과 같은 외부의 사건에 한정되고, 자율주행시스템의 오작동Fehlfunktion der automatisierten Steuerung은 독일 「도로교통법」 제7조 제2항에서 말하는 '불가항력'의 문언에 비추어 보더라도 근본적으로 이에 해당한다고 보기 어렵다.[1016]

나) 독일 「도로교통법」의 개정과 보유자책임 제도의 유지

위에서 본 것과 같이, 독일 「도로교통법StVG」에 고도 또는 완전 자율주행자동차와 운전자의 책임 등에 관한 규정이 명문화되었으나, 자동차 보유자의 손해배상

1014 원문은 다음과 같다.

§ 7 Haftung des Halters, Schwarzfahrt

(1) Wird bei dem Betrieb eines Kraftfahrzeugs oder eines Anhägers, der dazu bestimmt ist, von einem Kraftfahrzeug mitgeführt zu werden, ein Mensch getöet, der Köper oder die Gesundheit eines Menschen verletzt oder eine Sache beschäigt, so ist der Halter verpflichtet, dem Verletzten den daraus entstehenden Schaden zu ersetzen.

(2) Die Ersatzpflicht ist ausgeschlossen, wenn der Unfall durch höere Gewalt verursacht wird.

(3) Benutzt jemand das Fahrzeug ohne Wissen und Willen des Fahrzeughalters, so ist er anstelle des Halters zum Ersatz des Schadens verpflichtet; daneben bleibt der Halter zum Ersatz des Schadens verpflichtet, wenn die Benutzung des Fahrzeugs durch sein Verschulden ermölicht worden ist. Satz 1 findet keine Anwendung, wenn der Benutzer vom Fahrzeughalter fü den Betrieb des Kraftfahrzeugs angestellt ist oder wenn ihm das Fahrzeug vom Halter üerlassen worden ist. Die Säze 1 und 2 sind auf die Benutzung eines Anhägers entsprechend anzuwenden.

1015 장병일, "자율주행자동차에 의한 손해와 제조물책임―독일에서의 논의를 중심으로―", 법학연구 제16권 제4호(통권 64호), 한국법학회, 2016, 81면.

1016 Armbrüster(註 451), S. 85.

책임Haftung des Halters에 관한 제7조는 개정되지 않고 그대로 유지되었다. 이를 통해 독일은 SAE J3016의 4단계 자율주행에 대응하는 '완전 자동운전'에 관해서도 우리 자배법의 '운행자책임'에 대응하는 '보유자책임'에 관해서는 종래 자동차 보유자의 무과실책임을 인정하는 책임법제를 그대로 유지하겠다는 분명한 입장을 취한 것으로 이해할 수 있다.

독일 「도로교통법」 제7조에 의한 '보유자책임'에 관한 기존의 해석론에 의하더라도 자율주행자동차의 보유자에 대해서는 원칙적으로 보유자책임이 인정될 수 있다는 것이 일반적인 견해이다.[1017] 그 근거로 고도 또는 완전 자동운전 기능hoch- oder vollautomatisierter Fahrfunktion을 사용하는 것에 따른 사회적 비용이 다른 도로 사용자, 특히 자율주행자동차 사고의 잠재적 피해자들에게로 부당히 전가되어서는 안 된다는 것을 들고 있는 견해를 찾아볼 수 있다.[1018]

독일 연방대법원은, 독일 「도로교통법StVG」 제7조 제1항에 따른 자동차 보유자의 손해배상책임은 자동차를 사용함으로써 위험의 원인Gefahrenquelle을 만들어 내는 것에 대한 법적 측면에서의 대가Preis로서의 성격을 가지는 것이라고 판시하여,[1019] 보유자책임에 대해 자동차 고유의 위험 창출에 따른 위험책임의 측면을 강조하였다. 이와 같은 생명, 신체 및 재산상 피해에 관한 자동차 고유의 위험은 자율주행자동차에 관해서도 예외가 될 수 없으므로, 독일 「도로교통법」에서 면책사유를 극도로 제한하는 등으로 특히 강화되어 있는 이와 같은 위험책임적 요소는 자율주행자동차에 관해서도 원칙적, 일반적인 '보유자책임'을 인정하는 하나의 근거가 될 수 있다.

자율주행기술의 발전이 고도화됨에 따라 운행지배가 옅어지게 되면 자율주행자동차와 '운행자성'에 관한 근본적인 측면에서의 재검토 여지가 생길 수 있겠으나, 위에서 본 것과 같이 독일 개정 「도로교통법」은 SAE J3016의 자율주행 3단계에 대응하는 '고도자동운전Hochautomatisiertes Fahren'기능뿐만 아니라, 4단계에 대응하는 '완전 자동운전Vollautomatisiertes Fahren'기능이 적용된 자율주행자동차에 관해서도 명문의 조항으로 운전자에게 자율주행 중에도 높은 수준의 주의의무를 부담할 것을 요구하는 결과, 4단계 자율주행자동차의 자율주행 중의 사고에 관해서도 운전자에게 손해배상책임의 발생 위험이 강하게 유보되어 있고, 이와 같은 측면에서 보더라도 독일

1017　Armbrüster(註 451), S. 84 ff; König(註 451), S. 126. 이중기 · 황창근(註 335), 363면 이하도 같은 취지이다.

1018　König(註 451), S. 126.

1019　BGH, NJW 2005, 2081 (2082).

에서는 4단계 자율주행자동차에 관해서도 별다른 의문 제기 없이 기존의 자동차 보유자 등을 그대로 보유자로 상정한 보유자책임이 인정될 것이라고 말할 수 있다.[1020]

2) 일본 「자동차손해배상 보장법」상 운행공용자책임運行供用者責任 제도 관련 논의

가) 일본 「자동차손해배상 보장법」의 운행공용자책임 제도

일본의 「자동차손해배상 보장법」[1021] 역시 우리 자배법과 마찬가지로 운행공용자運行供用者책임[1022]을 인정하고 있다.

> 일본 자배법[昭和30年(1955년) 法律 第97号] 제3조(자동차손해배상책임)
>
> 자기를 위하여 자동차를 운행에 공하는 자는, 그 운행에 따라 타인의 생명 또는 신체를 해한 경우에, 그에 따라 생긴 손해를 배상할 책임을 진다. 그러나 자기 및 운전자가 자동차의 운행에 관해 주의를 게을리 하지 않고, 피해자 또는 운전자 외의 제3자에게 고의 또는 과실이 있으며, 자동차에 구조상 결함이나 기능의 장해가 없었다는 것을 증명한 때에는 그러하지 아니한다.

일본 자배법 역시 우리 자배법과 마찬가지로 「민법」의 특별법이라고 일반적으로 해석되고, 자동차 운행자에게 사실상 무과실책임을 부담시키고 있는 것으로 이해된다.[1023]

다만 운행자책임 면책의 요건과 범위, 특히 '승객'[1024]에 관한 운행자책임의 면책에 관해 일본 자배법은 우리 자배법과 차이를 보이고 있다. 우리 자배법 제3조 단서 제1, 2호에 따른 승객에 대한 면책은 위에서 본 것과 같이 승객의 '고의나 자살행위'를 그 요건으로 하여 승객에 대한 운행자책임의 면책이 엄격하게 제한되어 있다. 반면에 일본에서는 이와 같은 승객에 관한 운행자책임의 면책사유 제한 규정

1020 아래 제5장 '자율주행과 운전자책임' 중 해당 부분 참조.

1021 이하 '일본 자배법'이라고 한다.

1022 일본에서는 '운행자'를 '운행공용자(運行供用者)'라고 지칭하고 있다.

1023 국토교통성 자동운전에서의 손해배상책임에 관한 연구회 보고서(註 278), 4면.

1024 여기서 말하는 '승객'이란 운행자의 명시적·묵시적 동의 하에 자동차에 승차한 사람을 의미하고, 이는 여객자동차운송업자가 운행하는 자동차 등을 유상으로 이용하는 경우를 뜻하는 「여객자동차 운수사업법」의 '여객'보다 넓은 개념이다. 서울중앙지방법원(註 623), 75면.

을 두지 않아 승객과 승객이 아닌 자를 구별하지 않고 운행공용자(운행자)의 일반적인 면책을 인정하고 있다는 점에서 구분된다.

나) 일본의 운행공용자책임 제도의 유지

자율주행자동차와 운행자책임에 관한 일본에서의 논의 역시, 적어도 SAE J3016의 4단계까지의 자율주행자동차에 관해서는 자동차 소유자 등에 대해 기존에 인정되어 오던 운행공용자책임을 여전히 인정할 수 있다고 보고 있다.[1025]

일본 국토교통성은 3단계와 4단계의 자율주행기술을 '고도 자동운전 시스템'으로 정의하고, 그 도입초기인 2020년부터 2025년까지를 '과도기'로 상정하며, 특히 SAE J3016의 3단계와 4단계의 자율주행 시스템 이용 중의 사고를 중심으로 검토하고 있으나, 5단계 자율주행에 관해서는 의식적으로 논의의 대상에서 제외하고 있다.[1026] 다만 운전자가 자동차를 현실적으로 직접 제어한다고 보기 어려운 SAE J3016의 4단계와 5단계의 경우에도 자배법을 적용하여 운행공용자책임을 인정하는 것 자체는 가능하다고 보는 견해도 있다.[1027]

그와 같은 전제 하에 일본 국토교통성은, 일본 자배법에서 자동차 사고로 인한 피해자의 신속한 구제라는 관점에서 '운행공용자' 개념을 창설하여 증명책임의 전환을 도모한 취지 등을 감안할 때,[1028] 0단계부터 4단계까지의 자동차가 혼재하는 경우에 해당하는 '과도기'[1029]에서는 자율주행에 관해서도 자동차의 소유자나 자동

[1025] 국토교통성 자동운전에서의 손해배상책임에 관한 연구회 보고서(註 278), 7면 이하; 藤田友敬, "自動運転と運行供用者の責任", 自動運転と法(藤田友敬 編), 有斐閣, 2018, 134면 각 참조.

[1026] 국토교통성 자동운전에서의 손해배상책임에 관한 연구회 보고서(註 278), 5면.

[1027] 藤田友敬(註 1025), 157면.

[1028] 국토교통성 자동운전에서의 손해배상책임에 관한 연구회 보고서(註 278), 4면.

[1029] 위 보고서 7면 이하 참조. 위 보고서에서는 또한 위와 같은 '과도기'에 현실화될 것이라고 기대되는 두 가지의 자율주행의 형태에 관해 아래와 같이 정리하고 있다.
① 한정된 지역에서의 무인 자동운전 서비스(4단계)에 관해서는, 차량의 보유자인 자동차운송사업자를 운행공용자로 하고, 위 영역 밖에서 원격감시·조작을 행하는 자를 운전자(자배법 제2조 제4항)로 하여, 각각 관념화하는 것이 가능하다.
② 고속도로에서의 후속무인대열주행(後続無人隊列走行) 트럭(맨 앞의 차량을 사람이 운전하고, 그에 뒤따르는 일련의 차량들은 앞차의 운전에 맞추어 자율주행하도록 하는 방식을 이와 같이 지칭하고 있다)에 관해서는, 후속차량의 전자(電子)적인 연결에 관하여, 관련법규에 따른 견인에 준하는 것으로서 취급하는 것이 가능하고, 선두차량의 보유자에게 운행지배가 인정될 수 있으므로, 선두차량 보유자인 자동차운송사업자를 운행자로 인정할 수 있다.

차운송사업자 등에게 운행지배 및 운행이익을 인정하는 것이 가능하고, 신속한 피해자 구제를 위해 운행공용자에게 책임을 부담시키는 현재의 운행공용자책임 제도의 실효성이 크다는 등의 이유로 운행공용자책임 제도를 유지하는 것이 타당하다고 한다.[1030]

다. 소결론

운행자책임 제도는 위에서 본 것과 같이 자동차 교통사고로 인한 피해자의 보호를 위해 정책적으로 창설된 제도로서, 무과실책임에 가까운 '위험책임'을 인정하는 것이다. 자율주행자동차 역시 기존의 자동차와 마찬가지로 자동차 고유의 위험성을 가지고, 이를 '위험원危險源'으로 파악할 수 있는 이상, 이를 '지배할 수 있는 지위'에 있는 자[1031], 즉 '운행자'를 상정하는 것은 이론상으로도 충분히 가능하다.

운행자책임 제도 하에서 운행자는 사고가 발생할 당시에 자동차를 운전하지 않았더라도 ① 그가 '자기를 위해 자동차를 운행하는' 운행자이고, ② '그 운행으로' 해당 사고가 발생하였다면 원칙적으로 사실상의 무과실책임을 부담하게 된다.[1032] 즉 운행자에 대한 운행자책임의 귀속 근거는 '자동차를 보유하여 운행하게 하는 것' 자체에 있다고 말할 수 있다.[1033] 자배법 제2조 제2호 역시 '운행'을 '사람 또는 물건의 운송 여부와 관계없이 자동차를 그 용법에 따라 사용하거나 관리하는 것'이라고

[1030] 위 보고서 4면 및 7면 이하 각 참조. 다만 이를 전제로 보험회사 등의 자동차 제조업자 등에 대한 구상권 행사의 실효성을 확보하기 위한 제도를 검토하는 것이 필요하다고 한다. 위 보고서에서는 또한 구상의 실효성을 확보하기 위한 방법으로서, 자율주행기술의 발전, 자율주행자동차의 보급상황, 적정한 책임분담의 바람직한 형태 등을 감안하면서, 예컨대, 리콜 등에 관한 정보를 구상시의 참고정보로 사용하는 외에 아래와 같은 조치들이 필요하다고 하고 있다.
① 사고기록장치(event data recorder, EDR) 등 사고원인 분석에 도움이 되는 장치의 설치와 그 활용을 위한 환경구축
② 보험회사와 자동차 제조업자의 원활한 구상을 위한 협력체제 구축
③ 자율주행자동차의 안전성 향상 등에 도움이 될 수 있도록, 자율주행 중의 사고의 원인조사 또는 자율주행시스템의 안전성에 관한 조사 등을 행하는 체제 정비의 검토 및 당해 조사결과를 구상을 위한 참고정보로서도 활용하는 것

[1031] 이에 관해서는 註 964에서 인용한 양창수(註 959), 286면의 설명 참조.

[1032] 양창수(註 959), 284면.

[1033] 前註.

규정하여, '운행'을 '운전'과 구별하여 폭넓게 개념정의 내리고 있다. 즉 자배법상 운행자책임에서 말하는 '운행'의 개념은 자동차의 운전 자체와는 엄연히 구별되는 것이다. 대법원 역시 "자배법상의 '운행'은 「도로교통법」상의 '운전'보다 넓은 개념이지 동일한 개념이 아니라고 할 것이다"라고 판시하여[1034] '운행'과 '운전'을 개념상 구분하고 있다. 반면에 자율주행자동차는 인간에 의한 자동차의 '운전'을 대체하는 것이므로 그 '자율성'이라는 것은 어디까지나 자동차의 운전 영역에만 머무르게 되는 것이다.

나아가 운행자성의 판단요소 중에서 '운행지배' 역시 '위험원으로서의 자동차의 운행'을 규범적으로 지배하는 것을 포함하는 관념적, 추상적인 것으로 넓게 해석하여 파악할 수 있는 것이고, 그 해석에는 정책적인 고려 역시 충분히 반영될 수 있다. 따라서 자율주행자동차에 의한 자동차 운전 영역에서의 '자율성'의 증대가 반드시 운행자의 '운행지배'와 모순된다거나 양립불가능하다고 보기 어렵다.

한편 운행자에게 엄격한 책임을 부과하는 근거는 위험을 창출하여 그로부터 이익을 누리는 자가 그 위험이 발생시킨 손해에 대하여 책임을 져야 한다는 데에도 있고,[1035] 적어도 운행자책임의 근거 중 이와 같은 측면은 완전 자율주행이 가능한 SAE J3016의 5단계를 포함한 자율주행자동차 전반에 관해서도 마찬가지로 인정할 수 있다. 우리 자배법상의 운행자책임과 유사한 제도를 두고 있는 독일과 일본에서, 4단계의 자율주행자동차에 관해 보유자책임 제도와 운행공용자책임 제도를 각기 그대로 유지하기로 한 것 역시 이와 같은 맥락에서 이해할 수 있다.

보다 근본적으로 자율주행자동차의 자동차 운전에 관한 '자율성'이라는 것은

[1034] 대법원 1999. 11. 12. 선고 98다30834 판결.
위 대법원 판결은 자동차의 '운전'에 관해서는 "「도로교통법」제2조 제19호는 '운전'이라 함은 도로에서 차를 그 본래의 사용 방법에 따라 사용하는 것을 말한다고 규정하고 같은 조 제14호는 '자동차'라 함은 철길 또는 가설된 선에 의하지 않고 원동기를 사용하여 운전되는 차를 말한다고 규정하고 있으므로, 자동차의 운전, 즉 자동차를 그 본래의 사용 방법에 따라 사용하는 것에 해당하기 위하여는 자동차의 원동기를 사용할 것을 요한다"라고 판시한 반면, 자동차의 '운행'에 관해서는 위 대법원 86다카2270 판결(註 989) 및 대법원 2004다20340, 20357 판결(註 991)과 마찬가지로 "「자동차손해배상 보장법」(1999. 2. 5. 법률 제5793호로 전문 개정되기 전의 것) 제2조 제2호는 '운행'이라 함은 사람 또는 물건의 운송 여부에 관계없이 자동차를 당해 장치의 용법에 따라 사용하는 것이라고 정의하였는바, 여기에서 자동차를 당해 장치의 용법에 따라 사용한다는 것은 자동차의 용도에 따라 그 구조상 설비되어 있는 각종의 장치를 각각의 장치 목적에 따라 사용하는 것을 말하는 것으로서, 자동차가 반드시 주행 상태에 있지 않더라도 주행의 전후단계로서 주·정차 상태에서 문을 열고 닫는 등 각종 부수적인 장치를 사용하는 것도 포함"한다고 각각 판시하고 있다.
[1035] 김진우(註 451), 56면.

어디까지나 이와 같이 상정할 수 있는 '운행자', 즉 자동차 보유자 등이 그 지배권 내에서 그의 유익을 위하여 활용되는 것이라고 말할 수 있다. 그와 같은 측면에서 볼 때 자율성과 운행자성은 원칙적으로 양립할 수 있다고 본다.[1036]

따라서 이와 같은 점들을 종합해 볼 때, 자율주행자동차에 관해서도 운행자책임 제도를 유지할 이론적 및 현실적인 필요성이 인정된다고 말할 수 있다.[1037]

2. 자율주행자동차와 운행자

'자율주행자동차에 관해 운행자책임 제도를 유지할 수 있는지'의 문제는 어디까지나 정책적인 고려를 통한 결단으로서 결정해야 하는 문제로서, '자율주행자동차의 운행자를 누구로 보아야 하는지'의 문제와는 엄밀히 구분된다. '자율주행자동차'에 관해 운행자책임 제도를 유지하는 것을 전제로 운행자책임을 논의하는 이상, 여기에서 말하는 '운행자'는 '자율주행자동차를 운행하는 자'로서 어디까지나 그 관념상 자율주행자동차의 운행을 통해 이익을 얻거나, 위험원危險源으로서의 자율주행자동차를 지배할 수 있는 지위에 있는 자로서, 원칙적으로 자율주행자동차의 외부에 존재하는 것으로서 상정할 수 있는 개념이다.[1038]

1036 권영준 · 이소은(註 85), 481면. 이중기 · 황창근(註 335), 373면 이하도 기본적으로 같은 취지이다.
이와 관련해 미국에서는 자율주행자동차 사고에 관한 책임 문제를 동물 보유자 책임제도(개의 소유자 또는 점유자의 책임인 이른바 'canine liability')에 의하여 해결하자는 시도도 제시되고 있다(Sophia H. Duffy · Jamie Patrick Hopkins, "Sit, Stay, Drive: The Future of Autonomous Car Liability", 16 SMU Sci. & Tech. L. Rev. 101, 2013, p.101 참조). 위 견해에 따르면 엄격책임(strict liability)의 일종인 동물 보유자 책임제도(동물의 공격으로 인한 피해 발생시, 피해에 관한 동물 보유자의 과실 내지 보유자의 동물의 공격 성향에 관한 사전 인식 등을 요구하지 않는다)를 자율주행자동차 사고로 인한 손해배상책임 문제에도 적용할 수 있다는 것이다. 그러나 논리적 및 실제적인 양 측면에서 자율주행자동차 사고로 인한 책임 문제를 이와 같은 견해에 의해 현실적으로 유효하게 규율할 수 있다고 볼 수 있을지 의문이다.

1037 권영준 · 이소은(註 85), 481면; 김진우(註 451), 56면; 이중기 · 황창근(註 335), 374면(다만 5단계 자율주행자동차에 관해서는 '보유자' 개념의 확대 등 새로운 논의가 필요하다는 것을 전제하고 있다).

1038 이와 같은 관점에서 볼 때, 자율주행자동차의 운행자성 인정 여부 자체에서부터 출발하여 운행자책임 제도의 재검토를 주장하는 견해[민한빛, "자율주행차의 운행자성 및 운전자성 인정에 대한 시론(試論)", 법조2018년 2월호(통권 727호), 법조협회, 2018, 201면 이하 등]에 대해서는 동의하기 어렵다.

'자율주행자동차'의 '운행자'를 누구로 볼 것인지에 관해서도 다양한 견해를 찾아볼 수 있다. 구체적으로 기존 자동차에서 기본적인 운행자로서의 지위를 가지는 보유자 등 외에 자율주행자동차에 관해 '운행자'로서의 지위를 가지는 제3의 주체를 새롭게 상정해야 한다는 견해로서, ① '자율주행자동차 자체'를 운행자로 보아야 한다는 견해,[1039] ② 자율주행에 의한 자동차 운행에 관여하는 주체로서 '자율주행시스템 관리자'를 상정하여, 위 자율주행시스템 관리자가 자율주행에 관해 자동차 보유자 등과 공동운행자성을 가지는 것으로 보아야 한다는 견해,[1040] ③ 3단계와 4단계 자율주행에 관해서는 보유자를 운행자로 파악할 수 있으나, 5단계 자율주행에 관해서는 보유자뿐만 아니라 자율주행자동차의 제조업자를 보유자로 간주할 수 있다는 견해[1041] 등이 제시되고 있다.

그러나 이와 같은 견해에 관해서는 모두 동의하기 어렵다. 우선 '자율주행자동차 자체'를 운행자로 보아야 한다는 견해는 운행자책임 제도의 본질에 부합한다고 보기 어렵다. '자율주행시스템 관리자'의 개념을 상정하여 운행자로서의 지위를 인정하자는 견해 역시 자율주행기술의 전개 양상을 쉽사리 예측하기 어려운 현 시점에서 자율주행자동차에 관한 운행자책임 제도의 운용에 관해 현실적으로 곧바로 채택 가능하거나 유용한 방안이라고 보기 어렵다.

또한 5단계 자율주행자동차라고 하더라도, 제조업자가 자동차의 운전과 구별되는 자동차의 '운행'과 관련해 이를 구체적, 직접적으로 지배하거나('운행지배'의 측면), 이를 통해 이익을 얻는다고('운행이익'의 측면) 보기는 어렵다고 생각된다.

현실적으로 자율주행자동차의 자율주행 중에 사고가 발생한다고 하더라도 당해 사고가 반드시 자율주행시스템, 즉 자율주행 자체에만 관련된 고유의 소프트웨어 알고리즘과 하드웨어 장비, 장치의 오류, 오작동 내지 장해, 결함에 의해서만 발

1039 민한빛(前註), 222면.

1040 김영국, "자율주행자동차의 법적 쟁점과 입법 과제", 법학논총 제36집, 숭실대학교 법학연구소, 2016. 7. 131면 이하.

1041 이중기 · 황창근(註 335), 373면 이하.
이 견해에 따르면 5단계 자율주행자동차의 경우에도 보유자는 자율주행시스템을 통해 운행지배를 하고 있고, 운행이익을 누린다고 파악할 여지가 있으나, 5단계 자율주행에 관해서는 제조업자 등에게 보유자 지위를 확대할 수 있다고 기술하고 있다.
이 경우 5단계 자율주행자동차에서는 보유자가 '소비자'로서의 지위를 갖기 때문에 5단계 로봇운전사의 제조업자를 책임보험의 의무가입자, 즉 '보유자'로 간주하여 책임보험에 들도록 강제할 수 있고, 이 경우 제조업자는 '보유자'로서 책임보험에 가입하는 것이 되므로, 그 보험은 제조물책임보험이 아니라 운행자책임보험이 된다고 한다.

생한다고 보기 어려운 경우도 있다. 자율주행자동차라고 하더라도 자동차 고유의 구동방식과 구조, 형태 등에 관해 근본적인 변화를 두지 않는 이상, 기존의 자동차에 사용되어 왔던 소프트웨어와 하드웨어 역시 자율주행 중에 마찬가지로 오류, 오작동, 장해, 결함을 일으킬 수 있고, 이는 자율주행시스템의 오류, 오작동, 장해, 결함과 함께 복합적으로 사고를 일으킬 수도 있다. 운행자책임의 발생 원인이 되는 자율주행자동차를 '위험원'으로 볼 수 있는 이상, 그 보유자 등은 '운행자'로서 '위험원으로서의 자율주행자동차' 자체를 자동차 운행에 적합한 상태로 유지, 관리할 직접적, 현실적인 의무를 가장 가까이에서 부담한다고 평가할 수 있다.

위에서 본 것과 같이 '운행'의 개념을 '사람 또는 물건의 운송 여부와 관계없이 자동차를 그 용법에 따라 사용하거나 관리하는 것'이라고 규정하는 자배법 제2조 제2호의 명문규정의 해석상 여기에서 말하는 사용이나 관리의 주체는 어디까지나 자율주행자동차의 보유자 등이라고 보는 것이 타당하다. 자율주행자동차 자체 또는 제조업자의 운행자성의 문제는 위에서 언급하였듯이 인간 운전자에 의한 운전 관여 여지가 사라진 완전 자율주행자동차가 보편화된 이후, 그와 같은 현상적인 측면을 규범적인 측면에서 새롭게 파악하여 비로소 논의될 문제라고 생각된다.

또한 위에서 본 것과 같이 근본적으로 자율주행자동차는 원칙적으로 자동차 보유자 등이 그의 지배권 내에서 그의 유익을 위하여 활용하는 것이고, 자동차 운행을 통해 관념적, 추상적인 형태의 것을 포함하여 직접적인 이익을 얻게 되는 사람은 결국 자동차의 보유자이기 때문이다.

이상과 같은 이유로, 5단계의 자율주행자동차를 포함하여 그 보유자 등을 여전히 기존의 운행자책임의 주체로서의 '운행자'로 인정하는 것이 원칙적으로 가능하다고 생각된다.

3. 자율주행자동차와 운행지배 및 운행이익

가. 문제의 제기

자율주행자동차에 관해서도 위에서 본 것과 같이 운행자책임 제도를 유지할 수 있다. 다만 자율주행자동차에 관해서는 '위험원'으로서의 자율주행자동차를 '지배할 수 있는 지위'에 있는 자 내지 그 운행을 통해 이익을 누리는 자를 누구로 파악할 것인지의 문제가 새롭게 제기될 수 있고,[1042] 기존의 운행자성을 판단하기 위한 요소인 운행지배와 운행이익의 관념에 관한 새로운 해석의 여지가 쟁점이 될 수 있다.

자율주행자동차의 경우에도 '자기를 위하여 자율주행자동차를 운행'하여 '자율주행자동차의 운행으로 인한 이익', 즉 '운행이익'을 가지는 자를 상정하는 것은 어렵지 않다고 본다.[1043] 문제는 자동차 운전에서의 자율주행시스템의 '자율성'의 증대가 직접 영향을 미친다고 볼 수 있는 '운행지배'를 그대로 인정할 수 있을지 여부이다. 이하에서 자율주행자동차에서 운행자책임의 운행지배를 어떻게 인정할 것인지에 초점을 맞추어 살펴본다.

나. 자율주행자동차와 운행지배

자율주행자동차에서 자율주행시스템의 '자율성'이 증대됨에 따라 자동차 운전의 영역에서의 '운행지배'가 양적 및 질적으로 감소하는 측면이 있다고 하더라도, 그 보유자 등에게는 '위험원으로서의 자율주행자동차'를 지배할 수 있는 지위, 즉 운행자로서의 지위를 인정할 수 있다고 본다. 자율주행자동차에 관해서도 '규범적·관념적'인 형태의 것을 포함하여 보유자에게 '운행지배'를 넓게 인정할 수 있다고 본다. 즉 자율주행자동차가 스스로 운전한다는 점이 운행자책임에서의 운행지배의 인정과 반드시 양립 불가능하다고 볼 수는 없다. 위에서 본 것과 같이 자배법

1042 이중기 · 황창근(註 335), 373면 이하는 5단계 자율주행에 관해서는 제조업자 등에게 보유자 지위를 확대할 수 있다고 기술한다. 자율주행자동차에서 운행자책임의 주체인 '운행자'를 누구로 파악할 것인지의 문제에 관한 견해 제시 및 그에 대한 검토에 관해서는 아래 제4절 I. '자율주행자동차에 대한 운행자책임과 자배법에 관한 입법론' 참조.

1043 오지용(註 61), 100면 이하는 '자동차를 운행하는 자가 가지는 그 운행으로 인해 발생하는 법적 효과를 자기에게 귀속시킬 것이라는 내심의 의사'를 '운행책임의식'으로 정의한 후, 자율주행자동차의 탑승자 중 자동차보유자와 같이 자율주행자동차의 운행으로 인한 법적책임을 부담하겠다는 '객관화된 운행책임의식(구체적인 상황에서 제3자가 객관적인 시각으로 운행책임의식이 있다고 인정할 수 있는 경우 주관적인 운행책임의식에도 불구하고 운행책임의식을 인정할 수 있다고 보고 있다)'을 갖고 있는 자라면 직접 자동차의 기계적 작동에 관여한 바가 없다고 하더라도 자배법 제3조의 운행자책임을 부담해야 한다고 보고 있다. 최순진 · 서완석(註 980), 266면 이하; 김영국, "자율주행 자동차의 운행 중 사고와 보험적용의 법적 쟁점", 법이론실무연구 제3권 제2호, 한국법이론실무학회, 2015. 10, 255면 이하도 같은 취지이다.

상 운행자책임에서 말하는 '운행'의 개념은 엄밀히 말해 자동차의 운전 자체와는 구별되는 것이기 때문이다.

나아가 '자동차 운전'의 영역에 국한하여 보더라도, 아래와 같은 이유로 '운행지배'의 징표를 발견할 수 있다고 본다. 우선 목적지를 입력하고 주행경로를 선택하며 주차 또는 정차되어 있던 자율주행자동차를 최초로 출발시키게 하는 행위로써 자율주행자동차의 운행을 위한 조작을 마쳤다면, 이를 그 자체로서 단독으로 운행지배를 인정하기 위한 요소가 될 수는 없다고 하더라도,[1044] 규범적·관념적인 '운행지배'를 인정하는 출발점이 될 수 있는 최소한도의 징표 중의 하나로 볼 수 있다.[1045] 다른 한편으로 운전자의 상시 감독의무를 전제로 하고 있는 3단계의 자율주행자동차는 물론이거니와, 완전한 자율주행의 단계로 나아가는 도중의 단계의 자율주행자동차로서 운전자가 스스로 원할 때 언제든지 자율주행 기능을 해제하고 스스로 운전할 수 있는 자율주행자동차의 경우에는 그와 같은 '규범적인 측면에서의 관념적 또는 잠재적 형태'로서의 '운행지배'가 인정될 수도 있다고 본다.

특히 4단계의 자율주행자동차의 경우 기술적 본질상 최소위험상태MRC를 스스로 달성하는 것을 전제로 하는 등 3단계 자율주행자동차와는 시스템의 '자율성' 및 운전자(사용자)의 '운행지배'의 정도에 관해 3단계 자율주행자동차와는 큰 차이를 보인다고 말할 수 있겠으나, 그럼에도 불구하고 관념적 또는 잠재적 형태의 운행지배는 여전히 인정할 수 있다고 본다.

대법원이 운행지배의 관념을 자동차의 운행을 규범적으로 지배하는 것을 포함하는 관념적, 추상적인 것으로 폭넓게 인정하고 있다는 점 역시 자율주행자동차에 관한 운행지배의 인정에 해석상 참고가 될 수 있다. 대법원은 비록 자율주행자동차를 상정한 것은 아니나, '무단운전'이나 '절취운전' 등 '제3자'가 자동차를 운전하다가 사고를 발생시킨 경우에 대해서도 '운행의 지배는 현실적인 지배에 한하지 아니

1044 佐野誠, "多当事者間の責任の負担のあり方", 自動運転と法(藤田友敬 編), 有斐閣, 2018, 221–222면에서도, 그와 같은 정도의 조작은 자동차 운전에 관한 운전면허 등 특별한 자격을 보유하지 않더라도 충분히 가능한 것이라는 점 등에 근거해 이를 운행지배의 근거로 삼는 것에 관해 같은 취지의 의문을 제기하고 있다.

1045 버스 등 다중(多衆)을 위한 교통수단이 아닌 통상의 승용차의 경우 자율주행자동차라고 하더라도 주행 중 목적지 또는 주행경로를 변경하는 것이 불가능한 형태로 시장에 출시될 것을 상정하기 어려운데, 이와 같은 '목적지 또는 주행경로의 변경 가능성' 역시 규범적·관념적인 '운행지배'를 인정할 수 있는 여러 징표 중의 하나로 볼 수 있을 것이다. 다만 목적지와 경로의 변경가능성 역시 단독으로는 운행지배를 인정하기 위한 요소가 될 수 없다고 본다.

하고 사회통념상 간접지배 내지는 지배가능성이 있다고 볼 수 있는 경우도 포함한다'고 판시하여 '운행지배'의 개념을 자동차에 대한 현실적, 직접적인 지배력 행사는 물론이고, 간접지배 또는 지배가능성의 형태로도 넓게 인정하고 있다.[1046] 이와 같은 대법원의 판시 취지는 자율주행자동차에 대한 보유자 등의 운행지배를 인정하는 근거 중 하나로서 변용하여 적용할 수 있다고 본다.

자율주행기술이 완전한 자율주행 가능 단계에 진입하거나 혹은 그 이전에도[1047] 자동차 보유자와 운전자 등 사람의 탑승을 전제로 하지 않은 자율주행자동차의 이용도 예상하여 볼 수 있다. 이와 같이 자율주행자동차에 사람이 탑승하지 않은 경우에도 '운행자'를 상정할 수 있고, '규범적·관념적'인 형태의 것을 포함하여 운행지배의 개념은 여전히 인정할 수 있다고 본다.[1048]

다. 자율주행자동차와 운행자성에 대한 새로운 해석론의 필요성

위에서 말하였듯이 '운행자성' 문제는 자동차 교통사고 피해자의 인신손해의 배상에 관해 법률에 의해 창설된 특수한 손해배상책임인 자배법상의 운행자책임이 귀속되는 주체를 누구로 볼 것인지의 문제로서, 정책적이고 가치판단이 개입될 수 있는 문제이다.[1049] '운행자성'은 이와 같은 성격을 가지는 자배법상 운행자책임의 귀속주체성을 인정하기 위한 일종의 도구적 개념이고, 운행지배와 운행이익의 개념 역시 '운행자성'의 인정 여부를 판단하기 위한 일종의 도구적 개념이다. 이러한

[1046] 위 註 968에서 본 대법원 1995. 10. 13. 선고 94다17253 판결을 비롯하여, 대법원 2014. 5. 16. 선고 2012다73424 판결 등 다수.

[1047] 가령 멀리 떨어져 주차된 자율주행자동차를 보유자 또는 운전자의 가까이에 불러오도록 조작하거나, 물건의 운송 등만을 목적으로 자율주행자동차에 목적지와 경로를 입력하여 이를 이용하는 경우 등을 상정해 볼 수 있다.

[1048] 佐野(註 1044), 221-222면에서도 운행지배는 결국 '평가'의 문제라는 전제 하에, 같은 취지로 결론내리고 있다.

[1049] 미국 NHTSA가 2017년 9월에 발표한 연방 자율주행자동차 정책 2017(註 222), p.24에서 '주어진 상황에서 자동운전시스템(ADS)의 조작자(operator)를 특정하는 것에 의해 언제나 자율주행과 관련한 충돌시의 책임 소재가 가려지는 것은 아니다'라고 기술하고 있는 점 역시 같은 맥락에서 참고가 될 수 있다고 생각된다. 위 문헌에서는 나아가 소유자, 조작자, 승객, 제조업자 등 관련 주체 중에서 누구로 하여금 자동차 의무보험을 가입하도록 할 것인지에 관해서, 사고의 구체적인 상황, 자율주행기술에 관한 이해와 자동운전시스템(ADS)의 이용방식[개인소유, 대여, 이른바 '운행공유(ridesharing)', 법인 등]에 관해 충분한 시간을 들여 광범위한 논의를 거칠 필요가 있다고 지적하고 있다.

관점에서 볼 때, 피해자에 대하여 자배법에 따른 무과실 손해배상책임인 운행자책임을 부담하는 주체로서의 '운행자'를 인정하기 위한 의미에서 자율주행자동차에 대하여 '운행지배'의 개념을 상정하는 것이 '운전 자체에 대한 현실적 지배의 상실' 여부에도 불구하고 반드시 불가능한 것은 아니다. 4단계뿐만 아니라 5단계의 자율주행자동차에 대해서도 기존 운행자책임에서 운행자성을 인정하기 위한 징표인 '운행지배'의 관념은 '규범적·관념적'인 형태의 것을 포함하여 여전히 상정 가능하다고 본다.[1050]

독일에서도 자동차의 보유자 책임Halterhaftung은 기술적 결함과 운전상 과오 모두에 의해 실현될 수 있는 엄격책임이므로, 자율주행자동차에 대한 보유자책임은 SAE J3016의 5단계에 대응하는 BASt의 5단계 자율주행자동차에 관해서도 인정될 수 있다는 견해를 찾아볼 수 있다.[1051] 자동차 보유자의 책임은 위험책임이므로 완전한 자율주행이 가능해 진다고 하더라도 보유자가 자동차를 사용함으로 인해 위험이 발생하는 이상 기존의 자동차와 마찬가지로 보유자에게 보유자책임을 부담시키는 것이 타당하다는 취지이다.[1052]

그러나 자율주행자동차의 자율성의 증대에 반비례하여 운행자책임의 원칙적인 귀속주체인 자율주행자동차의 소유자와 같은 보유자 등의 운행자성은 감소하는 측면이 있다는 것은 부정하기 어렵다. 자율주행기술의 발전에 따라 '자동차 운전'에 관한 보유자 등 또는 운전자의 개입의 축소가 보다 심화된다면, 보유자 등이 자율주행자동차에 대하여 가지는 '운행지배'의 요소 역시 점차 감소하게 될 것이다.[1053] 위에서 본 것과 같이 예컨대 4단계 또는 5단계의 자율주행의 경우에서와 같이 자율주행기술의 발전으로 인하여 자율주행의 단계가 높아지면 높아질수록 자동차의 보유자가 종래 기존의 자동차에서 가지고 있던 것과 같은 내용의 운행이익과 운행지배를 여전히 가진다고 볼 수 있을 것인지 문제되는 경우가 빈발할 수 있

1050 이중기·황창근(註 335), 374면도 같은 취지이다.

1051 Melinda F. Lohmann·Markus Müller—Chen, "Selbstlernende Fahrzeuge – eine Haftungsanalyse", SZW/RSDA 1/2017, S. 48 ff.

1052 前註.

1053 권영준·이소은(註 85), 481면에서는 "다만 자율주행자동차가 보유자와 무관하게 중앙 자율주행 시스템에 의해 완벽하게 제어되는 먼 훗날의 자율주행단계에 이르면 자율주행자동차 보유자의 운행자성, 특히 운행지배가 부정될 수도 있을 것이다"라고 기술하고 있다.

다.[1054] 예컨대, 완전 자율주행이 가능한 5단계의 자율주행이 보편화된 이후에는, 자율주행자동차의 보유자가 차량에 탑승하여 단지 목적지와 운행경로 등을 입력하는 것만으로 과연 '위험원'으로서의 자율주행자동차를 '지배할 수 있는 지위'에 있다고 볼 수 있겠는지에 관하여 다양한 관점에서 문제 제기가 가능할 수 있다.[1055]

따라서 자율주행자동차에 관해 운행자책임 제도를 유지하는 경우, 특히 완전 자율주행 단계인 5단계의 자율주행자동차에서 '운행자성'의 징표에 관해서는 '자율주행자동차의 기술적 본질'에 충실하게 그 해석론을 새롭게 이론구성할 필요성도 제기될 수 있다. 다만 '운행자책임'이라는 제도 자체가 정책적인 가치판단에 의한 결단의 산물이라는 성격을 가지고, '운행자성'의 징표가 되는 운전지배와 운행지배의 관념 역시 적어도 '위험원'으로서의 자율주행자동차에 관해 '규범적 · 관념적'인 형태의 것을 포함하여 여전히 상정 가능한 이상,[1056] 완전 자율주행이 가능한 자율주행자동차에 관해서도 '운행자성'을 인정하기 위한 새로운 이론구성은 가능하다고 생각된다.

현재의 운행자책임제도를 유지하는 경우 '위험책임'으로서의 운행자책임에서 말하는 위험은, 기존의 자동차에서 운전상 과실에 의해 실현될 수 있는 것과 동등하게 자율주행자동차에서 기술적 결함에 의해 실현될 수 있는 것이므로,[1057] 자율주행기술의 기술적 본질에 비추어 볼 때 5단계 완전자율 단계에서는 운행자책임에서의 '운행자성'을 새롭게 인정하기 위한 요소를 도출하는 것도 충분히 가능하다고 본다. 다만 이는 자율주행기술 발전의 전개 양상 및 이를 통해 자동차 운행의 현실에 미치게 될 구체적인 영향 등을 신중히 검토하여 결정할 문제이다.[1058]

[1054] 최순진 · 서완석(註 980), 267면에서는 '자율주행자동차는 지금까지의 일반적인 자동차와는 지금까지의 일반적인 자동차와는 다른 새로운 기술을 토대로 만들어지는 자동차이고, 그 차량을 이용하는 이용자가 해당 차량에 대한 지배권은 포기하고 이동 목적의 극대화를 통해 이익만을 추구하는 것으로 변모될 가능성이 매우 높다'는 점을 지적하고 있다. 이와 같은 자율주행자동차 자체의 소유관계나 이용관계에 관한 양상의 변모 가능성 내지 이로 인해 발생할 수 있는 '지배권의 포기'와 같은 문제는 '운행자성'의 판단에도 일정 부분 영향을 미칠 수 있다.

[1055] 佐野(註 1044), 221-222면 역시 같은 취지의 의문을 제기하고 있다.

[1056] 자배법에서 말하는 '자동차의 운행'이 '자동차의 운전' 자체와는 엄연히 구분되는 것이라는 점은 위에서 언급한 것과 같다.

[1057] Lohmann · Müller-Chen(註 1051), S. 51 참조.

[1058] 현행 운행자책임제도를 유지하는 경우 자율주행자동차의 운행자성에 관하여는, 즉 자율주행자동차로 인한 사고에 관하여 누가 운행자책임을 부담하여야 하는지의 판단에 관하여는 '운행지배'보다도 '운행이익'이 누구에게 있는지가 점차 중요하게 작용할 것이라고 여겨진다.

4. 자율주행자동차와 운행자성의 상실

　　자율주행자동차에 관하여도 기존의 자동차와 마찬가지로 운행자가 운행이익과 운행지배를 상실한 결과 '운행자성', 즉 운행자의 지위를 상실하였다고 볼 수 있는 경우가 있을 수 있다.[1059] 이에 관하여 생각해 볼 수 있는 것은, 자율주행자동차의 결함과 해킹hacking의 문제이다.

가. 자율주행자동차의 결함

　　자율주행자동차의 시스템 장애로 인한 기능장애 및 오작동 등 결함으로 인하여 사고가 발생하는 경우에도 원칙적으로 '위험원'으로서의 자율주행자동차를 '지배할 수 있는 지위'에 있거나 그 운행으로부터 일정한 이익을 누리는 보유자 등은 여전히 운행자로서 책임을 진다고 보아야 한다. 다만 위와 같은 결함의 구체적 내용이 보유자 등 또는 운전자가 자동차에 대한 지배를 완전히 상실한다고 볼 수 있을 정도로 심각한 경우에도 보유자 등이 여전히 운행자로서 책임을 부담하는지, 혹은 이와 같은 경우에는 보유자 등이 운행자성을 상실한다고 보아야 하는지 문제된다.

　　우선 위에서 본 것과 같이 자율주행자동차의 자율주행 시스템이 보유자 등에 의한 소프트웨어 업그레이드 등 지속적인 업데이트를 예정하고 있고, 보유자 등이 해당 업데이트의 필요성을 인식하고 있었음에도 불구하고 업데이트를 게을리 한 결과 자율주행자동차에 이로 인한 기능장애 등이 발생한 경우에는 애당초 자율주행자동차에 결함이 있는 것으로 보기 어려울 수도 있다. 이로 인한 책임은 업데이트를 게을리 한 자율주행자동차의 보유자 등이 부담하여야 할 것이므로, 원칙적으로 운행자책임이 인정될 것이다. 이때 소프트웨어 업데이트 불이행으로 인한 사고에 관한 운행자의 책임에 관해서는 영국 「자율 및 전기자동차법Automated and Electric Vehicles Act」[1060]에서 업데이트 여부가 문제되는 소프트웨어를 '안전성에 직결

1059　기존의 자동차에 관해서 '운행자성'의 상실에 관해 대표적으로 문제되어 온 것이 '무단운전' 또는 '절취운전'의 경우로서, 대법원은 이러한 경우에도 자동차 보유자 등의 운행자책임을 폭넓게 인정해 왔다는 점은 위에서 본 것과 같다.

1060　제2장 제4절 II. 2. 다. 2)항 참조.

되는 safety-critical 소프트웨어'[1061]로 제한하여 규정하고 있는 것을 참고할 수 있다고 본다.

자율주행자동차의 자율주행시스템 자체에 그 보유자의 책임에 돌릴 수 없는 중대한 결함이 발생하여 사고가 발생한 경우는 어떠한가.

운행자책임의 본질은 '위험책임'이라는 데에 있다. 운행자성 및 운행지배는 '위험원'으로서의 자율주행자동차에 관해 자배법상의 위험책임 내지 사실상의 무과실책임인 운행자책임을 누구에게 귀속시킬 것인가에 관한 도구적 개념이고, 규범적·관념적인 형태의 '운행지배'의 개념은 자율주행자동차에 관하여도 여전히 상정할 수 있다.

자동차 운행이 가지는 특수한 위험에 비추어 그 '위험원'을 지배하는 자에게 책임을 귀속시킨다는 '위험책임의 원리'에 비추어 볼 때,[1062] 기존의 '자동차의 고유장치에 중대한 결함이 발생할 수 있다는 것'을 '자동차의 운행이 가지는 특수한 위험'으로 볼 수 있는 것과 마찬가지로,[1063] '자율주행자동차의 자율주행시스템에 중대한 결함이 발생할 수 있다'는 것을 '자율주행자동차의 운행이 가지는 특수한 위험'으로 인정할 수 있다.[1064]

따라서 자율주행자동차의 자율주행시스템에 보유자 등 또는 운전자에 의한 차량 제어가 불가능할 정도의 결함이 존재하여 사고가 발생하였다고 하더라도 그와 같은 결함이 자율주행시스템 내재적인 것이라면 이로 인하여 자율주행자동차의 보

1061 위 법 제4조 제(6)항 제(b)호 참조(註 451).

1062 Larenz/Canaris, Lehrbuch des Schuldrechts, Bd. 2, Hbbd. 2, 13. Aufl(1994), §84 I s d(S. 608) 의 다음과 같은 기술 참조[양창수(註 959), 286−287면에서 재인용].
"위험책임은 배상의무자의 행태를 책임귀속적으로 평가하는 것에 기한 것으로서, 이 평가는 무엇보다도 위험의 야기와 위험의 지배(Gefahrveranlassung und −beherrschung)라는 범주가 가지는 타당한 의미로부터 얻어진다. 이 점은 불법행위제도에 대한 정책과 관련하여서는 극히 중요한 의미를 가진다. 왜냐하면 한편으로 배상의무자를 지정함에 있어서 방향을 지시하며, 다른 한편으로 손해가 국가가 아니라 私人에 의하여 부담되어야 하는 이유에 대한 대답이 되기 때문이다."

1063 이에 관하여, 양창수(註 959), 287면의 아래와 같은 기술 참조.
"그런데 자동차의 운행이 가지는 '특수한 위험'이란 결국 자동차가 가지는 速度와 重量이 그 운행에 있어서 발생시키는 機械的 物理力의 위험이다. 그 위험의 상대방은 일차적으로는 도로교통에 참여하고 있는 사람 일반이다. 여기에는 도로보행자 또는 다른 차량의 운전자나 승객뿐만 아니라, 당해 차량의 운전자 그리고 특히 당해 차량의 승객이 당연히 포함된다. 자동차의 운행자는 이상과 같은 위험까지도 '야기'하였으며 또 이를 '지배'하는 지위에 있는 것이다"

1064 Lohmann · Müller−Chen(註 1051), S. 51도 같은 취지이다.

유자 등이 운행자성을 잃는다고 볼 수 없다.[1065] 자동차 주행 중 운전자가 차량 제어 불능 상태에 빠지는 경우는 기존의 자동차에서의 기계장치 내지 전자장치의 결함에 의하더라도 얼마든지 발생할 수 있고, 그와 같은 경우에도 종래 별다른 의문 제기 없이 운행자책임이 인정되어 있다. 독일에서도 자동차 보유자 책임은 '위험책임'이므로, 보유자가 자동차를 사용함으로 인해 위험이 발생하는 이상, 시스템 오작동과 같은 기술적 오류에 관한 위험, 즉 시스템의 작동상 위험 Betriebsgefahr 역시 보유자가 부담하여야 한다고 한다는 견해를 찾아볼 수 있다.[1066]

위험책임을 본질로 하는 자배법상 운행자책임의 성격상, 이와 같은 경우에도 자율주행자동차의 보유자 등은 자배법상 운행자책임을 부담한다고 보는 것이 타당하다.[1067]

나. 자율주행자동차의 해킹과 무단관여[1068]

자율주행자동차의 보유자 또는 이를 사용할 권한이 없는 자가 자율주행자동차의 자율주행 시스템의 컴퓨터 프로그램을 해킹하여 자율주행자동차를 무단으로 운행시키거나 자율주행자동차를 절취하여 운행시킨 경우,[1069] 이는 기존의 자동차에서와 마찬가지로 '무단운전' 내지 '절취운전'에 해당하는 것으로 평가할 수 있으므로 보유자 등의 운행자책임이 부정될 수 있다.[1070]

자율주행자동차가 지능형 교통시스템과 연계하여 운행되는 경우, 예컨대 교통시스템의 해킹으로 운행자 또는 운전자가 자율주행자동차에 대한 통제를 완전히 상실하는 경우가 있을 수 있다. 이 경우 자율주행자동차의 보유자 등이 자율주행자

1065 권영준 · 이소은(註 85), 484면; 오지용(註 61), 103면 이하; 이충훈(註 682), 155면도 같은 취지이다.

1066 Lohmann · Müller–Chen(註 1051), S. 51.

1067 물론 이 경우 제조물인 자율주행자동차에 「제조물책임법」에 정한 결함이 인정된다면 제조업자 등은 제조물책임을 부담하게 될 것이다.

1068 오지용(註 61), 105면에서 사용하는 용례이다.

1069 오지용(註 61), 105면.

1070 기존의 자동차에서 '무단운전' 내지 '절취운전'에 사용되는 수단이 자율주행자동차의 특성에 따라 변모된 것이라고 말할 수도 있을 것이다.

동차에 대한 '운행이익'과 '운행지배'를 상실한 결과 운행자의 지위를 상실하였다고 볼 수 있는지 문제되는 경우가 생길 수 있다. 이 경우도 마찬가지로 제3자가 자율주행자동차의 운행에 무단관여 하는 등 외부적인 요인으로 인하여 사고가 발생하였다면, 이를 무단운전이나 절취운전과 마찬가지로 평가하여 자율주행자동차 보유자 등의 운행자 지위가 상실될 수 있다.[1071]

　　기존의 자동차에서 무단운전에 해당하는지 여부는 "평소의 차량관리상태, 보유자의 의사와 관계없이 운행이 가능하게 된 경위, 보유자와 운전자와의 관계, 운전자의 차량반환의사의 유무와 무단운행 후의 보유자의 승낙가능성, 무단운전에 대한 피해자의 주관적인 인식유무 등 여러 사정을 사회통념에 따라 종합적으로 평가하여 이를 판단하여야" 한다.[1072] 자율주행자동차의 경우 자율주행시스템이 해킹된 경우에는 운행자성의 상실 여부에 관한 여러 사정들을 평가할 때 운행자성을 부인하는 요소로 작용될 가능성이 높아진다고 말할 수 있다.[1073] 다만 자율주행자동차의 해킹과 운행자성의 상실 여부를 판단할 때 기존의 자동차에 관한 이와 같은 판단기준을 그대로 적용할 수는 없을 것이고, 결국 자율주행기술의 기술적 본질과 특수성을 충분히 고려하여 운행자성의 상실 여부를 판단할 필요가 있다.

　　자율주행자동차에 대한 해킹의 경우에도 기존의 무단운전 또는 절취운전 사안과 마찬가지로 원칙적으로 운행자성이 부정된다고 보면서도, 자율주행자동차의 보유자 등이 보안에 관련된 소프트웨어 업데이트를 실시하지 않는 등 보안대책을 소홀히 하여 해킹을 가능하게 하거나 용이하게 함으로써 해킹으로 인한 사고에 대한 책임을 귀속시킬 수 있다고 평가할 수 있는 경우에는, 이를 기존의 자동차의 보유자 등이 열쇠 등의 보관을 소홀히 한 경우와 유사하게 평가하여, 해킹의 경우에도 운행자책임이 인정될 수 있을 것이다.

　　일본에서 자율주행자동차의 해킹에 의한 사고에 관해서는, 자동차의 보유자 등이 필요한 보안대책을 취하지 않는 등 보수점검의무 위반이 인정되는 경우를

1071　신동현, "자율주행자동차 운행의 법적 문제에 관한 시론(試論)", 과학기술법연구 제22집 제3호, 한남대학교 과학기술법연구원, 2016. 10, 220면 이하도 같은 취지이다.

1072　대법원 86다카556 판결(註 973). 대법원 1997. 7. 8. 선고 97다15685 판결; 대법원 1997. 1. 21. 96다40844 판결; 대법원 2006. 7. 27. 선고 2005다56728 판결 등 도 같은 취지이다.

1073　자율주행자동차의 해킹의 경우에도, 제조물인 자율주행자동차가 해킹에 취약한 면으로 설계·제조되었다면 제조업자에게 제조물책임이 인정될 수 있다. 즉 해킹의 문제는 결국 제조물책임의 문제로 귀착될 가능성이 있다. 권영준·이소은(註 85), 483면 참조.

제외하고는, '도난차盜難車'와 마찬가지로 운행자성이 부정될 수 있다고 보고 있는 점[1074] 역시 참고가 될 수 있을 것이다.

요컨대 자율주행자동차의 '운행이익' 또는 '운행지배'의 단절 또는 상실의 문제는 자율주행자동차의 기술적 본질과 특수성으로 인하여 기존의 자동차에 관한 논의와는 전혀 다른 양상과 차원에서 전개될 것이라고 예상하여 볼 수 있다.

5. 자율주행자동차와 운행자성의 공유

자율주행자동차가 본격적으로 도입되고 자율주행기술 수준 역시 운전자의 개입 여지가 거의 없어질 정도로 고도화되면 자동차 운전에 관하여 사회 일반이 가지는 관념 자체가 달라질 수 있다. 자동차를 개성 표출의 수단으로 삼거나 심지어 자아의 일부를 자동차에 투영하는 등의 사람들의 자동차에 대한 인식도 바뀔 수 있다. 적어도 자동차의 운전이라는 측면에서는 더욱 그러할 것이다.

자율주행자동차의 보편화와 함께 자동차와 보유자 상호 간의 유대관계는 보다 약화될 것이라고 예측해 볼 수 있다. 대부분의 자동차 보유자 등이 자동차를 직접 운전해야 하는 현재와는 달리, 자율주행기술이 발전하여 자율주행자동차의 보유자 등 운전자에 의한 직접 운전 내지 자율주행에 관한 운전자의 개입의 빈도가 적어지면 적어질수록 자율주행자동차의 보유자 등과 자율주행자동차 간의 '유대'는 보다 희박해질 것이고 그 현상은 지속적으로 심화될 것이다. 그 결과 자동차에 관한 배타적인 '소유'의 관념도 현재와는 다르게 희박해질 수 있고, 이는 필연적으로 자율주행자동차의 소유 내지 보유 관계에도 영향을 줄 수 있다.

앞으로 자율주행자동차에 대해 '자율주행기능'에 초점을 맞추어 종래의 개념으로 포섭이 어려운 다양한 형태의 소유, 보유 및 이용 관계, 즉 공동보유·사용관계가 형성될 수 있다. 자율주행자동차에 관하여 앞으로 나타날 공동보유·사용관계는

1074 국토교통성 자동운전에서의 손해배상책임에 관한 연구회 보고서(註 278), 15면 이하 참조. 자율주행 소프트웨어 업데이트를 제때에 하지 않아 해킹에 취약하게 만드는 등 해킹에 따른 책임을 보유자 등에게도 일부 귀속시킬 수 있다고 볼 수 있는 경우 등을 예로 들 수 있을 것이다.

종래 주로 문제되었던 것과 같이 다수 관여자들의 보유, 운행관계가 중첩적으로 인정되는 형태가 아니라, 분할되어 공유되는 형태로 전개될 가능성이 크다. 즉 현재의 소유관계와 임대차 등의 사용관계에 비하여 '권리'로서의 관념이 후퇴한 보다 '느슨한' 형태의 다양한 공동보유 · 사용관계가 형성될 수 있다.[1075] 이는 그만큼 자동차에 대한 '소유' 관념의 감소 내지 후퇴를 가져오게 될 것이다.[1076]

자율주행기술은 운행자공유ridesharing 또는 carsharing 업체들로 하여금 사용 중에 있지 않은 자동차idle car를 보다 손쉽게 소비자들에게 이동시킬 수 있게 함으로써(즉 공유자동차에 관한 수요자의 접근성을 강화함으로써)[1077] 그 자체의 속성상 필연적으로 자동차 서비스 산업의 확대를 가져올 수 있다. 또한 자율주행자동차의 보편화는 기존의 여객 또는 화물 자동차운송 서비스 산업 전반에 관해서도 근본적인 구조적 변화를 야기할 것이고, 관련 법령의 대폭적인 재정비 역시 필연적으로 요구될 것이다.

따라서 자율주행자동차의 보급이 확대되고 자율주행기술이 보다 고도화될수록 그와 같은 현상적 측면에 대응하여 자율주행자동차의 공동보유 · 사용관계에 따른 운행자성의 공유 내지 중첩 및 그에 따른 손해배상책임의 귀속에 관한 법리 구성에 관한 논의의 필요성 역시 커지게 될 것이다.

자배법상 자동차 보유자는 자동차의 소유자 외에도 자동차를 사용할 권리를 가지는 자도 포함하고 있고, 자동차 보유자에게는 원칙적으로 운행자 지위가 인정된다. 또한 위에서 본 것과 같이 대법원 판례도 자동차의 임대차관계 등 구체적인 경우에 해석으로 보유자의 인정 범위를 보다 넓히고 있다. 다만 이는 일률적으로

[1075] 권영준 · 이소은(註 85), 455, 486면 각 이하에서도 자율주행자동차의 상용화에 따라, 운행공유 역시 일반화되리라고 전망하고 있다.

[1076] 다만 이와 같은 견해에 대해서는, 오히려 자율주행기술에 따라 사용자(운전자)는 이동 중에 운전을 할 필요가 없게 되는 결과 자동차 내부가 오히려 매우 사적인 공간(究極のプライベート空間)이 될 수 있으므로, 오히려 현재보다 (자율주행)자동차에 관한 소유(원문은 "占有")의식이 강화될 수도 있다는 반론도 제기된다(泉田良輔, Google vs トヨタ '自動運転'は始まりにすぎない, Kadokawa, 2014, p.143 이하). 이와 같이 소유의식의 강화 가능성을 지적하는 반론은 개인의 선호 내지 선택에 의한 소유관념 변화에 관한 가능한 방향성을 지적하는 정도로의 의미는 가질 수 있겠으나, 자율주행자동차의 본격적인 상용화 및 자율주행기술의 발전에 따라, 장기적으로는 위에서 본 것과 같이 자동차 자체에 관해 소유의식이 희박해지는 쪽으로 큰 흐름이 형성될 것이라고 본다.

[1077] 자율주행자동차 산업에 관한 투자은행(investment bank) 골드만삭스(Goldman Sachs)의 보고서인 'CARS 2025'참조(Goldman Sachs, "CARS 2025", 2018).
https://www.goldmansachs.com/insights/technology-driving-innovation/cars-2025(2018. 10. 25 최종확인).

규율할 문제가 아니라 자율주행의 단계와 자율주행자동차에 관한 보유관계와 구체적인 사용관계의 실질 및 이에 관한 계약관계 등을 종합적으로 검토하여 신중하게 판단할 문제이다.[1078] 자율주행자동차의 공동보유·사용관계에서 그 참여 당사자에 대한 운행자 지위의 인정 문제는, 당해 공동보유·사용관계가 주로 '중첩적' 성격을 가지는지, 아니면 '분할적' 성격을 가지는지에 의해 달리 판단될 수 있을 것이다. 자율주행자동차의 공동보유·사용관계가 중첩적 성격을 갖는 경우라면 공동보유·사용관계에 있는 자 모두에 대해, 분할적 성격을 갖는 경우라면 문제되는 당해 사용관계에 관련된 자에 한해 운행자의 지위를 인정할 여지가 많을 것이다. 즉 자율주행자동차에 관한 공동보유·사용관계가 '중첩적'인지 '분할적'인지는 그로 인한 책임의 귀속에도 영향을 줄 수 있다.[1079]

Ⅱ. 자율주행자동차와 타인성

1. 문제의 제기

위에서 본 것과 같이 자배법상 운행자책임에 따른 손해배상청구권자인 "다른 사람"은 자동차의 운행자와 운전자를 제외한 제3자로 보는 것이 일반적인 견해이다. 다만 대법원은 공동운행자의 경우 예외를 인정하여, 사고를 당한 운행자보다 다른 운행자의 운행지배와 운행이익이 보다 주도적이거나 직접적이고 구체적으로 나타나 있어 상대방이 용이하게 사고의 발생을 방지할 수 있었다고 보이는 경우에 한하여 공동운행자의 타인성을 인정하고 있다.[1080] 즉 현행법의 해석론에 의하더라

1078 권영준·이소은(註 85), 481-482면.

1079 자율주행자동차의 공동보유·사용관계가 성립하는 원인관계에 따라 논의되는 자동차 보유자에 해당하는지 여부의 판단('운행자성' 논의의 전단계에서 이루어지는 판단)과 자율주행자동차의 운행자성 여부의 판단은 적어도 현재로서는 엄밀히 구분되는 것이나, 앞으로는 그와 같은 구분도 옅어질 수 있을 것이다.

1080 註 998의 대법원 판결들 참조.

도 운행지배와 운행이익의 측면을 고려하여 공동운행자라고 하더라도 예외적으로 타인성이 인정되어 다른 운행자에 대한 관계에서 운행자책임을 물을 수 있는 경우가 있다.

다만 위와 같은 운행자에 대한 타인성 인정에 관한 예외는 현재까지는 공동운행자에 한하여 인정되고 있을 뿐이다.[1081] 단독운행자의 경우에는 자배법상 운행자책임의 주체가 될 뿐 원칙적으로 타인성이 인정될 수 없다.

그런데 자율주행자동차의 자율주행기술의 고도화에 따라 자동차 보유자 등 운행자의 운행지배가 감소할 수 있다는 점에 착안하여 자동차 사고에 관하여 일반적으로 운행자책임을 부담하는 자동차 보유자 등이 자율주행자동차에 탑승하여 운행 중에 사고로 인신손해를 입은 경우 '타인성'의 예외를 인정하여 단독운행자인 위 보유자 등에게 타인성을 인정하여 자배법상 손해배상청구권자로서의 지위를 인정할 것인지 문제된다.

2. 논의의 정리

자율주행자동차의 보유자 등에게 '타인성'을 인정할 수 있는지 여부에 관해서는 아래와 같은 견해의 대립이 있다.

가. 자율주행자동차의 보유자 등에게 타인성을 인정할 수 있다는 견해

자율주행자동차의 보유자는 자율주행시스템에 목적지를 입력할 뿐 자동차를 직접 조작하는 등 그 기계적인 작동에 관여하지 않으므로 자율주행자동차의 자율주

[1081] 위에서 본 것과 같이 무단운전이나 절취운전과 같은 경우, 보유자 등 원래의 운행자가 운행지배와 운행이익을 완전히 상실하였거나, 이와 단절된다고 볼 수 있는 경우에 한하여 운행자성을 상실한다고 보고 있으나, 이는 어디까지나 "책임주체성"에 관한 논의일 뿐, 운행자성이 상실된다고 해서 이로 인하여 그 자체로 단독운행자에게 "타인성"이 부여된다고 볼 수는 없다(아래 註 1090 참조).

행 중에 발생한 사고로 인해 자동차 보유자 자신에게 인신손해가 발생하였다면 자율주행자동차의 보유자 등에게 타인성을 인정하여야 한다는 견해이다. 구체적으로 자율주행자동차로 인해 발생한 교통사고로 자동차 보유자 자신이 인신손해를 입은 경우까지 자동차 보유자에게 '운행자책임의식'이 있었다고 할 수 없다는 점,[1082] 자율주행자동차의 보유자가 자율주행 중 사고를 당한 경우 자동차의 제조업자 또는 자율주행프로그램 개발자 등이 당해 사고의 운행에 관해 주도적이거나 직접적, 구체적인 지위에 있어 사고의 발생을 방지하기 용이한 위치에 있다는 점[1083] 등을 그 근거로 들고 있다.

이와 같은 견해는 대법원이 대리운전기사에 의한 자동차 운전 중 사고가 발생한 경우 대리운전을 의뢰한 자동차 소유자, 즉 원래의 운행자에게 타인성을 인정하고 있다는 점[1084] 등도 자율주행자동차의 운행자에게 타인성을 인정할 수 있다는 근거로서 들고 있다.[1085]

나. 자율주행자동차의 보유자 등에게 타인성을 인정할 수 없다는 견해

자율주행자동차의 자율주행 중에 사고가 발생하였다는 이유만으로는 그 보유자 등에게 타인성이 인정될 수 없다는 견해이다. 구체적으로 자율주행자동차를 자율주행시스템에 의해 스스로 운전하도록 조작하였다는 사실만으로 운행지배나 운행이익이 배제되어 운행자가 아닌 단순한 동승자 또는 승객의 지위로 변화된다고 주장할 수 있는지 의문이라는 점[1086] 또는 자율주행자동차가 자율주행시스템에 의하여 운행 중인 경우 탑승자 등은 운행에 대한 개입이 최소화되거나 배제되는 것이 일반적이나, 그럼에도 불구하고 그 차량의 운행은 탑승자 등을 위한 운행임에는 변함이 없고 그들은 해당 운행으로 인한 이익을 향유하고 있는 것 또한 부정할 수 없

1082 오지용(註 61), 108면 이하.

1083 김영국(註 1043), 263면 이하.

1084 대법원 2005. 9. 28. 선고 2005다25755 판결.

1085 오지용(註 61), 108면 이하. 민한빛(註 1038), 201면 이하. 김영국(註 1043), 263면 이하도 같은 취지이다.

1086 이충훈(註 682), 153-154면.

는 사실이므로 당연하게 운행자성이 인정되어야 한다는 점[1087] 등을 그 근거로 들고 있다.

　　일본 국토교통성 자동운전에서의 손해배상책임에 관한 연구회 보고서[1088]에서도 위에서 본 것과 같은 4단계까지의 자율주행기술 도입에 따른 '과도기'에서는 자율주행 시스템의 이용 중의 자손自損사고에 대해서는 원칙적으로 현재와 마찬가지로 운행공용자(운행자) 또는 운전자에게 타인성이 인정될 수 없다고 결론내리고 있다.[1089]

3. 검토

　　자율주행자동차의 보유자 등이라고 하더라도 '규범적인 측면에서의 관념적 또는 잠재적 형태'로서의 '운행지배'를 인정할 수 있고, '운행이익' 역시 특별한 어려움 없이 이를 인정할 수 있을 것이므로, 자율주행자동차의 보유자 등에 대하여도 원칙적으로 타인성을 인정할 수 없다고 보는 것이 타당하다고 생각된다. 자율주행 중이라고 하더라도 자율주행자동차의 보유자 등이 '자율주행자동차의 운행이 가지는 특수한 위험'을 여전히 지배한다고 평가할 수 있기 때문이다.[1090]

　　긍정설에서 들고 있는 대리운전 사안에 관한 위 대법원 2005다25755 판결[1091]은 원고(대리운전 의뢰자 겸 자동차 소유자)가 대리운전회사의 보험자(즉 대리운전회사와 사이에 위 회사 소속 대리운전자의 대리운전 중 발생한 사고로 생긴 손해에 대한 손해배상책임을 인수하기로 하는 내용의 자동차종합보험계약을 체결한 보험사)를 피고로 하여 손해배상책임을 구한 사안에 관한 것으로서, '원고와 대리운전회사 사이의 내부관계에서는 대리운전회사가 유상계약인 대리운전계약에 따라 그 직원인 대리운전기사를 통해 원

1087　최순진 · 서완석(註 980), 268면.

1088　註 278 참조.

1089　위 보고서 17면 이하 참조.

1090　이러한 점에서 자율주행자동차의 '운행자성'에 관한 논의와 '타인성'에 관한 논의는 마치 동전의 양면과 같다고 할 수 있다. 그러나 양자의 논의는 엄밀히 구분되는 것으로, '운행자성의 상실'이 곧바로 "타인성의 인정"으로 이어지는 것은 아니라는 점에는 주목할 필요가 있다.

1091　註 1084 참조.

고의 차량을 운행한 것이라고 보는 것이 타당하므로, 원고가 위 차량에 대한 운행지배와 운행이익을 공유하고 있다고 할 수 없다'는 것을 그 이유로 하고 있다. 따라서 위 판결이 이 부분 논의에서 문제되는 것과 같은 의미로서의 '운행자의 타인성'을 인정한 것으로 보기 어렵고, 긍정설의 논의를 논리상 타당하게 뒷받침한다고 보기 어렵다.

한편 현행 보험체계 하에서, 자동차 보유자 등 단독운행자를 자배법 제3조의 '다른 사람'으로 인정할 수 있다면, 자동차 보유자 등(통상 보험계약에서 보험계약자나 피보험자에 해당할 것이다)이 자율주행자동차의 운행으로 인하여 사고를 입은 경우 논리적으로 자신의 보험회사를 상대로도 '자기신체사고'에 따른 보험금이 아닌 '대인배상 I'에 따른 책임보험금을 구할 수 있는 여지가 생기게 되고, 자동차 보유자 등이 가입한 보험계약의 구체적인 내용과 해석에 따라 손해배상의 여부와 범위가 달라질 수 있게 된다.

그런데 자율주행자동차의 보유자 등 단독운행자에 대하여 자율주행 중에 사고가 발생하였다는 이유로 '타인성'을 인정할 수 있다고 하더라도, 보험의 본질상 그 책임보험금 청구권에 관하여는 「민법」 제507조의 '혼동'의 문제가 발생할 수 있다.[1092] 타인성을 인정하여야 한다는 견해는 혼동의 예외도 함께 인정하여야 한다고 주장하나,[1093] 그 책임보험금청구권이 '자율주행 중에 발생한 사고로 인한 것'으로 인한 것이라는 점이 「민법」 제507조 단서에서 혼동의 예외에 해당한다고 보기도 어려워 보인다.

자율주행자동차와 운행자책임 문제에 관해 기존 운행자책임 제도 하에서의 '운행자성', '타인성' 등의 개념과 해석론을 그대로 끌어와 자율주행자동차에 대해 운행자성을 인정하거나,[1094] 운행자에게 타인성을 인정하는 등으로 논의를 전개하는 것이 한계를 가질 수밖에 없다는 점은 그와 같이 가정할 경우 이와 같이 기존의 운행자책임제도에 따라 설계된 보험관계와 관련한 실무처리에서 발생할 것으로 예상되는 문제점을 통해서도 알 수 있다. 이와 같은 견해는, 현행 운행자책임 제도에 관한 해석론으로서는 채택 가능한 범위를 넘어서는 것이라고 보인다.

1092 「민법」 제507조는 '혼동의 요건, 효과'라는 조문 표제 하에, '채권과 채무가 동일한 주체에 귀속한 때에는 채권은 소멸한다. 그러나 그 채권이 제3자의 권리의 목적인 때에는 그러하지 아니하다'라고 규정하고 있다.

1093 오지용(註 61), 110면 이하; 김영국(註 1043), 264면 이하.

1094 민한빛(註 1038), 220면 이하.

Ⅲ. 자율주행자동차와 운행자의 면책사유

1. 개요

자배법은 위에서 본 것과 같이 운행자는 '승객이 아닌 자가 사망하거나 부상한 경우에 자기와 운전자가 자동차의 운행에 주의를 게을리 하지 아니하였고, 피해자 또는 자기 및 운전자 외의 제3자에게 고의 또는 과실이 있으며, 자동차의 구조상의 결함이나 기능상의 장해가 없었다는 것을 증명한 경우(제1호)' 또는 '승객이 고의나 자살행위로 사망하거나 부상한 경우(제2호)'임을 증명하여 면책될 수 있다고 하여 운전자의 면책사유를 정하고 있다.

자율주행자동차 운행자 면책사유와 관련해서는 위 면책사유 중 '피해자가 승객이 아닌 경우'에 관한 제1호의 면책사유의 해석이 문제될 수 있다. 즉 '운행자 또는 운전자가 자동차의 운행에 주의를 게을리 하지 않았다'는 요건과 '자동차의 구조상의 결함이나 기능상의 장해가 없었다'는 요건의 증명이 각각 문제될 수 있다.

2. 자율주행자동차 운행자책임의 면책사유에 관한 해석론

가. 자율주행자동차의 운행자 또는 운전자의 무과실

1) 자율주행자동차와 운전자의 무과실

운행자의 면책사유 중, '운전자가 자동차의 운행에 주의를 게을리 하지 않았다'는 사실, 즉 운전자의 무과실 증명 요건을 자율주행자동차에 관해 어떻게 해석해야 하는지 문제된다. 아래 제5장 '자율주행자동차와 운전자 책임'에서 보는 것과 같이 '자동차의 운행에 관한 운전자의 주의'의 구체적인 내용과 정도는 기존의 자동차와 자율주행자동차에서 같을 수 없다. 자율주행자동차의 경우에도 자율주행 단계에 따라 그 구체적인 내용과 정도, 범위는 크게 달라질 수밖에 없다.

기존의 자동차의 운행 중 사고로 인한 자배법상 운행자의 면책에 관해서는 운전자의 무과실 여부가 중요한 역할을 한다. 그런데 자율주행자동차는 운전자를 대체하여 자동차 스스로 운전한다는 점에서 운전에 관한 주도권을 운전자로부터 자동차로 이전시키므로, 운전자의 무과실로 인한 자배법상 면책사유의 의미가 점차 감퇴될 수 있다. 자동차 운전에 대해서 운전자의 관여 또는 개입의 여지가 없어지는 5단계의 완전자율주행 단계에 이르면 운전자의 무과실은 면책요건으로서 별다른 의미를 가지지 않게 될 것이다.[1095]

　　다만 운전자의 탑승을 전제로 한 4단계까지의 자율주행에 관해서는 여전히 운전자의 개입 또는 관여가 문제될 수 있으므로, 운전자의 과실 여부는 자배법상 면책사유와 관련하여 여전히 문제될 것이다. 다만 기존의 자동차에 관하여는 자동차 운전자가 '자동차 운전 자체에 관한 주의의무를 다하였는지'가 문제되어 온 반면, 자율주행자동차의 자율주행에 관한 운전자의 과실은 '운전자가 자동차 운전에 관한 관여 내지 개입의무를 적절히 이행하였는지'에 초점이 맞추어질 것이다. 즉 자율주행자동차의 운전자의 주의의무의 구체적인 내용과 그 판단 기준은 기존의 운전자의 주의의무에 대한 것과 큰 차이를 보일 것이다.

　　자율주행자동차의 경우에도 위에서 본 것과 같이,[1096] 자율주행 단계에 따라 자율주행 3단계와 4단계의 경우 '비상조치DDT fallback 및 이를 통한 최소위험상태 MRC 달성 의무의 주체'[1097] 및 '자율주행 중에 운전자가 자동차에 대한 제어권을 넘겨받을 의무가 있는지 여부'[1098]라는 측면에서 각 단계별 운전자의 주의의무의 내용과 범위 등은 본질적인 차이를 보이게 될 것이다. 자율주행 단계가 가져오는 이와 같은 운전자에 대한 역할기대의 본질적인 차이는 운전자의 무과실증명에 관해서도 크게 영향을 미치게 될 것이므로, 그 운전자책임의 판단기준을 정립하고 특히 자율주행 중의 '자율주행시스템과 운전자 상호 간의 차량에 대한 제어권의 배분과 이전'과 관련해 운전자에게 과실의 존재를 인정할 수 있는 시작과 끝의 한계점을 명확히 설정할 필요가 있다.[1099]

1095　권영준 · 이소은(註 85), 483-484면.

1096　제2장 제3절 III. '이 글에서 사용하는 자율주행 단계구분 및 판단기준' 부분 참조.

1097　3단계에서는 운전자가, 4단계에서는 시스템이 각 그 주체가 된다.

1098　3단계에서는 긍정되나, 4단계에서는 부정된다.

1099　이에 관해서는 제5장 제3절 '자율주행과 운전자책임' 부분에서 보다 상세히 살펴본다.

2) 자율주행자동차와 운행자의 무과실

자율주행자동차와 관련해서도 운행자의 주의는 여전히 중요한 의미를 가질 수 있다. 자율주행자동차의 자율주행 관련 소프트웨어를 업데이트하거나 각종 센서와 레이다 등 관련 부품과 장치들이 제 기능을 발휘하도록 관리하고 필요한 경우에는 이를 정비, 교체하는 등 임무는 운행자의 것이기 때문이다.[1100] 특히 소프트웨어가 자율주행자동차에서 차지하는 큰 비중을 생각하면 이러한 소프트웨어의 업그레이드나 보안 문제는 앞으로 중요하게 대두될 것이다.[1101]

일본에서도, 일본 자배법상의 면책사유 요건인 운행공용자(운행자) 또는 운전자가 '자동차의 운행에 관해 주의를 게을리 하지 않은 경우'의 해석과 관련해서, 현재 운행공용자(운행자)의 주의의무의 내용으로서 관계법령의 준수의무, 자동차의 운전에 관한 주의의무, 자동차의 점검정비에 관한 주의의무 등이 있으나, 향후의 자율주행기술의 발전에 따라 예컨대 자율주행 시스템의 소프트웨어 또는 데이터 등을 업데이트하는 것 또는 자율주행 시스템의 요구에 응하여 자동차를 수리하는 것 등의 주의의무를 부담하게 하는 것을 고려할 수 있다고 한다.[1102]

운행자의 무과실 증명에 관하여는 자동차 보유자 등이 적어도 제조업자의 지시, 설명에 따른 소프트웨어 업그레이드나 각종 관련 부품의 정비, 교체 등을 다하였다면, 운행자책임의 면책사유에서 문제되는 운행자로서의 주의의무를 다하였다고 볼 수 있을 것이다.

나. 자율주행자동차의 구조상의 결함이나 기능상의 장해 부존재

기존의 자동차의 운행자 면책사유에 관한 '자동차의 구조상의 결함이나 기능

1100 권영준 · 이소은(註 85), 484면.

1101 권영준 · 이소은(註 85), 484면은 이와 함께 가령 지도정보의 업데이트나 소프트웨어에 대한 보안 취약점 제거를 위한 '보안패치(security patch)'의 설치 등 자율주행자동차의 운행에 필요한 사후 작업에 대해서는 제조업자의 관여에도 한계가 있고 운행자가 이를 게을리 할 여지도 있기 때문에, 이러한 한계를 극복하기 위한 각종 방안들이 강구될 필요가 있음을 지적하면서, '안전성에 영향을 미치는 업데이트가 수행되지 않을 경우 계속적으로 경고하거나 자동차 주행이 이루어지지 않도록 설계하는 방안' 등을 제시하고 있다.

1102 국토교통성 자동운전에서의 손해배상책임에 관한 연구회 보고서(註 278), 21면 이하.

상의 장해'의 부존재의 증명에 관하여는 종래에 깊이 논의되지 않아온 것으로 보인다. 자율주행자동차의 '구조상 결함이나 기능상 장해'는 주로 자율주행시스템상의 소프트웨어 또는 관련 부품과 장비 등 하드웨어적인 측면과 관련하여 문제될 것이고, 특히 자율주행 인공지능 소프트웨어의 결함이나 장해의 부존재가 문제될 수 있다.[1103] 또한 자율주행자동차의 특성상 이는 소프트웨어 업데이트 등과 관련한 운행자의 무과실 증명의 대상과도 중첩될 수 있다.

이에 관해, 일본에서는 지도정보 또는 인프라 정보 등의 외부 데이터의 오류, 통신차단遮斷 등에 의하여 사고가 발생한 경우에도 일정한 경우에는 자율주행자동차에 여기에서 말하는 '구조상 결함이나 기능상 장해'가 인정될 수 있다는 논의를 찾아볼 수 있다.[1104] 즉 이와 같은 경우에도 자율주행자동차를 가능한 범위 내에서 안전하게 운행되도록 할 필요가 있고, 필요한 정도의 안정성을 확보하는 것이 가능하지 않은 시스템은 '구조상의 결함 또는 기능의 장해'가 있다고 판단될 가능성이 있다고 한다.[1105] 자율주행자동차가 이와 같은 상황에서 충족시켜야 하는 안전성의 기준 및 이에 관련된 '구조상 결함이나 기능상 장해'의 인정 여부에 대해서는 앞으로 자율주행기술의 발전 등에 의해 그 판단이 좌우될 수 있을 것이다.[1106]

3. 자율주행자동차 운행자책임의 면책사유와 제조업자에 대한 구상관계에 대한 시사점

자동차 사고로 인한 손해배상책임에 관한 현행 책임법제 하에서, 자동차 교통사고 피해자를 두텁게 보호하기 위해 무과실책임에 가까운 위험책임을 인정하는 운행자책임의 본질 및 자배법상 운행자의 면책이 까다롭게 규정되어 있는 점 등을 감안하면, 자율주행자동차 사고에 관해서도 피해자로서는 복수의 책임주체 중에

1103 그림 1 '자율주행 시스템 개관' 및 제2장 제2절 II. 2 '자율주행기술의 원리와 구체적 모습'에서의 설명 참조.

1104 국토교통성 자동운전에서의 손해배상책임에 관한 연구회 보고서(註 278), 22면 이하 참조.

1105 여기서 말하는 안전한 운행에는 예컨대 외부 데이터의 오류 또는 통신차단 등의 사태가 발생한 경우에 자동적으로 길가(노견)에 안전하게 정차하는 것 등도 포함시킬 수 있다고 한다(前註). 즉 이와 같은 경우를 포함한 최소위험상태(MRC)의 달성을 '자율주행자동차에 필요한 안전성 확보'를 위한 조치에 포함시키고 있다.

1106 註 1104 참조.

서 우선적으로 운행자(보험자)를 상대로 운행자책임을 물어 손해 전부의 배상을 구하는 방안을 우선적으로 선택하리라고 예상해 볼 수 있다.[1107]

자율주행자동차에 관해서도 교통사고 피해자를 보호할 필요성의 측면은 기존의 자동차와 본질적으로 다르지 않다는 점 등에 비추어 보더라도 자율주행자동차에 관해서 운행자책임 제도를 유지할 필요성이 있다는 점은 위에서 살펴본 것과 같다.

이 경우 자배법상 운행자는 운행자책임으로부터 면책되기 위해 '운행자 또는 운전자가 자동차의 운행에 주의를 게을리 하지 않았다'는 요건과 '자동차의 구조상의 결함이나 기능상의 장해가 없었다'는 요건을 모두 주장, 증명해야 한다. 운행자는 이 중 전자에 관한 요건, 즉 운행자 또는 운전자의 무과실은 비교적 용이하게 증명할 수 있을 것이다. 그러나 면책사유 중 후자의 요건과 관련해 자율주행자동차에 관해서는 자율주행 소프트웨어 알고리즘 등 그 증명이 용이하지 않은 결함 내지 기능장해의 증명이 문제될 것이고, 그 증명이 현실적으로 용이하지 않은 경우가 많을 것이다.

자배법에서 말하는 '자동차의 구조상의 결함이나 기능상의 장해'는 「제조물책임법」에서 말하는 제조상·설계상·표시상 결함과 그 개념상으로도 반드시 일치하지 않는다.[1108] 나아가 이는 소송의 실제에서 증명책임의 대상과 내용에 관련해서도 다음과 같은 큰 차이를 가져온다. 운행자책임소송에서 '운행자책임의 면책'이라는 국면에서는, 자율주행자동차의 보유자 등 운행자(또는 그 보험자)가 피해자(또는 그 보험자)를 상대로 이와 같은 '결함이나 장해의 부존재'를 주장, 증명하여야 한다. 반면에 제조물책임소송에서는 그 보유자[1109]가 제조업자를 상대로 '결함의 존재'를 주장, 증명하여야 한다.

이와 관련해 운행자의 자배법상 면책사유인 '자동차의 구조상의 결함이나 기능상의 장해'의 주장, 증명에 관해서는 비교적 엄격한 기준을 적용하는 것이 타당하다.

제조물책임 소송에서는 자율주행자동차의 자율주행 소프트웨어 또는 하드웨

1107 窪田充見, "自動運転と販売店·メーカーの責任", 自動運転と法(藤田友敬 編), 有斐閣, 2018, 191면도 같은 취지로 기술하고 있다.

1108 명순구 외(註 61), 180면(명순구·이제우 집필부분)도 같은 취지이다.

1109 물론 피해자가 제조업자를 상대로 직접 제조물책임을 묻는 경우에는 피해자도 포함될 것이다.

어의 결함에 관해 원고(자율주행자동차의 보유자 또는 피해자)의 증명책임이 대폭 완화될 필요가 있다는 점은 제3장 '자율주행과 제조물책임' 부분에서 살펴본 것과 같다. 반면에 자율주행자동차의 사고 피해자(또는 그 보험자)가 그 보유자 등인 운행자를 상대로 제기하는 운행자책임 소송의 단계에서는 피해자의 두터운 보호를 위해 정책적으로 무과실책임에 가까운 위험책임을 인정하는 운행자책임의 본질상, '운행자책임의 면책'을 위한 '자동차의 구조상의 결함이나 기능상의 장해'의 부존재에 관한 운행자의 증명책임에 관해 이와 같은 완화를 인정하기 어렵다고 보는 것이 타당하다.[1110]

'자동차의 구조상의 결함이나 기능상의 장해'에 관한 운행자의 부존재 증명의 국면에서도 '자율주행자동차의 안전성 확보'라는 측면은 충분히 고려될 필요가 있다. 따라서 운행자는 면책을 위해 사고를 일으킨 자율주행자동차에서 채용된 소프트웨어 알고리즘이 사고를 예방하기 위하여 충분한 안전성을 갖춘 것이라는 점을 (즉 합리적 대체설계의 증명의 경우와는 정반대로) 고도의 전문성을 갖춘 전문가증인 등에 의하여 증명하여야 하는 경우도 생길 수 있다. 이와 같은 운행자의 면책사유에 관한 주장, 증명은 이는 제조물책임 소송에서의 결함에 대한 주장, 증명과 마찬가지로 소송비용의 커다란 증대를 가져올 수 있다.

이 경우 자율주행자동차의 보유자 등 운행자(또는 그 보험자)는 피해자를 상대로 한 운행자책임 소송에서 '구조상 결함이나 기능상 장해'의 부존재를 직접적으로 증명하기보다는, 제조업자를 상대로 한 구상금청구 소송에서 제조물책임을 물어 '결함'의 존재를 증명하되 증명책임 완화를 적극적으로 주장하는 경향을 보일 수도 있다고 본다.

이와 같은 피해구제 및 구상을 위한 소송상 구도는 자율주행자동차의 보유자 등 운행자 측의 면책사유에 관한 소송상 증명책임 부담으로 인한 위험을 제조업자 측으로 적절히 이전시켜 배분하면서, 운행자책임 및 제조물책임의 본질에도 각각

1110 안지현, "자율주행차와 관련된 책임법제와 보험제도에 관한 고찰", 보험법연구 제11권 제1호, 한국보험법학회, 2017, 251면 이하에서도 자배법상 피해자 보호의 취지를 감안하여 제조물책임을 강화하고 자배법상 면책사유를 완화하자는 논의에 관해서는 신중하게 접근할 필요가 있다고 기술하고 있다. 김영국(註 1040), 133면 이하는 자율주행 단계의 상향에 따라 운행자의 면책 범위를 확대할 필요가 있다고 주장하나, 운행자책임 제도의 기능과 취지에 비추어 볼 때 그대로 동의하게 어렵다.

나아가 운행자책임에서 운행자의 면책 범위를 확대하기 위해서는, 자율주행자동차의 특수한 위험성을 감안하고 필요한 안전성을 확보하기 위해 제조물책임 소송 분야에서 증명책임의 완화 등 적지 않은 법리의 수정 및 제조물책임 보험 제도의 대폭적인 확대와 의무화 등을 통해 피해자를 보호하는 것이 선행되어야 할 것이다.

부합하는 결과로 귀결될 수 있으리라고 본다. 이와 같은 측면에서 보더라도 운행자 책임 제도는 자율주행자동차에 관해서도 책임법제 하에서 일응 합리적인 기능을 할 수 있을 것으로 일응 기대되고, 자율주행자동차에 관해서도 현행의 운행자책임 제도를 유지할 필요가 있다고 말할 수 있을 것이다.

제 4 절   자율주행자동차에 대한 운행자책임과 입법론 및 보험법제 관련 논의

Ⅰ. 자율주행자동차에 대한 운행자책임과 자배법에 관한 입법론

위에서 살펴본 것과 같이 자율주행자동차에 관해서도 운행자의 개념을 상정하는 것이 가능하다. 자율주행자동차는 상용화 이후에도 상당 기간 동안 사람에 의한 자동차 운전을 전면적으로 대체하는 단계에 이르지 못한 자율주행기술을 탑재한 상태로 각종 사고를 일으키게 될 것이다. 특히 그와 같은 단계에서는 자율주행자동차의 보유자 등에 관하여 운행자책임을 명시적으로 인정할 현실적인 필요도 존재한다고 본다.

자율주행동차가 자동차 운전을 대체하더라도 자동차의 보유자 등을 '위험원으로서의 자율주행자동차를 지배하는 자'로서 운행자로 보는 것이 충분히 가능하다. 자배법상 운행자책임은 자동차 교통사고 피해자를 두텁게 보호하기 위해 무과실책임에 가까운 위험책임을 인정한 것이므로, 이와 같은 운행자책임의 기능과 취지에 비추어 보더라도 자동차 보유자 등을 운행자로 볼 현실적인 필요성도 인정된다. 따라서 입법론으로서는 자율주행자동차의 운행으로 인한 사고 일반에 관하여 자율주행자동차의 보유자 등의 운행자책임을 명시적으로 인정하는 방안을 생각해 볼 수도 있다.

이와 같이 자배법상 자율주행자동차에 대한 보유자 등의 운행자성을 명문화함에 따라, 현행 자배법 규정의 내용과 이에 관한 운행자성을 비롯한 다수의 개념들에 대한 해석론 등 현 단계에서의 자율주행과 운행자책임을 둘러싼 여러 소모적인 논의들을 입법에 의하여 해결할 수 있을 것으로 기대할 수 있다고 본다. 그 이후에 인간 운전자를 위한 조향, 가속 및 제동 장치 등 인간 운전자에 의한 운전 관여 여지가 사라진 완전 자율주행자동차가 본격적으로 도입되어 보편화되면, 종래의 운행자책임 제도를 새로운 관점에서 근본적으로 재검토하여 그대로 유지할 것인지, 이와 같은 자율주행기술의 발전을 반영하여 본질적인 수정을 가할 것인지 등의 문제를 논의할 수 있을 것이다.

Ⅱ. 자율주행자동차에 대한 운행자책임과 보험법제 관련 논의

자율주행자동차의 도입과 운행이 본격화된 이후에는 위에서 본 것과 같이 사회 전체적인 자동차의 사고율이 큰 폭으로 감소할 것이라고 어렵지 않게 예상할 수 있다.[1111] 따라서 자동차의 운행자 등을 위한 책임보험 등의 보험금액의 전체적인 규모 역시 크게 감소할 것이라고 말할 수 있다.[1112]

고비용의 기술인 자율주행기술은 필연적으로 자율주행자동차의 가격 역시 상승시킬 것이고 이는 차량 수리비 등 교통사고 시의 처리 비용의 증대를 가져와, 사고 감소에 의한 경제적 효과를 일부 상쇄시킬 수 있다. 그러나 자율주행자동차가 본격적으로 상용화된 이후에는 규모의 경제의 원칙에 따라 자율주행자동차의 가격 역시 하락하여 사고처리 비용 역시 감소할 것이다. 또한 자율주행자동차의 상용화가 본격적으로 이루어지고 난 이후에는 교통사고 처리 비용의 증대 효과보다 교통사고율의 감소가 월등하여, 교통사고 처리에 소요되는 전체적인 사회적 비용 역시 크게 감소하게 될 것이다.[1113]

반면에 자율주행자동차에 의한 사고 또는 기능장애 등으로 인한 손해배상책임 문제의 종국적 해결은 결국 자율주행자동차에 결함이 있는지를 묻는 제조물책임 소송에 의하여 해결될 가능성이 더욱 커지게 될 것이다. 이는 제3장 '자율주행과 제조물책임'에서 살펴본 제조물책임 소송에서 원고의 증명책임의 완화 필요성 및 전항에서 살펴본 운행자책임 소송과 제조물책임 소송에서의 결함 내지 장해에 관한 증명책임의 내용과 대상 및 그 완화의 필요성과 가부 등의 문제에 비추어 보더라도

[1111] 이와 같은 자율주행자동차 도입에 따른 사회적 효과는 이 글에서의 주된 논의 대상인 자율주행자동차의 운행 중 개별 사고 발생에 관한 구체적인 한계상황에서의 책임의 내용과 범위, 한계를 설정하는 책임판단의 문제와는 별개의 국면에서 다루어야 할 문제라는 점은 위 제2장 제2절 III. '자율주행의 사회·경제적 효과와 법적책임' 부분에서 살펴본 것과 같다.

[1112] 위에서 본 로이즈(Lloyd's)가 2014년 발표한 보고서인 Yeomans(註 150), p.18에서는 자율주행자동차가 '자동차 보험업계에 혁명을 불러일으킬 것(revolutionise the world of motor insurance)'이라고 전망하고 있다.

[1113] KPMG LLP.(註 154), pp.7-8에서는 이와 같은 점을 지적하면서, 교통사고당 사고처리비용이 2013년 기준 14,000달러에서 2040년 기준 35,000달러로 증가할 것이나, 이를 사고율의 감소와 종합할 때 전체 비용은 2013년을 기준으로 하여 2040년에 약 40% 감소할 것으로 예측하고 있다. 또한 모바일 데이터 통신기술과 V2V기술의 정부 차원의 광범위한 보급과 상용화는 이와 같은 비용 감소를 더욱 촉진할 것이라고 보고 있다. Robert Peterson, "New Technology - Old Law: Autonomous Vehicles and California's Insurance Framework", 52(4) S. C. L. Rev. 1341, 2012, p.1341.도 같은 취지이다.

그러하다. 따라서 첨단기술인 자율주행기술 및 제조물인 자율주행자동차 자체에 관하여 제조물책임 보험제도의 적용을 받도록 할 필요성도 크게 증가할 것이다.[1114]

따라서 종국적으로는 '인간의 자동차 운전을 대체한다'는 자율주행의 본질에 부합하는 새로운 배상책임 제도를 마련할 필요가 있다. 보다 구체적으로 현재 자배법상 운행자책임에 관하여 책임보험이나 책임공제의 가입이 의무화되어 있는 것과 마찬가지로, 앞으로는 제조물책임에 관하여도 책임보험 가입의 의무화가 필요해질 수도 있다.[1115] 즉 자율주행자동차 제조업자 등에 대한 제조물책임보험 가입 의무화 내지 자율주행 인공지능 소프트웨어 개발자 등에 대한 배상책임보험 가입 의무화 등이 입법론으로 논의될 필요가 있다.[1116] 나아가 자율주행단계가 고도화되면 자율주행자동차에 '운전자'로 탑승하여 자율주행 중에 사고를 당한 운전자에 대한 피해 구제를 위한 별도의 보험약관 규정 신설 및 관련 보험 가입의 법령상 의무화 등의 다양한 방안이 논의될 수 있다고 본다.

이는 자율주행자동차로 인하여 손해를 입은 피해자를 충실히 보호하는 측면도 있지만, 다른 한편으로 특히 자율주행자동차의 상용화 초기 단계에 관련 산업계에 대해 손해배상책임의 위험을 덜어주어 재정적인 측면에서 적절한 보호를 줄 수 있게 됨으로써, 자율주행기술의 개발을 보다 안정적으로 수행하도록 하는 기능을 할 수도 있다.[1117] 이를 통해 자율주행기술의 발전이 과도한 손해배상책임 내지 그 위험성으로 인한 위축효과에 의해 필요 이상으로 저해되는 것을 방지하고, 사회 전체적인 측면에서 궁극적으로 자율주행자동차로 인한 순기능을 보다 빨리 발현시키고 그로 인한 피해를 보다 빨리 최소화시킬 수 있을 것이다. 나아가 제조물책임보험을

1114 KPMG LLP.(註 154), p.9에서는 자동차 관련 보험시장에서 제조물책임보험이 차지하는 비중이 현재는 거의 전무하나, 2040년에는 약 14%로 증가할 것이라고 예측하고 있다.

1115 권영준·이소은(註 85), 485면 이하; 이중기·황창근(註 61), 117면 이하; 김영국(註 1043), 272면 이하; 박은경, "자율주행자동차의 등장과 자동차보험제도의 개선방안", 법학연구 제16권 제4호, 한국법학회, 2016, 122면 이하.

1116 이중기(註 527), 21면 이하에서는 자율주행자동차의 사고책임 담보에 관한 위험인수의 측면에서 접근하여, ① 제조자의 무과실책임을 인정하는 경우, ② 소유자의 무과실책임을 인정하는 경우, ③ 자율주행자동차의 권리주체성을 인정하는 경우의 세 가지 방식에 따른 보험제도의 방식을 제안하고 있다.

1117 최경진, "지능형 신기술에 관한 민사법적 검토", 정보법학 제19권 제3호, 한국정보법학회, 2015, 223면에서는 자율주행자동차를 포함한 '지능형 사물'의 오작동 등으로 인한 손해에 대하여 강화된 책임을 인정하면 사물인터넷이나 인공지능 등 혁신적 신기술을 이용한 산업의 발전이 저해될 수 있으므로, 정책적·제도적 측면에서 공제나 보험과 같이 손해배상책임의 위험을 관련 산업이나 이해관계자에게 분배할 수 있는 체계가 뒷받침될 필요가 있다고 지적하고 있다.

통한 위험의 적절한 분배를 통해, 자율주행자동차를 둘러싼 사회문화 전반에 걸친 제반 여건이 보다 빨리 안정화되고 성숙할 수 있는 긍정적 효과 역시 예상해 볼 수 있다.

이와 관련해 자율주행의 특성을 감안해 SAE 5단계 완전자율주행에 관해서는 자율주행자동차 사고의 피해자로 하여금 운행자책임 제도에서의 운행자가 아닌 제조물책임 제도에서의 제조업자를 상대로 직접 책임을 묻도록 하는 방향으로 자동차 손해배상배상책임 제도를 설계할 필요성을 제기하는 견해도 있다.[1118] 그러나 피해자로 하여금 자율주행자동차의 제조업자를 상대로 1차적으로 손해배상책임을 묻도록 관련 책임법제를 설계하자는 방안은 자율주행의 본질에 충실한 접근방안이라고 보기 어렵다. 근본적으로 자율주행자동차의 자율주행 중에 사고가 발생하는 경우라 하더라도 그 자체로서 자율주행자동차 또는 자율주행시스템에 「제조물책임법」에서 말하는 '결함'이 인정되기 어려운 경우도 얼마든지 있을 수 있고, 그로 인해 피해자의 보호와 관련해 공백이 발생할 수 있기 때문이다.

결국 문제의 해결을 위해서는 자율주행자동차 사고 발생의 위험 자체를 결함의 존재 여부에 불문하고 제조업자 측에게 인수시키기 위한 새로운 보험제도의 설계가 뒷받침되어야 할 것인데, 이를 위해서는 위에서 본 여러 측면들 외에도 자율주행자동차를 둘러싼 민사책임의 발생 및 처리와 연관된 제반 요소들(가령 제조업자에 의한 소비자에게로의 이와 같은 위험 비용의 전가 문제 등)을 면밀히 검토할 필요가 있다고 본다.[1119]

이와 같은 논의는 자율주행자동차 도입 경과와 통계적인 사고 발생 추이 등을 지켜보면서 신중하게 접근할 문제라고 본다. 쟁점에 따라서는 사회적인 합의가 선행될 필요성이 제기될 수도 있을 것이다.

자율주행자동차로 인한 배상책임에 관하여는 보상기금제도의 도입, 활용 등

[1118] 窪田(註 1107), 189면 이하.

[1119] 불법행위법과 보험제도의 연관관계에 관한 논의로, 권영준, "불법행위법의 사상적 기초와 그 시사점—예방과 회복의 패러다임을 중심으로—", 저스티스 통권 제109호, 2009. 2, 73면 이하 참조.
한편 이와 관련해 藤田友敬, "自動運転をめぐる民事責任法制の将来像", 自動運転と法(藤田友敬 編), 有斐閣, 2018, 277면 이하에서는 자율주행자동차의 자율주행 중에 발생한 사고에 관해, ① 운행자에게 1차적으로 책임을 부담하도록 하는 방안에 대해서는 구상에 수반하는 비용의 증대, 스스로 통제할 수 없는 위험에 대한 책임 부담 등이 문제되는 반면, ② 제조업자(자율주행시스템 공급자)에게 1차적으로 책임을 부담하도록 하는 방안에 대해서는 자동차 결함의 증명책임, 배상자력 확보가 문제될 수 있다고 한다.

의 방안도 제시되고 있다.[1120] 자율주행자동차가 보편화된 이후에는 장기적으로 자동차 사고에 대한 새로운 보상제도 도입이 논의될 필요가 있다.[1121]

1120 최순진 · 서완석(註 980), 276면 이하에서 자율주행자동차 사고에 관한 '국가보험기금제도'의 설립을 제안하고 그 필요성에 관하여 상세히 논의하고 있다. 보험은 기존의 데이터를 기반으로 미래에 있을 위험에 대비하는 것이므로 과거의 통계가 중요한데, 자율주행자동차에 관하여 이런 과거의 데이터가 부족하므로, 자동차 보험제도의 개선 내지 새로운 상품 개발에는 한계가 있을 수밖에 없다는 점 등을 근거로 한다.

　미국에서도 자율주행자동차 사고에 관하여 '연방정부기금'의 운영을 제시하는 견해가 있다. Carrie Schroll, "Splitting the Bill: Creating a National Car Insurance Fund to Pay for Accidents in Autonomous Vehicles", 109 Nw. U. L. Rev. 803, 2015, p.803. 참조.

1121 권영준 · 이소은(註 85), 486면.

제 5 절 소결론

자율주행자동차와 운행자책임에 관한 논의의 의의는, 자율주행자동차가 운행자책임제도에 미치게 될 영향 관계를 정확히 파악하고, 자율주행의 본질에 부합하는 운행자책임에 관한 새로운 해석론을 정립하며, 그에 따른 운행자책임의 합리적인 운용 방안을 모색하는 데에 있다. 이와 같은 관점에서 본장에서의 논의를 다음과 같이 정리할 수 있다.

(1) 운행자책임 제도는 자동차 교통사고의 피해자를 두텁게 보호하기 위한 정책상 고려에서 운행자에게 무과실책임에 가까운 위험책임을 인정하기 위해 창설된 제도이다. 자율주행은 인간에 의한 자동차 운전을 대체하는 것이고, 자율주행기술의 발전에 따라 그 '자율성'이 증대하더라도 마찬가지로 자율주행자동차에 관해 이와 같은 운행자책임제도를 유지할 현실적 필요성이 인정된다.

자율주행 5단계를 포함한 자율주행자동차 일반에 관해서도 기존의 자동차와 마찬가지로 '위험원으로서의 자율주행자동차를 지배할 수 있는 지위에 있는 자'로서 운행자 역시 여전히 상정할 수 있다. 운행자성을 인정하기 위한 징표인 운행이익과 운행지배의 관념 역시 자율주행자동차에 관하여도 마찬가지로 상정할 수 있다. '운행이익'의 측면에서 보자면 자율주행자동차의 운행에 의하여 기존의 자동차와 마찬가지로 운행에 관한 이익을 가지는 자를 어렵지 않게 인정할 수 있다. '운행지배'의 측면에서 보더라도 '위험원으로서의 자율주행자동차'에 관해, '규범적인 측면에서의 관념적 또는 잠재적 형태'로서의 운행지배를 인정할 수 있다.

자율주행기술의 발전에 따라 그 자율성이 증대하게 되면 장차 자율주행기술의 기술적 본질에 비추어 볼 때 운행자책임에서의 '운행자성'을 새롭게 인정하기 위한 요소를 도출할 필요가 있다. 다만 이는 자율주행기술 발전의 전개 양상 및 자동차 운행의 현실에 미치게 될 구체적인 영향 등을 신중히 검토하여 결정할 문제이다. 위에서 기술한 것과 같이 이 글에서는 3단계와 4단계의 자율주행자동차를 논의의 대상으로 하고 있고, 완전자율주행이 가능한 5단계의 자율주행자동차와 관련해서는 새로운 논의가 필요할 수 있다.

(2) 자율주행자동차에 관하여도 기존의 자동차와 마찬가지로, 운행자가 운행지배와 운행이익을 상실한 결과 운행자성을 상실하였다고 볼 수 있는 경우가 있다. 다만 자율주행자동차의 운행이익 또는 운행지배의 단절이나 상실의 문제는 종래와는 전혀 다른 양상과 차원에서 전개될 것이다.

자율주행자동차의 자율주행시스템의 내부적인 결함에 의한 차량 통제 불가능과 같은 것은 그 본질상 '자율주행자동차의 운행이 가지는 특수한 위험'이 현실화된 것에 불과하다고 볼 수 있으므로, 이로 인하여 원칙적으로 운행자성이 상실된다고 볼 수 없을 것이다. 반면에 자율주행자동차의 해킹과 같은 '무단관여'의 경우에는 기존의 자동차에서의 무단운전이나 절취운전과 마찬가지로 보유자 등이 운행지배를 상실한 결과 운행자성을 상실할 수도 있다고 본다.

자율주행자동차의 운행자성 역시 공유될 수 있다. 자율주행으로 인해 자동차 운전에 대한 관념 자체가 바뀐다면, 자율주행자동차에 관하여는 현재와는 다른 다양한 보유관계와 사용관계가 나타날 수 있고, 자율주행자동차의 공동보유·사용관계는 중첩적이라기보다는 분할되어 공유되는 형태로 전개될 가능성이 크다고 본다. 이 경우 공동보유·사용관계가 중첩적인지 아니면 분할적인지는 그로 인한 책임의 귀속에도 영향을 줄 수 있고, 이에 따른 운행자성의 공유문제는 원인이 되는 공동보유·사용관계의 실질 및 계약관계에 따라 신중하게 판단할 필요가 있다.

(3) 자율주행자동차의 보유자 등에게 '위험원으로서의 자율주행자동차'에 관한 '규범적인 측면에서의 관념적 또는 잠재적 형태'로서의 운행지배와 운행이익을 인정하여 운행자로 볼 수 있는 이상, 자율주행자동차의 보유자 등에게는 운행자책임에 따른 손해배상청구권의 주체로서의 '타인성'을 인정할 수 없다고 보는 것이 타당하다.

(4) 자율주행자동차의 운행자책임에 관한 면책사유와 관련하여 다음과 같은 점이 문제될 수 있다.

운전자 또는 운행자의 무과실 증명과 관련하여, 자율주행기술이 고도화됨에 따라 운전자의 무과실이 가지는 의미는 점차 축소될 것이다. 다만 '운전자의 개입'을 요하는 자율주행자동차의 경우 운전자의 과실 여부가 여전히 문제될 수 있다.

운전자의 무과실 증명과 관련하여 기존의 자동차에 관하여는 자동차 운전자가 '자동차 운전 자체에 관한 주의의무를 다하였는지'가 문제되어 온 반면, 자율주행자동차의 자율주행에 관한 운전자의 과실은 '운전자가 자동차 운전에 관한 관여 내지 개입의무를 적절히 이행하였는지'에 초점이 맞추어져 기존과는 큰 차이를 보일 것이다. 자율주행 단계에 따라 운전자의 주의의무의 내용과 범위는 크게 변화할 수 있으므로, 특히 시스템과 운전자의 제어권 이전 상황과 관련해 운전자 과실의 한계를 명확히 설정할 필요가 있다. 운행자의 무과실은 주로 자율주행 관련 소프트웨어 업그레이드 또는 자율주행 관련 부품과 장치의 관리 등과 관련하여 문제될 수 있다.

자율주행자동차의 '구조상 결함이나 기능상 장해'의 부존재와 관련하여, 주로 자율주행 소프트웨어와 하드웨어상의 결함이나 장해의 부존재가 문제될 것이고, 이는 소송비용의 커다란 증대를 가져올 수 있다. 피해자 보호를 주된 이념으로 하는 운행자책임 제도 하에서 운행자의 면책을 위한 결함이나 장해의 부존재에 관한 증명책임은 다소 엄격하게 인정하는 것이 타당하다. 자배법상 운행자 측은 운행자책임소송에서 그 부존재를 적극적으로 주장, 증명하기보다는 제조업자 등을 상대로 한 구상금청구 소송에서 제조물책임에서의 결함을 주장, 증명하면서 그 증명책임의 완화를 적극적으로 주장하려는 경향을 보일 수 있다. 이와 같은 책임구제 소송의 구도는 자율주행자동차의 운행자 측의 면책사유에 관한 소송상 증명책임에 관한 위험을 제조업자 측으로 적절히 이동시켜 배분하면서도, 운행자책임 및 제조물책임의 본질에도 각각 부합하는 결과로 귀결될 수 있다고 생각된다. 이와 같은 측면에서 보더라도 운행자책임은 자율주행자동차에 관해서도 책임법제 하에서 합리적인 기능을 할 수 있을 것으로 기대되고, 자율주행자동차에 관해 현행의 운행자책임 제도를 유지할 필요성을 찾아볼 수 있다.

(5) 자율주행자동차의 보유자 등의 운행자성과 관련하여 자배법을 개정하여 이를 명문화하는 방안을 검토할 수 있다. 자율주행기술 발전이 심화되어 궁극적으로 완성되었다고 말할 수 있기 전에는 자동차 운전에 사람이 관여하는 비중이 대폭 축소되더라도 자동차 보유자 등을 운행자로 보는 것이 가능하고, 무과실책임에 가까운 위험책임을 정하는 자배법상 운행자책임의 기능과 취지에 비추어 보더라도 자동차 보유자 등을 운행자로 볼 현실적인 필요성도 인정된다. 위와 같은 운행자성의 명문화에 의하여 자율주행자동차와 운행자책임을 둘러싼 여러 소모적인 논의들을

입법에 의하여 해결할 수 있을 것이라고 본다. 다만 인간 운전자에 의한 운전 관여 여지가 사라진 완전 자율주행자동차가 본격적으로 도입되어 보편화된 이후에 운행자책임 제도를 어떠한 내용과 방향으로 재구성할 것인지 등의 문제가 새롭게 대두될 것이라고 본다.

또한 자동차 보험의 영역에서도 기본적으로 현행의 운행자 책임보험 제도는 유지하되 '인간의 자동차 운전을 대체한다'는 자율주행의 본질에 부합하는 새로운 배상책임 제도를 마련할 필요가 있다. 보다 구체적으로 자율주행자동차 제조업자 등에 대한 제조물책임보험 가입 의무화 내지 자율주행 인공지능 소프트웨어 개발자 등에 대한 배상책임보험 가입 의무화 등에 관한 입법론상 논의가 필요하다고 본다.

(6) 결론적으로 장래 자율주행기술 발전의 고도화에 따라 기존 운행자책임 제도의 유지 여부 자체가 새롭게 문제된다면, 그 필요성에 대응하여 운행자책임 제도 자체의 근본적인 재검토를 거쳐 자율주행자동차에 관한 새로운 손해배상책임 제도를 창설하고 자율주행의 본질에 부합하는 이론적 근거를 새로이 구축하는 것이 자율주행자동차와 운행자책임 문제에 관한 올바른 접근방식이라고 본다.

제 5 장

자율주행과 운전자책임

자율주행과 운전자책임

제 1 절 문제의 제기

　　기존의 자동차는 사람인 운전자에 의해서 운전 및 운행될 것을 전제로 하고 있다. 자동차의 운행 중 발생한 교통사고에 관해 운전자에게 고의 또는 과실이 있는 경우에는 운전자는 불법행위책임에 관한 일반조항인 「민법」 제750조에 따라 손해배상책임을 부담하게 된다. 따라서 운전자는 자동차 사고로 인한 모든 책임 원인의 1차적인 발생주체이자 귀속주체가 된다.

　　자율주행기술은 본격적인 상용화 이후 급격하게 발전할 것으로 예측되고, 그에 비례하여 인간인 운전자의 자동차 운전에 대한 관여의 정도는 점점 더 감소할 것이다. 자율주행기술의 본질상 그 기술 개발의 궁극적인 지향점과 목표 역시 결국 운전자가 불필요한 5단계 이상의 완전 자율주행이 가능한 자율주행자동차의 개발이라고 말할 수 있을 것이다. 이에 따라서 운전자의 책임의 구체적인 내용과 범위, 판단기준은 기존의 자동차에 관한 것과는 판이하게 변모할 것이다.

　　그러나 자율주행기술이 아무리 발전한다고 하더라도, 자율주행자동차가 운전자의 탑승과 감시·개입을 전제로 한다면 운전자의 책임은 계속 문제될 수 있다. 바꾸어 말해 자율주행자동차에서 인간 운전자에 의한 운전 관여 여지가 완전히 사라질 때까지 그에 탑승한 인간 운전자의 책임은 계속 문제될 것이다. 이에 관해 '자율주행시스템과 운전자 상호 간의 차량에 대한 제어권의 배분과 이전' 문제는 운전자책임의 내용과 범위에 관한 법적 판단을 좌우하는 주요한 쟁점으로 부각될 것이다.

　　자율주행자동차와 운전자책임의 문제에 관해서는 우선 자율주행 중의 운전자(또는 자율주행시스템의 사용자)의 역할 기대에 비추어 본 운전자 개념의 수정 내지 재해석 필요성 여부의 문제를 '자율주행시스템의 운전자성'에 관한 논의와 함께 살펴볼 필요가 있다. 또한 자율주행 중의 운전자 책임의 귀속 근거는 무엇이고, 운전자의 주의의무의 구체적인 내용은 자율주행 단계별로 어떻게 변화하는지 구체적으로 살펴볼 필요가 있다. 특히 자율주행 중에 시스템으로부터 운전자로 제어권이 이전되는 상황과 관련해 운전자책임의 합리적인 범위와 한계를 설정하고 이를 통해 자율주행자동차의 운전자와 그밖의 교통관련자들의 예측가능성을 확보하는 문제는 자율주행기술의 본질과 직결되는 것이자 자율주행자동차의 필요한 안전성 확보와도 연관되는 문제로서, 자율주행자동차와 운전자책임의 문제를 관통하는 주요한 주제라고 말할 수 있다.[1122]

기존의 자동차에 관해서는 자동차 운전자가 '자동차 운전 자체에 관한 주의의무를 다하였는지'가 문제되어 온 반면, 자율주행자동차의 자율주행에 관한 운전자의 과실은 운전자가 '자율주행 중에 운전자로서 필요한 운전 관여, 즉 감시 내지 개입의무의 이행을 다하였는지'에 초점이 맞추어질 것이다. 즉 자율주행자동차의 운전자의 주의의무의 구체적인 내용과 그 판단기준은 기존의 운전자의 주의의무에 대한 것과 큰 차이를 보일 것이다.

특히 아래에서 보는 3단계의 자율주행기술이 적용된 자율주행자동차의 경우 자율주행 중에도 인간 사용자 또는 운전자의 지속적인 감시와 필요한 경우의 개입을 전제로 하고 있다. 즉 자율주행시스템이 작동하도록 설계된 한계를 벗어나게 되는 경우 인간 사용자 또는 운전자가 자동차에 대한 제어권을 넘겨받아 자동차를 운전해야 하는 것을 전제로 하고 있다. 3단계 자율주행자동차의 운전자는 자율주행 중에 일어난 사고에 관해서도 자율주행자동차의 자율주행 성능 수준에 비추어 적절한 감시와 개입을 다하지 못하는 경우, 즉 감시·개입의무를 위반한 것으로 인정되는 경우 그 사고에 대한 책임을 부담하게 될 수 있다. 그와 같은 경우 운전자 책임의 합리적인 판단기준의 설정이 특히 중요하게 부각된다. 자율주행 중의 운전자책임이 불필요하게 감경·가중되지 않도록 할 운전자책임의 근거, 내용 및 범위에 관한 구체적인 판단기준을 설정할 필요성이 매우 크다.

자율주행자동차의 자율주행 도중에 일어난 사고에 관한 운전자의 책임 문제에 관해서는 운전자 책임의 발생 및 귀속 근거가 되는 '감시·개입의무'의 인정 근거와 그 범위의 확정 문제가 중요하게 대두될 것이다. 그런데 운전자의 '감시·개입의무'의 범위는 필연적으로 당해 자율주행자동차에 적용된 자율주행시스템의 기능상 자율주행 단계별 구체적 내용 및 그 본질상 한계에 직결될 수밖에 없다. 따라서

1122 Mindell(註 141) p.201은 자율주행자동차에서 가장 다루기 어려운 문제는 '자율주행시스템과 운전자 상호 간의 제어권 이전(the transfer of control between automation and the driver)' 문제가 될 것이라고 지적한 바 있다.

자율주행의 단계와 그 판단에 관련된 문제는 운전자의 책임 발생 여부와 그 범위를 결정짓는 중요한 쟁점으로 부각될 수밖에 없다.

또한 운전자의 자율주행 중의 주의의무 판단에 관해서는 자동차 운전을 스스로 수행하는 자율주행기술의 본질적인 특성을 충분히 고려할 필요가 있다고 본다. 이와 관련해서 제조업자 측에게도 운전자의 감시 · 개입의무의 전제가 되는 자율주행기술의 성능 등을 정확하게 설명, 고지하여 필요한 정보를 제공할 의무, 자율주행자동차를 설계, 제조할 때 자율주행 도중에 운전자에게 필요한 정보를 즉각적으로 정확하게 제공하게끔 만들 의무 등이 함께 문제될 수 있다.

본장에서는 자율주행자동차의 운전자 책임과 관련한 여러 문제들에 관해 살펴본다.

제 2 절   자율주행자동차와 운전자

Ⅰ. 문제의 제기

자율주행자동차와 운전자 책임과 관련해서 우선 자율주행과 관련된 운전자 개념의 확정과 의의가 문제된다. 구체적으로 아래와 같은 쟁점들을 검토할 필요가 있다.

현행 법령상 '운전자'의 개념에 관해 명시적으로 정의내리고 있는 규정을 찾기 어렵다. 「도로교통법」 제2조 제26호는 '운전'의 개념에 관해 자동차 등을 '그 본래의 사용방법에 따라 사용하는 것(조종을 포함한다)'이라고 규정하고 있으나, 위 「도로교통법」 규정에 의해 '운전자'의 개념이 도출된다고 말하기는 어렵다.[1123] 위에서 본 것과 같이 자배법 제2조 제4호에서는 '운전자'를 "다른 사람을 위하여 자동차를 운전하거나 운전을 보조하는 일에 종사하는 자"라고 규정하고 있다. 그러나 자배법은 기본적으로 '운행자'의 책임을 정하기 위한 법으로, 여기에서 말하는 운전자 개념은 적극적인 책임주체로서의 개념이라기보다는, '운전자(제2조 제4호)'와 '자동차 보유자등(제2조 제3호)'을 구별하고, 운행자와 운전자는 관념적으로 구별된다는 것을 밝히기 위한 의미를 가지는 것에 불과하다. 자배법상 운전자의 개념은 같은 법 제3조 제1호에서의 면책사유인 '운전자의 무과실'과 관련해 의미를 가질 뿐이다.

자율주행자동차에 관해서도 기존의 자동차와 같이 운전자의 개념을 그대로 상정할 수 있는지, 자율주행자동차의 자율주행에 관해서도 운전자가 필요하다면 그 근거는 무엇이고 특히 운전자에 대한 책임귀속의 근거는 무엇인지, 자율주행자동

1123 「도로교통법」 제2조 제26호는 '"운전"이란 도로(제44조 · 제45조 · 제54조제1항 · 제148조 · 제148조의2 및 제156조제10호의 경우에는 도로 외의 곳을 포함한다)에서 차마 또는 노면전차를 그 본래의 사용방법에 따라 사용하는 것(조종을 포함한다)을 말한다'라고 규정하고 있고, 여기에서 말하는 '운전'은 비단 자동차의 경우에 한정되지 않는다.

차의 자율주행 중의 운전자의 주의의무와 책임의 구체적인 내용과 합리적인 범위 및 한계는 어떠한지도 살펴볼 필요가 있다.

이와 같은 모든 논의들은 자율주행기술의 본질과 구체적인 내용 및 그 단계 판단 문제와 유기적으로 연계하여 살펴볼 필요가 있고, 특히 자율주행 중의 '자율주행시스템과 운전자 상호 간의 차량에 대한 제어권의 배분과 이전'이라는 현상적인 측면을 운전자에 대한 법적책임 판단 단계에서 어떻게 평가할 것인지에 초점을 두어 분석할 필요가 있다.

자율주행자동차의 '운전자'의 책임이 기존의 자동차의 운전자의 책임에 비해 불합리하게 경감되거나 가중되어서는 안 된다는 명제 자체에 관해서는 이론의 여지를 찾기 어려울 것이다. 다만 '자율주행자동차의 운전자책임' 문제는 위 제어권의 분배와 이전과 관련해 구체적인 경우에 매우 까다로운 문제를 야기할 수 있고, 구체적인 판단기준을 수립하는 것은 더욱 어려운 문제를 가져올 수 있다. 또한 이는 인간의 행위에 대한 사전적·사후적 판단기준을 수립하는 것에 관해 책임법제의 관점에서 인간 행위를 대체하는 과학기술을 과연 어느 정도까지 신뢰할 수 있는가의 난해한 문제를 수반하는 것이기도 하다.

II. 자율주행시스템의 운전자성 문제

1. 문제의 제기

자율주행자동차와 운전자책임의 문제에 관해, 완전 자율주행이 가능한 5단계의 자율주행자동차에 관해 자율주행자동차, 보다 엄밀히 말해 자율주행을 가능하게 하는 '자율주행시스템' 자체를 기존 법제에서 말하는 '운전자'로 볼 수 있는지, 즉 '자율주행시스템의 운전자성'이 문제될 수 있다. 이에 관해서는 아래와 같이 견해가 대립하고 있다.

2. 자율주행시스템의 운전자성에 관한 견해의 대립

가. 자율주행시스템에 대해 기존 법제에서 말하는 '운전자'성을 긍정하는 견해

5단계의 자율주행자동차의 경우에는 자율주행시스템 자체를 기존의 규제법제와 책임법제에서 말하는 '운전자'에 해당하는 것으로 인정해야 한다는 견해이다. 인간이 자동차를 운전하는 경우를 전제로 한 기존 법제의 '운전자'라는 용어 자체와 그 개념 및 해석이 대폭 수정되어야 할 뿐만 아니라, 자율주행기술의 발전에 따라 종국적으로 법 개정이 불가피하다고 한다.[1124] 구체적으로 자율주행자동차의 발전단계별로 세분하여, ① 3단계 자율주행의 경우 인간 운전자 개념을 유지하고, ② 4단계 자율주행의 경우에도 작동설계영역ODD으로부터의 이탈에 관한 구체적인 상황에서 인간 운전자에게 일종의 '준비의무'가 부과될 수 있고 자율주행 중에도 인간 운전자 스스로 차량에 대한 제어권을 넘겨받을 수 있는 이유로 자율주행 중에도 인간을 운전자로 볼 수 있으나, ③ 5단계 자율주행의 경우에는 기존 도로교통법제에서의 운전자 개념 자체는 이를 유지하되, 탑승자가 더 이상 운전작업을 담당하지 않아 운전자가 될 수 없는 결과 자율주행시스템 혹은 그 제조업자를 운전자로 의제하는 것이 타당하다는 견해가 유력하게 제시되고 있다.[1125] 4단계 자율주행자동차의 경우에도 자율주행시스템의 작동 범위가 비록 작동설계영역ODD의 제한을 받는 것이기는 하나, 4단계에서 자율주행 중에는 운전자에게 감시 · 개입의무가 인정될 수 없는 결과 자연인인 운전자가 주도적 · 물리적 개입을 통해 차량을 지배한다고 볼 수 없고, 자율주행 중에는 시스템이 차량을 제어 · 지배하는 운전자에 해당한다고 하는 견해도 제시되고 있다.[1126]

미국 DOT와 NHTSA 역시 '운전자driver'나 '조작자operator'의 정의에 관해, 반드시 '인간human'이 아닌 '자동화 시스템automated system'도 포함시키는 내용으로 그 개념을 수정할 필요가 있다고 하여 기본적으로 이와 같은 입장을 취하고 있는 것으로 파악할 수 있다.[1127]

1124 대표적으로 Smith 1(註 57), p.15 이하. 이중기 · 황창근(註 335), 371면 이하; 이승준(註 61), 98면 이하, 민한빛(註 1038), 230면 이하 역시 같은 취지로 이해된다.

1125 이중기 · 황창근(註 335), 371면 이하.

1126 이승준(註 61), 98면 이하.

1127 연방 자율주행자동차 정책 2018(註 223), p.ix.

나. 자율주행시스템에 대해 기존 법제에서 말하는 '운전자'성을 부정하는 견해

자율주행시스템 자체를 기존의 규제법제와 책임법제에서 말하는 '운전자'에 해당하는 것으로 보기 어렵거나, 그와 같이 보는 것은 불필요하다.

자율주행시스템이 자동차 운전 자체를 전면적으로 대체하는 날이 도래한다면 자동차의 '운전' 자체를 새롭게 개념정의하여야 할 수도 있고, 기존 법제에서의 해석론 역시 물론 전면적으로 수정해야 할 수 있을 것이다. 그러나 기존의 사람에 의한 자동차 운전을 전제로 한 '운전자'의 개념을 변형, 의제하여 '자율주행시스템'을 기존의 법체계에서 말해 온 '운전자'로 포섭하는 방법으로 해결하자는 '자율주행시스템의 운전자성' 논의는 그 논리적, 현실적 타당성 모두를 찾기 어렵다.

자율주행시스템의 운전자성을 긍정하자는 견해는 기본적으로 자율주행이 인간에 의한 자동차 운전을 대체한다는 '현상'적인 측면에서 초점을 맞추어 기술하고 있다. 그러나 특히 자율주행자동차와 운전자책임에 관한 논의에서 문제되는 '운전자'는 책임귀속주체로서의 운전자를 말하는 것이지, 단지 현상적인 측면에서 자동차 운전을 하고 있는 주체를 말하는 것은 아니다. 즉 자율주행시스템에 책임귀속주체로서의 '운전자'로서의 지위를 인정하는 것은 현 시점에서는 현실성을 찾기 어려운 논의라고 생각된다.

미국 DOT와 NHTSA의 위와 같은 입장 역시 자율주행시스템에 탑재된 컴퓨터, 즉 자율주행 소프트웨어가 인간과 비등한 수준의 운전실력을 가지고 있거나 혹은 그 이상의 운전 기술을 가지고 있다면 '자동차 운전'이라는 한정된 영역 안에서 인간과 컴퓨터를 구별할 필요가 없다는 실리적인 해석과 다름없는 것이지, 자율주행자동차가 자율주행 중에 사고를 낸 경우의 책임 소재에 관해 언급한 것도 아니고, 제조업자의 제조물책임 등을 경감하거나 가중한 것이라고 보기 어렵다.[1128] 설령 '자율주행시스템'을 '운전자'로 의제한다고 하더라도, 인간 운전자를 상정한 도로교통법규상 다양한 의무[도로교통법을 보더라도 제49조(모든 운전자의 준수사항)에서 '운전자'에 대해서 매우 다양한 내용의 의무를 부과하고 있다] 중 '인간'으로서의 운전자를 상정한 부분은 자율주행시스템에 대해 그대로 치환하여 인정하는 것이 무의미하거나 불가능하다. 「도로교통법」에서 자동차의 안전운행과 관련해 부과하고 있는 각종 의무는 자율주행시스템이 자율주행을 하는 경우에도 '인간 운전자'와 마찬가지

[1128] 小林(註 159), 242면 참조.

로 준수하도록 할 수 있고, 이를 위해 반드시 '자율주행시스템'을 '운전자'로 인정해야만 하는 것은 아니라고 본다.

한편 구글Google의 자율주행자동차 프로젝트를 이끌었던 크리스 엄슨Chris Urmson[1129]은 2015. 11. 12. 자사에서 개발·시험 중인 자율주행자동차self driving vehicle; SDV로서 자율주행시스템Self-Driving System; SDS에 의해 전적으로 제어되는 완전 자율주행자동차에 적용된 자율주행시스템SDS은 환경지각과 그에 대한 반응을 통해 운전의 모든 측면을 제어하는 '인공지능 운전자artificial intelligence(AI) driver'에 해당하므로, 이러한 자율주행자동차는 '인간 운전자를 필요로 하지 않는다'는 전제 하에, 인간 운전자를 전제로 한 것으로 보이는 「연방 자동차 안전기준FMVSSs」의 관련 조항에 관한 해석과 일부 조항의 적용 면제에 관한 NHTSA의 공식의견을 요청하였고, NHTSA는 2016. 2. 4. 위 요청에 대해 편지 형식으로 응답하였다.[1130] 위 'NHTSA 2016. 2. 4.자 서신'을 NHTSA가 자율주행시스템을 운전자로 볼 수 있다고 유권해석한 것으로 이해하고, 미국 정부의 공식 입장으로 소개하는 견해도 있다.[1131]

그러나 NHTSA는 여기에서 구글의 인공지능 운전자AI driver, 즉 자율주행시스템SDS은 기본적으로 49 U.S.C. 30102와 관련 규정에서 말하는 자동차의 장치의 구성품an item of motor vehicle equipment으로 볼 수 있다는 전제 하에,[1132] 「연방 자동차 안전기준FMVSSs」의 일부 조항들에 한정하여 구글이 주장하는 자율주행시스템SDS을 위 개별 조항에서 의미하는 바에 따른 '운전자driver'에 해당하는 것으로 볼 수 있다고 하였을 뿐이다. 이를 두고 NHTSA가 자율주행시스템SDS에 대해 기존 법제에서 말하는 바에 따른 '운전자driver'로서의 지위를 전면적으로 인정하였다고 보기는 어렵다고 생각된다.

또한 '자율주행시스템'을 '운전자'로 보아야 한다는 견해는 결국 종국적인 책임의 주체인 제조업자 등에게 「도로교통법」 등에서 정하고 있는 안전운전 의무 등[1133]

1129 註 97 참조.

1130 이하 'NHTSA 2016. 2. 4.자 서신'이라고 한다.
https://isearch.nhtsa.gov/files/Google%20--%20compiled%20response%20to%2012%20Nov%20%2015%20interp%20request%20--%204%20Feb%2016%20final.htm(2019. 4. 15. 최종확인)

1131 명순구 외(註 61), 105면 이하(김기창 집필부분).

1132 NHTSA 2016. 2. 4.자 서신(註 1130)의 각주 [2] 참조.

1133 「도로교통법」 제48조(안전운전 및 친환경 경제운전의 의무)
Ⅰ. ① 모든 차의 운전자는 차의 조향장치(操向裝置)와 제동장치, 그 밖의 장치를 정확하게 조작하여야 하며, 도로의 교통상황과 차의 구조 및 성능에 따라 다른 사람에게 위험과 장해를 주는 속도나 방법으로 운전하여서는 아니 된다.

을 직접 부담시키는 것이 타당하다고 주장한다.[1134] 즉 자율주행자동차 또는 자율주행시스템을 운전자로 보아야 한다는 취지로 주장하면서 제조업자 측에 관해 '운전자'와 마찬가지의 의무를 직접 부담시키자는 것이다.

그러나 그와 같은 내용의 법개정 등은 굳이 제조업자를 운전자로 의제하지 않더라도 가능할 뿐만 아니라, 제조업자 등에게 결함이 없는 안전한 제조물을 제조할 의무를 부과한다고 하더라도, 자율주행자동차의 결함과 무관한 사고는 얼마든지 발생할 수 있다.[1135]

위에서 본 것과 같이[1136] 종래의 규제법제 및 책임법제에서 말하는 '운전자'란 자연인自然人으로서의 사람을 전제하여 형성 및 발전되어 온 관념이다. 따라서 자율주행자동차가 인간에 의한 자동차 운전을 완전히 대체한다고 하더라도, 기존의 법제에서의 '운전자'의 개념을 일부 수정하여 자율주행자동차 또는 자율주행 인공지능 내지 그 제조업자 등을 위 관념에 포섭시키는 것이 이와 같은 새로운 현상의 본질에 합당한 정책론 및 해석론이 된다고 볼 수 있는지 의문이다. 즉 자율주행시스템을 기존에 형성되어 온 개념으로서의 '운전자'로 간주하여 운전자로서의 의무를 변형된 형태로 부담한다고 보기보다는, 자율주행자동차 또는 자율주행 인공지능을 그와 같은 현상적인 측면에서 새로운 '운전의 주체'로 인식하여, 규제법제와 책임법제에서 필요한 범위 내에서 그 본질에 부합하는 새로운 내용의 해석론과 법리를 형성해 나가는 것이 그 본질에 보다 부합하는 방안이 아닌가 생각된다.

Ⅱ. ② 모든 차의 운전자는 차를 친환경적이고 경제적인 방법으로 운전하여 연료소모와 탄소배출을 줄이도록 노력하여야 한다.

1134 이승준(註 61), 99면에서는 '자율주행과 운전자성'과 관련해「도로교통법」과「제조물책임법」등의 개정을 통해 '자율주행모드 상태의 Level 4'와 'Level 5'단계에 대해서는 '원칙적으로 제조업자의 안전운행 책임'을 명시함이 타당하다고 주장하고 있다.

1135 자율주행자동차의 자율주행 중 사고가 발생하고, 다양한 사고들의 구체적인 유형과 경위에 따라 아래에서 보는 것과 같이 현재의 유형화·정형화된 과실비율 부여에 관한 교통사고 처리 실무에 따라 자율주행자동차 측에 일정한 책임비율이 인정된다고 하더라도, 그와 같은 사정만에 의해 자율주행자동차에 결함이 있는 것으로 곧바로 인정될 수는 없을 것이다. 다만 특정한 자율주행 알고리즘이 일정한 유형의 교통사고를 반복적으로 발생시키는 것으로 인정된다면 그 자체로 자율주행자동차의 결함이 문제될 수 있을 것이다.

1136 제2장 제5절 Ⅱ.'자율주행자동차 또는 자율주행기술의 법적책임 주체성 인정 여부' 참조.

3. 소결론

가. 자율주행시스템의 운전자성에 관한 논의의 요약

완전 무인주행이 가능한 5단계 자율주행에서는 자율주행자동차의 탑승자가 자율주행 중에 발생하는 개별 사고에 관해 원칙적으로 '운전자'로서의 책임을 질 여지가 없게 될 것이다. 그런데 엄밀히 말해 위 탑승자[1137]가 사고에 관해 법적책임을 지지 않게 되는 것은 위 사람을 기존 법제에서 말해 온 '운전자'라고 평가할 수 없기 때문이지, 자율주행시스템이 기존 법제에서 말하는 '운전자'가 되기 때문은 아니다.

즉 자율주행시스템이 '운전자'가 되는 것이 아니라, 시스템이 종래 인간이 해 오던 자동차의 '운전'을 대체하게 되므로, 자동차의 '운전자'라는 개념이 점차 사라지게 될 것이라고 보는 것이 타당하다. '운전자로서의 자율주행시스템'을 상정하여 자율주행시스템 또는 인공지능[AI]을 기존의 규제법제와 책임법제에서 말해 온 '운전자'의 관념에 굳이 대입시키거나 기존의 운전자 관념을 변형하여 적용하는 데에는 한계가 있을 수밖에 없고, 이를 전제로 한 논의들은 모두 의제적일 수밖에 없다.

적어도 3단계까지 자율주행자동차에 탑승한 사람이 '운전자'로서의 책임을 질 수 있는지 여부를 운전자책임의 주요한 주제로 삼아 논의하는 이유는 시스템에 의한 운전의 대체가 완벽하지 않기 때문이다.

자율주행의 단계에 따른 시스템과 운전자 또는 시스템 사용자 사이의 역할 분담관계 및 차량에 대한 제어권의 이전 및 배분의 다양한 양상에 따라, 자율주행 중이라고 하더라도 인간이 운전자로서의 책임을 발생시킬 가능성이 있는 상태로 '자동차의 운전'에 여전히 관여한다. 이는 3단계 자율주행에 관해서는 전적으로 타당하고, 4단계 자율주행에 관해서도 '작동설계영역[ODD]'으로부터의 이탈상황 및 자율주행시스템과 직접 연관되지 않은 자동차의 고장 등과 관련한 운전자의 관여가 인정될 여지가 있다는 점에서 그러하다.

다만 시스템에 의해 자동차 운전이 대체되는 결과 '운전자'로서의 주의의무의 내용과 범위가 수정될 수밖에 없으므로, 이와 관련된 구체적인 현실적 문제에 대해 논의의 필요성이 발생하는 것이다. 예컨대 3단계 자율주행자동차에서는 운전자는 자율주행 중에는 현실적으로 '자동차 운전'이 시스템에 의해 전부 대체되어 수행되

[1137] 위 5단계의 자율주행자동차에 운전석이 존재하는 경우 운전석에 앉아 있는 사람을 포함하여. 아래에서 보듯이 이와 같은 경우는 탑승자를 승객(passenger)의 지위를 가지는 것으로 평가할 수 있을 것이다.

고 있다고 하더라도, '자율주행에 의한 자동차 운전'에 관한 '감시 및 개입의무'라는 변형된 형태의 주의의무를 부담하게 되는 결과, '자율주행자동차의 운전자'로서 책임을 질 여지가 생기게 되는 것이다.

　나아가 '자율주행시스템을 '운전자'로 볼 수 있다'고 하더라도 규제법제에서 가지는 의미와 책임법제에서 가지는 의미가 같다고 보기는 어렵다. 즉 적어도 책임법제에서는 '자율주행시스템'을 기존 법제에서 사용해 온 '운전자'로 볼 수 있는지 여부와 무관하게 '책임귀속의 종국적인 주체'의 문제를 다시 따져보아야 한다. 즉 자율주행자동차에 관해 적용될 완전히 새로운 책임법제를 창설하지 않는 이상, '자율주행시스템'을 '운전자'로 볼 수 있는지 여부와 무관하게 제조물인 자율주행자동차에 결함이 인정되는 경우에는 제조업자 등에게 책임이 종국적으로 귀속될 수밖에 없게 되는 것이다.

나. 자율주행자동차와 운전자책임에 관한 이 글에서의 논의의 범위

　이상과 같은 이유로, 이 글에서 이하에서 살펴볼 '운전자책임'은 특별한 언급이 없는 이상, '자율주행자동차에 탑승한 사람' 중에 '운전자'의 지위가 인정되어, '운전자로서의 책임 귀속 여부가 문제될 수 있는 경우'를 전제로 하여 논의를 전개하고자 한다.[1138]

[1138] 완전 자율주행이 가능한 5단계 자율주행의 경우 엄밀히 말해 탑승자가 '운전자'의 지위에 있다고 말하기 어려울 수 있다. 이하에서 5단계 자율주행까지를 고려하여, '운전자'로서의 책임을 부담하게 될 가능성이 있는 지위에 있는 사람을 통칭하여 '운전자(시스템 사용자)'라고 지칭하여 '운전자'라는 표현과 함께 사용하기로 한다.

Ⅲ. 자율주행자동차와 운전자의 역할

1. 문제의 제기

　자율주행 중의 운전자의 역할 및 그에 따른 자동차 운전에서의 구체적인 지위를 어떻게 파악할 것인지 살펴볼 필요가 있다. 자율주행자동차의 자율주행 중에 발생한 다양한 경우의 사고에 대해 운전자의 책임이 문제될 수 있고, 구체적인 경우에 따라서는 그 탑승자를 '운전자'로 볼 수 있는지부터가 다투어질 수 있다.

　이 글에서는 위 제2장에서 본 것과 같이 SAE J3016의 자율주행 단계구분을 따르고 있다. 여기에서는 자율주행과 관련된 자율주행자동차 탑승자의 역할 및 지위에 관한 SAE J3016의 다음과 같은 개념 정의와 설명을 살펴보고자 한다.

2. 자율주행자동차와 탑승자의 역할 및 지위에 관한 SAE의 설명

가. 개요

　SAE는 자율주행자동차에 탑승하여 자율주행시스템에 의한 자율주행과 관련해 자동차 운전에 어떠한 형태로든 관련을 가지게 되는 사람을 '사용자user'로 정의내리고, '사용자'를 다시 '운전자driver'와 '승객passenger' 등으로 세분하여 정의내리고 있다.[1139] SAE J3016에서의 이와 같은 개념 분류와 설명은, 자율주행자동차의 탑승자를 자율주행의 기술적 측면 및 자율주행시스템에 의해 이루어지는 자율주행의 현상적 측면에서 파악한 것으로서, 그와 같은 기술적 및 현상적 측면에서의 탑승자의 역할기대를 기준으로 한 것으로 이해된다.

　SAE는 기본적으로 '자동운전시스템ADS의 작동에 의한 자율주행 중에는 탑승자는 그 기술적인 측면에서의 역할기대에 비추어 운전자가 아니다'라는 전제에서 '운전자driver'라는 관념을 매우 좁게 파악하고 있고, 넓은 의미에서 '자율주행시스템

[1139]　이 항목에서에서 기술하는 아래 구체적 내용은, SAE J3016(註 19), p.16 이하의 내용을 옮긴 것이다.

을 사용하는 사람'이라는 의미로 '사용자user'라는 표현을 원칙적으로 사용하고 있다. 다만 자율주행 중에 발생한 사고에 대한 책임의 귀속과 관련해서도 SAE의 이와 같은 설명을 일관하기는 어렵다고 본다. 이하 SAE J3016에서의 설명을 먼저 살펴보고, 그 평가 및 시사점에 관해 살펴본다.

나. SAE J3016에서의 자율주행자동차 탑승자의 구분론

1) 인간 사용자human user

SAE는 운전 자동화driving automation에서의 인간의 역할human role을 언급하는 일반적인 용어로 '인간 사용자human user'라는 표현을 사용하고 있다.[1140]

SAE J3016에서 아래에 기술하는 4개의 용어들(1. 운전자driver, 2. 승객passenger, 3. 비상조치 준비 사용자DDT fallback-ready user,[1141] 그리고 4. 무인조작 지시자driverless operation dispatcher)는 '인간 사용자'의 하위 범주들categories을 기술하는 것이다.[1142] 또한 SAE J3016에 따르면, 여기에서 말하는 인간 사용자의 범주들에서 기술하는 역할들은 상호 중첩overlap되지 않으나, 탑승자는 주어진 여정trip 동안 상황변화에 따라 각각 다른 범주에 속한 역할들을 수행하게 될 수도 있다.[1143]

2) 인간 사용자human user의 하위 개념

가) 인간 운전자human driver

자동차에서 실시간으로 동적운전작업DDT과 비상조치DDT fallback의 전부 또는 일

1140 SAE J3016(註 19), p.16.

1141 운전자동화시스템(DAS)의 기능 이상 또는 작동설계영역(ODD)의 이탈의 경우 등에 대비하여, 동적운전작업(DDT)을 이어받을 준비 상태에 있어야 하는 사용자를 지칭한다. SAE의 자율주행단계 중에서 주로 3단계와 관련해 문제된다.

1142 註 1140 참조.

1143 원문은 "…(roles) may be may be performed in varying sequences during a given trip"이다. 註 1140 참조.

부를 수행하는 사용자를 말한다. 운전자동화시스템DAS[1144]가 장착된 자동차에서, 운전자는 정해진 여정 동안 동적운전작업DDT 전부 또는 일부를 스스로 수행하거나, 시스템으로부터 이어받아 수행하게 된다.

(1) 종래의 운전자conventional driver

자동차를 조작하기 위해 자동차 내부에서 제동, 가속, 조향 및 변속기어 입력장치를 직접(즉 손과 발로) 조작하는 사람을 말한다.

(2) 원격운전자remote driver

자동차 내부에서 제동, 가속, 조향 및 변속기어 입력장치를 직접(즉 손과 발로) 조작하는 위치에 있지 않지만, 자동차를 조작할 수 있는 사람을 말한다. 원격운전자는 자동차 내부에 위치하여 전후방과 측면을 직접 주시하면서 자동차를 조작할 수도 있고, 그렇지 않고 자동차 외부에 위치하여 모니터 등을 통해 이를 간접적으로 보면서 자동차를 조작할 수도 있다.[1145]

원격운전자는 아래의 무인조작지시자driverless operation dispatcher와는 개념상 구별된다. 다만 무인조작지시자가 자동차를 원격으로 조작하는 것이 가능한 경우에는 그는 원격운전자가 될 수도 있다.

나) 승객passenger

자동차에 탑승해 있으나, 자동차의 조작에 관해 아무런 역할을 하지 않는 사람을 말한다. SAE J3016에서는 4단계와 5단계 자동운전시스템ADS 기능이 작동

1144 SAE J3016에서는 운전자동화시스템(DAS)을 0부터 5단계까지의 자율주행을 포괄하는 의미로, 자동운전시스템(ADS)를 3단계 이상의 자율주행을 지칭하는 의미로 구분하여 사용하고 있다. 위 제2장 제1절 I. 2. 가. 1) 가) 'SAE의 정의' 부분 참조.

1145 예컨대, 2단계의 자동주차(automated parking) 기능은 운전자로 하여금 자동차에서 내려 주차공간 인근에서 운전환경을 살피면서 리모컨 등을 통해 자동차를 주차공간으로 움직이도록 할 수 있다. 이 경우 운전자는 '원격운전자'에 해당하게 된다. 이 경우 원격운전자는 동적운전작업(DDT)의 하위 작업인 사물과 사건 감지 및 대응(OEDR)을 수행하게 된다.

한편 운전자는 위와 같은 자동주차기능을 운전석이 아닌 뒷자리에 앉아 사용할 수도 있는데, 이와 같은 경우는 '원격운전자'가 자동차 내부에 위치하는 경웅에 해당하는 것이다.

한편 폐쇄구간을 운행하는 4단계 자동차가 동적운전작업(DDT)과 연관된 시스템 기능의 작동불능으로 인해 폐쇄구간 도로변에 정차하여 최소위험상태에 도달해 있는 경우 무선조작을 통해 이 자동차를 지정된 조차장(marshalling yard)으로 돌아오도록 조작할 수 있는 사람을 '원격운전자'로 부를 수 있을 것이다.

중인 경우에는, '운전석'에 탑승해 있는 사용자라고 하더라도 '승객'이 된다고 보고 있다.[1146]

다) 비상조치 준비 사용자(DDT) fallback-ready user

3단계의 자동운전시스템ADS 기능이 적용된 자동차에서 자동차를 조작하고, 자동운전시스템ADS으로부터의 개입요구를 감지하거나 또는 동적운전작업DDT 수행과 연관된 자동차의 다른 시스템 부분[1147]이 명백히 기능이상failure 상태에 빠져 비상조치DDT fallback가 필요한 경우 이를 감지 · 조치할 것으로 기대되는 사용자이다.[1148]

3단계의 자동운전시스템ADS의 동적운전작업DDT 기능은, 이 비상조치 준비 사용자DDT fallback-ready user가 필요한 경우 동적운전작업DDT을 수행할 것을 전제로 한다. 4단계와 5단계 시스템에 관해서는 그와 같은 전제가 필요하지 않다.[1149]

비상조치 준비 사용자DDT fallback-ready user가 위와 같은 경우로 인해 동적운전작업(DDT)의 부분 또는 일부를 맡게 되는 경우 그는 운전자가 된다.[1150]

1146 예컨대, 고속도로에서의 자동 고속주행이 가능하도록 설계된 4단계의 자동운전시스템(ADS) 기능이 작동 중인 경우 위 자율주행자동차의 '운전석'에 앉아 있는 사람은 승객에 해당하나, 위와 같은 4단계의 자동운전시스템(ADS) 기능을 작동시키기 전과 고속도로에서 진출하기 위해 위 기능의 작동을 해제한 이후에는 그 사람은 운전자에 해당한다고 한다.
또한 5단계 자동운전시스템(ADS) 기능이 탑재되어 자동주행과 수동주행이 모두 가능한 자동차의 경우 5단계 자동운전시스템(ADS)이 작동 중인 경우에는 사용자는 승객에 해당한다고 한다.
다만 아래에서 상세히 살펴보듯이 여기에서 말하는 '승객'은 순전히 현상적인 측면에서의 탑승자의 역할기대에 근거한 개념으로서, 이를 우리 자배법 제3조 단서 제2호에서 말하는 '승객'과 동일하거나 유사한 개념으로 파악하기는 어렵다.

1147 예컨대 자동차의 차체 또는 서스펜션(suspension)의 파손 등을 말한다[SAE J3016(註 19), p.24 참조].

1148 참고로 위에서 본 관민ITS구상 · 로드맵 2018(註 272), 7면에서는 "동적운전작업의 작동이 곤란한 경우에 응답 준비가 가능한 이용자(動的運転タスク作動継続が困難な場合への応答準備ができている利用者)"로 풀어서 번역하고 있다.

1149 이와 같은 점에서, 위 비상조치 준비 사용자(DDT fallback-ready user)는 SAE의 3단계 자동주행시스템을 전제로 한 개념이라고 할 수 있다.

1150 예컨대, 3단계의 자동운전시스템(ADS)이 고속도로의 정체구간에서 동적운전작업(DDT)을 수행하고 있는 중에[다시 말해, 고속도로의 정체구간에서만 작동할 것으로 설계된 자동운전시스템(ADS) 기능을 사용하는 중에], 전방에 발생한 교통사고로 인해 고속도로에서 진출하여 우회할 것이 요구되는 경우 자동운전시스템(ADS)은 비상조치 준비 사용자(DDT fallback-ready user)에게 개입요구 신호를 보내 동적운전작업(DDT)을 이어받은 것을 요구하게 되고, 비상조치 준비 사용자(DDT fallback-ready user)는 위 개입요구에 따라 동적운전작업(DDT)을 이어받음으로써 운전자가 된다.

라) 무인조작 지시자driverless operation dispatcher

자동운전시스템ADS 기능이 적용된 자동차를 무인조작 지시하는 사용자를 말한다.

3. 소결론

가. 평가

자율주행자동차와 운전자 내지 사용자에 관한 SAE J3016의 용례와 그 내용에 관한 설명은 위 제2장에서 살펴본 자율주행기술의 개념과 단계, 관련 용례에 관한 SAE의 설명과 마찬가지로 기술적 및 현상적 측면에 초점이 맞추어져 있다.

즉 '자율주행자동차의 운전', 즉 동적운전작업DDT과 작동설계영역 이탈로 인한 비상상황에의 대처 등에 관한 시스템과 운전자 상호 간의 역할 분담이라는 측면에서 볼 때, 자율주행의 각 단계별로 위 역할분담의 구도와 작동설계영역ODD의 내용과 그에 따른 제한 여부, 자율주행 중의 구체적인 상황 변화(작동설계영역ODD으로부터의 이탈이나, 동적운전작업DDT 기능과 연관된 자동차 시스템의 작동불능)의 경우 이에 대응하는 자동운전시스템ADS의 기능상 한계 및 이에 따른 시스템과 운전자 상호 간의 역할 분담의 변환관계 등을 기준으로 하여, 자율주행단계에 따라 자율주행시스템과 운전자가 현실적으로 각각 수행하는 역할의 구체적 내용과 그 기술적 근거를 기술하고 있다. '사용자' 및 그 하위개념의 명칭 역시 이와 같은 자율주행자동차에 탑승한 '사용자'의 현실적 역할을 최대한 반영하는 내용으로서 매우 직관적이다.

나. 시사점

이 글에서 다루는 '자율주행자동차와 운전자 책임' 문제에 관해 SAE J3016의 위 탑승자에 대한 개념구분과 정의 중에서 의미를 가지는 개념은 총칭 개념으로서의 '사용자'와 '운전자', '승객', '비상조치 준비 사용자DDT fallback-ready user'이다.

SAE의 설명에 따른 개념 중에서 '승객'과 '비상조치 준비 사용자DDT fallback-ready user'의 개념구분에 주목할 필요가 있다. SAE J3016에서는 3단계 이상의 자동운전시스템ADS이 적용된 자동차가 자율주행 중인 경우 위 자동차의 '운전석'에 탑승하여 있는 사람에 관해, 3단계의 자동운전시스템ADS에서는 위 탑승자가 시스템의 개입요구에 대응해야 하므로 이를 '비상조치 준비 사용자DDT fallback-ready user'라고 부르는 반면, 4, 5단계의 자동운전시스템ADS의 경우에는 시스템의 개입요구에 대응할 의무가 없으므로 위 탑승자를 '승객'이라고 부르고 있다.

다만 여기에서 말하는 '승객'은 우리 자배법에서 사용하는 '승객'과는 그 의미와 논의의 평면이 전혀 다른 것이다. 즉 운전자 내지 사용자에 관한 SAE의 이 부분 설명에서 말하는 '승객'은 자율주행자동차의 '운전석'에 탑승한 사람에 대한 '자율주행 주행 중의 역할기대'에 터잡아 이를 분류한 결과로서, 우리 자배법 제3항 단서 제2호에서 말하는 '승객'과 같은 것으로 볼 수는 없다. 나아가 4단계까지의 자율주행자동차에 관해서는 시스템의 개입요구(3단계) 또는 스스로의 의사로(3단계 및 4단계) 자동차를 통제하여 운전할 수 있음을 전제로 운전석에 탑승한 사람을 우리 자배법 제3항 단서 제2호에서 말하는 '승객'으로 보기는 더욱 어렵다고 생각된다. 다만 이 쟁점에 관해서는 아래에서 보는 것과 같이 5단계 자율주행자동차에 관해서 기존의 운행자책임 등 제도에 관한 근본적인 재검토와 함께 논의될 것이 필요하다고 본다.

나아가 '자율주행자동차의 운행 중 사고'에 관한 '책임귀속의 주체'로서의 '운전자'의 개념은 기술적 측면과 실제 운전 과정에서의 운전자와 시스템 간의 현실적, 구체적인 역할 분배 과정에 초점을 둔 SAE의 위 개념들 포괄하는 것으로서 보다 폭넓게 인정될 수밖에 없다고 본다. SAE가 기술하는 자율주행자동차 탑승자의 역할기대는 위에서 언급하였듯이 기술적, 현상적이라는 측면에 초점을 둔 것이라는 점에서 그러하다. 자율주행 중에 발생한 사고에 관한 책임 귀속이라는 측면에서, 자율주행자동차에 '자동차의 운전 가능성을 전제로 한 운전자'로서 탑승한 사람에 대해, 3단계의 경우는 일반적인 '감시 · 개입의무'를 근거로 한 주의의무위반 책임을, 4단계의 경우에는 작동설계영역ODD으로부터의 이탈과 관련한 일정한 경우 주의의무위반 책임을 인정할 수 있다.[1151]

[1151] 이에 관해서는 아래 제3절 이하에서 상세히 살펴본다.

특히 4단계 자율주행 역시 3단계와 마찬가지로 '작동설계영역ODD'을 전제로
하여 기능하는 것이므로, 자율주행 중이라고 하더라도 작동설계영역으로부터의
이탈에 관한 구체적인 상황에서 인간 운전자에게 책임이 귀속될 수 있는 경우가 발
생할 수 있고, 자율주행 중에도 인간 운전자 스스로 차량에 대한 제어권을 넘겨받
을 수 있기 때문에,[1152] 원칙적으로 자율주행 중이라고 하더라도 자율주행자동차의
운전 가능성을 전제로 운전석에 탑승한 '자율주행시스템 사용자'에게 책임 귀속 주
체로서의 운전자로서의 지위를 인정할 수 있다고 본다.[1153] 다만 위 운전자가 자율
주행 중에 자동차의 운전(SAE의 개념에 따른 동적운전작업DDT)에 현실적으로 전혀 관여
하지 않고 있는 도중에 사고가 발생한 경우, 위 SAE의 사용자의 현실적 역할에 관
한 구체적인 설명 내용을 참고하여 그가 부담하고 있는 주의의무의 내용과 책임 여
부와 범위가 결정될 수 있을 것이다. 그와 같은 점에서 자율주행자동차의 '사용자
user'에 대한 기술적, 현상적 측면에서의 역할기대에 관한 SAE의 설명의 의의를 찾
을 수 있다.

한편 5단계의 자율주행기술의 경우 자율주행 중에 발생한 사고에 관해서는 그
탑승자에 대해 '운전자'로서의 지위를 원칙적으로 부정함이 타당하다고 볼 수 있

1152 이중기 · 황창근(註 335), 371면 이하.

1153 자율주행기술이 지속적으로 발전하여 고도화되면, 특히 4단계의 자율주행자동차에 탑승한 사람을 운전자로
볼 수 있는지에 관해서 책임법제의 영역에서 뿐만 아니라 규제법제 및 형사법제의 영역에서도 매우 비중 있게
논의될 수 있다.

대표적으로 예컨대, 자율주행 중인 4단계 자율주행자동차의 운전석에 주취상태로 탑승하여 있는 사람이 음주
운전을 형사처벌하는 「도로교통법」 규정에 따라 자율주행자동차를 '운전'한 것으로 볼 수 있는지 등이 크게 다
투어질 수 있다.

「도로교통법」 제44조는 '술에 취한 상태에서의 운전 금지'라는 조문표제 하에, 제1항에서 "누구든지 술에 취한
상태에서 자동차등('건설기계관리법' 제26조 제1항 단서에 따른 건설기계 외의 건설기계를 포함한다. 이하 이
조, 제45조, 제47조, 제93조 제1항 제1호부터 제4호까지 및 제148조의2에서 같다)을 운전하여서는 아니 된
다"라고 규정하고 있다(강조점은 저자가 부가한 것이다). 이는 무면허운전의 경우도 마찬가지로 문제될 수 있
다(서두에서 언급한 것과 같이 다소 시일이 소요될 것으로 보이기는 하나, 자율주행기술의 본격적인 도입과
발전에 따라 운전면허 체계의 근본적인 변화가 불가피한 시점이 장래에 도래할 가능성이 크다고 본다).

자율주행기술의 고도화에 따라, 규제법적 관점에서는 기술발전에 의한 현실세계의 큰 변화에 발맞추어, 규제
대상인 수범자에 대한 합리적인 행위준칙의 제공, 예측가능성의 확보와 이를 통한 종국적인 규제법제의 규범
력 유지를 위해 자동차의 운전과 관련된 각종 법률의 규정 내용에 대한 직접적인 변경 내지 수정과 이른바 '특
별법' 제정을 통한 법개정의 필요성이 전면에 대두될 가능성이 매우 크다.

위와 같은 규제법제에서의 법령의 제정과 개정에 따른 자율주행자동차에 관한 각종 정책과 제도의 수립과 변
화는 자율주행자동차에 관한 책임법제에도 직접적인 영향을 미칠 수 있고, 반대로 책임법제에서의 법리의 형
성과 변화는 규제법제의 법개정 내용과 방향에도 영향을 줄 수 있다.

다.[1154] 다만 5단계 자율주행기술이 적용된 자율주행자동차와 그 사용자의 운전자성에 관한 본격적인 논의는 자율주행기술 발전의 구체적인 모습, 발전 방향 및 속도와, 그에 따른 '5단계 완전자율주행자동차'의 현실적인 도래와 기술발전의 내용과 방향 경과를 지켜보면서 신중하게 접근할 필요가 있다.

[1154] 다만 위에서 본 것과 같이 5단계 자율주행 중에는 그 탑승자에게 원칙적으로 운전자 지위가 부정된다는 결론이, 반드시 자율주행시스템에 대해 종래 법제 하에서 말해 온 '운전자'로서의 지위를 부여해야 한다는 것으로 논리상 귀결되는 것은 아니다.

Ⅰ. 문제의 제기

자율주행자동차와 운전자책임의 구체적 내용에 관해, 먼저 기존의 자동차 교통사고에서의 운전자책임의 귀속 근거를 살펴보고, 기존의 자동차 교통사고에 관한 종래의 과실비율의 유형화 · 정형화에 따른 자동차 운전자의 불법행위 책임 인정 및 그에 따른 자동차 교통사고의 처리 방식이 자율주행자동차의 본질에 부합하는지 여부를 살펴본다. 이어서 자율주행자동차 운전자에 대한 책임귀속의 근거와 자율주행자동차 운전자(시스템 사용자)의 주의의무의 구체적인 내용을 자율주행 단계별로 나누어 살펴본다. 마지막으로 특히 '자율주행시스템과 운전자 상호 간의 차량에 대한 제어권의 배분과 이전'이라는 측면에서 자율주행자동차 운전자의 책임을 제한할 필요성에 관해 살펴본다.

Ⅱ. 자동차 운전자의 책임귀속 근거로서의 「민법」상 불법행위

1. 자동차 운전자 책임의 발생 근거와 주의의무의 내용

기존의 자동차의 운전자는 자동차의 운전 중 일으킨 교통사고에 관해 고의 또는 과실이 있는 경우 불법행위책임에 관한 일반조항인 「민법」 제750조에 따라 손해배상책임을 부담하게 된다. 이 중 운전자의 과실로 인한 자동차 손해에 관한 불법행위책임[1155]에서는 운전자의 과실, 즉 주의의무의 존재와 그 위반, 손해의 발생 및 인과관계 등의 요건이 갖추어질 것이 요구된다.[1156]

여기에서 말하는 기존의 자동차의 운전자의 주의의무는 자동차의 운전 자체에 관한 것을 의미한다. 즉 운전자는 자동차의 운전(조작)에 관해 합리적인(상당한) 주의를 다할 의무duty to take reasonable care in operation를 가진다고 말할 수 있다.[1157] 이와 같은 의무에 위반해 발생한 교통사고로 인해 손해가 발생하는 경우 운전자는 그 손해를 배상할 의무를 가진다. 다만 위에서 본 '자동차의 고유의 위험'과 관련해 자동차 운전자의 주의의무는 자동차의 조작 자체뿐만 아니라, 자동차 고유의 위험이 현실화되지 않도록 할 의무도 포함한다고 말할 수 있다.[1158]

2. 자동차 운전자 불법행위책임의 특징인 과실비율의 유형화 · 정형화

자동차 운전자의 불법행위책임의 실제에 관해서는 일반적인 불법행위책임과 비교해 볼 때 다음과 같은 특징이 있다고 말할 수 있다.

먼저 자동차 교통사고에서는 가해자뿐만 아니라 피해자 측에게도 과실이 있는지, 즉 과실이 경합하는지가 문제되는 경우가 매우 많다. 자동차 교통사고로 인한 손해배상 소송의 실무에서는, 가해자의 손해배상책임을 산정하기 위해 피해자 측의 과실 유무와 범위를 확정하는 판단, 즉 과실상계에 관한 판단이 필연적으로 수

[1155] 이하 이 항목에서 기존의 자동차 운전자의 '고의'에 의한 사고로 인한 손해배상책임에 관해서는 굳이 다루지 않기로 한다.

[1156] 영미(英美)에서도 과실에 의한 불법행위(negligent tort)에서 일반적으로 이와 마찬가지의 요건을 요구하고 있다. Restatement(Third) of Torts: Physical & Emotional Harm §7(a)에서는 '행위자의 행위가 신체에 대한 해를 가져올 위험이 있는 경우 행위자는 합리적인 주의를 행사할 일반적인 의무를 가진다("[A]n actor ordinarily has a duty to exercise reasonable care when an actor's conduct creates a risk of physical harm")'라고 규정하고 있다.

Anderson, et. al.(註 72), p.112; Gurney 1(註 527), Vladeck(註 527), p.132 각 참조.

[1157] Anderson, et. al.(註 72), p.112.

[1158] 예컨대, 자동차 운전자가 브레이크에 대한 정비를 소홀히 한 결과 브레이크에 결함이 발생하여 이로 인해 사고가 발생한 경우 운전자에게 '브레이크의 결함 및 그로 인한 위험을 방지하기 위한 합리적인 조치를 취할 주의의무'를 인정할 수 있고, 브레이크를 수리하지 않은 것을 자동차 사고에 관한 운전자의 주의의무위반으로 인정할 수 있을 것이다.

반된다.[1159]

　　또한 자동차의 보유자 등에게 책임보험의 가입이 강제되는 결과, 자동차 교통사고에서의 책임판단의 실제는 보험업계의 사고 처리 실무에 의해 많이 영향받고 있다고 말할 수 있다.[1160] 자동차 교통사고에서는 원칙적으로 무수히 많은 사고에 관해, 매 사고 별로 사고 순간과 그 전후의 구체적인 상황, 즉 사고 발생 시의 각 차량의 위치와 주행 방향과 속도 등 다양한 경우의 수의 조합이 가능하고, 그에 따른 운전자, 즉 가해자 측의 책임의 존재 여부와 범위의 양상 역시 천차만별일 수 있다. 그러나 자동차 교통사고에 관한 가해자(운전자)의 합리적인 주의의무 위반의 정도와 인과관계에 대한 분석에 관한 판단은, 사고의 유형별로 정형화된 '과실비율'을 적용하는 것에 의해 매우 단순화되어 있다.[1161]

　　우리 법원의 교통사고 사건에 관한 처리 실무 역시 이와 다르지 않다.[1162] 또한 이는 가해자와 피해자 측의 과실상계의 판단에도 마찬가지로 적용된다.[1163] 미국뿐만이 아니라,[1164] 독일과 일본의 교통사고 처리의 실무례 역시 우리의 사고 처리 실

1159　교통사고로 인한 손해배상소송과 관련한 과실상계에 관한 논의의 상세는 서울중앙지방법원(註 623), 287면 이하 참조.

1160　Anderson, et. al.(註 72), p.113. 이는 미국에서도 마찬가지의 현상으로 지적된다. 즉 일부 주의 예외를 제외하고 대부분의 교통사고 사건들은 보험사정인(insurance adjuster)에 의한 단순한 규칙의 집합(set of rules)의 적용하는 것에 의해(대표적인 예로, 피해 차량을 후방충돌한 가해 차량 운전자에게 특별한 사정이 없는 한 과실이 있다고 추정하는 것) 정식의 소송절차를 거치지 않고 해결된다.

1161　Anderson, et. al.(註 72), p.113. 이에 관해, 우선 손해보험협회, 자동차 사고 과실비율 인정기준, 손해보험협회, 2015. 8. 참조(다양한 사고상황을 유형화하여, 도표와 함께 설명하고, 정형화된 과실비율을 제시하고 있다).

1162　서울중앙지방법원(註 623), 323면 이하에서도 '과실비율의 적정성'과 함께, 위에서 말하는 것과 같은 '과실비율의 정형성'을 함께 언급하고 있다.
　　서울중앙지방법원(註 623), 327면 이하에서는 이를 전제로 사고유형을 크게 '차 대 차 사고', '차 대 사람 사고'의 두 유형으로 나누고, '차 대 차 사고'는 다시 ① 교차로 사고, ② 대향차 상호 간의 사고, ③ 같은 방향 진행차량 상호 간의 사고, ④ 자동차 대 오토바이 사고, ⑤ 자동차 대 자전거 사고로, '차 대 사람 사고'는 ① 횡단사고, ② 횡단 이외의 사고, ③ 차량 탑승 중 사고로 사고 유형별로 나누어 설명하고 있다.

1163　서울중앙지방법원(註 623), 294면 이하도 같은 취지. 한편 서울중앙지방법원(註 623), 324면에서는 과실비율을 산정하기 위한 일반적 기준으로 ① '법규위반'을 제일 먼저 들면서, "교통사고의 경우 교통관계 법령에 의하여 과실의 인정이 가능하고 동종의 사안이 많아 과실상계 비율의 정형화가 다른 사건보다 용이하다. 특히 「도로교통법」은 차 및 보행자의 통행방법, 우선순위, 운전자의 의무, 도로의 사용방법 등에 관하여 상세히 규정하고 있는바, 이는 과실상계의 유형화, 정형화의 제일의 기준이 된다"고 기술하고 있다. 뒤이어, ② '신의칙상 주의의무위반'을 제시하고(공동생활에서 요구되는 약한 의미의 부주의라고 설명한다), 마지막으로 ③ 수정요소로서 사고 발생시간, 기상상태, 도로형태 등을 들고 있다.

1164　Anderson, et. al.(註 72), p.113 이하의 설명 참조.

무와 크게 다르지 않은 것으로 보인다.[1165]

결론적으로 자동차 운전자가 부담하는 주의의무의 '합리성reasonableness'이라는 다소 불명확한 개념은, 자동차의 교통사고로 인한 책임 판단에 관해서는 수치화, 단순화 및 계량화되어 있다고 평가할 수 있다. 그와 같은 교통사고 처리 실무례는 오랜 시간을 두고 형성되어 현 시점에서 현상적으로 어느 정도 공고해 진 것으로서, 자동차 운전자에게도 일반적으로 주지되어 사고 발생시의 과실비율 인정에 관한 최소한 도의 예측가능성을 부여한다는 측면이 있을 수 있고, 운전자에 대한 주의 환기를 통해 교통사고 일반에 관해 어느 정도의 예방적 효과를 가진다는 점을 인정할 수 있을 것이다.

그러나 이와 같은 유형화 · 정형화된 과실비율 부여에 의한 교통사고 처리 실무례는 경우에 따라서는 쌍방 사고차량의 운전자의 실제 과실을 제대로 반영하지 못하는 결과를 가져올 수 있고, 교통법규와 자동차의 안전 운전과 관련된 제반 준칙을 준수하였다고 볼 수 있어 '피해자'로 취급되는 운전자에 대해서도 관행적으로 일정한 '과실비율'을 부여하는 등으로 불이익을 주어 역차별함으로써 불합리한 결과를 가져올 수 있다는 점이 일반적인 문제점으로 지적될 수 있다.[1166]

3. 자율주행자동차와 과실비율의 유형화 · 정형화

가. 개요

기존의 자동차의 운전으로 인한 교통사고에 관한 운전자 불법행위책임에서의

[1165] 교통사고 과실비율의 유형화에 관한 독일의 자료로는, Christian Grüneberg, Haftungsquoten bei Verkehrsunfällen, 15. Aufl. C. H. Beck, 2017 및 Alexandra Thiermann, et. al., "Typische Haftungsquoten bei Verkehrsunfällen: Münchener Quotentabelle 2012", SVR, 2012. 2, S. 41(20 여개의 항목별로 약 150개의 유형에 따른 과실비율 산정 기준을 제시하고 있다) 등 참조. 이에 관한 일본의 자료로는, 東京地裁民事交通訴訟研究会 編, 民事交通訴訟における過失相殺率の認定基準(全訂5版) 別冊判例タイムズ 38号, 判例タイムズ社, 2014 참조.

[1166] 다만 이른바 '블랙박스'가 널리 보급되어 사고 영상에 관한 검증, 감정이 가능해 짐으로써, 이와 같은 경향은 다소 완화되고 있다고 볼 수 있을 것이다.

과실비율 판단의 유형화·정형화가 자율주행자동차에 관해서도 그대로 타당하리라고 말할 수 있는가가 문제된다. 이에 관해 다음과 같이 경우를 나누어 살펴볼 필요가 있다.

나. 자율주행 중의 교통사고라고 하더라도 운전자의 과실 여부만이 문제되는 경우

자율주행 중의 교통사고에 의한 책임이 자율주행자동차 운전자의 과실로 귀결되는 경우(즉 운전자의 감시·개입의무 위반 등이 인정되는 경우), 즉 자율주행 알고리즘의 판단 오류가 문제되지 않는 경우로서 자율주행자동차가 개입된 교통사고라고 하더라도 오로지 운전자의 과실만이 문제되는 경우에는[1167] 종래의 교통사고 사건 처리에 관한 유형화·정형화된 과실비율의 산정에 의해 처리되는 것에 대해 그 자체로 특별히 불합리한 점이 있다고 보이지 않는다.

아래에서 상세히 살펴보는 것과 같이, 3단계 자율주행자동차의 운전자 또는 사용자의 주의의무의 발생근거와 내용이 '감시·개입의무'로서 기존의 자동차 운전자의 주의의무와는 차이가 있다고 하더라도, 이는 결국 자동차를 안전하게 조작하거나 운전하는 것으로 귀결되므로, 자동차 운전에 관한 종국적인 책임이 운전자에게 귀속할 수 있다는 측면에서는 기존의 자동차에서와 본질적인 차이가 없다고 볼 수 있기 때문이다.

다. 자율주행 중의 교통사고로서 자율주행 알고리즘의 판단 오류 여부가 문제되는 경우

자율주행 중의 교통사고에 의한 책임이 운전자의 과실로 귀결되지 않는 경우,

[1167] 여기에서 말하는 '운전자의 과실'은 어디까지나 당해 교통사고에서 상대방 차량에 대한 관계에서 문제되는 것이다. 즉 당해 교통사고에 관해 자율주행시스템이 운전자에게 충분한 시간적 여유와 함께 개입요구를 하였는지 여부와는 무관하게 당해 사고에 관한 운전자의 감시·개입의무 위반이 인정될 수 있다. 이 경우 운전자 측에서는 만약 자율주행시스템의 개입요구가 부적절한 것으로 밝혀진다면 자율주행자동차의 결함을 주장하여 제조업자에게 제조물책임을 물어 구상할 수 있을 것이다.

즉 적어도 일방의 사고차량이 자율주행자동차인 경우로서, 당해 사고에 운전자의 과실이 개입될 여지가 없고 오로지 자율주행 알고리즘의 판단 오류만이 문제되는 경우에는, 종래의 유형화·정형화된 과실비율 적용에 의한 교통사고 처리 방안이 타당한지, 이에 의해 합리적인 결론을 가져오는지 여부를 살펴볼 필요가 있다.

이에 관해 적어도 자율주행자동차의 도입 초기에는 자율주행 중에 발생한 교통사고라고 하더라도 그 교통사고 처리의 실무는 기존의 교통사고 처리 실무례에 따라 자율주행 알고리즘의 판단 오류 여부와는 무관하게 유형화·정형화된 과실비율이 산정되어 처리되는 경향을 보일 것이라고 예상해 볼 수 있다.[1168]

자율주행자동차와 기존의 자동차가 충돌한 경우이거나, 자율주행자동차 상호 간의 충돌이라고 하더라도 어느 일방의 경우 운전자의 과실로 책임이 귀결되는 경우(즉 운전자의 감시·개입의무 위반 등이 인정되는 경우), 자율주행자동차 측의 자율주행 알고리즘의 판단 오류 여부와는 무관하게 쌍방 사고차량 측에 유형화·정형화된 '과실비율'이 적용되는 경향을 강하게 보일 것이다. 나아가 자율주행자동차 상호 간의 충돌사고에서 쌍방 모두 운전자 또는 사용자의 과실이 인정될 수 없는 경우, 즉 쌍방의 자율주행자동차 모두 자율주행시스템의 판단오류 여부 등만이 문제되는 경우에도 마찬가지의 경향을 보일 것이라고 말할 수 있다.

이 경우의 원칙적인 '책임비율' 판단은, 원칙적으로 자율주행 알고리즘의 판단 오류만이 문제되는 쪽의 자율주행자동차에 대해서는 자율주행시스템에 적용된 알고리즘의 판단 근거와 경과를 분석하고, 쌍방이 서로 다른 자율주행시스템을 사용하는 경우 쌍방 자율주행시스템의 알고리즘 판단체계의 비교우위 등을 분석하여 판단하는 방식에 의하여야 한다고 말할 수 있을 것이다. 그러나 이와 같은 방식의 사고 처리는 지나친 비용 증대를 가져올 수 있고, 경미한 사고 등 교통사고의 유형에 따라서는 오히려 교통사고 처리를 위한 합리성, 현실성 있는 방법이라고 말하기 어려울 수도 있을 것이다.

또한 이와 같은 방식을 고집할 경우 많은 유형의 사고에 관해서 정확한 책임비율의 판단이 불가능에 빠지게 될 수도 있다. 더군다나 자율주행자동차의 보급 확산에 따라 동일한 알고리즘이 적용된 완전히 동일한 차종의 자율주행자동차 상호 간에 충돌사고가 발생하는 경우도 배제할 수 없을 것인데, 이와 같은 경우에는 알고

[1168] 따라서 위에서 살펴본 것과 같이 원칙적으로 자율주행자동차의 운행자(보유자 등)가 책임을 부담하게 될 것이다.

리즘 판단체계의 비교우위를 가리는 것과 같은 방식의 책임비율 판단은 사실상 불가능하다는 점 역시 고려할 필요가 있다.

따라서 이와 같은 경우에도 자율주행자동차의 도입 초기에는 일응의 예측가능성과 법적안정성이라는 측면에서 보더라도 종래의 방식과 같이 유형화 · 정형화된 '책임비율' 판단에 의하여야 할 필요성이 있다고 말할 수 있을 것이다.

그러나 이와 같은 유형화 · 정형화는 반드시 선험적인 것이라기보다는, 현실세계에서 발행하는 무수히 많은 경우에 관한 다수의 교통사고 사건의 처리 결과에 따른 산물이라는 측면이 크다는 점에 주목할 필요가 있다.

자율주행기술이 보편화, 고도화되면 이와 같은 사고의 유형에 따른 정형화된 획일적 과실비율 산정은 더 이상 유지되기 어려워질 수 있을 것이다. 다만 기존의 자동차 교통사고에 관해 그러하였듯이, 시간의 경과에 따라 자율주행에 관련된 다양한 사고 사례가 집적되면 자율주행기술의 구체적인 내용과 특성에 맞게 사고 사례들이 새로이 유형화, 정형화되어, 자율주행 본질에 부합하는 새로운 기준이 자연스럽게 정립될 것이라고도 예측해 볼 수 있다.

III. 자율주행과 운전자에 대한 책임귀속의 근거

1. 문제의 제기

자율주행자동차의 자율주행 도중에 일어난 사고에 관해서는 운전자의 '감시 · 개입의무'가 책임 발생과 귀속의 근거가 된다고 일반적으로 말할 수 있다. 특히 SAE의 자율주행기술 분류에 따른 6단계 중에서 이는 3단계의 자율주행자동차에 관한 운전자의 책임과 관련해 책임 발생 및 귀속의 근거로서 직접적으로 문제된다. 이하에서는 운전자의 책임 여부와 범위를 좌우하는 '감시 · 개입의무'의 발생 근거를 자율주행기술의 수준과 구체적 내용, 특히 자율주행에 관한 자율주행시스템과 운전자(시스템 사용자) 각각의 역할과 그 상호관계라는 측면에서 살펴본다.

2. 자율주행에 관한 자율주행시스템과 운전자의 각 역할

가. 개요

SAE J3016에서는 그 서두에서 운전자동화시스템driving automation system의 활성화engagement에 의한 자율주행 중의 운전자의 역할role은 위에서 본 자율주행기술의 단계에 따라 직접적으로 영향을 받는다는 취지를 밝히고 있다.[1169] SAE의 자율주행 6단계 구분에 따르면 (인간) 사용자(human) user와 운전 자동화 시스템driving automation system의 각각의 역할이 나누어지고, 운전 자동화 시스템의 기능functionality상의 변화는 (인간) 사용자의 역할을 변화시키게 된다. 역으로 시스템과 (인간) 사용자 각자의 기능과 역할은 그와 같은 시스템의 특질과 구체적 내용system feature을 유형화하는 기준을 제공할 수 있게 된다.[1170]

즉 자율주행 단계 구분은 자율주행에 관한 자율주행시스템의 역할과 한계를 명시적으로 단계별로 구분짓는 것이고, 그럼으로써 운전자의 역할(자율주행 시의 운전자의 주의의무의 구체적인 내용을 포함하여)이 도출된다. 또한 한편으로 SAE의 분류체계에 따를 때 3단계까지의 자율주행 중의 운전에 관해서는 자율주행시스템의 역할과 운전자의 역할은 분담되는 한편 서로 유기적 관계를 맺게 된다. 이와 같은 자율주행시스템과 운전자의 역할 구분과 양자의 유기적 관계는, 이를 객관적으로 관찰함에 따라 역으로 특정한 자율주행시스템이 몇 단계에 위치하는지를 판단하는 근거로 작용할 수 있다. SAE는 자율주행 단계와 시스템, 운전자의 역할관계는 이와 같은 일종의 수미상관의 관계에 있음을 밝히고 있다.

나. SAE J3016에 따른 자율주행시스템과 운전자의 역할의 자율주행 단계별 상호관계

1) 1, 2단계의 경우

SAE J3016에 따르면 1, 2단계의 경우 운전자동화시스템driving automation system; DAS이 동적운전작업DDT의 하위 역할인 자동차의 종방향longitudinal 그리고/또는 횡방

[1169] SAE J3016(註 19), p.1.

[1170] SAE J3016(註 19), p.21 이하에서 자율주행 중의 운전자(driver)의 역할을 각 단계별로 구체적으로 기술하고 있다.

향lateral 동작을 일관되게 제어하는 역할을 하고, 운전자는 이를 하지 않으나 그럼에도 불구하고 운전자가 동적운전작업DDT를 마칠 것으로 기대되는 경우 이와 같은 역할의 분담은 1단계와 2단계에 상응하는 것이라고 한다.[1171]

2) 3단계의 경우

　　SAE J3016에 따르면 3단계의 경우 운전자동화시스템DAS이 동적운전작업DDT을 수행하는 경우 사용자는 이를 수행하지 않는다고 한다. 그러나 만약 동적운전작업DDT의 기능 관련 시스템에 장애가 발생하거나 운전자동화시스템DAS이 작동설계영역ODD를 벗어나려고 하는 때에 비상조치 준비 사용자DDT fallback-ready user가 동적운전작업DDT을 이어받을take over 것으로 기대되는 경우에는, 그 사용자user는 동적운전작업DDT 수행이 필요하다는 경고alert에 따라 동적운전작업DDT을 이어받아 수행하는 것을 받아들여야 하고, 또한 그와 같이 동적운전작업DDT을 수행하는 것이 가능하다고 기대된다고 한다. 또한 이와 같은 역할의 분담이 3단계에 상응하는 것이라고 한다.[1172]

3) 4, 5단계의 경우

　　마지막으로, SAE J3016에 따르면 4, 5단계의 경우 운전자동화시스템DAS이 동적운전작업DDT 전부에 대해서 뿐만 아니라 작동설계영역 이탈로 인한 비상상황에의 대처 시에도 ① 미리 정해진prescribed 작동설계영역ODD의 범위 안에서[1173] 또는 ② 운전자가 통제 가능한 도로상의 모든 운전 상황(무제한 작동설계영역ODD)에 대해서[1174] 모두 기능하는 경우에는, 자동차에 탑승한 모든 사용자user는 자동운전시스템ADS[1175]이 작동하는 동안에는 '승객passenger'과 마찬가지의 지위를 가진다고 한다.

1171　SAE J3016(註 19), p.17.

1172　SAE J3016(註 19), p.18.

1173　4단계의 자율주행시스템의 경우를 말한다. 4단계의 자율주행시스템 역시 운전자에 의한 개입을 전제로 하지 않고, 다만 아래 5단계와는 작동설계영역(ODD)의 제한 여부에 따라 구분될 뿐이다.

1174　5단계의 자율주행시스템의 경우를 말한다.

1175　위에서 본 것과 같이, SAE는 '운전자동화시스템(driving automated system, DAS)'은 넓은 의미에서의 자율주행시스템을 통칭하는 의미로(즉 1, 2단계도 포함한다는 의미로), '자동운전시스템(automated driving system, ADS)'은 3단계 이상의 자율주행시스템을 지칭하는 의미로 구분하여 사용하고 있다.

이와 같은 역할의 분담은 4단계와 5단계에 상응하는 것이다.[1176]

3. 자율주행기술의 본질과 운전자책임의 귀속근거

SAE의 자율주행단계별 시스템과 운전자의 역할분담에 관한 설명은, 운전자의 책임 귀속의 근거인 '감시·개입의무'에 관해 현상 및 당위적인 측면에서 아래와 같은 의미를 가진다고 평가할 수 있다.[1177]

자율주행 중의 운전자의 책임, 보다 구체적으로 운전자에게 요구되는 주의의무의 내용은 문제된 상황에서 현실적으로 수행된 시스템과 운전자의 역할분담(현상)이 아니라, 당해 자율주행기술의 단계와 수준에 비추어 운전자에게 기대되는 역할(당위)에 따라 구체적인 내용이 결정되게 된다. SAE의 설명에 의하면, 자율주행 중의 사고 등에 관한 운전자에 대한 책임 귀속 여부와 범위의 문제 판단 시에도 현상적 측면이 아닌 당위적 측면에 의해 조사, 판단하여야 함을 알 수 있다.

3단계 이상의 경우에도 자율주행 도중의 운전자의 역할에 대한 기대가 운전자책임의 범위와 내용을 정하게 된다고 볼 수 있다.[1178] 또한 4단계와 5단계의 자율주행자동차 탑승자는 자동차의 조작 내지 운전의 가능성을 등을 가진다는 의미에서 잠재적인 운전자로서 탑승한 것이라고 하더라도 자율주행시스템이 동작하는 경우에는 원칙적으로 자동차의 운전에 관해 역할기대를 받지 않으므로, 자율주행 중의 사고 등에 관해서 원칙적으로 책임을 부담하지 않는다고 보는 것이 타당하다.[1179]

[1176] SAE J3016(註 19), p.18.

[1177] 한편 SAE는 자율주행 1, 2단계에서 운전자가 '운전자동화시스템(DAS)'의 운전보조기능 수행을 살피는 것을 '감독(supervise)'이라고 표현하고 있으나[SAE J3016(註 19), p.15], 위 '감독'은 이 글에서 사용하는 '감시·개입의무'에서 말하는 '감시'와는 구별되는 것이다.

[1178] 운전자의 역할기대에 비추어, 3단계 자율주행기술이 적용된 자율주행자동차의 운전자가 자율주행 중에 운전석에 앉아 잠에 빠져든 경우에도, 위 운전자는 자율주행시스템이작동설계영역(ODD)으로부터 이탈하게 되는 경우(즉 더 이상의 자율주행이 불가능하게 되는 경우)에도 비상조치 준비 사용자(DDT fallback-ready user)로 전환되게 되고, 이는 위 운전자의 비상조치[DDT fallback. 즉 시스템으로부터 동적운전작업(DDT)를 넘겨받는 것]에 관한 현실적인 수용 가능성 여부를 불문한다.

[1179] 위에서 본 것과 같이, SAE는 기술적 측면에서 볼 때 그와 같은 의미에서 위 탑승자를 '승객(passenger)'과 마찬가지로 취급하는 것이다.

위에서 본 것과 같이,[1180] 자율주행 3단계와 4단계의 경우 '비상조치DDT fallback 및 이를 통한 최소위험상태MRC 달성 의무의 주체'[1181] 및 '자율주행 중에 운전자가 자동차에 대한 제어권을 넘겨받을 의무가 있는지 여부'[1182]라는 측면에서 각 단계별 운전자의 책임 귀속 근거 및 주의의무의 내용과 범위 등은 본질적인 큰 차이를 보이기 때문이다.

다만 위에서 본 것과 같이 4단계 자율주행의 경우에는 5단계와는 달리 그 본질상 '작동설계영역ODD'을 전제로 기능하는 것이므로, 자율주행 중이라고 하더라도 작동설계영역으로부터의 이탈 상황과 관련하여 인간 운전자에게 책임이 귀속될 수 있는 경우가 발생할 수 있다.[1183] 따라서 4단계의 경우와 관련하여서는 오로지 기술적, 자율주행 중의 현상적인 측면에서만 운전자의 역할을 파악하고 있는 SAE J3016의 설명을 운전자에 대한 책임 귀속 여부 판단에 그대로 적용하기 어렵다고 본다.

이에 관해, 초기 단계의 자율주행자동차의 운전자에 관해서는 '비정상적으로 위험한 활동abnormally dangerous activities'에 관한 엄격책임strict liability을 정하는 제2차 리스테이트먼트 제21장 제519조에서부터 제524A조까지의 규정을 적용해 운전자에게 책임을 귀속시키는 것을 고려할 수 있다는 견해가 있다.[1184] 초기 단계의 자율주행기술을 사용하는 것은 위 조항들에서 말하는 비정상적으로 위험한 활동 또는 고도로 위험한ultrahazardous 활동으로 볼 수 있고, 위 조항들에서 말하는 엄격책임 원칙

1180 제2장 제3절 III. '이 글에서 사용하는 자율주행 단계구분 및 판단기준' 부분 참조.

1181 3단계에서는 운전자가, 4단계에서는 시스템이 각 그 주체가 된다.

1182 3단계에서는 긍정되나, 4단계에서는 부정된다.

1183 4단계 자율주행과 자율주행 중 운전자의 주의의무와 책임에 관해서는 아래에서 항을 달리하여 상세히 살펴본다.

1184 Anderson, et. al. (註 72), p.114.
미국 제2차 리스테이트먼트 제519조는 다음과 같이 규정하고 있다.
제519조 일반원칙
① 비정상적으로 위험한 활동에 종사하는 사람은 그 활동으로 인하여 발생하는 사람, 부동산 또는 동산에 대한 손해를 배상할 책임이 있다. 그가 손해를 예방하기 위해 최선의 주의를 다하였다고 하더라도 마찬가지이다.
② 이러한 위험책임은 위험의 종류와 그 활동을 비정상적으로 위험하게 만드는 위험의 가능성에 제한된다.
원문은 다음과 같다.
    §519. General Principle
    (1) One who carries on an abnormally dangerous activity is subject to liability for harm to the person, land or chattels of another resulting from the activity, although he has exercised the utmost care to prevent the harm.
    (2) This strict liability is limited to the kind of harm, the possibility of which makes the activity abnormally dangerous.

의 취지[1185]에도 부합한다는 것을 근거로 들고 있다. 이에 따르면 피해자는 자율주행자동차의 보유자 또는 운전자는 자율주행자동차의 '위험성'에 근거한 엄격 책임을 부담한다는 것을 주장하여 제소할 수 있을 것이라고 주장한다.[1186]

그러나 이와 같은 견해에 대해서는 시장에 출시된 자율주행자동차를 구입하여 사용하는 것이 위 2차 리스테이트먼트 제519조에서 말하는 '비정상적으로 위험한 활동abnormally dangerous activities'에 해당한다고 단정할 수 있는지도 의문일 뿐만 아니라, 자동차 보유자 등 또는 운전자(사용자)의 책임 범위를 필요한 범위 이상으로 지나치게 넓히는 결과가 된다는 점에서 동의하기 어렵다.

Ⅳ. 자율주행자동차 운전자(시스템 사용자)의 주의의무의 구체적 내용

1. 문제의 제기

SAE의 자율주행 단계 중 적어도 3단계와 4단계 자율주행까지는 '운전자'의 탑승을 필수적인 전제로 하고 있다고 말할 수 있다.[1187] 그런데 자율주행자동차는 기본적으로 자동차 운전을 스스로 수행하므로, 자율주행자동차에 탑승한 운전자의 주의의무의 구체적인 내용과 범위 역시 기존의 자동차의 운전자의 주의의무와 동일할 수 없다.

운전자의 주의의무의 존부와 범위는 자율주행의 단계에 따라서도 큰 차이를

1185 그와 같은 활동에 종사하는 사람들은 그로 인해 발생하는 위험 역시 잘 알 수 있고, 사고에 관한 과실 여부를 불문하고 그 비용을 부담하는 것이 타당하다는 것[이에 관한 상세는, Restatement (Second) of Torts §520(2) comment. e. 참조]을 말한다. Anderson, et. al.(註 72), p.114.

1186 Anderson, et. al.(註 72), p.114.

1187 4단계 자율주행에서 운전자(시스템 사용자)는 '비상조치(DDT fallback) 및 이를 통한 최소위험상태(MRC) 달성 의무의 주체'로서의 지위를 가지지 않고, '자율주행 중에 운전자가 자동차에 대한 제어권을 넘겨받을 의무'도 인정되지 않으나, 4단계 자율주행 역시 3단계와 마찬가지로 작동설계영역(ODD)의 제한 하에서 이루어지게 되므로, 4단계 주행에서 작동설계영역으로부터의 이탈과 관련한 다양한 상황 등과 관련해 운전자의 수동운전이 필요한 경우가 발생할 수 있다.

보이게 될 것이다. 이때 자율주행자동차의 운전자의 책임은 과실 판단에 관한 일반 원칙에 따라 각 단계별로 '자율주행자동차의 평균적 운전자' 개념을 상정하여,[1188] 원칙적으로 이를 기준으로 판단하는 것이 타당하다고 본다.

이하에서는 위에서 살펴본 내용을 토대로 자율주행자동차에 탑승한 운전자의 주의의무, 즉 '자율주행자동차의 각 단계별 평균적 운전자'가 부담하여야 하는 주의의무의 구체적인 내용을 자율주행 단계별로 살펴본다.

한편 위에서 본 것과 같이 독일은 「도로교통법StVG」 개정을 통해 자율주행자동차의 운전자의 권리와 의무에 관한 조항(제1조의b)을 신설하였다. 위 조항의 내용을 상세히 살펴보고, 이에 관한 평가와 운전자책임 인정에 관한 시사점에 관해서도 살펴본다.

2. 자율주행 단계별 구체적 내용

가. 1~2단계 자율주행의 경우

1단계 '주행보조driver assistance 단계'와 2단계 '부분 자율화partial automation 단계'의 자율주행은, 원칙적으로 운전자의 운전 관련 조작의 일부를 단순히 보조하거나(1단계), 운전 중 제한된 일부를 자율적으로 수행하나 어디까지나 특정 상황에서 운전자의 편의를 위해 운전을 보조하는 수준에 그치게 된다(2단계). 따라서 1단계와 2단계의 자율주행기술이 적용된 자동차는 엄밀히 말해 자율주행자동차에 해당한다고 볼 수도 없고, 위 차량에 탑승한 인간 운전자는 해당 기능을 사용하는 중에도 '운전자'로서 차량 및 자동차 운전의 전부에 관한 통제 책임을 지고, 발생한 사고에 관해서도 운전자로서 주의의무 위반에 따른 전적인 책임을 부담하게 된다.

1단계와 2단계 자율주행에 관해서는 인간 운전자를 운전자로 보아야 하고, 자율주행시스템을 운전자로 볼 여지는 없게 된다.

1188 이에 관해서는 註 303의 대법원 2000다12532 판결 및 SAE J3016(註 19), p.24에서 3단계 자율주행의 개입요구와 관련해 상정하는 '통상적인 사람(typical person)'의 개념 각 참조.

나. 3~4단계 자율주행의 경우

　3단계 '조건부 자율화conditional automation 단계'와 4단계 '고도 자율화high automation 단계'의 자율주행기술이 적용된 자동차부터 본격적인 자율주행자동차라고 말할 수 있다. 원칙적으로 자동차 스스로 운전을 수행하므로, 인간 운전자는 자율주행 중에는 스스로 운전에 개입할 필요가 없다.

　그러나 3단계 자율주행의 경우 운전자는 감시·개입의무를 부담하여 돌발상황에서 신호가 주어지면 주행에 개입해야 한다. 이에 관해 「도로교통법」상 운전자의 주의의무의 내용과 관련된 규정(대표적으로 '모든 차의 운전자'로 하여금 '차의 조향장치操向裝置와 제동장치, 그 밖의 장치를 정확하게 조작하여야' 할 의무를 규정하고 있는 도로교통법 제48조 제1항)과 관련해 자율주행을 전제로 한 운전자의 '감시·개입의무'의 내용을 명문화하는 등으로 그 내용을 개정할 필요성이 제기될 수 있다.

　4단계 자율주행의 경우 작동설계영역ODD 범위 내에서의 특정한 환경과 조건 하에서는 자율주행시스템이 모든 운전작업을 수행하므로 운전자의 개입이 불필요하고, 비상조치DDT fallback나, 이를 통한 최소위험상태MRC 달성 역시 시스템이 수행하며, 운전자는 자동차에 대한 제어권을 넘겨받을 필요가 없다. 다만 4단계 자율주행의 경우에도 작동설계영역ODD으로부터의 이탈을 사전에 명확히 인식할 수 있었고, 이를 전제로 운전자의 차량의 제어권 미회복과 사고 발생 간의 인과관계가 인정될 수 있거나, 운전자가 예컨대 자동차의 차체 또는 서스펜션suspension과 같은 동적운전작업DDT 수행과 연관된 자동차의 다른 시스템 부분의 기능이상을 명확히 인식하였음에도 불구하고 아무런 조치를 취하지 않는 경우에는 차량의 제어권을 회복하지 않은 것에 관한 책임을 부담할 수도 있다고 본다. 위에서 본 것과 같이, SAE는 자율주행시스템과 직접 연관이 없는 이와 같은 차량의 기능이상의 경우(예컨대 타이어의 갑작스러운 펑크 등도 이와 같은 경우에 포함될 수 있다)에 관해 3단계에 관해서만 기술하고 있고 4단계에 관해서는 별다른 언급이 없다.[1189] 그러나 4단계 자율주행의 경우도 '운전자'가 그와 같은 부분의 기능이상을 명확히 인식하였다면, 사고의 예방을 위한 필요한 조치를 취할 의무가 있다고 보아야 할 것이다. 다만 장기적으로는 4단계의 자율주행에 관해서도 제조업자는 자율주행시스템이 이와 같은 기능이상까지를 자체적으로 파악하여 최소위험상태MRC를 스스로 달성하도록 시

[1189] SAE J3016(註 19), p.24 참조.

스템을 설계할 필요가 있을 것이다. 또한 4단계에서 운전자는 차량을 제어하여 스스로 운전할 것인지 선택할 수 있는 권한도 가진다.

3단계와 4단계 모두 정도의 차이는 있으나, 운전자가 자율주행시스템을 신뢰할 수 있는 경우는 작동설계영역ODD상의 특정한 환경과 조건의 경우에 제한되므로 운전자는 주변 환경을 감시하여야 할 수 있고, 자율주행시스템의 요구에 응하거나 (3단계) 또는 운전자 스스로(4단계) 자율주행시스템으로부터 자동차 운전에 관한 제어권을 넘겨받아 차량 운전에 개입할 것이 요구될 수 있다.[1190] 즉 3단계와 4단계의 두 경우 모두 원칙적으로 운전자에게 '감시의무'와 '개입의무'를 인정할 수 있다. 따라서 3단계와 4단계의 자율주행기술이 적용된 자율주행시스템에 의한 자율주행 중에도 운전자에게는 자동차의 운전을 제어, 통제할 최종적인 권한이 유보되어 있다고 보아야 한다.

위에서 살펴본 독일의 2017년 개정 「도로교통법」 제1조의a 제4항 역시 '고도 또는 완전 자동운전 기능을 작동시키고 그와 같은 기능을 자동차 제어를 위해 사용하는 사람은 그 기능의 목적에 따른 사용 범위 내에서 자신이 직접 자동차를 운전하지 않더라도 운전자로 본다'라고 규정하고 있고, 이는 위에서 본 것과 같이 SAE J3016 3단계에 해당하는 고도자동화 또는 SAE J3016 4단계에 해당하는 완전자동화 기술이 적용된 자율주행자동차에 관해서도 운전자에게 자동차 운전에 관한 최종적인 권한과 책임이 유보되어 있음을 명시적으로 규정하고 있는 것으로 해석할 수 있다.[1191]

3단계와 4단계 자율주행에 관해서도, 자동차의 조작 내지 운전의 가능성을 전제로 운전석에 탑승한 사람을 여전히 '운전자'로 인정하는 것이 타당하다. 자율주행시스템이 자율주행 중에는 스스로 운전한다고 하더라도, 자동차에 탑승한 운전자가 자동차 운전을 제어할 최종적인 권한과 책임을 가진다고 볼 수 있는 이상, 3단계와 4단계에서의 자율주행기술 역시 어디까지나 '인간에 의한 자동차 운전의 가능성'을 전제로 하여 전체적, 추상적으로 파악할 수 있는 운전행위 중의 어디까지나 관념적인 일부분을 정해진 특정한 환경과 조건 하에서 스스로 수행

[1190] 4단계 자율주행기술 역시, '자율주행시스템은 특정한 환경과 조건 하에서만 작동한다(the automated system can operate only in certain environments and under certain conditions)'는 것을 전제로 한다.

[1191] 다만 아래에서 보는 것과 같이 3단계와 4단계 자율주행의 경우 운전자의 주의의무를 동일한 것으로 규정하는 독일 「도로교통법」의 태도에 대해서는 비판의 여지가 크다고 본다.

하는 것에 불과하기 때문에, 자율주행시스템을 운전자로 보기 어렵다.[1192]

다. 5단계 자율주행의 경우

5단계 '완전 자동화full automation 단계'는 자동화 시스템이 모든 조건 하에서 운전을 수행하고 운전자의 개입이 불필요한 완전한 자율주행 단계이다. 이 단계의 자율주행자동차에서는, 자율주행자동차에 탑승한 사람은 목적지를 입력하고 주행경로를 지정, 설정하는 외에, '자동차의 운전'에 대해 전혀 구체적으로 개입하지 않게 된다. 즉 5단계 자율주행기술이 적용된 자율주행자동차의 운전자는 '감시·개입의무'를 전혀 부담하지 않게 된다. 따라서 이 경우에는 자율주행자동차의 탑승자에 관해 '운전자로서의 고의, 과실'이 문제될 여지가 없게 되고, 따라서 운행 중 사고에 대해서도 고의, 과실을 전제로 한 불법행위책임이 문제될 여지 역시 원천적으로 없어지게 될 것이라 볼 수 있다.[1193]

3. 독일의 「도로교통법StVG」 개정과 운전자의 책임 관련 논의

가. 개요

독일연방의회는 위에서 본 것과 같이[1194] 「도로교통법StVG」을 개정하여, '고

1192 그런데 이 경우에는 자율주행 중에 발생한 사고에 관해 운전자에게 과실이 인정된다고 보기 어려워 운전자에게 사고로 인한 책임을 귀속시킬 수 없는 경우도 생길 수 있다. 그러나 이는 자율주행자동차의 운전자의 책임 존재 여부에 관한 문제이고, 자율주행자동차에 탑승한 인간 운전자를 자율주행자동차의 운전자로 인정할 수 있는지의 문제와는 구별된다. 또한 운전자에게 책임을 귀속시킬 수 없는 경우가 생길 수 있다고 해서 자율주행 중에는 자율주행자동차의 자율주행시스템을 운전자로 인정해야 한다는 논리가 곧바로 도출되는 것도 아니다.

1193 이 점에서 개별사안에 따라 운전자의 '감시·개입의무'가 부정되어야만 운전자가 면책될 수 있는 3단계 또는 4단계의 자율주행자동차의 경우와 구별된다.

1194 제2장 제4절 II. 2. 나. '독일' 부분 참조.

도 또는 완전 자동운전 기능을 갖춘 자동차Kraftfahrzeuge mit hoch- oder vollautomatisierter Fahrfunktion'에 관한 규정(제1조의a)과 '고도 또는 완전 자동운전 기능을 사용하는 운전자의 권리와 의무Rechte und Pflichten des Fahrzeugfüuhrers bei Nutzung hoch- oder vollautomatisierter Fahrfunktionen'에 관한 규정(제1조의b)을 명문으로 신설하였다.

위 제1조의a와 제1조의b의 내용을 보면 자율주행자동차의 개념과 운전자의 책임에 관해 상당히 구체적으로 규정하고 있다. 특히 자율주행자동차 운전자의 권리와 책임에 관한 제1조의b는 운전자의 주의의무위반과 책임 여부와 범위의 판단에 직접적으로 영향을 미칠 수 있는 것이다.

이하에서는 자율주행자동차 운전자의 권리와 의무에 관한 개정 독일 「도로교통법StVG」의 규정 내용과 그 평가 및 시사점 등에 관해 살펴본다.

나. 독일 개정 「도로교통법StVG」에 따른 자율주행자동차 운전자의 권리와 의무

1) 독일 개정 「도로교통법」상 운전자의 권리와 의무(제1조의b)에 관한 주요 내용

자율주행자동차의 운전자 책임에 관한 독일 개정 「도로교통법」 제1조의b의 내용은 다음과 같다.

독일 「도로교통법StVG」 제1조의b(고도 또는 완전 자동운전 기능을 사용하는 운전자의 권리와 의무)[1195]

① 자동차가 제1조의a에 의한 고도 또는 완전 자동운전 기능에 의하여 제어되고 있는 경우에는, 자동차 운전자는 교통과 자동차에 대한 제어로부터 그 주의를 다른 곳으로 돌릴 수 있다. 다만 그는 언제든지 제2항에 규정된 그의 의무를 다하기 위해 충분한 인지 준비 상태를 유지해야 한다.

② 운전자는 다음과 같은 경우 자동차에 대한 제어를 지체없이 넘겨받을 의무를 가진다.

1. 고도 또는 완전 자동운전 시스템이 운전자에게 그와 같이 할 것을 요구하는 경우 또는

1195 제2장 제4절 II. 2. 나. '독일' 항목에서의 해당 부분 기재를 다시 옮긴 것이다. 원문은 註 444 참조.

2. 만약 운전자가 고도 또는 완전 자동운전 기능의 용법에 따른 사용을 위한 전제조건들이 더 이상 충족되지 않게 되었다는 것을 인식하거나, 명백한 상황에 근거하여 인식하여야 하는 경우

2) 독일 개정 「도로교통법」상 자율주행자동차 운전자의 권리의무 규정의 의의 및 구체적 내용

가) 개요

독일 「도로교통법」상의 신설 및 개정 규정들 중 특히 제1조의b는 규정체계상 '책임의무Haftpflicht'를 내용으로 하는 제2장(제7 내지 20조)이 아닌 '교통규정 Verkehrsvorschriften'에 관한 제1장에 들어가 있으나, 그 규정 내용은 자율주행자동차 운전자의 지위, 권리와 의무의 내용을 정하는 것으로서, 자율주행자동차 사고가 발생한 경우의 운전자책임 및 면책 여부와 직간접적으로 관련된다.[1196]

독일 「도로교통법」 제1조의b는 고도 또는 완전 자동운전 기능을 사용하는 운전자의 권리와 의무Rechte und Pflichten des Fahrzeugfüuhrers bei Nutzung hoch- oder vollautomatisierter Fahrfunktionen에 관해 규정하면서, 자율주행 중의 운전자의 감시ㆍ개입의무의 발생 요건을 직접적으로 상세히 규정하고 있다.

나) 자율주행자동차 운전자의 권리와 의무인 감시ㆍ개입의무

독일 「도로교통법」 제1조의b는 자율주행자동차 운전자의 주의의무로서 '감시ㆍ개입의무'를 규정하고 있다.

제1항에서는 자율주행 중에는 자동차 운전자는 교통과 자동차에 대한 제어로부터 그 주의를 다른 곳으로 돌릴 수 있으나,[1197] 다만 제2항에서 규정하는 제어권 인수 의무를 다하기 위해 '충분한 인지 준비 상태'를 유지하여야 한다고 규정하고 있다. 즉 자율주행자동차의 운전자는 '주행 외의 다른 활동을 할 권리'를 가지나, 이는 제어권 인수 의무에 관한 준비의무가 수반된다는 점에서 한계를 가진다고 말할

[1196] 정다은(註 440), 11면.

[1197] 이중기ㆍ황창근(註 335), 364면에서는, 이 부분 규정 내용은 자율주행자동차의 운전자로 하여금 '주행 중 주행 외의 다른 활동을 할 권리'를 인정하고, '주행 중 주행에 대해서만 전념하도록 한 기존의 자동차 운전자의 주의의무로부터 해방됨'을 선언하는 획기적인 의미가 있다고 평가하고 있다.

수 있다.[1198]

이와 같은 준비상태 유지의무는 본래 4단계 자율주행자동차의 경우에는 원칙적으로 운전자가 부담한다고 보기 어려운 것인 반면,[1199] 3단계 자율주행자동차에 관해서는 명문의 규정 없이도 위 단계의 자율주행기술 자체의 본질에 따른 해석상 별다른 어려움 없이 인정되는 것이다. 그러나 독일 개정 「도로교통법」 제1조의b는 3단계와 4단계를 구분하지 않고 사실상 운전자의 '감시 · 개입의무'를 명문으로 인정하고 있다.

제2항에서는 '감시 · 개입의무'가 구체적으로 발현되는 '제어권 인수 의무'를 정하면서, 그 발동 요건을 다음과 같이 규정하고 있다. 즉 운전자는 ① 고도 또는 완전 자동운전 시스템이 운전자에게 그와 같이 할 것을 요구하는 경우[즉 시스템으로부터 개입 요구가 있었던 경우(제1호)] 또는 ② 만약 운전자가 고도 또는 완전 자동운전 기능의 용법에 따른 사용을 위한 전제조건들이 더 이상 충족되지 않게 되었다는 것을 인식하거나, 명백한 상황에 근거하여 인식하여야 하는 경우[즉 시스템의 작동설계영역ODD 이탈을 인식하거나, 인식하였어야만 했던 경우(제2호)], '지체없이' 자동차에 대한 제어를 넘겨받을 의무를 가진다.

독일 개정 「도로교통법」 제1조의b 제2항에서 정하는 "지체없이unverzüglich"의 개념은, 독일 「민법BGB」 제121조 제1항 제1문에서 말하는 "유책한 지연 없이(지체없이 ohne schuldhaftes Zögern(unverzüglich)"와 같은 개념으로 해석해야 한다는 견해가 제시되고 있다.[1200] 즉 독일 「민법」 제121조는 착오(독일 민법 제119조) 등에 의한 의사표시의 취소는 '취소권자가 취소원인을 안 뒤에 유책한 지연 없이(지체없이) 행해져야 한다'[1201]라고 규정하고 있는데, 독일 개정 「도로교통법」 제1조의b 제2항은 '지체없이 unverzüglich'라고 하여 독일 민법 제121조에서 사용하는 것과 동일한 용어를 사용하고 있으므로, 합목적적인 법해석의 원칙상 법체계 내에서의 통합적 법해석이 요구된다는 점을 감안해 볼 때, 위 독일 개정 「도로교통법」 조항 말하는 '지체없이'라는 개념의 해석에 관해서는 독일 「민법」 제121조에서 규정하는 '유책한 지연 없이'와 동일하게 '유책성'이라는 평가적 요소를 직접적으로 고려하여 파악함이 타당하

1198 이중기 · 황창근(註 335), 364면.

1199 SAE J3016의 설명에 따르면 4단계에서는 자율주행시스템 스스로 최소위험상태에 도달해야 하기 때문이다.

1200 König(註 451), S. 126.

1201 양창수, 독일민법전—총칙, 채권, 물권(2018년판), 박영사, 2018, 50–51면의 해석 참조.

다는 것이다.[1202] 이에 따르면 운전자는 당해 사건의 구체적인 사실관계와 사정 하에서 가능하고도 합리적인 것으로 기대되는 범위 내에서 자동차에 대한 제어를 넘겨받을 것이 요구된다고 말할 수 있다.

　자율주행 중에 시스템으로부터 운전자로 자동차 제어권이 전환되는 경우 운전자의 책임을 합리적으로 제한할 필요성이 크고, 운전자의 예측가능성 역시 충분히 보장할 필요가 인정된다는 점에서, 운전자의 책임과 직결되는 '지체없이'의 의미에 관한 이와 같은 제한적 해석을 충분히 수긍할 수 있다고 본다. 다만 그와 같은 제한적 해석론은 '운전자 책임의 합리적 제한'이라는 '합리성'이라는 측면에 의하더라도 도출 가능한 것이라고 보인다.

　한편 제1조의b에서 말하는 운전자의 주의의무 위반이 인정된다고 하더라도, 제63조의a에서 정하는 교통사고시의 정보data을 분석한 결과 위 주의의무위반과 사고와의 인과관계가 인정되지 않는 경우에는 운전자의 불법행위책임이 부정될 수 있다.[1203]

다. 평가 및 시사점

　독일의 위 개정「도로교통법」제1조의b에 관해서는, 운전자가 '주의를 다른 곳으로 돌릴 수 있다'는 것과 '충분한 인지 준비 상태'를 유지하여야 한다는 조문의 내용에 의하더라도, 운전자가 자율주행 중에 자동차 안에서 운전 외에 어떠한 범위까지 다른 활동을 할 수 있는지와 인지 준비 상태가 충분하다는 것을 어떻게 판단해야 하는지가 명확히 파악되지 않는다는 비판론이 제기되고 있다.[1204] 이에 관해 구체적인 판단기준을 정립하기 위해서는 결국 사례의 집적을 기다릴 수밖에 없을 것이고, 그동안 위 조문 내용의 해석을 둘러싼 법적 혼란 상태가 야기될 수 있다는 지적도 제기된다.[1205]

1202　König(註 451), S. 126.

1203　金岡京子, "自動運転をめぐるドイツ法の状況", 自動運転と法(藤田友敬 編), 有斐閣, 2018, 72면.

1204　Lüdemann, et. al.(註 451), S. 415.

1205　정다은(註 440), 15면.

독일의 이와 같은 「도로교통법」 개정 내용은 현재까지 시점에서 자율주행 기술 및 자율주행자동차와 운전자의 책임에 관해 가장 상세하게 규율하고 있는 국가 차원의 입법례로서 의의를 찾을 수 있다. 그러나 SAE J3016의 각 3단계 및 4단계에 사실상 대응하는 고도 또는 완전 자동운전hoch- oder vollautomatisierter Fahrfunktionen을 규율 대상으로 하면서도, 3단계와 4단계를 구별하지 않고 운전자의 주의의무를 지나치게 과중한 것으로 규정하여 이에 관한 입법심사 과정에서 독일연방하원의 지적과 같이 운전자의 책임 발생 여지를 지나치게 확대하여 놓은 것은 아닌지 의문이 제기될 수 있다.

우선 연방정부 법률안[1206]에서 확인되는 입법목적상으로도, 개정 「도로교통법」의 주된 입법목적은 자율주행시스템에는 한계Grenzen가 있을 수밖에 없으므로, 운전자가 운전 제어권을 넘겨받아야Übernahme der Fahrsteuerung 하는 경우를 규율하기 위한 것이라는 점이 강조되고 있다.[1207] 문제는 위 독일 개정 「도로교통법」의 내용상 '자율주행시스템의 한계'에 관한 고도 또는 완전 자동운전hoch- oder vollautomatisierter Fahrfunktionen 단계의 본질적인 차이점이 전혀 고려되지 않고 있다는 점이다.[1208] 따라서 법문의 내용과 관련하여 자율주행기술의 고도화와 그 지속적인 발전이라는 현상이 인간 운전자의 책임에 미칠 영향 및 자율주행과 관련해 인간 운전자가 부담하게 될 지도 모르는 위험과 책임에 관해 과연 당위적인 측면에서 충분히 합리적인 고려를 했는지에 관해 의문을 불러일으킨다.

즉 독일 개정 「도로교통법」 조항은 고도자동운전Hochautomatisiertes Fahren 단계에 관한 규율로는 타당하다고 볼 수 있을지도 모르나, 완전자동운전Vollautomatisiertes Fahren 단계에 관해서는 운전자의 책임을 합리적으로 규율하고 있다고 보기 어렵다.[1209]

1206 BT-DRs. 18/11300.

1207 BT-DRs. 18/11300, p.1.

1208 이에 관해서는 제2장 제3절 '자율주행 단계구분과 법적책임' 부분 참조. 아래와 같은 연방정부법률안 내용 전반을 보더라도 이를 별달리 구분하지 않고 있다. BT-DRs. 18/11300 pp.14, 22.

1209 위 Wissenschaftliche Dienste des Deutschen Bundestages, "Autonomes und automatisiertes Fahren auf der Straße – rechtlicher Rahmen", Ausarbeitung WD 7 – 3000 – 111/18, 2018. 5, p.8에서도, 개정 「도로교통법」 조항은 '고도자동운전(Hochautomatisiertes Fahren) 단계(3단계)'에 관해서는 법적인 확실성(Rechtssicherheit)을 제공한다고 볼 수 있으나, '완전자동운전(Vollautomatisiertes Fahren) 단계(4단계)'에 관해서는 이를 제공하지 않는다고 기술하고 있다.

먼저 위에서 본 제1조의a 제4항과 제5항에서는 운전자에 의한 수동제어 필요성 및 자동차에 대한 제어권 이전을 규정하고 있고, 이에 따라 운전자는 고도 자동운전[1210] 및 완전 자동운전[1211]의 경우 모두 동일한 주의의무(즉 감시·개입의무)를 부담하여 시스템의 요구에 따라 자동차에 대한 제어권을 이전받아야 하는 의무를 부담하게 된다.

제1조의b에서는 제1항 본문에서 운전자가 자율주행 중에 주의를 다른 곳으로 돌릴 수 있다는 점을 규정하면서도, 제1항 단서에서 제2항의 경우를 대비한 충분한 준비 상태 유지 의무를 부담시킴으로써, 결국 SAE J3016의 4단계 '고도 자동화'에 사실상 대응하는 '완전 자동운전' 단계의 자율주행기술이 적용된 자율주행자동차의 운전자에 대해서도 3단계에서와 마찬가지로 사실상 항시 전방을 주시하고 전방 상황을 감시할 의무를 부과시키고 있다.[1212]

나아가 제1조의b 제2항 제2호에서는 자율주행을 위한 전제조건 미충족, 즉 작동설계영역ODD로부터의 이탈 등의 시스템 장애[1213]에 관해 ① 시스템으로부터 요구가 없었을 뿐만 아니라, ② 운전자가 현실적으로 이를 지각하지 못한 경우라고 하더라도, 운전자가 이를 '인식했어야만 하는 경우'에는 스스로 자동차에 대한 제어를 즉시 넘겨받을 의무를 부과하고 있다(다만 운전자가 작동설계영역으로부터의 이탈을 현실적으로 인식하지 못하였을 경우에 관해, 그 인식 가능성 기대에 관해 '명백한 상황에 근거하여' 등의 요건을 부가하여 책임의 발생 및 인정 범위를 다소 제한하고 있을 뿐이다). 이는 SAE J3016의 3단계의 조건부 자동화에 대응하는 고도 자동운전 단계에 관해서조차 운전자의 주의의무를 지나치게 가중한 것으로 볼 여지가 충분하고, 더구나 SAE J3016의 4단계 고도 자동화에 대응하는 완전 자동운전 단계에 관해서까지 운전자에게 이와 같은 의무를 부담시킨 것이 과연 타당한지에 관해 아래와 같이 큰 의문

1210 고도자동운전(Hochautomatisiertes Fahren) 단계는 SAE J3016의 3단계인 '조건부 자동화(Conditional Automation) 단계'에 대응한다.

1211 완전자동운전(Vollautomatisiertes Fahren) 단계는 SAE J3016의 4단계 '고도 자동화(High Automation) 단계'에 대응한다. 4단계 자율주행기술에 관한 SAE의 내용 설명에 따르면 시스템 스스로 최소위험상태에 도달하므로, 운전자는 자동차에 대한 제어권을 넘겨받을 필요가 없다.

1212 운전자의 책임에 관한 Armbrüster(註 451), S. 83 ff의 설명도 같은 취지이다.

1213 이에 관해서는 독일 연방정부의 입법안에 관한 BT−DRs. 18/11300, p.20 이하의 설명 참조. Armbrüster(註 451), S. 83는 이에 관한 운전자의 주의의무는 반드시 자율주행 자체가 아니더라도 타이어의 파열 등 자동차 상태 전반에 관한 감시의무를 포함한다고 해석한다.

이 든다.

3단계와 4단계 자율주행자동차의 개념징표인 '작동설계영역ODD' 및 그 자율주행 중에 발생할 수 있는 '작동설계영역ODD으로부터의 이탈'의 문제는 자율주행시스템의 작동조건 내지 한계를 이루는 핵심적인 징표에 해당하는 것이다.[1214] '작동설계영역ODD의 한계'는 3단계와 4단계 자율주행기술의 본질적인 한계의 외연을 설정하는 것과 다름없는 것으로서, 본래 고도의 기술적 영역에 속하는 것이다. 따라서 '작동설계영역ODD의 한계' 및 그로부터의 '이탈' 문제를 가장 올바르고 정확하게 판단할 수 있고, 또한 판단하여야 하는 것은 자율주행자동차에 탑승한 운전자가 아니라 자율주행 시스템의 본질을 이루는 '자율주행 인공지능 소프트웨어 알고리즘' 자체이다.

따라서 독일 개정 「도로교통법」에서 본디 시스템 스스로 판단하여야 하는 '작동설계영역ODD으로부터의 이탈'을 인간 운전자 스스로 파악하도록 요구하고, 더구나 운전자가 그 이탈을 현실적으로 인식하지 못한 경우에도 이를 '인식했어야만 하는 경우'까지도 상정하여 인간 운전자로 하여금 자율주행 중에 발생한 사고에 관한 책임을 지우는 것은 자율주행의 본질에 반한다고 볼 여지도 있다.

독일에서도 운전자가 이로 인해 사실상 결과책임과 마찬가지로 엄격한 책임을 부담하게 되어 그 책임이 지나치게 가중된다는 비판이 있다.[1215]

현실적으로도 아직까지 자율주행자동차가 상용화되지 않은 상황에서, 일상적인 도로 주행에서 작동설계영역으로부터의 이탈 문제가 발생할 수 있는 지극히 다양한 경우의 상황에 관한 유형화 내지 이에 관한 자율주행 시스템의 오류 발생 여지 등의 문제와 관련해 알려진 사례가 거의 전무한 실정이다. 이와 같은 상황 하에서 운전자로 하여금 '작동설계영역ODD으로부터의 이탈' 문제를 스스로 판단하도록 한 것은 자율주행자동차의 운전자에게 책임 발생 가능성에 관한 예측가능성을 전혀 담보하기 못하는 것이라는 문제점도 가진다고 본다.

결정적으로 SAE J3016의 단계 설명에 따르면 4단계 자율주행은 '작동설계영역ODD으로부터의 이탈'로 인한 '최소위험상태MRC'의 달성 역시 시스템이 수행한다는 것을 핵심적인 개념징표 중의 하나로 하고 있는데, 위 제1조의b 제2항 제2호에

1214 이에 관해서는 제2장 제2절 I. 2. 가. 1) 가) (2) '자율주행시스템 관련개념의 정의' 부분에서의 설명 참조.

1215 Jan-Erik Schirmer, "Augen auf beim automatisierten Fahren! Die StVG-Novelle ist ein Montagsstück", NZV 2017, S. 256.

따르면 4단계에서도 최소위험상태의 달성의무를 사실상 대부분 운전자에게 부과하게 됨으로써, 사실상 3단계와 4단계 사이의 구분은 무의미하게 된다.

독일 「도로교통법」의 이와 같은 태도는 4단계 이상의 고도의 자율주행기술이 적용된 자율주행자동차에 관해서도 운전자에게 사실상 자동차 운전에 관한 최종적인 권한과 책임, 바꾸어 말해 책임 발생에 관련된 거의 모든 위험을 남겨두는 것으로서,[1216] 운전자에게 이와 같은 과중한 위험을 전가하고, 이는 위에서 본 것과 같이 자동차 보유자의 손해배상책임Haftung des Halters을 그대로 유지하는 것과 함께 작용해, 자율주행자동차의 도입에 의하더라도 운전자와 운행자에 대해 종래와는 다른 기초와 요건 하에 여전히 높은 수준의 주의의무와 책임을 부담하도록 할 것이다.

물론 운전자책임과 운행자책임 및 제조물책임은 그 발생 기초와 요건이 상이하므로, 위와 같이 운전자에게 불필요하게 위험을 유보하는 규정 태도와는 무관하게 제조물로서의 자율주행자동차의 결함이 인정되는 경우에는 제조업자인 자동차 제조회사 측에 제조물책임이 인정될 수 있다. 그러나 위와 같이 운전자에게 책임 발생에 관한 위험이 대부분 유보된 결과, 피해자 측이 제조업자를 상대로 직접 제조물책임을 묻는 것이 매우 어려워져, 자동차 제조회사 등 제조업자 측의 제조물책임의 발생 여지를 사실상 좁게 만드는 결과를 가져올 수 있다.

즉 독일의 개정 「도로교통법」에 따르면 자율주행기술이 아무리 발전하더라도 운전자에게 위와 같은 위험이 여전히 남겨지게 되는 결과 자동차의 보유자에 대해 자율주행 중에도 자동차에 관한 제어권한과 책임이 강하게 유보되게 되어, 자율주행자동차의 도입에 따른 효과로서 여러 견해가 예상하고 있는 '자동차 보유자 또는 그 보험자로부터 제조업자로의 책임의 대폭적인 이동'과 같은 현상은 당분간 일어나지 않을 것으로 보인다.[1217] 나아가 장기적으로 자율주행기술이 고도화됨에 따라 '자율주행 중의 운전자의 주의 분산' 현상이 필연적으로 심화될 것으로 예상된다는 점에서 보더라도, 독일 「도로교통법」이 자율주행기술의 발전에도 불구하고 여전히 운전자에게 높은 수준의 주의의무를 부담시키는 것은, 운전자와 운행자 측에 대한 책임 발생 가능성만 높이는 것일 뿐 근본적으로 자율주행자동차의 전반적인 안전

[1216] Armbrüster(註 451), S. 83 참조. 연방하원의 법안 심사 과정에서도 이와 같은 점들이 중점적으로 지적되었다(BT-DRs. 18/11534 S. 3 및 4 등 참조).

[1217] Armbrüster(註 451), S. 85 이하. 다만 이 견해는 자동차의 보유자(Halter)는 자동차의 운행으로부터 이익을 얻게 되므로, 독일 「도로교통법」 제7조에 따라 사고 피해자에 대해 책임을 지는 것이 부당하지 않다고 한다.

성 확보에도 크게 도움이 될 것으로 보이지 않는다.

이와 같은 측면에서 독일의 개정 「도로교통법」은 — 적어도 독일 국내에서는 — 운전자, 운행자로부터 제조업자로의 책임의 이동을 입법에 의해 차단했다고 평가할 수도 있을 것이다. 이는 위에서 본 독일 연방정부의 자율주행자동차에 관한 정책 목표와 관련해 그 상용화 초기 단계에 자동차 제조회사들을 보호하기 위한 것으로 이해할 수 있다.

다만 독일 정부 차원의 위와 같은 규율 태도는 자동차에 관한 국제협약과 미국 연방정부 등 다른 국가의 자율주행자동차에 관한 규율 태도에도 영향을 받을 수밖에 없을 것이다. 또한 그와 같은 접근방식과 규율 태도가 가져올 직간접적인 효과와 부작용 등을 장기적인 측면에서 고려 및 평가할 때 반드시 자율주행자동차 산업의 발전에 긍정적인 측면으로만 작용할 지에 관해서도 지켜볼 필요가 있다고 본다. 독일의 개정 「도로교통법」에 의한 자율주행자동차와 운전자 책임에 관한 입법적 규율이 앞으로 여러 측면에서 미치게 될 이론적 및 실무적 영향과 이를 둘러싼 논의의 전개가 주목된다.

4. 운전자의 주의의무 판단에 관한 고려사항

가. 제조업자의 자율주행시스템 설계 및 설명과 관련한 책무

위에서 본 것과 같이 3단계 이상의 자율주행기술이 적용된 자율주행자동차의 운전자(시스템 사용자)는 전방 상황에 대한 상시 감시의무를 부담하지 않고, 자율주행자동차의 신호에 따라 수동운전으로 전환한 경우에는 감시 · 개입의무를 다한 것으로 봄이 타당하다.

다만 자율주행자동차에 탑재된 자율주행기술의 실제 수준이 제조업자나 판매업자(매도인)의 설명에 미치지 못한 경우에는 운전자에게 시스템의 개입요구 등이 없더라도 적극적인 수동운전 전환의무가 인정된다고 볼 여지도 있다. 그러나 그와 같은 경우에도 자율주행기술 수준에 관한 제조업자 측의 설명을 신뢰하고, 자율주행 중에 주어진 경고 메시지에 따라 수동운전 조작을 이행하는 등 감시 · 개입의무를 다한 운전자에 대해 책임을 인정하는 것에는 신중할 필요도 있다.

이에 관해, 제조업자에게 특히 자율주행 중의 '자율주행시스템과 운전자 상호간의 차량에 대한 제어권의 배분과 이전'의 상황과 관련해 자율주행시스템의 기술수준과 그 구체적 내용에 관한 정확한 정보를 제공할 의무와 자율주행 중의 수동전환 요구 등 자율주행자동차에 탑승한 운전자(시스템 사용자)에게 자율주행 중의 수동운전 필요성 등에 관한 정확한 정보를 제공하게끔 시스템을 설계할 책무를 인정함이 타당하다. 제조업자가 이와 같은 조치를 다하지 못한 경우 이는 설계상 결함 또는 표시상 결함을 인정하는 근거가 될 수 있을 것이다.

나. 사고기록장치event data recorder; EDR

자율주행자동차의 운행 중 사고가 발생한 경우 현실적으로 발생할 수 있는 지극히 다양한 사고의 유형에 관해 운전자의 과실 여부 등의 책임 소재에 관한 증명의 문제를 야기할 수 있다. 자율주행 중에 사고가 발생한 것인지 운전자가 스스로 운전하다가 사고를 내었는지 자체가 다투어질 수도 있다. 뿐만 아니라, 개입요구가 있었는지 여부, 개입요구가 운전자의 개입을 위한 적절한 시간 여유와 함께 주어졌는지 여부, 운전자가 필요한 시간 안에 제때 개입하였고, 운전자의 개입이 개입요구의 내용과 취지에 비추어 적절하였는지 여부 자체의 증명 문제가 중요한 문제로 대두될 수 있다.[1218]

따라서 자율주행자동차에 관해 사고기록장치EDR를 의무화하지 않으면 책임규명에 지나친 사회적 비용이 발생하게 될 것이다.[1219] 따라서 자율주행자동차의 사고 등에 관한 책임 소재 판단에 필요한 정보의 기록 전반을 표준화standardize하고,

---

[1218] 예컨대, 3단계 자율주행시스템이 작동설계영역(ODD)을 이탈하면서 운전자에게 개입요구를 하였고, 운전자의 현실적인 개입에 필요한 충분한 시간이 경과한 이후에는 운전자가 개입하지 않더라도 수동운전으로 자동전환되도록 설계된다면(이와 같은 설계 자체가 여러 가능한 대안과 비교해 볼 때 타당한 것인지는 별개의 문제이다), 운전자의 개입 없는 수동전환 이후에 발생한 사고에 관해서는 운전자의 주의의무의 부담 근거 및 내용 등이 구체적으로 문제될 수 있다.

[1219] Smith 1(註 57), pp.47, 135 각 참조.

제조사에 대해 이를 의무화하는 등 대책을 마련할 필요가 있다.[1220] 보다 구체적으로 자동차의 움직임, 운전자(사용자)와 자동차의 상호작용, 운전자(사용자)의 행동여부 등에 관한 정보가 시간과 위치 등과 함께 기록될 필요가 있다.[1221]

특히 자율주행 중의 시스템으로부터의 개입요구 및 그에 대한 은전자의 대응여부 및 구체적인 대응 내용 등 운전자책임의 발생 여부 및 범위를 좌우한다고 볼 수 있는 구체적인 정보들은 상세히 기록될 필요가 있다. 이와 같은 구체적 정보들의 정확한 기록 및 처리는 자율주행자동차의 사고 처리 등에 관한 사회적 비용과도 직결되는 문제로서, 일정한 범위 내에서 이를 필수적인 것으로 제도화할 필요도 있다고 본다.

미국에서는 FMVSS 49 C.F.R. 563[1222]에서 '사고기록장치event data recorders; EDRs'에 관해 규정하고 있다. 위 조항은 사고기록장치EDRs가 설치된 자동차에 관해, 자동차 충돌 사고 데이터의 수집, 저장 및 복구 등에 관한 통일적이고도 전국적인 요건을 구체화하는 것을 목적으로 함과 아울러, 사고 조사관과 연구자들이 사고기록장치로부터 정보를 복구할 수 있는 도구와 방법을 자동차 제조업자들로 하여금 상업적으로 가능한 것으로 만하기 위한 요건들을 규정한다.[1223]

그러나 FMVSS 49 C.F.R. 563은 사고기록장치EDRs의 설치를 의무화하지 않고 있고, 사고기록장치가 설치된 자동차에 관한 규정을 두고 있을 뿐이다.[1224] 또한 충돌 등으로 자동차에 설치된 에어백airbag이 터지는 것과 같은 일정 범위 이상의 물리력이 가해지는 경우trigger threshold를 사고event로 규정하고, 사고기록장치EDR를 사고 직전과 사고 당시during a crash event의 속도와 시간 등을 기록하는 장비 또는 시스

1220 AAMVA(註 534), p.43 참조. 또한 위에서 본 국토교통성 자동운전에서의 손해배상책임에 관한 연구회 보고서(註 278), 7면 이하도 참조.

1221 AAMVA(註 534), p.43 이하 참조. 위 문헌에서는 자율주행자동차의 사고에 관한 책임 소재의 판단을 위해, 사고기록장치(EDR)뿐만 아니라 중앙처리장치(central processing unit. CPU)의 정보 역시 함께 기록되고, 법집행기관(law enforcement)에 의해 접근 가능할 필요가 있다고 한다.

1222 FMVSS 49 C.F.R. 563의 규정 내용 전체에 관해서는 아래 출처 참조.
https://www.gpo.gov/fdsys/granule/CFR-2011-title49-vol6/CFR-2011-title49-vol6-part563/content-detail.html(2018. 10. 19. 최종확인)

1223 49 C.F.R. §563.1 '목적(Scope)' 참조.

1224 49 C.F.R. §563.3 '적용(Application)' 참조. 2012. 9. 1. 이후에 제조된(manufactured) 차량 중 사고기록장치(EDR)가 설치된 일정한 범위의 자동차('vehicles manufactured on or after September 1, 2012, if they are equipped with an event data recorder')만을 규율 대상으로 하고 있다.

템으로 정의한 후, 위 규정에서 말하는 '사고기록event data'은 '음성 및 영상기록을 포함하지 않는다event data do not include audio and video data'라고 규정한다.[1225]

따라서 미국에서도 FMVSS 49 C.F.R. 563은 위에서 말하는 것과 같은 자율주행자동차의 사고 및 책임 소재의 판단에 필요한 여러 상세한 정보를 기록하는 장치 또는 시스템의 근거규정이 되기 어렵다는 이유로, 개정 또는 관련 규정 신설 필요성에 관한 주장이 제기되고 있다.[1226]

이에 관해, 독일 개정 「도로교통법StVG」이 제63조의a에서 고도 또는 완전 자동 운전 기능을 갖춘 자동차의 자율주행시스템에 의한 주행 여부, 시스템에 의한 운전자에 대한 자동차 제어권의 이전 요구 여부 및 그 시점, 시스템에 오류가 발생하였는지 여부 및 그 시점 등에 관해 기록하도록 하고(제1항), 정부기관이 일정한 경우 이를 제공받을 수 있도록 하는 등(제2항), 자율주행자동차의 데이터 기록 및 처리에 관해 상세히 규정하고, 제63조의b에서 위 데이터의 처리와 관련해 ① 저장매체의 기술적 설계와 저장위치, 저장방식, ② 제63조의a 제1항에 정한 저장의무의 상대방, ③ 권한 없는 접근으로부터 저장된 데이터를 보호하기 위한 자동차 판매시의 조치 강구 등과 관련된 연방 교통부BMVI의 행정명령 근거를 마련한 점[1227]이 참고가 될 수 있다고 본다.

다만 이와 같은 자율주행자동차의 운행에 관련된 각종 정보 기록의 의무화는 개인의 사생활을 침해할 위험이 크므로 개인정보 보호의 문제를 제기한다. 따라서 이를 의무화한다면 우선 그와 같은 정보의 주체를 명확하게 규정하고, 그 정보를 어느 범위에서 기록할 것인지도 구체적으로 정할 필요가 있다. 제조업자 등은 해킹 등 개인정보의 침해 또는 누설을 방지하기 위한 높은 수준의 충분한 대책과 방안을 마련할 필요가 있다. 뿐만 아니라 기록된 정보를 정보주체 본인 또는 대리인의 의사에 반하거나, 그 의사에 무관하게 사용하는 경우에 관해, 그와 같은 정보의 사용이 가능한 경우와 요건, 공개의 범위 등 개인정보 사용 문제의 전반에 관해 심도 깊은 논의가 필요하고, 그에 관한 상세하고도 엄격한 규율의 필요성이 있

[1225] 49 C.F.R. §563.5(b) 참조.

[1226] AAMVA(註 534), p.43 이하; Smith 1(註 57), pp.47, 135 이하 각 참조.

[1227] 제2장 제4절 II. 2. 나. '독일' 부분 참조.

다고 본다.[1228]

다. 증명책임의 완화

　자율주행자동차의 운행 중 사고에 관한 운전자의 책임은 「민법」상 불법행위에 기한 손해배상책임이다. 그런데 민사소송법상 증명책임의 기본 원칙에 따라, 불법행위로 인한 피해자가 가해자의 고의, 과실, 손해의 발생 및 인과관계 등 요건사실을 증명하여야 한다. 그러나 기존의 자동차와 달리 자율주행자동차의 운전자의 감시·개입의무에 존재와 범위 및 그 위반 여부에 관한 구체적 내용의 상세는 피해자가 증명하기 매우 어려울 것으로 예상된다.

　즉 기존의 자동차에서 자동차의 조향과 가감속은 전적으로 운전자의 몫이었으므로, 피해자로서는 사고의 구체적 상황에 따라 운전자의 자동차 제어가 적절하였는지만을 주장, 증명하면 족하였으나, 자율주행자동차에서 구체적 사고 당시에 과연 자율주행자동차가 시스템에 의한 자율주행 중이었는지, 예컨대 3단계 자율주행자동차와 관련해 시스템으로부터의 운전자에 대한 감시·개입요구가 있었는지 여부 및 그 요구가 적절한 것이었는지, 그에 따른 운전자의 대처, 즉 감시·개입의무의 이행이 적절하였는지 등은 자율주행자동차 외부의 피해자로서는 알기가 사실상 불가능하다.

　따라서 입법론으로 이를 위한 증거개시 등 절차의 도입 및 활용을 필수적으로 검토할 필요가 있다. 또한 법원으로서도 소송의 실무에서 이에 관한 증명책임의 완화를 적극적으로 검토할 것이 요구된다.

1228 자율주행자동차와 개인정보보호에 관한 주제 역시 자율주행자동차가 불러일으킬 수 있는 중요한 쟁점 중의 하나이다. 다만 이는 '인간에 의한 자동차 운전의 대체'라는 자율주행기술의 본질적인 부분이 책임법제의 영역에 직접적으로 야기하는 여러 쟁점들에 관해 살펴보고자 하는 이 글의 주제와 직접적인 논의의 대상에서는 벗어나 있으므로, 여기에서는 더 이상 상세히 다루지 않는다.

Ⅴ. 자율주행자동차와 운전자책임의 한계 설정

1. 문제의 제기

　　자율주행자동차가 자율주행 중이라고 하더라도 운전자가 자동차 운전 자체 내지 자율주행에 관해 일정한 주의의무('감시ㆍ개입의무' 등)를 부담하고, 경우에 따라 자율주행 중에 일어난 사고에 관해서도 책임을 질 수 있다는 점은 기존의 자동차에 관해서는 상정하기 어려웠던 현상이다. 자율주행자동차의 운전자는, 특히 위에서 수차 언급한 것과 같이 자율주행 중의 '자율주행시스템과 운전자 상호 간의 차량에 대한 제어권의 배분과 이전'과 관련해, 자율주행 중에 ① 시스템으로부터 일방적으로 자동차에 대한 제어권을 넘겨받을 것을 요구받았더라도 이를 넘겨받지 않거나, ② 예외적으로 시스템의 요구가 없었더라도 스스로 제어권을 넘겨받지 않은 것을 이유로 책임을 부담하게 될 수 있다. 따라서 이와 같은 자율주행기술의 본질상 자율주행 중의 운전자 책임을 합리적인 내용과 범위로 제한하기 위한 논의가 필수적으로 요청된다.

　　독일 연방정부가 2015년 발표한 "자동 및 커넥티드 운전을 위한 전략" 보고서에서도 ① 자율주행기술의 올바른 사용이 그 자체로 운전자의 주의의무 위반을 이유로 운전자를 비난하기 위해 사용될 수 없다는 점 및 ② 자율주행기술로 인해 운전자가 추가적인 책임 위험zusätzlichen Haftungsrisiken을 부담해서는 안 된다는 점을 명시하고 있는 점 역시 참고가 될 수 있다.[1229]

　　여기에서 말하는 운전자는 '자율주행자동차의 평균적 운전자'를 의미한다고 보아야 할 것이다. 운전자의 책임을 제한하는 문제는 구체적인 사안에 따라서는 이를 둘러싼 여러 평가요소들을 어떠한 방향으로 어떠한 비중을 두어 고려해야 할 것인지에 관해 매우 까다로운 문제를 야기할 수 있다고 본다. 이에 관해 합리적인 판단기준을 마련할 필요성이 크다고 보나 이를 위해서는 구체적인 사례의 집적을 기다릴 필요성도 있다고 생각된다.

1229　자동 및 커넥티드 운전을 위한 전략(註 246), p.17.

2. 자율주행의 단계별 운전자책임의 한계 설정

가. 3단계 자율주행의 경우

3단계 이상의 자율주행에 의한 자율주행 중의 운전자(사용자)에 대한 역할기대의 내용은 자율주행시스템의 작동설계영역ODD[1230] 등 자율주행기술의 기술적 내용과 한계에 의해 정해진다.

SAE J3016의 3단계 자율주행은 본질상 작동설계영역ODD의 한계 내에서 작동하는 것이므로, 작동설계영역 이탈 등과 관련한 시스템으로부터의 개입 요구에 따라 운전자가 자동차 운전에 개입할 수 있거나 개입하여야 함을 전제로 한다. 따라서 자율주행 중이라고 하더라도 운전자에게 일반적인 감시·개입의무를 부과할 수 있다.

다만 3단계 자율주행의 본질상 운전자는 시스템으로부터 일방적으로 예기치 못하게 제어권 이전을 요구받게 될 수 있으므로 이에 관한 예측가능성을 충분히 확보할 필요가 있고, 자율주행 중의 '운전자와 시스템 상호 간의 자동차 제어권의 배분과 이전'의 구체적 상황에서 운전자의 책임이 불필요하게 가중되지 않도록 책임판단기준을 명확히 할 필요가 있다.

자율주행기술이 고도화, 보편화되어 운전하는 빈도가 줄어들수록 급박한 상황에 대한 대처능력을 비롯한 운전능력이 전반적으로 저하될 것임을 어렵지 않게 예상할 수 있다.[1231] 또한 자율주행기술의 장기적인 심화가 가져올 이른바 '자동화 편향automation bias'의 문제, 즉 사람들이 일단 자동화 기술에 익숙해지면 이를 필요 이상으로 과도하게 신뢰하면서 알고리즘의 오류 가능성을 평가절하하는 경향을 보인다는 사회심리학적인 측면에서의 문제 역시 비중있게 고려할 필요가 있다.[1232] 자율주행시스템을 작동시킨 '운전자(시스템 사용자)'를 상대로, 비록 그가 '운전석'에 탑승하였다고 하더라도, 작동설계영역ODD으로부터의 예기치 못한 갑작스러운 이탈과 같은 급박한 상황에서 즉시 제어권을 이전받을 것을 요구받는다면, 이에 적절히 대처하는 것은 실질적으로 거의 불가능한 것이 될 수도 있다.[1233]

1230 5단계 자율주행은 그 기술의 본질적인 속성상 '작동설계영역(ODD)'상의 제한을 받지 않는다.

1231 Lipson · Kurman(註 109), p.62.

1232 Lipson · Kurman(註 109), p.58.

1233 Lipson · Kurman(註 109), p.61.

이와 같은 여러 측면들을 자율주행 중 발생한 사고에 관한 운전자(사용자)의 책임 판단에서 적절히 고려할 필요가 있다. 다만 판단기준 설정에 관해 일률적으로 말하기는 어려울 것이고, 시간의 경과에 따른 자율주행기술의 발전, 심화 등을 함께 고려해야 할 것이다.

자율주행기술의 발전이 지속되어 고도화되고 상용화 범위가 확대되면 확대될 수록 이러한 흐름에 따라 자율주행자동차 일반에 관해 운전자(시스템 사용자)에 대한 자동차 제어에 관한 역할기대 역시 점차 감소할 것이라고 예측해 볼 수 있다. 바꾸어 말해 자율주행기술의 발전이라는 현상이, 법적책임 판단의 전제가 되는 사고예방에 관한 운전자의 기대가능성이라는 당위 판단의 문제에 직접 영향을 미치게 될 수 있다.

나. 4, 5단계 자율주행의 경우

SAE J3016의 시스템과 운전자(사용자) 상호 간의 역할분담에 관한 설명에 따르면 4단계와 5단계의 자율주행기술의 경우 그 본질적 속성 및 기술적 완성도의 측면에서 볼 때 자율주행 중에는 '시스템 사용자'가 '자동차 운전'에 대해 '운전자'로서 개입하는 것이 원칙적으로 요구되지 않는다고 보는 것이 타당하다.

4단계 자율주행이 작동설계영역ODD의 제한을 받는다고 하더라도, 운전자(시스템 사용자)는 '비상조치DDT fallback 및 이를 통한 최소위험상태MRC 달성 의무의 주체'로서의 지위를 가지지 않고, '자율주행 중에 운전자가 자동차에 대한 제어권을 넘겨받을 의무'도 인정되지 않는다. 따라서 운전자의 일반적인 감시·개입의무가 인정되는 3단계와는 본질적으로 구별된다.[1234] 다만 4단계 자율주행에서도 작동설계영역ODD의 이탈과 관련해 운전자에게 책임이 귀속될 수 있는 경우가 발생할 수 있고, 넓게 보아 '감시·개입의무'를 인정할 수 있겠으나 그 내용과 범위는 3단계에서의 것보다는 대폭 축소된 형태의 것으로 한정함이 타당하다.

5단계의 자율주행은 작동설계영역ODD의 제한을 받지 않는 것이므로, '시스템 사용자'에게 자동차 운전 자체에 관한 주의의무를 인정하기 어렵다.

[1234] 다만 아래에서 보는 것과 같이 4단계의 경우 운전자가 책임에서 전적으로 자유롭다고 보기는 어렵다.

3. 3단계 이상의 자율주행자동차와 운전자(시스템 사용자)의 책임제한에 관한 구체적 내용

가. 자율주행 선택에 따른 운전자(시스템 사용자)의 책임 문제

3단계 이상의 자율주행기술에 의한 자율주행 중에 발생한 사고 및 자율주행기술의 단계별 수준과 운전자(시스템 사용자)의 책임과 관련해, '운전자가 자율주행시스템을 작동시키지 않고, 스스로 수동운전 하였다면 사고가 발생하지 않았을 가능성이 증명되는 경우', 바꾸어 말해 '만약 자율주행시스템이 아닌 인간이 직접 운전하였더라면 사고가 발생하지 않았을 것'이라는 가정적 사실관계의 개연성에 관한 증명이 있다고 하는 경우. 이를 위 자율주행자동차 운전자(또는 시스템 사용자)에 대한 책임귀속의 근거로 삼을 수 있는지가 문제될 수 있다.[1235]

이에 대해서, 위와 같은 '운전자가 자율주행시스템을 사용하지 않고, 수동조작에 의해 운전하였더라면 당해 사고가 발생하지 않았을 개연성이 있다'는 사실 내지 사정의 증명만으로는 원칙적으로 자율주행자동차 운전자에 대한 일반적인 책임귀속사유로서 인정할 수 없다고 보는 것이 타당하다. 바꾸어 말하면, 법적책임의 귀속 판단과 관련해 자율주행자동차의 운전자(시스템 사용자)에게 '자율주행을 선택하지 않고 운전자 스스로 운전할 것'을 일반적인 의미에서 기대할 수는 없다고 보는 것이 타당하다.

나. 자율주행 단계별 운전자 책임의 한계 설정

자율주행 각 단계별로 아래와 같이 운전자 책임 범위의 외연에 관한 한계를 설정할 필요가 있다고 본다. 다만 4, 5단계 자율주행의 경우에는 그와 같은 수준의 자율주행기술의 도입 경과에 따라 발생할 수 있는 여러 현실적인 문제를 고려하여 새로운 시각에서 논의할 필요도 얼마든지 있다고 생각된다.

[1235] 특히 자율주행자동차의 상용화 초기에는 피해자 측에서 이와 같은 주장을 근거로 자율주행자동차의 사고로 인한 책임 소재로부터 비교적 근거리에 있는 운전자를 상대로 책임을 물으려는 경향을 보일 것으로 예측해 볼 수 있다.

1) 3단계 자율주행의 경우

3단계 자율주행의 경우 운전자는 자율주행시스템의 개입요구에 따라 감시 · 개입의무를 적절히 이행하는 것에 의해 원칙적으로 책임을 면한다고 보는 것이 타당하다. 운전자(사용자)에게 감시 · 개입의무 위반으로 인한 책임을 지우기 위해서는 시간의 장단長短 여부를 불문하고 사고를 합리적으로 기대하여 이를 예방할 수 있었던 '현실적 기회actual chance'가 있었을 것을 요한다고 보아야 한다.[1236]

자율주행 중의 운전자의 감시 · 개입의무 위반 여부를 판단하기 위한 기준으로서, 자율주행시스템으로부터 운전자에 대한 '개입요구'가 있었던 경우 자율주행 중의 작동설계영역ODD 이탈 등과 관련된 여러 구체적인 사정을 종합하여 '응답시간'을 상정할 수 있다.[1237] 자율주행 중에 문제되는 모든 경우에 시간의 길고 짧음에 상관 없이 원칙적으로 이를 상정할 수 있다고 본다. 자율주행시스템이 '즉시' 또는 '지체없이' 개입할 것을 요구하는 경우에도 마찬가지이다.

운전자는 응답시간이 경과되기 전에 발생한 사고에 대해서는 책임을 지지 않으나, 응답시간이 경과하도록 개입하지 않았다면 '감시 · 개입의무' 위반으로 인한 책임을 진다고 보는 것이 타당하다.[1238] 다만 여기에서 말하는 '응답시간'이라는 것은 자율주행 중에 '개입요구'가 있었고 그 후에 사고가 발생한 경우에 운전자의 개입이 적절하였는지를 판단하는 책임판단의 기준으로서 평가적 역할을 하게 되고, 자율주행 중의 개입요구와 관련해 응답시간이 문제되는 구체적인 상황은 매우 다양할 수 있으므로, 그와 같은 측면에서 책임판단의 준거로서의 '응답시간'은 사전에 일률적으로 정할 수 있는 것이 아니고, 원칙적으로 사후적 및 평가적으로 정할 문제이다.

'응답시간'의 구체적인 판단을 위해, 기본적으로 당해 자율주행시스템의 본질과 기능상 한계, 자율주행자동차의 제조업자, 자율주행시스템 개발자 등에 의해 운전자 또는 시스템 사용자 등에게 부여된 설명 등을 먼저 고려하게 될 것이나, 법원으로서는 반드시 이에 구애받을 것이 아니라 개입요구의 상대방인 운전자 측의 사정 등을 비롯한 당해 사고에 관한 제반 사정들을 평가적 및 규범적으로 고려하여, 당해 사안에서 '응답시간' 및 그 준수 여부, 즉 운전자 개입의 적절성 여부를 사후적으로 판단할 수 있다고 본다.

1236 Hevelke · Nida−RümeLin(註 527), p.629 참조.

1237 국토교통성 자동운전에서의 손해배상책임에 관한 연구회 보고서(註 278), 5면.

1238 국토교통성 자동운전에서의 손해배상책임에 관한 연구회 보고서(註 278), 5면.

3단계 자율주행시스템에서 자율주행시스템이 운전자를 상대로 제어권 전환을 요구하는 경우 독일 개정 「도로교통법StVG」 제1조의a 제2항 제5호[1239]가 규정한 것과 같이 자율주행차는 운전자에게 "충분한 시간 여유를 두고" 시각적, 청각적, 촉각적 또는 그 밖의 감지 가능한 방법으로 운전자에게 제어권 회복을 경고하여야 한다.[1240] 비상조치DDT fallback 시의 제어권 전환 요구와 관련해, 자율주행시스템은 운전자에 의한 수동조작으로의 전환 도중 및 전환 이후에 운전자의 인식과 의사결정에 오류가 있다고 하더라도 이로 인한 영향을 최소화하는 방향으로 설계될 필요가 있다.[1241]

2) 4, 5단계 자율주행의 경우

4단계와 5단계 자율주행의 경우 자율주행 중의 운전자책임에 관해서 책임제한의 필요성이 더욱 크다고 할 수 있다. 4, 5단계 자율주행자동차에서 자율주행시스템이 작동 중이라면, 이에 탑승한 운전자(시스템 사용자)는 자율주행 중에는 자동차 운전과 관련해 원칙적으로 아무런 역할기대도 받지 않는다고 보는 것이 타당하다. 운전자의 역할분담에 관한 당위적인 측면이나 기대가능성 또는 비난가능성의 측면 모두에 비추어 보더라도 4, 5단계의 자율주행기술에 관한 사용자, 운전자의 책임의 범위를 확장시키는 것은 타당하지 않다고 본다.

즉 4단계와 5단계 자율주행자동차의 운전자(시스템 사용자)에 대해서 ① 기대가능성과 회피가능성의 측면에서 볼 때, 일반적으로 '사고를 미연에 방지하기 위해 자율주행을 선택하지 않고 스스로 운전할 것'까지를 기대할 수 있다고 보기 어렵고, ② 비난가능성의 측면에서 보더라도, 운전자(시스템 사용자)에게 책임을 지우는 것은 결국 운전자(시스템 사용자)에 대해 '스스로 운전하지 않고 자율주행을 선택한 것' 자체를 일반적으로 비난하는 것에 불과하다고 평가할 수 있으므로, 해당 자율주행의 본질적 내용과 수준에 비추어 볼 때 그와 같은 비난의 타당한 근거를 찾기

1239 독일 개정 「도로교통법」(StVG) 제1조의a 제2항 제5호는 개정 조항의 적용 대상인 '고도 또는 완전 자동운전 기능을 갖춘 자동차'가 갖추어야 할 기술적 장치의 요건으로 "시각적, 음성적, 촉각적으로 또는 그밖에 인식할 수 있는 방법으로 자동차 운전자에게 충분한 시간 여유를 두어 자동차에 대한 제어를 넘겨받을 필요성을 알려줄 수 있을 것"을 명문으로 규정하고 있다.

1240 이중기 · 황창근(註 335), 383면.

1241 연방 자율주행자동차 정책 2017(註 222), p.8.

어렵기 때문이다.

　제4장 '자율주행과 운행자책임'에서 살펴본 것과 같이, 4단계와 5단계의 자율주행에 관해서도 자동차의 보유자 등에게 원칙적으로 운전자(시스템 사용자)의 주의의무 위반 여하와 무관하게 운행자책임을 인정함으로써 자율주행자동차 교통사고 피해자를 두텁게 보호할 수 있다. 운행자로 하여금 이와 같은 경우 자율주행시스템의 결함의 존재를 전제로 하여 제조자에게 제조물책임을 물어 구상하는 것을 통해 손해배상책임의 종국적 귀속주체를 확정하여 책임을 배분 및 귀속시키는 방식을 합리적인 것으로 인정할 수 있다. 다만 이와 같은 책임 배분 방식이 충분히 기능할 수 있도록 자율주행자동차에 관한 제조물책임에서 결함의 증명책임을 완화할 필요가 있다고 본다.

4. 현실적, 예외적으로 운전자(시스템 사용자)의 책임이 인정될 수 있는 경우

　다만 3단계 이상, 특히 4단계와 5단계의 자율주행에 관해서도 사고로 인한 책임의 현실적인 판단 단계에서는 SAE J3016에 의한 시스템과 운전자의 역할분담에 중점을 둔 위와 같은 측면과는 별도로 당해 사고의 구체적인 상황과 관련해 다양한 판단 요소와 고려사항이 개입될 수 있다. 따라서 자율주행 중이라고 하더라도 운전자(시스템 사용자)로 하여금 해당 자율주행자동차에 적용된 단계에 상응하는 자율주행시스템의 기능 자체를 신뢰하는 것을 기대할 수 없는 다음과 같은 특수한 사정이 있는 경우에는 예외적으로 자율주행 도중에 발생한 사고에 관해 운전자(시스템 사용자)의 책임을 인정해야 하는 경우도 생길 수 있다.

가. 자율주행시스템에 대한 관리 소홀 또는 시스템 오류에 관한 사전 인식

　자율주행시스템의 구동과 관련된 각종 센서, 레이더 등 물리적 부품에 대한 정비, 점검을 게을리 하거나, 시스템을 구동하는 소프트웨어 업그레이드 등 제조업자의 요구에 따른 시스템 업데이트 의무를 게을리 하는 등으로 인해 운전자 측에서 스스로 위험을 야기했다고 볼 수 있는 경우에는 3단계 자율주행자동차에서 일응의 감시 · 개입의무를 다한 운전자이거나 또는 4, 5단계 자율주행자동차에 탑승한 운전자(시스템 사용자)라고 하더라도 자율주행 중에 발생한 사고에 관해 주의의무 위반에 따른 책임을 인정할 여지가 있다.[1242]

기존의 자동차에 관해서도 자동차의 운전자는 자동차의 안전성 확보에 필수적인 장비, 장치인 조향장치, 브레이크 내지 타이어 등에 관한 일반적인 정비의무를 부담하고, 이를 소홀히 하여 이들 장비, 장치가 고장나거나 제기능을 다하지 못하여 사고가 발생한 경우 자동차 운전을 위한 조작 등 자체에는 과실이 없다고 하더라도 사고에 대한 책임을 부담할 수 있다. 자율주행자동차에 관해서도 이와 같은 맥락으로 자율주행의 안전성 확보에 필수적인 소프트웨어에 대해 요구되는 업데이트 등 유지, 관리의무를 다하지 못한 경우에는 사고로 인한 책임을 부담할 수 있다.

다만 운행자책임에 관한 부분에서 살펴본 것과 같이, 소프트웨어 업데이트 불이행으로 인한 사고에 관한 운전자의 책임에 관해서는 영국 「자율 및 전기자동차법 Automated and Electric Vehicles Act」[1243]에서 업데이트 여부가 문제되는 소프트웨어를 '안전성에 직결되는safety-critical 소프트웨어'[1244]로 제한하여 규정하고 있는 것을 참고하여, 운전자의 책임귀속의 전제가 되는 소프트웨어의 범위를 합리적으로 제한할 필요성이 인정된다고 본다.

자율주행시스템의 안전성 확보를 위한 다중화 시스템redundant system이 자율주행 하드웨어 및 소프트웨어의 양 측면에서 필수적으로 요구되고, 이는 제조물책임에서의 결함 판단 등 민사책임에 관해서도 비중 있게 고려함이 타당하다는 것은 위에서 본 것과 같다.[1245] 그러나 이와 같은 점을 감안한다고 하더라도, 특히 자율주행기술과 같이 정밀한 기능을 수행할 것을 전제로 하는 시스템의 경우 하드웨어 및 소프트웨어의 오류의 가능성을 전적으로 배제할 수 없다는 점에 비추어 볼 때, 운전자(시스템 사용자)가 시스템의 오류 여부에 관한 인식과 관련해 책임을 부담할 수

1242 다만 엄밀히 말해 여기에서 말하는 주의의무는 자동차의 운전 자체와 관련한 '감시 · 개입의무'를 직접 대상으로 하는 것과는 본질적인 차이가 있다.

1243 제2장 제4절 II. 2. 다. '영국' 부분 참조.

1244 위 법 제4조 제(6)항 제(b)호 참조(註 474).

1245 제2장 제2절 II. 3. '자율주행기술의 구체적 내용에 관한 논의와 법적책임 판단 문제에 관한 시사점' 부분 참조.

도 있다고 본다.

예컨대 당해 사고를 발생시킨 것과 동일한 시스템 오류가 기존에 이미 발생하였고, 운전자 역시 그와 같은 오류를 사전에 알았거나, 알았어야만 했을 것으로 인정되는 경우[1246] 이에 관해 '자율주행자동차의 통상의 운전자(시스템 사용자)'를 상정해 그에게 요구되는 것과 같은 필요하고도 적절한 조치를 다하지 않은 운전자(시스템 사용자)에게는 주의의무 위반에 따른 책임을 인정할 여지가 있을 것이다.

이와 같은 운전자(시스템 사용자)의 주의의무의 경우 그 발생의 근본원인은 '자동차의 운전' 자체에 관한 것이 아니더라도 결국 자율주행자동차의 수동운전 필요성, 운전자(시스템 사용자)에 대한 차량 제어권의 강제 이전 또는 운전자(시스템 사용자)의 차량 제어권 회수 필요성 여부 및 이에 따른 자동차의 운전 자체에 관한 운전자(시스템 사용자)의 주의의무 위반과도 연결될 수 있다고 본다.

나. 자율주행 중 발생한 사고에 대한 운전자의 중과실

1) 3단계 자율주행의 경우

3단계 자율주행의 경우 해당 시스템의 본질상 작동설계영역ODD에 의한 기능상 한계를 가지고 운전자의 감시·개입을 전제로 하는 것이라는 점에 비추어 볼 때, 운전자의 운전 상황 전반에 걸친 감독의무 소홀로 인한 책임의 확대 소지가 실무상 현실적으로 문제될 수 있다.

예컨대 자율주행 중 사고가 발생하였으나, 전방의 상황에 비추어 볼 때 '(3단계) 자율주행자동차의 평균적인 운전자'[1247]로서 자율주행시스템으로부터의 개입요구를 기다리지 않고도 운전자가 적극적으로 제어권을 회수하여 간단한 조작만으로 사고를 미연에 방지할 수 있었고, 그와 같은 '합리적이고도 평균적인 운전자'였다면 그와 같은 조치를 취하는 것이 충분히 가능하고 이를 기대할 수 있었던 경우에는 해당사고 차량의 운전자에 대해 주의의무위반 및 책임이 인정될 수도 있다고 본다.

[1246] 운전자가 시스템 오류를 현실적으로 인식하지 못한 경우 역시 엄밀히 말해 '감시·개입의무'를 직접 대상으로 하는 것은 아니다.

[1247] 이에 관해서는 註 303의 대법원 2001. 1. 19. 선고 2000다12532 판결 참조.

그러나 이와 같은 경우를 원칙론으로서 일반화하는 것은 운전자 책임의 지나친 확대 우려가 있어 바람직하지 않다고 본다. 올바른 판단기준 마련을 위해서는 자율주행자동차의 상용화에 따른 자율주행 중 운전자의 책임이 문제되는 구체적인 사례의 집적을 기다릴 필요도 있다. 운전자가 당해 자율주행자동차에 탑재된 자율주행기술의 내용과 한계에 관한 제조업자의 설명을 신뢰하고 그에 따른 조치를 모두 다한 경우, 위와 같은 이유로 운전자의 책임을 인정하기 위해서는 당해 사고에 관한 운전자의 주의의무 위반을 고의에 가까운 것으로 평가할 수 있을 것을 요구한다고 봄이 타당하다.

2) 4단계 자율주행의 경우

4단계 자율주행의 경우 운전자(시스템 사용자)는 원칙적으로 '비상조치DDT fallback 및 이를 통한 최소위험상태MRC 달성 의무의 주체'로서의 지위를 가지지 않고, '자율주행 중에 운전자가 자동차에 대한 제어권을 넘겨받을 의무'도 인정되지 않는다. 그러나 운전자(시스템 사용자)가 시스템의 작동설계영역ODD의 이탈을 사전에 명확히 인지할 수 있었고, '4단계 자율주행자동차의 통상의 운전자(시스템 사용자)'를 상정해, 차량의 제어권을 충분히 회복할 수 있었으나 그럼에도 불구하고 제어권을 회복하지 않아 사고가 발생한 경우 사고에 관한 책임을 인정할 수 있을 것이다. 위에서 본 것과 같이, 자율주행시스템과 직접 연관이 없는 차체, 서스펜션 및 타이어 등 차량의 기능이상의 경우에도 마찬가지로 책임이 인정될 수 있다.

한편 4단계 자율주행에 관해 운전석이 존재하고 운전자에 의한 차량 운행 및 차량에 관한 제어권의 강제 회복이 불가능하지 않은 이상, 운전자가 자율주행 중에 발생한 모든 교통사고와 관련해서 전면적으로 면책된다고 볼 수 있을지 여부는, 적어도 3단계의 자율주행기술조차 본격적으로 상용화되었다고 보기 어려운 현재의 기술수준 하에서 이를 단정적으로 예측하기 어려운 측면이 있다.

그러나 이 경우 기대가능성, 회피가능성 및 비난가능성 등 책임발생조건의 충족 여부를 판단할 때에는 매우 엄격한 기준에 의해 판단할 필요가 있다고 본다.

3) 5단계 자율주행의 경우

5단계 자율주행은 작동설계영역ODD의 제한을 받지 않는 완전자율주행이므로, 탑승자는 자율주행 중에는 '운전자'로서 자동차 운전에 개입하거나, 자동차 운전에 관한 주의의무 위반으로 인한 책임을 부담할 여지가 없다고 보는 것이 타당하다. 5단계에서도 자율주행시스템에 대한 관리 소홀 또는 시스템 오류에 관한 사전 인식 등과 관련한 책임 등이 문제될 수 있겠으나, 이는 엄밀히 말해 '운전자'로서 책임을 부담하는 것과는 다른 평면의 문제이다. 다만 이에 관한 논의는 5단계 자율주행의 본격적인 도입과 상용화 이후에 비로소 가능해질 것이라고 본다.

제 4 절   소결론

자율주행자동차와 운전자책임에 관한 논의의 의의는, 자율주행 중의 '운전자와 시스템 상호 간의 자동차 제어권의 배분과 이전'과 관련해 운전자에 대한 책임귀속 근거와 운전자의 주의의무의 내용을 명확히 파악하고, 운전자책임의 내용과 범위를 합리적으로 설정하며, 이를 통해 자율주행자동차의 운전자와 그밖의 교통관련자들의 예측가능성을 확보하는 데에 있다. 이 문제는 자율주행기술의 본질과 직결되는 것이자, 자율주행자동차의 필요한 안전성 확보와도 연관되는 문제이다. 이와 같은 관점에서 본장에서의 논의를 다음과 같이 정리할 수 있다.

(1) 자율주행시스템이 인간 운전자에 의한 자동차 운전을 대체한다고 하더라도 적어도 4단계까지의 자율주행에 관해서는 원칙적으로 '운전자'로서 자율주행자동차에 탑승한 인간에게 책임귀속 주체로서의 운전자 지위를 인정함이 타당하다.

기존에 규제법제와 책임법제에서 인간 운전자를 전제로 형성되어 온 '운전자'의 관념, 특히 책임귀속 주체로서의 운전자의 관념을 자율주행시스템에 관해 그대로 인정하는 것은 현실성을 찾기 어렵다. 자율주행기술이 심화되어 '완전 자율주행'이 가능해진다면, 시스템을 기존 법제 하에서의 '운전자'가 아닌 새로운 '자동차 운전의 주체'로 파악하여, 필요한 법리를 마련하는 것이 자율주행의 본질에 부합한 방법이다.

(2) 자율주행 중에 발생한 교통사고에 관해 자율주행자동차의 도입 초기에는 종래의 자동차 교통사고에 관한 처리례에 따라 유형화·정형화된 과실비율 내지 책임비율을 부여하는 것이 불가피하겠으나, 자율주행기술의 고도화에 따라 이런 방안을 유지하는 것은 어려워질 수 있다. 사례의 집적을 기다려 새로운 사고처리 방안을 마련할 필요가 있다.

(3) 3단계 자율주행에 관해서는 자율주행 중이라 하더라도 운전자의 일반적인 '감시·개입'의무를 인정할 수 있고, 이를 운전자책임의 근거로 파악할 수 있다. 4

단계 자율주행의 경우는 운전자(시스템 사용자)는 '비상조치DDT fallback 및 이를 통한 최소위험상태MRC 달성 의무의 주체'로서의 지위를 가지지 않고, '자율주행 중에 운전자가 자동차에 대한 제어권을 넘겨받을 의무'도 인정되지 않는다. 다만 4단계에서도 자율주행시스템은 작동설계영역ODD의 제한 내에서 기능하게 되므로, 그로부터의 이탈상황 등과 관련해 운전자의 주의의무위반이 문제될 수 있다. 5단계 자율주행은 완전자율주행 단계로서, 원칙적으로 차량 탑승자에게 '운전자'로서의 지위를 인정하지 않는 것이 타당하다.

다만 3단계의 자율주행의 본질상 운전자는 시스템으로부터 일방적으로 제어권 이전을 요구받게 될 수 있으므로, 이에 관한 예측가능성을 충분히 담보할 필요가 있고, 운전자가 충분한 여유를 가지고 차량에 대한 제어권을 이전받을 수 있도록 합리적인 기준을 설정하여, 운전자의 주의의무의 내용과 범위가 기존의 자동차의 운전자에 비해 오히려 불합리하게 가중되는 일이 없도록 구체적이고도 엄격한 판단기준을 설정할 필요성이 있다. 4단계의 자율주행의 경우는 그 본질상 3단계와 차별화된다는 점에서, 운전자의 주의의무위반을 고의에 가까운 중과실의 경우로 제한적으로 엄격히 인정할 필요가 있을 것이다.

그러나 이와 같은 운전자책임의 제한에 관한 논의는 '자율주행자동차에 필요한 안전성의 확보'라는 보다 상위의 명제에 비추어 보더라도 타당한 것으로 인정되어야 함은 물론이다.

(4) 자율주행자동차 운전자(시스템 사용자)의 책임 여부와 범위를 판단하는 문제는 결국 자율주행의 기술적 본질과 내용, 구체적으로 시스템의 구체적 내용과 설계, 기능상의 한계에 의해 좌우된다는 측면이 있음을 부정하기 어렵다. 특히 자율주행자동차와 운전자책임의 영역에서는 첨단 과학기술인 자율주행기술의 구체적인 내용 및 수준과 직결된 자율주행 중의 '운전자와 시스템 상호 간의 자동차 제어권의 배분과 이전'이라는 전례를 찾기 어려운 상황에서 일상의 영역에서 인간의 책임이 기술에 의해 직접 좌우되는 현상을 가져오게 된다고 볼 수 있다. 이는 책임법제에서 과학기술을 그 본질적인 부분에 이르기까지 심층적, 지속적으로 파악할 필요성이 있음을 여실히 보여준다고 말할 수 있다.

Autonomous Vehicle
and
Legal Liability

제 6 장

자율주행자동차의 사고와

법적책임 주체의

손해배상책임 부담 및 구상관계

자율주행자동차의 사고와 법적책임 주체의 손해배상책임 부담 및 구상관계

　　자율주행자동차와 제조물책임, 운행자책임 및 운전자책임에 관한 이상의 논의 결과에 따라 자율주행자동차의 자율주행 중에 사고가 발생한 경우를 전제로 하여, 제조물책임의 주체인 제조업자, 운행자책임의 주체인 운행자 및 운전자책임의 주체인 운전자의 손해배상책임의 부담 및 각 책임주체 상호 간의 구상관계를 사고의 유형별로 정리하면 다음과 같이 요약할 수 있다.[1248]

[1248]　이하의 논의는 민사책임 부담 주체 상호 간의 구상관계에 관해 다루는 것이므로, 보험관계는 원칙적으로 고려하지 않는다.

Ⅰ. 운행자책임과 운전자책임

1. 자율주행자동차의 자율주행 중에 발생한 사고로 제3자가 입은 손해에 관한 운행자 또는 운전자의 책임

가. 운행자책임

1) 대인사고

대인사고의 경우 운행자는 자배법상 운행자책임을 부담하게 된다. 자배법은 불법행위책임에 관한 「민법」 제750조에 우선하여 적용되는 특별법으로서, 피해자가 운전자의 고의, 과실(감시·개입의무 위반 등)을 증명할 필요 없이, 운행자는 자배법상 사실상 무과실책임인 운행자책임을 부담한다.

이 경우 운행자는 ① 운전자의 고의·과실이 인정되는 경우 운전자를 상대로 구상할 수 있고(다만 운행자와 운전자가 상이한 경우를 전제로 한다),[1249] ② 자율주행자동차에 결함이 존재하는 경우 제조업자에게 제조물책임을 물어 구상할 수 있다(아래 Ⅱ. '제조물책임 및 제조업자에 대한 구상관계' 참조).

2) 대물사고

자배법 제3조의 운행자책임은 인신손해人身損害에 대해서만 적용되므로, 물적손해에 관하여는 불법행위에 관한 일반조항인 「민법」 제750조 등이 적용된다(자배

[1249] 다만 운전자가 자동차보유자(운행자)에 의해 가입된 자동차보험계약상 피보험자로 인정되는 경우 사실상 구상의 여지가 발생하지 않을 것이다.

법 제4조).

운행자와 운전자가 동일한 경우 운전자는 아래에서 보는 것과 같이 「민법」 제750조에 의한 불법행위책임을 부담할 수 있고, 이는 운전자의 고의, 과실(즉 감시 · 개입의무 위반 등)을 전제로 한다.

운행자(보유자 등을 말한다)와 운전자가 상이한 경우에는, 피해자는 운행자를 상대로 사용자책임(민법 제756조) 및 공작물책임(민법 제758조)을 주장할 수 있다.[1250] 대법원은 자동차도 「민법」 제758조 제1항에서 말하는 '공작물'에 해당한다는 것을 전제로 하여, 공작물책임 일반에 관한 법리, 즉 「민법」 제758조 제1항에서 말하는 공작물의 설치 또는 보존상의 하자라 함은 공작물이 그 용도에 따라 통상 갖추어야 할 안전성을 갖추지 못한 상태에 있음을 말하는 것으로서, 이와 같은 안전성의 구비 여부를 판단함에 있어서는 당해 공작물의 설치 또는 보존자가 그 공작물의 위험성에 비례하여 사회통념상 일반적으로 요구되는 정도의 방호조치의무를 다하였는지의 여부를 기준으로 판단하여야 한다'는 법리[1251]를 적용하여 그 '설치 · 보존상 하자' 여부에 관하여 판단하였다.[1252]

사용자책임은 운전자의 고의, 과실을 전제로 하나, 운행자는 운전자의 선임 및 그 사무감독에 상당한 주의를 한 때 또는 상당한 주의를 하여도 손해가 있을 경우에 해당한다는 사실을 증명하여 면책을 주장할 수 있다(민법 제756조 제1항 단서).

공작물책임은 특수한 불법행위책임의 일종으로서 '위험책임'의 법리에 따라 공작물의 점유자 또는 소유자의 책임을 가중한 규정이다.[1253] 공작물책임에서는 운행자, 운전자의 고의, 과실을 불문하나, 공작물책임에서도 피해자인 원고는 '공작물의 설치 또는 보존상의 하자', 즉 자율주행자동차에 하자가 존재한다는 사실을 증명하여야 한다.[1254]

1250 민법주해 [XIX] (註 976), 5면(유원규 집필부분)도 공작물책임에서 말하는 공작물에는 자동차 · 항공기 등이 포함된다고 기술하고 있다.

1251 대법원 1994. 10. 28. 선고 94다16328 판결 등 참조.

1252 대법원 2010. 12. 9. 선고 2010다68961 판결; 대법원 2013. 5. 23. 선고 2013다1921 판결 등 참조. 모두 주차된 자동차에서 화재가 발생한 사안에 관한 것이다.

1253 대법원 1996. 11. 22. 선고 96다39219 판결은 「민법」 제758조는 공작물의 설치 · 보존의 하자로 인하여 타인에게 손해를 가한 경우 그 점유자 또는 소유자에게 일반 불법행위와 달리 이른바 위험책임의 법리에 따라 책임을 가중시킨 규정일 뿐이고, 그 공작물 시공자가 그 시공상의 고의 · 과실로 인하여 피해자에게 가한 손해를 「민법」 제750조에 의하여 직접 책임을 부담하게 되는 것을 배제하는 취지의 규정이 아니다'라고 판시하고 있다.

1254 대법원 1982. 8. 24. 선고 82다카348 판결; 대법원 2017. 8. 18. 선고 2017다218208 판결 등 참조.

제조물책임에서 '결함'의 증명책임에 관해서는 원고의 증명 부담을 경감하기 위한 다양한 논의가 전개되고 있으나,[1255] 공작물책임에서의 '공작물의 설치 또는 보존상의 하자'에 관해서는 그와 같은 논의를 찾아보기 어렵다. 다만 이 경우에도 가령 자율주행자동차의 운행자가 자율주행 시스템에 관한 소프트웨어 업데이트 등을 소홀히 한 것을 밝혀지는 경우에는 '설치 또는 보존상의 하자'를 인정할 수도 있을 것이므로, 장래 자율주행자동차의 점유자 또는 소유자의 공작물책임이 문제되는 경우 그 증명책임에 관해서도 합리적인 판단기준을 설정할 필요가 있다.

이 경우 운행자는 ① 운전자의 고의 · 과실이 인정되는 경우 운전자를 상대로 구상할 수 있고(다만 운행자와 운전자가 상이한 경우를 전제로 한다), ② 자율주행자동차에 결함이 존재하는 경우 제조업자에게 제조물책임을 물어 구상할 수 있다(아래 II. '제조물책임 및 제조업자에 대한 구상관계' 참조).[1256]

나. 운전자의 책임[1257]

운전자는 대인사고와 대인사고 모두에 관해 피해자에 대해 「민법」 제750조 불법행위책임을 부담한다. 이는 운전자의 고의, 과실(감시 · 개입의무 위반)을 전제로 한다. 기존의 자동차의 운전자의 고의, 과실은 '자동차 운전' 자체에 관한 것이 주로 문제되어 온 반면, 자율주행자동차의 운전자의 고의, 과실은 '감시 · 개입의무 위반'이 주로 문제될 것이다.

이 경우 '자율주행자동차의 평균적 운전자'를 기준으로 하여, 자율주행시스템을 신뢰한 운전자의 책임을 적절히 제한할 필요성이 인정될 수 있으나, 운전자 책임의 제한에 관한 논의는 특히 피해자의 보호라는 관점에서 까다로운 문제를 불러일으킬 수도 있으므로 이에 관해 합리적인 판단 기준을 세울 필요성이 크다. 다만

1255 제3장 제4절 II. '자율주행자동차와 제조물의 결함'의 해당 부분 참조.

1256 「민법」 제758조 제3항은 '전 2항의 경우에 점유자 또는 소유자는 그 손해의 원인에 대한 책임있는 자에 대하여 구상권을 행사할 수 있다'라고 규정하여, 공작물의 점유자 · 소유자의 구상권을 명문화 하고 있다.

1257 운행자책임과 구분되는 운전자 본인의 책임을 말한다. 운전자가 운행자에 해당하지 않는 경우에 논의의 실익이 있을 것이다.

이는 구체적인 사고 사례의 집적을 기다릴 필요도 있는 문제라고 생각된다.[1258]

이 경우 운전자는 ① 운행자의 차량 관리 소홀 등이 사고의 공동 원인이 된 경우 등에는 운행자의 고의·과실 등으로 인한 책임을 물어 운행자에게 구상할 수 있을 것이고,[1259] ② 자율주행자동차에 결함이 존재하는 경우 제조업자에게 제조물책임을 물어 구상할 수 있다(아래 II. '제조물책임 및 제조업자에 대한 구상관계' 참조).

2. 자율주행자동차의 자율주행 중에 발생한 사고로 인한 운행자 또는 운전자의 자손自損사고에 관한 책임 소재와 처리

가. 자배법상 책임

1) 자기신체손해

자율주행 중에 발생한 사고로 운행자 또는 운전자가 자기신체손해를 입은 경우 원칙적으로 자율주행 중에 발생한 사고라고 하더라도 운행자 및 운전자에게 '타인성'이 인정되지 않으므로,[1260] 운행자 및 운전자 모두 자배법상 손해배상청구권의 주체에 해당하지 않는다.

이 경우 운행자와 운전자는 ① 위에서 본 것과 같이 상호 간에 책임을 물어 구상할 수 있고, ② 자율주행자동차에 결함이 존재하는 경우 제조업자에게 제조물책임을 물어 구상할 수 있다(아래 II. '제조물책임 및 제조업자에 대한 구상관계' 참조).

2) 자기재산손해

자율주행 중에 발생한 사고로 운행자 또는 운전자가 자기재산손해를 입은 경우 인신손해人身損害에 관한 자배법은 원칙적으로 적용될 여지가 없다. 이 경우에도

1258 제5장 제3절 V. '자율주행자동차와 운전자책임의 한계 설정' 부분 참조.

1259 다만 위 운행자책임에 관한 부분에서 본 것과 같이 자동차보유자(운행자)가 자동차보험계약에 가입한 경우 사실상 구상의 여지가 발생하지 않을 것이다.

1260 제5장 제3절 II. '자율주행자동차와 타인성' 부분 참조.

운행자(보유자 등을 말한다)와 운전자는 ① 위에서 본 것과 같이 상호 간에 책임을 물어 구상할 수 있고, ② 자율주행자동차에 결함이 존재하는 경우 제조업자에게 제조물책임을 물어 구상할 수 있다(아래 II. '제조물책임 및 제조업자에 대한 구상관계' 참조). 다만 제조물인 자율주행자동차 자체에 발생한 손해에 관해서는 제조업자에게 제조물책임을 물을 수 없다(제조물책임법 제3조 제1항).

나. 「민법」상 책임

1) 운행자가 자기신체손해 또는 자기재산손해를 입은 경우

가) 운전자에게 고의, 과실이 있는 경우

자율주행 중에 발생한 사고에 관해 운전자에게 고의, 과실이 있는 경우 운행자(보유자 등을 말한다)는 운전자에게 「민법」 제750조의 불법행위책임을 물을 수 있고, 자율주행자동차에 결함이 존재하는 경우에는 제조업자를 상대로 제조물책임을 물을 수 있다(아래 II. '제조물책임 및 제조업자에 대한 구상관계' 참조). 다만 제조물인 자율주행자동차 자체에 발생한 손해에 관해서는 제조업자에게 제조물책임을 물을 수 없다(제조물책임법 제3조 제1항).

이 경우 운전자 역시 자율주행자동차에 결함이 존재하는 경우 제조업자에게 제조물책임을 물어 구상할 수 있다. 다만 제조물인 자율주행자동차 자체에 발생한 손해에 관해서는 제조업자에게 제조물책임을 물을 수 없다(제조물책임법 제3조 제1항).

나) 운전자에게 고의, 과실이 없는 경우

자율주행 중에 발생한 사고에 관해 운전자에게 고의, 과실이 없는 경우 운행자가 운전자에게 「민법」 제750조의 불법행위책임을 물을 수 없고, 자율주행자동차에 결함이 존재하는 경우 제조업자를 상대로 제조물책임을 물을 수 있다(아래 II. '제조물책임 및 제조업자에 대한 구상관계' 참조). 다만 제조물인 자율주행자동차 자체에 발생한 손해에 관해서는 제조업자에게 제조물책임을 물을 수 없다(제조물책임법 제3조 제1항).

2) 운전자가 자기신체손해 또는 자기재산손해를 입은 경우

가) 운전자에게 고의, 과실이 있는 경우

자율주행 중에 발생한 사고에 관해 운전자에게 고의, 과실이 있는 경우 원칙적으로 운전자 스스로 종국적인 책임을 부담한다. 다만 운행자의 차량 관리 소홀 등이 사고의 공동 원인이 된 경우 등에는 운전자는 운행자의 고의·과실 등으로 인한 책임을 물어 운행자에게 손해배상을 구할 수 있다. 자율주행자동차에 결함이 존재하는 경우 운전자는 제조업자에게 제조물책임을 물을 수 있을 것이다(아래 II. '제조물책임 및 제조업자에 대한 구상관계' 참조). 다만 제조물인 자율주행자동차 자체에 관해 발생한 손해에 관해서는 제조업자에게 제조물책임을 물을 수 없다(제조물책임법 제3조 제1항).

나) 운전자에게 고의, 과실이 없는 경우

운전자는 운행자의 자율주행자동차에 관한 관리 소홀 등을 근거로 운행자에게 손해배상을 구할 수 있다. 자율주행자동차에 결함이 존재하는 경우 운전자는 제조업자에게 제조물책임을 물을 수 있을 것이다(아래 II. '제조물책임 및 제조업자에 대한 구상관계' 참조). 다만 제조물인 자율주행자동차 자체에 발생한 손해에 관해서는 제조업자에게 제조물책임을 물을 수 없다(제조물책임법 제3조 제1항).

II. 제조물책임 및 제조업자에 대한 구상관계

운전자 또는 운행자가 스스로 피해를 입거나 제3자인 피해자에 대한 손해배상 책임을 부담하는 모든 경우에 관해, 운전자 또는 운행자는 위에서 본 것과 같이 제조업자를 상대로 자율주행자동차에 결함이 존재한다는 것을 주장, 증명하여 제조물책임을 구하거나 이를 청구원인으로 하여 구상할 수 있을 것이다.

「제조물책임법」은 제조물의 결함을 손해배상책임의 요건으로 도입하여 과실책임의 원리에 입각한「민법」의 불법행위제도를 일부 수정하는 특별 불법행위법의 성격을 가진다.[1261]「제조물책임법」제8조 역시 제조물의 결함에 의한 손해배상책임에 관해「제조물책임법」에 규정된 것을 제외하고는「민법」에 따른다고 규정하고 있다.

　「제조물책임법」제5조에 따라, 제조물인 자율주행자동차의 결함으로 인해 발생한 손해에 관해 복수의 제조업자 등이 제조물책임을 부담하는 경우 연대하여 그 손해를 배상할 책임이 있다. 여기서의 연대책임은「민법」제760조 제1항의 규정과 마찬가지로 부진정연대채무로 이해하는 것이 타당하다.[1262] 한편 우리「제조물책임법」제5조는 배상의무자의 연대책임을 정하고 있으나, 배상의무자의 내부관계에 관해서는 규정하지 않고 있다. 이에 관해서는 독일「제조물책임법」제5조가 "동일한 손해에 대하여 복수의 제조자가 동시에 손해배상의무를 지는 경우 그들은 연대채무자로서 책임을 진다. 배상의무자들 상호 간의 관계에서 그 배상의무와 배상의 범위는, 다른 정함이 없는 한, 제반사정, 특히 손해가 주로 어느 의무자에 의하여 얼마만큼 야기되었는가에 따른다. 그밖에「민법」제421조 내지 제425조, 제426조 제1항 제2문 및 동조 제2항을 적용한다"라고 규정하고 있는 점이 해석상 참고가 될 수 있다고 본다.[1263]

1261　권오승 외(註 654), 223면. 위 1992. 11. 24. 선고 92다18139 판결(註 734)의 판시사항 역시 같은 취지로 이해할 수 있다.

1262　윤진수(註 734), 66면.

1263　김재형(註 957), 440면 참조.

만약 운전자 측의 과실과 제조물의 결함이 사고의 원인으로 경합하는 것으로 인정된다면, 제조업자, 운행자, 운전자가 함께 피해자에 대해 손해배상책임을 부담하게 될 수 있다. 이들 외에 판매자(매도인), 교통시스템 관리 주체 등[1264]도 당해 사고의 원인 제공에 기여한 것으로 인정되는 경우 함께 책임을 부담하게 될 수 있다.

이와 같이 손해배상책임을 부담하는 복수의 책임주체는 피해자에 대한 관계에서 공동불법행위자의 책임에 관한 「민법」 제760조 제1항의 유추적용에 따라 부진정연대채무를 부담하여 공동책임을 진다고 보는 것이 타당하다.[1265] 이 경우 형평의 원칙상 책임주체 상호 간에는 고의 또는 과실의 정도에 따라 정해지는 부담 부분에 따라 상호 간에 구상할 수 있다.[1266] 한편 운전자 또는 운행자가 스스로 피해를 입고 제조업자에게 제조물책임을 묻는 경우에는 「민법」 제763조, 제396조에 따른 과실상계가 적용되어, 법원은 자율주행자동차의 결함으로 인한 손해의 발생 또는 확대에 관해 운전자 또는 운행자의 과실을 직권으로 참작하여야 한다.[1267]

[1264] 위 제2장 제6절 III. 2. '자율주행자동차와 법적책임 주체' 부분 참조.

[1265] 窪田(註 1107), 188-189면도 같은 취지이다.

[1266] 「민법」 제760조제760조(공동불법행위자의 책임)

① 수인이 공동의 불법행위로 타인에게 손해를 가한 때에는 연대하여 그 손해를 배상할 책임이 있다.

② 공동 아닌 수인의 행위중 어느 자의 행위가 그 손해를 가한 것인지를 알 수 없는 때에도 전항과 같다.

대법원 2006. 1. 27. 선고 2005다19378 판결 역시 "부진정연대채무의 관계에 있는 복수의 책임주체 내부관계에 있어서는 형평의 원칙상 일정한 부담 부분이 있을 수 있으며, 그 부담 부분은 각자의 고의 및 과실의 정도에 따라 정하여지는 것"이라고 판시하였다.

[1267] 이는 제3자인 피해자가 운행자책임, 운전자책임 및 제조물책임을 묻는 경우에도 마찬가지로 적용된다.

제 7 장

결론

결 론

(1) 자율주행은 자동차 운전에 대해 인간의 사고와 판단을 인공지능^AI 시스템이 대체하는 새로운 현상이다. 자율주행자동차의 도입에 따라 자동차 운전에 관한 법적책임의 발생기초와 원인관계 역시 자율주행기술을 향해 그 초점이 이동할 것이다. 따라서 법적책임, 특히 민사책임 법률관계의 합리적인 규율을 위해 자율주행기술의 본질을 파악하고 그에 대한 평가 및 법리적 측면에서의 타당성을 검증하는 문제가 필수적으로 요구될 것이다.

자동차는 일상생활의 영역에서 빈번히 이용되고, 사고 시에는 인간의 생명이라는 고도의 법익 침해 가능성까지도 수반한다. 이와 같은 점을 감안할 때 책임법제에서 자율주행의 본질을 파악할 때에는 자율주행자동차의 안전성 확보를 최우선적으로 고려함이 타당하다.

(2) 자율주행과 법적책임 문제에 관한 논의의 전제로서 새로운 현상인 자율주행기술의 본질과 내용, 한계를 정확하게 파악할 것이 요구된다. 책임법제에서 자율주행기술의 본질을 파악하는 문제는 법적책임 판단이라는 당위의 문제를 전제로 한 것이므로, 자율주행기술에 대한 책임법제적 측면에서의 타당성 평가 및 법리적 측면에서의 검증 문제가 필수적으로 뒷받침되어야 할 것이다.

자율주행기술의 비약적인 발전 가능성을 감안할 때, 자율주행자동차는 '연속된 기반에 따라 독립적으로 차량을 제어하여 스스로 운전할 수 있는 자동차'로 폭넓게 정의하여 규제법제와 책임법제 양 측면에서 유연한 포섭이 가능하도록 규율함이 타당하다. 자동차 사고로 인한 생명 침해 가능성을 감안하면, 자율주행의 구현에 사용되는 소프트웨어와 하드웨어는 충분한 안전성을 확보할 수 있는 기술적 합리성을 갖춘 것이어야 하고, 제조물책임에서의 결함과 제조물책임의 면책, 운행자책임의 면책 여부의 판단에 대해서도 매우 엄격한 기준을 적용함이 타당하다. 한편 자율주행자동차 도입에 따른 긍정적인 부수효과를 제조업자 등 책임부담주체에 대한 책임의 완화 또는 면제의 직접적인 근거로 삼는 것에 관해서는 신중할 필요가 있다.

현재 보편적으로 통용되고 있는 SAE J3016에 의한 자율주행 단계 구분은 기본적으로 자율주행기술의 기술적 본질에 추급하여 도출된 것이기는 하나, 법적책임 판단의 징표로서도 유효하게 기능할 수 있을 것이라고 본다. 다만 자율주행기술의 발전에 따른 자율주행 단계구분의 수정, 변경 가능성에 항상 주목할 필요가 있고, 책임법제의 관점에서 자율주행 단계구분에 관해서는 앞으로 새로운 방향에서의 접근이 필요할 수도 있다.

자율주행자동차에 관한 규제법제와 책임법제는 상호 유기적으로 영향을 주고받으면서 발전할 것이다. 책임법제에서 바라볼 때, 규제법제에서는 자율주행자동차의 안전성 확보를 위해 적극적으로 안전기준을 설정, 제시하는 한편 자율주행기술의 발전 경과에 주목하여 이를 탄력적으로 보완, 수정해 나갈 필요가 있다고 본다.

(3) 자율주행과 제조물책임 문제에 관해서는, 기본적으로 제조물책임에 관한 현재의 법리와 이론의 탄력적 적용에 의해 문제의 해결이 가능하다고 본다. 다만 자율주행자동차에 대한 제조물책임 제도의 운용과 법리 형성은 첨단기술이 집약된 제조물로서의 자율주행자동차의 안전성 확보를 가장 우선적으로 고려하고, 안전성 확보를 최대한 도모할 수 있는 방향으로 전개될 것이 필요하다.

자율주행기술, 특히 자율주행 인공지능의 결함 유무 판단에 관해서는 자동차 고유의 위험성을 감안할 때 자율주행자동차의 제조, 판매 또는 사고 당시의 가장 높은 수준의 자율주행기술을 기준으로 판단하는 것이 타당하다. 또한 자율주행 구현의 핵심적인 역할을 하는 자율주행 인공지능 소프트웨어의 결함 여부가 빈번히 문제될 것을 감안하여 소프트웨어를 제조물에 포함시키는 내용으로 「제조물책임법」을 개정할 필요도 있다고 본다.

자율주행기술은 첨단기술이라는 점과 관련해, 자율주행자동차의 결함에 관한 원고의 증명책임을 완화할 필요성이 크고, 법원으로서도 증명책임을 합리적으로 배분하기 위해 적극적으로 노력할 필요가 있다. 같은 이유로 제조업자의 면책사유의 인정에 관해서도 엄격한 기준을 적용할 필요성이 크다. 개발위험의 항변에 관해서 경제성 요인에 대해 지나치게 과도한 비중이 부여되는 것을 경계할 필요가 있고, 법령준수의 항변에 관해서 말하는 법령 역시 제한적으로 해석함이 타당하다.

　　법원이 자율주행자동차에 대한 제조물책임소송에서 결함 판단 및 증명책임의 부담에 관한 기준을 설정하는 것은, 제조업자로 하여금 필요한 안전성 확보 조치에 관한 기준의 설정을 직접적으로 시사하는 효과를 가져올 수 있다는 점에 유념하여, 상대적으로 엄격한 판단기준을 설정할 필요가 있다. 다른 한편으로 법원이 자율주행자동차의 결함을 지나치게 쉽게 인정하는 경우 자율주행기술의 발전에도 불구하고 제조업자가 운전자 또는 시스템 사용자에게 필요 이상으로 주의의무를 유보시켜 책임을 전가하려고 시도할 수 있고, 이는 결과적으로 자율주행에 관한 첨단기술의 도입과 자율주행자동차의 안전성을 저해하는 요인이 될 수도 있다. 따라서 법원이 자율주행자동차의 결함을 판단할 때에는 이와 관련한 제반 이익형량 요소들을 충분히 고려할 필요가 있다.

　　(4) 자율주행과 운행자책임의 문제에 관해, 운행자책임 제도의 존재 의의와 법리에 비추어 보았을 때 완전자율주행 가능한 5단계 자율주행을 포함한 자율주행자동차에 관해서도 그 보유자 등을 '위험원으로서의 자율주행자동차를 규범적으로 지배하는 지위'에 있는 운행자로서 여전히 상정할 수 있다고 본다. 나아가 자배법을 개정하여 자율주행자동차 보유자 등의 운행자성을 명시한다면 운행자책임을 둘러싼 소모적인 논의들을 입법상 해결할 수 있을 것이다. 반면에 보유자 등에게는 원칙적으로 손해배상청구권의 주체로서의 타인성을 인정할 수 없다고 보는 것이 타당하다.

　　피해자 보호를 주된 이념으로 하는 운행자책임 제도 하에서는 운행자책임 소송에서 운행자의 면책에 관한 증명책임은 다소 엄격하게 인정하고, 운행자의 제조업자에 대한 구상을 위한 제조물책임 소송에서는 운행자 측의 결함에 대한 증명책임을 완화하는 방안을 고려해 볼 수 있다. 이와 같은 책임구제 소송의 구도는 자율주행자동차의 운행자 측의 면책사유에 대한 소송상 증명책임에 관한 위험을 제조업자 측으로 적절히 이동시켜 배분하면서도, 운행자책임 및 제조물책임의 본질에도 각각 부합하는 결과로 귀결될 수 있다고 본다. 이와 같은 측면에서 보더라도 운행자책임은 자율주행자동차에 관해서도 책임법제 하에서 합리적인 기능을 할 수 있을 것으로 기대되고, 자율주행자동차에 관해 현행의 운행자책임 제도를 유지할 필요성을 찾아볼 수 있다.

자율주행기술 발전이 고도화됨에 따라, 기술의 본질적인 측면을 운행자책임의 인정 기준과 내용에 관한 기존의 입법과 법리에 충분히 반영할 필요성이 제기될 수 있다. 그에 따라 앞으로 운행자책임에 관해서는 탄력 있는 입법론과 해석론이 요청될 수 있다.

자동차 보험의 영역에서도 기본적으로 현행의 운행자 책임보험 제도는 유지하되, 자율주행자동차의 도입 확대 및 자율주행기술 발전의 고도화에 따라 제조업자 등의 제조물책임보험, 자율주행 인공지능 소프트웨어 개발자 등에 대한 배상책임보험 가입 의무화 등 자율주행의 본질에 부합하는 새로운 배상책임 제도를 마련할 필요성이 제기될 수 있다. 특히 입법론과 관련해 자율주행의 본질에 부합하는 배상책임 제도와 보험 제도를 마련하기 위해 탄력 있는 대응이 필요하리라고 본다.

(5) 자율주행과 운전자책임에 관해, 자율주행기술의 발전에 따라 운전자의 개념과 운전자가 부담하는 주의의무의 근거, 내용과 범위에 대한 대폭적인 수정이 불가피하게 될 것이다. 인간에 의한 자동차 운전을 전제로 한 기존의 운전자의 개념은 점차 축소될 것이고, 자율주행 중에 현실적으로 수행하는 구체적 역할에 따른 운전자 개념의 범주화와 세분화가 불가피해질 것이다.

3단계 자율주행의 경우 운전자의 일반적 감시·개입의무를 인정할 수 있으나, 4단계 자율주행의 경우 운전자의 책임은 엄격히 제한하는 것이 필요하고, 5단계의 경우 원칙적으로 인간에 대해서는 운전자 지위를 인정하지 않는 것이 기본적으로 자율주행의 본질에 부합하는 접근방식일 것이라고 본다.

운전자책임과 관련해서는, 특히 운전자와 시스템 상호 간의 자동차 제어권의 배분과 이전 상황과 관련해 운전자에 대한 책임귀속 근거와 주의의무 내용을 명확히 하고, 운전자책임의 내용과 범위를 합리적으로 설정하며, 이를 통해 예측가능성을 확보할 필요성이 매우 크다. 이와 같은 상황과 관련해, 운전자의 주의의무의 내용과 범위가 기존의 자동차의 운전자에 비해 불합리하게 가중되거나 감경되는 일이 없도록 판단기준을 설정할 필요성이 있다. 다만 이에 관한 합리적인 판단기준을 세우는 문제는 자율주행자동차의 안전성 확보 문제와도 직결되는 것으로서, 운전자책임의 합리적 제한에 관한 논의는 '자율주행자동차의 안전성의 확보'라는 보다 상위의 명제에 비추어 보더라도 타당한 것으로 인정될 수 있는 것이어야 함은 물론이다.

운전자책임의 문제는 자율주행기술의 내용과 수준에 직접 좌우되는 측면이 보다 강하게 내포되어 있다고 볼 수 있다. 따라서 책임법제에서도 자율주행의 기술적 본질을 지속적으로 파악해 나갈 필요가 있다.

⑹ 자율주행자동차의 등장으로 인해 자동차에 관한 기존의 관념은 앞으로 크게 변화할 것이다. 자동차 운전에 관한 근본적인 관념 자체가 바뀔 것이고, 이에 따라 사람들이 자동차에 대하여 가지는 기본 인식과 관념 역시 크게 변할 수 있을 것이라고 본다.

자율주행자동차를 둘러싼 여러 문제들은 법적책임, 특히 민사책임법의 영역에도 즉각적이고도 커다란 현실적인 영향을 줄 것이라고 본다. 자율주행자동차와 민사책임에 관한 법리 역시 빠른 속도로 발전할 것이다. 자율주행자동차와 법적책임에 관한 모든 논의는 자율주행의 본질을 충분히 반영하는 것은 물론 자율주행의 본질을 합리적으로 평가하여 책임법제의 여러 제도가 가지는 이념 역시 충실히 구현되는 방향으로 형성, 발전되어야 할 것이다.

자율주행자동차로 인한 법적책임의 판단 문제의 해답은 결국 자율주행의 본질에서 찾을 수밖에 없으리라고 본다. 책임법제의 영역에서 자율주행의 실체를 정확히 파악한다면 자율주행으로 인한 여러 법적책임 문제에 대한 올바른 해답 역시 자연스럽게 도출될 것이라고 본다.

자율주행이 법적책임의 영역에서 제기하는 모든 문제에 대한 해답은 결국 자율주행 안에서 찾을 수 있을 것이다.

참고문헌

1. 국내문헌

가. 저서

곽윤직,·채권각론, 제6판, 박영사, 2003.

곽윤직 · 김재형, 민법총칙, 제9판, 박영사, 2013.

곽윤직 편집대표, 민법주해 [XIX], 박영사, 2005.

권오승 · 신은주 · 홍명수 · 차성민 · 이현종, 제조물책임법, 법문사, 2003.

김상용, 채권각론 제2판, 화산미디어, 2014.

김용담 편집대표, 주석민법[채권각칙(7)], 제4판, 한국사법행정학회, 2016.

김용담 편집대표, 주석민법[채권각칙(8)], 제4판, 한국사법행정학회, 2016.

김윤명 · 오병철 · 강일신 · 장준영 · 박규홍 · 이하정 · 김민주, SW제조물책임 관련 법제 현황 조사연
　　　구: A Study on Legal System for Software Liability, 소프트웨어정책연구소, 2017. 4.

김재호, 칸트『윤리형이상학 정초』, 철학사상 별책 제7권 제14호, 서울대학교 철학사상연구소, 2006.

명순구 · 김기창 · 김현철 · 박종수 · 이상돈 · 이제우 · 정채연, 인공지능과 자율주행자동차, 그리고 법,
　　　세창출판사, 2017.

박동진, 제조물책임법 개정방안 연구, 2012년도 법무부/공정거래위원회 연구용역과제보고서, 2012.

박정기 · 윤광운 역, 미국통일상법전—Uniform Commercial Code(UCC), 법문사, 2006.

사법발전재단, 사법부의 어제와 오늘 그리고 내일(하), 2008.

사법연수원, 특수불법행위법연구, 2015.

사법정책연구원, 미국의 소각하에 관한 연구, 대법원 사법정책연구원, 2017.

서울중앙지방법원, 손해배상소송실무(교통 · 산재), 사법발전재단, 2017.

손해보험협회, 자동차 사고 과실비율 인정기준, 손해보험협회, 2015. 8.

아주대학교 산학협력단, 자율주행자동차 상용화 대비 도로교통법 개정 방안 연구, 2016.

양창수, 독일민법전—총칙, 채권, 물권(2018년판), 박영사, 2018.

양창수 · 권영준, 민법 II 권리의 변동과 구제, 제3판, 박영사, 2017.

연기영, 생산물손해배상책임법, 육서당, 1999.

조홍식, 사법통치의 정당성과 한계, 제2판, 박영사, 2010.

Lipson, Hod & Kurman, Melba(박세연 역), 자율주행혁명, 더 퀘스트, 2017 [Driverless: Intelligent
　　　Cars and the Road Ahead, MIT Press, 2016].

泉田良輔(이수형 역), 구글은 왜 자동차를 만드는가, 미래의 창, 2015 [Google vs ト ヨ タ 「自動運転車」
　　　は始まりにすぎない, Kadokawa, 2014.].

나. 논문

계승균, "법규범에서 인공지능의 주체성 여부", 법조 2017년 8월호(통권 724호), 법조협회, 2017.

권상로 · 한도율, "제조물책임법의 문제점과 개선방안에 관한 연구", 법학연구 제51집, 한국법학회, 2013.

권영준, "불법행위법의 사상적 기초와 그 시사점—예방과 회복의 패러다임을 중심으로—", 저스티스
　　　통권 제109호, 2009. 2.

권영준, "불법행위의 과실 판단과 사회평균인", 비교사법 제22권 제1호, 2015.

권영준 · 이소은, "자율주행자동차 사고와 민사책임", 민사법학 제75호, 한국민사법학회, 2016.

김대경, "자동차급발진사고와 제조물책임", 경희법학 제48권 제1호(2013. 3.), 경희대학교 법학연구
　　　소, 2013.

김민중, "컴퓨터바이러스에 따른 손해에 대한 법적책임", 인터넷 법률 제18호, 법무부, 2003.

김범준, "무인자동차의 상용화에 따른 보험법리의 개선", 상사판례연구 제26권 제3호, 2013.

김범철, "제조물책임법에 관한 연구", 법조 제49권 제2호, 법조협회, 2000.

김상태, "자율주행자동차에 관한 법적 문제", 경제규제와 법 제9권 제2호, 서울대학교 공익산업법센터,
　　　2016. 11.

김상태 · 김재선, "미국 캘리포니아의 자율주행자동차 관련 법제 분석", 경제규제와 법 제10권 제1호,
　　　서울대학교 공익산업법센터, 2017. 5.

김영국, "자율주행 자동차의 운행 중 사고와 보험적용의 법적 쟁점", 법이론실무연구 제3권 제2호, 한
　　　국법이론실무학회, 2015. 10.

김영국, "자율주행자동차의 법적 쟁점과 입법 과제", 법학논총 제36집, 숭실대학교 법학연구소, 2016. 7.

김윤명, "인공지능(로봇)의 법적 쟁점에 대한 시론적 고찰", 정보법학 제20권 제1호, 2016.

김자회 · 주성구 · 장신, "지능형 자율로봇에 대한 전자적 인격 부여—EU 결의안을 중심으로—", 법조
　　　2017년 8월호(통권 724호), 법조협회, 2017.

김재형, "독일의 제조물책임법에 관한 고찰", 민법론 II, 박영사, 2004.

김정임, "자율주행자동차 운행의 안전에 관한 공법적 고찰", 법학연구 제16권 제4호, 한국법학회,
　　　2016. 12.

김진우, "자동주행에서의 민사책임에 관한 연구—개정된 독일 도로교통법과 우리 입법의 방향—", 강
　　　원법학 제51권, 강원대학교 비교법학연구소, 2017. 6.

김진우, "자율주행에서의 제조물책임에 관한 몇 가지 법률문제", 소비자문제연구, 제49권 제2호,
　　　2018. 8.

류병운, "자율주행자동차 사고의 법적책임", 홍익법학 제19권 제1호, 2018.

류창호, "자율주행자동차에 대한 제조물책임의 적용에 관한 연구", 아주법학 제10권 제1호, 아주대학교 법학연구소, 2016.

문준우, "미국의 자율주행차 관련 연방법, 주법, 가이드라인—자율주행차의 상업적인 사용을 허가한 미국의 주들을 포함하여—", 법과 기업연구 제7권 제3호, 2017. 12.

민유숙, "자동차 급발진사고와 제조물책임(2004. 3. 12. 선고 2003다16771 판결: 공2004상, 611)", 대법원 판례해설 제49호(2004 상반기), 법원도서관, 2004.

민한빛, "자율주행차의 운행자성 및 운전자성 인정에 대한 시론(試論)", 법조 2018년 2월호(통권 727호), 법조협회, 2018.

박동진, "제조물책임법상 제조물의 개념", 비교사법 제10권 4호(통권 제23호), 한국비교사법학회, 2003.

박성용, "PL법상 표시상 결함법리의 표시광고법에의 적용가능성", 소비자문제연구 제36호, 2009. 10.

박은경, "자율주행자동차의 등장과 자동차보험제도의 개선방안", 법학연구 제16권 제4호, 한국법학회, 2016. 12.

변순용, "자율주행자동차의 윤리적 가이드라인에 대한 시론", 윤리연구 제112호, 한국윤리학회, 2017.

서겸손·최경진, "자율주행자동차 사고 시 손해배상책임에 관한 민사법적 검토", 가천법학 제10권 제4호, 2017.

서은비·김휘강, "자율 주행 차량의 In-Vehicle 시스템 관점에서의 공격 시나리오 도출 및 대응 방안 연구", 한국자동차공학회 논문집 제26권 제2호, 2018. 3.

신동현, "자율주행자동차 운행의 법적 문제에 관한 시론(試論)", 과학기술법연구 제22집 제3호, 한남대학교 과학기술법연구원, 2016. 10.

신봉근, "컴퓨터소프트웨어와 제조물책임", 인터넷 법률 제27호, 법무부, 2005.

안경환·이상우·한우용·손주찬, "자율주행 자동차 기술 동향", 전자통신동향분석 제28권 제4호, 한국전자통신연구원, 2013. 8.

안지현, "자율주행차와 관련된 책임법제와 보험제도에 관한 고찰", 보험법연구 제11권 제1호, 한국보험법학회, 2017.

양창수, "자동차손해배상 보장법 제3조 단서 제2호의 합헌성, 민법연구, 제5권, 1999.

양창수, "한국의 제조물책임법", 서울대학교 법학 제42권 제2호, 서울대학교 법학연구소, 2001

오지용, "무인자동차와 관련한 자동차손해배상 보장법 제3조의 해석", 법조 제709호, 2015.

오지용, "자율주행자동차와 관련한 자동차보유자의 손해배상책임", 법학연구 제57집, 전북대학교 법학연구소, 2018. 9.

윤진수, "제조물책임의 주요 쟁점—최근의 논의를 중심으로—", 법학연구 제21권 제3호, 연세대학교 법학연구원, 2011. 9.

윤진수, "한국의 제조물책임—판례와 입법", 법조 제51권 제7호, 법조협회, 2002.

이기형, "일본의 자율주행자동차 사고에 대한 손해배상책임 논의의 주요 쟁점", KIRI리포트 2017. 11. 20, 보험연구원, 2017.

이기형, "일본의 자율주행자동차 사고책임 논의와 보험상품 개발 추이", KIRI리포트 2016. 12. 26, 보험연구원, 2016.

이기형, "일본의 자율주행자동차 손해배상책임 부담 방안 확정과 시사점", KIRI리포트 2018. 4. 23, 보험연구원, 2018.

이상수, "임베디드 소프트웨어의 결함과 제조물책임 적용에 관한 고찰", 중앙대학교 법학연구원 법학논문집 제39집 제2호, 2015.

이상형, "윤리적 인공지능은 가능한가?", 법과 정책연구 제16권 제4호, 한국법정책학회, 2016.

이승준, "자율주행자동차의 도로 관련법상 운전자 개념 수정과 책임에 관한 시론(試論)—독일의 논의를 중심으로—", 형사법의 신동향 통권 제56호, 2017. 9.

이영철, "자율주행자동차 사고에 따른 손해배상책임—현행 법규 적용상의 문제와 개선점—", 상사법연구 제36권 제1호, 한국상사법학회, 2017.

이중기, "인공지능을 가진 로봇의 법적 취급 : 자율주행자동차 사고의 법적 인식과 책임을 중심으로", 홍익법학 제17권 제3호, 홍익대학교 법학연구소, 2016.

이중기, "자율주행자동차: 로봇으로서의 윤리와 법적 문제", 국토 제416호, 국토연구원, 2016. 6.

이중기, "자율주행차의 발전단계로 본 운전자와 인공지능의 주의의무의 변화와 규범적 판단능력의 사전 프로그래밍 필요성", 홍익법학 제17권 제4호, 홍익대학교 법학연구소, 2016. 12.

이중기 · 오병두, "자율주행자동차와 로봇윤리: 그 법적 시사점", 홍익법학 제17권 제2호, 2016.

이중기 · 황창근, "3단계 자율주행차 사고와 책임의 구조: 우버 자율주행차 사고를 중심으로", 중앙법학 제20집 제3호, 중앙법학회, 2018. 9.

이중기 · 황창근, "자율주행자동차 운행에 대비한 책임법제와 책임보험제도의 정비필요성 : 소프트웨어의 흠결, 설계상 흠결 문제를 중심으로", 금융법연구 제13권 제1호, 2016.

이중기 · 황창근, "자율주행차의 도입에 따른 '운전자' 지위의 확대와 '운전자'의 의무 및 책임의 변화—미시간 주와 독일의 최근 입법동향과 시사점을 중심으로—", 홍익법학 제18권 제4호, 홍익대학교 법학연구소, 2017. 12.

이종영 · 김정임, "자율주행자동차 운행의 법적 문제", 중앙법학 제17집 제2호, 중앙법학회, 2015.

이충훈, "자율주행자동차의 교통사고에 대한 민사법적 책임", 인하대학교 법학연구 제19집 제4호, 2016. 12.

장병일, "자율주행자동차에 의한 손해와 제조물책임—독일에서의 논의를 중심으로—", 법학연구 제16권 제4호(통권 64호), 한국법학회, 2016.

전용일 · 류요안, "미국 상원 자율주행법안(AV START ACT)의 주요내용 및 시사점", 법조 2018년 4월호(통권 728호), 법조협회, 2018.

정다은, "독일의 자동주행차 관련 정책적 · 입법적 논의와 시사점", 정보통신방송정책 제30권 제22호
　　　(통권 682호), 정보통신정책연구원, 2018. 12.

최경진, "지능형 신기술에 관한 민사법적 검토", 정보법학 제19권 제3호, 한국정보법학회, 2015.

최소림, "일본의 관민 ITS 구상 · 로드맵", 연구동향 2016. 5. 3, 국토연구원 도로교통정책연구센터,
　　　2016.

최순진 · 서완석, "자율주행자동차 사고와 국가보험기금 제도의 활용 방안", 보험법연구 11권 2호,
　　　2017.

최현철 · 변순용 · 신현주, "인공적 도덕행위자(AMA) 개발을 위한 윤리적 원칙 개발—하향식 접근(공
　　　리주의와 의무론)을 중심으로—", 윤리연구 제111호, 2016. 12.

한기정, "자동차손해배상 보장법상의 운행의 개념에 관한 연구, 서울대학교 법학 제49권 제3호, 서울
　　　대학교 법학연구소, 2008.

한상기, "독일 자율주행차 윤리 가이드라인의 의미와 이슈", KISA Report[2017년 Vol.09], 한국인터
　　　넷진흥원, 2017.

황창근 · 이중기, "자율주행차 운행을 위한 자동차관리법의 개정 방향" 중앙법학 제20집 제2호, 중앙법
　　　학회, 2018. 6.

황창근 · 이중기, "자율주행자동차 운행을 위한 행정규제 개선의 시론적 고찰—자동차, 운전자, 도로를
　　　중심으로—", 홍익법학 제17권 제2호, 홍익대학교 법학연구소, 2016.

황창근 · 이중기 · 김경석, "자율주행자동차의 도로 실험을 위한 입법동향—일본을 중심으로—", 중앙
　　　법학 제19집 제4호, 중앙법학회, 2017. 12.

다. 기타자료

공정거래위원회, "제조물책입법 주요 내용 및 개정사항", 2017.

국토교통부 · 미래창조과학부 · 산업통상자원부, "자율주행차 상용화 지원방안", 2015. 5. 6.

국무조정실, "자율주행차 분야 선제적 규제 혁파 로드맵", 2018. 11. 7.

2. 해외문헌

가. 저서

1) 영어

ALI, Restatement of the Law, Second: Torts 2d, Vol. 2 American Law Institute Publishers, 1965.

ALI, Restatement of the Law, Third: Torts—Products Liability, American Law Institute Publishers, 1998.

Alpaydin, Ethem, Machine Learning, MIT Press, 2016.

Anderson, James M., Kalra, Nidhi, Stanley, Karlyn D., Sorensen, Paul, Samaras, Constantine, Oluwatola, Oluwatobi A., Autonomous Vehicle Technology: A Guide for Policy Makers, RAND Corp., 2016.

Cameron, Michael, Realising the Potential of Driverless Vehicles, The New Zealand Law Foundation, 2018.

Cormen, Thomas H., Leiserson, Charles E., Rivest, Ronald L., & Stein, Clifford, Introduction to Algorithms, Third Edition, MIT Press, 2009.

Division of Health Promotion and Disease Prevention, Institute of Medicine, National Research Council, Vaccine Supply and Innovation, National Academy Press, 1985.

Greengard, Samuel, The Internet of Things, MIT Press, 2015.

Lipson, Hod · Kurman, Melba, Driverless: Intelligent Cars and the Road Ahead, MIT Press, 2016.

Maurer, Markus, Gerdes, J. Christian, Lenz, Barbara, Winner, Hermann ed., Autonomous Driving: Technical, Legal and Social Aspects, Springer, 2016.

Meyer, Gereon · Beiker, Sven eds., Road Vehicle Automation, Springer, 2014.

Mindell, David A., Our Robots, Ourselves: Robotics and the Myths of Autonomy, Viking, 2015.

Shapo, Marshall S., Shapo on the Law of Products Liability, Vol. 1, Wolters Kluwer Law & Business, 2013.

Smith, Bryant Walker, Automated Vehicles are Probably Legal in the United States, The Center for Internet and Society at Stanford Law School, 2012.

2) 독일어

Grüneberg, Christian, Haftungsquoten bei Verkehrsunfällen, 15. Aufl. C. H. Beck, 2017.

Maurer, Markus, Gerdes, J. Christian, Lenz, Barbara, Winner, Hermann Hrsg., Autonomes Fahren – Technische, rechtliche und gesellschaftliche Aspekte, Springer, 2015.

3) 일본어

泉田良輔, Google vs トヨタ「自動運転車」は始まりにすぎない, Kadokawa, 2014.

藤田友敬 編, 自動運転と法, 有斐閣, 2018.

東京地裁民事交通訴訟研究会 編, 民事交通訴訟における過失相殺率の認定基準(全訂5版) 別冊判例タ
　　イムズ38号, 判例タイムズ社, 2014

山本庸幸, 注釈 製造物責任法, ぎょうせい, 1994.

나. 논문

1) 영어

Atwell, Barbara L., "Products Liability and Preemption: A Judicial Framework," 39 Buff. L.
　　Rev. 181, 1991.

Balkin, Jack B., "The Path of Robotics Law", 6 Cal. L. Rev. 45, 2015.

Beiker, Sven A., "Legal Aspects of Autonomous Driving", 52(4) S. C. L. Rev. 1145, 2012.

Ben-Shahar, Omri, "Should Products Liability Be Based on Hindsight?", 14(2) J. L., Econ. &
　　Org. Oxford U. Press 325, 1998.

Bonnefon, Jean-François, Shariff, Azim, & Rahwan, Iyad, "The Social Dilemma of
　　Autonomous Vehicles", 352(6293) Science 1573, 2016. 6. 24.

Corby, Phillip H. · Smith, Todd A. "Federal Preemption of Products Liability Law: Federalism
　　and the Theory of Implied Preemption", 15 Am. J. Trial Advoc. 435, 1992.

Crane, Daniel A., Logue, Kyle D., & Pilz, Bryce C., "A Survey of Legal Issues Arising from
　　the Deployment of Autonomous and Connected Vehicles", 23 Mich. Telecomm. &
　　Tech. L. Rev. 191, 2017.

Dennett, Daniel C., "Higher Games", MIT Tech. Rev. 2007. 8. 15.

Duffy, Sophia H. · Hopkins, Jamie Patrick, "Sit, Stay, Drive: The Future of Autonomous Car
　　Liability", 16 SMU Sci. & Tech. L. Rev. 101, 2013.

Goodall, Noah J., "Ethical Decision Making During Automated Vehicle Crashes," 2424 Transp.
　　Res. Rec. J. Transp. Res. Board 58, 2014.

Goodall, Noah J., "Machine Ethics and Automated Vehicle," Road Vehicle Automation (Gereon
　　Meyer, Sven Beiker eds.), Springer, 93, 2014.

Ferguson, Dave, Howard, Thomas M., & Likhachev, Maxim, "Motion Planning in Urban
　　Environments: Part I", 25(11-12) J. Field Robotics 1063, 2008.

Ferguson, Dave, Howard, Thomas M., & Likhachev, Maxim, "Motion Planning in Urban Environments: Part II", IEEE/RSJ International Conference on Intelligent Robots and Systems, 2008.

Foot, Philippa, "The Problem of Abortion and the Doctrine of the Double Effect", 5 Oxford Rev. 5, 1967.

Funkhouser, Kevin, "Paving the Road Ahead: Autonomous Vehicles, Products Liability, and the Need for a New Approach", 1 Utah L. Rev. 437, 2013.

Gerdes, J. Christian · Thornton, Sarah M., "Implementable Ethics for Autonomous Vehicles," Autonomous Driving: Technical, Legal and Social Aspects(Markus Maurer et. al. ed.), Springer 87, 2016.

Glancy, Dorothy J., "Privacy in Autonomous Vehicles", 52(4) S. C. L. Rev. 1171, 2012.

Graham, Kyle, "Of Frightened Horses and Autonomous Vehicles: Tort Law and Its Assimilation of Innovations", 52(4) S. C. L. Rev. 1241, 2012.

Gurney, Jeffrey K., "Crashing into the Unknown: An Examination of Crash−optimization Algorithms through the Two Lanes of Ethics and Law," 79 Alb. L. Rev. 183, 2015/2016.

Gurney, Jeffrey K., "Sue My Car Not Me: Products Liability and Accidents involving Autonomous Vehicles", U. Ill J. L., Tech., & Pol'y, 247, 2013.

Hevelke, Alexander · Nida−Rümelin, Julian, "Responsibility for Crashes of Autonomous Vehicles − An Ethical Analysis", 21(3) Sci. Eng. Ethics 619, 2015.

Kalra, Nidhi, Anderson, James, & Wachs, Martin, "Liability and Regulation of Autonomous Vehicle Technologies", RAND Corp.Cal. PATH Research Report. UCB−ITS−PRR− 2009−28), 2009.

Kelly, Robert B. · Johnson, Mark D., "Defining a Stable, Protected and Secure Spectrum Environment for Autonomous Vehicles", 52(4) S. C. L. Rev. 1271, 2012.

Kim, Sunghyo, "Crashed Software: Assessing Product Liability for Software Defects in Automated Vehicles", 16 Duke L. & Tech. Rev. 300, 2018

Kohler, William J. · Colbert−Taylor, Alex, "Current Law and Potential Legal Issues Pertaining to Automated, Autonomous and Connected Vehicles", 31 S. C. High Tech. L. J. 99, 2015.

Levinson, Jesse, Askeland, Jake, Becker, Jan, Dolson, Jennifer, Held, David, Kammel, Soeren, Kolter, J. Zico, Langer, Dirk, Pink, Oliver, Pratt, Vaughan, Sokolsky, Michael, Stanek, Ganymed, Stavens, David, Teichman, Alex, Werling, Moritz, & Thrun, Sebastian, "Towards Fully Autonomous Driving: Systems and Algorithms", IEEE Intelligent Vehicles Symposium (IV), 2011.

Levinson, Jesse · Thrun, Sebastian, "Unsupervised Calibration for Multi-beam Lasers", Symposium on Experimental Robotics(ISER), 2010.

Lin, Patrick, "Why Ethics Matters for Autonomous Cars", Autonomous Driving: Technical, Legal and Social Aspects(Markus Maurer et. al. ed.), Springer 69, 2016.

Lütge, Christoph, "The German Ethics Code for Automated and Connected Driving", 30(4) Phil. & Tech 547, 2016. 9.

Marchant, Gary E. · Lindor, Rachel A., "The Coming Collision Between Autonomous Vehicles and the Liability System", 52(4) S. C. L. Rev. 1321, 2012.

McCarthy, John, "What is Artificial Intelligence?", 2007. 11.

Montemerlo, Michael, Becker, Jan, Bhat, Suhrid, Dahlkamp, Hendrik, Dolgov, Dmitri, Ettinger, Scott, Haehnel, Dirk, Hilden, Tim, Hoffmann, Gabe, Huhnke, Burkhard, Johnston, Doug, Klumpp, Stefan, Langer, Dirk, Levandowski, Anthony, Levinson, Jesse, Marcil, Julien, Orenstein, David, Paefgen, Johannes, Penny, Isaac, Petrovskaya, Anna, Pflueger, Mike, Stanek, Ganymed, Stavens, David, Vogt, Antone, & Thrun, Sebastian, "Junior. The Stanford Entry in the Urban Challenge", 25(9) J. of Field Robotics 569, 2008.

Moor, James, "The Dartmouth College Artificial Intelligence Conference: The Next Fifty Years", 27(4) AI Magazine 87, 2006.

Nyholm, Sven · Smids, Jilles, "The Ethics of Accident-Algorithms for Self-Driving Cars: an Applied Trolley Problem?", 19(5) Ethical Theory and Moral Practice 1275, 2016.

Owen, David G., "Design Defects", 73 Mo. L. Rev. 291, 2008.

Owen, David G., "Manufacturing Defects", 53 S. C. L. Rev. 851, 2002.

Owen, David G., "Products Liability Law Restated", 49 S. C. L. Rev. 273, 1998.

Owen, David G., "Toward a Proper Test for Design Defectiveness: 'Micro-Balancing' Costs and Benefits", 75 Tex. L. Rev. 1661, 1997.

Pendleton, Scott Drew, Andersen, Hans, Du, Xinxin, Shen, Xiaotong, Meghjani, Malika, Eng, You Hong, Rus, Daniela, & Ang, Marcelo H., "Perception, Planning, Control, and Coordination for Autonomous Vehicles", 5(1) Machines, MDPI 6, 2017.

Peterson, Robert, "New Technology - Old Law: Autonomous Vehicles and California's Insurance Framework", 52(4) S. C. L. Rev. 1341, 2012.

Ravid, Orly, "Don't Sue Me I Was Just Lawfully Texting & Drunk When My Autonomous Car Crashed Into You", 44 Sw. L. Rev. 175, 2014.

Rissland, Edwina L., "Artificial Intelligence and Law: Stepping Stones to a Model of Legal Reasoning", 99(8) Yale L. J. 1957, 1990.

Roberts, Stephen N., Hightower, Alison S., Thornton, Michael G., Cunningham, Linda N., & Terry, Richard G., "Advanced Traffic Management Systems Tort Liability", Nossaman, Guthner, Knox, & Elliot, 1993. 12. 1.

Roberts, Stephen N., Hightower, Alison S., Thornton, Michael G., Cunningham, Linda N., & Terry, Richard G., "Advanced Vehicle Control Systems: Potential Tort Liability for Developers", Nossaman, Guthner, Knox, & Elliot, 1993. 12. 1.

Roberts, Stephen N., Hightower, Alison S., Thornton, Michael G., Cunningham, Linda N., & Terry, Richard G., "Intelligent Vehicle Highway Sysyems and State Sovereign Immunity for Torts", Nossaman, Guthner, Knox, & Elliot, 1993. 12. 1.

Schroll, Carrie, "Splitting the Bill: Creating a National Car Insurance Fund to Pay for Accidents in Autonomous Vehicles", 109 Nw. U. L. Rev. 803, 2015.

Schwartz, Gary T., "New Products, Old Products, Evolving Law, Retroactive Law", 58 N.Y.U. L. Rev. 796, 1983.

Schwartz, Gary T., "Understanding Products Liability", 67 Calif. L. Rev. 435, 1979.

Smith, Bryant Walker, "Automated Driving and Product Liability", Mich. St. L. Rev. 1, 2017.

Thrun, Sebastian, Montemerlo, Mike, Dahlkamp, Hendrik, Stavens, David, Aron, Andrei, Diebel, James, Fong, Philip, Gale, John, Halpenny, Morgan, Hoffmann, Gabriel, Lau, Kenny, Oakley, Celia, Palatucci, Mark, Pratt, Vaughan, Stang, Pascal, Strohband, Sven, Dupont, Cedric, Jendrossek, Lars-Erik, Koelen, Christian, Markey, Charles, Rummel, Carlo, Niekerk, Joe van, Jensen, Eric, Alessandrini, Philippe, Bradski, Gary, Davies, Bob, Ettinger, Scott, Kaehler, Adrian, Nefian, Ara, & Mahoney, Pamela, "Stanley: The Robot that Won the DARPA Grand Challenge", 23(9) J. of Field Robotics 661, 2006.

Twerski, Aaron D. · Henderson Jr., James A., "Manufacturers' Liability for Defective Product Designs: The Triumph of Risk-Utility", 74 Brook. L. Rev. 1061, 2009.

Vladeck, David C., "Machines without Principals: Liability rules an Artificial Intelligence", Washington L. Rev. 89, 2014, p. 117.

Vandall, Frank J., "Constructing Products Liability: Reforms in Theory and Procedure", 48 Vill. L. Rev. 843, 2003.

Wade, John W., "On the nature of Strict Liability for Products, 44 Miss L. J. 825, 1973.

Wei, Junqing, Snider, Jarrod M., Gu, Tianyu, Dolan, John M., & Litkouhi, Bakhtiar, "A Behavioral Planning Framework for Autonomous Driving", IEEE Intelligent Vehicles Symposium Proceedings, 2014.

Zipp, John W., "The Road Will Never Be the Same: A Reexamination of Tort Liability for Autonomous Vehicles", 43 Transp. L. J. 137, 2016.

2) 독일어

Armbrüster, Christian, "Automatisiertes Fahren – Paradigmenwechsel im Straßenverkehrs recht?", ZRP 2017, S. 83.

Balke, Rüdiger, "Automatisiertes Fahren: Begriffsbestimmungen und haftungsrechtliche Fragestellungen im Zusammenhang mit dem automatisierten Fahren", SVR, 2018. S. 5.

Greger, Reinhard, "Haftungsfragen beim automatisierten Fahren: Zum Arbeitskreis II des Verkehrsgerichtstags 2018", NZV, 2018, S. 1.

Hilgendorf, Eric, "Automatisiertes Fahren und Recht – ein Überblick", JA, 2018, S. 801.

König, Carsten, "Die gesetzlichen Neuregelungen zum automatisierten Fahren", NZV, 2017, S. 123.

Lohmann, Melinda F. · Müller–Chen, Markus, "Selbstlernende Fahrzeuge – eine Haftungs analyse", SZW/RSDA 1/2017, S. 48.

Lüdemann, Volker, Sutter, Christine, & Vogelpohl, Kerstin, "Neue Pflichten für Fahrzeugführer beim automatisierten Fahren – eine Analyse aus rechtlicher und verkehrspsychologischer Sicht", NZV 2018. S. 411.

Schirmer, Jan–Erik, "Augen auf beim automatisierten Fahren! Die StVG–Novelle ist ein Montagsstück", NZV 2017, S. 253.

Thiermann, Alexandra, Werther, Monika, Brüseken, Winfried, & Krumbholz, Helmut, "Typische Haftungsquoten bei Verkehrsunfällen: Münchener Quotentabelle 2012", SVR, 2012. 2, S. 41.

3) 일본어

小林正啓, "自動運転車の実現に向けた法制度上の課題", 情報管理, 60(4), 2017. 7.

杉浦孝明, "自動運転技術の現況", 自動運転と法(藤田友敬 編), 有斐閣, 2018.

池田裕輔, "自動運転にかかる法制度の検討の現況", 自動運転と法(藤田友敬 編), 有斐閣, 2018.

金岡京子, "自動運転をめぐるドイツ法の状況", 自動運転と法(藤田友敬 編), 有斐閣, 2018.

後藤元, "自動運転をめぐるアメリカ法の状況", 自動運転と法(藤田友敬 編), 有斐閣, 2018.

藤田友敬, "自動運転と運行供用者の責任", 自動運転と法(藤田友敬 編), 有斐閣, 2018.

窪田充見, "自動運転と販売店・メーカーの責任", 自動運転と法(藤田友敬 編), 有斐閣, 2018.

佐野誠, "多当事者間の責任の負担のあり方", 自動運転と法(藤田友敬 編), 有斐閣, 2018.

藤田友敬, "自動運転をめぐる民事責任法制の将来像", 自動運転と法(藤田友敬 編), 有斐閣, 2018.

다. 기타자료

1) 영어

가) 미국

AAMVA, Jurisdictional Guidelines for the Safe Testing and Deployment of Highly Automated Vehicles, 2018. 5.

Consumer Reports, "Tesla's Autopilot: Too Much Autonomy Too Soon", 2016. 7. 14.

CSPC, "The Autonomous Vehicle Revolution: Fostering Innovation with Smart Regulation", 2017. 3.

DOT, "Preparing for the Future of Transportation: Automated Vehicles 3.0", 2018. 10.

DOT, "U.S. Department of Transportation Public Listening Summit on Automated Vehicle Policy Summary Report", 2018. 6.

DOT BTS, "Transportation Statistics Annual Report 2018", 2018.

DOT NHTSA ODI, "ODI Resume", PE 16-007, 2017. 1. 19.

Gasser, Tom M.(Leader of the Project Group), Arzt, Clemens, Ayoubi, Mihiar, Bartels, Arne, Bürkle, Lutz, Eier, Jana, Flemisch, Frank, Häcker, Dirk, Hesse, Tobias, Huber, Werner, Lotz, Christine, Maurer, Markus, Ruth-Schumacher, Simone, Schwarz, Jürgen, & Vogt, Wolfgang, "Legal consequences of an increase in vehicle automation", Bundesanstalt für Straßenwesen, 2013. 6.

Goldman Sachs, "CARS 2025", 2018.

Google, "Google Self-Driving Car Project Monthly Report", 2015. 10.

Google, "Google Self-Driving Car Project Monthly Report", 2016. 2.

IHS Markit, "Autonomous Vehicle Sales Forecast and Report", 2018. 2. 1.

ISO/IEC GUIDE 51, "Safety aspects—Guidelines for their inclusion in standards)", 2014.

Kim, Anita, Bogard, Dan, Perlman, David, & Harrington, Ryan, "Review of Federal Motor Vehicle Safety Standards(FMVSS) for Automated Vehicless: Identifying potential barriers and challenges for the certification of automated vehicles using existing FMVSS(Preliminary Report – March 2016)", U.S. Department of Transportation, John A. Volpe National Transportation Systems Center, 2016.

KPMG International, "Autonomous Vehicle Readiness Index", 2018. 1.

KPMG LLP., "Automobile insurance in the era of autonomous vehicle", 2015. 6.

MIT, "'MIT 6.S094: Deep Learning for Self-Driving Cars' Lecture Slides", 2018.

NHTSA, "2017 Fatal Motor Vehicle Crashes: Overview", 2018. 10. (DOT HS 812 603).

NHTSA, "Preliminary Statement of Policy Concerning Automated Vehicles", 2013. 5.

NHTSA, "Federal Automated Vehicles Policy: Accelerating the Next Revolution in Roadway Safety", 2016. 9.

NHTSA, "Automated Driving System 2.0: A Vision For Safety", 2017. 9.

NTSB, "Highway Accident Brief: Rear-End Collision Between a Car Operating with Advanced Driver Assistance System and a Stationary Fire Truck, Culver City, California, January 22, 2018", NTSB/HAB-19/07, 2019. 8. 22.

NTSB, "Highway Accident Report: Collision Between a Car Operating With Automated Vehicle Control Systems and a Tractor-Semitrailer Truck Near Williston, Florida, May 7, 2016", NTSB/HAR-17/02 PB2017-102600, 2017. 9. 12.

NTSB, "Highway Accident Report: Collision Between Vehicle Controlled by Developmental Automated Driving System and Pedestrian, Tempe, Arizona, March 18, 2018", NTSB/ HAR-19/03 PB2019-101402, 2019. 11. 19.

NTSB, "Preliminary Report Highway: HWY16FH018", 2016. 7. 26.

NTSB, "Preliminary Report Highway: HWY18MH010", 2018. 5. 24.

NTSB, "Preliminary Report Highway: HWY18FH011", 2018. 6. 7.

NTSB, "Preliminary Report Highway: HWY19FH008", 2019. 5. 16.

SAE, "Taxonomy and Definitions for Terms Related to On-Road Motor Vehicle Automated Driving Systems(J3016)", 2014. 1.

SAE, "Taxonomy and Definitions for Terms Related to Driving Automation Systems for On-Road Motor Vehicles(J3016)", 2016. 9.

SAE, "Taxonomy and Definitions for Terms Related to Driving Automation Systems for On-Road Motor Vehicles(J3016)", 2018. 6.

Shoham, Yoav, Perrault, Raymond, Brynjolfsson, Erik, Clark, Jack, & LeGassick, Calvin, "The AI Index 2017 Annual Report", AI Index Committee of the One Hundred Year Study on Artificial Intelligence (AI100), Stanford University, 2017. 11.

Waymo LL.C, "Waymo Fully Self-Driving Chrysler Pacifica Emergency Response Guide and Law Enforcement Interaction Protocol", 2018. 9. 10.

나) 유럽연합(EU)

European Parliament resolution of 16 February 2017 with recommendations to the Commission on Civil Law Rules on Robotics (2015/2103(INL)).

European Parliamentary Research Service, "Automated vehicles in the EU", 2016. 1.

European Parliamentary Research Service, "A common EU approach to liability rules and insurance for connected and autonomous vehicles", 2018. 2.

Palmerini, Erica, Azzarri, Federico, Battaglia, Fiorella, Bertolini, Andrea, Carnevale, Antonio, Carpaneto, Jacopo, Cavallo, Filippo, Carlo, Angela Di, Cempini, Marco, Controzzi, Marco, Koops, Bert–Jaap, Lucivero, Federica, Mukerji, Nikil, Nocco, Luca, Pirni, Alberto, Shah, Huma, Salvini, Pericle, Schellekens, Maurice, & Warwick, Kevin, Guidelines on Regulating Robotics, 2014. 9. 22.

다) 영국

CCAV, "Pathway to Driverless Cars: Proposals to support advanced driver assistance systems and automated vehicle technologies", 2016. 7.

CCAV, "Pathway to driverless cars: Consultation on proposals to support Advanced Driver Assistance Systems and Automated Vehicles Government Response", 2017. 1.

DfT, "The pathway to driverless cars: a detailed review of regulations for automated vehicle technologies", 2015. 2.

DfT, "The Pathway to Driverless Cars: A Code of Practice for testing", 2016. 7.

Yeomans, Gillian, "Autonomous Vehicles. Handing over control: Opportunities and Risks for Insurance", LLOYD'S, 2014.

2) 독일어

BMVI, "Forschungsprogramm zur Automatisierung und Vernetzung im Straß enverkehr", 2016. 6.

Die Bundesregierung, "Bericht zum Stand der Umsetzung der Strategie automatisiertes und vernetztes Fahren", 2017. 11.

Die Bundesregierung, "Maßnahmenplan der Bundesregierung zum Bericht der Ethik–Kommission Automatisiertes und Vernetztes Fahren(Ethik–Regeln für Fahrcomputer)", 2017. 9.

Die Bundesregierung, "Strategie automatisiertes und vernetztes Fahren. Leitanbieter bleiben, Leitmarkt werden, Regelbetrieb einleiten", 2015. 9.

Ethik–Kommission, "Automatisiertes und Vernetztes Fahren Bericht", BMVI, 2017. 6.

Gasser, Tom M.(Projektgruppenleitung), Arzt, Clemens, Ayoubi, Mihiar, Bartels, Arne, Bürkle, Lutz, Eier, Jana, Flemisch, Frank, Häcker, Dirk, Hesse, Tobias, Huber, Werner, Lotz, Christine, Maurer, Markus, Ruth–Schumacher, Simone, Schwarz, Jürgen, & Vogt, Wolfgang, "Rechstfolgen zunehmender Fahrzeugautomatisierung, Gemeinsamer

Schlussbericht der Projektgruppe", Berichte der Bundesanstalt für Straßenwesen (BASt), Fahrzeugtechnik Heft F 83, 2012. 1.

VDA, "Automatisierung: Von Fahrerassistenzsystemen zum automatisierten Fahren", 2015.

Wissenschaftliche Dienste des Deutschen Bundestages, "Autonomes und automatisiertes Fahren auf der Straße - rechtlicher Rahmen", Ausarbeitung WD7-3000-111/18, 2018. 5.

3) 일본어

国土交通省 自動車局, "自動運転における損害賠償責任に関する研究会 報告書", 2018. 3.(平成30年 3月).

国土交通省 自動車局, "自動運転車の安全技術ガイドライン", 平成30年9月12日(2018. 9. 12.).

警察庁, "自動走行システムに関する公道実証実験のためのガイドライン", 平成28年5月(2016. 5.).

警察庁, "遠隔型自動運転システムの公道実証実験に係る道路使用許可の申請に対する取扱いの基準", 平成29年6月(2017. 6.).

高度情報通信ネットワーク社会推進戦略本部, "官民 ITS 構想・ロードマップ～世界一安全で円滑な道路交通社会構築に向けた自動走行システムと交通データ利活用に係る戦略～", 平成26年6月3日(2014. 6. 3.).

高度情報通信ネットワーク社会推進戦略本部, "官民 ITS 構想・ロードマップ 2015～世界一安全で円滑な道路交通社会構築に向けた自動走行システムと交通データ利活用に係る戦略～", 平成27年6月30日(2015. 6. 30.).

高度情報通信ネットワーク社会推進戦略本部, "官民 ITS 構想・ロードマップ 2016～2020 年までの高速道路での自動走行及び限定地域での無人自動走行移動サービスの実現に向けて～", 平成28年5月20日(2016. 5. 20.).

高度情報通信ネットワーク社会推進戦略本部・官民データ活用推進戦略会議, "官民 ITS 構想・ロードマップ 2017～多様な高度自動運転システムの社会実装に向けて～", 平成29年5月30日(2017. 5. 30.).

高度情報通信ネットワーク社会推進戦略本部・官民データ活用推進戦略会議, "官民ITS構想・ロードマップ 2018", 平成30年6月15日(2018. 6. 15.).

内閣府, "戦略的イノベーション創造プログラム(SIP)自動走行システム 研究開発計画", 2018. 4. 1.

라. 언론보도

Khan, Shariq, "Waymo's self-driving trucks to haul cargo for Google in Atlanta", Reuters, 2018. 3. 9.

Kovach, Steve, "Google quietly stopped publishing monthly accident reports for its self driving cars", Business Insider, 2017. 1. 18.

Lienert, Paul · White, Joseph, "Automakers, Google take different roads to automated cars", Reuters, 2015. 10. 4.

Markoff, John, "Latest to Quit Google's Self-Driving Car Unit: Top Roboticist", The New York Times, 2016. 8. 5.

Vengattil, Munsif, "Uber to stop developing self-driving trucks", Reuters, 2018. 7. 31.

Winick, Erin, "Why Uber put the brakes on its self-driving trucks", MIT Technology Reveiw, 2018. 7. 31.

Wright, Robert, "Can Machines Think", Time Magazine, 1996. 3. 25.

맹준영

서울대학교 법과대학 사법학과
서울대학교 법과대학원(법학석사)
University of Pennsylvania Law School(LL.M.)
서울대학교 법과대학원(법학박사)
서울중앙지방법원, 수원지방법원 성남지원, 대구지방법원 등 판사
대법원 재판연구관
現 대법원 재판연구관(부장)

자율주행자동차와 법적책임

초판발행	2020년 2월 21일
지은이	맹준영
펴낸이	안종만 · 안상준
편 집	정은희
기획/마케팅	장규식
표지디자인	BEN STORY
제 작	우인도 · 고철민
펴낸곳	(주) **박영사**
	서울특별시 종로구 새문안로3길 36, 1601
	등록 1959.3.11. 제300-1959-1호(倫)
전 화	02) 733-6771
fax	02) 736-4818
e-mail	pys@pybook.co.kr
homepage	www.pybook.co.kr
ISBN	979-11-303-3590-2 93360

정 가   33,000원